운명의 여신

타고 남은 운명 運命 의
불기운 餘燼

運命의 餘燼

운명의 여신

타고 남은 운명 運命 의

불기운 餘燼

運命의 餘燼

이규창 지음

일조각

이규창(1913~2005)

이규창의 부인, 정문경
(이화여고 3학년 시절, 1914)

이은숙과 손주 종철, 종광

이규창 부부와 딸 종길

이규창의 처가 식구들

감찰위원회 시절

삼일절 기념 훈장 수여식에 참석한 이규창(1968. 3. 2.). 건국훈장 독립장 서훈.

감찰위원회 시절

감찰위원회 시절 의동생 노원식과 함께

차례

서문
《운명의 여신餘燼》을 다시 펴내며

이종철
한중문화협회韓中文化協會 이사

아버지가 항상 하시던 말씀이 있습니다.

"독립운동가들의 전기를 보면 자기가 하지도 않은 일들을 왜 했다고 쓰는지, 이해가 되지 않는다." 그렇게 말씀하시면서 "그러면 더 위대해지나?" 하고 푸념도 하셨습니다.

아버지는 타고나기를 겸손謙遜과 염결廉潔이 몸에 밴 사람이었습니다. 《운명의 여신餘燼》이라는 생경한 책의 제목도 같은 맥락입니다. 여신餘燼, 즉 '타고 남은 불기운'이란 사전적인 의미를 넘어 결국 '나중까지 살아남은 (역사의 뒤안길에 서 있는) 사람'이라는, 자신보다 먼저 산화하신 백정기 선생이나 엄순봉 선생 같은 애국선열에 대한 미안함과 죄책감이 묻어 있는 겸손과 자책의 언어라고 할 수 있을 것입니다.

아버지는 늘 "내가 죽기 전에 기록을 남겨야겠다"라고 말씀하셨습니다. 그래서 공무원 생활을 퇴임하시고 생각나는 대로 기록하기 시작하셨습니다. 원고를 마치고 출판하고자 어느 작가에게 부탁하여 읽기 쉬운 우리말로 수정하려고 하였으나, 아버지는 "내가 쓴 기록은 있는 그대로, 고치지 않고 출판하기"를 확고하게 원하셨습니다. 그래서 1992년에 박환 수원대학교 교수가 교정을 보고, 보련각이라는 출판사에 부탁하여 비매품으로 발간하였습니다. 아버지는 "틀릴 수도 있으나 자신이 행동하고, 보고 들은 기억을 되살려 기록한 것이니, 후에 바로잡으면 된다"라고 늘 말씀하셨습니다. 그 후 아버지 장례식 때, 누이의 친구인 어느 작가의 도움으로 더 읽기 쉬운 글로 출판하여 문상하러 오셨던 분들께 나누어 드리기도 하였습니다.

근년에 종찬 형님이 할머니 책, 《서간도 시종기》(2017)를 일조각에서 새롭게 출간하시면서 아버지 책도 읽기 쉽게 새로이 교정을 보아 재출간하는 것이 좋겠다고 말씀하셨습니다. 우당교육문화재단의 등기이사로 있는 김정권 광운대학교 교수와 의논을 하니, 서대문형무소역사관 관장을 지낸 박경목 충남대학교 교수가 아버지에 대해 관심이 많다고 하여, 박 교수 연구팀에게 우선 디지털 파일을 만드는 작업을 맡기게 되었습니다. 한자가 많고 등장하는 인물도 많아 일일이 입력해야 하는 지난至難한 작업이었습니다. 그런 와중에 할머니 책을 낸, 도서출판 일조각에 다시 출판을 맡기기로 하였는데, 이때부터는 단순히 출판하는 것이 아니라 아버지가 기억나는 대로 쓴 기록을 전부 역사적으로 엄밀히 고증하면서 구체적인 보완 작업을 진행하게 되었습니다.

이런 대단한 일은 우리 집안과 세교世交가 있는, 월봉 한기악 선생의 후손이기도 한 도서출판 일조각의 구성원들과의 인연이 아니고는 도저히 설명이 되지 않는 일들이었습니다. 사실 아들인 저는 그저 간단히 읽기 쉬운 글로 수정하면 되는 줄 알았는데, 아버지가 기억에 의존하여 생각나는 대로 쓰신 원고를 대단한 소신을 가지고 철저히 고증 작업을 해 준 한정은 이사에게 감사를 표합니다. 정말 할아버지 때부터의 아름다운 인연이 대대로 이어지고 있다는 생각을 하게 되었습니다. 하여튼 이번 출판으로 인해 아버지의 기록물이 다시 완전한 역사서로 재탄생하는 기쁨을 맛보게 되었습니다.

사실 아버지는 조금은 자유분방한 사람이었습니다. 원래 아나키 자유주의를 신봉하는 관계로 형식과 과장을 극도로 싫어하고, 복장 또한 매우 자유롭게 입고 다녔습니다. 어머니에게 가끔 핀잔을 들을 정도였습니다. 어떤 때는 조금은 가벼운 사람으로 보일 때도 있었던 것 같습니다. 그런데도 아버지는 전혀 개의치 않았습니다. 그런 아버지가 이렇게 자신의 기억을 자유롭게 기록한 자서전을, 가장 읽기 쉬운 친근한 우리글로 옮기게 되니, 항일독립운동이 일반인들과 멀리 있는 사건이 아니고 바로 우리들의 옆집 아저씨가 하셨던 일들로 친숙하게 다가올 수 있다고 생각합니다. 어쩌면 이것이 아버지가 원했던 항일독립운동의 실상이었을지도 모를 일입니다.

아버지가 어느 날 이렇게 말씀하셨습니다.

"역사에서 정의가 승리한 적은 없다. 나는 할아버지가 살아온 방식대로 삶을 살았으나, 너희들에게 나와 할아버지의 삶을 따르라고 절대로 말하지 않겠다."

물론 어떤 때는 이 민족은 희생할 만한 가치가 없는 민족이라고 분노를 터뜨리신 적도 있었습니다. 또 그러면서 국가와 민족을 위해 무엇을 하라는 것도 내가 할 말이 아니라고 말씀하기도 하셨습니다. 어쩌면 아버지는 언제나 정의롭지 못한 이 역사와 사회에 대해 공분을 느끼고 살았다고 할 수 있습니다. 이 회고록에 아버지의 소회가 오롯이 담겼으니, 왜 이토록 많은 분노를 느꼈는지 이해할 수 있을 것 같습니다.

마지막으로 아버지의 개인적인 기록을 객관적인 역사적 사료로 탄생하는 데 많은 노력을 기울인 일조각 김시연 대표를 비롯한 모든 분들에게 심심한 감사를 전하고 싶습니다. 아울러 이번 책을 재출판하면서 그동안 알지 못했던 아버지의 아나키 자유사상에 대한 육필 원고를 발견하게 되었는데, 후일 기회가 되면 다시 출판할 것을 약속하고 싶습니다.

여러모로 애쓰신 분들에게 분명히 아버지께서도 고마워하실 것이라고 믿습니다. 자식으로서 아버지의 말씀이 더욱 다가오는 계절에, 이 책을 다시 출판하니 아버지가 더욱 그리울 따름입니다. 고맙습니다.

2025년 가을에,

소산 이규창의 아들, 이종철 삼가 적습니다.

해제

타고 남은 불기운, 더 진한 흔적으로 남다

—소산 이규창의 삶—

한경구
전 서울대학교 자유전공학부 교수

'운명의 타고 남은 불기운'이라 번역할 수 있는《운명의 여신餘燼》은 이규창 선생의 회고록이다. 1980년대 후반에 '정확한 기록을 남겨야겠다'는 뚜렷한 의식을 갖고 틈틈이 집필하기 시작한 이 책은 1992년 11월에 보련각寶蓮閣에서 처음 출간되었다. 출간 당시 전문작가의 도움을 받자는 의견이 있었으나 선생께서 '그럴 필요 없다. 원고는 한 글자도 수정하지 말라'는 의지가 강하여, 그야말로 교정만 보고 그대로 출간이 되었다.

이 책은 독립운동사의 소중한 기록이며 자료로서 뛰어난 가치가 있을 뿐 아니라 읽는 이로 하여금 묵직한 감동과 슬픔을 느끼게 한다. 제1장 〈유년기〉와 제2장 〈소년기〉는 1913년 3월 28일에 태어난 이규창이 철이 들기 시작하면서 항일독립운동의 중요한 구심점 중 하나였던 부친의 옆에서 직접 보고 들은 내용으로 구성되어 있다. 이규창은 중국 지린성吉林省 통화현通化縣 합니하哈泥河에서 태어났다. 그 당시 부친인 우당 이회영은 이상설을 만나러 합니하를 떠나 블라디보스톡으로 갔다가 다시 국내로 잠입해 있었기 때문에, 이규창은 다섯 살이 되어서야 부친의 얼굴을 처음 볼 수 있었다. 이회영이 블라디보스톡으로 가기 전 계백 장군에게 무언가를 건네받는 꿈을 꾸었다며 임신 중인 아내 이은숙한테 '아이를 계백이라고 부르라'고 한 다음 떠났다고 한다. 그래서 이규창은 본인의 아명이 '계백'이라 말했다. 이규창은 1917년에 서울로 왔다가 1919년 3·1 운동 이후 모친을 따라 북경으로 이주하는데 중국에서의 생활은 처음 2~3년 남짓을 제외하고는 걸핏하면 끼니를 거르는 극도로 곤궁한 생활이었다. 1925년 9월에 모친이 생활비와 운동자금 마련을 위해 귀국한 뒤에는 줄곧 부친 이회영을 시봉侍奉하고 1926년 10월에는 톈진으로 거처를 옮겨 항일운동의 노선과 방책은 계속 모색하는 와중에도 생활의 곤궁함은 이루 말할 수가 없었다.

제3장 〈청년기〉는 이규창이 이회영과 함께 1930년 12월, 상해에 온 다음부터 남화한인청년동맹, 흑색공포단 등 아나키스트 독립운동의 일선에 나서는 내용과, 1932년 11월 부친을 잃은 뒤에는 동포를 배신한 일제의 앞잡이를 처단하는 등 불꽃 같은 활동을 전개하다가 1935년 3월 검거된 일을 술회했다. 제4장 〈옥중기〉는 국내로 끌려와 수사와 재판을 받고 징역 13년 형의 수감생활을 하던 중 항일 삐라를 만들어 배포한 일로 10개월의 형량이 추가된 옥살이를 겪다가 해방으로 10년여 만에 풀려난 뒤 악독한 왜경을 처단하기까지의 삶이 생생하게 기록되어 있다.

이규창은 2005년 8월 2일에 세상을 떠났는데, 자신의 파란만장한 삶의 전반부를 운명의 장난이라 여겼다. 어려서부터 독립운동의 한복판에서 성장하며 이루 말할 수 없이 고생하고, 투쟁을 전개하다 체포되어 10년여에 걸친 감옥살이를 하는 등, 누구 못지않게 치열한 독립운동가의 삶을 살았지만, 정작 이규창은 독립운동을 한 것도 자신이 큰 뜻이 있거나 그릇이 커서가 아니라 운명 때문이라 했다. 감옥살이 후반에는 병보석으로 내보내고 싶어도 인수해

갈 사람이 없어 감옥에서 그대로 죽은 시신을 352구나 수습하는데, 해방 후에 들렀던 점집에서 팔자가 시체를 많이 치울 운명이라는 말을 들었다고 하니 갑자기 운명론자가 된 것은 아닐 것이다. 그저 드러내기를 싫어하는 천성과 함께 속이 깊고 마음가짐이 단단하기 때문이리라.

《운명의 여신》을 새로이 출간하는 작업에 참여하면서 아주 꼼꼼하게 읽었다. 읽으면 읽을수록 이 책이 참으로 중요한 가치가 있고 여러 사람이 읽어야 한다고 생각하게 되었다. 해제를 쓰게 되었기에 그 이유를 간략히 적어 본다.

첫째, 이 책은 남의 손을 타지 않은 직접 쓴 책이다. 해외 독립운동의 중요 거점에서 성장하고 치열하게 활동하다가 피체되어 10년 넘게 감옥 생활을 한 이규창 선생이 자신의 체험을 자신의 손으로 기록한 것이다.

물론 오랜 시간이 지난 뒤에 기록한 것이니만큼 사건이나 행동의 직후에 기록한 것과는 차이가 날 수밖에 없다. 시간이 경과하면서 발생하는 기억의 오류도 피할 수 없다. 삶의 과정에서 과거의 기억은 계속 선택되고 망각되면서 편집되고 왜곡되기 마련이다. 기억 속의 과거는 조금씩이라도 계속 변화한다. 심지어 직접 현장을 목격한 사람들에게 사건 직후에 이야기를 들어도 서로 모순되고 일치하지 않으며 일관성이 부족한 경우가 많은데, 하물며 수십 년이 지난 후에 과거를 회상하여 기록하는 것에 어찌 기억의 오류가 없으랴.

게다가 일제의 정보기관과 밀정들 때문에 독립운동가들은 철저히 보안을 유지해야 했고, 모든 기록을 파괴하고 조그만 단서라도 남기지 않으려고 조심해야 했다. 그러다 보니 독립운동가들은 해방 후에 글을 쓰려고 해도 참고할 자료가 없고 기억에 의존할 수밖에 없었다. 한편 우리 사회는 해방 후에도 커다란 혼란과 분단과 6·25 전쟁을 겪었다. 전쟁이 끝난 뒤에도 차분히 앉아서 회고록 집필에 전념하기는 쉽지 않았을 것이다. 바로 그렇기 때문에 이렇게 직접 쓰고 또한 남의 손을 전혀 타지 않은 회고록은 각별한 의미를 갖는다.

둘째, 당시의 실상을 기록으로 후세에 남기겠다는 뚜렷한 목적의식을 가지고 쓴 것이다. 본문에서 여러 차례 밝히고 있듯이 이규창은 독립운동을 방관하다시피 했던 사람들이 해방 후 무슨 큰 역할이나 했던 것처럼 설치고 다니거나, 심지어 친일 행각을 벌였던 사람들이 민족의 지도자로 나서는 위선적 행태에 분노했다. 한편 독립운동을 하는 과정에서 엄청난 물질적·정신적 고통을 받고 있었다고는 하지만, 돈 때문에 또는 소문을 듣고 함부로 동지를 의심하고 비난하고 심지어 폭행하는 현장을 목격하기도 했다. 어려서는 부친이 김달하 사건 직후 김창숙과 신채호로부터 터무니없는 의심과 비난을 받았을 때 모친이 찾아가 강력히 항의하고 사과를 받아내는 현장에 같이 있었으며, 부친의 사망 후 정보 누설자 처단 작업이 늦는다고 급기야는 자신마저도 '조치(제거)'의 대상으로 거론되는 끔찍한 경험을 하기도 했다. 또한 경박한 언사와 부적절한 행동거지로 동료와 주위 사람들을 위험에 빠뜨리거나 곤란하게 만드는 것도 보았고 욕망을 다스리지 못해 불미스러운 일을 일으켜서 뜻을 같이하던 동지들과의 화목과 신뢰가 무너지는 것도 보았다. 한편, 그 암울한 시기에 온갖 어려움과 고통을 겪으면서도 용기와 인간성을 잃지 않고 투쟁하다가 스러져 간 훌륭한 선배와 동지들에 대한 또렷한 기억도 간직하고 있었다. '내가 보고 듣고 아는 것이라도 기록하지 않는다면 후세에 그때 무슨 일이 있었는지 어떻게 알겠으며, 누가 이런 분들의 고귀한 성품과 행동을 기억하겠는가'라는 심정에서 글을 쓴다고 했다.

그래서 이규창의 책은 매우 직설적이다. 기억하는 범위 내에서 당사자들의 실명을 거론하며 정확하게 진실을 기록하겠다는 확고한 의지가 드러난다. 물론 어려서 보고 들은 일들이라서 당시에는 이해하지 못하고 나중에 다른 경로로 알게 된 정보를 토대로 해석하거나 추가한 것도 있고, 또한 하루하루가 위태로운 상황에서 당시 접할 수 있었던 정보가 제약과 편향이 심했기에 비롯되는 문제도 있다. 현재 우리가 알고 있는 객관적 사실과 어긋나는 내용이 이 책에서 발견되는 것은, 읽으면 읽을수록 접할 수 있었던 정보의 한계 때문이지 의도적 왜곡 탓은 아니라는 확신을 갖게 된다.

이규창은 보통 사람 같으면 감췄을 부끄러운 일도 기록하고 있다. 돈이 없어 어쩔 수 없었다고는 하지만 며칠 동안 먹고 잤던 여관에서 부친과 함께 오밤중에 도주한 이야기, 얼어 죽는 것을 면하고자 새벽에 쓰레기로 버리는 석탄 찌꺼기를 조금이라도 더 차지하려고 아귀다툼하던 이야기, 감방에서 사상범 사형수에게 성추행을 당하던 이야기 등을 읽노라면 독립운동이 거룩하고 장엄한 측면만 있는 것이 아니라 얼마나 궁핍하고 비참한 일이었나 하는 이면을 알게 된다.

셋째, 《운명의 여신》은 또한 저자 자신의 감정이나 생각을 명확히 드러내고 있다. 사실을 객관적으로 기술하는 척하면서 은근슬쩍 주관적 감정이나 생각을 끼워 넣거나 하는 일이 없다. 사람에 대한 호불호나 평가가 매우 분명하고 그렇게 판단하는 이유도 명확하게 기술하고 있다. 예를 들어 정화암鄭華岩(1896~1981)에 대한 평가는 여러 곳에서 매우 부정적인데 이규창은 자신이 정화암을 싫어하는 개인적 이유를 명확하게 밝히고 있다. 한편 백정기, 이을규, 이정규, 엄순봉 등 훌륭하다고 판단한 분들은 성함 뒤에 반드시 '선생'을 붙였다. 일제에 대한 적개심도 대단하여 '왜놈'이라는 표현을 자주 사용하였지만, 일본 사람들 가운데 상대적으로 양식良識이 있는 경우에는 '일인日人'이라는 표현을 사용했다. 앞에서도 언급했지만 읽으면 읽을수록 책 내용에 믿음이 가는 것은 바로 이러한 태도 때문이다.

넷째, 《운명의 여신》은 독립운동사의 이면을 보여 주는 참으로 사료적 가치가 매우 높은 글이다. 특히 〈유년기〉와 〈소년기〉의 기술을 읽노라면 이회영이나 그와 뜻을 같이했던 동지들의 삶의 세세한 부분에 대해서 알게 되는 것이 많다. 이회영을 비롯한 독립운동가들이 얼마나 비참할 정도로 궁핍한 생활을 하며 운동을 이어갔는지, 나라를 되찾겠다는 큰 뜻을 품고 모여든 사람들이지만 생활이 너무 어려워지면서 돈 문제로 동지를 의심하고 급기야 욕설과 주먹이 오가는 슬프고 안타까운 사태가 어떻게 벌어졌는지에 대한 서술도 있고, 남자들이 독립운동의 방책을 논의할 수 있도록 여성들이 이들의 먹을 것, 입을 것, 잘 곳을 마련하기 위해 얼마나 모진 고생을 하며 헌신했는지, 그렇게 헌신과 희생을 하다가 안타깝게 숨져 간 여성(예를 들면 송동집)을 바라보는 시선은 어떠했는지에 대해서도 서술한다. 이규창은 백정기가 이을규, 이정규, 정화암과 시신을 매장하러 가면서 "아니 내 팔자는 얼마나 기박하기에 남의 젊은 첩년 송장까지 메고 다녀야 하는지"라며 투덜댔다는 정화암의 회고록 내용이 사실과 전혀 다르다고 강하게 비판하는데, 정화암은 현장에 있지도 않았고 백정기는 천하의 의인義人으로 절대로 그런 말을 할 분이 아니라면서 "남자 애국자가 존재했던 이유는 그들 가족인 여성 애국자가 있었기 때문"이라 술회하고 있다. 송동집은 이회영의 첫아들로 태어나 이건영에게 입양된 이규룡의 소실이라고만 알려져 있었는데 최근에야 이규창의 녹취 인터뷰 기록을 읽고 우당 집안의 선산을 지켜온 묘지기의 딸이라는 사실을 알았다. 이규창이 송동집에 대해 '아주머니'라고 형수 호칭을 사용한 것도, 세상을 떠났을 때 그렇게 슬퍼한 것도 정화암의 회고록을 읽고 그렇게 분노한 것도 이해가 되었다.

이밖에도 앞이 보이지 않는 암울한 시기에 일제의 정탐과 회유 공작이 심해지면서 동지들끼리 의심하고 신뢰하지 못하는 상황이 어떻게 전개되고 그 결과 무슨 일이 일어났는지, 또한 일제의 경찰과 검찰의 조사 과정이 어떻게 전개되고 고문은 어떻게 이루어졌는지, 미결수는 어떻게 구치소 생활을 하며 재판을 받고, 기결수가 된 이후 감옥 생활은 어떠했는지, 감옥에서 수감자들의 일상생활과 일제에 대한 저항은 어떠했는지, 태평양전쟁에서 일제의 패색이 짙어지면서 감옥에 어떠한 일들이 일어났는지 등에 대해서도 일일이 서술했다.

다섯째, 해외에서 독립운동을 하다가 해방 후 귀국한 다수의 독립운동가들과는 달리 이규창은《운명의 여신》에서 일제의 가혹한 지배를 받으면 국내에서 살았던 사람들을 함부로 폄하하지 않고 있다. 이것은 참으로 중요하다. 해방 직후 귀국한 독립운동가와 국내의 지도자들 간의 협력을 방해했던 커다란 문제의 하나는 서로에 대한 인식이었기 때문이다. 정치적 주도권 경쟁과 이념 문제도 심각했지만, 해외에서 귀국한 인사들 가운데 일부는 국내에 있던 사람들을 '크거나 작거나 모두 친일파'라는 식으로 힐난했고 국내에 있던 인사들 일부는 '당신들이 중국에서 무슨 짓을 해 먹고 살았는지 여기서 모르는 줄 아느냐'고 응수하는 등 서로에 대한 불신과 갈등이 심했다고 한다.

이규창은 서울과 광주에서 10년여에 걸친 수감생활을 하면서 일제 지배하에 국내에서 산다는 것이 어떤 것이라는 것을 알게 되었고 그래서 국내에 있었던 사람들을 함부로 폄하하기는커녕 오히려 더 힘들었을지도 모른다고 보았다. 해외에서 돌아온 인사들과 국내의 인사들이 이규창 선생처럼 양쪽의 사정을 어느 정도 이해하는 통찰력을 가졌더라면 해방 후의 정국이 조금은 나아지지 않았을까 하는 아쉬움이 참으로 크다.

이렇게 중요한 책을 새로 출간하는 일은 출판사로서는 힘은 들어도 매우 의미 깊은 일이다. 《서간도 시종기》에 새로 주석을 꼼꼼히 붙이고 아우 한홍구(성공회대 석좌교수)와 함께 해제를 써서 출간하는 작업을 끝내고 나자, 매우 중요한 책이지만 사람들이 읽기 힘든 형태로 되어 있는 이 책이 자꾸 마음에 걸렸다. 그러나 유네스코 한국위원회 일 등으로 바빠서 엄두를 낼 수 없다가 우연히 우당 교육문화재단 회의에서 김정권 교수를 만났고, 《운명의 여신》을 새로 출간하자는 이야기가 급진전이 되었다. 김정권 교수 얘기로는 이규창 선생의 둘째 아드님 되시는 이종철 회장이 큰 관심을 갖고 있으며, 김 교수의 주선으로 충남대 박경목 교수(전 서대문형무소역사관 관장)가 학생들과 텍스트의 디지털화 작업을 진행하고 있다는 것이었다. 결국, 우당 선생 집안과 세교世交가 있고 또 《서간도 시종기》를 다듬고 주를 붙여서 새로 출간한 경험이 있는 일조각이 《운명의 여신》을 새로 출간하는 책임을 맡는 것으로 교통정리가 되었다. 독립운동사 연구자도 아니면서 이 책의 해제를 쓰고 있는 것도 그 때문이다.

편집 작업은 이규창이 쓴 내용을 훼손하거나 왜곡하지 않고 그대로 보존한다는 대원칙을 세우고 오로지 전달력과 이해력을 높이기 위해 최선을 다했다. 《서간도 시종기》 때와 달리 텍스트를 많이 수정한 것은 '한 자도 고치지 말라'는 엄명에 따라 교정만 보고 출간한 1992년 텍스트가 이미 존재하고 있어 필요한 경우에는 쉽게 확인과 참고가 가능할 것이기 때문이었다. 구체적으로는 다음과 같이 다섯 가지 노력을 중점적으로 했다.

첫째, 새로운 세대가 읽기 편하게 만들었다. 한자를 가능한 줄이고 꼭 필요한 경우에는 병기했으며 문장을 많이 다듬었고 현대식으로 고쳤다. 읽을 때 혼란이 적도록 시간적 선후 관계를 고려하여 원문 텍스트 내용의 일부 서술 순서를 조정했다.

책의 제목 《運命의 餘燼》은 초판(보련각, 1992)에서는 한글로 표기할 때 《운명의 여진》이라고 했지만 이번 출간본에서는 《운명의 여신》으로 수정했다. '다할 진盡' 과 '불 화火' 로 이루어진 '燼'은 한국에서는 '신'이라고 읽지만 중국어로는 '진[jìn]'이라 발음한다. 이규창 선생이 중국에서 자라셨기 때문에 '餘燼'을 '여진'이라 읽으셨던 것으로 추정된다. 그러나 '운명의 여신'이라고 한글로만 표기하면 대부분의 한국인들은 '運命의 女神'으로 여길 것이기에 '운명의 타고 남은 불기운'이라고 장황하게 의미를 새겨 놓았다. 이규창 선생은 직설적으로 간단하게 '운명의 찌꺼기'라고 하셨을 것 같지만….

둘째, 책에서 언급된 인명, 사건의 연도와 날짜, 사건의 전개와 맥락 등에 대한 철저한 확인을 통해서 단순한 기억의 착각이나 기록의 오류를 최소화했다. 예를 들자면 아나키스트 독립운동가들이 활동 자금을 마련하기 위해 톈진의 일본인 거리 욱가旭街에 있는 중실은호中實銀號에서 자금을 탈취한 사건의 정확한 날짜 등을 파악하기 위해 이 사건을 보도한 톈진에서 발행되는 1930년 11월 19일자《대공보大公報》제9819호를 확인할 필요가 있었다.《대공보》가 마이크로필름으로 위스콘신대학에 소장되어 있다고 하여 서울대 사회학과 박명규 명예교수의 주선으로 위스콘신대학 임채윤 교수에게 도움을 받을 수 있었다. 이러한 확인 과정에서 연구자들이 집필한 학술 논문이나 서적에도 오류가 간혹 있다는 사실을 깨닫게 되었다. 한번 잘못된 정보가 논문이나 서적에 실리면 인터넷을 타고 널리 확산되기 때문이다. 철저한 확인이 필요하다는 사실을 새삼 깨달았다. 아무튼 검증 결과 단순한 착각이나 오류임이 의심의 여지없이 명확하게 확인된 것은 유족 대표의 확인을 받아 수정했다.

셋째, 내용에서 언급된 지명과 지리적 위치도 철저히 확인했다. 베이징에서 거주한 가옥의 위치, 이사한 위치, 텍스트에서 언급된 다른 가옥들이나 건물 등과의 거리와 이동 경로 등을 검증했다. 다행히 베이징과 톈진과 상하이의 당시 또는 가까운 시기의 지도들을 여러 다양한 방법으로 입수할 수가 있어서 톈진에서 상하이까지 이규창이 이회영을 모시고 도보로 이동한 경로에 나오는 지명들을 확인할 수 있었고 여러 사건의 이동 경로도 확인할 수 있었다.

넷째, 이 책은 사료적 가치도 높다는 점을 고려하여 연구자에게도 도움이 될 수 있도록 노력했다. 의심의 여지가 없는 명백한 오류는 수정했지만, 조금이라도 논란의 여지가 있거나 확인이 되지 않는 부분은 그 사실을 주에 명기했다. 이 과정에서 이규창의 모친이 직접 쓴《서간도 시종기》와《운명의 여신》도 조금씩 서로 다른 부분들이 발견되었다. 예를 들자면 이규창은 얼굴과 손의 화상이 마적 떼가 습격해서 혼란 가운데 화로에 데었다고 기술하고 있으나, 이은숙은 걸음마를 하다가 화로 앞에서 넘어진 것이라 기술하고 있다. 이은숙의 기술이 사실에 가까울 것 같으나, 이규창이 '사실'이라 믿으며 기억해 온 내용역시 어느 의미에서는 매우 중요한 것이라 그대로 두고 주만 달았다. 교도소 면회 날짜도 다른 것이 있는데, 역시 감옥 안에 있는 사람보다는 감옥 밖에서 면회 오는 사람의 날짜 기억이 더욱 정확할 것 같은 경우도 원문의 내용을 주에 밝혔다.

문화인류학자의 시각에서는 '객관적 사실'이 정확히 무엇인가를 따지는 것도 중요하지만, 당사자들과 당대 사람들이 무엇을 사실이라 믿고 또 어떻게 기억해 왔는가 역시 자료로서 중요하다. 박용만 피살 사건에 대한 기술이 현재까지 알려진 사실과 어긋나는 부분이 많음에도 불구하고 함부로 내용을 수정하거나 삭제하지 않고 주를 달아 놓은 것도 그 때문이다.

1985년에 을유문고로 출간된 《우당약전》과 2024년 8월에 김창희가 출간한 《이규준 평전》, 그리고 2025년 6월에 이종찬 광복회장이 펴낸 《나, 조계진》도 내용을 검토한 결과 살짝 다른 부분들이 있어 필요한 경우 주에 명기했다. 박찬운 교수(한양대)가 '아들이 쓴 어머니의 자서전子敍傳'이라며 따뜻한 독후감을 쓰기도 했던 《나, 조계진》은 흥선대원군의 외손녀로 태어나 우당 이회영 선생의 며느리가 되어 고단한 삶을 살았던 조계진 여사의 삶을 다루고 있다. 전해 들은 이야기이지만, 생전의 조계진은 《서간도 시종기》에 사실과 차이 나는 부분이 많다고 했다 하며, 이규창, 모친 이은숙, 누님 이규숙 등 세 분이 모여 앉아 이야기를 하다가도 서로 자신의 기억이 옳다고 언성을 높였다는 우스개도 들었다. 앞서 언급했지만 같은 자리에서 같은 사건을 경험한 사람들의 기억에 차이가 나는 것이 흔한 일이다. 그래서 편집 작업을 하면서는 의심할 여지가 없이 누구의 기억이 정확한가 확신할 수 없는 경우는 모두 주에 명기했다.

다섯째, 어렵고 낯선 외국어 기반의 용어나 표현들, 그리고 역사적 맥락 등에 대한 이해가 필요한 곳에는 모두 주석을 달았다. 이규창은 만주에서 태어나 어린 시절 서울에 잠시 살았고 다시 베이징에 가서 경사제일소학교를 3년 만에 마치고 톈진에서는 명문인 남개중학을 다녔다. 호적도 중국으로 해 놓았는데, 중국어는 신문에 칼럼을 쓸 정도로 능숙해 글을 읽어 본 중국 경찰 간부가 문장력을 칭찬할 정도였다고 한다. 그러나 영어는 제대로 배운 기간이 짧았고 일본어는 수감 생활을 하면서 비로소 익힌 것이었다. 그러다 보니 한자나 중국어 관련 어휘나 표기는 비교적 확인이 용이했으나, 일본어나 영어 계통의 표현은 파악이 어려운 경우가 많았다. 그러나 끈질기게 확인 작업을 계속하다 보면 이규창의 기억이 정확하다는 것을 알 수 있었다. 처음에는 도무지 무슨 말인지 알 수 없거나 무언가 착각을 한 것이라 생각되는 표현들도 확인 작업 끝에 상당히 정확하게 파악할 수 있었다.

예를 들자면 원문에 "학교마다 '조반跳班'이란 제도가 있었다. 우리말로 월반越班을 한다는 말이다… 그렇게 소학교와 중고등학교를 '조반'하게 되면 10년 다녀야 졸업하는 것을 6년 내지 8년이면 졸업하게 된다. 학생의 재주와 노력 여하에 달린 일종의 영재교육인 것이다. 그 제도가 미국식 제도인지는 확실히 잘 모르겠지만 영어로 '돌을둔즈'라고 했다"는 표현이 나온다. '돌을둔즈'가 무엇일까 한참동안 고심하던 일조각 한정은 이사가 드디어 미국의 헬렌 파크허스트Helen Parkhurst가 개발한 Dalton Plan의 중국어 표기가 '道爾頓制[Dalton=道爾頓, Plan=制]'임을 깨닫고 아르키메데스처럼 '유레카'를 외쳤다. 그리고 그 학교 교장 선생이 그 제도를 도입한 사례에 대한 기록도 찾아 확인했다.

한편, 처음 읽었을 때 도무지 납득하기 어렵고 심지어는 비과학적인 이상한 이야기라 생각되는 표현도 있었다. 광주형무소에서 환자가 발생한 이야기를 하면서 "… 배탈이 나서 설사를 수없이 하게 되는 것이다. 그러다 속이 텅 비면 또 해초국이나 물을 배가 터지도록 먹고 다시 설사를 하였다. 그런데 설사도 그치고 소변도 안 나오는 상태가 되면 며칠 후 전신이 부어오른다. 그러다 수분이 심장까지 침입하면 사망하는 것이다. 이것을 기아부종饑餓浮腫이라 한다"는 표현이 있었다. '수분이 심장까지 침입하면 사망'이라니! 도무지 종잡을 수 없어서 처음에는 당시의 의학의 수준에 문제가 있는 것인가, 이규창이 무얼 잘못 들었거나 기억에 혼란이 있었던 것이 아닌가 의심했었다. 그러나 서울대 의과대학 명예교수인 가형家兄 한성구와 가제家弟 한준구의 도움으로 "저단백혈증으로 인해 심장을 둘러싸고 있는 심장막[심낭心囊]에 액체가 고이는 심낭삼출心囊滲出

(Pericardial effusion)이 발생하고, 액체의 양이 더욱 많아지면서 심장의 운동이 극도로 제한되는 심장 압전心臟壓塡(cardiac tamponade)으로 사망한 사례를 말하는 것"을 압축하여 일상 용어로 표현한 것임을 깨달았다. 또한 "죄수들에게 설사를 시키는 '쏠스'라는 약을 먹이고 소량의 죽을 주었다"는 내용도 있는데 '쏠스' 또한 한준구 교수의 도움으로 'salts'를 가리키는 것임을 확인할 수 있었다. 1930년대에는 황산마그네슘 등과 같이 장으로 물을 빼내는 염류하제鹽類下劑가 많이 사용되었다는 것이다.

이렇게 확인을 하고 또 확인하는 과정에서 선생의 기억에 대한 편집자들의 신뢰는 점점 더 깊어졌고, 역경을 운명이라 받아들이며 불꽃 같은 삶을 살고 무서울 정도로 명쾌한 글을 남긴 선생에 대한 존경은 더욱 커졌다.

내용을 훼손하지 않으면서 글을 읽기 편하고 이해하기 쉽게 만들려고 나름대로 열심히 노력했다. 이 책이 많이 읽히고 선생이 원했듯이 당시의 실상이 정확하게 후세에 전달되기를 기원한다.

일러두기

1. 이 책은 1992년 보련각寶蓮閣에서 발행한 《운명의 여신》을 저본으로 했으며, 맞춤법과 띄어쓰기는 현재 국립국어원 규정의 표기법을 따랐다.
2. 본문을 편집하는 과정에서 원문은 최대한 살리되 맥락상 내용의 앞뒤가 맞지 않는 부분과 기억의 오류로 착오가 일어난 부분, 혹은 사건 발생 시점이 뒤섞인 부분과 오탈자 부분은 불가피하게 수정하였다.
3. 실존 인물의 이름 중 초명初名, 이명異名이 섞여 있으나 저자 이규창이 언급한 기준으로 표기했다.
   예) 장해평→장기준, 엄형순→엄순봉
4. 본문에서 중국 내 인명과 지명, 사물 등은 한국어 한자음으로 표기했다.
   다만 각주에 실린 중국을 포함한 다른 지역의 인명과 지명, 사물 등은 현행 〈외래어표기법〉에 따라 표기했다.
5. 중국식 혹은 일본식 한자는 전부 한국식 한자로 바꾸어 표기했다.
6. 잡지, 신문, 단행본은 겹화살괄호(《 》)로 표기하고, 소설, 영화를 포함한 예술 작품의 제목과 발표문, 기타 문서는 홑화살괄호(〈 〉)로 표기했다.
7. 본문 중 언급되는 인물의 나이 혹은 사건 발생 시점은 저자의 집필 시기가 제각각 달랐기에 발생한 것으로, 실제 인물의 나이나 사건 발생 시점이 유의미하게 차이가 나는 곳은 주를 달았다.

제1장

유년기

서기 1913년 3월 28일 만주 통화현滿州通化縣에서 출생

인간은 반드시 환경이나 그 사회적 여건에 의하여 수난과 고초를 겪는 것은 아닌 것 같다. 나는 인간은 필시 세상에 태어날 때부터 전생의 운명을 등에 업고 태어난다고 생각한다.

무슨 미신 같은 헛소리, 또는 비과학적이고 유치한 생각이냐고 조소하는 사람도 있겠지만 어머니 복중腹中에서부터 10개월을 지내고 이 세상에 출생한 날부터 칠십여 성상星霜을 지내온 나 자신

의 발자취를 더듬어 보면, 운명의 장난이 아니고서야 어찌하여 그다지도 생과 사를 오고 가는 형언할 수 없는 고초로만 이어질 수 있겠는가.

인생관이 확고하지 못하여 그런 건지 아니면 인생 철학이 경지에 미치지 못해 그런 생각이 드는 건지 몰라도 과거를 돌아보고 또 돌아보아도, 세상의 조소를 받더라도 그 해답 이외에 나오는 것이 없다. 내 나라가 망하여, 내 민족이 다른 민족에 먹힌 처지가 되었으니 당연하지 않느냐고 말한다면 할 말도 없겠지만 세상만사가 다 그런 것만은 아닌 것을 어찌하겠는가. 왜놈이 쫓겨가고 독립국가가

어머니: 이은숙(李恩淑, 1889~1979). 이규창의 어머니이자 독립운동가 이회영의 아내. 본인도 독립운동에 헌신했으며《서간도 시종기》의 저자이기도 하다.

《서간도 시종기》: 이회영의 아내이자 이규창의 어머니 이은숙이 이회영 일가가 독립운동을 위해 서간도로 이주하게 된 일을 시작으로 일제강점기와 한국 전쟁 등을 포함한 50여 년 동안 겪은 일을 쓴 회고록. 1966년에 퇴고한 육필본을 바탕으로《민족운동가 아내의 수기—서간도 시종기》(정음문고, 1975),《가슴에 품은 뜻 하늘에 사무쳐》(인물연구소, 1981) 등 두 차례에 걸쳐 출간되었고, 2017년 일조각에서《서간도 시종기—우당 이회영의 아내 이은숙 회고록》이라는 제목으로 주석본이 재출간되었다.

된 지금의 양상을 살펴볼 때 어찌 운명의 장난이 아니라고 하겠는가. 내가 위대하고 거룩하여 국가나 민족을 위하여 독립운동을 했겠는가. 단지 운명의 장난으로 어찌어찌 하다 보니 '위국가爲國家, 위민족爲民族'이란 거창하고 걸맞지 않은 위대한 어휘가 나에게 주어지니 참으로 나 자신을 돌아볼 때 실소를 금할 수가 없다.

나는 1913년 3월 28일 쓸쓸하고 황량한 만주 벌판 통화현 합니하哈泥河 언덕 토방에서 영하 30도의 추위가 풀린 이른 봄, 온화한 날에 태어났다.

제 나라에서는 명문대가 집안의 부인으로 살았던 어머니는 나라를 잃은 망명가족의 일원이 되어 그때까지 꿈에도 생각하지 못한 낯선 환경의 장애를 뚫고 생명을 부지하기 위해 갖가지 중노동을 해야 했다. 피눈물나는 생활이 연속되는 와중에 장래의 고초를 등에 업은 내가 태어나게 되었으니 이 어찌 운명의 장난이 아니겠는가. 어머니께서 만주로 망명하여 겪은 가지가지의 일들은 어머니의 수기 《서간도 시종기西間島始終記》에 자세히 기술되어 있으니 더

재론再論을 아니하고, 단지 내 기억의 한도 내에서 일어났던 일들과 사람들에 관하여 적나라하게 기술할 것이니 조금도 허위나 과장, 가작假作이 없음을 부언하는 바이다.

만주에서의 망명 생활이란 글자 그대로 타향살이인 것이다. 언어, 생활 풍습이 판이한 이국 땅, 이민족 사이에서 의식주 생활을 해결하는 어려움을 어찌 다 글로 쓸 것인가. 80여 년 전, 참으로 황량한 대지를 개척하는 대사업에 휩쓸린 부녀자들이 겪은 피어린 고초를 어찌 말로 다 하겠는가. 고향에서는 그래도 귀하게 지내던 대갓집 부녀자들이 황무지를 일구고 옥수수와 조를 키워 수확한다는 것이 말이 그렇지 꿈엔들 상상이라도 해 보았겠는가.

80여 년 전, 참으로 황량한 대지를 개척하는 대사업에 휩쓸린 부녀자들이 겪은 피어린 고초를 어찌 말로 다 하겠는가: 원문에는 '72년'으로 기재. 그러나 이회영 일가가 서간도로 이주한 것은 1910년이고 《운명의 여신》은 1992년 출간했으므로 본문과 같이 수정함.

우리 가족 근 백여 명이 이주하느라: 이회영 일가는 1910년 12월에 만주로 이주함.

발호: 권세나 세력을 제멋대로 부리며 함부로 날뜀.

그 당시 만주의 사정은 완전 미개지인 데다 무법천지였다. 우리 가족 근 백여 명이 이주하느라 중국식 6필 마차를 백여 대나 써서 생활의 제반살림을 옮기다 보니 그 규모가 만주로 온 고려인 이주민으로서는 전대미문의 일이라, 만주 사람들이 보기에는 굉장한 부호의 이동이니 우리에 대한 소문이 수백 리 밖에까지 퍼졌다고 한다. 하기야 그 규모가 방대하니 그저 대부호지족大富豪之族이라고만 생각할 수 있는 것이지 우리가 망국의 한을 품고, 항일독립을 위하여 무관학교를 설립하고 양병하여 장래 항일독립의 정예용사를 양성하려고 온 속사정이야 무식한 만주 사람들이 알 리가 없지 않겠는가.

통화현 합니하의 관할이 봉천성부奉天城府 소속이지만 지역이 광활하고 산악지대라 험준하여 당국의 치안 상태가 미치지 못하고 도처에서 마적떼의 발호跋扈가 일어나고 있었다. 그러니 우리 가족이나 수행인들의 처지도 항상 불안하게 나날을 보내는 형편이었다.

그런 와중에 세월이 흘러 1913년 3월 28일에 어머니께서 나를 분만하셨으니, 그 고통이 또 어떠하셨겠는가. 그때 부친께서는 곁에 계시지 않았다. 만주에서의 각종 사업은 대충 여러 동지들에게 일임하시고, 블라디보스톡海蔘威의 이상설李相卨 씨에게 가서 국내외 제반사업을 의논하신 다음 곧바로 국내로 가셨다. 어머니는 나와 3살된 누이 규숙圭淑만 데리고 부득이 중부仲父 댁에 의탁하여 지내는 형편이었다.

그렇게 보내던 1913년 10월경 내가 이 세상에 태어난 지 6개월이 지난 무렵이었다. 새벽녘에 어머니께서 변소에 갔다 방으로 들어오시는 순간, 어머니는 왼쪽 어깨에 별안간 무슨 큰 물건으로 일격을 당하는 충격을 느끼시며 방바닥에 쓰러지셨다. 그 후 수십 명의 무리가 쳐들어와 이 방에서 저 방으로 온 집안을 뒤지는 것이었

중부: 둘째 아버지. 즉, 부친의 둘째 형인 이석영을 가리키는 말.

1913년 10월경: 1913년 10월 20일.

나의 얼굴과 오른손의 흉터도 마적의 폭행에 어머니가 쓰러졌을 때 내 몸이 화로의 숯불에 닿아 상처가 난 것이다: 《서간도 시종기》에서 이규창의 화상에 대한 기술은 다음과 같다.

규창이가 첫돌이 (1914년) 3월이라 잘 기어다니며 우뚝우뚝 서서 걸음마를 하려고 하는 때이다. 하루는 일꾼 여자가 바느질한다고 인두를 쓰다가, 화로에 불은 많지 않지만 인두 꽂힌 걸 그냥 두고 강냉이를 타러 간 사이에 우리 규창이가 화로에 엎어졌다. 손도 데고 면상은 인두에 데어 어여쁜 얼굴에 흠을 지은 일 생각사록 원통 애달픈 마음 내 죽기 전 잊으리오.

《서간도 시종기》, 99쪽.

다. 어머니는 왼쪽 어깨에 유혈이 낭자한 것을 보고 나서야 비로소 마적 떼의 총에 맞은 것을 알게 되셨다. 나의 누이 규숙은 당시 3세라 놀라서 잠에서 깨어 방 한구석에 가 앉았고, 나는 세상천지 무엇을 알리요. 마적들의 발 사이에서 나의 생명이 경각에 놓여 있었다. 마적들이 핏덩이가 이불에 싸여 있는 것을 알 리도 없고 그 금수 같은 놈들이 발로 밟기만 하면 나의 생명은 끝장이 나는 것이었다. 그러나 어머니께서 그 인사불성한 경황에도 한 팔로 가까스로 나를 안아 보호하시니 살아남은 것도 나의 운명이라 하겠다.

만약에 어머니 어깨의 총탄이 조금만 더 아래로 내려와 심장을 관통했다면 어머니는 그 자리에서 돌아가시고 나도 그놈들의 발에 채여 절명하고 말았을 것이다. 이 역시 살아서 무수한 고생을 하라는 운명이 아니고 무엇이겠는가. 차라리 그때 핏덩이로 비명횡사 하였더라면 모진 풍상사경風霜死境을 헤매지는 않았을 것이니 얼마나 편했을 것인가. 하지만 또 한편 생각하면 생명을 부지하면서 보통 사람이 몇 백 년을 살아도 겪지 못할 허다한 역사적 사건을 체험하였다는 귀중한 사실에 천신과 부모님께 감사를 드리는 바이다.

나의 얼굴과 오른손의 흉터도 마적의 폭행에 어머니가 쓰러졌을 때 내 몸이 화로의 숯불에 닿아 상처가 난 것이다. 이 또한 운

오백 리나 되어: 《서간도 시종기》에서는 240리라고 한다.

(중략) 의사 김필순 씨는 우리 동지로서 세브란스병원의 의학 박사로, 적십자 병원을 통화현에 와서 내고, 때를 기다리며 생활을 하는 분이다. 내왕(來往) 2백 40리나 되는 길을 밤을 도와 21일 오후에야 의사와 함께 군대들도 와서, 의사는 나를 치료하고 군대는 영석장 모시러 산으로 갔다.

《서간도 시종기》, 95쪽.

그 사이에 마적들이 나의 중부를 납치하여 갔기 때문에 더욱 집안은 대혼란이 되었다: 《서간도 시종기》에서는 이규창의 어머니 이은숙이 마적한테 습격을 당했을 때 중부 이석영이 마적한테 납치되었다가 군대의 도움으로 바로 돌아왔고, 그 후에 이은숙은 40여 일 입원했다가 집으로 돌아왔다고 함.

《서간도 시종기》, 95~97쪽.

하회: 윗사람이 회답을 내리는 것.

고려: 당시 중국인들은 조선을 '고려'(Gāolí, 까우리)라고 지칭했다.

명의 수數였다. 어떻게 그 고통을 일일이 다 말로 하겠는가. 마적들이 몇 시간 동안 분탕질을 하다 간 후 비로소 소식을 들은 학생들이 왔다. 가족들도 어머니의 상처가 대단히 위중함을 알고 경황이 없는 가운데 응급조치를 하고 통화현으로 이송하여 치료를 받도록 하니 나도 어머니와 동행하게 되었다.

통화현이 합니하에서 오백 리나 되어 우마차 편으로 만 3일이 걸려 병원에 도착하게 되었다(마침 그 병원의 병원장은 김규식 선생의 처남인 김필순 선생이었다). 어머니는 출혈이 너무 심해서 빈혈이 참으로 위급한 정도였고, 나 또한 화상이 심하여 어린 것이 목불인견目不忍見이 되었다고 한다. 그러나 죽을 팔자가 안 되어서 3개월만에 회복이 되어 도로 합니하로 오게 되었다. 그 사이에 마적들이 나의 중부를 납치하여 갔기 때문에 더욱 집안은 대혼란이 되었다. 그리하여 만주국 당국에 사람을 보내어 중부님의 납치가 마적의 소행이라는 것과 중부님의 마적으로부터의 안전한 송환을 요구하고, 장래에 이런 사건이 재발하지 않도록 엄한 조치를 바란다는 취지를 전하고 하회下回를 기다리는 수밖에 도리가 없었다. 5일 후, 다행히도 마적들이 중부님을 모시고 왔다. 중부님이 한국의 귀족으로 왜놈이 고려를 강점한 후 국권을 회복하려고 이국 땅 만주를 독립운동의 기지로 삼아 군인을 양성하여 왜놈들을 쫓으려 하는 분이라는 말을 듣고 중부께 백배사죄하고 우리 집으로 모시고 온 것이다(그러니 중국의 마적이라고 하여도 대의를 존중하고 의열義烈을 숭상함을 알 수 있다).

어머니는 불편한 몸으로 나와 규숙 누이를 돌봐야 했고 유숙留宿해 있는 신흥학교 학생들의 식사를 돌봐야 하니 그 신역身役이 얼마나 고되겠는가. 부친은 국내의 일을 매듭짓고 만주로 오신다고 하였으나 차일피일 못 오시고 있었다. 결국 나는 내 나이 다섯 살이 될 때까지 부친의 얼굴을 못 뵈었고 우리 세 모자는 지긋지긋한 고생을 견디며 살기 위해 애를 썼다.

유숙해 있는: (남의 집에서) 묵고 있는.

신역: 몸으로 치르는 노역 혹은 고역.

사이가 자별한 데다: 특별히 가까운 데다.

무슨 전염병인지 몰라도 다 같이 앓다가: 《서간도 시종기》에서는 박씨가 큰아들 이규봉의 신병 때문에 경황없이 지내다가 홍역으로 7, 8세된 큰손녀를 잃고 황망하던 중 우연히 병을 얻어 3월 28일에 작고하였고, 한편 규숙·규창 남매는 홍역을 열흘 만에 잘 치렀지만 그때까지 홍역을 안 치렀던 이은숙은 무척 심하게 앓았다고 함.
《서간도 시종기》, 109쪽.

내 나이 3살이 지나 4살이 되어 사물을 대강 분간하게 되면서부터 전부는 기억이 안 나지만 대충 합니하의 풍경과 어머니를 따라 놀고, 이상하게 여기던 일은 아직도 어렴풋이 생각이 난다. 이를테면 만주는 겨울이 되면 영하 40도까지 내려가니 모든 월동준비를 여름부터 서둘러야 했다. 워낙 여름, 가을이 짧기 때문에 가족과 학교의 모든 선생님이나 생도들이 틈만 있으면 산에 가서 나무를 해서 교정이나 집에 산더미같이 쌓아 놓아야 동절기에 안심을 할 수 있었다. 산은 험준하고 수백 년, 수천 년이 됐는지 모를 산림은 수백리에 달하여 끝이 없고 참으로 자연의 자원이 풍부하니 노력만 하면 먹고 사는 데 문제가 없었다.

나는 어머니와 다섯째 숙모님(시영 숙부의 부인 박씨)이 틈만 있으면 봄여름에 산나물을 캐러 산에 가실 때마다 따라다녔다. 동절 대비를 하는 것이다. 숙모와 어머니는 워낙 사이가 자별自別한 데다 숙부께서 북경이나 상해로 출타가 잦으시니 자연스레 한 집에서 살게 되어 더욱 친근하게 지냈다. 그랬는데 무슨 전염병인지 몰라도 다 같이 앓다가 어머니는 고생 끝에 낫고 숙모는 끝내 서거하시고 말았다. 참으로 원통한 일이였다. 망국대부亡國大夫의 부인이 남편을 따라 이국 땅에 와서 독립을 위하여 고생하는 남편과 무관학교 학생, 그리고 가족 뒷바라지를 하며 고생만 하다가 원귀가 되고 말았으니 그 원통함을 어찌 다 말로 표현하겠는가. 숙모가 돌아가신 후, 어머니는 더욱 쓸쓸해지셨다고 한다.

1년, 또 1년 세월이 가는 동안 만주의 기후나 환경에 적응이 되어 일상생활의 준비나 농사는 지장이 없었다. 그곳은 주식主食이 옥수수이고 쌀농사는 조금만 지어 중부님의 진지상에만 올렸다. 옥수수를 추수하게 되면 광대한 빈터에 밑을 띄워 누각 같은 창고를

1척: 약 30.3cm.

규서: 이규서(1912~1933). 이회영의 둘째 형 이석영의 막내 아들. 이규창보다 한 살 위로 사촌지간.

계백: 이규창의 아명兒名. 원문에는 '계백季伯'이라고 적혀 있었으나 2001년 이규창의 녹취록 인터뷰를 통해 계백 장군의 이름에서 딴 것을 확인함.

1913년 이규창이 출생하기 전, 이회영은 꿈에 백제 계백 장군이 나타나 자신한테 무엇인가를 건네주었다면서 부인에게 아이의 아명을 '계백'이라 지으라고 한 뒤 이상설과 국제 정세를 논의하기위해 블라디보스토크로 건너갔다고 한다.

출처: 공훈전자사료관(https://e-gonghun.mpva.go.kr/) 《독립유공자증언자료집》 1권 중 '이규창'(2001).

짓고 옥수수를 그곳에 저장하는데, 부인들은 그 누각에 올라가서 옥수수 알갱이를 따서 부대에 담아 집에 가져와 조석을 준비하는 것이다. 높은 누각에 식량을 저장하는 이유는 조선과 달리 그 크기가 1척尺이나 되는 만주의 쥐로부터 곡식을 지키기 위해서였다.

옥수수의 알을 며칠 동안 물에 불려서 우리 식으로 밥을 지으면 참으로 맛 좋은 밥이 된다. 그리하여 학교의 선생과 생도들에게 식사를 제공하는 것이다.

밥에 대해서는 지금까지도 잊지 못할 일이 한 가지 있다. 그 시절의 주식은 옥수수밥 이외에는 아무것도 없는 형편이고 중부님께만 백미로 진지를 지어드리다 보니 중부님의 막내아들 규서圭瑞만은 쌀밥을 먹었다. 그러니 어린 나로서는 그 쌀밥이 얼마나 먹고 싶었던지 말할 것도 없었다. 나는 쌀밥을 '하야밥' 이라고 불렀는데 나로서는 항상 중부님과 함께 하야밥을 먹는 규서가 하도 부러워서 어린 맘에 한이 맺히다시피 되었던 것 같다. 그래서 하루는 규서가 하야밥을 먹는 것을 보고 밖으로 나와서 삽으로 땅을 파고 있었다. 그런데 어떤 아주머니가 나와서 방에 가서 밥 먹으라고 하며, 왜 땅을 파느냐고 묻기에, 내가 규서를 땅에 묻어버린다고 하니 그이가 놀래서 중부님께 계백階伯이가 그런 놀랠 말을 했다고 전했다. 중부님께서 대노하시어 나를 당장 부르시고 몽둥이로 엉덩이를 20대나 때리시며 잘못을 빌라고 하시니 나는 울면서 잘못하였다고 빌었다. 하야밥을 못 먹은 탓으로 그런 사단이 난 것이다. 부친이 안 계신데 이런 광경이니 어머니의 마음이 어떠하셨겠는가. 어머니는 수십 년이 지난 후에도 그 시절 그 일을 말씀하시곤 했다.

나는 사촌인 규홍圭鴻 형(시영 숙부의 둘째 아들)과 일각이라도 떨어져서 지내지 못할 정도로 자별했다. 어머니는 숙모가 돌아가시고 숙부가 상해로 가신 후에 자연히 규홍 형을 양육하게 되었고 규홍 형을 친아들같이 대하셨다. 그러니 나하고 형은 둘도 없는 사이였다. 여름철에는 산이나 들로 놀러 다녔고 합니하강에서 형이 노를 젓는 배를 타고 놀았다. 그 추억을 지금도 잊지 못한다. 그러나 규홍 형은 해방 후 상해에서 귀국한 뒤 6·25 동란 시 대전에서 병

규홍 형은 해방 후 상해에서 귀국한 뒤 6·25 동란 시 대전에서 병으로 돌아갔다: 1952년 사망.

으로 돌아갔다.

또 한 가지 기억나는 일은 내가 백일해를 앓아서 퍽 고생한 적이 있었는데 그때 만주 황야에 무슨 약이 있겠는가. 그런데 민간비법으로 당나귀하고 입을 맞추면 백일해가 낫는다는 말을 들은 다섯째 숙모가 남동생 박돈서朴敦緖 씨에게 부탁을 하여 당나귀와 나하고 입을 맞추게 하니, 그때 무섭고 진절머리 났던 생각을 하면 지금도 소름이 끼친다. 여하튼 그런 일이 있은 후 백일해가 나았는지 어찌 되었는지 기억이 나지 않으나 단지 그 광경을 생각하면 무서울 뿐이다.

나는 다섯 살까지 합니하를 바라보며 춘하추동 사계절을 규홍형과 재미있게 자연과 더불어 놀던 기억만 나지 어머니가 얼마나 고생하셨는지, 또 집안 대소가 어른들이 겪은 고생이 어땠는지는 알 바가 아니었다. 내가 지금도 기억나는 것은 겨울에 일찍 잠이 깨어 대소변을 보러 마당에 나가면 너무나 추워서 대소변이 몸에서 나오자마자 얼어붙는 지경이었다. 그러다 보니 대소변을 보고 나면 하도 추워서 그만 울고 마는 것이다. 이런 추위에서 살다가 봄이 되어 합니하 언덕 위에 올라 신흥학교 생도들이 교련하는 광경을 보면 참으로 신기하게 여겨졌다.

내가 5살이 되는 해에 규홍 형은 상해에 계신 숙부(성재 이시영)께 로 가고 규홍 형의 친형인 규봉圭鳳 형이 병이 도져 고생했다. 그 병이 보통 병이 아니고 정신계 병으로 합니하 벽촌에서는 치료가 불가능하여 규봉 형은 신흥학교 교사직도 사퇴하고 부득이 본국으로 귀환하여 나의 부친께 요양을 의탁하게 되었다. 규봉 형의 부인과 아이는 상해로 가지 못하고 당분간 봉천성奉天省 심양시瀋陽市에

몇 달이 지나니: 《서간도 시종기》에 따르면 1917년 5월 초(음력)에 봉천에 와서 거의 두 달 만에(6월 27일) 서울로 감.

《서간도 시종기》, 111쪽.

그런 참사를 당하고 북경으로 간 것이다: 《서간도 시종기》에 따르면 당시 이은숙과 규숙·규창 남매가 서울에 가서 1917년 8월 30일에 익선동으로 옮긴 뒤, 이은숙이 우당을 도와 한동안 이규봉의 병수발을 함.

《서간도 시종기》, 115쪽.

그 후 1919년 2월 15일(음력, 양력으로는 3월 16일)에 이규창 가족이 북경에 갔을 때 규봉 내외는 이미 북경에 와 있었음.

느리골: 현재 서울시 종로구 효제동.

머무르다가 형이 병이 나아 돌아오면 동행하기로 하였다.

수개월 후 어머니와 우리 남매도 심양시의 규봉 형수가 머무르는 처소로 옮겨와 국내에서 부친이 귀국하라는 전갈이 오기를 고대하고 있었다. 그러기를 몇 달이 지나니 노자는 떨어져 가고 생활이 말이 아닌데 기껏 아침저녁으로 먹는 것이 수수밥이다 보니 그만 유아들幼兒이 배탈이 나서 중해지는 바람에 며칠 사이에 세상을 떠났다. 규봉 형님의 자식 둘 다 세상을 떠난 것이다. 이 얼마나 비참한 광경이겠는가. 그리하여 규봉 형님 내외는 후손이 없게 되고 말았다. 이 역시 팔자소관이라 하겠다. 그런 참사를 당하고 북경으로 간 것이다.

어머니와 우리 남매는 그 비참한 일을 겪고 나서야 '회국回國하라'는 전갈이 와서 본국 경성京城의 부친이 계시는 곳으로 가게 되었다. 태어난 지 만 5년 만에 부친을 처음으로 대면하게 된 것이다. 부친이 계시던 동네가 '느리골'이라고 하는데 지금은 어디인지 잘 모른다. 그 집은 유창환俞昌煥 선생의 댁인데 방을 한 칸 빌려서 사는 것이었다. 자연히 어머니와 남매, 3명이 한방에 기거하게 되었다.

유창환 선생으로 말하면 당대의 유명한 문장가이자 서예가인데, 유진태俞鎭泰 선생과는 친척이시며 부친과는 독립운동 동지로서 세 분이 형제와 같이 의기상화意氣相和하여 국가 장래와 항일 독립운동에 진력하는 처지셨다. 그러니 유 선생의 집안하고 한 동기간같이 지내는 처지였다. 유창환 선생의 자제되는 분은 지금 서도書道의 명문이요, 문장을 겸비한 일창一滄 유치웅俞致雄 선생이시다. 덧붙이자면 유창환 선생의 호號는 우당愚堂이시고 나의 부친의 호는 우당友堂이다. 유진태 선생의 호는 백은白隱이시다.

두 유 선생은 부친의 부탁으로 우리 전 가족이 만주로 망명한 후 국내의 중대사들을 부친께 연락하고 처리하시며 항일운동을 하셨고 부친이 블라디보스톡에서 귀국하신 후의 생활도 두 유 선생한

양금: 한국의 전통 현악기. 揚琴이라고도 쓴다. 유럽의 덜시머dulcimer가 조선에 들어와 변형된 악기. 쇠줄을 때려서 소리를 내는 타현 악기이며, 국악기 중에서는 유일하게 금속줄을 가진 현악기.

주구: 사냥감을 향해 달리는 사냥개라는 뜻으로, 남의 사주를 받고 끄나풀 노릇을 하는 사람.

테 의지하셨다. 이를테면 부친께서는 석파 흥선대원군의 난蘭과 흡사할 정도로 난을 잘 치셨는데, 부친이 난을 치시고 화제畫題는 우당 유창환 선생이 쓰신 다음 낙관은 부친이 직접 새겨서 석파의 그림과 조금도 차이 없이 만들어 그 그림을 백은 유진태 선생이 당시의 명문거족 댁으로 방문하여 한 폭씩 맡기고, 그림값으로 1~2백원圓씩 받아 독립운동자금으로 충당하셨다. 두 우당 선생은 시간 여유가 있으시면 거문고·양금洋琴·단소·퉁소의 연주도 하셨는데 그 고단한 생활 중에서도 음률과 서화書畫가 어우러진 청아한 기풍이 주위를 훈훈하게 하였다. 우당 유창환 선생은 참으로 다재다능한 분이었다. 서문書文에서도 당대의 대가이셨지만 음률에도 조예가 깊어 부친의 사우師友가 되셨던 것이다.

그렇게 남의 집에서 기거하는 와중에도 하루도 편할 날이 없었다. 그 지긋지긋한 왜놈의 형사나 주구走狗 놈들의 끊임없는 감시도 그렇지만 아무 때고 찾아와 동정을 탐지하니 잠시라도 맘 놓고 지낼 수가 없었다. 이것이 망국민의 비탄인 것이다.

부친께서는 성격이 주도면밀하시고 매사에 사려가 깊으셔서, 언제 그놈들이 집안을 뒤질지 모르는 상황에 대비하여 각처에서 오는 편지나 조금이라도 문제가 될 만한 문서는 보는 즉시 태우시고 조금 중요한 문서는 담배 재떨이 밑에 풀로 붙여 두시니 제아무리 형사놈이라 하여도 담배 재떨이 밑바닥은 보지 않았다. 부친이 이렇게 주도면밀하시니 만주에서 환국하신 후 105인 사건의 여파로 잠시 피체되셨을 때도 증거를 포착하지 못한 왜놈들로부터 풀려나실

기억나는 일로는 밤중에 비는 억수같이 내리는데 한 청년이 찾아와 오랜 시간 밀담을 나눈 후, 그 청년이 비도 억수같이 내려 다른 곳에 가기도 힘들고, 먼 길에 와서 피곤하니 하룻밤 묵어가면 안 되겠냐며 간청을 했지만 부친이 단호히 거절하셨다: 《우당약전》에 따르면 1915년 여름의 일이라고 한다. 당시 임경호는 이회영의 심부름으로 블라디보스톡의 이상설에게 몰래 갔다가 돌아온 길이었다.

출처: 이정규·이관직 저, 《우당약전》, 을유문화사, 1985, 169쪽.

시국이 한시도 방심할 수 없는 때라: 실제로 이때 이회영은 경찰서에 3주일간 구류를 당하였다.

출처: 《우당약전》, 169쪽.

이인: 재주가 신통하고 비범한 사람.

수 있었다. 그렇지만 그후로 놈들의 감시가 점점 심해졌고 그런 와중에 어머니와 우리가 돌아오니 부친께서는 근심이 태산 같으셨다.

기억나는 일로는 밤중에 비는 억수같이 내리는데 한 청년이 찾아와 오랜 시간 밀담을 나눈 후, 그 청년이 비도 억수같이 내려 다른 곳에 가기도 힘들고, 먼 길에 와서 피곤하니 하룻밤 묵어가면 안 되겠냐며 간청을 했지만 부친이 단호히 거절하셨다. 부친이 말씀하시길 내가 무정하여 그런 것이 아니고 시국이 한시도 방심할 수 없는 때라, 그놈들이 지금이라도 쳐들어올지도 모르니 그 점을 양해하고 다른 곳에 가서 머무르라고 간곡히 타일러 그 청년이 피곤한 몸을 이끌고 비를 맞고 갔다. 아니나 다를까 새벽녘도 안 되어 왜놈 형사와 순사놈 3명이 들이닥쳤다. 만약 그 청년이 우리 방에 머물렀다면 그 결과가 어찌 되었을까 상상만 하여도 아슬아슬하다. 참으로 백 번 잘된 일이었다.

나는 후에 알았지만 그 청년은 임석호, 또다른 이름은 임경호林敬鎬라는 분으로 부친이 아들같이 대하던 분인데, 은밀하게 의논할 일이 있어 그날 만주에서 귀국하였던 것이다. 그후 자신이 떠난 후의 상황을 알게 된 임 선생은 부친을 이인異人이라며 존경과 함께 부친의 의견이나 매사 논의에 절대 복종하고 동의하였다. 나중에 부친께서 북경으로 가신 후에도 임 선생의 역할이 대단하였고 그 공적이 지대하였다.

나는 일찍 잠들었지만 간혹 잠결에 부친께서 손님 한 분하고 설농탕雪濃湯을 밤참으로 드시며 밀담을 하시는 경우가 있었다. 그 손님은 키가 크고 장대한 분이었는데 한 달에 2번가량 오시는 것 같았다. 후에 알았지만 그분은 안호형安鎬瀅 선생인데 태황제太皇帝의 측근 내관이었다. 태황제를 측근에서 모시면서 태황제의 비밀지사秘密之事를 부친께 전하고, 태황제께서는 자신의 용돈을 절용節用하

설농탕: 설렁탕.

태황제: 제26대 조선 왕인 고종. 조선의 왕으로서 대한제국을 선언하고 칭제稱帝했으므로 '태왕'이 아니라 '태황제'라 한 것.

절용하셔서: 아끼셔서.

규학 형: 이규학(1896~1973). 이회영의 차남이자 이규창의 형.

조계진: 조정구趙鼎九의 딸. 1897~1996.

헤이그 밀사 사건: 1907년 7월.

모사: 일을 몰래 꾸미는 것.

셔서 모은 돈 백 원圓을 매월 안 선생을 통해 부친께 생활비조로 전하는 것이다. 태황제와 부친과의 관계는 공적으로는 군신 관계였지만, 사적으로는 나의 형님인 규학圭鶴 형이 태황제의 생질녀(조계진趙季珍)를 아내로 맞이하였으니 사돈인 셈이다. 그러나 삼천리 강토의 주권을 빼앗긴 상황에 태황제와 부친은 군신관계나 사돈관계가 아니라 항일독립운동에 뜻을 같이하는 동지로서의 관계가 우선이었다. 그리하여 수많은 대내외 항일독립운동을 도모하여 성패成敗에도 불구하고 두 분은 끝까지 항일운동을 하셨다. 나는 항상 태황제의 고결한 인품과 강력한 항일항전 의식 등에 대한 부친의 존경심과 사모의 정情을 엿볼 수 있었다.

세상에서는 헤이그 밀사 사건의 관련인으로 이상설李相卨, 이준李儁 등이 언급되고 황제의 밀서를 어떻게 받았는지에 대해서도 이야기가 분분하지만, 왜놈의 감시가 극심하던 때에 황제에게 문안이라도 하려면 왕실과 자연스럽게 왕래할 수 있는 신분이 아니면 일을 도모하는 것 자체가 아예 불가능하다. 우리 집이야 대대로 공신가문이고 왕실과 결연結緣관계도 있으니 아무리 왜놈들의 감시가 극심하여도 태황제의 뜻을 전하는 심복과 자연스레 선이 닿았고 모사謀事가 가능했던 것이다. 그러니 부친이 뒤에서 큰 역할을 하신 것은 사실이다. 그러나 세상 사람들이 알 수 없는 막후 공작이니, 자연히 그런 대사건을 각자 자기 나름대로 모든 것을 한 것같이 이야기하는 각양각색의 설이 난무하게 되는 것이다. 이상설 씨하고는 일가이지만 부친과는 일가 친척이라기보다는 둘도 없는 독립운동 동지이며 지우知友셨다. 헤이그에 밀사를 파견할 것을 태황제에게 건의하고 태황제의 밀서를 대표단에 전한 것도 부친의 주도하에 조정구趙鼎九, 안호형, 조남익趙南益 등 여러 사람이 막후에서 움직인 것이다. 조정구는 대원군의 막내 사위이고 훗날 규학 형의 장인이 된다. 조남익은 조정구의 둘째 아들이자 태황제의 시종이었다.

이렇게 은밀하게 진행된 일을 세상 사람들이 알 수도 없고 부친

유자후 씨의 저서: 유자후, 《해아[헤이그]밀사海牙密使: 이준李儁》, 일성이준선생기념사업회, 1948.

《이상설전》: 윤병석, 《이상설전李相卨傳: 해아특사 이상설의 독립운동론海牙特使 李相卨의 獨立運動論》, 일조각, 1984.

께서 내가 일을 꾸몄다고 세상에 발표하신 적도 없고, 또 고종과 인척관계가 된다는 것도 요즘에 와서야 세상 사람들이 알게 된 것이다. 모두 나의 부친께서 하신 일에 대해 모른다. 이준李儁 선생의 사위 유자후柳子厚 씨의 저서를 보나 윤병석 선생의 《이상설전李相卨傳》을 봐도 궁인이 밀사에게 밀서를 전한 것으로 되어 있는데, 그 당시 궁내의 관행 등을 생각하면 쉽게 납득이 안가는 일이다. 거두절미하고 믿을 만한 인연 없이 성사될 수 없는 일이기 때문이다.

나는 이런 일이 과장이나 허위가 아닌 사실 그대로 전해져야 사리에 맞는 일이라 생각한다. 헤이그 밀사 사건의 시말 중에 아직도 이해 못할 사실은 언론이 이준 선생이 만국회의장에서 스스로 할복하여 그 선혈을 회장에 뿌려 망국의 한을 풀고 순국하였다고 전하여, 망국의 의분을 못 삭히고 있는 국민들을 한층 선동하여 대일항심對日抗心을 고취하게 한 점이다. 이것은 민심을 격동케 하는 수단이지만 사실을 조작하여 후세에 전하게 된 것이다. 이상설 선생의 실록實錄은 전부가 유실되었고 부친과 해외에서 주고받은 모든 문서는 부친과 전 가족이 흩어져 지내는 와중에 하나도 보전된 것이 없다. 참으로 애석할 뿐이다.

이회영의 차남 이규학과 부인 조계진의 혼인 사진

내가 어머니와 만주에서 환국하고 1년 반쯤 되었을 때, 규학 형이 결혼(1917년 동짓달, 음력 11월)한 지 거의 1년 만에 신부례(우귀례)를 지내게 되었다. 신부례가 늦어진 것은 말할 필요도 없이 온 식구가 여기저기 나뉘어 사는 판이라 신부를 맞을 만한 단칸방조차 준비가 되지 않았기 때문이다. 그리하여 내 나이 6살 때 형수님의 신부례하는 모습을 보게 되었다.

태황제의 생질로서 우리 이씨李氏네 집으로 시집을 오니 나라가 망하지 않았으면 이런 형편이기야 했겠는가. 신부례를 하기 전에 친정에 머무르던 형수가 종종 시부모님을 뵈러 올 때에 나는 길에서 놀다가 형수가 오는 것을 보면 하도 반갑고 좋아서 형수의 손을 잡고 깡총깡총 뛰며 집으로 왔다. 한번은 형수가 오는 것을 보고 좋아서 뛰다가 그만 길가 개천에 빠져 얼굴을 다친 적도 있었다. 이렇게 좋아하는 형수의 신부례 날이 되니 나는 더 좋을 데가 없었다.

거의 70년 전의 의식이니 지금의 모든 의식과는 판이하고 궁의 의식이 더해져 장엄하였다. 며칠 전부터 그 절차가 복잡 다양하여서 참으로 잔칫날 분위기였다. 신부례 폐백예물도 대단하였다. 혼수를 다 궁에서 준비해 궁내 나인이 우리 집으로 폐백 전날 가져왔다. 내가 신부례 날짜는 기억 못 하나 의식을 하는 날 형수는 머리에는 족도리를 쓰고 얼굴에는 연지 곤지를 찍고 화려한 대례복 차림으로 아침 일찍이 가마를 타고 우리 집으로 와서 방에 단정히 앉아 있었다. 신부가 눈을 뜨지 못하게 양밀을 신부 눈꺼풀에 발랐다. 그러니 내가 온종일 형수 앞에 앉아서 시중을 들었다. 여섯 살이 된 내가 아주머니를 하도 좋아하기 때문에 어른들께서 나를 그

우귀례: 于歸禮. 신부집에서 혼인예식을 마친 신부가 신랑의 집인 시댁으로 들어가는 의식.

족도리: 족두리.

양밀: 釀蜜. 꿀을 가리킨다.

아주머니: 시동생이 형수를 부르는 서울 방언. 여기서는 조계진을 가리킨다.

서울에 와서 세 번이나 이사를 하였는데: 《서간도 시종기》에 따르면 이규창과 어머니 이은숙, 누이 규숙은 1917년 6월 27일에 장단역에 도착하여 소격동 방주사 댁에서 일주일, 대고모 댁(윤복영 집-사직동)에서 수삭(몇 달), 1917년 8월 30일 밤에 익선동으로 이사했다고 함.

《서간도 시종기》, 111~115쪽.

앞에 있게 하였던 것이다. 오후가 되어서야 거행된 폐백의례는 당시의 궁이나 사대부가의 대단함을 보여주는 것으로 형수의 고생이야 말로 다 못하겠지만, 하여간 신부가 고생을 하건 말건 혼인한 지 1년 만에 형수는 완전히 우리 집 식구가 되었다.

나는 서울에 와서 세 번이나 이사를 하였는데 첫 번째가 느리골이요, 두 번째는 적선동積善洞으로, 지금의 위치는 잘 모르지만 뒷문으로 나가면 시내가 있어 가재나 송사리들을 잡기도 하였다. 세 번째 이사간 곳은 익량골(익선동)인데, 지금 얘기로는 그곳이 운현궁 담 뒤라고 한다. 그 집으로 이사를 가서 봄에 집 앞 담이 퍽 높은데 담 너머로 넘어온 살구 열매를 누님과 둘이 따서 먹기도 한 기억이 난다.

이렇게 우리 가정은 세상이 불안한 중에 비록 초라한 집이지만 부모·형님 내외하고 누님과 평온한 나날을 지냈다. 물론 언제 폭풍이 불어닥칠지 예측할 수 없는 상태였다.

나중에 알게 된 일이지만 부친께서는 환국하신 후에 잠시도 쉴 새 없이 조금이라도 빨리 국가와 민족을 외적으로부터 탈환하고 장래에 견고한 국기수립國基樹立이 가능하도록 주야로 탐색하시며 노심초사하는 나날을 보내고 계셨다. 1916~7년경 경찰의 감시를 받는 가운데에서도 부친은 이왕직李王職 시종인 이교영李喬永(冀永)을 통하여 태황제께 자신의 뜻을 아뢰고 1918년 태황제의 국외망명을 기획하였다.

이때는 마침 영친왕英親王 이은李垠과 왜황가의 마사코芳子와의 혼인 때문에 태황제의 고민이 깊었던 시기였다. 그러므로 시종인 이교영이 부친의 생각을 상주하자 뜻밖에 쾌히 승락하셨다. 부친은 태황제께서 승락하셨다는 소식을 시종으로부터 전해 듣자 홍증식洪增植을 데리고 민영달을 찾아가 태황제의 뜻을 전하며 그의 의

이교영: 이왕직의 찬시贊侍로 1910년 이후 궁내외 연락책을 담당함.

찬시는 1910년 한일 합방 후 조선의 왕족과 공족의 가무家務를 맡아 보던 이왕직에 딸린 주임奏任 또는 칙임勅任 벼슬. 이왕李王과 이태왕李太王을 가까이 모시던 근시近侍로 그 신변에 관한 일을 맡아 보았다.

연두교서: 미국 대통령이 해마다 정기적으로 의회에 보내는 교서. State of Union Message.

사를 타진하였다. 그러자 민영달은 "태황제의 뜻이 그러하시다면 신하된 나에게 무슨 이의異議가 있겠는가? 나는 분골쇄신하더라도 황제의 뒤를 따르겠다"고 하며 쾌히 승락하였다. 점차 몇몇 부호富豪들과도 연결이 되었고 거액의 운동자금을 조성하는 계획이 착착 진행되어갔다.

그러는 가운데 1918년 중엽이 되었다. 이때는 제1차 세계대전이 끝나가는 참이었다. 휴전설이 떠돌면서 1918년 초에 발표된 미국 대통령 윌슨의 연두교서年頭敎書가 갑자기 화제가 되어 이곳저곳에서 이야기가 많았다. 상해, 미주美洲, 동경 등에서 소문이 들려오고 비밀리에 연락이 오고 하였는데 바로 〈민족자결주의民族自決主義와 독립운동獨立運動〉에 관한 것들이었다. 부친께서는 이렇게 뜨거운 기운이 감돌 때 이상설 선생이 계시지 않는 것(1917년 작고)이 참으로 뼈아프고 애닯다고 하셨다. 대사를 앞두고 먼저 간 동지에 대한 마음이 더욱 간절하신 듯했다.

사실 이상설이야말로 금세今世에 보기 드문 백 년에 한 사람 날까 말까 한 인물이었다. 국한문國漢文은 물론이요, 영어, 독어 말고도 구라파 각지의 언어도 통하며 수학도 당대에 1인자였다. 게다가 사물 처리에 참으로 총명하고 명석한 두뇌를 가진 분이라 부친은

'보재溥齋는 참으로 나의 스승'이라고 말씀하시곤 했다. 지금에 와서 생각하면 부친이 북경으로 오실 때 보재 선생과 그때까지 내왕하던 한지 두루마리 형태의 모든 독립운동과 관련된 서신을 부담상자에 가득 가져오셨는데, 환경이 지리멸렬하는 처지 때문에 한 가지도 남기지 못한 게 참으로 애석하고 원통하다. 만약 지금 그 역사적 문건들이 존재하였다면 독립운동사의 발굴에 지대한 몫을 차지했을 것이다.

보재: 이상설의 호.
부담상자: 負擔箱子. 말에 실어 나를 물건을 넣는 상자.
지리멸렬하는: 이리저리 흩어지는.
조석으로: 아침저녁으로.
밀의: 비밀리에 의논이나 회의하는 것.
행궁: 임금이 나들이 등으로 본궁 밖으로 나아가 머무는 임시 궁궐. 이궁離宮 또는 행재소行在所, 행궐行闕이라고도 한다.
이 경우에는 고종이 조선을 떠나 이국으로 행行하여 거처할 곳이라 '행궁'이라 칭한 것으로 추측.

이때에 이르자 부친께서는 천도교의 오세창吳世昌, 불교의 한용운韓龍雲, 기독교의 이승훈李昇薰, 교육계의 김진호金鎭浩, 강매姜邁, 유창환俞昌煥, 사회 각 방면의 이상재李商在, 유진태, 안확安廓, 이득년李得年 등 여러 동지 지우들과 조석朝夕으로 밀의密議를 거듭하면서, 또 한편으로는 시종 이교영을 통하여 궁중에 연락을 취하여 근황을 재차 아뢰도록 하였다. 부친은 당시의 세계 정세의 변동을 이용하여 태황제께서 국외로 망명하시어 한일합방이 왜국의 강도적인 폭력에 의해 조작된 것이라는 사실을 직접 전 세계에 폭로하시면 큰 성과를 거둘 것이라고 생각하셨다.

이리하여 부친께서는 민영달 씨를 비밀리에 만나 구체적인 방법을 강구하였다. 먼저 수水, 륙陸 두 가지의 출국 행로를 비교하여 배를 타시기로 하였고 다음 행선지에 대해서는 우선은 중국으로 하고 상해와 북경을 비교하여 북경에 행궁行宮을 정하기로 하였다. 민영달 씨는 자금으로 오만 원圓을 내놓고 부친은 준비작업을 맡기로 하였다. 1918년 말 부친께서는 민씨가 내놓은 자금을 이득년, 홍증식洪增植 두 동지에게 주어 북경에 머물고 있던 시영 숙부에게 전달하게 하고 태황제께서 거처하실 행궁을 임차하고 수리하도록 부탁하였다.

그러나 헤이그 밀사 파견을 연상시키는 이 계획은 태황제의 갑작스러운 붕어로 실현되지 못하고 말았다. 그러면 어째서 태황제께서 급사하시게 되었나. 태황제는 헤이그 밀사 파견에도 직접 관련이 있을 뿐만 아니라 항일의지가 강하신 분이라 장차 또 무슨 항일운동을 모책謀策하실지, 혹은 해외망명이라도 하실지를 우려한 왜놈들이 조속한 제거가 상책이라 판단했을지도 모른다. 그리하여 태황제께서 밤참을 드시는 기회를 이용하여 매수한 궁인을 시켜 식혜에 극독을 타서 잡수시게 하였으니 태황제는 전신이 상하고 절명하셨다. 그리고 그 독약을 탄 궁인은 행방불명이 되고 말았

그러나 헤이그 밀사 파견을 연상시키는 이 계획은 태황제의 갑작스러운 붕어로 실현되지 못하고 말았다: 고종은 1919년 1월 21일에 승하했다.

모책하실지: 어떤 일을 처리하거나 모면할 꾀를 세울지.

훈칙: 윗사람이 아랫사람한테 단단히 이르는 훈령 또는 명령.

인산: 태상황, 황제, 황태자, 황태손과 그 비妃들의 장례.

으니 아마도 왜놈이 처리한 것으로 추측된다. 이 사실은 형수가 태황제께서 붕어하시고 닷새 후에 운현궁에 다녀와서 부친께 말씀드려서 알게 된 내용이다. 그 당시는 이 사실을 함부로 타인에게 말하지 못하였다. 왜놈들의 행패가 흉흉하였기 때문이다. 남의 나라 임금을 이렇게 무참하고 흉악하게 살육할 수 있는가. 참으로 천인공노天人共怒할 종자種子들이었다. 어린 나는 그런 세상사도 모르고 그저 부모님과 형님, 형수님 밑에서 그날그날을 즐겁게 국문과 한문을 배우며 재미있게 지내고 있었다.

그러던 중 하루는 부친께서 형님을 앞에 놓고 무슨 훈칙訓飭을 써서 벽에 붙이시고 말씀하는 것을 들으니 내가 고국을 떠났다고 절대로 말하지 말 것이며, 내가 기별을 하면 가족을 인솔하여 같이 나라를 떠날 것을 계획하고 매사를 주도면밀하며 태황제의 인산因山 때 절대로 가족들이 외출하지 못하게 단속을 엄히 하라고 분부하셨다. 나는 부친과 형의 대화의 의미는 잘 모르면서 옆에서 듣고만 있었다. 형에게 그런 말씀을 남기신 수일 후부터 부친을 뵐 수가 없었다. 한참 후에 알았지만 부친께서는 북경으로 가셨던 것이다. 급한 여정에는 중대한 사명이 있었다.

1919년 이전부터 나라가 망하니 무엇인가 거국적, 또는 세계적으로 독립운동의 방향과 항쟁의 표시가 있어야 한다는 생각에 각계각층 항일 동지들이 극비리에 회합하여 방향과 방법을 진지하게 거듭 논의했다. 그 결과 국내의 종교계·교육계·사회계에서 33인을 정하고 1919년 3월 1일을 기하여 독립운동선언문을 발표하기로 결정했다. 그중 종교계의 1인인 한용운과 부친은 의논 끝에 부친이 재망명하여 북경과 상해로 가 그곳의 동지들에게 국내에서 3월 1일을 기하여 독립선언문이 발표될 것을 알리고, 중국 각지·만주·

한참 후에 알았지만 부친께서는 북경으로 가셨던 것이다: 《서간도 시종기》에 따르면 이회영은 장남 이규룡과 함께 1919년 정월 초아흐레(양력 2월 9일)에 북경으로 떠났다. 《서간도 시종기》, 117쪽.

구생시켰다고 한다: 목숨을 살렸다고 한다.

숙의하고: 깊이 생각하여 충분히 의논하고.

상동교회: 1888년 한국 감리교 최초의 의료선교사 스크랜턴W. B. Scranton 목사가 서울 남대문로에 세운 교회. 중등교육기관으로 상동청년학원을 설립하여 민족교육에 노력을 기울였다.

연해주 지역에도 사전에 연락하여 이에 대비하기로 했다.

이 이야기는 내가 성장한 후에 부친께 자세히 들었다. 특히 한용운 선생과 부친이 친밀한 이유는 부친이 만주에 계셨던 시절, 만주에 온 한용운 선생을 항일독립청년들이 왜의 밀정으로 오인하고 총격을 가해 중상을 입힌 일이 있었고 그때 부친께서 갖은 노력을 다해 구생救生시켰다고 한다. 그 연유로 두 분이 의리 화합하고 항일독립에 대해서 매사를 상의하였는데 이번에도 일의 진행과 장래를 논의한 끝에 부친이 미리 북경으로 가서 독립선언문을 발표하는 거사를 계기로 대한민국임시정부 수립을 세계만방에 선포하고, 항일독립운동의 최고지휘기관으로 일사불란한 항일운동의 모체가 되도록 계획하신 것이다. 북경에서 가장 친한 동지이자 동생인 이시영, 이동녕李東寧 두 분을 만나 국내정세와 거사의 진전 상황과 해외에서의 호응책 등을 피력하고 상의하니 두 분은 대찬성하고 조성환曹成煥, 이광李光 등의 동지와도 숙의熟議하고 상해로 출발하셨다.

기미독립선언 때까지 국내에서 교유하시던 부친의 평생 동지들을 일일이 다 적을 수는 없지만 그중에 상동교회尙同敎會 중심으로 발족했던 신민회新民會에서 헤이그 밀사파견을 막후에서 추진하고 만주 신흥무관학교와 경학사耕學社를 조직하는 일에 참여했던 이

종조부: 종조從祖는 할아버지의 남자 형제를 가리키는 말. 이관직은 이규창의 외조부(이덕규)의 삼촌이다(이덕규의 아버지 이인직이 이관직의 큰형).

상위: 대위와 중위 사이의 군사 칭호. 또는 그 칭호를 받은 군관.

전덕기, 김진호, 이동녕, 이회영, 양기탁 등 5명이 발기인이 되고: 원문에는 이 다섯 명 이외에도 이관직을 언급했으나 이은숙은 《서간도 시종기》에서 상동청년학원 교사였던 다섯 분이 비밀 독립운동의 최초의 발기인이라고 말하면서 이관직은 그 소문을 듣고 찾아왔다고 표현한다.

종조從祖 해관장海盥丈이 상동 교회 학교 안의 애국자들이 모여 결사를 운동한다는 소문을 은근히 듣고 학교로 찾아와 …

《서간도 시종기》, 53쪽.

신민회는 비밀결사라는 특성상 그 결성과 발기인에 대해서는 현재까지도 여러 가지 설이 있다.

105인 사건: 1911년 9월에 발생한 민족운동탄압 사건. 조선총독부 초대 총독인 데라우치 마사타케寺內正毅에 대한 암살미수사건을 날조하여 일으킨 사건으로, 애국계몽운동가들의 비밀결사단체였던 신민회가 해체되는 직접적인 원인이 되었다.

여러 선생들: 원문을 보면 언급된 이들 외에도 이갑李甲과 이동휘李東輝, 장유순張俗淳, 이장녕李章寧, 박돈서朴敦緖, 임경호林敬鎬를 언급했다. 그러나 이갑은 1910년에 러시아로 망명한 후 1917년에 사망했고, 이동휘는 1912년경 북간도로 망명한 뒤 1919년 8월경 상해로 갔으며, 장유순은 1911년에 만주로 망명했다. 이장녕은 그보다 앞선 1907년 11월에 만주로 망명하였으며 박돈서와 임경호는 나중에 이회영과 다시 만났으므로 이 부분들은 이규창의 기억의 오류로 보인다.

관직李觀稙 씨는 우리 어머니의 종조부되시는 분으로, 대한제국군 상위上尉 출신으로 부친과의 관계는 더 말할 것이 없이 생사를 같이 하신 동지이셨다. 신민회는 일제침략에 저항하는 기독교 최초의 항일 결사단체로 전덕기全德基, 김진호, 이동녕, 이회영, 양기탁 등 5명이 발기인이 되고 그 후 수많은 항일운동 인사들이 가입하였다. 안창호安昌浩는 5인이 발기 창설한 후에 가입한 것이다. 그런데 후세인들 중에 마치 안창호가 발기인인 것으로 역사를 오도하는 이가 있으니 참으로 한심함을 금할 수 없다.

그 유명한 '105인 사건'으로 왜놈의 마수에 걸려 수많은 애국지사들이 고초를 당하고, 전덕기 선생이 순국하게 되자 생사를 같이 하던 둘도 없는 동지가 먼저 순국한 것에 대한 부친의 비통함을 무엇으로 설명하겠는가.

부친께서 북경으로 가시면서 이승에서의 작별을 고하게 된 국내의 동지분들은 아래와 같다.

유창환·유진봉俞鎭琫·한용운·유근·심의성沈宣性·장도순張道淳·오상근吳祥根·류익남柳익男·강매·이혁李爀·윤복영尹福榮·안확·여준呂準·이승훈·김형선金瀅旋·이강인李康演·이득년·정인보·홍증식 등 여러 선생들과 독립운동의 장래와 계획을 논하고 떠나실 때, 다음에는 저승에서 만날 것이라는 것을 아마도 생각조차 못하셨을 것이다.

이것이 다 운명의 장난인 것을 누가 예측이나 하였겠는가. 부친께서는 북경과 상해에서 이광·조성환·안창호·김구金九·이상재·이동녕·박돈서·임경호 등 여러분을 다시 만나 항일독립운동 모의도 하고 수많은 일을 겪으셨다. 신채호申采浩 씨는 상해 임시정부를 수립할 때 참석하였다가 여러 가지 파문을 제기한 후 북경으로 왔었다.

이상재: 이상재는 주로 서울에서 활동하였으며, 1922년 북경에서 세계학생기독교 청년연맹대회WSCF가 열렸을 때 대표단을 이끌고 갔다고 한다.

복건성: 현재 중국 푸젠성[Fújiàn shěng].

천주: 현재 푸젠성 취안저우시[Quánzhōushì].

포전: 현재 푸젠성 푸톈시[Pǔtiánshì]. 중부 해안 부근에 있는 도시로 푸양莆陽 혹은 푸셴莆仙으로도 불린다.

나는 고종 인산을 마치는 것과 만세 부르는 소란한 난리를 겪고 기미년(1919) 봄에 규학 형의 인솔로 어머니, 형수, 누나와 함께 무사히 북경에 도착하였다. 이광 선생의 부인께서 먼저 와 계셨고 시영 숙부의 큰아들인 규봉 형 내외가 북경에 와서 집을 정하고 있었으므로 우리 가족에게는 생소한 곳이지만 그리 고생 안 하고 평안하게 부친께서 상해에서 오실 때까지 지냈다.

같은 중국 땅이라고 해도 만주에서는 우리나라나 마찬가지로 주변인 전부가 우리 동포인 고로 언어의 불편함이 없었다. 그러나 북경으로 와서 제일 곤란한 것이 언어의 불통이요, 더 곤란한 것은 우리가 한국인이라고 당당히 밝히면서 살 수 없는 형편이라 될 수 있으면 출입을 삼가야 했다는 것이다. 북경말을 좀 할 수 있는 분이 대외적인 일은 모두 맡아서 처리하면서 간혹 우리 가족들에 대해 다른 사람들이 물으면 중국 남방 복건성福建省 사람이라 대답하곤 했다. 중국의 남방어는 북방어와 완전히 달라 복건성 천주泉州나 포전莆田 사람이라고 하면 그대로 믿었다. 떳떳하게 자기 국적을 밝히지 못하고 구차하게 중국인 노릇을 하여야 하니 참으로 서글

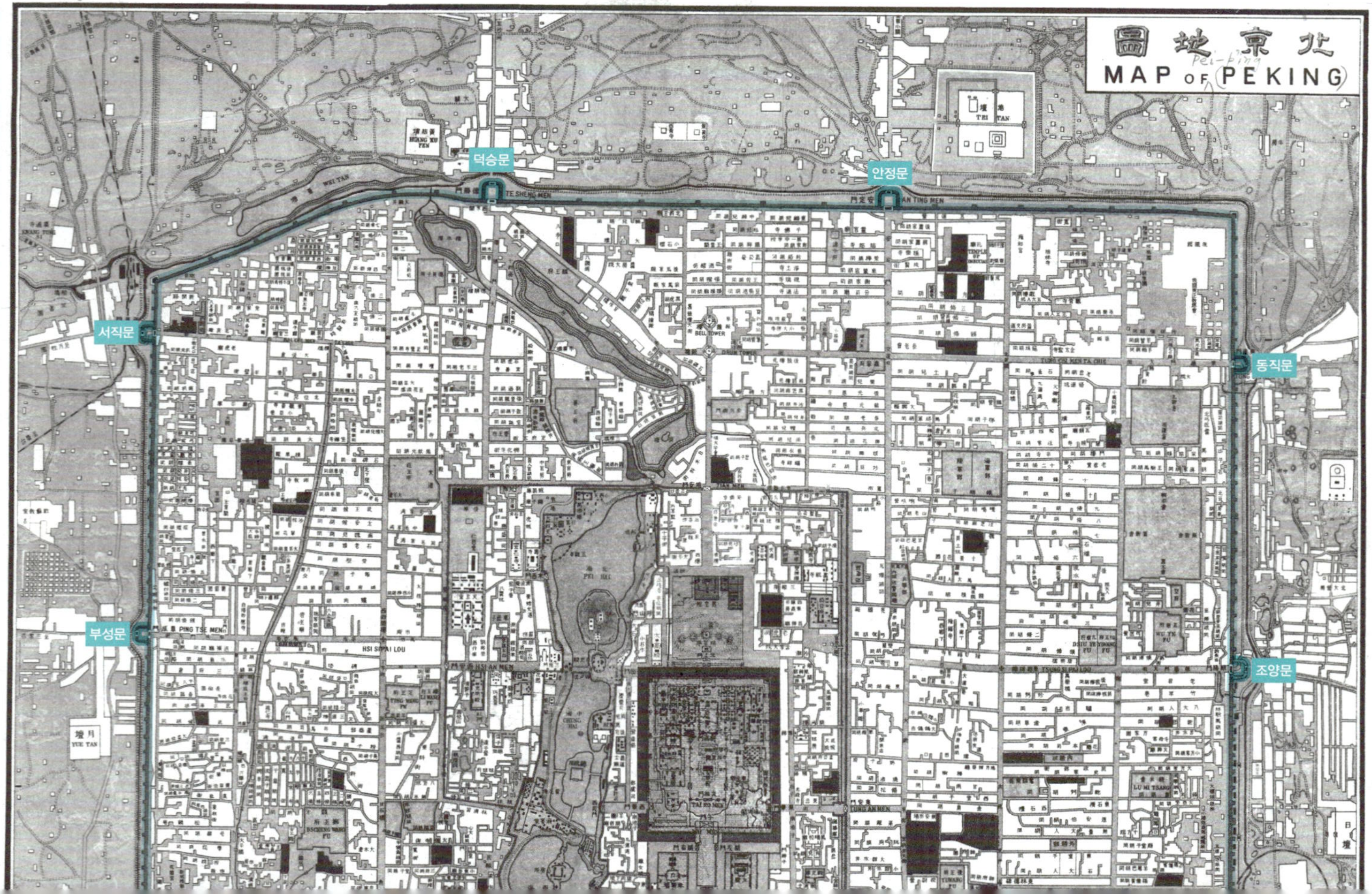
北京地圖
MAP OF PEKING
덕승문
TE SHENG MEN
안정문
AN TING MEN
서직문
동직문
TUNG CHI MEN TA CHIE
부성문
PING TSE MEN
HSI SSU PAI LOU
조양문
TSUNG SSU PAI LOU
BELL TOWER
DRUM TOWER
PEI HAI
CHUNG HAI
TI TAN
HUANG SSU
YUE TAN
HSI AN MEN
TUNG AN MEN
LU MI TSANG

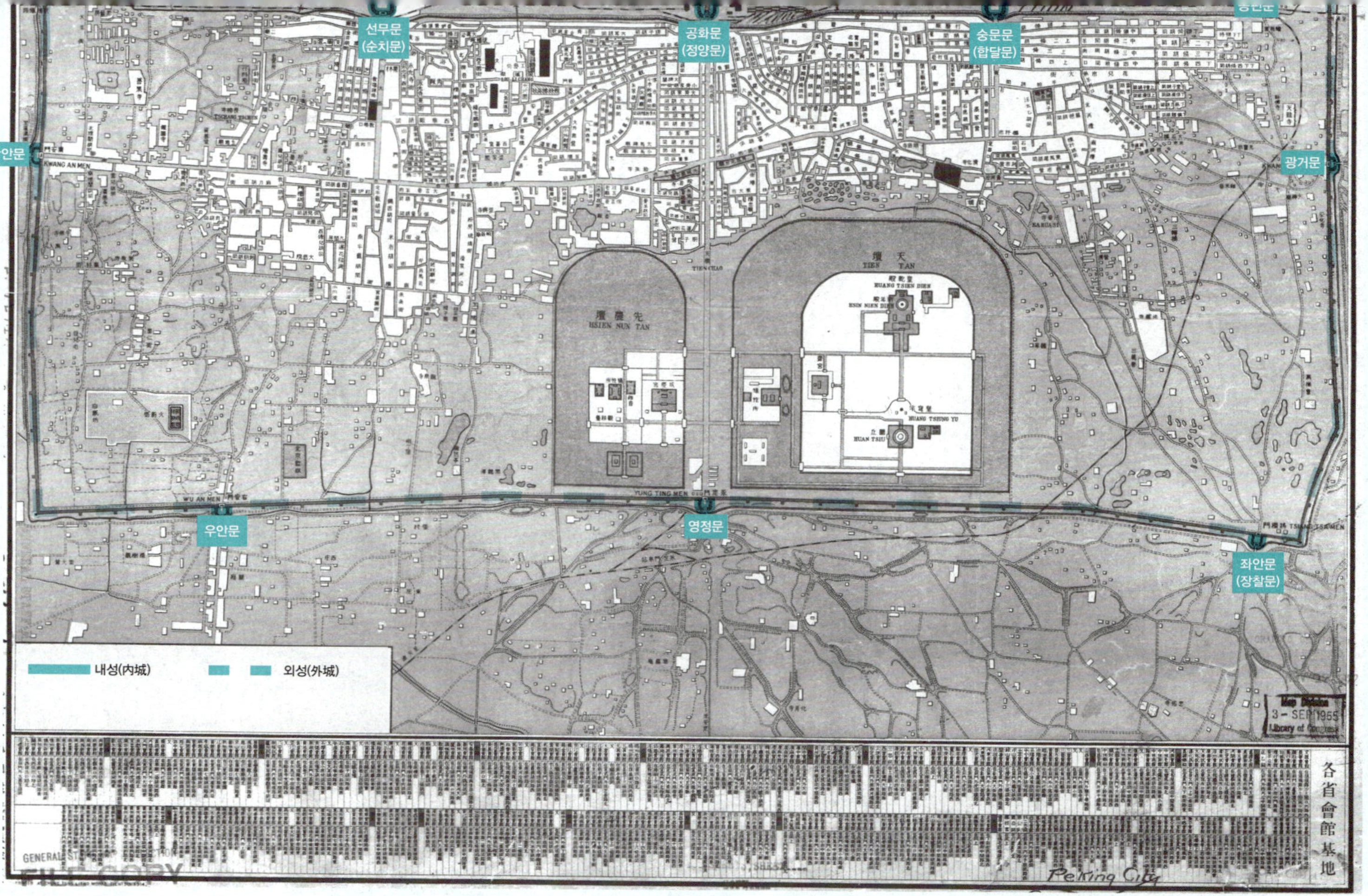

북경 지도(1907)

출처: LIBRARY OF CONGRESS (https://www.loc.gov/)

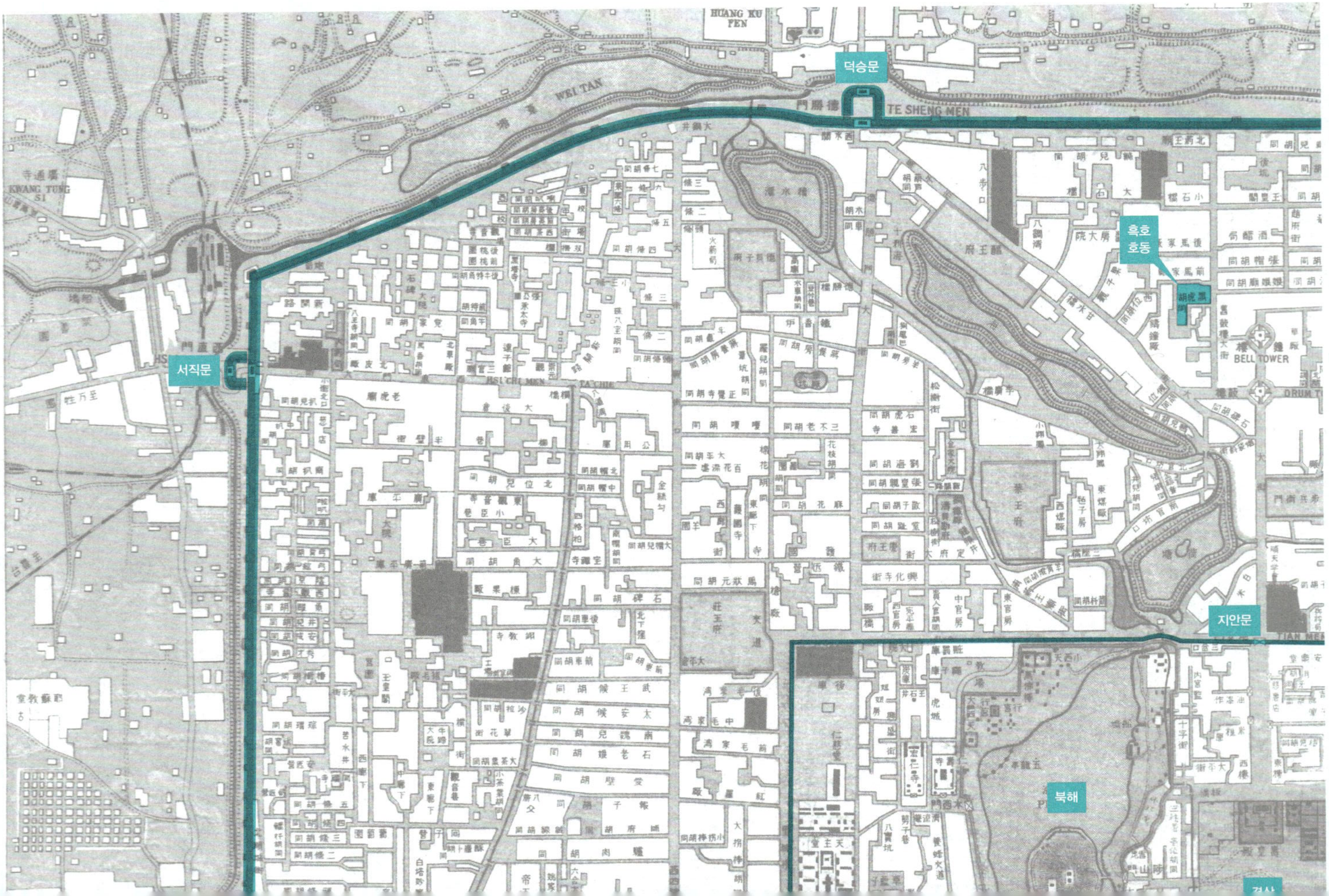

덕승문
TE SHENG MEN
WEI TAN
HUANG KU FEN
KWANG TUNG SI
흑호 호동
BELL TOWER
서직문
지안문
북해

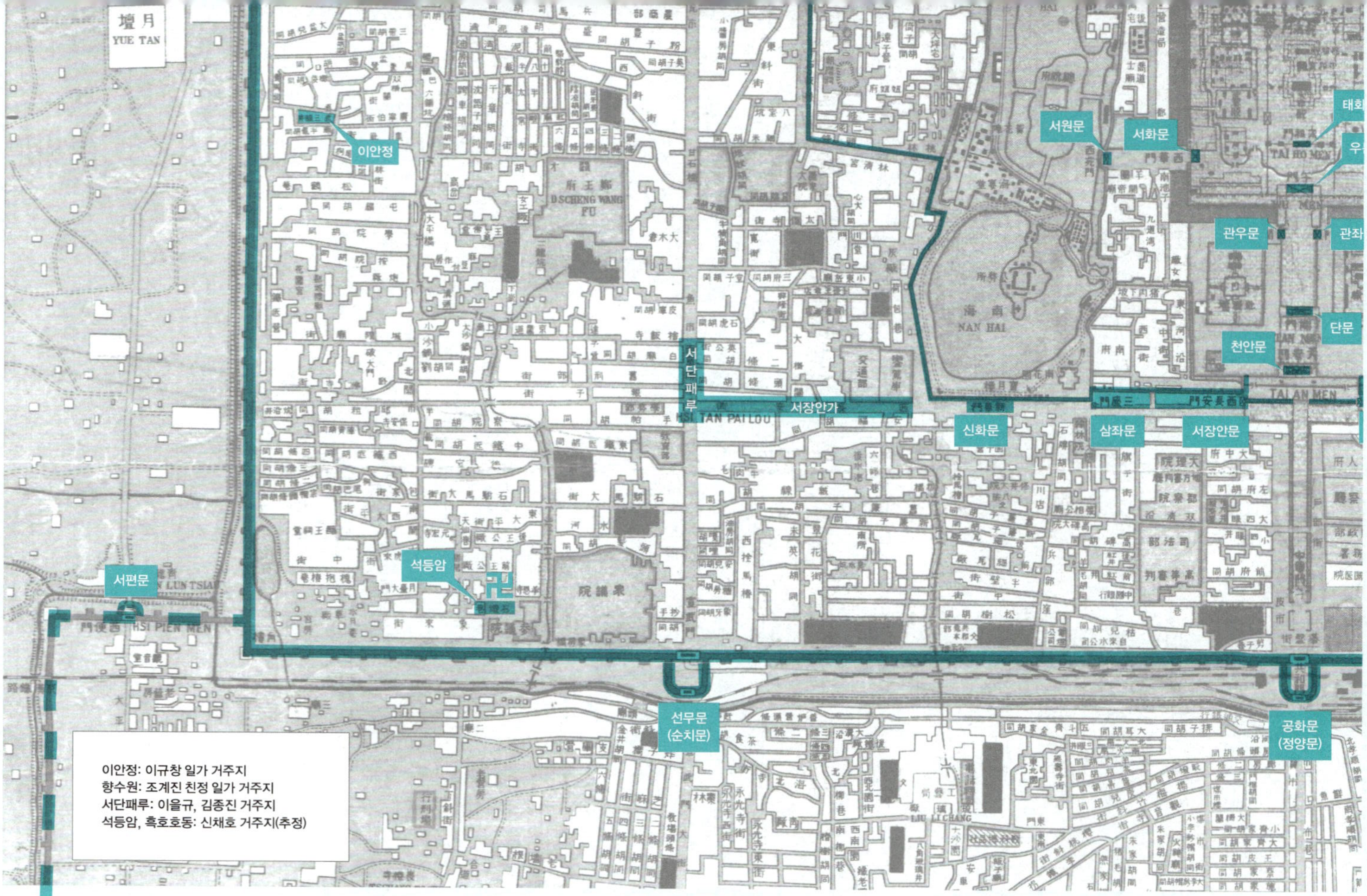

북경 지도(1907), 서편
출처: LIBRARY OF CONGRESS (https://www.loc.gov/)

픈 상황이었다. 이것이 다 망국의 탓이 아니고 무엇이겠는가. 만약 한국 사람이라는 소문이 나면 왜놈이나 왜놈의 끄나풀들의 성화를 받게 되고 중국 관헌의 주시 대상이 되니 부득이 우리의 신분을 감춰야 했다.

그후 북경 시내의 후고루원後鼓樓苑이라는 곳에 가옥을 임차하여 거주하였고 규봉 형네는 중국분의 호의로 서직문西直門 밖 남전장南前場이라는 근교에 아담한 전원가옥에 살게 되였다. 그분은 우리가 왜놈에 대항하여 독립운동 하는 사람들이라는 것에 대단한 동정심을 갖고 물심양면으로 협조를 아끼지 않으셨다. 본시 만주

후고루원: 호우구러우위엔後鼓樓苑 후통胡同으로 추정된다. 현재 중국 베이징시 둥청구東城區 구러우둥다제鼓樓東大街에 위치.

서직문: 현재 베이징시 시청구西城區에 위치.

혁명: 1911년 발발한 신해혁명辛亥革命을 가리킨다.

소졸: 중국어 발음대로라면 '샤오주[xiǎo zú]'.

족으로 고관을 지내다가 혁명으로 중화민국中華民國이 되자 은퇴하여 소위 낙향하여 여생을 보내는 '재기在旗' 만주 귀족이었다.

중원을 정복하고 한족漢族을 지배하게 된 만주족이 만든 특유의 군사행정조직을 '팔기제八旗制'라 하는데, 소속된 깃발의 색에 따라 자신의 신분이 표시되는 제도이다. 그 당시 북경에서 '재기在旗'라고 하면 만주의 귀족을 말하는데, 그 의미는 '깃발 안에 있다'라는 뜻이다. 그렇게 규봉 형님의 만주 귀족 친구 덕을 많이 보며 지내던 중에 형님의 소개로 온 중국인 노부인이 우리 집안 일도 봐주고 외부 사람들과 우리 대신 소통을 해주어 우리가 한국인이라는 것을 밝히지 않고도 여러 일들을 무사히 처리할 수 있게 되었다. 참으로 고마운 분이었다. 우리는 그분을 라오마마老媽媽라고 불렀다. 라오마마는 '늙은 어머니'라는 뜻이다. 나는 라오마마에게 중국말도 배우고 중국글도 배우면서 장래 소학교에 갈 준비를 하였다. 그 라오마마는 아주 유식한 분이고 인자한 성품의 소유자였다.

그런데 내 생각에 좀 이상한 일이 있었다. 그것은 그 라오마마의 발에 대한 것이었는데, 중국말로는 '소졸'이라 하는데 '작은 발小足'이라는 뜻이다. 중국에는 여자아이가 3~4세쯤 되면 헝겊으로 발을 챙챙 묶어서 자라지 못하게 하여 몸이 다 자란 다음에도 발은 크기가 약 10cm(三寸) 이내가 되어야만 최고 미인의 발로 평가받는 풍속이 있었다. 그러나 그렇게 억지로 만드는 까닭에 성장기 여자들의 고통이 목불인견이라, 참으로 야만적인 풍습이라 하겠다. 근세에 와서는 전족纏足을 금하게 되었지만 라오마마의 어린 시절에는 그 풍습이 남아 있었던 것이다. 그러니 라오마마의 발도 '삼촌금련三寸金蓮'은 못 되어도 아주 작았다.

그런데 라오마마는 간혹 낮에 자기 방문을 잠그고 무엇을 하는지 한참 만에 나오곤 하였다. 나는 그게 좀 이상하여 라오마마가 자기 방에서 무언가를 할 때 방문을 열고 그 안을 들여다보니 다름이 아니라 대야에 자기의 작은 발을 씻고 있었다. 라오마마는 내가 자기가 발 씻는 것을 보게 되니 대경실색하며 나를 보고 큰소리로 빨리 문을 닫으라며 화를 냈다. 그 지경이 되니 내가 하도 무색하

삼촌금련: 옛날 여자의 전족한 작은 발. '삼촌'은 약 10cm이며, '련蓮'은 전족한 발을 가리키는데 이 발 크기가 삼촌인 것을 가장 높게 쳐서 '금련金蓮'이라 하였다.

고 놀라서 문을 닫고 어머니 방으로 와서 한동안 말도 못하고 넋을 잃고 앉아 있었다. 얼마 지나서 어머니께 내가 한 짓과 라오마마의 반응을 말씀드렸더니, 어머니도 도저히 이해가 안 간다고 하시면서도 여하간 무슨 이유가 있겠지 하시며 차차 알아보겠다 하셨다.

나중에 알았지만 중국 풍속으로는 부녀자들이 남편에게도 발을 보이지 않는다고 한다. 그 이유는 인간이 자연 생장하면서 사람마다 차이는 있지만 얼마나 곱고 소담한 수족手足을 가졌느냐가 미인의 척도인데, 그와 반대로 인위적으로 만들어진 기형적인 소족은 그 형태도 상태도 아름답지 않아 자기 남편에게도 안 보여 주고 발 씻을 때도 문을 잠근다는 것이다. 그러니 내가 비록 어린아이이지만 절대로 보여 주면 안 되는 일이라는 것이다. 참으로 각국의 풍속이 이렇게 기괴하니 실제로 경험하지 않고서야 어찌 알겠는가.

여하튼 그 라오마마하고 나하고는 사이가 아주 좋아서 친자식같이 지내며 중국말과 글도 배웠다. 라오마마는 중국의 음식, 특히 밀가루 음식을 참 잘해서 여러 종류의 국수를 우리 식구에게 해 주고 가르쳐 주었다. 나도 그때 라오마마에게 배워서 여러 종류의 밀가루 음식을 할 줄 알게 되었다.

후고루원에서는 3년여를 살았다: 이 부분에서는 어린 시절의 이규창의 기억에 오류가 있는 것으로 보인다.

《서간도 시종기》의 이은숙과 《나, 조계진》의 조계진은 북경에 가서 두 번째로 살게 된 서직문 쪽 진쉬팡제 얼옌징錦什坊街 二眼井 집에 대해서는 구체적으로 이야기한다. 또한 얼옌징 집이 규모가 컸다는 데에 대해서는 세 사람의 의견이 일치하는 반면에, 후고루원에 대해서는 이은숙과 조계진은 전혀 이야기하지 않는다. 조계진은 얼옌징 집이 친정인 조정구 일가가 거주했던 진쉬팡제 샹슈위엔香樹園 11호와 지리적으로 아주 가까웠으며, 큰 오빠의 주선으로 이회영 일가가 얼옌징으로 이사할 것이라고 했다.

우거寓居: 남의 집이나 타향에서 임시로 몸을 부쳐 삶. 또는 그런 집.

1920년 1월: 《서간도 시종기》에는 연도 표기 없이 이회영이 음력 3월 20일경에 북경으로 왔다고 되어 있는데, 1919년 2월 9일에 서울을 떠나 북경을 거쳐 상해에 갔으니 1919년 3월 20일(양력 4월 20일)경에 돌아오기에는 너무 시간이 촉박하여 이규창의 기억이 맞는 것으로 보임. 또한 이시영·이동녕·조완구는 1921년 3월 이후에 북경으로 온 것으로 추정됨. 대한민국 임시정부와 임시의정원 신년축하식(1921년 1월 1일) 사진과 3·1독립선언 2주년 기념식(1921년 3월 1일) 사진을 통해 그때까지 상해에 있었음을 확인할 수 있음.

《서간도 시종기》121쪽, 124쪽.

⁂

후고루원에서 3년여를 살았다. 그때 즈음에 형수님의 친정 아버지이신 조정구 선생이 큰아들 조남승趙南勝 내외와 같이 북경에 망명하다시피 와 계시게 되었다. 그분은 풍양 조씨로 조대비의 조카뻘이자 흥선대원군 이하응의 사위였다. 한말 왜놈이 우리나라를 강탈(합방이라 함)하였을 당시 조정구 선생은 자결로서 국민의 도리를 다하겠다고 결심하고 비수로 자기 목을 찔렀으나 혼수 상태로 집안 사람에 발견되어 생명을 구하게 되었다. 왜놈이 주는 남작 작위를 거절하고 고종 황제의 인산 후에 장자 조남승과 북경으로 망명하여 우거寓居하시는 중이었다. 부친께서 종종 사돈을 방문하실 때 나도 따라가서 뵙곤 하였다. 조정구 선생의 둘째 아들인 조남익 씨는 1924년, 39세의 아까운 나이에 작고하였다. 국가에 대한 생각이나 항일독립 의지가 투철한 인재인데 일찍 돌아가고 말았다고 부친께서 항상 애석하게 생각하셨다.

부친은 상해에서 임시정부 조직에 참여하셨다가 1920년 1월에 북경으로 오시고 1921년에는 시영 숙부, 석오 이동녕, 조완구 세 분이 북경으로 오셨다. 상해에서 임시정부가 처음 조직될 즈음에

3·1독립선언 2주년 대한민국임시정부와 임시의정원 신년 축하식(1921)
2번째줄 왼쪽에서 5번째가 이시영

일어난 여러 가지의 사건과 사정은 대개 이러하였다 한다.

부친이 북경에서 시영 숙부, 석오 이동녕 두 분하고 상해로 가신 것은 1919년 2월 이었다. 1919년 4월 10일 중화민국 상해 불란서조차지 김신부로金神父路에서 제1회 집회를 개최하였는데 회의 의원으로는 부친의 동지들이 많았지만 초면인 분도 있었다고 하셨다. 그분들은 현순玄循·손정도孫貞道·신익희申翼熙·조성환·이광·이광수李光洙·최근우崔謹愚·백남칠白南七·조소앙趙素昂·김대지金大地·남형우南亨祐·이시영·이동녕·조완구·신채호·김철金徹·선우혁鮮于赫·한진교韓鎭教·진희창秦熙昌·신철申鐵·이영근李瑛根·신석우申錫雨·조동진趙東珍·여운형呂運亨·여운홍呂運弘·현창운玄彰雲·김동삼金東三으로 부친까지 모두 28분이다. 임시정부조직의 기초를 다지는데 전력을 기울이며 제2집회, 제3집회를 거듭하는 동안 다수의 의원이 보충되어 제3집회에는 70인 가까이 보충되어서 임시정부의 골격을 구성하였다.

그런데 대통령에는 이승만李承晩 씨가 다수표로 선출되었으나 신채호 등 다수 의원이 이승만씨를 임정의 대통령으로는 하는 것은 절대 불가하다는 이의를 제출하고 그 부당성을 성토하였다. 그 이유는 이승만 씨가 미국에 있던 1919년 2월에 윌슨 미국 대통령에게 한국을 미국이 위임통치해 줄 것을 주장하여 일본의 통치를 미국이 대신할 것을 청원하였던 일로 파문이 야기되었기 때문이었다. 안 그래도 왜놈들에게 강점당한 때문에 독립운동을 하겠다고, 외국 땅에서 국토도 없고 민중도 없는 임시정부 수립을 하여 항일독립운동의 총집결체를 구성하는 마당에, 이 신성한 독립운동 기관의 중책을 맡길 인물로 왜놈 대신 미국에다 주권을 이첩移牒하겠다는 매국 행각을 하는 이승만 같은 인물을 대통령으로 선출하는 것은 천부당만부당한 처사라는 것이었다. 그 문제는 그 당시뿐만 아니라 광복이 된 지금까지도 거론의 대상이 된다.

김신부로: 1919년 4월 11일 '상해 대한민국임시정부'가 처음 수립된 거리로, 로베르 신부로Route de Pere Robert였는데 상해 당국에서 로베르 신부의 중국식 성을 사용하여 '김신부로'라고 일컬었고 현재 명칭은 루이진얼루瑞金二路이다.

이첩하겠다는: 받은 공문이나 통첩을 다른 부서로 보내어 알리겠다는. 이른바 '넘긴다는'.

처숙: 아내의 친정 삼촌.

조대비: 신정왕후 조씨神貞王后 趙氏. 조선의 마지막 대비이자 고종의 양모.

1919년에 이승만이 미국 윌슨 대통령에게 위임통치를 원한 것이 1945년 제2차 세계대전이 일본의 패전으로 끝나고 나서 열강들이 한반도 독립문제를 논의할 때, 한국을 당분간 신탁통치를 하기로 미국이 주장하는 데 영향을 끼쳤다고 생각하니 참으로 비통한 일이다. 약소민족의 운명이 강대국의 손에 좌우되는 슬픈 상황에서 소위 애국지사임을 자처하던 인물이 벌인, 결과적으로 보면 매국행위와 다름없는 편견, 고집, 착각으로 가득 찬 행동이 국가의 운명과 민족의 비애를 초래하는 결과를 불러온 것은 제 아무리 애국지사요, 열렬한 독립운동가라 하더라도 국가와 민족에 죄를 지은 것이요, 후세에 시비가 끊이지 않는 것 또한 참으로 애석한 일인 것이다. 오늘날 조국이 분단된 것도 민족의 죄인들이 자기 욕심을 채우려고 외민족의 주구 노릇을 서슴지 않은 천인공노할 결과인 것이다.

부친이 1920년 1월경 북경으로 귀환하신 사실은 임시정부에서는 손을 떼었다는 의미였다. 후에 시영 숙부와 이동녕 선생, 조완구 선생 그리고 이광 선생, 조성환 씨가 오셨고, 그 후에 김규식 씨 등 다수의 인사들이 북경으로 모여들었다. 시영 숙부님과 이동녕 선생, 조완구 선생은 우리 집에 유숙하시게 되었는데, 조완구 선생은 규학 형님의 처숙妻叔이자 조대비의 친척이셨다. 그러니 독립운동을 하는 데에도 항상 행동을 같이하게 된 것이다. 그러면 임시정부 초기 조직에 관여하시던 중추 인물들이 대거 이탈하게 된 이유가 무엇일까? 규명하자니 참으로 수치스럽고, 마음이 아프다.

우리 민족의 고질병인 지역감정, 즉 남북간의 불화 또는 독립운동의 방식이나 방책의 대립에서 생기는 모순을 극복하지 못하고, 타협 융화는커녕 서로 구수仇讎같이 대하며 극한까지 매도하니 소위 항일독립을 한다는 인간들이 민족과 국토가 악독한 왜적 휘하에 유린되고 있는 이 판국에 어찌 이럴 수가 있는가. 그러니 참으로 국가와 민족을 위하여 희생을 각오한 분들이 어찌 그 꼬락서니를 보겠는가. 우리 망명임시정부가 독립운동의 총본산임을 과시하고 철석같이 단합하여도 왜놈하고 상대가 될까 말까 하는 판국에 그나마 감투라고 욕심을 앞세우니 이 어찌 통탄하지 않을 수가 있겠

구수: 원한이 맺힐 정도로 자기에게 해를 끼친 사람이나 집단.

는가. 이것이 다 인간의 속성이 그대로 발로된 것이다.

내가 점점 철이 들면서 독립운동을 하던 여러 인사들의 행동거지와 그 인간성을 살펴보고 내 나름대로 평하게 되니, 독립운동을 한다는 것은 참으로 위대한 일임에 틀림이 없지만 그 인간이란 개체의 속성을 놓고 곰곰이 생각해 보면 반드시 일치하는 것은 아니었다.

부친은 상해에서 북경으로 오신 후 주로 국내만이 아니라 해내외海內外의 범독립운동 세력과도 부단히 연락하시며 만주에 산재한 동지와 신흥무관학교 졸업생들을 근간으로 독립군을 편성, 조직하여 장래 왜군과의 항전을 준비하셨다. 만주에 있는 동지들과의 연락은 은계隱溪 백순白純 선생이라는 분이 북경과 만주로 내왕하시며 만주에 있는 통의부統義府를 비롯하여 김좌진金佐鎭 장군, 홍범도洪範圖 장군, 신팔균申八均 장군 등과 연락을 취하여 제반 전투의 준비를 빈틈없이 진행하고 있었다. 내가 지금 생각을 더듬어 기억을 하려 해 보아도 거의 70여 년 전의 일이라 여러 선생들의 존함조차 제대로 기억하지 못하는 것이 참으로 애석할 따름이다. 사실 은계 백순 선생의 성함도 희미했는데 그 당시 심산 김창숙金昌淑 선생과 잘 아셨던 기억이 있어 심산 선생의 문헌에서 함자를 확인하였다.

저 유명한 항쟁전투인 청산리대첩(1920. 10)과 봉오동전투(1920. 6)도 백 선생이 만주와 북경으로 내왕하시며 그 전투상황을 보고 하셨기에 진상을 자세히 알게 되었다. 그런 상황이 지나간 후에 백 선생은 부친과 심산 김창숙 선생과 함께 중국 장가구張家口 근

장가구: 현재 중국 허베이성 서북쪽에 있는 도시인 장자커우시. 만리장성의 주요 관문이기도 함.

포두진: 현재 내몽골 자치구 서부에 위치한 바오터우시包頭市.

독립운동가 조병준趙秉準(1862~1931)이 독립운동을 위해 1923년 식솔과 동지를 이끌고 이주한 내몽고內蒙古 수원성綏遠省 포두현包頭縣과 동일 지역으로 추정.

풍옥상: 펑위샹[Féng Yùxiáng].

오패부: 우페이푸[Wú Pèifú].

장작림: 장쭤린[Zhāng Zuòlín].

무위로: 아무것도 이룬 것이 없는 상태로.

처 포두진包頭鎭이란 곳에 미개간지 수만 정보를 개간하여 군관학교를 건립할 계획을 세우셨다. 백순 선생이 직접 그곳에 가서 살면서 계획을 진행할 예정이었다. 그 계획은 당시 군벌軍伐인 풍옥상馮玉祥의 호의에 힘입어 진행하게 되었으나, 계속되는 군벌 간의 세력다툼이 끝날 사이가 없더니 1925, 6년경 오패부吳佩孚와 장작림張作霖의 연합군에 풍옥상이 패하고 러시아로 도망가버리는 형국이 되면서 군관학교 건립계획은 무위無爲로 돌아갔다.

우리 가족이 처음 만주에 가서 신흥무관학교를 설립하기 위해 황무지를 개간할 때, 중부(석영)의 재산과 전 가족의 재산을 합한 대략 40만 원이나 되는 거액을 투입하였는데도 부족하여 국내 전국 각지에서 모금된 돈까지 합하여 근 10년 동안 수천의 무관 학도를 양성하였다. 그 결과는 청산리 대첩이나 봉오동 전투의 승리로 나타났지만, 아무리 풍옥상에게 황무지 개간권을 얻었어도 막대한 자금이 조달되어야 어떤 성과를 거둘 수 있는 것이 아닌가. 그러나 그 막대한 자금을 어디에서 구하겠는가.

그리하여 백 선생은 얼마간 우리 집에 계시다가 만주로 도로 가시게 되었고, 그 후로는 수차례 서신이 왕래하다가 소식이 두절되고 말았다. 전하는 말에 의하면 백 선생은 왜놈에게 피살되었다고

북경에서 가족과 함께한 이회영(1921년 이안정에서 촬영한 것으로 추정)
뒷줄 왼쪽에서부터 규창(1913년생), 규숙(1910년생),
앞줄 중앙은 이회영, 품 안의 아기는 현숙(左, 1919년생)과 규학의 딸인 손녀 학진(右, 1920년생),
맨 오른쪽은 이시영의 둘째 아들인 규홍(1905년생, 훗날 규열로 개명)

한다. 그렇게 위대한 선생이 비명 횡사하시니 참으로 애석하고 후세에 그런 위대한 독립운동을 했던 분을 아는 사람이 거의 없다는 사실 또한 안타깝다. 기억을 더듬어 은계 백순 선생을 추모하고 업적을 조금이나마 기록하니, 백순 선생께서 조금이라도 기뻐하시려나 하는 마음이 들며, 한편으로는 죄송하게 생각하는 바이다.

1921년 7월 한참 더위가 기승을 부릴 때 (북경의 여름은 그 더위가 말도 못한다) 우리 집에 체구가 당당한 세 분의 청년이 부친을 뵈러 오셨다. 그 당시 국내에서 독립운동에 맘을 품은 분들은 북경에 오시면 반드시 나의 부친을 뵙게 되고 대체로 우리 집에 묵게 된다. 외지라 모든 게 생소하고 언어가 불통하니 자연히 우리 집에서 지내게 되는 것이지만, 만주나 북경에서 부친을 찾아오는 것은 독립운동의 선배라는 이유도 있겠으나 그보다도 사람을 대할 때 관후寬厚 인자仁慈 평등하게 대하시는 부친의 행동거지가 남달랐기 때문이라고 생각된다. 그러니 나랏일을 하겠다는 청년들이 나의 부친을 찾아오는 것이다.

이번에 오신 3인은 유석현劉錫鉉, 어갑수魚洙甲, 홍남표洪南杓 선생이었다. 청년이라고 하나 전부 나보다 15, 6세 연상이신 분들이니 나에게는 전부 선생님이 되시는 것이다. 이 세 분 중 지금까지 생

이 세 분 중 지금까지 생존하신 분은 유석현 선생 한 분이다: '지금까지'란 이규창이 《운명의 여신》을 집필하던 때로 보임. 유석현은 1987년 별세. 《운명의 여신》은 1992년에 초판이 발간되었다.

장하여: 장대하고 멋이 있어.

조선총독부 경찰부 경부인 황옥 씨가 일본 경찰의 지시로 의열단에 가입한 다음: 황옥이라는 인물에 대해서는 아직도 논란이 있다.

영화 〈밀정〉(2016)의 주인공 이정출(송강호 분)의 모티프이기도 한 황옥은 경기도경찰부 비밀경찰로, 1923년 2월 김상옥 열사의 종로경찰서 폭탄 투척사건에 대한 범인 검거 및 중국 내의 독립운동을 정탐한다는 명목으로 출장을 갔다. 이때 그는 의열단장 김원봉을 만나 '조선독립을 위해 분골쇄신할 것을 서약'하고 의열단원이 되었고, 같은 의열단원 김시현(〈밀정〉의 김우진(공유 분)의 모티프가 되는 인물)과 함께 국내로 폭탄을 반입하는 작전을 수행하나 실패한다.

통칭 '황옥 경부 폭탄사건'은 거사 직전 사건이 발각됨에 따라 황옥이 일제가 의열단 활동을 저지하기 위해 침투시킨 인물이라는 설에 신빙성을 주었다. 그러나 출옥 후 황옥이 의열단원들과 지속적으로 교류했고, 해방 후 반민특위에서 친일경찰의 악행을 증언한 점, 그리고 의열단장 김원봉이 황옥을 두고 "경기도경찰부 고등과 경부이나 과거 의열단원으로 활동했으며, 불행히 관헌에 체포된 애련한 자"라고 발언한 것을 놓고 보자면 막연히 그를 친일반민족행위자라 규정할 수도 없는 상황이다.

출처: 《아시아경제》, 2016. 9. 20. (https://www.asiae.co.kr/article/2016092010065143775)

존하신 분은 유석현 선생 한 분이다. 이분을 처음 뵌 것이 내 나이 7, 8세 때인데 세 분 중에 제일 체구가 당당하셨던 유석현 선생에 대한 인상이 내 뇌리에서 사라지지 않는다. 그분을 큰 산 쳐다보는 것같이 고개를 쳐들고 보았던 그때의 인상이 너무도 장壯하여 지금도 그분을 뵈면 그 생각이 난다.

나는 유석현 선생이 그 유명한 의열단 사건과 관련이 있다는 것을 나중에 알았다. 조선총독부 경찰부 경부인 황옥黃鈺 씨가 일본 경찰의 지시로 의열단에 가입한 다음 상해에서 유석현 선생과 함께 폭탄을 국내로 잠입시키는 활동을 하다가 발각되어 유석현 선생은 징역 8년, 황옥 씨는 징역 10년의 형을 받아 세상을 놀라게 했던 사건이었다. 어갑수 선생은 일찍 세상을 떠났고 홍남표 선생은 후에 공산주의자가 되었다.

성주식成周寔 씨도 만주 신흥무관학교를 졸업하고 그 학교에서 교관으로 종사하다가 북경으로 와서 부친을 뵙고 우리 집에 기거하게 되였다. 하루는 대문에서 왁자지껄하며 여자 목소리가 나서 우리 집 라오마마가 나가 보니, 중국 경관이 한 여자를 대동하고 와서 '고려인' 성주식을 찾는 것이다. 라오마마가 그 경관에게 이 집에는 고려인이 없다고 했다. 그러자 경관 왈 "이 여자가 고려인인데 자기 오빠 성주식이 이 주소에 거주한다며 만나려고 고려에서 왔다"는 것이다. 그러나 우리는 북경에 살면서 한국 사람이라고 떳떳이 공개를 못하고 사는 처지인데, 난데없이 고려인이라고 그 여자가 부득부득 우겨대니 참으로 곤란했다. 그렇게 하루 종일 문밖에서 소란을 피운 적이 있었다.

성주식 씨를 평한다면 비록 부친께서 친자식같이 대하였으나 인간성이 그리 좋은 편은 아니었다. 그에 대해서 내가 본 것을 나중에 말하겠지만, 그때도 참으로 난처하였으나 성주식은 부친께 추호도 미안한 맘이 없고 오히려 자기 동생을 받아 주지 않았다고 원망을 하였다.

얼마 후 송호宋虎(宋虎聲)라는 분이 집에 와 있었다. 그분도 신흥무관학교 졸업생으로 만주에서 왜놈과의 여러 전투에 참가하다 구사일생으로 북경까지 왔으니, 그런 관계로 자연히 부친 곁으로 온 것이다. 그분은 함경도인으로 체격이 장대하며 얼굴이 검어서 흑인

흐이티: '헤이티黑体'[hēi tǐ]. 중국어로 '검은 몸'이라는 뜻.

이라 착각할 정도였다. 나의 어머니께서는 송호 선생을 '흐이티'라고 이름을 지으셨다. 그 말은 중국어로 '검다'라는 의미이다.

그렇게 국내외에서 독립운동을 하신다는 분들이 우리 집에 머무시는 것이다. 어디 그뿐인가. 매일같이 10명, 20명, 혹은 3, 40명 정도가 먹을 점심, 저녁 식사를 하루이틀도 아니요, 계속해서 접대하게 되니 그 노력과 경비는 얼마나 들었을 것인가. 짐작만으로도 어마어마하였다. 이 경비에 대하여서는 차차 기술하겠으나 어머니를 위시하여 형수, 또 송동집(규룡 형의 소실) 아주머니의 노력을 어찌 일일이 말할 수 있겠는가. 그러나 오시는 분들이 다 부친의 막역한 동지요, 의기상합意氣相合하고 생사를 같이할 동지라고 믿는 까닭에 매일같이 모이는 것이고 대접을 해야 하는 것이다. 그리하여 어떻게 해야 항일 독립운동을 효과적으로 진행할지, 국내의 동지들과 연락을 긴밀하게 해서 적극적으로 운동을 수행할지를 논의하고, 해외에 산재한 독립운동 단체와 연계해서 왜놈에 대한 적극 항전할 제반 준비를 진행하는 데 필요한 자금 또는 인물을 후원하는 데 힘을 기울일 것과 그 자금의 조달은 국내에서 주력하는 것으로 정리되었다.

나는 내가 지각이 난 후에야 알았지만 북경 후고루원 집 뒤채에 3명의 청년(그분들의 이름은 도저히 기억이 안 난다)이 여러 가지 일을 하시는 것을 보고 어린 나로서는 참으로 이상해서 그분들에게 그 물건들이 다 무엇이냐고 물으면, 너는 이담에 알 것이니 이곳에서 본 것을 누구에게도 말하지 말라는 것이다. 그래서 그후로는 나도 절대로 말을 아니하고 그저 그분들이 하는 것만 보고 노는데, 규학 형이나 국내에서 온 규룡 형이 그분들의 작업을 도우면서 제작한 그 많은 물건을 무슨 약藥물에 담가 돌 같은 데 문질러 보며 그 색깔이 훌륭하다, 못하다 하는 것이다.

이런 일들이 다 나에게는 신기하고 흥미 있는 일이었다. 그런데

후고루원 집: 이안정 집으로 추정.

야금: 광석에서 금속을 추출해서 정제精製·합금合金·특수 처리하여 여러 가지 목적에 맞는 금속 재료를 만드는 일.

청강수: 靑剛水. 염산을 가리킨다.

그 도구들은 나중에 알았지만 야금冶金하는 데 필요한 제반도구(풀무, 석탄, 도가니, 그리고 물, 金과 銅, 기타 광물들과 청강수)였다. 그 야금한 것을 청강수에 담그면 그 빛이 황금빛이 찬란하게 날 때도 있고 안 날 때도 있다. 황금빛이 안 나면 제대로 안 되었다는 것인데 돌에다 문질렀을 때 묻어난 가루색이 순금 같아 보여야 금은방에 팔 수 있는 물건이 되기 때문이다. 연금술을 한 것이다. 그러니 나 같은 어린아이는 모든 게 이상하고 신기하여 알려고 하는 것도 당연한 일이었다. 그러나 이 모든 일이 비밀리에 진행되는 것이니 누구에게도 말을 못하게 하는 것도 당연한 것이다.

내 기억에는 그 작업은 근 2년여 지속되다가 그만둔 것으로 안다. 성공하지 못한 것이다. 이것이 다 항일독립운동의 자금을 조달하기 위해 부친과 몇몇 청년 동지와 두 형님의 구상에서 진행되었다. 성공은 못하였지만 여러 가지로 고생하셨다는 것을 내가 보고 기억하는 만큼 '이런 일'도 있었음을 밝히는 것이다.

이때 우리 집에 이관식李寬植이라는 분이 부인과 같이 와 있었는데 그분은 어머니가 쓰신 《서간도 시종기》에 나오는 이관직李觀植 선생과는 다른 분이다.

이분은 누대에 걸쳐 우리 가문의 노비였던 집의 자손인데 천성이 중후하고 매사에 주도면밀하여 부친의 제반 비밀운동을 잘 수행할 뿐만 아니라 언변이 좋아서 응구첩대應口輒對를 잘하여 왜놈 형사들의 여러 가지 힐문에 잘 대응하였다. 그러니 어찌 부친의 사랑을 받지 않겠는가. 그 시절엔 아무리 잘나도 노비 신분을 벗어나기 어려웠고 성姓도 없어 상전이 사성賜姓을 하는 제도이니 '이관식'이라는 성과 이름은 다 부친이 지어 주셨다고 한다. 그러나 그분이 하도 출중하여 무슨 비밀스러운 일이나 위험한 일도 잘 수행하니 부친이 신임하시는 것은 말할 것도 없고 둘도 없는 동지로 대하셨다.

응구첩대: 묻는 대로 거침없이 대답함.

힐문: 트집을 잡아 따져 물음.

사성: 본래 임금이 공신에게 성姓을 내려 주던 일을 뜻하는데, 여기서는 윗사람이 아랫사람한테 성씨를 내려 준다는 의미로 해석.

외증종조: 원문에는 외종조. 이관직은 이은숙의 종조부인데 이규창이 외종조로 호칭한 것으로 추측.

서직문 근처 이안정: 《서간도 시종기》에 따르면 이규창이 말한 이안정은 진쉬팡제 얼옌징錦什坊街(원 《서간도 시종기》에서의 표기는 진스방자 얼안중)으로, 위치는 북경 부성문阜城門(푸청문) 서양마영西養馬營(시양마잉) 내에 있다. 부성문과 서직문西直門(시쥐먼)은 현재 도보로 약 30분 거리이다.

뒷마당이 500평 정도 되었다: 중국의 평은 평방미터로, 한국의 150평 정도.

그러니 이관식 씨로서는 부친을 친아버지이자 상전, 또는 은인처럼 생각하여 죽으라면 죽을 각오가 되어 있었다. 그리하여 1910년을 전후하여 나의 외증종조인 이관직 선생과 부친께서 경학사와 신흥무관학교 설립 후보지를 사전에 답사할 때도 동행하였고, 우리 가족이 북경에 온 지 얼마 안 되어 부부가 함께 북경으로 왔다. 나도 이분 내외를 친형, 형수같이 대했다.

그런데 그이가 한 가지 고질적인 나쁜 습관이 있어 종종 부친께서 호된 꾸중과 함께 심지어 매도 불사하실 때가 있었다. 그 이유는 주벽酒癖 때문이었는데 술만 마셨다 하면 자제가 안 되고, 술주정의 행태는 천지가 요동할 정도로 갖은 행패를 부리며 할 말 못할 말을 다 털어 놓았다. 보통 때라면 문제가 안 되겠지만 왜놈의 감시가 엄중한 때이니 부친께서 절대로 금주禁酒를 엄명하시는데 그래도 자기 버릇을 완전히 없애지는 못하였다.

우리 집이 서직문西直門 근처 이안정二眼井이란 동네로 이사를 갔는데 그 이사한 집은 뒷마당이 500평 정도 되었다. 여기다 채소를 심고 키우니 그 많은 동지분들의 식사 제공에 큰 보탬이 되었다. 이 뒷마당 농사를 전부 이관식 씨 부부가 맡아서 꾸렸다.

그 많은 분들의 식사를 제공하는 데 필요한 곡식과 부식거리 이외에도 생활물품도 구입해야 했다. 그리하여 북경성北京城 안에 있는 비교적 큼직한 상점과 거래하게 되었는데 그 상호가 보흥호寶興號였다. 그 주인은 산동인山東人인데 북경에서 여러 대에 걸쳐 장사해 온 대장궤大帳櫃 소리를 듣는 가게였다. 우리 집에서 매달 소비

장궤: 장궤는 계산대[zhàng gui]라는 뜻으로 장상帳箱(zhàngxiāng)이라고도 하며, 장부나 돈, 영수증 등을 보관하는 장소 또는 그 일을 하는 사람을 뜻한다. 즉 '대장궤'는 오랫동안 장사를 해 온 노포老鋪라는 뜻.

한국에서 돈을 중시하는 화교를 비하해서 '짱깨'라고 부르는 것은 여기에서 온 말이다.

쌀만 무려 2섬: 쌀 1섬이 60kg. 1섬당 3.8원 정도였다고 함.

대양: 중국 화폐인 '은돈'을 일컬음.

북신교: 북신교(베이신차오, běixīnqiáo)는 현재 중국 베이징시 둥청구 북부에 있는 대로이다.

원나라 때는 흥교興橋(씽차오, xìngqiáo)라고 불리었고 명나라 때는 융가무각두絨家務角頭(룽자우자오토우, róngjiāwùjiǎotóu)라고 불리었다. 청말 선통제 때 북신교로 이름이 바뀌었다.

하는 쌀만 무려 2섬 정도였다. 쌀 100근 한 부대를 1섬이라고 하니 2섬이면 쌀 200근을 소비한다는 것이다. 그러니 1년 쌀값만 해도 중국돈으로 대양大洋 78원元이고 그뿐 아니라 여러 가지 부식비도 이루 말할 수 없었다. 그리하여 그 가게와의 거래가 1년에 500원이 넘으니 보흥호의 주인 이하 모든 점원들은 우리를 대단한 부자로 인정하고 종종 외상도 주었다. 우리도 약정한 날짜에 외상을 꼭 갚으니 대단히 신용 있는 고객이 되었다. 중국 사람들은 신용만 있으면 당장 돈이 있거나 없거나 거래가 가능하다. 물론 다른 나라에서도 그러하겠지만 중국 사람들은 '노고객老顧客(老主顧, 단골이라는 뜻)'이라는 이름이 붙으면 웬만해서는 그 관계가 유지되었다. 그렇게 1920년부터 1923년까지 4년 가까이 거래하면서 상거래의 단순한 '노고객'이라기보다 인간적으로 막역하게 되었다. 그러다가 1924년에 북경성 북신교北新橋 관음사觀音寺 호동胡同으로 이사하게 되면서 우리 남매가 큰 고초를 겪는다.

이안정 집은 북경성 서직문 근처였는데 서직문 밖으로 나가면 그 유명한 만수산萬壽山이 있고 북경 근처의 유일한 명산인 서산西山도 있다. 만수산 자리는 금나라 때부터 행궁이 있었고 원나라 때 곤명호를 조성하기 위해 파낸 흙을 쌓아 만든 인조산이 만수산이다. 건

관음사 호동: 현재 중국 베이징시 둥청구에 있는 옛 골목. 명조 때 북거현방北居賢坊에 속했으며 당시 이곳에 살았던 명조 때 군사장령 영강후 서충永康侯 徐忠(1362~1413)의 이름을 따서 영강후 호동永康侯胡同(융캉호우 후퉁)이라 했다.

청조 때엔 상황기鑲黃旗(황제 직속 군사 조직) 관병 주둔지에 속했으며, 건륭제 때는 전영강 호동, 선통제 때는 관음사觀音寺 호동이라고 불렸다. 관음사는 명 천순제(정통제) 연간(1457~1464)에 창건된 절이다.

민국 36년이 되던 해(1947) 호동의 서쪽 구역은 '관음사'로, 동쪽 구역은 '전영강 호동'으로 이름이 바뀌었다가 1965년 관음사 지역이 병합된다.

호동: 후퉁[hútòng]. 중국의 좁은 골목길.

서산: 현재 베이징 서산국가삼림공원西山國家森林公園.

이홍장: 리훙장[Lǐ Hóngzhāng].

북양함대는 대패했고 궤멸 상태가 되었다: 북양함대, 곧 북양수사北洋水師는 청나라 말기의 근대화된 해군 함대로, 1871년 북양대신 이홍장이 군사력 증강을 목표로 막대한 재원을 투자하여 집중적으로 육성시켰고, 이후 근대식 '해군'이라고 할 만한 규모의 군사력과 거함 등을 확보하는 데 성공했다.

그러나 북양함대 이면에는 문제가 많았다. 확고한 훈련체계의 부재, 조정의 부정부패로 함대 유지 및 보수에 대한 예산 부족, 관리 역량 부족 등으로 함대의 군사력은 급격히 떨어졌고 그 결과 1894년 발발한 청일 전쟁 때 황해 해전에서 일본 함대에 대패해 거의 괴멸당하고 말았다.

동학지란: 현재 한국에서는 '동학농민혁명'이라 부른다.

또 한편으로는 왜에게도 동학을 토벌해 달라는 요청을 하니: 이하의 서술은 이규창도 인정하듯이 중국 학교 재학 중 배운 것이라 현재 역사학자들의 견해와는 차이가 있다.

륭제가 새롭게 단장하여 청의원淸漪園이라고 불리던 이곳을 이홍장李鴻章이 북양함대를 건립하고자 할 때 황실의 실권자인 서태후의 환심을 얻으려고 군자금을 유용하여 재단장을 하면서 이화원頤和園이라 부르게 되었다고 한다. 그러나 한국에 대한 청일 간의 주도권 전쟁에서 그 북양함대는 대패했고 궤멸 상태가 되었다(북양함대가 전멸한 역사적 배경에 대한 중국 학교에서 배운 내 역사 지식과 한국인들이 기억하는 역사와는 차이가 있을 것이다). 1894년 광서 20년에 일어난 동학지란東學之亂을 계기로 왜가 한국을 탈취하기 좋은 기회를 얻은 것이다.

동학당은 일종의 민간의 반半 종교적 단체의 조직으로 소위 '동학東學'이란 유儒, 불佛, 도道의 교리를 합한 종교로 일찍이 서방 세력이나 일본이 침입하기 전에 이미 형성되어 있었다. 조선 정부는 동학에 대해서도 억압만 할 뿐, 1884년 갑신정변 이후에도 군신들이 문제의 심각성을 깨닫지 못하는 사이에 정치는 부패하고 국가 재정의 곤란함은 날이 갈수록 심해졌다.

이런 부패와 혼란을 틈타 동학당은 민중을 규합하여 봉기했는데 조선 정부의 능력으로는 평정할 도리가 없어서 청국에 동학 반도들을 토벌해 줄 것을 요청하니 중국에서는 군대 1,500명을 파견하였다. 그런데 또 한편으로는 왜에게도 동학을 토벌해 달라는 요청을 하니 기회를 못 얻어 시기만 노리고 있던 왜로서는 참으로 때가 왔구나 하고 대군 7,000여 명을 전광석화로 동원하여 동학군을 완전 진압하였다. 그 후 일본은 그 대군을 계속 한국에 주둔시키면서 청국에 일방적으로 철병할 것과 조선에 대한 기득권을 포기할 것을 요구하다 청일 전쟁이 일어나게 된 것이다. 이 전쟁은 청국이 육지와 해상에서 모두 패배하고 북양함대도 전멸하면서 일본의 승리로 끝났다.

그리하여 드디어 청의 예속에서 벗어나 완전 독립국이 되었다며 1896년에 모화관慕華館 자리에 독립문獨立門을 건립하는 사업을 서

모화관: 정확히는 모화관이 아니라 영은문 자리. 모화관은 한동안 독립협회가 사무실로 계속 사용하다가 1935년경 철거되었다고 함.
원래 모화관은 조선 시대에 중국 사신을 영접하던 곳으로 태종 7년(1407)에 지금의 서대문 밖 서북쪽에 세웠으며, 첫 이름은 '모화루慕華樓'였다가 뒤에 '모화관'으로 고쳤다.

재필徐載弼을 비롯한 친일 소위 개화파들이 주도한다. 이는 조선이 독립국가가 되었음을 백성에 알리는 사업이었고, 더하여 임금을 이름뿐이지만 황제로 격을 올리는 일을 벌인다. 그리고 10여 년 만인 1910년 8월 22일 강압적 '한일합방'으로 일본에게 나라를 강탈당한 것이다.

후에 서재필 등 몇몇 인물들은 미국에 가서 왜놈에 대한 항일독립운동을 하였다고 하나 결국 그 당시에는 큰 과오를 범하였다고 나는 생각한다. 지금의 후세들도 어떻게 왜놈 압제하에 '독립문'이 버젓이 서울 한복판에 존재할 수 있었는지 한번 생각해 보라. 독립협회 인물들이 건립한 독립문이 왜놈의 침략을 막고 독립의 의지를 고양하기 위하여 건립한 것이 아니었던가 하고 생각할 것이다. 그러나 독립문은 왜놈의 간계로 한국을 청으로부터 소위 '독립'을 시킨 상징물이니 왜놈들이 당연히 보존하게 한 것이다. 왜놈들은 독립문을 파괴하면 백성이 큰 재앙을 당한다는 그런 요사스러운 말까지 퍼트렸다고 한다. 그러니 지금 존재하는 독립문이야말로 수치스러운 역사적 유물이지 우리 민족의 얼을 상징하는 독립문은 아닌 것이다. 참으로 슬픈 일이다.

나는 종종 사촌 형님인 규봉 형님 댁에 놀러 가곤 했는데 그곳이 바로 서직문 밖의 만수산 근처의 남전창南前廠이란 동네이다. 규봉 형님 내외는 상해에 계신 시영 숙부님께 가려고 형수님이 봉천에 잠시 계실 때 남매를 다 잃고 그 후로는 다시 생산을 못하고, 단지 내외분이 세상을 떠날 때까지 쓸쓸히 지냈었다. 그러니 어린 동

남전창: 원문에서는 남전창南前廠, 남전장南前場을 혼재해서 기록했는데 오타라기보다는 한자가 혼용되고 있었던 것으로 추정된다.

중국에서는 예로부터 '헛간 창廠'자가 '장소 장場'자와 같이 통용되었다. 이를테면 중국어로 '차오창草廠[cǎochǎng]'은 곧 차오창草場[cǎochǎng]과 글자는 다르지만 뜻과 발음이 거의 같은데 둘 다 '여물草料을 저장하는 창고'를 의미한다.

현재로선 남전창 혹은 남전장이라는 명칭을 쓴 지역이 어디였는지는 불명이다. 다만 이규창의 증언에 따르면 남전창은

1) 서직문西直門 밖 만수산萬壽山 가는 길에 있었고

2) 만청인滿淸人(만주족 출신) 집거지였으며

3) 이자경을 데리고 갈 때 인력거를 타야 하는 거리였다고 하니

서직문~만수산 사이에 위치한 동네로 추정된다.

생인 내가 가면 형수님이 그렇게 좋아할 수가 없었다. 그리하여 며칠씩 형수님의 따뜻한 보살핌을 받다가 집으로 돌아오곤 했다. 부친께서는 북경이 처음인 분들이 오시면 꼭 만수산과 북경의 고황궁古皇宮(자금성)을 관람하게 하셨다. 천단天壇이라는 곳은 황제가 문무백관을 인솔하고 하늘에 제사를 지내던 곳으로 그 웅대하고 장엄함이 비할 데가 없었다.

아마도 1921년경이라고 생각된다. 내 나이가 8세 되던 해였다. 키가 장대한 분이 부친을 찾아오셔서 한참 이야기를 나누시더니 이틀 후 아예 우리 집으로 거처를 옮기셨다. 그분이 바로 박용만朴容晩 선생인데 나로서는 박용만이란 분이 누군지, 또 무엇을 하는 분인지 알 리가 없었고 단지 부친의 친구라는 것만 알 수 있었다. 지금도 그분을 생각하면 기골이 장대하고 인상이 좋았다는 기억만 남아 있다. 우리 집에 거의 반년 이상 계셨고 나는 그분의 사랑을 많이 받았다.

나는 어려서 '숫기'가 없어서 종종 부친께서 걱정하셨다. 남자 자식은 숫기가 있어야 장래 진취성이 있다고 말씀하시며 어떻게 해서라도 숫기를 북돋아 주시려고 애쓰셨던 기억이 있다. 그 한 예로 부친은 나에게 박용만 씨에게 책과 과자를 사야겠으니 돈을 달라고 말을 해 보라고 하셨다. 나의 숫기를 키우려고 하신 것이다. 그리하여 나는 좀 생각하다가 부친과 박용만 씨가 담소하시는 중에 "내가 돈이 좀 필요하니 주실 수 있겠습니까" 하고 말을 하였다. 그랬더니 박용만 선생이 웃으시며 돈을 무엇에 쓰겠는가 하고 그 이유를 묻고 너 참 '숫기'가 좋구나 하시며 돈을 주신 것이 지금도 생각이 난다.

그때는 단재 신채호 선생이 매일 우리 집에 내방하시고 또 시영 숙부님과 이동녕 선생, 조완구 선생 세 분은 상해에서 돌아오셔서 근 1년을 북경에 머무르고 계셨는데 홀연히 남파 박찬익朴贊翊 선생이 나타나셨다. 상해임시정부의 특사 자격으로 부친과 숙부, 그리고 이동녕, 조완구 네 분에게 임시정부로 귀환하여 침체한 임시정부를 활성화하는 데 매진해 줄 것을 설득하기 위해 오신 것이다.

홀연히 남파 박찬익 선생이 나타나셨다: 이때가 1922년으로 추정됨.

노령: 러시아의 영토. 특히 시베리아 일대를 이른다.

제제다사: 자리에 모인 모두가 뛰어난 사람이라는 뜻. 《시경》의 〈대아大雅〉 문왕편文王篇에 나오는 말이다.

거의 반년 동안에 걸친 설득과 권유에 숙부님과 이동녕, 조완구 이 세 분은 1923년 초에 상해로 가셨지만 부친께서는 끝내 임시정부로 가지 않으셨다. 그것은 상해에서 북경으로 오실 때 다시는 임시정부에 참여 안 하시기로 결심을 하고 온 것이니 아무리 남파 선생이 설득하시고 간청을 한들 응하실 리가 없었다. 그러한 결심에 대하여 나는 한참 후에 천진天津에 살 때 부친께서 시야是也 김종진金宗振 선생과 지나간 이야기와 장래에 당신이 나아갈 길을 말씀하고 토론하시는 것을 듣고 비로소 알게 되었고 이해할 수 있었다. 부친은 시영 숙부나 친우 이동녕, 조완구 선생과는 임시정부에 대해 견해가 달랐고 생각하시는 항일독립운동 행동 방식에도 차이가 있었다.

그러면 그 차이점이 무엇이었던가. 그 당시(1919년) 상해에는 벌써 국내를 비롯하여 노령露領, 간도間島, 동경 등 각지에서 온 제제다사濟濟多士가 많이 모여 있었다. 이광, 현순, 손정도, 조완구, 신익희, 조성환, 조소앙, 신채호 등 지인들도 만나시고 주야를 가리지 아니하고 많은 분들을 만나서 서로 의견을 교환하고 일을 의논하기에 분주한 시간을 보냈다.

4월에 들어서자 임시정부조직 문제를 가지고 논의가 비등하였다. 이 문제에 대하여 부친은 정부라는 조직형태를 취하는 것을 반대하지는 않으셨다. 다만 부친의 의견은 당면 과제인 운동을 효율적으로 하기 위해서는 행정적인 조직형태로는 대응하기 어려우니 실제 운동에 있어서 상호 중복 없이, 마찰 없이 신속히 진행되도록 지도할 수 있고 서로 협동·협력할 수 있는 방식으로 조직을 만들자는 것이었다. 이러한 운동의 조직이 근본적으로 정부라는 행정조직과 다르지 않으면 그렇지 않아도 우리 운동가들 중에는 허영과 지배욕이 가득한 사람이 많으니 그 정부라는 명칭만으로도 서로 지위나 권력을 차지하려는 분규가 끊이지 않을 것이라 예언하며 당신의 소견을 피력하셨다는 것이다.

부친이 상해에 도착하여 각 방면으로 지도자들을 접촉하면서 그 대다수에게 공통적으로 느낀 점은 국내에서 만났던 이들과 아주 대조적이었다고 한다. 국내에서 만났던 동지들에게서 대체로 정

간취되었다: 한눈에 속셈을 알 수 있었다.

열과 자기희생의 정신이 느껴졌다면 상해에서 만난 그들에게서는 운동가가 가져야 할 그러한 미덕보다는 이기적 야심, 허영, 지배욕이 우선 간취看取되었다는 것이다. 그런 분위기 속에 명칭을 '정부'라고 하여 수립해 놓으면 그야말로 내분과 알력이 눈에 뻔히 보이는 듯하여 부친은 시종일관 당신의 주장하는 바를 강조하였던 것이나, 대세는 기울어져 정부를 조직해야 운동이 대내외적으로 유력해질 것이라는 데에 대부분이 찬동하였다.

임시의정원을 조직하고 임시정부조직을 위하여 임시헌법을 기초·발포하려 할 때에 부친은 손정도, 이동녕, 조완구 등에게 독립운동의 본부와 정부는 다른 것이니 그것을 고려하라고 거듭 촉구하였으나 소용이 없었다. 그런데 정부조직을 발표한 지 반달도 지나지 못하여 서울에서 집정총재제執政總裁制의 임시정부조직을 발표했다. 이를 그대로 승인하고 상해에서 조직·발표한 정부를 취소하자는 무리도 있었고, 한성정부漢城政府니 상해정부니 하며 대립하게 되었는데 특히 노령, 간도, 경상도 대표들은 상해정부에 반대불합작反對不合作의 태도를 견지했다. 선견지명이 있으셨던 부친은 그런 식의 독립운동은 득보다 실이 많다고 결론을 내리시고 앞날이 암담할 것을 개탄하셨다. 그런데 부친의 그런 견해와 독립운동의 방향에 대해 되려 의혹과 이상한 심리로 비방을 하는 무리들이 있었는데 부친을 두고 '보황파保皇派라서 임시정부조직에 이의를 제기하는 것'이란 말을 서슴지 않았다.

부친이 오랫동안 황제와 밀접한 관계였고 더욱이 만주에서 돌아간 후 몇 년 동안 황제가 하사한 비밀운동비로 활동한 것을 아는 그들이니만큼 부친이 구황실 중심의 보황파적 생각에서 정부조직을 반대하는 것이 아닌가 하는 오해도 있었고 때로는 부친 자신이 임시정부의 중심인물이 되지 못한 까닭에 이의를 제기한다는 오해도 있었다. 그렇게 생각할 수도 있겠지만 부친 본연의 생각하고는 완전히 배치되는 참으로 가소로운 생각들이었다.

부친이 1918년경 고종을 중국으로 망명케 하여 대한제국이 왜놈의 강압으로 합방이란 미명하에 병탄당했음을 전세계에 호소하려 한 것은 간악한 놈들을 강토에서 축출해야 한다는 것과 황제 자신이 항일 독립운동에 최후까지 헌신하겠다고 부친께 약속했기 때문이었다.

망명계획을 진행 중, 고종이 왜놈한테 암중독살暗中毒殺을 당하는 바람에 좌절되고 말았지만, 그 당시 시대적 계층을 볼 때 고종과 부친의 상호관계를 어찌 개인 대 개인의 의리라는 한마디로 간단히 해석하고 평할 수 있겠는가. 그리고 나의 부친은 이 세상에 태어나서 순국하실 때까지, 우후죽순같이 생겨난 독립운동 단체에 다 가담하여 온 힘을 다하시면서도 그 흔해 빠진 무슨 장長, 위원장 또는 단장 같은 것을 한 번도 맡으신 적이 없다. 그만큼 타고나신 천성이 그런 명예욕이나 물욕이 없는 분이다. 그러니 임정의 조직 과정에서 비쳐지는 행태, 평안도파·함경도파·기호파·황해도 중심의 흥사단파 등, 이 모든 패거리가 얽히고 설켜서 임정의 헤게모니를 쥐려고 혈안이 된 판국에 부친께서 어찌 그런 속물세계에 끼어드시겠는가. 그저 주야로 어떻게 하면 왜놈들을 쫓아내고 자주독립을 하여 이 민족이 이 세계에 보다 영광스럽게 생존할 수 있겠는가 하는 생각뿐이셨다.

지금에 와서 생각하면 그 당시 임시정부는 독립운동의 총집합체로 명실상부한 독립운동의 총본영이지 어떤 집권이나 행정기관이 아닌 것이다. 생각해 보라. 국토가 있나 민족이 있나 재정이 있나, 권한도 세력도 하나도 없는 처지에 단지 정부란 허명 아래 권력투쟁을 일삼고 대통령, 국무총리, 무슨 부장, 허울 좋은 감투를 서로 차지하겠다고 피비린내 나는 혈투가 연출되었으니 지금 광복된 후에 와서는 어찌 욕심이 더하지 않겠는가.

무엇이 국가와 민족을 위하는 것인가. 양두구육羊頭狗肉 격인 것이다. 북쪽의 악독한 러시아의 주구는 동족상잔 외에는 여념餘念이 없고 남쪽은 허울 좋은 민주라는 구호 아래 서로 집권의 야욕만 염두에 두고 패거리 투쟁만 일삼으니 국제정세나 국내정세가 어찌도 그리 구한말의 사정과 비슷한지 개탄할 수밖에 없는 심정이다. 망명 시기에 그네들이 하던 작태를 오늘의 시점에서 또다시 보게 되니 세계에 둘도 없는 출중한 이 민족이 누구를 바라고 조국 창조를 위하여 전진하겠는가. 자기 생명을 희생해 가며 위국

양두구육: '괘양두 매구육掛羊頭賣狗肉'의 준말로 '양의 머리를 걸어 놓고 개고기를 판다'는 뜻. '표리부동表裏不同하다' 혹은 '겉과 속이 다르다'로도 쓸 수 있다.
북쪽의 악독한 러시아의 주구는 동족상잔 외에는 여념이 없고 남쪽은 허울 좋은 민주라는 구호 아래 서로 집권의 야욕만 염두에 두고 패거리 투쟁만 일삼으니: 이 책의 초고를 집필하던 1980년대 후반의 한국 상황에 대한 비판이다.
위국위족하신: 국가와 민족을 위하신.
전도: 앞으로 나아갈 길.

위족爲國爲族하신 분들을 만분의 일이라도 본을 받으면 이 꼬라지는 안 될 것이다.

1922년 내 나이 아홉 살 되는 해 상해에서 박찬익 선생이 우리 집에 오셔서 시영 숙부님과 석오 이동녕, 조완구 선생, 그리고 부친께 다시 임시정부의 근황을 설명하시는데 여전히 파벌과 지역별 대립으로 그나마 형태조차 혼미하니 독립운동이고 무엇이고 전도前途가 암담할 뿐이라 했다. 그런 것이 항일독립운동이라고 한다면 부친의 생각과는 전연 다른 것인만큼 아무리 박찬익 선생이 6개월에 걸쳐 성심성의껏 설득을 해도 부친께서는 추호도 동요가 없으셨다. 나머지 세 분은 그래도 임시정부인지라 미련을 저버리지 못하시고 1922년 말에 상해로 가셨다. 아무런 권력도 없고 권한도 없는 임시정부에 협력하거나 감투를 썼던 인사들은 해방 후에 임정요인이라며 행세했고 역사적 인물이 되었다.

서직문 이안정의 우리 집에 빈번히 드나들며 부친과 독립운동에 대한 의논을 하시던 혁혁한 인사들의 존함은 다음과 같다. 김규식·조성환·이천민李天民·신채호·박용만·김창숙·한세량韓世良·최태연崔台然·김원봉金元鳳·박숭병朴崇秉·한진산韓震山·송호성宋虎聲·소완규蘇完奎·성준용成駿用·홍남표·어수갑·이광·임경호·이정렬·안창호·조소앙·윤기섭尹奇燮·유우근柳友瑾·이을규李乙奎·이정규李丁奎·김종진·고운흥高雲興 등 청장년층 동지들의 왕래가 끊이지 않았다.

국내에서는 이득년·유진태·유창환·김진호·윤복영·홍증식·정인보·변영태卞榮泰·이관직 등 여러 선생들이 비밀리에 조달한 운동자금을 수시로 해외로 보냈는데 그 일로 북경으로 오시는 분은 시인是人 임경호 선생이다. 그분이 1년에 두 번 북경에 오시는데 오실 때는 꼭 한두 분을 대동하고 오셨다. 그분들은 재력이 있고 애국심이 강하신 분으로 북경으로 먼저 와서 부친과 여러 독립운동 인사

한세량: 《충북일보》(2015. 10. 18.)에서는 '韓世量'으로 표기되었다.
임경호·이정렬: 이 두 사람은 중국에 거주하진 않았고 한국에 머물면서 용무가 있을 때만 중국을 방문했다.

들을 만나 장래 우리나라 독립의 방책과 행동에 대해 토론하셨다. 그분들의 여행 목적은 명목상으로는 해외 유람이었지만 진짜 목적은 비밀리에 다소의 자금을 부친께 전달하는 것이었다. 이 돈이 제반 경비와 생활비가 되는 것이다. 그리고 그분들은 상해에도 가서 유명한 명소를 유람해 가며 비밀리에 숙부님이나 이동녕 선생을 뵙고 환국하는 것이다.

부친께서는 임 선생이 그 위험을 무릅쓰고 조달해 온 자금을 북경에 산재한 동지들의 생활비며 운동비로 사용하셨다. 앞서 말한 바와 같이 그 많은 사람들을 매일 먹이느라 어머니와 형수, 송동집의 노고야 더 말할 필요가 없지만 거래하던 중국 상회 보흥호, 보산호寶山號 두 곳의 거래도 세월이 지나다 보니 자연히 외상거래가 되었고, 그 액수도 많아지고 외상을 갚는 시일도 지연되었다. 그러나 우리가 거래하는 물량이나 액수가 많으니 중국 상인들은 우리를 대단한 부자로 생각했고 자연 외상거래도 그리 문제가 되지 않았다. 그리고 중국 상인은 상덕商德이 대단하여 일단 신용이 있다고 판단한 상대에 대해서는 마치 십년지기처럼 대하기 때문에 더 말할 필요도 없었다. 그런데 참으로 한심한 노릇이 일어나니 그때 그 광경을 지금에 와서 생각해도 비통한 맘을 어찌 억제하겠는가.

임 선생이 국내에서 청년 동지 한 분을 대동하고 오셔서 우리 집에 머무르시며 여러분께 소개도 하고 운동의 전망도 상의하고 계셨다. 그 젊은 분은 이정렬李定烈이란 분인데 그분은 이순신 장군의 후예답게 국가에 대한 충성심이 강한 분으로 집안의 재산을 처분한 자금을 가지고 부친을 뵈러 온 것이다. 이정렬 씨는 인품이 고상하며 중후하게 생긴 데다 성격이 후덕하였다. 그래서 부친은 이정렬 씨에게 호를 '춘호春湖'라 지어 주셨다. 그리하여 우리 집에서는 정렬이보다 춘호로 통하였다. 나중에 나라가 해방된 후에 서울서 춘호 형을 다시 만났을 때 그분은 우리 어머니를 꼭 사모님이라고 부르시고 나도 그분을 형님이라 하였다.

그런데 임 선생과 춘호 형이 우리 집에 온 지 10여 일이 지난 어

이정렬: 이정렬은 1921년 5월 사유토지(270석 추수분)를 매각해 대금 전액을 휴대하고, 그해 6월 임경호 등과 같이 북경으로 가서 이회영에게 헌납하였다고 함.

출처: 한국민족문화대백과(http://encykorea.aks.ac.kr/)

아버님: 여기서 아버님은 우당 이회영을 가리킨다.

느 날 밤이었다. 밤중에 큰 소리에 놀라서 깬 나는 대청에 나와서 본 그 광경이 너무 놀라워 어머니 품에 얼굴을 파묻고 꼼짝 못 하였다. 어찌된 일인지 조성환 씨가 임 선생을 무지막지하게 때리는데 그 옆에서 성주식과 이천민이 말리기는커녕 욕을 하면서 합세하여 임 선생을 치는 것이다. 그러니 이 광경을 보는 사람들이 어찌하겠는가. 부친은 아무 말도 않으시고 그냥 그 사람들이 하는 꼬락서니만 보고 계실 뿐이었다. 그러기를 얼마를 하였는지 조성환, 성주식, 이천민이 빠져나간 후에 이광 선생이 개탄을 하시며 부친과 임 선생, 이정렬 씨를 위로하시고 귀가하셨다. 그 후에 임 선생이 부친께 울면서 다음과 같이 호소하였다.

"세상에 이럴 수가 있습니까? 아버님, 내가 무슨 죄를 지었다고 그들이 나를 구타하며 욕을 합니까? 나는 아버님을 존경하고 망한 나라를 찾겠다는 그 마음을 존경하고, 또 독립운동을 같이한다는 그자들이기에 또한 존경하며 위험을 무릅쓰고 동지와 자금을 조달하여 타국에서 고생하시는 아버님을 도우려 하는 것뿐입니다. 그런데 어쩌자고 나를 혼자 돈을 먹은 도둑놈이니, 우당에게 얼마나 주었으며 우당은 그 돈을 어찌하였는가 하며 나를 때리고 욕을 하니, 독립운동 한다는 놈들이 돈에 욕심이 나서 이런 못된 짓을 합니까? 나는 참으로 분하고 분합니다."

그러면서 대성통곡을 하시는 것이다. 내가 사리를 분간할 나이가 되어 생각을 하니 그때 조성환, 성주식, 이천민 등이 임 선생을 구타하며 욕설을 한 짓은 차마 부친께는 그리할 수 없으니 대신 임 선생을 친 것이라 하겠다. 생각하면 생각할수록 인면수심人面獸心의 인간이라고 밖에 달리 할 말이 없다. 그 일 이후로 그들은 부친이 1932년 순국하실 때까지 단 한 번도 오지 않았다. 자신들도 면목이 없었을 것이다. 어찌 그럴 수가 있는가. 그 일이 생긴 후 임 선생은 다시는 국외로 오시지 않았다. 그런 욕을 당하고 어찌 그런 인간들을 다시 보러 오겠는가. 소위 독립운동을 한다는 인간이 금전 문제로 동지고 무엇이고 배신할 수 있는가 하며 다시는 국외로 오지 않고 국내에서 독립운동을 하시다 안타깝게도 해방 즈음에 대구형무소에서 옥사하셨다.

대구형무소에서 옥사하셨다: 1945년 8월 23일에 대구형무소에서 '공소권 유지 없음'으로 처리됨. 즉 사망했다는 뜻.

출처: 독립운동 관련 판결문(https://theme.archives.go.kr/next/indy/viewMain.do)

부친께서도 국내나 만주·상해 등지에서 활동을 하시면서 둘도 없는 동지라고 생각했던 인간들이 사소한 금전 문제로 그런 몰지각한 행동을 하다니 당신이 동지를 잘못 만난 건가, 당신의 부덕의 소치인가 하시며 대단히 낙담하시니 내 어린 생각에도 기가 막혔다. 험난한 독립운동 선상에서 목숨을 걸고 매진해야 하는 시기에 비탄에 빠지니 무엇 하나 잘될 리가 있겠는가. 임 선생뿐 아니라 이정렬 씨도 해외에서 소위 독립운동을 한다는 인간들이 동지들을 모략 비방하는 상상하기도 어려운 추태를 목격하고, "이래서야 어떻게 기세가 충천하고 악독한 왜놈을 상대하겠는가, 일심 단결하여도 성사가 될까 의문인데" 하며 부친께 하소연을 하고 환국한 후에 다시는 국외로 오지 아니하였다.

이렇게 되니 생활은 날로 곤란해져서, 부친께서 그 난동 부리던 사람들에게 생활비 주시던 것도 못하게 되었고 수년간 그 많은 인물들을 조석으로 대접하느라 쌓인 외상값도 문제가 되었다. 부친이 백방으로 주선하여 조금씩 갚았지만 그 외상이 2~3,000원元의 거액이라 도저히 갚을 도리가 없었다. 그러니 그 곤란함은 입에 담

조, 성, 이: 조성환, 성주식, 이천민.

기도 어려웠다. 이렇게 외상값을 못 주게 되면서 거의 2년 동안 우리 남매가 곤욕을 치렀다. 중국 상점 사람들에게 나랑 누이는 날이면 날, 달이면 달마다 욕도 먹고 심지어는 매도 맞았다. 그동안 그렇게 와서 퍼먹던 그 많은 사람들은 다 어디 가고 나와 규숙 누님이 이런 곤욕을 치른 것이다.

그래도 한 가지, 중국 상인들의 상덕商德과 인간성이 후덕하여서 결국은 그 많은 빚을 안 받는 것으로 자기들끼리 회의하고 주인이 우리 집으로 와서 그 결과를 통지했다. 그러면서 부친께 일본인의 침략으로 자기 나라에 와서 독립운동 하는 인사에게 이런 것으로라도 도움을 주려는 것이니 그리 생각해 달라고 했다. 과거에 자기들이 좀 심하게 대한 것을 용서하라는 말까지 하면서 일본인들이 자기들 중국인에게도 치욕을 주고 있으니 우리 양국 사람들은 동병상련이라 하였다. 그 사람은 일본인을 '동양귀東洋鬼'라는 별명으로 불렀다. 조曺, 성成, 이李 같은 인간보다는 위대한 중국인이었다.

제2장

소년기

북경·만주에서 성장

1922년 4월에 김창숙金昌淑, 손영직孫永稷, 이상재李商在, 김활란金活蘭 등 네 분이 북경에 오셨다. 이상재 선생은 부친의 동지인 데다 한산韓山 이씨이니 어머니하고 친척이기도 해서 우리 집에 머무셨고, 김활란 여사는 북경에 거류한 지 오래된 김달하金達河 씨의 집에서 머물게 되었는데 그는 김활란의 형부였다. 김 여사의 언니는 김애란金愛蘭이라 하였다. 김활란, 이상재 두 분은 세계기독교학

이회영 북경 체류 시절(1922년 여름으로 추정)
앞줄 왼쪽에서부터 김창숙, 철도청 소속의 중국 관리, 이회영
뒷줄 왼쪽에서부터 손영직, 김달하

생연맹회에 참석하기 위하여, 김창숙, 손영직 두 분은 중국 유림대표들과 한·중유림의 항일 관련 문제를 협의하러 오신 것이다.

그러면 김달하는 어떠한 인물인가. 김달하 씨는 평북平北 출신이자 서북학회의 일원으로 한말 계몽운동에 참가하였으며, 한학에 대한 지식이 박학하였고 신민회 후기 회원이었다고 한다. 중국 군벌의 혼전기인 1917년 무렵, 친일계인 단기서段琪瑞가 국무총리로서 집정할 때 단기서 부하의 소개로 한학이 출중하고 인물이 준수하다는 이유로 발탁되면서 전 가족이 북경으로 이주했다. 김달하는 단기서 정권의 유일한 한국인 고위관리로 중국 유림들과 서로 교류하였는데, 북경 일대에서는 그를 '진따예金大爺'라고 불렀다. 따예大爺, 라오예老爺라는 호칭은 직위가 높은 벼슬아치를 부르는 호칭이다. 김창숙·손영직 두 분이 김달하 씨와 알게 된 것도 중국 유림대표와의 회담 덕분이었다. 부친은 북경에 거류하시면서도 김달하라는 사람이 북경에 있다는 것은 알고 계셨지만 직접 면식이 없었고, 김창숙 선생의 소개로 처음 상면하셨다. 나는 그 당시 부친이 김달하, 김창숙, 손영직, 중국 관리와 함께 찍은 사진(1922년 여름)을 해방 후 국내에서 입수할 수 있었다.

얼마 있다가 김활란 여사와 이상재 선생은 돌아갔고 김창숙 선

1917년 무렵: 실제로 김달하는 1913년에 북경으로 먼저 왔고, 그의 가족들은 1914년에 천진에 와 있다가 2~3년 후 북경으로 이주했다고 김달하의 둘째 딸 김정옥金貞玉이 《소봉 김달하 시집小奉 金達河 詩集》에서 밝힘.

출처: 김달하 저·김정옥 역, 《소봉 김달하 시집》, 정우사, 1990.

단기서: 돤치루이[Duàn Qírui].

라오예: 보통은 '어르신', '나리' 정도를 뜻하는 말.

1922년 여름: 손영직이 귀국(1923년)하기 전이고 사진 속의 복장이 1920~30년대의 중국식 여름 옷인데 우당이 김창숙이 북경에 온 직후에 몇 번만 김달하를 만났다면 1922년 여름으로 추측됨.

부지하세월: 언제 이뤄질지 그 기한을 알 수 없음.

신채호 선생의 혼담이 성사된 일이다: 혼담이 성사된 것은 1920년 봄.

신부: 박자혜朴慈惠(1895~1943).

생과 손영직 선생은 북경에 머물렀다. 그러나 1년 후 손영직 선생도 생활이 어려워 부득이 귀국하게 되었다. 이에 대하여 김창숙 선생은 대단히 못마땅하게 생각하였다. 김창숙 선생이 부친께 "생활이 곤란하다고 일본에 귀화하는 그런 허약한 마음으로 어찌 왜놈을 상대로 독립투쟁을 하겠는가?" 하며 탄식하시는 것을 보았다.

그러나 암만 같은 마음이라도 장구한 생활고에, 끼니조차 잇기 힘들고 언제 목적하는 독립이 성취될지 부지하세월不知何歲月이니 철석 같은 심정도 해이해지는 것이 무리는 아닌 것이다. 이런 상황에서 어찌 내 마음과 다르다고 비난할 수 있겠는가. 내가 지금에 와서 당시의 그 비참한 상황을 회상해 보아도 남의 일이니까 경솔히 뇌까리는 것이지, 누구를 막론하고 그 환경, 그 고생을 겪어보지 못한 분은 옳고 그름을 말할 수 없다. 그 수많은 애국지사가 중도에 본의 아니게 지조를 굽히고 수치를 무릅쓰며 적에게 굴복하는 그 광경은 생각만 해도 가련하기도 하고 비통함을 금할 길이 없다. 인생은 무상한 것이다.

그런 추잡하고 비통한 일들만 첩첩인 중에도 인생사의 가장 기쁜 일도 있었다. 신채호 선생의 혼담이 성사된 일이다. 이 어찌 기쁜 일이 아니겠는가. 혼인 중매는 어머니께서 하셨는데 신부는 나

유자명
(柳子明, 1894~1985)

이을규
(李乙奎, 1894~1972)

이정규
(李丁奎, 1897~1984)

신수범: 박자혜와의 결혼에서 얻은 신채호의 차남(장남은 전 부인 풍양 조씨와의 사이에서 얻은 신관일).

참으로 불쌍한 분들이었다: 1922년 박자혜는 둘째(신두범)를 임신하고 귀국한 이후 신채호는 (따)헤이후 후퉁(大)黑虎胡同에서 거주했다고 함.

하루는 유자명, 이을규, 이정규 세 분이 부친을 방문하셨다: 세 사람의 방문 시기는 1922년 말로 추정.

의 형수님이 소개했다. 그분은 왕궁의 궁녀였는데 형수의 외가인 운현궁雲峴宮에 왕래할 때부터 형수와 안면이 있었다고 했다. 그런데 만리타향에서 뜻밖에 만나게 되니 얼마나 반가웠겠는가. 그리하여 어머니께도 소개하고 내왕하던 중에 우연한 기회에 신채호 선생과 혼담이 급속히 진행되어 결혼하게 되니, 두 분이 인연이기에 성사가 된 것이다. 희망도 없고 막막한 환경이지만 얼마나 기쁜 일인가! 신채호 선생은 비록 순국하셨으나 그래도 후손 하나가 그 혈통을 계승하여 대가 끊기지 않은 것이다. 신수범申秀凡 씨가 신채호 선생의 아들이다. 혼인을 한 후 그 두 분이 겪은 고초를 어찌 필설로 다하겠는가. 참으로 불쌍한 분들이었다. 단란한 가정생활도 제대로 못 하고 생활고로 인하여 이별하게 된 것만 내가 알지 그 후의 사정은 해방 후 신수범 씨에게 들어서 알게 되었다. 독립운동한 인사들의 비참한 삶의 궤적이 다 이러한 것이다.

하루는 유자명柳子明, 이을규李乙奎, 이정규李丁奎 세 분이 부친을 방문하셨다. 유자명 선생은 본시 충청북도 분으로 수원농림학교를 나오시고 1919년 3·1독립운동을 계기로 해외로 망명해서 북경에 오셨다. 의열단 단장 김원봉金元鳳과 막역한 친구 사이이며 의열단의 총참모격의 중요한 직책을 맡아서 제1선에서 운동에 참여하신 분이다. 중국의 정치가, 사상가, 문학가 등과 광범위하게 교제가 있었다. 그리하여 신채호 선생도 유자명 선생의 소개로 이석증李石曾 선생을 알게 되어 그의 주선으로 북경도서관에 있는 사고전서四庫全書를 열람하는 등 여러 도움을 받고 후에 관음사에서 기거할 수 있었던 것이다. 또한 유자명 선생은 단재 선생에게 의열단 선언문 〈조선혁명선언서朝鮮革命宣言書〉 집필을 의뢰하여 대작을 완성케 하시니, 지금까지도 그 문장은 천하무비天下無比의 흠잡을 데 없는 작품이라. 북경에서 이런 인연으로 맺어진 동지이므로 그 어렵고 비참한 환경이 오래 지속되는 가운데 다소간의 불화와 시비가 있어도 본연의 목적인 대일항전과 독립운동에는 추호도 지장이 없이 용왕매진勇往邁進하셨다.

이석증: 리스쩡[Lǐ shícéng].

유자명 선생은 단재 선생에게 의열단 선언문 〈조선혁명선언서〉 집필을 의뢰하여: 1922년 12월에 의뢰해서 1923년 1월에 발표됨.

용왕매진하셨다: 거리낌 없이 용감하고 씩씩하게 나아가셨다.

일익을 담당했다: 중요한 역할을 했다.

이을규, 이정규 두 분은 친형제 간으로 형님인 이을규 선생은 대동단사건大同團事件에서 일익一翼을 담당했다. 대동단은 동농東農 김가진金嘉鎭 씨를 대동단의 총재로, 의친왕 이강李堈 공을 고문으로 추대하고 이강 공을 상해로 탈출시키고자 하였으나 전협全協 등이 상주喪主로 변장한 이강 공과 만주 안동安東에 이르렀을 때 왜경에게 잡혀 송환당했다. 그리하여 전협, 최익환崔益煥, 이을규 등이 각각 몇 년씩 옥살이를 하고 북경으로 온 것이다. 이을규, 이정규, 유자명 선생 등은 원래 본국에서도 서로 아는 사이로 북경에 와서도 장래 운동의 추세를 주시하며 방향성을 논의하던 중에 의열단의 극한투쟁은 적극 추진하지만, 사상 문제는 세계 정세와 국내외 정세 변동에 기민하게 대처할 필요가 있다는 것을 느꼈다.

제1차 세계대전이 끝난 뒤, 러시아공산주의 혁명가들이 내세운 약소민족과 피압박민족의 해방 및 무산계급 해방이란 구호는 전세계 피압박민족에게 혜성처럼 나타난 구세주 같은 개념이었다. 그도 그럴 것이 그 당시 조선민족은 민족자결주의라는 미국 윌슨 대통령의 허울 좋은 사기극에 도취되었다가 허탈해진 상태였다. 러시아 공산당의 피압박민족 해방이라는 구호에 큰 희망을 갖고 공산주의가 무엇인지도 모르는 채 너도 나도 공산주의를 신봉하게 되었

러시아 이르쿠츠크에서 극동근로자대회가 열리게 되었다: 1922년 1월 개최된 이 극동근로자대회는 나중에 모스크바로 개최지가 바뀜.

원동대학: 정확한 명칭은 '국립극동대학교', 또는 '극동연방대학교極東聯邦大學校'로 러시아어로는 Дальневосточный федеральный университет(ДВФУ), 영어로는 Far Eastern Federal University, 일명 FEFU라고 한다(문화어로는 원동련방종합대학). 러시아 블라디보스토크 소재.

이 세 분은 매일 이안정 집으로 와서 사상에 대한 문제 또는 독립운동에 대한 신방향을 논의하셨으며, 신채호 선생과 김창숙 선생도 동참하여 토론하셨다: 원문은 관음사 집이라 하였지만 관음사 집은 1923년 말 이후부터 거주한 것으로 보이기 때문에 이 내용은 1922년~23년 이안정 집에 살 때의 일로 추정됨. 《서간도 시종기》에서는 이을규, 이정규 형제와 백정기, 정화암이 1923년 중춘仲春에 왔다고 함.

여류한 광음은 임술년이 지나고 계해년(1923)을 당하니 생활난은 매일반이라. (...) 때는 중춘이라, 하루는 몽사夢事(꿈에서 나타난 일)를 얻으니 가군께서 사랑에서 들어오시며 희색이 만면하여 말씀하시기를, "내 일생에 지기를 못 만나 한이더니 이제는 참다운 동지를 만났다" 하시며 기뻐하시기에, 내가 무슨 말을 하려다가 홀연히 깨니 남가일몽南柯一夢이라. 곰곰 몽중에 하시던 말씀을 생각하며 또 어떤 사람이 오려나 하였더니, 그날 오정午正쯤 해서 이을규 씨 형제분과 백정기 씨, 정화암 씨 네 분이 오셨다.

《서간도 시종기》, 139쪽.

다. 그러던 참에 러시아 이르쿠츠크에서 극동근로자대회가 열리게 되었다. 이는 다시 말해 우선 공산당에 입당하여 당원이 되면 이 대회에 참석할 수 있고, 그렇게 되면 원동대학遠東大學에도 입학할 수 있다는 소문에 러시아 공산주의의 원조로 조선을 독립시킬 수 있지 않을까 하는 신념을 가진 사람도 생겨났다는 뜻이기도 했다. 그러나 물에 빠진 사람이 지푸라기라도 잡아서 살고자 하는 희망일 뿐, 알고 보면 피압박민족 해방이란 미명하에 '괘양두 매구육掛羊頭賣狗肉'하는 식으로 슬라브 민족이 지배하는 또 다른 식민지 정책에 불과한 것이었다.

러시아의 유명한 맹인 사상가이자 아나키스트인 예로센코(1889~1952)는 제정러시아가 붕괴하고 혁명이 되었으나, 제정帝政일 때보다 더 잔인무도한 정치체제하에서 도저히 생존할 수 없어 중국으로 망명했다. 그러면서 전 세계에 대하여 잔인무도하고 비인간적인 공산주의는 인간의 기본권은 물론이요, 인간성도 유물시唯物視하고 말살하여 천고에 없는 적색독재하의 학정을 시행하고 있다고 폭로하였다. 이에 유자명, 이을규, 이정규 선생은 공산주의에 대한 판단을 재검토하여 공산주의에 대한 미련을 완전히 청산하고 독립운동의 방향도 다시 정립할 것을 모색하게 되었다. 이 세 분은 매일

이안정二眼井 집으로 와서 사상에 대한 문제 또는 독립운동에 대한 신방향을 논의하셨으며, 신채호 선생과 김창숙 선생도 동참하여 토론하셨다. 그러기를 2, 3개월 지나면서 부친 거처에서는 화기애애한 담소가 흘러나오기도 하며 무엇인가 희망찬 분위기였다.

얼마 후 유자명 선생은 상해로 가고: 유자명의 자술 기록에 의하면 1923년 가을에 우당 집에 얼마간 있다가 겨울에 천진에 가서 영어를 배웠고 그 후에 상해로 갔다. 이회영, 유자명, 이을규, 이정규, 정화암, 백정기 등이 재중무정부주의자연맹을 조직한 것은 1924년 4월이다.

출처: 《유자명수기》, 관리번호: 3-005390-003, 독립기념관(https://search.i815.or.kr/).

공우: 공위[gōngyù].

북경 일대에 큰 파문을 일으킨 강탈사건: '모아호동帽兒胡同 사건'을 가리킨다. 1923년, 정화암·김창숙·이을규, 이정규 형제 등이 고급주택가에 사는 국내 재력가 고명복 모녀의 집에서 자금이 될 만한 것들을 탈취한 사건. 이 계획에는 정화암의 동거녀 이자경의 도움이 있었는데, 그녀가 제공한 정보를 이용하여 몰래 잠입해 패물들을 빼냈다. 정화암의 회고에 따르면 모아호동 사건은 다음 날 신문에 대서특필되었다고 한다. 이들은 북경 공안국에 쫓기게 되었다. 정화암은 북경대학에 다니던 소완규蘇完奎의 배려로 대학 기숙사에 숨고, 이자경은 이회영과 의논하여 만청인 집거지였던 난진창(남전창)으로 옮겼다.

출처: 국외독립운동사적지(http://oversea.i815.or.kr/country/?mode=V&m_no=2-01-09-0005).

어느 날 오후에 나는 학교에서 돌아와 어머니 방에서 아침 겸 점심을 먹는데 부친께서 방으로 들어오셔서 말씀하시길 내가 근래에 보기 드문 동지들을 얻었으니 참으로 내 맘이 무한히 기쁘시다며 어머니께 환한 표정을 보이셨다. 다름 아닌 유자명, 이을규, 이정규, 신채호, 김창숙 선생을 지목하시는 말씀이었다.

얼마 후 유자명 선생은 상해로 가고, 이을규, 정규 두 분은 우리 집에 와 거주하게 되었고, 그 후 국내에서 백정기白貞基 선생 또한 우리 집으로 왔다. 얼마 후 정화암鄭華岩 선생도 이자경李慈卿이란 여성과 함께 북경에 와서 공우公寓(사글세 여관)에서 지냈다.

이 두 사람은 종종 우리 집에 놀러 왔는데 특히 이자경이라는 여성은 어머니와 스스럼없이 이야기도 잘하곤 했다. 그녀는 평범한 구식 부인네가 아니라 그 당시로서는 신식 여성이었다. 그래서 일거일동이 참으로 낯설었다. 그러다 북경 일대에 큰 파문을 일으킨 강탈사건이 일어났다. 그러면서 조선인이 거주하는 구역에 대한 중국 경찰의 감시가 삼엄하여 우리 집도 가족 모두가 경계하며 사태의 추이를 지켜보아야 했다. 사실 관음사 집 동네 사람들은 우리가 조선 사람인 줄을 모르고 중국 남쪽 복건인으로 알고 있기 때문에 문제가 별로 없었지만 강탈사건의 장본인이 바로 정화암, 이정규, 백정기이고 방조자가 이자경이므로 긴장하지 않을 수 없었다.

그러던 중에 부친께서 나를 부르시더니 이씨와 함께 중국 인력거를 타고 서직문 밖 남전창南前廠에 사는 규봉 형네 집에 가서 이씨를 규봉 형 내외에게 소개하고 당분간 그곳에 머물도록 하라고 하셨다. 나는 말씀대로 시행하고 집으로 돌아왔다. 그런데 그때가 여름철이라 만물이 더위에 지쳐 있는 때였다. 며칠 후에 규봉 형이 부친께 와서 말하기를 아무리 숙부님 부탁이지만 그 부인은 자기 집에 데리고 있을 수 없으니 속히 다른 곳으로 옮겨야 한다고 했다. 그 까닭은 자기가 사는 동네는 다 구식 중국 가정들인데 난데없이

관음사 집: 이규창 일가가 1924년 무렵 거주한 북신교 관음사北新橋 觀音寺(베이신차오 관인쓰)에 위치한 집을 가리킴.

젊은 여자가 대낮에 나체로 동네 우물가에서 목욕을 하니 여자들이 그런 광경을 보아도 해괴하다 하겠는데, 그곳은 남자들도 가끔 와서 물을 떠가는 곳이라 삽시간에 온동네에 소문이 자자하여 동네 부인네들이 형님과 형수님께 와서 이런 망측한 행동을 하는 여자를 이곳에 있지 못하게 하라고 하면서, 당신네 같은 고귀한 분들한테 어찌 행동거지가 그런 여자가 왔느냐며 뭐라고 한다는 것이었다. 요는 그 여자를 하루 빨리 데려가시라는 것이다.

그러니 입장이 난처해지신 부친께서 이씨가 그런 사건 연루자라고 말도 못 하고, 만일 규봉 형네 동네에 이상한 소문이 퍼진다면 그 또한 큰일이니 내게 형하고 같이 가서 그 여자를 데려오라고 하셨다. 여염집 여인이 아니라 여러 곳에 종사하며 출입하였던 여자라 하더니 참으로 제 버릇 개 못 준다는 속담이 틀림이 없는 것이다. 그러나 해외에서 그런 모험을 하였으니 장하다고 하겠다.

나는 규봉 형님하고 같이 가서 이씨를 우리 집으로 데려오고 말았다. 그리고 이을규, 이정규, 백정기 선생들에게 이씨를 데려가라고 하였다. 며칠 후 이씨는 정화암과 함께 천진으로 갔다고 하여 모두 안심을 하였다. 그 강탈사건도 큰 파문 없이 잠잠해지고 이을규, 정규, 백정기 선생이 우리 집에 거의 6개월 정도 동거하게 되었

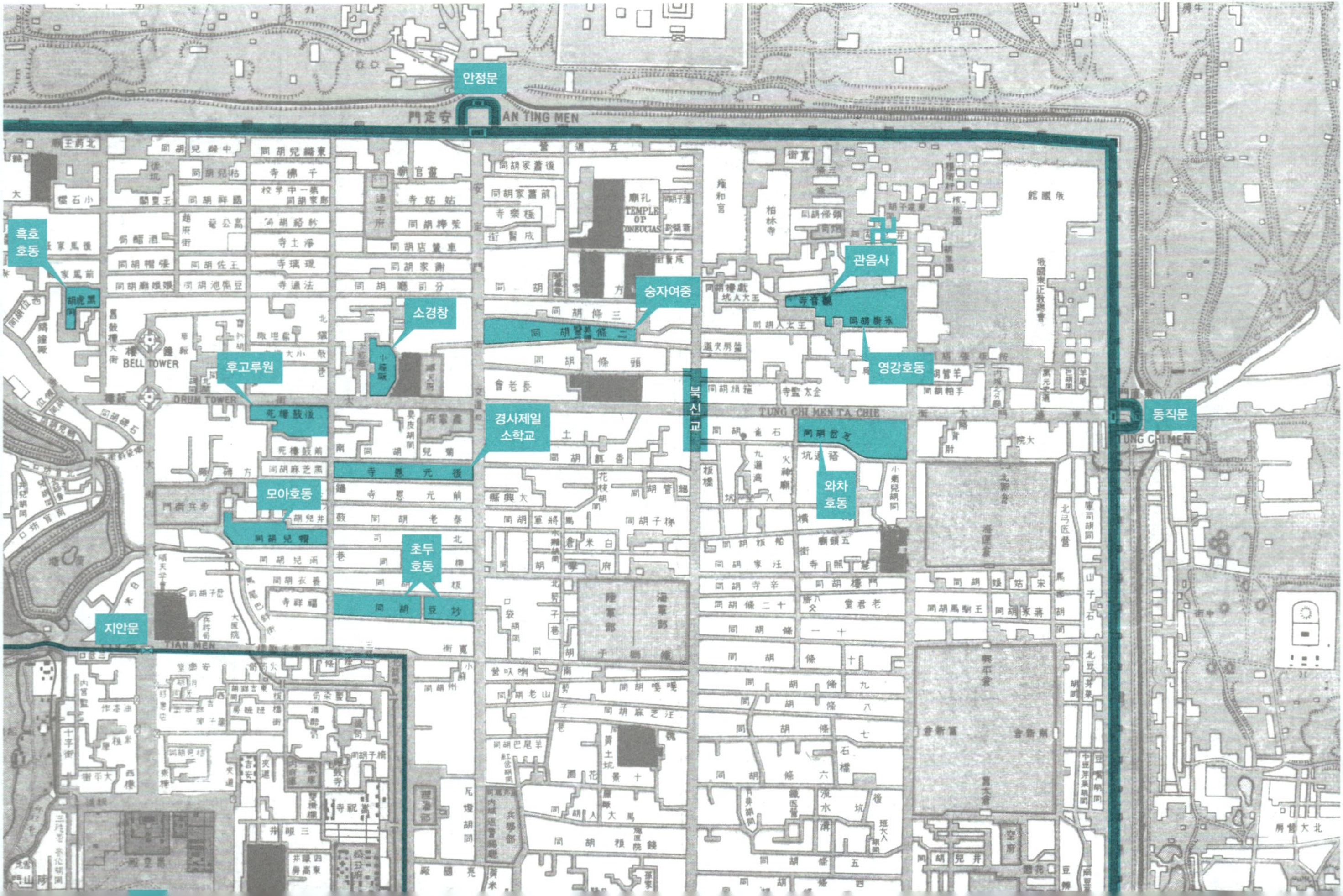

안정문
AN TING MEN
동직문
TUNG CHI MEN
TUNG CHI MEN TA CHIE
관음사
영강호동
숭자여중
소경창
북신교
와차
호동
경사제일
소학교
흑호
호동
후고루원
모아호동
초두
호동
지안문
TIAN MEN
BELL TOWER
DRUM TOWER
TEMPLE OF CONFUCIUS

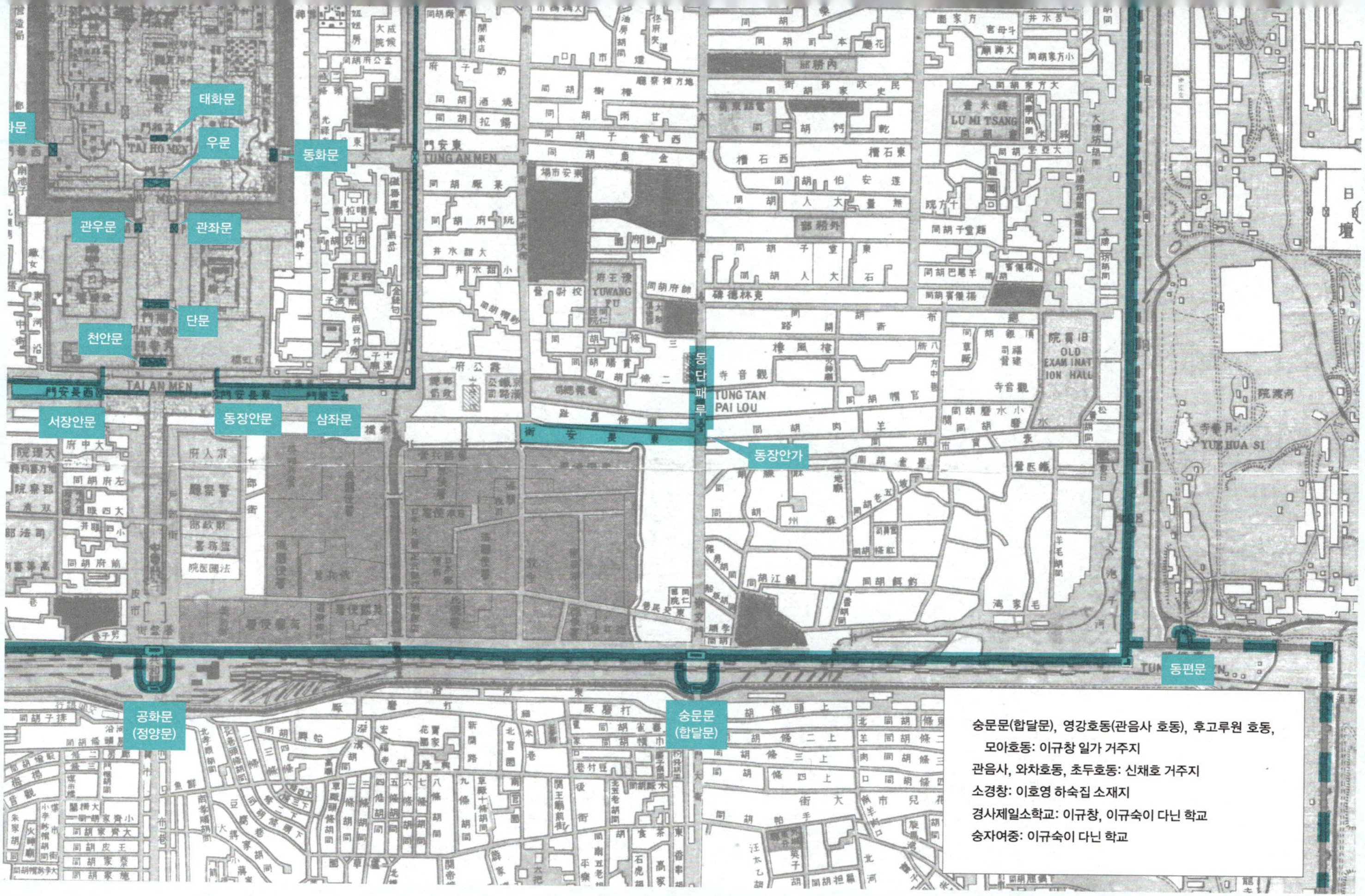

북경 지도(1907), 동편

출처: LIBRARY OF CONGRESS (https://www.loc.gov/)

곤고하였다: 형편이나 처지 따위가 딱하고 어려웠다.

안정문: 원문은 영정문永定門. 그러나 1900년대 초 북경 시가지도를 보면 영정문은 자금성 남쪽에 위치한 천단天壇과 선농단先農壇과 인접한 곳에 있다. '북신교 내 관음사 호동'에 있었다는 이규창의 집은 위치상 안정문安定門 근처임.

관음사 호동으로 이사했다: 뒤에 이규창이 1924년 4월에 학교에서 다리를 다치는 일이 생기는데 그 전에 이사한 것으로 보임.

누대: 여러 대.

다른 방에는 어머니, 누님, 형수, 송동집 아주머니가 거처하였다: 이규창-이회영과 이은숙 등이 머문 방을 제외한 나머지 방은 이을규, 이정규, 백정기가 사용한 것으로 추정됨.

짜도미: 잡두미(자도우미[zádòumǐ]).

싸전: 쌀과 그 밖의 곡식을 파는 가게. 미전米廛.

는데 그때 생활이 참으로 곤고困苦하였다. 그때도 짜도미雜豆米죽 이야기가 종종 나왔다.

우리 집은 이안정二眼井에서 북신교北新橋 안정문安定門 내內 관음사觀音寺 호동胡同으로 이사했다. 이안정 집보다 협소하고 집세가 싼 집인데 그 집 주인은 누대累代에 걸쳐 북경에 거주하며 관棺을 만드는 사람이었다. 방이 모두 셋인데 방 하나는 독채로 내가 항상 부친을 모시고 있었고 다른 방에는 어머니, 누님, 형수, 송동집 아주머니가 거처하였다. 희망 없는 세월을 보내려니 끼니를 해결할 방도가 없었는데 1주일에 세 번 밥을 지어 먹으면 재수가 대통한 것이었다.

이 시기의 우리 집 생활상을 말하자면 반드시 짜도미雜豆米라는 말이 나오게 된다. 이 짜도미는 최하급의 곡물이 잡동사니로 섞인 것이다. 북경에서 제일 가난한 사람들이 하루에 한 끼 죽이라도 먹어야 살 수 있으니 싸전에 가서 동전 4~5전錢을 주고 소두 한 되씩 사다가 죽을 쒀서 연명하는데, 우리도 별수 없이 돈푼이 생기면 그

짜도미를 사다 죽을 쒀 먹었다. 나는 누님하고 같이 중국 소학교에 다니는데 아침이면 조반도 못 먹고 학교에 갔다. 오후에 하교하여 집에 오면 재수가 좋아야 '워토우窩頭'라는 옥수수 떡을 먹게 되고 그렇지 못하면 짜도미죽 한 사발로 허기진 배를 채우는 것이다. 북경의 못사는 사람들이 일상적으로 먹는 주식은 옥수수이다. 이를 빻아서 가루를 만들 때, 고운 가루가 만들어지기 전의 굵은 옥수수 가루를 북경말로 '옥미설玉米糁儿'이라 한다. 이것으로 옥수수죽을 쒀서 먹고 고운 가루로는 '워토우'를 만들어서 국물하고 먹는다.

중국 사람들의 식생활은 양자강을 중심으로 남북으로 나뉘는

옥미설: 위미셜[yùmǐshēnr].

좁쌀: 샤오미[xiǎomǐ].

쌀: 바이미[báimǐ].

증롱: 쩡룽[zhēnglóng].

건반: 첸판[qiánfàn].

민반: 먼판[mènfàn].

데 양자강 이북은 대개 밀가루 음식이 주식이며, 상층계급은 밀가루麥粉를 먹고 하층계급은 '옥수수'와 '좁쌀小米'을 가공하여 주식으로 먹는다. '쌀白米'은 특수한 때나 먹는데 쌀로 밥을 짓는 방법이 특이하다. 쌀을 물에 끓이다가 쌀만 물에서 건져내어 다시 '증롱蒸笼'이라는 대나무 시루에 쪄서 먹는데, 물기도 없고 찰기도 없어 쌀의 영양이 다 빠진 것 같은 밥이다. 그것을 '건반乾飯(말린 밥)'이라고 부른다. 참으로 이상한 제조법이다. 양자강 이남 남경南京서부터 남방 일대의 사람들은 주로 백미가 주식이며 밥을 짓는 법도 우리와 같다. 그래서 '민반悶飯(뜸들여 지은 밥)'이라 부르는 것이다. '북면남미北麵南米'라는 말이 있듯이 중국은 북부와 남부의 식생활은 이렇게 차이가 난다. 언어의 종류도 백양백색이라 더 낫고 못함이 아니라 출신 성省에 따라 쓰는 말이 다르다 보니 중국 사람들 사이에도 말이 통하지 않을 수도 있어 북경어를 전 중국에 통하는 표준어로 삼았을 따름이다.

중국에는 각급 학교마다 '조반跳班'이란 제도가 있었다. 우리말로 월반越班을 한다는 말이다. 학과가 남보다 우수하고, 맡은 과제를 기한 내에 마치면 '조반'을 할 수 있고 한번에 2학년도 '조반'할 수 있으므로 소학교 5학년을 3년이나 4년 만에 졸업하고 중학교 5학년도 3, 4년 내에 마친 다음 대학교에 입학할 수 있었다. 그렇게 소학교와 중등학교를 '조반'하게 되면 10년 다녀야 졸업을 하는 것을 6년 내지 8년이면 졸업하게 된다. 학생의 재주와 노력 여하에 달린 일종의 영재교육인 것이다. 그 제도가 미국식 제도인지는 확실히 잘 모르겠지만 영어로 '돌을둔즈'라고 했다. 하는 방법은 먼저

영어로 '돌을둔즈': 돌턴 플랜Dalton Plan을 중국어로 번역한 '다오얼둔즈道爾頓制'[Dàoěrdùnzhì]로 추정. 이는 미국의 교육자 헬렌 파크허스트Helen Parkhurst(1887~1973)가 1922년에 발표한 〈교육에 관한 돌턴 플랜Education on The Dalton Plan〉에서 적극적으로 개진되었다. 이규창이 다녔던 경사제일소학교는 베이징에서 가장 먼저 이 프로그램을 도입했던 교육기관이었다.

필업: 비예[bìyè]. 중국어로 '졸업'한다는 뜻.

국어·산술 각 과목을 반 학기 혹은 한 학기에 배울 분량의 진도표를 작성한다. 이것을 1주일·1개월 분량으로 나누어 시험을 본다. 이렇게 해서 계속 우수한 점수가 나오면 1년 과정을 반년 만에 끝내는 것이다.

지금부터 60여 년 전인 그때는 중국이 전 국민을 대상으로 하는 신식교육이 시작된 지 얼마 안 되었고 대체로 학생을 3개 무리로 나눌 수 있었다. 명문의 자제 또는 형편이 여유가 있어 대학을 졸업한 후에 외국 유학까지 가고자 하는 계층, 소학교와 중고등학교만 졸업하고 자기 사업이나 기타 상행위를 하는데 필요한 지식만 갖추면 만족하는 계층, 그리고 공부에는 별 관심이 없고 남의 상점에서 장사 기술을 배워 평생 상인으로 살고자 하는 계층으로 나눌 수 있었다.

이런 가운데 총명한 학생은 자기가 노력한 만큼 학교를 빨리 졸업하게 되는 교육체계인 것이다. 중국의 교육체제가 그러하니 나와 누님은 될 수 있으면 빨리 공부를 필업畢業하는 것이 상책이라 생각하여 맨 처음 소학교에 입학할 때 아예 3학년에 입학하였다. 초기에는 언어 관련 과목이 다소 곤란하였으나 밥을 굶으면서도 분투노력하여 1년 반 만에 소학교 5년 과정을 마치고 필업하게 되었다.

경사제일소학교: 현재 베이징시 둥청구의 첸위안언쓰 후퉁前圓恩寺胡同(전원은사 호동)에 위치했던 북평제일소학北平第一小學을 가리키는 것으로 추정. 경사京師는 수도라는 뜻으로 이는 곧 북평(북경의 옛 명칭)을 의미한다.

이 학교는 1644년 순치제 때 북경 국자감 내에 세운 팔기관학八旗官學을 시작으로, 시간이 흐르면서 이름이 몇 차례 바뀌었다. 1911년에는 경사공립제일소학당京師公立第一小學堂이었으나 얼마 후에 북평시시립제일소학교北平市市立第一小學校가 되었다. 1934년에 북평시립전원은사소학北平市立前圓恩寺小學이 되었고, 2000년에는 헤이쥐마 후퉁[흑지마 호동]소학교黑芝麻胡同小學校와 합병되었다. 이규창이 공부하던 교사는 학교 사료관校史館이 되었고 일반공개는 하지 않고 있다.

교장 선생님은 성이 이씨였다: 리둥李棟(이동, 1899~1979). 1919년부터 1934년까지 경사제일소학교(북평제일소학교)에 교장으로 재직.

희극《찻집茶館》의 작가 라오서老舍와 대학 동기이기도 한 그는 베이징사범대학 졸업 후 바로 교장으로 취임하였는데, 대단히 혁신적인 교육가로 평가받았다. 학생 월반 프로그램인 돌턴 제도道爾頓制가 중국 최초로 1922년 10월 상하이의 공립학교에 도입된 것을 보고 자신이 재직하는 경사제일소학교에도 도입시켰다. 그리고 여학생 역시 학교를 다니게 하였다.

많은 국가들과 마찬가지로 그때까지는 중국 역시 남성의 교육비율도 낮았지만, 여성은 아예 학교에 다닐 수 없었다. 리둥은 이 점을 심각하게 고려하며 이례적으로 여학생을 모집한다는 공고를 냈고, 여학교를 따로 개설하기 이전에 우선 남녀가 함께 학교를 다니게 했던 것이다. 그 덕분에 이규창의 누나 이규숙과 김달하의 딸들 역시 학교에 다닐 수 있었다.

경사제일소학교京師第一小學校의 교장 선생님은 성姓이 이씨李氏였다. 우리도 이씨 성이라고 하니 교장 선생님께서 말씀하시길, 500년 전에는 우리 두 이씨 집안이 일가였을지도 모른다며 대단히 친밀하게 대하였다. 심지어 우리 집이 독립운동하는 고려인으로 자기 나라에 망명하여 항일운동하는 것을 높이 생각하고 학비마저 면제해 주었다. 그리고 중국 사람들이 '진라오예金老爺'라고 부르는 김달하의 딸 두 자매도 이 소학교에 다니므로 교장 선생이나 전교의 교사가 대단히 동정하며 편의를 봐 주었다.

우리 누나는 하굣길에 김달하 씨 댁에 가서 놀기도 하고 밥도 얻어먹고 주린 배를 채우고 집으로 오곤 하였다. 그러니 자연 그 집에서도 우리 집이 극도로 가난함을 알게 되어서 김씨의 부인이 가끔씩 나의 어머니를 찾아와 쌀이며 다소의 금전도 내놓고 퍽 안 되어었다 하면서 위로하곤 했다. 이렇게 지내니 자연히 안부인들끼리는 무척 친밀하게 왕래하게 되었다.

김창숙 선생이 김달하 씨하고 내왕하지 않게 된 후로는 부친과 김달하 씨는 내왕이 없었지만 어머니와 그 부인, 그리고 그 집 딸들하고는 친밀하게 지냈다. 그 자매 중 언니는 김유옥金幽玉, 동생은 김정옥金貞玉이다. 유옥 씨는 상당히 미인이었고 나의 누님과 동갑이었다. 정옥은 나와 비슷한 나이로 우리끼리는 아주 좋은 동학同學이었다. 정옥은 나중에 국내에서 이모인 김활란 씨에게 의지하여 이화여전을 졸업하고 이화여대 교수로 재직하면서 학생처장까지 지냈다. 나는 그 어려운 시절에 그분들의 도움을 많이 받은 것을 지금도 감사하게 생각하고 있다.

그런데 상상도 할 수도 없었던 천만 뜻밖의 사건이 발생하여 북경성北京城 내 중국인 사회는 물론 우리 한인韓人 사회 전반에도 대파문을 던진다. 이른바 김달하 살인사건이다. 우리 집도 큰 곤란을

동향: 정이형은 의주군 월화면 화하리花下里 출신.

원세개: 위안스카이[Yuán Shìkǎi].

당하게 되었는데 그 전모는 아래와 같다.

김달하 씨는 1867년 평북 의주義州군 월화月華면 월하리에서 출생하였고 집안은 대농大農이어서 평북 일대에서는 '부잣집'으로 통했다. 나의 장인이신 독립운동가 정이형鄭伊衡 선생하고는 동향으로 두 집안 모두 그 지방에서는 명망이 있었다. 그는 한학漢學에 조예가 깊었고 고종 30년(1893년) 진사시에 급제하여 외아문주사外衙門主事 벼슬을 지냈는데 그때 조선에 나와 있던 원세개袁世凱와 자연스레 알게 되어 중국으로 가는 발판을 닦게 되었다.

1906년에 정운복鄭雲復·김윤오金允五·김명준金朋濬·이갑李甲·유동렬柳東悅 등과 함께 서우학회西友學會를 결성하였는데 같은 해 10월에 오상규吳相奎·이준李儁·유진호俞鎭浩·설태희薛泰熙 등이 중심이 되어 조직한 '한북학회漢北學會'와 성격이 비슷한 데다 두 학회 모두 계몽사업과 교육사업에 그 목적을 두고 있어 한데 합치려는 움직임이 자연스럽게 나타났다. 마침내 1908년, 두 단체는 하나로 단결하여 '서북학회西北學會'라는 새 이름을 가졌는데 서북학회는 평안남북도, 함경남북도, 황해도 출신 인물들로 구성되었고 후에 안창호가 중심이 된 흥사단興士團도 황해도, 평안도 출신의 중견 인물들의 파벌단체였다.

김달하 씨는 1913년 중국 북경으로 이주하였고 1916년 원세개가 서거한 후에 단기서가 집정이 되면서 그 밑에서 일하게 되었다. 부총통이었던 여원홍黎元洪이 총통, 풍국장馮國璋이 부총통이 되었으며 단기서가 국무총리가 된 것이다. 그 당시 중국의 군벌이나 정객들은 다 제 나름대로 외국과의 관계를 맺고 있었고 특히 단기

1916년 원세개가 서거: 6월 6일 사망.

여원홍: 리위안훙[Lí Yuánhóng].

총통: 원문에는 '대리총통'이라 했지만, 원세개 사망 후 여원홍은 대총통이 되었음.

풍국장: 펑궈장[Féng Guózhāng].

단기서가 국무총리가 된 것이다: 단기서는 1917년 7월 14일~11월 22일, 1918년 3월 23일~10월 10일까지 국무총리를 역임.

중국 관리들 사이: 원문에는 관아官衙.

김달하 씨를 일본 측과의 교섭에 중용하게 되었다: 외아문주사 출신인 김달하는 일본어에 능통했을 것으로 사료됨.

풍옥상: 펑위샹[Féng Yùxiáng].

염석산: 옌시산[Yán Xīshān].

서는 중국에서 친일파로 꼽히는 인물이었다. 자연히 집정수반으로서 재정상의 곤란을 타개하려고 일본으로부터 큰 차관借款을 얻고자 했고 그렇게 되니 한인韓人이지만 중국에서 오래 거주하여 중국 관리들 사이에 신용이 있는 김달하 씨를 일본 측과의 교섭에 중용하게 되었다. 대일차관을 얻는 데 꽤 공헌한 김달하 씨는 한층 더 신임을 받게 되었을 뿐만 아니라 단기서 총리의 측근으로 알려지면서 북경성 내의 중국 사람들로부터 대단한 존재로 인정받게 되었다.

1922년에 김창숙, 이상재, 김활란, 손영직 선생들이 기독교 또는 중국 유림대표 회담 관계로 북경에 오면서 김달하 씨와 연결이 되었다. 부친과 신채호 두 분은 그때가 초면이었고 한학漢學에 박식한 김달하 씨인지라 초기에는 신채호 선생과 한학뿐 아니라 다방면으로 토론이 빈번하였다. 또한 김달하 씨는 안창호와는 서북학회를 같이하여 내왕이 있었는데, 서왈보徐日甫, 김대지金大池 씨들과는 후에 안면을 트게 된 것이다. 서왈보 씨는 우리 조선인 비행사로 풍옥상馮玉祥 군벌의 항공 교관으로 있었고, 안창남安昌男 비행사도 군벌 염석산閻錫山의 부하로 명성을 떨치고 있었다.

부친은 처음 두세 차례 김창숙 선생과 중국 유림 대표와의 교제를 위해 동참하셨지만 이후에는 왕래가 없었고, 단지 김달하 씨 부인인 김애란 씨가 종종 나의 어머니와 내왕하였다. 그리고 나와 규숙 누님은 그집 딸들하고 동창이므로 수시로 왕래하고 사이좋게 지냈다.

1924년 학기 초에 내가 학교에서 오전 수업을 마치고 쉬는 시간에 중국인 친구하고 '씨름'을 하고 놀다가 친구 발에 걸려서 오른쪽 대퇴골이 골절이 되는 바람에 거의 3개월 동안 학교에도 못 가고 집에 있었다. 고생이 이만저만이 아니었다. 골절이 거의 나아갈 무렵 대문 열라는 소리에 나가보니 생각지도 않은 화상和尙(스님) 한 분이 서 계셨다. 자세히 보니 신채호 선생님 같아 보여 한참 만에 "신

1924년 학기 초: 원문에는 1924년 초, 《서간도 시종기》에서 1924년 4월이라고 언급됨.
북경성 내 대사찰인 관음사: 현재 관음사 자체는 사라졌고, 지금의 베이징시北京市 둥청구東城區 첸용캉 후통前永康胡同에 있었음.
석가모니는 8년 동안 고행을 하였지만 나는 단축하여 48일간의 고행의 형식을 밟아 정식으로 화상이 되었다: 신채호는 1924년 초에 관음사에 들어간 것으로 추정됨.

선생님 아니십니까?" 하고 여쭈니 선생님이 "그렇다"고 하시면서 아버님 계시냐고 물으시며 집 안으로 들어오셨다. 그러자 부친께서 나오시며 선생을 알아보시고 "단재丹齋가 웬일이신가?" 하시며, 하도 오래간만이라 반가워하시며 방으로 들어가셨다.

나중에 알았지만 선생이 생활고가 극도에 달한 것을 알게 된 중국의 유명한 정치사상가이자 아나키스트인 이석증 선생이 친교가 있는 북경성 내 대사찰인 관음사觀音寺 주지에게 소개하여 기거하도록 하였으나, 큰 절에 이유 없이 계속 있을 수는 없으니 부득이하게 화상이 되는 절차를 밟았다고 하셨다. 선생은 석가모니는 8년 동안 고행을 하였지만 나는 단축하여 48일간의 고행의 형식을 밟아 정식으로 화상이 되었다고 하시며, 48일간의 고행에 대한 여담을 하시면서 "생각지도 않던 중이 되었으니 참으로 나의 일생도 무어라 형용하겠습니까?" 하고 크게 웃으시는 것이다.

관음사는 우리 집 지척에 있는 대사찰이다. 기거하는 중만 해도 거의 3, 4백 명이나 되고 관음사의 주지 정도면 중국 불교계에서는 저명한 인물이다. 물론 이석증 선생의 소개도 있었지만, 그 주지는 한국의 한학자漢學者이자 항일독립운동가인 단재 선생을 존경하여 특별히 대우하였다. 그 후 나는 종종 단재 선생의 거처로 놀러 갔었다. 해방 후에 나온 단재 선생의 전기를 보면 선생이 무슨 불타암佛陀庵이라는 암자에서 화상이 되었다고 전하는데 도무지 나로서는 그런 기억이나 생각이 나지 않는다. 불교사찰에서 사寺하고 암庵은 그 규모나 웅장함이 비교가 안 될 만치 차이가 있다. 관음사는 북경성 안에서도 큰 사찰이고 불타암이라고 하는 곳은 세상 사람들이 잘 모르는 조그마한 암자에 불과한 곳인데, 누구의 증언인지 몰라도 전기에 그리 기재되었으나 나로서는 아무리 기억을 더듬어 보아도 의문스럽다. 단재 신채호 선생이나 보재 이상설 선생 같은 분에 대한 전기를 쓸 때 사실을 일일이 확인하고 기록하기가

불타암: 신채호는 1918년경 보타암普咤庵에서 거주했다고는 하나 이 당시에는 거주만 한 것으로 추정됨. 그 밖에 북경 일대에서 신채호가 거주했다고 알려진 곳은 '순치문順治門(선무문宣武門의 속칭)' 내 석등암石燈庵이다(출처: 신채호, 《조선사연구초》, 조선도서주식회사, 1929).

장궤: 장구이[zhànggui].

봉천: 펑톈[Fèngtiān].

천진: 톈진[Tiānjīn].

소경창: 현재 베이징시 둥청구 근처.

참으로 어려운 일일 것이다. 하지만 내가 신채호 선생을 자주 뵙고 여러 가지 심부름을 한 것은 사실이다.

❀

나의 여섯째 숙부인 호영護榮(호가 경암敬庵), 이분은 1910년 전 가족이 만주로 이주한 때부터 석영石榮 숙부의 재산을 관리하는 데 전심전력을 다했던 분으로 만주에서는 그분을 '장궤帳櫃(계산대)'라고 불렀다. 그러다가 1920년 석영 숙부님과 호영 아저씨 전 가족이 봉천奉天으로 옮겨와서 살게 되었는데 그해 가을에 청산리대첩에서 대패한 왜놈들이 그 보복으로 만주에 있는 우리 교포들을 대학살하는 참혹한 일이 일어났다. 만약 숙부님 가족이 봉천으로 이주를 안 하셨으면 학살을 면치 못하였을 것이다. 우리는 북경에 온 후, 항상 부친과 온 가족의 무사함을 기원하였던지라 천행天幸으로 여겼을 따름이다.

그 후 석영 숙부님은 그 아들인 규준奎駿 형이 천진天津으로 모셔 가고, 여섯째 호영 숙부님은 북경성으로 오게 되었다. 소경창小徑廠이라는 곳에 집을 구하여 한국 유학생들이 유숙하는 하숙소를 경

북경성 내 일본 거류지에 있는 조선은행: 1911년 일본이 조선에 세운 조선은행의 북경 지점.

그때 쓰신 글들이 나중에 《조선사연구초》라는 책이 되는 원고들이다: 원문에는 《조선상고사》라고 했지만 1924년 10월 13일부터 1925년 3월 16일까지 동아일보에 연재된 글들은 1929년에 《조선사연구초》로 묶였다.

그때는 신채호 선생이 결혼하신 후라고 생각되는데 어찌하여 여섯째 숙부님 댁에 와 계셨는지 알 수 없다: 먹고 살기가 어려워 신채호의 부인 박지혜와 아들 신수범은 1922년 조선으로 감. 부인과 아들을 보낸 뒤 신채호는 다른 곳에서 지내다가 관음사(1924년 초), 소경창을 거쳐 한세량 목사 댁에 머물렀다.

서단패루: 서단西單은 북경의 유명한 상업지구로 서단상업가는 남쪽 선무문宣武門에서 북쪽 신가구활구新街口豁口까지 약 5.4km에 달했다고 함.

패루는 큰 거리에 길을 가로질러 세우는 2개 또는 4개의 기둥에 차양을 덮은 장식용 건축물로, 옛날 북경 거리에는 성벽과 성문 다음으로 손꼽힐 만큼 패루가 많았으며 대표적인 전통 건축 양식이기도 했다. 그중에서도 단패루單牌樓는 길목에 세운 한 채의 단독문이라는 뜻.

이 서단패루와 대응되는 동단패루東單牌樓는 모두 명대 정통제 연대에 지어졌으며 건축양식이 동일하였고, 위치는 서단패루가 현재 베이징시 시청구西城區, 동단패루는 베이징시 둥청구東城區에 위치했다고 한다. 두 패루 전부 1923년 교통에 방해가 된다는 이유로 민국 정부에 의해 함께 철거되었다가 2008년에 다시 복원되었다.

내가 뼈 부러진 것이 다 나아서 다시 학교에 가게 되었는데: 1924년 여름방학이 지나고 9월에 이규창이 다시 학교에 가게 된 것으로 추정.

교복이 작아져서: 원문은 '교복이 없어서'라고 적혀 있는데, 교복이 없는 것이 아니라 몇 달 사이에 자라서 옷이 작아진 것으로 추정되어 본문을 수정함.

영하면서 생계를 꾸리기로 했다. 그때 신채호 선생이 그 하숙방 한 칸에 머무시면서 국내에 있는 동아일보, 또는 조선일보에 투고하시면 신문사에서 조선은행을 통하여 북경성 내 일본 거류지에 있는 조선은행으로 송금하였다. 그 돈을 찾아오는 심부름을 나이 어린 내가 하게 되었는데 후에 알았지만 그때 쓰신 글들이 나중에《조선사연구초》라는 책이 되는 원고들이다.

그때는 신채호 선생이 결혼하신 후라고 생각되는데 어찌하여 여섯째 숙부님 댁에 와 계셨는지 알 수 없다. 국내에서 남상호南相昊라는 청년이 애인인 장봉순張鳳順과 함께 북경에 와서 숙부 하숙에 머무르며 단재 선생의 지도를 받은 일도 있다. 그러다가 단재 선생은 서단패루西單牌樓 한세량 목사 댁에 김창숙 선생과 함께 계시게 되었고 두 분이 같이 우리 집에 매일매일 오셔서 부친과 다방면에 걸쳐 토의하시는 것을 뵈었다. 나는 그분들의 시중을 들면서 내용은 잘 모르지만 독립운동에 대한 담화인 것은 대강 알아들었다.

그러던 중에 내가 뼈 부러진 것이 다 나아서 다시 학교에 가게 되었는데 교복이 작아져서 어머니께서 걱정하시는 것을 단재 선생이 아시고 당신이 입으시던 승복僧服인 장삼을 갖다 주시며, 이 장

1924년 가을 신채호 선생은 관음사에서 나오셔서 소경창의 호영 숙부 댁 하숙에서 기거하시고: 원문은 '1924년'이라고만 적혀 있으나, 신채호가 관음사에 들어간 것을 1924년 초라고 볼 수 있고 《조선사연구초》를 연재하기 시작한 것이 1924년 10월이니 1924년 가을이라고 본문을 수정함.

소경창의 호영 아저씨 댁으로 이사하였다: 1925년 봄으로 추정. 《서간도 시종기》에서는 김달하 사건으로 이규숙과 이호영이 잡혀가 조사받는 사이에 집주인이 집을 비우라고 압박하여 이사한 것으로 되어 있는데 그 내용은 다음과 같다.

우리 여식(이규숙)이 숭자여학교崇慈女學校에 다니는데 그 혐의로 유집대까지 가 몇 달 고생하고, 우리 시동생 경암(이호영)도 서에 가 고생하였다. (...) 방주房主는 집을 내라고 재촉을 하나 이사 갈 도리가 있나. 생각다 못하여 시동생 경암의 집으로 합솔하나, 조석을 절화하는 판에 동기간이라도 오직 어려울 뿐이다.

《서간도 시종기》, 149쪽.

다물단사건: 김달하 처단 사건을 가리킴.

삼으로 교복을 만들어 주라고 하셨다. 어머니는 밤을 새워가며 교복을 만들어 학교에 갈 때 입혀 보내셨다. 지금도 그때를 생각하면 단재 선생에게 참으로 감사한 마음을 잊지 못한다.

1924년 가을 신채호 선생은 관음사에서 나오셔서 소경창의 호영 숙부 댁 하숙에서 기거하시고, 김창숙 선생은 한세량 목사 댁에 가서 있게 되었다. 상해로 간 유자명 선생이 다소간의 금전을 보내와서 이을규, 이정규, 백정기 세 분은 상해로 가시고 부친은 그 나머지 돈으로 몇 달간의 생활비를 충당하시다가 관음사 집의 세를 주지 못하게 되어 부득이하게 소경창의 호영 아저씨 댁으로 이사하였다.

우리는 그 집의 안채 방 2칸에 나눠 살게 되었는데 나중에 알게 된 일이지만 규학 형님은 다물단사건丹勿團事件으로 상해로 갔기 때문에 형수는 딸 둘을 데리고 친정 오빠 집에 가서 머무르게 되었다. 이렇게 집안 사정이 말이 아니었지만 도리가 없었다. 단지 그저 그날그날 연명하기도 급급한 형편이었다.

상해 임시정부수립에 참여하고 서울로 갔다가 다시 북경에 오신 언론인 월봉 한기악 선생이 숙부 집에 머물면서 부친께 자주 왔었다. 그러다가 우리도 숙부 집으로 이사 가게 되니 조석朝夕으로 부친과 국내외 사정을 의논하게 되었고 우리가 겪는 생활고가 안타까워 될 수 있는 대로 도우려고 하시나 그분 역시 모든 것이 부족한 관계로 여의치가 않았다.

다시 북경에 오신 언론인 월봉 한기악: 원문은 1923년에 왔다고 되어 있지만 실제로는 1924년 말이나 1925년 초로 추정된다. 한기악은 1921년 11월부터 1924년 4월 10일까지 《동아일보》 편집 겸 발행인이었고, 1923년 5월부터 경제부장, 1924년 9월부터는 사회부장으로 재직했기 때문이다.

다물단: 이규창은 1992년 초판에서 다물단에 대해 언급하면서 '丹勿團' 이라는 표현을 일관되게 계속 사용하고 있는데, 다른 사료에서는 '단물단' 또는 '丹勿團' 이라는 표현이 전혀 확인되지 않고 있다. 한자 多와 丹을 흘려 쓰다가 혼동되었을 가능성도 배제할 수 없고 단물단이라 표기할 경우 다른 단체로 오해할 소지도 있어 이 책에서는 '단물단' 을 '다물단' 으로 표기한다.

이러는 중에 김달하 사건이 발생한 것이다. 다물단이라는 단체는 독립운동을 하다 왜놈에게 매수당하거나 혹은 귀순한 변절자를 처단하는 조직이다. 자신만의 안위를 위해 마음을 바꿔 먹은 것만으로도 민족과 국가를 배반하는 소행임에는 틀림없는데 한층 더 나아가 독립운동을 하는 동지들을 왜놈에게 밀고하거나 회유공작을 하는 매국노 짓을 자행하니 어찌 용서하겠는가. 동족상잔의 비참함을 무릅쓰고 눈물을 흘리며 부득이한 행위를 하게 된 것이다. 왜놈이 아무리 귀신 같다 한들 우리 민족이 그놈들의 앞잡이가 되지 않으면 속수무책일 것이다.

다물단은 1923년경 이규준, 이규학, 이성춘李性春 등 몇 명이 의열단의 유자명 선생과 상의하여 조직한 단체인데, 이규준은 나의 사촌 형으로 석영 숙부의 큰아들이고 이규학은 나의 큰형인데 나는 한참 지나서야 형이 이 사건에 관련되었음을 알았다. 규준 형이 나에게 편지를 써 주며 신채호 선생께 비밀리에 전하라고 부탁하면 전하고, 반달쯤 지나 신채호 선생이 밀봉한 봉투를 주시며 너의 사촌 형에게 어김없이 전하라고 하시면 곧 규준 형에게 전하였더니 형이 나를 칭찬하며 과자라도 사 먹으라고 용돈을 주었다. 나는 그런 심부름을 참 잘하였다. 나는 절대로 그 내용이 무엇이냐고 묻는 법

1925년 봄: 일본 경찰국 자료—〈불령선인不逞鮮人의 선언서에 관한 건(주상해 일본총영사, 1925. 4. 20)〉, 〈재在북경 불령선인의 근정近情에 관한 건(조선총독부 경무국장 1925. 4. 23)〉—에 의하면 김달하 살인사건은 1925년 3월 30일에 일어났다고 한다. 그러나 김달하의 둘째 딸 김정옥은 《소봉 김달하 시집》에서 밝히기를 부친의 사망일자는 1925년(1926년이라고 적혀 있으나 오류로 보임) 음력 3월 6일(양력 3월 29일)이라고 하였다.

출처: 김달하 저·김정옥 역, 《소봉 김달하 시집》, 정우사, 1990.

다만 1925년 4월 초, 한기악이 시대일보사에서 일하게 되었다는 보도(1925년 4월 4일자 《조선일보》, 1925년 4월 5일자 《동아일보》 참고)와 본문 내용을 바탕으로 사건을 시간 순으로 정리한다면 다음과 같다.

1) 김달하 암살을 모의한 이규준이 사건 전날, 김달하가 집에 있는지를 정확히 알기 위해 김달하의 딸과 친구였던 이규숙을 학교 앞에서 기다려 알아봐 주기를 부탁함
2) 암살사건 발생 1주일 후 이규숙 구금
3) 다시 1주일 후 이규창 등이 이규숙이 구금된 까닭을 알게 됨
4) 이후 학진, 을진, 규오 사망, 현숙 3주간 입원
5) 김창숙, 신채호와 이은숙 사이에 언쟁

이런 여러 가지 사건 사고를 겪고 북경에 있던 한기악이 한국으로 돌아오려면 시간이 걸렸을 것으로 추정되는 만큼, 《시대일보》로 이직한다는 소식은 미리 보도된 것이라 볼 수 있다.

대인: 중국어로 따런[dàren]. 보통 어른을 지칭하며, 여기서는 이규숙의 '아버지', 즉 이회영을 가리킨다.

이 없었다. 아무것도 아는 것이 없으니 비밀이 발설될 일이 없었다. 이런 것이 다 부친의 교훈이요, 나도 나이에 비해 주도면밀한 성격이었다. 나중에 알았지만 신채호 선생에게 받아서 규준 형에게 전한 것은 다물단의 선언문이라고 한다. 애석하게도 의열단의 선언은 지금까지 전래하지만, 다물단의 선언문은 보존된 것이 없다.

김달하 씨 암살은 부득이한 일이었다. 1925년 봄 규준 형을 위시한 몇 명이 거사를 위해 김달하 씨 집으로 갔다. 사건이 발생하자 사건의 중대성을 인식한 중국 관헌들이 북경성 내 전역에 비상을 걸고 범인 체포에 총력을 기울였다. 일본 측에서도 중국 당국에 범인 체포에 진력을 다할 것을 요구하였다.

이 사건에 우리 집 식구가 연루된 것을 부친이나 나는 전혀 몰랐다. 그런데 사건이 일어난 지 1주일쯤 지났을 때 중국 공안국 경관이 우리 집에 와서 나의 누님 이규숙을 찾는 것이다. 규숙 누님이 방에서 나와 "내가 이규숙이다. 왜 그러느냐" 하니, 경관의 말이 이번 사건을 조사하는데 당신이 필요하니 함께 공안국으로 가자고 했다. 그러면서 대인大人이 누구시냐며 부친의 승낙을 구하는 것이다. 물론 부친의 승낙은 형식에 불과한 것으로 왜 데려가는지에 대해서는 내용도 말할 수 없다는 것이다. 그러니 부친께서도 별수 없이 경관에게 잘 부탁한다고 하고 데려가게 하셨다.

1주일쯤 지난 후에 왜 누님이 공안국으로 잡혀갔는지 이유를 알게 되었다. 김달하 씨 암살 계획을 다 짜놓은 규준 형님이 수업을 마치고 나오는 누님을 학교 교문 앞에서 기다려서 중국음식점에 데리고 가 저녁을 사 먹이며, 내일 오후에 하교할 때 김달하 씨 집에 가서 김씨가 어느 방에 있으며 집에 식구 누구누구가 있는지를 자세히 알아서 말해 달라고 부탁했다고 한다. 누님은 다른 사람도 아니요 사촌 오빠의 부탁인지라, 왜 그러느냐고 묻지도 않고 그리하겠다고 대답했다는 것이다. 다음날 하굣길에 김달하 씨 딸인 김유옥과 같이 그 집에 가서 사정을 보고 사촌 오빠에게 전날 밥을 먹은 식당에서 만나 본인이 본 대로 알려 준 것이다.

우리가 만주로 이주했을 때 부친께서 북경의 원세개를 만나서 만주 이민에 대한 문제를 해결하기 위해 우리 식구를 아예 중국 길림성인으로 입적시켜 놓으셨던 것이다: 이회영 일가의 만주에서 토지구입 과정은 《서간도 시종기》 79~81쪽에 설명되어 있음.

규준 형은 누이가 알아 온 형편을 동지들에게 보고하고 즉시 행동에 옮겼다. 그러니 사건 후에 경관들이 수사하다 보니 (김달하의) 딸(의) 친구인 이규숙이 아버지가 집에 계시냐, 어느 방에 계시냐 하고 묻고 갔다는 것에 당연히 누님에게 혐의가 있다고 생각하여 데려다가 취조하게 된 것이다. 그러니 우리 집은 생각지도 못한 화근이 생긴 것이다. 부친이나 어머니는 더 말할 것도 없고 호영 숙부의 가족이나 한기악 선생이나 서로 답답한 심정을 어찌 다 말로 하겠는가.

경관이 호적戶籍을 확인하려고 왔는데 우리는 그때 중국 '길림성인吉林省人'으로 호적이 되어 있었다. 우리가 만주로 이주했을 때 부친께서 북경의 원세개를 만나서 만주 이민에 대한 문제를 해결하기 위해 우리 식구를 아예 중국 길림성인으로 입적시켜 놓으셨던 것이다. 그 호적을 경관에게 보이니 경관도 우리가 중국 길림성 사람임을 확인하고 돌아갔다.

왜 호적을 확인하러 왔는가 하면, 사건의 연루자 한 명을 취조하는 것을 알게 된 왜놈 측에서 만약 조선 사람이면 자기들에게 인도하라고 했기 때문이었다. 김달하가 비록 중국에 입적한 중국 관리이지만 일본의 정탐 노릇을 한 공이 있으니 왜놈들은 저희들이 이

사건의 범인을 체포하려고 다방면으로 활동하고 있었다. 그러니 중국 공안에서 미성년의 여자를 취조한다는 정보에 왜 관심이 없었겠는가.

그렇지만 누님은 미성년이라 내용을 알고 사주를 받아 연루되었다 하더라도 죄가 성립이 안 되는데, 하물며 내용도 모르는 채 심부름을 한 것이니 더 말할 나위가 없고 왜놈이 아무리 백방으로 강경하게 교섭하여도, 진범을 하나도 체포하지 못한 마당에 별수 없었다.

화불단행: 재앙은 번번이 겹쳐서 온다는 뜻.

규학 형의 두 딸아이: 이학진李鶴珍(1920~1925), 이을진李乙珍(1922~1925).

세 살 된 내 동생: 이규오李圭梧(1922~1925).

다행히 2주일 만에 병세가 호전되어서 생명은 구하게 되었고 3주일 만에 퇴원하였다: 《서간도 시종기》 153~155쪽, 159쪽에 현숙의 병원 생활이 자세히 언급된다.

현아 입원한 지 두 달 만에 다 나았다고 퇴원하라 하는데, 아무리 자선병원이라 하지만 어려운 병을 고쳤으니 치료비만은 내야 하겠는데 무엇으로 내리오. 미안한 마음으로 의사에게 인사를 하고 현아를 데리고 나왔다.

《서간도 시종기》, 159쪽.

누님은 거의 1년 만에 석방되었다. 나이 어린 누님이 얼마나 고생했을지는 말할 필요조차 없지만 세상 속담에 화불단행禍不單行이란 말이 틀림이 없는 것 같다. 누님이 잡혀간 후 온 집안이 좌불안석인데 규학 형의 두 딸아이와 세 살 된 내 동생이 성홍열에 걸려 며칠 사이에 연달아 죽게 되니 세상에 이런 참혹한 일이 또 있겠는가. 매일 장례를 치러야 했다.

지금은 과거지사를 글로 쓰니 아무것도 아닌 것 같지만 그 당시를 직접 보고 겪은 나로서는 그 심정을 뭐라 형용할 길이 없다. 부친, 어머니, 주변 분들 모두가 탄식만 할 뿐이었다. 참으로 한기악 선생의 수고가 대단하시었다. 그 비참한 일을 죄다 처리하시는데 집안에 심부름이라도 할 사람은 10여 살 된 나 하나뿐이었다. 한기악 선생이 모른 체하실 수가 없었을 것이다. 그런데 또 나의 5살 난 누이동생 현숙이가 급병이 나서 인사불성이 되니 한기악 선생은 이 아이를 들쳐 업고 중국 부인이 경영하는 기독교병원으로 가서 사정사정하여 입원을 시켰다. 병을 진단한 결과 뇌막염인데 대단히 중태여서 생사를 하늘에 맡기고 기다릴 수밖에 없었다. 다행히 2주일 만에 병세가 호전되어서 생명은 구하게 되었고 3주일 만에 퇴원하였다. 병원비를 못 주어서 시비가 있었지만, 한기악 선생이 사정사정하여 돈이 변통되는 대로 주기로 하고 퇴원하게 되었다. 일이 이쯤 되니 그 정상이야 불문가지不問可知 아니겠는가.

그리고 또 복잡한 문제가 꼬리를 물고 일어났다. 김달하 씨가 암살당한 후 어찌하여 암살을 당했는지, 규준 형과 누님이 연루된 것도 모르고 그 부인인 김애란 씨에게 신세를 많이 졌으니, 인정상 어머니와 내가 조문을 갔다 왔었다. 그러나 그 일이 있은 후 북경 전체에 소문이 나기를, 우당의 부인이 왜놈의 정탐인 김달하가 죽은 데 조문을 갔다 왔다고 비난이 자자했다. 심지어 한세량 씨 댁에 유숙하는 신채호, 김창숙 선생 두 분이 부친께 절교의 서신을 보내

불문가지: 묻지 아니하여도 알 수 있음.
대소자탄하시며: 크게 웃고는 혼자 탄식하시며.
아손: 아이들과 손주를 통틀어 이르는 말.
창졸간에: 미처 어찌할 수 없이 매우 급작스러운 사이에.
불문곡직하고: 옳고 그름을 따지지 아니하고.
좌정을 하니: 자리를 잡고 앉으니.

왔다. 그 내용인즉 '정탐 노릇을 하다 암살당한 자에게 조상을 갈 수 있는가. 이런 일을 하는 선생하고는 절교를 하는 바'라고 쓴 서신이 왔다.

이 두 분의 서신을 보신 부친은 조금도 화를 내지 아니하고 되려 대소자탄大笑自嘆하시며 아무 말씀도 하시지 않았다. 그런 부친의 심정을 헤아리던 어머니와 나는 그 두 분에 대하여 생각하니 괘씸하기도 하고 섭섭한 마음을 금할 수 없었다. 우리 가족이 김달하 암살사건으로 인하여 여식은 공안국에 구류당하고, 아손兒孫들을 유행병으로 창졸간倉卒間에 잃고, 생활고에 허덕이는 이 판국에 생사를 같이하겠다던 동지들이 불문곡직不問曲直하고 그렇게 의리 없는 행동을 하니 어찌 분통이 안 나며 섭섭한 맘을 억제할 수가 있겠는가. 전후 사정을 생각하던 어머니께서 나에게 내일 신채호, 김창숙 두 분이 계신 집으로 부친께는 아무 말씀드리지 말고 같이 가자고 하셨다.

그 이튿날 아침에 어머니와 나는 한세량 목사 댁에 이르러 한세량 씨를 뵙고 인사를 한 후 신채호, 김창숙 두 선생을 뵈러 왔다고 하니, 한씨가 두 분이 있는 방으로 안내했다. 어머니와 내가 방으로 들어가 좌정坐定을 하니 두 분은 우리 모자를 보고도 인사도 없이 외면했다. 이런 광경에 어머니는 더욱 불쾌하고 화가 나서 김창숙 씨에게 김달하에 대한 자초지종을 일일이 따지셨다.

"김달하 씨를 당초에 우리 영감에게 소개한 사람이 누구입니까? 당신이 아니십니까. 이안정 집에서 나의 친척 월남 이상재 씨와 김활란, 손영직 씨 등 하고 중국의 유림대표를 만나 우리나라 독립운동에 중국 유림대표의 원조를 청하여 달라는 교섭을 김씨에게 부탁하러 나의 영감하고 김달하를 만나게 하지 아니하셨습니까? 이런 경로로 자연스레 나는 그 부인 김애란 씨하고 내왕하게 되었고 선생도 그가 애국독립을 하는 사람임을 믿었기 때문에 그런 중대한 안건을 상의하였던 것이 아닙니까? 비록 김달하 씨가 암암리에 왜놈의 편에서 정탐했다 하여도 암살당한 당시까지도 북경성 내에 그렇게 의심하는 사람이 없었습니다. 그러니 나는 그 부인이 하도 불쌍하여 내 아들하고 조상弔喪을 하였으며, 그 후 나의 조카 규준

조상을 하였으며: 문상을 갔다는 뜻.

과 딸 규숙이가 그 사건에 연루되었다고 하여 지금까지도 내 딸은 공안국에 구류되어 있지 않습니까. 그러면 두 분은 김달하가 이미 왜놈의 정탐이란 것을 알고도 나의 영감에게 소개하고, 독립운동에 중대한 안건을 상의하셨습니까?"

이렇게 어머니께서 전후의 일을 차곡차곡 조리 있게 따지시며, 그러면 무슨 의미로 나의 영감께 정탐한 자를 조상했다고 절교의 서신을 보내셨는지 그 진의를 좀 설명하라고 외치셨다.

전후 사정에 대해 신채호 선생은 금시초문인 양 대단히 난처한 태도였고 김창숙 선생은 묵묵부답이었다. 이에 어머니가 별안간 품에서 단도를 빼들고 큰 목소리로 "두 분은 이 모든 사실을 만천하에 나의 영감이 추호도 잘못이 없음을 밝히시오. 만약 그렇게 안 한다면 내가 이 자리에서 자결하고 말겠으니 확답을 하시오"라고 고함을 치시었다. 나도 화가 나서 두 분께 막 덤비었다. 방 안이 소란하게 되니 한세량 씨 댁에서 지내던 학생 최태연崔台然이가 나를 붙잡아서 대문 밖으로 내보내고 문을 잠그고 말았다. 분이 안 풀린 내가 대문 밖에서 골목에 있는 돌을 그 집 안으로 막 던지니 유리창이며 창이 부서지는 소리가 요란하였다.

얼마 후 어머니를 모시고 집으로 오니 오후가 훨씬 지났다. 어머님의 말씀은 네가 쫓겨나간 후 한씨가 들어와서 신, 김, 두 분을 보고 다음과 같이 말했다고 한다. “내가 우당 선생 부인의 말을 들으니 두 분이 잘못 생각하고 경솔히 한 짓이 아니오. 모든 일을 그렇게 처리하고 경망스럽게 행동하실 수는 없습니다” 하며 두 분을 타이르고, 어머니께는 “노염을 푸시고 고정하고 댁으로 가시지요” 하며 “생사를 같이한다는 동지 사이에 이런 오해가 어디 있습니까, 두 분은 부인께 사과하시지요” 하였다 한다. 그러자 두 분이 같이 모든 게 미안하게 되었으니 과히 허물치 말아 달라고 하시고, 어머

규호: 이규창의 초명初名. 이규호라는 이름은 이회영이 직접 지었다고 한다. 이회영은 아들들 이름에 동물 이름을 한 자씩 넣고 지었는데(규‘룡龍’, 규‘학鶴’, 규‘호虎’) 이규호에서 이규창으로 이름을 바꾸게 된 건 어머니 이은숙 때문이라고 한다.

이은숙은 아들이 형무소에 갇히게 된 건 이름에 호랑이 호虎자가 들어가 울에 갇힌 것圭이라며, 작명소에 가서 하루라도 빨리 나오길 바라며 끝의 자를 창昌자로 고쳤다고 한다. 이규창은 출옥 뒤에도 내내 규호라는 이름을 썼는데 호적을 떼어 보고서야 개명이 되었다는 걸 알았다고 한다.

출처: 공훈전자사료관 《독립유공자증언자료집》 1권 중 ‘이규창’(2001)

니께서도 한세량 목사님의 말씀도 있고 두 분 스스로 미안하다고 하니 더 말을 안 하시고 여자로서 두 분과 한 선생의 댁에 와서 실례를 많이 한 점을 용서하시라고 하시며 그 댁을 나오신 것이다.

집에 와서도 부친께 신, 김 두 분께 갔었다는 말씀을 드리지 않고 시일이 경과한 후에 말씀드리려 하였는데, 그 이튿날 한기악 선생이 집에 오셔서 부친께 말씀하기를 "어제 사모님과 규호圭虎 군이 김창숙·신채호 두 분께 찾아가셔서 김달하 씨 암살에 대한 경유經由와 사모님이 김달하 조상을 갔다 온 데 대한 설명, 그리고 김달하 씨를 우당 선생께 소개한 일 등 여러 가지 사정을 조리 있게 따져서 김창숙 씨로 하여금 유구무언케 하고 미안하다는 말까지 듣고 왔다는 소문이 북경의 조선인 사회에 자자하게 퍼졌습니다"고 말을 하니 부친은 금시초문이라 무어라고 말씀을 못 하고 계셨다. 그렇게 되자 어머니가 어제 일을 자세히 말씀드리시며 부친께 사전에 허락을 받지 않고 간 것에 대하여 용서를 바란다고 하시니 부친도 무어라 말씀을 하시겠는가.

1925년은 얼마나 고달프고 어려운 해였는지 부친을 비롯하여 우리 전 가족의 운수가 정말로 사나운 해였다. 며칠 사이에 손녀인 학진鶴珍, 을진乙珍이와 3살 된 아들인 규오圭梧를 잃은 부모님도 그렇지만 하루걸러 딸 둘을 저 세상으로 보낸 형수님의 비통한 마음을 어찌 헤아리겠는가. 이런 어려움을 당해도 생사를 같이하겠다던 어떤 인간은 이안정 집에서 금전 문제로 인간답지 않은 행동을 한 후 왕래를 끊었으며, 김창숙 씨도 이런 상황에 위로 한마디 없

1926년 연초에: 이하의 박용만 사건에 대한 내용은 이규창도 분명히 밝히고 있듯이 "또 무슨 사건이 발생하였나 하고 백방으로 탐문"한 결과를 당시 "자자하였"던 북경의 "조선인 사회에 확인되지 않은 소문"과 함께 "후에 알게 된 일"도 포함하여 서술한 것으로, 객관적 사실과 어긋난 부분들이 있지만(실제로 박용만은 1928년 10월 사망, 이 책 초판 발간 이후인 1995년 대통령장 추서), 당시 북경에 있던 한인들의 시각을 보여 주고 있어서 그대로 소개한다.

고려인: 여기서는 '한인韓人' 이라는 의미.

었다. 참으로 인간의 본성을 다시 생각하게 되었다. 그런데 또 대사건이 발생하였다.

1926년 연초에 중국 경찰이 또 우리 집에 와서 동태를 살폈다. 누구 누구가 왔다 갔느냐고 묻고 며칠간 우리 집 주변을 배회하며 감시를 하는 것이다. 또 무슨 사건이 발생하였나 하고 백방으로 탐문을 하니 서단패루西單牌樓 어느 집에서 시체가 발견되어 검시한 결과 고려인이라는 것이었다. 그리고 며칠 후 그 시체는 '박용만'인 것으로 밝혀졌다. 그러니 또 한 번 우리 조선인 사회에 확인되지 않은 소문이 자자하였다.

그 집에 세 든 사람이 날씨가 추워지면서 온돌에 불을 넣고 자는데 밤중에 요 밑의 온돌이 부풀어 올랐다고 한다. 잠을 자던 사람이 놀라 일어나 보니 온돌이 점점 산봉우리같이 솟아오르는 것이었다. 날이 밝아 온돌을 파보니 시체 한 구가 나와 곧 경찰에 알렸는데 어찌하여 이런 곳에 시체가 있나 하고 조사한 결과, 전에 이 집에서 살던 고려인 청년의 소행으로 이 시체가 고려인 박용만 씨라는 것이 판명되었다. 그러니 이 사건도 우리 집과 관련이 있나 하고 주시하는 것이다. 후에 알게 된 일이지만 다물단이 김달하 씨를 처단한 이유도 김달하가 박용만 씨를 왜놈에 귀순시킨 것에 있

박용만 씨가 암암리에 국내로 들어와 조선 총독을 만났고 거액의 금전을 받아 북경으로 돌아왔다: 이규창이 박용만 사건을 1926년 초엽으로 기억하고 있는 것은 "다물단이 김달하 씨를 처단한 이유도 김달하가 박용만 씨를 왜놈에 귀순시킨 것에 있었"으며 "먼저 김달하 씨를 처치하고 그다음에 박용만 씨도 처치한 것"이라는 등, 두 사건 모두 다물단의 행동으로서 박용만 사건을 김달하 사건의 연장선상에서 파악하고 있었기 때문인 것으로 추정된다.

박용만 씨 암살도 1925년에 처치한 것이 1926년 초에 발견된 것이다: 박용만은 1928년 10월 17일 오전에 이해명의 총격으로 사망했는데. 처 슝수칭態素青이 경찰을 데리고 왔을 때까지도 살아 있었다고 하며. 시신은 당일 오후 중국 검시관에 의해 검시되었다.

한애라의 연구('독립운동가 박용만 피살사건' 재판의 배경과 전개, 《한국학논총》 2025, 통권 63호, 431~462쪽)에 의하면 박용만은 "임시정부 반대파의 대표적 인물로 계파 갈등의 중심에 있었"으며, 1924년 중후반부터 퍼진 변절설로 인해 신변에 위협을 느끼고 있었다"고 한다. 김달하 사건이 보여주듯이 변절자의 처단과 일제의 공작을 차단하는 것은 당시 독립운동에서 사활적으로 중요한 일이었다. 다만 박용만의 변절과 관련한 증거는 발견되지 않았다. 이해명의 재판을 둘러싼 한인단체의 적극적인 대응, 일본의 범인 인도 요구에 대한 중국 정부의 단호한 의지 표명 등을 검토한 한애라는 의열단원 이해명과 다물단원 이지견에 의한 박용만 암살은 계획된 행동이 아니라 우발적 사건이며 박용만의 "변절설은 이해명의 형량을 줄이기 위한 구실과 대응책으로 쓰이며 부풀려졌다. 그리고 이 과정에서 박용만이 변절자라는 인식은 널리 퍼지며 더욱 확고해졌"다고 하였다.

60여 년 전에: 원문에는 '52~3년 전'으로 표기했으나, 집필 시기를 감안해도 이 사건이 1930년대 후반에 발생했다고 할 수 없으니 60여 년 전으로 본문 수정함.

었다. 박용만 씨가 암암리에 국내에 와서 조선 총독을 만났고 거액의 금전을 받아 북경으로 돌아왔다는 사실을 접하자 먼저 김달하 씨를 처치하고, 그다음에 박용만 씨도 처치한 것이었다. 박용만 씨 암살도 1925년에 처치한 것이 1926년 초에 발견된 것이다.

박용만 씨로 말하면 우리나라에서 유명한 독립운동가이고 미주에서나 중국에서나 위대한 애국자요, 열렬히 독립운동을 하신 분으로 이승만 씨에 비하여도 제1인자임을 인정받는 분인데 아차 하는 순간의 잘못으로 이런 결과가 되었으니 얼마나 애석한 일인가. 박용만 씨의 전력을 생각하여도 안타깝고 애석한 일이었다. 이것이 다 망국민의 비애인 것이다.

해방 후 이런 사실을 도무지 모르는 사람들이 박용만에 대해 열렬히 독립운동한 사실만 알고 여러 번에 걸쳐 서훈을 받게 하려고 하였으나 석연치 않은 관계로 보류되곤 하다가 근자에는 말이 없어졌다. 60여 년 전에 북경에서 일어난 암살사건에 대하여 그 진상을 아는 분들은 다 타계하시고 발언할 사람이 혹 있을까 말까 한 처지이다. 이 시체가 노출되는 사건의 전말을 말하는 사람도 나 하나뿐인가 하노라.

부친께서는 유망한 인재들에게 장래 우리나라가 독립하면 각 방면에 인재가 필요하니 그 굳건한 애국심을 간직하고 외국이나 어디에서 자기에 알맞은 전문과업을 공부하여 장래 유능한 인재가 되라고 하시며, 생사를 걸고 하는 제1선에서의 독립운동은 나 같은 인물이 할 테니 부디 공부를 하라고 청년들을 보시면 항상 말씀하셨다. 부친은 독립은 기필코 되겠지만 나라를 되찾은 후에 각 방면에 인재의 부족을 심려하신 것이다. 우리 집안에 일어났던 그 어려운 일들을 같이 겪은 한기악 선생에게는 "한 군 같은 인재는 이렇게 희망과 앞날이 아득한 곳에 있지 말고 귀국하여라. 그래서 국내의 언론계 같은 분야에서 자기 기량을 마음껏 발휘하여 국가와 민

족형: 성과 본이 같은 일가 가운데 유복친 안에 들지 않는, 같은 항렬의 형뻘이 되는 남자.

족의 활로를 위하여 왜적과 투쟁함이 옳으니, 각오하고 고국으로 가라"고 권고를 하시니, 한 선생도 부친의 말씀이 옳다고 생각하시고 환국하셨다. 시인 심훈沈熏 씨도 북경에 와서 부친에게 여러 가지 말씀을 들었다는 말을 자기 시집에 썼는데, 그 내용은 우당 선생이 자기에게 "군君은 장래에 훌륭한 인재가 되겠으니 외국에 가서 외교관 공부를 하여서 장래 독립국가에 외교로 국사國事를 하라"고 하셨으나 자기는 그 말을 안 듣고 환국하여 시인·문인이 되었다고 했다.

소완규蘇完奎 선생도 북경에 오셔서 부친에게 여러 가지 사정과 장래에 대해 논의하셨는데 부친의 권고로 학업에 정진할 것을 결심하고 고국으로 가서 법률학을 전공하였다. 그 결과 변호사가 되어 대일항전의 투사들을 위해 법정에서 동포의 정의와 약소민족의 억울함을 갖은 탄압에도 불구하고 용감하게 변호하였다. 민족의 변호사로 활동하신 분으로 가인佳人 김병로金炳魯 선생, 애산愛山 이인李仁 족형, 그리고 소완규 선생이 있다. 나중에 내가 상해에서 압송되어 서울에 온 후 어머니께서 소 선생을 찾아가 법의 절차와 변호를 맡기며 수고를 간청하시니 쾌히 승낙하셨다. "제가 선생님 생각을 하여서도 당연히 진력할 터인데, 더군다나 규호 군이 국가의 독립을 위하다가 이런 처지에 놓였는데 제가 어찌 수수방관하겠습니까" 하시며 일체의 비용도 자신이 부담하고, 규룡 형님과 협력하여 판결에 다대多大한 효과를 일으키셨다.

김달하, 박용만 사건의 와중에 동지들의 배신까지 겪으신 부친께서 얼마나 기구한 운명을 한탄하셨을지는 가늠할 수도 없다. 그래도 항상 온화한 신색神色과 웃는 낯으로 사람을 대하셨다. 부친

다대한: 많고도 큰.

신색: 상대편의 안색을 높여 이르는 말.

그해 9월에 부친께서는 상해의 이을규 선생을 북경으로 불러 상의한 끝에 자금을 만들 계획을 세우고 어머니를 밀사로 국내에 파견하셨다: 《서간도 시종기》에 따르면 이은숙은 해관 이관직과 상의 끝에 1925년 음력 7월 하순에 한국으로 돌아왔다고 함.

생각다 못해 고국에 다시 돌아가서 생활비라도 마련해 볼까 하고 내외 의논하던 차에 상해 가셨던 해관 (이관직) 선생이 북경 소문이 하도 요란해 오셨다 하며 오시니 오죽이나 반가우리오. 해관 선생과 같이 의논하고 을축년(1925) 7월 하순에 떠나서 왔다.

《서간도 시종기》, 161쪽.

존안: 남의 얼굴을 높여 이르는 말.

이규동: 1926년생.

을 곁에서 보는 사람들은 부친의 철석 같은 의지력과 항상심에 놀라지 않을 수 없었고 아울러 이 비상한 환난을 혼자 힘으로 돌파한 어머니의 비범한 현명함에 모두 경탄을 아끼지 않았다. 이런 불행은 아무리 친절하고 모든 환난을 나누어 받을 수 있는 동지라 하여도 심려를 더하게 할 필요가 없다고 생각을 하시고 복건, 상해 등지의 동지들에게도 알리지 아니하셨다. 이런 풍파가 일생에 몇 번이나 있겠는가. 여하간 풍파가 지나간 후 부친께서는 의연히 계획을 쉬지 아니하셨다.

그해 9월에 부친께서는 상해의 이을규 선생을 북경으로 불러 상의한 끝에 자금을 만들 계획을 세우고 어머니를 밀사로 국내에 파견하셨다. 그런데 누군들 어머니와 부친의 이번 이별이 영원한 이별이 될 줄 알았으리오. 더욱이 임신 중이셨던 어머니가 국내에서 낳은 동생이 부친의 존안尊顔을 한 번도 뵙지 못하는 신세가 될 줄 누가 꿈엔들 생각이나 하였을까. 지금 그 동생이 환갑 지난 노인이 되었다. '이규동李圭東'인 것이다.

조석거리: 끼니를 이을 수 있는 식재료.

회고: 이 회고는 1922년, 이은숙이 모친의 소기小朞에 참석하기 위해 귀국했을 때의 이야기인 듯.

형수를 상해에 가 있는 규학 형에게 보내시기로: 조계진은 두 딸을 잃은 다음에 아버지 조정구를 따라 1925년 5월에 서울에 갔다가 1926년 2월에 순종의 유조를 저고리 앞섶에 꿰매넣고 상해로 돌아갔다고 함.

출처: 《나, 조계진》, 한울, 2025, 310~318쪽.

어머니가 돈 20원을 보내와서: 《서간도 시종기》에 의하면 이은숙이 이 진사라는 분께서 준 100원을 보낸 적도 있는데 그 내용은 다음과 같다.

한 번은 을축년(1925)에 처음 서울 와서 가군과 결의형제 하신 이 진사께서 금화 백 원을 주시어 그해 양력 12월에 부친 것을 병인년(1926) 10월 결산에 안 모양이다.

《서간도 시종기》, 171~173쪽.

모아호동: 현재 베이징시 둥청구 서북부 쪽의 둥치東起 난뤄구항南鑼鼓巷의 서쪽 디안먼地安門 와이다제外大街에 위치.

내가 천진에 가서 숙부님과 숙모님, 사촌인 규서 형 세 분을 모시고 와서 같이 살게 되었다: 1925년 겨울부터 같이 산 것으로 추정.

그러니 형수와 송동집 아주머니가 당분간 조석朝夕거리도 없는 살림을 꾸리게 되었다. 그때의 정경을 형수가 말한 적이 있다. 쌀이 없어 하루 종일 밥을 못 짓고 밤이 다 되었다. 때마침 보름달이 중천에 떴는데 아버님께서 시장하실 텐데 어디서 그런 기력이 나셨는지 퉁소로 무슨 곡인지는 모르지만 하도 처량하여 눈물이 저절로 나는 곡을 부시니, 사방은 고요하고 달빛은 찬란한데 밥을 못 먹어 배는 고프고 이런 참담하고 서글픈 광경이 어디 있겠는가. 시어머님도 안 계시는데 시아버님 진지를 종일 못해 드리니 이 얼마나 죄송한가 하는 생각을 하였다고 해방 후 회고한 적이 있었다. 이것이 참 무슨 희극인가 비극인가, 예술인가 여러 가지로 생각해 보았다.

부친께서 형수를 김달하 사건 후에 상해에 가 있는 규학 형에게 보내시기로 하셨다. 그리고 어머니가 돈 20원圓을 보내와서 빚을 갚고 모아호동帽兒胡同이란 곳으로 이사를 가는데, 때마침 천진에 계시던 둘째 숙부님께서 더 이상 천진에 계실 수가 없게 되어 내가 천진에 가서 숙부님과 숙모님, 사촌인 규서 형 세 분을 모시고 와서 같이 살게 되었다. 숙부님의 큰아들 규준 형이 김달하, 박용만 사건 후 상해로 피난 가고 없으니 어쩔 수 없는 사정이었다.

이을규 선생은 나랑 한방에 기거하셨는데 매일매일 구차하게 지내시면서도 부친과 장래에 대한 계획을 의논하셨다. 그러던 가운데 1926년경 이광 선생이 홀연히 내방하셨다. 부친은 반색을 하시며 근 2~3년 동안 아무 소식을 몰라 궁금하였다고 하시니 이광 선생도 제사불호諸事不好하여 소식도 못 전하셨다고 하시었다. 부친께서 전후사정과 그간 겪은 일을 소상히 말하시니 이광 선생도 자기는 1923년에 중국 동창의 소개로 하남성 군벌독판 호경익胡景翼

2~3년 동안: 원문에서는 근 1년 동안이라 하였으나 실제 사건들의 타임라인을 따지면 2~3년이 되어야 함.

제사불호하여: 만사가 잘 풀리지 않아서.

1923년: 원문에서는 '1925년'이라고 했으나, 실제로 후징이는 1925년 4월 10일에 급사하였고 신익희의 기록이 정확하다면 1923년이 되어야 함.

호경익: 후징이[Hú Jǐngyì].

해공 신익희도 와서 고문으로 일했는데: 신익희가 호경익에게 간 시기가 1923년이라는 기록이 있다. 따라서 이광이 신익희보다 며칠 먼저 일하기 시작했다면 이광도 1923년에 간 것으로 보아야 함.

임지: 당시 이광은 임시정부발 북경 주재특파원이었으므로 북경으로 돌아간 것을 뜻한다. 이후 이광은 1930년까지 북경에서 《조선지혈》을 발행하는 등 주재원 활동을 활발히 한다.

씨의 행정고문으로 일하게 되어 극심한 생활고는 다소 해결되었지만, 그 일을 하느라 소식을 전하지 못하였다 하시며, 호경익이 불리한 사세전환을 위해 내게 무슨 수를 써서라도 방도를 강구하라며 자금을 좀 주었는데 그가 갑자기 사망하니 이 기회에 우리가 이용할 방도를 상의하러 온 것이라 하셨다.

그러나 상의의 내용은 부친, 이을규, 이광 세 분의 비밀이어서 나는 그 내용은 모르고 또 알 필요도 없는 것이다. 이 선생의 말씀이 "내가 호 독판에게 간 며칠 후에 해공海公 신익희申翼熙도 와서 고문으로 일했는데 지금은 아마도 상해로 간 것 같다"고 하시며 당신은 내일 돌아갔다가 1주일 내로 다시 오겠다고 하시며 가셨다.

성암 이광 선생이 1주일 후에 오시면 이을규 선생은 곧 상해로 가시기로 하고, 상해에 있는 동생 이정규 선생에게 편지를 써서 '대개사태준비大概事態準備'와 계획을 알리고 상해로 갈 준비를 하셨다. 과연 이광 선생은 오신다는 날짜에 오셔서 세 분이 의논하셨고, 이광 선생은 곧바로 임지任地로 가셨으며 이을규 선생은 상해로 떠났다.

불란서조계 대길리: 대길리는 현재 없어진 지명으로, 톈진 시카이 천주교성당(天津西開教堂. 1916년 프랑스 선교사가 건축) 북동쪽에 있는 톈진시 허핑구和平區의 지리빌딩吉利大厦(난징루南京路 209호) 부근으로 추측됨. 대길리大吉利(=대길리大吉里)라는 이름은 '모든 일이 순조롭다大吉里利'에서 유래되었다고 함.

독일조계, 오스트리아·헝가리조계는 제1차대전에 패전하면서 조계에 대한 권리를 상실하였고: 원문은 '조계의 소유권을 상실하였고'라고 기술하였으나, 조계는 조약을 통해서 영토를 조차한 것이지, 실제로 소유한 것은 아니므로 수정함.

유독 미국은 조계지가 없는 것이 특이했다: 톈진 미국조계지는 1860년~1902년까지 존재했는데 조계지가 설립된 지 얼마 안 되어 발발한 남북전쟁(1861~1865) 때문에 해당 지역을 제대로 관리할 수 없었던 미국은 청 조정에 이에 관하여 문의했음. 결국 1902년 12월 23일, 미국은 임의로 영국조계지에 양도하여 조계지역이 합병됨.

봉직전: 직봉전쟁直奉战争. 북양 군벌北洋軍閥인 직계直系(직예파直隷派)와 봉계奉系(봉천파奉天派)와의 싸움으로 직계는 장작림張作霖을, 봉계는 조곤曹錕을 우두머리로 하여 1922년과 1924년 두 차례에 걸쳐 충돌이 있었다.

부친께서는 몇 년 동안 애환으로 뒤범벅이 된 북경을 떠나 국제 도시인 천진으로 이주할 작정을 하시고 미비한 점들을 정리하시느라 바쁘셨다. 나도 부친을 도와서 순리대로 진행했다. 우선 둘째 숙부는 당분간 계시던 집에 계시게 하고 넉넉하지는 못하지만 생활비를 드렸다. 그리고 이제부터는 상해에 있는 규준 형이 알아서 할 것을 내심 기대했다. 남전창에 있는 다섯째 숙부의 큰아들 규봉 형에게도 생활비를 좀 주고, 나는 부친을 모시고 살 집을 구하기 위하여 천진에 가서 불란서조계 대길리大吉里에 집 두 채를 구했다. 한 채는 우리가 살고 또 한 채는 상해에서 오는 동지들이 거주할 용도였다.

천진天津이란 곳은 북경의 관문으로 각국의 조차지는 불평등 조약에 의한 것이다. 영국조계, 일본조계, 불란서조계, 이태리조계, 벨기에조계까지 있었다. 러시아조계, 독일조계, 오스트리아·헝가리조계는 제1차대전에 패전하면서 조계에 대한 권리를 상실하였고 유독 미국은 조계지가 없는 것이 특이했다. 그리고 수년에 걸쳐 봉직전奉直戰 같은 중국 군벌 간의 내전이 계속되고 전쟁이 끝나면 패잔병들이 횡포를 부리니 부자들은 치외법권의 조계지가 가장 안전하다는 이유로 피난처로 삼았고, 따라서 전쟁만 일어났다 하면 조계지의 집값은 부르는 것이 값이 되는 기이한 상황이었다.

우리가 불란서조계에 집을 얻은 것도 우리 독립운동가들의 신변 안전을 위해서였다. 같은 이유로 상해의 우리 임시정부도 불란서조계지에 자리잡고 있었다. 그해 10월경 천진으로 이사하는데 규숙 누님은 여학교를 졸업할 때까지 이광 선생 집에 있기로 하고 부친과 나, 누이동생 현숙, 송동집 아주머니 이렇게 네 식구가 생소한

그해 10월경: 1926년 10월.

권기옥, 이영무 두 분은 운남 육군항공학교에서 비행기 조종훈련을 받고 비행사로 일하다가: 권기옥과 이영무는 1925년 3월에 운남육군항공학교雲南陸軍航空學教를 졸업한 제1기 졸업생이다.

두 사람은 그 당시 연인 사이였지만 결혼은 하지 않았다: 두 사람은 비행학교 동기일 뿐 연인 관계는 아니었고 권기옥은 독립운동가 이상정(이상화의 형)과 1928년 결혼한다.

출처: 연재칼럼 〈나의 이력서〉, 《한국일보》 (1978).

천진 불란서조계 대길리에 안착하였다. 새로 온 집을 2~3일 정돈한 후에 대길리를 중심으로 이곳저곳을 3~4일간 다녀보니 대충 동서남북 어디로 가는지 알 수 있었다.

1주일 후 상해에서 이을규, 이정규, 백정기, 정화암, 이상일, 권기옥權基玉, 이영무李英茂, 이기연李基演 등 여러 분이 당도하니 일시에 식구가 많아졌다. 권기옥, 이영무 두 분은 운남 육군항공학교에서 비행기 조종훈련을 받고 비행사로 일하다가 우리 동지분들과 합류하여 천진으로 온 것이다. 권씨는 여자 비행사로 두 사람은 그 당시 연인 사이였지만 결혼은 하지 않았다. 권씨는 해방 후에 귀국하여 80세 넘게 사시다가 돌아가셨고 이영무 씨는 북한으로 갔다.

대길리에 얻어 놓은 집에 여장을 푼 동지들은 부친께 와서 그간의 회포를 푸시면서 또 새로 온 동지들과 다시 인사를 나누었다. 그리고 백정기 선생이 큰 가방 하나와 보온통 5개를 부친께 무어라 말씀을 하시고 건네면서 나에게 "규호는 저 보온통은 절대로 만지면 안 된다"고 하기에 나는 백 선생을 쳐다보고 대단히 무서운 표정을 지으며 혀를 빼물며 고개를 흔들었다. 그랬더니 "너 참으로 큰일날 놈이구나, 네가 무엇을 안다고 그런 표정을 하느냐"고 하셔서

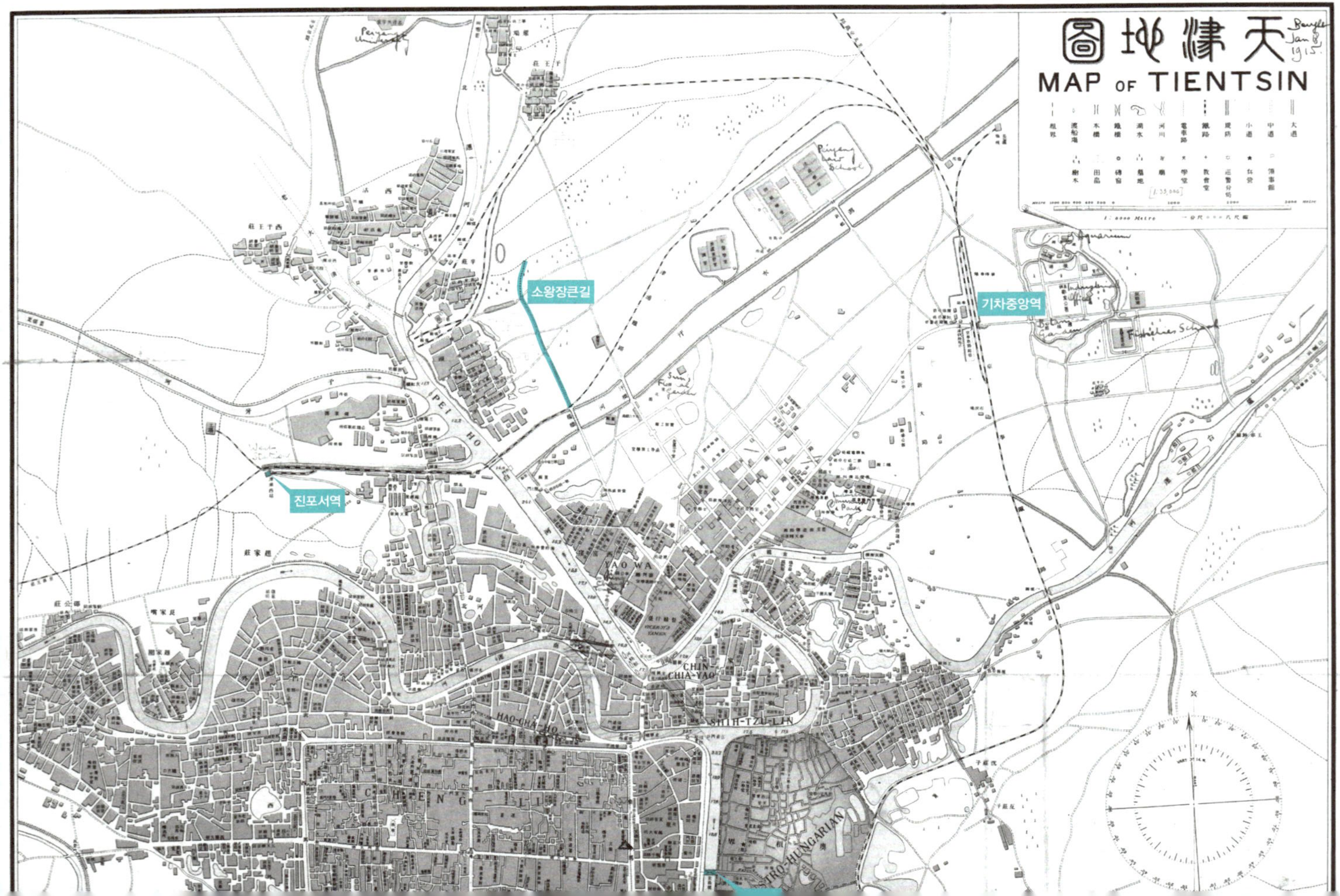

天津地圖
MAP OF TIENTSIN
소왕장큰길
기차중앙역
진포서역
PEI HO
YAO WA
CHIN CHIA-YAO
SHIH-TZU-LIN
HAO-CHA-HO
CHENG LI

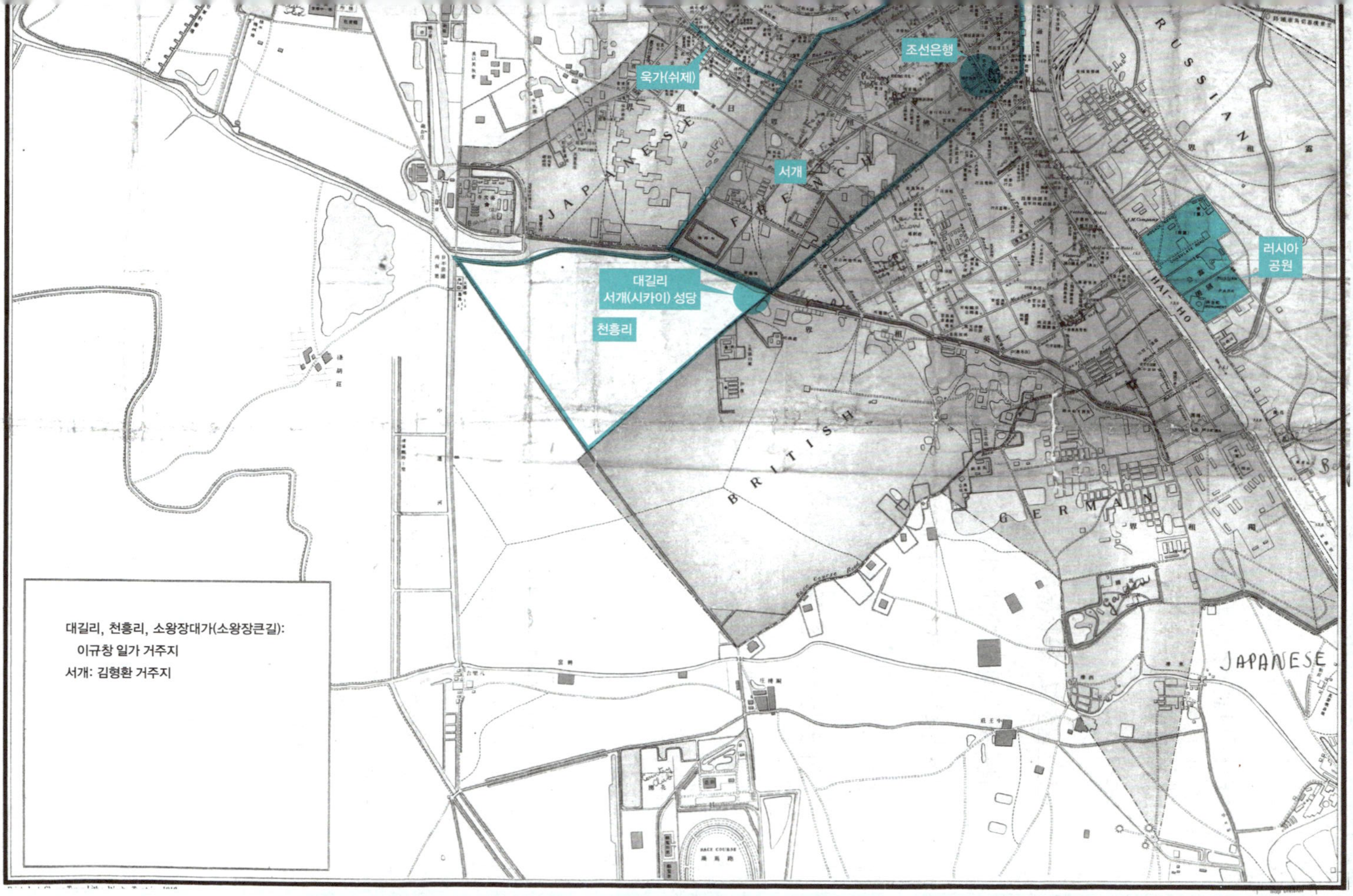

천진 지도(1912)

출처: LIBRARY OF CONGRESS (https://www.loc.gov/)

내가 "나는 다 알고 있어요, 무서운 것이죠?" 하였다. 보온통에는 과연 무서운 것이 들어 있었다. 폭탄이 1통에 2개씩, 모두 10개나 들어 있었다. 꼭 보온통 같아 보이니 누가 의심이나 할 수 있겠는가. 나는 그 당시 눈치와 생각이 비상하여 어른들의 손짓과 입 놀리는 것만 봐도 대개 짐작이 갔다. 큰 가방 안에는 권총 15정이 들어 있었다. 이것이 다 상해에서 사 가지고 온 것이다. 이 폭탄과 권총이 훗날 나석주羅錫疇 의사의 의거에 사용될 줄이야….

이 일은 하남성 독판 호경익이 신익희, 이광 두 사람에게 각각 돈 2~3,000원元씩 주고 조선인의 손을 빌려 자기에게 적대적인 사람

이 폭탄과 권총이 훗날 나석주 의사의 의거에 사용될 줄이야: 나석주 의사 의거는 1926년 12월에 발발하였고 이규창 일행은 1926년 10월에 천진에 왔으니 실제로는 2달 후에 사용된 셈.

신익희 씨는 그 돈을 가지고 상해로 갔고: 신익희는 호경익의 지원으로 군인이자 독립운동가인 성주식成周寔(1891~1959)을 초빙하고 한중 양국의 청년들을 모집해 군사교육을 실시했다고 함.

행차모지: 일을 하면서 알맞은 수단을 씀.

근래에(1984년경) 쓰인 신익희 선생 일대기: 신익희가 사망한 지 18년 후에 비서였던 유치송柳致松이 쓴 《신익희 선생 일대기》(해공신익희선생기념회, 1984).

들을 표나지 않게 처치해 달라는 의뢰를 하면서 시작되었다. 신익희 씨는 그 돈을 가지고 상해로 갔고 이광 선생은 망설였다.

그도 그럴 것이 호 독판의 요구가 도저히 승산이 없을 뿐 아니라 우리가 그 사람 세력에 가담했다가 일이 제대로 안 풀리면 얻는 것도 없이 희생만 치르게 되고, 자칫 잘못하면 중국 사회에서 조선인의 입장만 어려워질 뿐이었다. 그래서 이 기회에 우리의 본 임무인 독립운동이나 하는 것이 나을 것이라 생각하여 기왕에 생긴 돈 일부로 폭탄과 권총을 수입하고 호 독판에게 보고한 후, 시기를 보아 행차모지行且謨之하려고 하였던 것이다. 이러한 때 호 독판이 사망하고 말았으니 우리에게는 다행한 일이 되었다.

이런 것만 보아도 이광 선생의 독립운동에 대한 일념을 가히 짐작할 수 있는데, 사실 호 독판에게서 받은 돈을 선생 혼자 사용한들 누가 탓하겠는가. 참으로 이 선생의 마음 씀씀이가 훌륭하심에 새삼 여러 동지들이 감탄하였다.

그런데 가소롭게도 근래에(1984년경) 쓰인 신익희 선생 일대기에 이 선생이 한 일을 마치 해공이 한 것처럼 똑같이 써 놓았다. 타인이 한 일을 어찌 허위로 남의 전기에 옮겨 쓰는가? 이러한 짓은 해공 신익희를 위하는 것이 아니라 오히려 욕보이는 것이니 참으로 개탄을 금할 수 없다.

연구자라면 과거지사를 좋은 일이건 나쁜 일이건 모두 밝혀야 할 것인데 지금의 사람들이 독립운동에 대한 연구라고 저술한 것은 도무지 진실을 가려내기 곤란하다. 간혹 독립운동을 하였다는 사람들이 직접 쓴 것도 과대 확장하여 모든 게 자기 중심으로, 또는 자기가 모두 관여한 것처럼, 그뿐만 아니라 심지어는 자기가 다 지시·지도한 것같이 기술하니, 진짜로 운동하신 분은 모두 타계하신 마당에 발언이 제대로 될 수 있겠는가. 자기가 행한 부분만 사실대로 쓰고, 자기가 직접 본 그때 진행된 운동에 대한 사실만 객관적으로 공평무사하게 서술하여야 할 것이다.

폭탄: 원문은 '포탄'. 그러나 포탄은 포에 넣고 쏘는 것이므로 폭탄으로 수정함.

남양군도: 제1차 세계대전 이후 국제 연맹이 일본 제국에 부여한 국제 연맹 위임통치령. 이 위임통치령은 북태평양에 있는 섬들로 구성되었는데, 독일 식민제국 내에서 독일령 뉴기니의 일부였던 섬들이 제1차 세계대전 동안 일본에 의해 점령될 때까지 일본은 이 섬들을 식민제국의 일부로서 통치했다. 종전 후 남양군도는 유엔의 태평양 제도 신탁통치령이 되었으며, 현재는 팔라우, 북마리아나 제도, 미크로네시아 연방, 마셜 제도의 일부이다.

이광 선생의 이 일에 관한 것은《정화암전鄭華岩傳》에도《이을규전李乙奎傳》에도 쓰여 있는 것으로, 두 분 모두 이 사건의 주모자들이므로 나 혼자만 아는 것을 지금 말하는 것이 아니다. 그러므로 후세에 남의 독립운동의 기록을 쓸 때는 사실대로 공정히 한 것은 한 것이요, 틀린 것은 틀린 것이요, 본 것은 본 것이라고 조금도 과장도 말고 허위도 말고 써야 한다. 자기 자신의 것이나 남의 것이나 솔직해야 하지 않겠는가. 내가 항상 강조하지만 독립운동을 한다는 그 정신이 마지막 순간까지 변하지 않고 실천한다는 것이 위대한 것이 아니겠는가! 남이 한 일까지 내가 했다고 할 수는 없는 법이다. 해방 후 이런 일이 비일비재라 주의가 필요한 것이다.

이광 선생이 천진에 오셔서 장래에 대한 방향과 계획을 의논하였으나 당장 신통한 일거리가 있는 게 아니므로 장차 정세를 보기로 하고 무기와 폭탄은 보관하고 있다가 적시에 유용하게 사용할 것을 결정하고 북경으로 돌아가셨다. 물론 근 10여 명의 식구들의 생활비도 문제이지만 이렇게 여러 명이 모여 있을 수가 없었다. 주위의 이목도 있고 하여 비행사 권기옥, 이영무 씨는 상해로 갔다가 광동으로 간다고 하여 노잣돈을 주어서 보내고 이기연 씨는 상해에 갔다가 절친한 친구가 있는 남양군도南洋群島에 가서 장래를 도모하겠다며 떠났다.

그리하여 이을규, 이정규, 백정기, 정화암, 이상일 등 다섯 분만 잔류하게 되였다. 조석으로 우리 집에 와서 송동집 아주머니가 애써 지은 식사를 하셨다. 처음에는 생활에 여유가 있어 힘은 들어도 그럭저럭 지냈지만 날이 갈수록 돈은 없어지고 다시 보충할 방도는 없으니 아주머니의 고생은 이루 말할 수가 없었다. 정화암은 얼마 있다가 북경으로 가고 이상일 씨는 도로 상해로 가고 단지 이을규, 이정규, 백정기 세 분만 있게 되었다. 그러다가 대길리의 집세가 너무 비싸 중국가中國街 남개시南開市 근처에 천흥리天興里라는 곳에 방 2칸을 빌려서 이사를 하게 되었다. 부친과 이을규, 이정규, 백정기 네 분과 내가 한방을 쓰고 송 아주머니와 누이동생 현숙이 한방을 썼다. 규숙 누님은 아직 북경 이광 선생 댁에서 오지 않았다.

나는 지금도 그 당시의 광경을 회상하며 부친의 사상, 인생관과

천흥리: 톈씽리天興里. 현재 톈진시 허핑구 난잉먼제南營門街에 위치.

가지가지의 생활철학, 대인관계의 이모저모를 되새겨 볼 때가 있다. 그러다 보면 나의 부친이라서가 아니라 그분의 인내심과 화기애애한 분위기를 조성하시는 행위랄지, 그 곤란한 처지에도 조금도 비관이나 낙담하시는 기색이나 언사를 하신 적이 없으셨다. 그 조그만 방에 젊은 청년들과 계시려니 일거수일투족이 불편하실 텐데 친애하는 동지, 자애스러운 아버지의 모습을 잃지 않고, 밥을 못 지어드려 송구스러워 어쩔 줄 모르는 송동집 아주머니의 노력을 위로하시며 "이것이 다 망국의 비운이 아니냐" 하고 "다 참고 용기를 갖고 장래를 보자"고 항상 말씀하셨다.

그리하여 이을규, 이정규, 백정기 세 분은 몇 년이나 부친과 한 집에 지내면서 동고동락을 하였지만 이번같이 곤고하고 절박한 환경은 처음 당하는 처지인데 우당 선생의 초인간적인 위대한 인격과 강인한 의지며, 자유평등의 사상이 천품인 인물인 것을 이제야 알겠다며 숭배하는 마음이 저절로 난다고 하였다. 그분들은 말로만 들었지 실제로 그런 세상에 다시없을 비참한 경우를 당해 본 적이 없는 분들이라 우리가 과거에 북경서 겪은 그 참화의 파란을 어찌 상상이나 하겠는가. 지금은 그 시절에 겪은 풍파에 비하면 백분의 일도 안 되는 사정인 것이다.

남개 천흥리에 이사 온 지도 수개월이 지났다. 송동집 아주머니가 전에도 신병身病이 있어 종종 앓곤 하더니 이제는 병세가 악화되어 운신을 못하고 식음을 전폐하다시피 하니 부친의 심려가 더 한층 깊어지셨지만 방도가 없으니 어찌할 바를 모르셨다.

이정규 선생이 생각 끝에 덮어놓고 불란서조계 내에 야소교耶蘇敎병원을 찾아갔다. 나도 동행하였다. 병원에 당도하여서 원장을 찾아서 전후사정을 설명하며 반 애걸하다시피 했다. 원장은 부인婦人으로 참 생기기도 잘생겼지만 아주 귀부인 격이고 교양이 넘치는 분으로, 이정규 선생이 중국어로 말을 하다가 잘 통하지 않으므

신병: 몸에 생긴 병.

야소교병원: 야소교, 즉 예수교로 가톨릭병원을 뜻함. 이규창이 살았던 남개 천흥리의 위치를 고려하면 프랑스조계 내 시카이성당에서 세웠던 천주교의원으로 추측된다.

10살도 안 된 누이동생 현숙이뿐이다: 1919년생이므로 당시(1927년) 8살 정도 되었음.

로 영어로 대화하게 되었는데 그 원장이야 물론 유창한 영어를 구사하였고 이 선생도 의외로 유창한 영어를 하여 두 사람이 다 의사소통이 잘 되었다. 그 덕분에 원장은 우리의 형편을 이해하고 곧 병자를 입원하도록 승낙하였다. 참으로 다행한 일이었다. 나는 곧 집으로 가서 아주머니를 인력거에 태워서 그날로 입원시켰다. 나중에 안 일이지만 그 원장이 이정규 선생이 중국어는 서툴지만 상상 이상으로 영어를 유창하게 하는 것을 보고 그만 감탄해서, 그런 사람이 얼마나 곤란하면 병자를 입원시키기 위하여 이렇게 사정을 할까 싶어 내가 교인으로서 어찌 병자를 구하지 않겠는가 하였다는 것이다.

병자는 입원하였으나 우리 집의 사정이 더 딱해졌다. 부친을 위시하여 남자뿐이오, 여자라고는 10살도 안 된 누이동생 현숙이뿐이다. 그러니 밥을 하여도 내가 먼저 서둘러야 했고 모든 게 다 내가 중심이 되어야 했다. 이을규, 이정규, 백정기 세 분이 모두 잘 하시지만 그래도 내가 주로 해야 했다. 그러다 보니 나는 식생활뿐만 아니라 빨래며 재봉까지 못 하는 것이 없게 되었다.

그렇게 어려운 생활 속에도 부친께서는 풍류를 위안으로 삼으셨다. 양금과 단소, 퉁소를 취주吹奏하시며 유쾌한 시간을 보내시며 이을규 선생에게 단소를 배우도록 하였다. 그러면 당신은 양금을 치시며 을규 선생에게 서투른 단소라도 불게 하시었다. 그렇게 1달 가량 지나니 을규 선생도 단소를 곧잘 불게 되었다. 해방 후에 이을규 선생 댁에 가면 천진 시절 부친께 배운 단소 제작법으로 단소를 직접 만들어 한 곡 부시고, 우당 선생을 회상하시곤 하셨다. 이것이 과거 독립운동시기의 한 토막 역사인 것이다.

3~4개월 후 아주머니가 입원한 병원의 원장이 병문안 간 내게 영어 잘하는 그 사람 좀 오라고 하기에 그 이튿날 이정규 선생을 가시게 했는데, 원장의 말이 병자의 병세가 가망이 없으니 집으로 데려가는 게 좋겠다고 하며 며칠 못 살 것이라고 하는 것이다. 그러니 할 수 없이 집으로 모시고 왔다. 병자에게는 그런 사실을 말 못하고 집으로 가서 치료해도 된다고 하였다. 과연 아주머니는 1주일

장단: 경기도 북서부 예성강과 임진강 사이에 있는 개성의 교외지역.

하품: 질이 나쁜 물품.

만에 한 많은 세상을 하직하고 말았다. 조선 장단長湍에서 나고 자라 규룡 형의 소실이 되었고, 산山 설고 물 설은 외국 땅에 따라와서 10년 가까운 세월 동안 말 못할 참혹한 고생과 배도 많이 곯으며, 소위 독립운동 한다는 수많은 인물들의 식생활 뒤치다꺼리를 하며 하루도 편안한 날이 없이 지내다 불치병을 얻어 황천객이 되고 만 것이다. 여하튼 우리 집으로 시집오면 모두가 이런 운명과 팔자의 소유자가 되는 것일까? 세상 누가 이 불쌍한 여인을 알아주겠는가!

알아줄 것을 바라지도 않지만 돈 한 푼 없는데 이 시체를 어찌하면 좋을지 암담할 뿐이었다. 셋집 주인과 또 같이 세 사는 이웃들의 호의로 약간의 돈을 얻어 제일 하품下品이지만 관棺을 구해서 이을규, 정규, 백정기 세 분이 아주머니의 시체를 염을 해서 입관을 하고 형식으로는 3일장을 치러 공동묘지에 안장하였다.

인간은 숨만 거두면 모든 게 허무한 것인가. 부친과 세 분이 공동묘지로 간 후 나와 누이동생만 집에 있는데 어찌도 그리 쓸쓸한 마음을 금할 수 없는지, 누이동생의 흐르는 눈물은 끝이 없었다. 그 어린 누이동생이 어머니께서 조선으로 가신 뒤 의지했던 사람이 아주머니 한 분뿐인데 영영 갔으니 제 비감한 맘을 어떻게 진정을 못하는 모양이었다.

이을규, 정규, 백정기 선생이야말로 죽은 사람을 위하여 고마운 일을 해 주셨다. 북경, 천진에서 수년간 없는 살림에 짜도미죽이나 옥수수죽일지언정 고생을 고생으로 생각지 않고 지성껏 대접해준 데 대한 보답이라고 생각하셨을 것이다. 해방 후 이을규, 이정규 두 분은 항상 송동松洞집 아주머니의 공로를 생각하며 참으로 독립운동을 한 분은 그 부인이라고 말을 하며, 남이 알아주건 말건 그 어려운 생활 속에 수십 명의 식사 뒤치닥꺼리를 하다 무주고혼無主孤魂이 되었으니 참으로 불쌍한 분이라 하였다.

그런데 귀국한 뒤에 쓴 정화암의 자서전《이 국가國家 어디로 갈 것인가》의 72페이지 하단에 화암이 이렇게 썼다.

송동집: 송동집은 이씨 집안의 선영을 지키는 묘지기의 딸이다. 개성 출신이니 개성 지역을 지칭하는 송동松洞에 남의 첩을 이를 때 쓰는 접미사인 집을 붙인 것. 원문에서는 '집集'도 한자 표기를 하였으나 음훈 표기상 의례적으로 한 것으로 보임. 원문에서는 宋同集, 宋東集 등 혼재해서 표기했다.

무주고혼: 자손이나 모셔 줄 사람이 없어서 떠돌아다니는 외로운 혼령.

언필칭: 말을 할 때마다 이르기를.

〈천진天津에서의 일이다. 서성西城 남개南開로 이회영李會榮을 찾아갔다. 남개는 천진의 변두리에 위치하고 있는 빈촌貧村이라 이때 이회영은 극도의 궁핍한 생활을 하고 있었다. 이회영과 그의 아들의 첩이 한 집에 살고 있었다. 그런데 그 30 전후 된 아들의 젊은 첩이 갑자기 죽게 되었다. 이회영에게는 상을 치를 여유가 없었다. 백정기와 이을규, 이정규 나 넷이서 (하지만 정화암은 천진에 와서 있지를 않았다) 싼 널판을 사다가 손수 상을 치러준 일까지 있었다. 이때 백정기가 투덜대던 말이 기억난다. 아니 내 팔자는 얼마나 기박하기에 남의 젊은 첩년 송장까지 메고 다녀야 하는지….〉

화암이 쓴 이 내용대로 화암이나 백정기, 이을규, 이정규 세 분이 젊은 첩년의 사체를 다루는 게 팔자가 기박하다고 하면, 북경 관음사 집에서 이 젊은 첩년이 갖은 고생을 하며 짜도미죽과 옥수수밥을 해서 하루이틀도 아닌 근 2년 동안, 그리고 천진에서는 첩년과 바로 건넛방에 살면서 1년 가까이 밥 받아먹은 것은 팔자가 호화스러워서 시중을 받은 것인가.

소위 독립운동을 하는 이들은 인간 최고 이상의 사상가 연然하며 언필칭言必稱 의리와 인정을 말하는 자들인데 수년 동안 갖은 고생을 하며 시중을 들지 않았더라도, 생면부지의 여자 시체가 길가에 방치되어 있다면 인류를 위한다, 선善한 일을 한다는 자가 그 광경을 보고 시체를 안 치우겠는가? 그런데 3년이나 밥을 얻어먹은 사람이 어찌 그런 비인간적이고 금수 같은 말을 하는가.

다만 백정기 선생은 그런 무정한 말을 절대로 하지는 않았을 것이다. 왜냐하면 백 선생은 천하의 의인이요, 인정人情과 내 몸같이 남의 몸도 아끼며 사랑하는 분이기 때문이다. 백정기 선생은 최후까지 민족의 자주독립과 자유평등과 사랑을 하여 자기 목숨까지 희생한 분인데 농담이라도 첩년이니, 못할 일을 한 것이니 하는 말은 하지 않았을 것이다. 그 처참한 상황이 눈물 없이는 볼 수 없는데 그런 무례한 언사를 하시겠는가. 정화암이 자기의 말을 선생의 입을 빌린 것이라 생각된다. 정화암의 인간됨이 그러고도 남음이 있다. 더 평할 가치가 있겠는가.

하루는 골목에서 물건을 사려고 누이동생과 우리말로 대화하는데 지나가던 한 청년이 나를 보고 너는 조선 사람이냐고 묻기에 그렇다고 하니, 퍽 의아해하는 표정을 지으며 어디서 왔으며 언제 이곳에 왔는가 하며 세밀히 물었다. 나는 그 청년의 태도가 불쾌하여 당신은 누구냐며 반문을 하였더니 아무 말을 않고 우리 집 옆집으로 들어갔다. 집에 와서 세 분 선생들께 수상한 조선 청년이 우리 집 옆에 사는 것 같고 나에게 여러 가지 말을 하였다고 하니 세 분이 너는 그 청년을 주시하라고 하시며 그 청년의 정체를 알아보시겠다고 하셨다.

수일 후 이을규 선생이 유기석柳基石 선생을 만났다고 하며 같이 집으로 와 부친께 인사를 시켰다. 유 선생 말씀이 이곳에 사시는 줄 몰랐다고 하시며, 옆집에 사는 청년 유 군이 자기 옆집에 조선인이 몇 분 사는데 무엇을 하는 분들인지 알 수가 없다고 하길래 유 군에게 잘 알아보고 알려달라고 부탁을 하던 중에 이 형李兄을 만나 어디에 있느냐고 물으니 여기에 산다 하여 우당 선생님도 뵙고 그간 사정도 말씀드릴 겸 왔다고 한다.

第二千三十二號 【三】 (第三種郵便物認可)

텬진우리동포의
자녀를길너내는
삼일유치원

중국텬진(中國天津)에서거주하는우리동포가 오십명이나되지마는일즉이 그들의자녀를위한유치원이 하나도업섯슴으로동포들은 자녀의장래를위하여 만히근심하여오던바 금번에새로히유치원을설립하고 삼일유치원(三一幼稚園)이라 일컷고 남녀아동을모집하며 지난사월십이일에 텬진법계(法界)중국인경영의배옥유치원(培玉)을 빌어개원식(開院式)을 크게거행하엿는데 개원하는날입원한아동이 이십명이라하며 유치원보모는봉국배화녀학교(培花)출신손영선(孫永善)씨를 고빙하여담임케하엿다고합니다 외국에나아가잇는 동포들이 흔히자녀를외국인학교에 보냄으로외국에서 나흔동포의자녀들은 제나라언어와 국문조차똑똑이모르는일이 만흔데금번의이유치원이 생긴것은텬진에잇는동포의장래를 위하여축복하는바입니다(사진은개원당일에모힌아동과보모)

반도녀자학원
이전확장

시내봉익동(鳳翼洞)에잇는반도녀자학원(半島女子學院)은 시내계동(桂洞)일백일번디대종교당(大倧敎)안으로 이전하야 초등과(初等科)중등과(中等科)외에 고등과(高等科)와미술전문과(美術專門科)를증설하고 특별히빈한한가뎡의부인과녀자들에게는 수업료는일체면제하리라더라

삼일유치원 개원 기념으로 교사들과 원아들이 함께 촬영한 사진
《동아일보》, 1926. 5. 6.

면부지: 얼굴을 모르다.

불란서조계 내에 우리 교포 자녀들을 위하여 유치원: '삼일유치원三一幼稚園'을 가리킨다. 1926년에 삼일유치원 설립에 관한 《동아일보》와 《조선일보》 기사내용은 다음과 같다.

지난 4월 12일에 천진법계(톈진 프랑스조계) 중국인 경영의 배옥培玉유치원을 빌어 개원식을 크게 거행하였다.

출처: 《동아일보》, 1926. 5. 6.

삼일유치원은 현재 톈진시 허핑구(하얼빈다오哈爾濱道와 허핑루和平路의 교차점 근처인 빈장다오濱江道(福煦将軍路, 제26호로, 옛 톈진 프랑스조계 시카이 동셴리 天津法界西开同善里 근처)에 있었던 것으로 추정된다.

독립운동 하는 분들은 해외, 특히 중국에서는 서로 면부지面不知면 상호 의심부터 하는 것이 상례이다. 그러니 그 정체를 알아내려고 하다가 간혹 오해도 생기는 법이다. 그것은 같은 동포이지만 왜놈의 앞잡이가 무수하여 독립운동가로 가장하고 갖은 수단을 부리고 방해와 음모를 하니 자연 상호 간에 신경을 곤두세우고 행동할 수밖에 없는 형편이다. 유기석(일명 유서柳絮) 이분은 황해도 분인데 소년 시절에 중국에 와서 고등학교와 대학을 졸업하고 중국 관리로 재직하며 안창호 씨의 흥사단 일원으로 독립운동을 했다. 이후 '아나키즘'을 수용하여 유자명, 이을규, 이정규 씨 등과 동지이며, 중국에는 사상적 동지가 허다하여 중국 천지에서 광범위한 활동을 하고 있는 중요한 동지인 것이다.

이렇게 당분간 지내다가 국내서 어머니께서 십오 원圓의 돈을 보내와서 불란서조계의 대길리에 방 한 칸을 얻어 이사를 하게 되였는데, 여하튼 이 일년 사이에 수없이 이사를 했었다. 북경에 있는 누님이 이 선생 댁에도 신세를 그만 질 때가 되었고, 또 송동집 아주머니도 세상을 떴으니 부친과 어린 동생들만 있게 할 수 없어 집으로 오게 되었다. 마침 불란서조계 내에 우리 교포 자녀들을 위하여 유치원을 경영하는 분이 있어 여학교를 졸업한 보모 선생을 구하는 중에 누님이 최적임자로 정해졌다.

유치원을 경영하시는 분은 유세관柳世觀 선생이다. 본시 미국 하와이에서 오래 있다 상해 북경을 거쳐 천진에 와서 불란서조계 당국의 호의로 유치원을 세우고 조선인 교포 자녀들에게 국가관과 투철한 애국심을 함양시킬 것을 목표로 교육하고 있었다. 유세관 선생은 영어도 잘하시고 애국심이 강한 분이다. 그리하여 부친과도 교분이 있었다. 그분은 얼굴이 대단한 곰보여서 지금도 그분의 인상을 확실히 기억한다.

이사한 곳이 달랑 방 한 칸이니 이을규, 이정규, 백정기 세 분은 구舊 독일조계지에 거주하는 의사인 친구 김씨 집에 잠시 있게 되었다. 그러니 세 분의 처지도 참으로 딱하게 되었다. 정화암 씨는 북경 등지로 왔다 갔다 하며 지냈다. 누이가 와서 유치원에서 일을 보며 부친을 봉양하게 되니 나는 집에서 학교 갈 준비를 하게 되었다.

전반: 종이를 도련할 때 쓰는 좁다랗고 얇은 긴 나뭇조각.

한번은 누이의 유치원에 놀러 갔다가 집으로 오던 중 한 청년이 나보고 네가 조선 사람이냐고 묻기에 그렇다고 하니 자기 집으로 가자고 해서 따라가서 한참을 놀다가 집으로 온 일이 있었다. 그 후로는 종종 그 청년에게 가서 놀고 그가 자취하므로 밥도 얻어먹으며 친숙해졌다. 그 청년의 성명은 손기업孫起業이라고 하였다. 황해도 사람인데 국내에서 고등학교를 다니다가 천진에 매형이 있어 왔다고 했다. 매형이 누군지 나는 잘 모르고 또 그리 관심도 없었다. 그런지 수일 후 부친께서 너 요새 손이라는 청년하고 놀러 다닌다는데 이후로는 그 사람하고 상종말라 하셨다. 그래서 그렇게 하겠다고 대답을 하였다. 그러다 수일 후 손기업을 길에서 우연히 만나 자기 집으로 가자고 하기에 무심코 같이 가서 놀다가 집으로 왔었다. 다음 날 유세관 선생이 부친께 왔다 간 후 부친이 밖에 있던 나를 방으로 불러 하시는 말씀이 "전일 내가 그 일본조계에 사는 손기업에게 가지 말라고 하였는데 너는 애비의 말을 듣지 않고 또 그 사람에게 갔으니 어찌된 일이냐. 그 사람은 정체를 도무지 모르는 자라 믿을 수가 없으니 가지 말라고 하지 않더냐" 하시며 대노하시어 전반剪板으로 나를 사정없이 때리시는 것이다. 한참 맞다 보니 나도 분이 났다. 왜냐하면 이는 필시 유세관 선생이 부친께 고자질

천진 일본조계 욱가旭街(아사히마치)

처매주라: 헝겊으로 칭칭 감아 주라.

한 것이 분명했다. 손기업이 유세관 씨의 유치원에 자주 오는 것을 나는 가끔 보았었다. 그러면 자기는 그 청년을 보면서 나는 그 청년과 놀지 못하게 하는 법이 어디 있는가 싶어 부친께 왜 나를 때리시냐고, 나는 이 집에 있지 않겠다고 항의하며 방을 뛰쳐나갔다. 이러한 나의 태도에 부친이 참으로 진노하시었다.

내가 집을 뛰쳐나갔지만 갈 곳이 어디 있는가. 그래서 길거리에서 3일 밤낮을 지내며 음식도 못 먹었다. 누님이 나를 찾아서 부친께 사죄하라고 하여 집으로 가서 사죄를 하였으나 부친이 조금도 용서를 안 하시며 나가라고 호령을 하시는 것이다. 옆에 있던 누님이 간청해도 절대 불응이셨다. 그러기를 수 시간 후 나도 어찌하여 그런 행위를 하였는지 부지불식간에 내가 가지고 있는 소도로 나의 오른손 중지를 베어서 선혈이 나는 것을 가지고 백지白紙에다 '일심一心'이라 크게 써서 부친께 바쳤다. 부친이 이 혈서를 보시고 크게 놀라시는 눈치셨다. 그러면서 내게는 한마디 말씀도 없이 누이 보고 손가락을 처매주라 하시며 밥을 주라 하시었다. 그 후로 부친은 나의 잘잘못에 대하여 다시는 말씀하신 적이 없으셨다. 지금도 내 손에는 그때 칼에 베인 흔적이 있다.

천진의 일본조계에는 우리 교포가 꽤 많았다. 그중에 부귀호동富貴胡同이란 곳에 '유곽遊廓'을 운영하는 박씨가 바로 손기업의 매부였다. 손기업은 해방 후 독립운동가를 자처하며 나의 매부 장기준莊麒駿 형과 같이 독립운동을 하였고 이화익(이승춘李承春) 선생하고도, 천진에서는 신채호 선생하고도 함께 독립운동을 하였다고 하

부귀호동: '후구이 후통富贵胡同'이라는 골목은 1902년에 지어진 서양식 사방시계탑(四面鐘)이 있는 톈진 일본조계의 욱가旭街(아사히마치)와 송도가松島街(마츠시마마치)의 교차점(현재 허핑구 허핑루和平路와 허미다오哈密道의 교차점 남서쪽), 즉 사방시계탑 큰길(四面鐘大街)과 직접 연결되며, 그 주변에는 3등급 기루에 속하는 사창가가 있었다.

장기준: 본명은 장해평莊海平이다.

1926년 말: 원문은 '1926년 초'. 그러나 1926년 10월에 천진 대길리로 이사 가서 문제의 권총과 폭탄을 보관하게 된 이후이니, 초를 말로 수정함.

유곽 주인 박모 씨가 바로 부친께서 상종하지 말라 하시던 손기업의 매부였다: 나석주 열사 사건은 1926년 12월에 발생. 이규창이 손기업을 만난 것은 1927년 송동집이 죽고 이규숙이 천진으로 온 다음임.

묵계: 말 없는 가운데 뜻이 맞음. 또는 그렇게 하여 성립된 약속.

니 세상에 독립운동가는 그분뿐인가 하노라.

1926년 말 대길리 집으로 유자명 선생이 밤중에 다녀간 후 수일이 지나 처음 보는 분이 찾아왔다. 부친께서 소중히 보관하고 있던 물건을 꺼내 주시면서 잘 사용하여 성과를 기대한다고 하시며, 내게도 이는 절대로 비밀에 부치라고 하셨다. 후에 알았지만 물건을 가져가신 분은 이화익 선생이시며, 유자명 선생과 의열단義烈團 동지이셨다. 그때가 바로 김창숙 선생께서 천진 부귀호동에 있던 유곽인 박모 씨 집 뒤채에 은거하며 나석주 열사 거사를 모의하던 시기였다. 유곽 주인 박모 씨가 바로 부친께서 상종하지 말라 하시던 손기업의 매부였다. 그 유곽은 일본 조차지에 있었는데 매음업을 하는 곳이니 친일분자나 왜놈들로서는 이런 곳에서 나석주 열사의 거사 같은 대사건이 모의되었을 거라고 상상이나 했겠는가.

유곽 주인 박씨는 본래 황해도 사람으로 이화익 선생님과 같은 고향 분이라 절친한 사이셨다고 한다. 비록 평소에 그런 일을 하지만 애국심이 열렬한 분이셨기 때문에, 의열단원 이화익·유자명 선생의 소개로 심산 김창숙 선생이 영업집 뒤채에 은거하며 모의할 수 있었던 것이다. 부친에게서 비밀리에 가져간 물건은 다름 아닌 폭탄과 권총이었다. 즉, 이광 선생님과 호경익 사이에 있었던 묵계

墨契에 따라 상해에서 구입한 무기를 부친께 맡긴 것을 알고 있었던 유자명 선생이 부친께 전후 사정을 말씀드리고 나중에 이화익 선생이 와서 가져간 것이다.

그런데 이런 일은 절대로 비밀인 것이다. 해방 후 나도는 손기업의 독립운동 내력에, 나석주 열사 사건에 관여하였다고 하는 데에는 그러한 이유가 있지만 그것은 매부 박씨의 비밀활동에 연유된 것이며, 친자식에게도 관계가 없으면 절대 알리지 않는 철칙이 있었다. 나도 부친이 하신 일은 절대로 모르며 눈치껏 스스로 짐작하는 정도라, 나석주 선생 의거에 대한 자세한 내용은 1936년 경성형무소로 입소 후, 대길리에서 만난 지 10년 만에 옥중에서 이화익 선생을 만나게 되어 간간이 과거지사를 듣다 보니 알게 된 것이다. 이것은 여담이지만 해방 후 이화익 선생을 다시 만나게 되었을 때, 손기업은 이화익 선생만 보면 쪽을 못 썼다. 그것은 선생께서 손기

중학교: 원문에는 중고등학교라고 하였지만 그 당시는 5년제 중학교임.

업의 과거를 너무나도 잘 알기 때문이었다. 여하튼 1926년 말에 일어난 나석주 열사의 의거는 세계를 진동시켰고 왜놈들은 더 발악하며 미친개같이 발광을 했다.

1927년경 내가 학교를 가려고 준비를 하고 있을 때였다. 상해의 이을규 선생께서 중국인 동지들과 의논하여 노동대학勞動大學을 설립하게 되었는데 중학교도 부설하게 되었으니 규호를 보내시어 중학교에 입학하도록 하라는 편지를 보내셨다. 학비도 면제요, 장래 대학진학까지도 생각할 수 있는 것이다. 그리하여 부친도 허락하시어 상해로 가기로 결정하였다. 그런데 상해로 가려면 배汽船를 타야 하는데 배삯을 변통할 도리가 없었다. 누님이 유세관 선생께 이 사정을 말하니 유 선생도 당장 5~6원元의 돈이 없었다. 배삯으로 6원은 있어야 하는데 1~2원밖에 없는 것이다. 그래서 나는 무임승차하기로 결심하고 부친께 이를 말씀드렸다. 그러니 부친께서도 무어라 못 하시고 나의 결정대로 두고 보시는 것이다.

중국의 입학기는 9월이라 8월에 출발하기로 하고 부두에 가서

태고양행: 太古集團(Swire Group)의 다른 이름. 1816년 영국 리버풀에서 세운 수출입 회사로 홍콩과 상해 등지에 진출함.

백하: 바이허白河는 458km에 달하는 강으로 베이징의 미윈密雲 저수지에서 흐르기 시작하여 허베이성을 통과하고, 톈진의 하이허海河(강의 상류, 이른바 구허沽河) 수계水系의 대운하로 들어간다.

톈진은 강 입구에서 거슬러 올라가 37리 떨어진 곳에 있으며, 바이허 본류와 난위허南運河를 돌아 나가는 세 갈래의 양안兩岸에 걸쳐서 무역항이 있었는데, 예로부터 북중국 무역의 중심이었다. 특히 기선이 정박하는 곳은 '지주린紫竹林부두'라고 해서 각국 조계에 둘러싸인 지점이었다.

당고: 원문에는 탕커우塘口라고 적혀 있었으나 이는 광둥에 있는 항구로, 본문은 탕구塘沽, 즉 톈진의 외항으로 수정하였다.

쿨리: 쿨리cooly. 중노동 하는 중국이나 인도의 하층 노동자.

위해위: 웨이하이웨이[Wēihǎiwèi]. 웨이하이웨이는 중국 북동부 해안에 위치하며 1898년부터 1930년까지 영국의 임대 영토였다.

청도: 칭다오[Qīngdǎo].

오송대학: 오송, 즉 우쑹(전)(吳淞鎭)은 상하이시 바오산구寶山區에 위치하며, 상하이의 외항 역할을 한 곳. 1840년 개항 이후, 상공업 중심지로 떠오른 상하이(상해)에 구국에 전념할 인재를 양성하고자 그 당시 중국 최대 대학도시인 '우쑹대학성吳淞大學城, university town'을 구축하였다.

1905년부터 1937년까지, 우쑹전 5㎢ 내에 총 8개의 대학이 들어섰는데 푸단공학復旦公學, 중국공학中國公學, 국립동제대학國立同濟大學, 국립상하이의학원國立上海醫學院, 국립정치대학國立政治大學, 우쑹상선전과학교吳淞商船專科學校, 장쑤성립수산학교江蘇省立水產學校, 국립노동대학國立勞動大學이다.

상해로 가는 배를 알아보았다. 태고양행太古洋行 선편船便이 있어 그 배를 타기로 하고 준비할 것도 없어 돈 2원만 가지고 떠나려니 누님과 유세관 선생이 부두에 나와 나를 배웅하며 무사히 가기를 기원해 주셨다.

오후 4시경 천진 백하白河부두를 출항하여 당고塘沽에 도착하여 화물적재를 위하여 하룻밤을 지내게 되었다. 기후는 온화하여 선외에서 밤을 지내도 한기가 전혀 없고 산동성山東省 위해위威海衛나 청도靑島에 가는 중국인 쿨리苦力들이 많아서 전부가 배 갑판에서 유숙하므로 나는 고독을 느끼지 못하고 쿨리들과 환담을 하며 밤을 지냈다. 태고양행 배는 영국회사 소속으로 주로 천진과 상해를 오가는 화물선인데 선임船賃이 싸서 승객은 대부분 중국인 쿨리들이었다. 이처럼 손님이 많고 해서 나 같은 어린아이는 승객 수에 들지도 못했다. 단지 1주일 동안 배에서 식사를 해야 하는데 선표가 없으면 식사를 못 하지만 선표를 조사할 때 나 같은 어린애는 문제가 안 되니 참으로 다행한 일이었다. 식사는 2일째부터는 어찌어찌하여 배에서 주는 식사를 하게 되었다. 이런 인심 후한 일은 중국사람끼리 통하는 이점인 것이다.

그리고 또 선중船中에서 오송대학吳淞大學에서 공부하는 대학생

French bund (French Concession, Tenshin.) 天津佛租界白河埠頭

천진 프랑스조계(天津佛租界) 백하부두

상해 양수포: 현재 상하이시 양푸구楊浦區.

5명을 알게 되어 밤에 잘 때는 그 학생들의 친절로 이불도 얻어 덮고 자면서 근 1주일 동안 친숙하게 지냈다. 학생들이 초행에 상해로 혼자 가는 이유를 묻기에 나는 고려인으로 나의 부친과 가족은 전부 동양귀東洋鬼와 싸우며 고려독립운동을 하는 집안이라고 했다. 그 학생들이 나에게 대단한 경의를 표하며 상해에서는 무엇을 하려는지를 묻기에, 중국분들이 우리를 도와 상해에다 노동대학 설립과 동시에 중학교도 병설한다 하여 학교에 입학하러 가는데 돈이 없어 부득이 공배를 타고 가는 것이라 말을 하니 너 참 용감하다고 칭찬하고 음식도 주며 여러 가지 편의를 베풀어 주었다.

그리하여 돈 없이도 편안하게 상해 양수포楊樹浦 부두에 도착한 시간은 밤이었다. 그래서 그 학생들이 나보고 밤중이라 너 혼자 형님 집을 찾아가지 못할 테니, 우리하고 하룻밤 지내고 그중 하나가 너를 형님 집으로 데려다 주겠다고 하였다. 나는 감사하다 하고 그들과 부두를 나와 음식점에 가서 저녁을 먹고 오송대학 기숙사로 가서 하룻밤을 잤다. 그러던 중 새벽녘에 잠이 깨어 대변을 보러 방을 나가서 변소를 찾으니 변소가 없고 뚜껑을 덮은 나무통이 있었다. 이리저리 변소를 찾다가 할 수 없이 그 나무통의 뚜껑을 열어 보니 그것이 변기였다. 참으로 이상하다 생각하며 여하간 급한 볼 일을 보고 방으로 와서 날이 밝자 세수를 하고 보니, 변을 치우는 사람들이 변기를 들고 분주히 오가며 일을 끝낸 후 대나무 솔을 가지고 변기통을 소제하는데 그 요란한 소리가 천지에 진동하는 것이다. 학생들에 그 이유를 물으니 남방의 도시는 대개 집에 변소가 없고 목제 변통에다 변을 보며 아침 새벽에 변을 수거해 가고 그 후 집집마다 변통 소제하는 광경이 요란하다는 것이다. 참으로 진풍경이었다.

불란서조계 애인리: 장빈루長濱路(속칭 Avenue Foch, 福煦路) 내에 위치. 현재 아이런리라는 지명은 없어지고 옌안중루延安中路라는 지명으로 바뀜. 옌안중루는 상하이시 중심구역인 징안구静安區, 황푸구黃浦區의 동서 방향의 교통간선도로이다.

중국가 채시로: 차이시루菜市路(Rue du Marche, 현재 슌창루顺昌路). 흑색공포단 멤버인 원심창도 이곳에 살았다는 기록이 있음. 원심창의 거주지는 채시로 저영인리底榮仁里 16호 2층 전루前樓였다.

출처: 박찬승, 〈1933년 상해 '有吉明공사 암살미수 사건'의 전말〉, 《한국독립운동사연구》 제60집, 한국독립운동사연구소, 2017.

학생들과 조반을 먹고 학생 한 분하고 같이 불란서조계 애인리愛仁里 12호에 있는 규학 형님 집을 찾아갔다. 형님은 직장에 나가시고 형수만 집에 계시다 반가이 맞이하며 그 중국 학생에게 감사 말씀을 하셨고 학생은 돌아갔다. 나는 상해에 온 사정을 자세히 말하고 천진서 지금까지 지내온 사정과 비참하게 돌아간 송동집 아주머니의 이야기를 하니 형수님도 비감한 감정을 억제하지 못하고 눈물을 흘리셨다.

나는 점심을 먹고 이을규 선생이 계시는 중국가 채시로中國街 菜市路로 찾아갔다. 마침 백정기, 이정규 선생도 같이 계시다 나를 반가이 맞아 주었다. 그리고 부친의 안부를 물으시며 참 고생을 많이 하신다고 하였다. 그러면서 "너는 노동대학이 신설되고 중학교도 병설되게 되었으니 1주일 후 시험을 잘 치르라"고 하시며 안심하고 함께 있자고 하셨다.

나는 형님을 뵙고 다시 오겠다고 하고 형님 댁으로 오니, 형님이 직장에서 돌아오셔서 나를 반가이 맞으며 부친의 안부와 내가 상해로 온 사정을 형수에게 들어 아는지라 잘되었다고 하셨다. 그리고 이을규 형제의 이곳에서의 제반활동이 대단하다며 대학교 설립이 잘되었으면 한다고 하셨다. 그런 후 시영 숙부님께 가자고 하여

Paoshan
English Settlement
English Settle
French Conce
French Concession
애인리
프랑스조계지
이매로
임시정부 청사
채시로
노가만

애인리: 이규학(이규창) 거주지

이매로: 화광의원 소재지(아나키스트 집결지)

채시로: 이을규 · 이정규 형제 거주지

노가만: 이시영 거주지

오마로: 이규창이 일했던 약방의 소재지

상해 지도(1913)

출처: LIBRARY OF CONGRESS (https://www.loc.gov/)

형님과 같이 숙부님 사시는 노가만盧家灣이란 곳으로 갔다. 노가만이란 곳은 아주 한적한 동네인데 숙부님은 아들 규홍 형하고 자취하시며 생활하고 계셨다. 규홍 형은 학교에 가서 아직 오지 않아 숙부님 혼자 저녁밥을 짓고 계셨다. 부친의 안부도 전하고, 형님이 이번에 내가 상해에 온 사정을 말씀드리고 좀 있다가 형님 집으로 돌아왔다.

노가만: 루지아완盧家灣은 상하이의 옛 루완구盧灣區 중부에 자리한 프랑스조계와 화계華界(중국인 거주지역)의 경계지역이다. 프랑스조계의 총순포방总巡捕房(조계경찰서)이 이곳에 있었으며, 근처에 소규모의 공업지역과 서민 거주지역이 있었다. 2011년 황푸구에 루완구가 병합되면서 사라졌다.

영국인이 경영하는 교통회사: 영전英電으로 추측. 상하이전기건설공사上海電氣建設公司(Shanghai Electric Construction Co.), 상하이노면전차上海有軌電車(Shanghai Tramways)를 통틀어 속칭 '영상전차공사英商電車公司' 또는 '영전英電'이라 했는데 영국조계 소속으로 1906년에 세워졌으며, 상하이에서 가장 일찍 운행과 영업을 시작한 대중교통회사이다.

상하이조계 시기에 영전은 법상전차전등공사法商電車電燈公司(La Compagnie Francaise de Tramways et d'eclairage electrique de Changhai, 프랑스조계 소속)와 화상전차공사華商電車公司(화계華界 소속)와 더불어 3대 전차운영회사였다.

오송대학: 여기서는 오송대학성의 시설을 의미하는 것으로 보임.

형님의 직장은 영국 사람이 경영하는 버스회사, 전차공사인데 상해에 거주하는 한인교포가 검표원으로 많이 취업하고 있었다. 취업하게 된 이유는 구한말에 주영 공사관에 근무했다던 임 선생이 망국 후에 영국에 있다가 상해로 와서 영국인이 경영하는 교통회사에 지배인으로 책임을 맡게 되어 많은 한인 동포가 취업하게 되었다. 초창기에는 중국인을 검표원으로 고용하였는데 중국 사람끼리 짜고 부정을 하여 문제가 많이 발생하자 지배인이신 임 선생과 영국 경영주 간에 한인을 검표원으로 쓰기로 결정하고 교체하게 되었다. 검표원을 '인스펙터inspector'라 하는데 쉬운 영어가 가능하고 지배인이 보증만 서면 취업이 되었다. 그리하여 독립운동가의 자제, 친척들이 취업해서 자신의 생활도 꾸리면서 독립운동하시는 분들의 생활을 보조하는 형편이었다. 1932년 윤봉길 의사가 의거할 때까지 대부분의 자제들이 '인스펙터'로 취업하여 근근이 생활을 유지하였다.

나는 그 이튿날 이을규 선생이 사는 집으로 가서 학교 입학시험 볼 준비를 했다. 마침내 시험 날이 당도하여 시험 장소인 오송대학으로 가서 산술, 영어, 국어, 중국어, 작문 이렇게 다섯 과목을 치렀다. 작문은 〈현재의 중국 농촌의 정황現下的中國農村的情狀〉을 기술하라는 것이었는데 내가 아는 상식 범위 안에서 대충 지어서 제출하였다. 후에 이을규 선생께 들어서 알았는데 한인으로서 중국의 농촌사정을 잘 표현하였다고 칭찬하더라고 하여서 나도 퍽 자신이 만만하였다.

합격자 발표가 날 때까지는 수일이 걸리므로 그 사이에 부친의 동지 이동녕, 조완구 선생님들을 찾아 뵙고 또 백범白凡 김구金九 선생님도 뵈었다. 다른 분은 북경서 모시고 있었지만 백범 선생만은 처음이었다. 그분의 용모가 처음 보는 나로서는 무섭게 생겨서 좀 이상한 느낌이 들었다. 키는 장대하고 얼굴빛은 시커멓고 곰보가 대단하여서 더 무섭게 보였다. 그러나 그분의 행동이나 말씀하시는 음성이 참으로 인자하심을 금방 알 수 있었다. 부친의 안부며 내가 상해에 온 이유를 들으시고 앞으로 잘되어 성공하길 빈다고

대단히 복잡한 관계로 결국 노동대학은 개교를 하지 못했고: 노동대학은 1927년 5월에 설립되고 개교는 동년 9월 19일 예정이었지만 중도에 중단됨.

하시었다. 수일 후 입학시험에 합격은 되었으나 학교가 언제 개교할 지 미지수였다. 그 이유는 후에 알았지만, 대단히 복잡한 관계로 결국 노동대학은 개교를 하지 못했고, 병설하려던 중학교도 가망이 없었다. 그러니 나는 천진에서 상해까지 무전여행으로 놀러 온 셈이 되고 말았다. 나는 곧 천진으로 돌아가야 했고 모든 게 수포가 되고 말았다. 나이 어린 나로서는 인생의 큰 경험을 한 셈이다.

9월 초순에 천진으로 돌아갈 준비를 하는데 이번에는 공짜 배는 안 타게 되었다. 형님이 배삯을 주고 유자명 선생과 이을규 선생 형제분도 돈을 주시면서 너의 용기가 대단하다고 칭찬하셨다. 네 나이 14세에 공부하려고 상해까지 무전승선無錢乘船까지 하며 왔는데 취학을 못하고 가니 참으로 너에게 미안하다고 하셨다. 어찌하여 노동대학이 설립이 못 되고 와해되었는지 그 이유를 자세히 설명한 편지를 썼으니 부친께 갖다 드리라고 하시며 부친의 건강, 너의 앞길을 축원한다고 하셨다.

숙부님, 석오 이동녕 선생, 조완구 선생께 다 고별인사를 드리고 백범 김구 선생께도 안녕히 계시라고 인사를 드렸다. 소생은 천진으로 돌아간다 말씀드리니, 백범 선생은 부친을 뵙거든 백범이 문안을 드린다고 여쭈라 하시며 내가 너에게 여비를 보조할 테니 받아라 하신다. 당신 지갑을 홀랑 뒤집어서 들어 있던 대양大洋 3원元을 다 주시며 이것이라도 가지고 가거라 하셨다. 어린 나에게 백범 선생의 티 한 점 없으시고, 내 맘까지도 너한테 다 준다는 그 행동과 태도가 참으로 60여 년 전 일임에도, 그때 감명받았던 기억이 지금까지도 여전히 마음속 깊이 새겨져 있다. 해방 후 백범 선생이 환국하시고 내가 출옥하여 뵈러 가니 그 시절 그 일들이 새삼 생각이 났다.

장백령: 장보링[Zhāng Bólíng].

남양의 화교들이 본국에서 자제들이 교육을 받게 하려고 세운 대학이다: 1904년 사재를 털어 톈진난카이중학을 설립했던 옌수嚴修는 교장이었던 장보링(장백령)과 1916년 서양식 고등교육 기관을 만들기로 하고 각 방면의 인사들로부터 기금을 모아 난카이대학을 설립함. 1919년 9월 7일~8일, 첫 입학시험을 실시했고, 9월 25일 입학식을 치른 뒤 10월 17일에 공식적으로 출범. 처음 개설된 학과는 문과(인문학), 이과(과학), 상업(경영학)이었다.

1주일 후 천진 부두에 당도하였고 집으로 바삐 가서 부친과 누님, 누이동생을 뵈니 정말로 반갑고 기쁘기 한량이 없었다. 상해의 여러 상황도 아는 대로 다 부친께 말씀드리고 형과 형수, 숙부님, 백범 김구, 석오 이동녕, 조완구 선생님, 또 이을규, 이정규, 유자명, 백정기 선생님도 다 태평하시며 부친께 안부를 드린다고 하며 부디 안강하시길 바란다는 말씀을 전해드렸다. 그리고 이을규 선생의 편지를 부친께 드렸더니 자세히 보시고 노동대학의 설립이 안 된 사유를 아셨고, 네가 고생만 하고 학교를 못 가게 됐으니 이곳에서라도 학교 갈 준비를 하라고 하셨다.

그리하여 남개南開중학교에 입학시험을 보기로 작정하고 입학서류를 제출하고 날짜를 기다렸다. 시험 날이 되어 시험을 치고 합격 여부를 기다리는데 1주일 후 방이 붙는다 해서 조마조마한 맘으로 가보니 나의 이름 이규호가 있었다. 참으로 기쁘기 한이 없었다. 곧 집으로 와서 부친과 누님께 합격이 되었다고 말씀을 드렸지만 그 후가 문제였다. 즉 학비가 문제였다.

남개중학교와 남개대학은 하북河北의 유명한 학교이다. 창설한 분은 장백령張伯玲 선생인데 군벌과 남양재벌南洋財閥의 기부로 천진에 설립한 유일한 사립학교로 남양의 화교들이 본국에서 자제들이 교육을 받게 하려고 세운 대학이다.

그런데 장백령 선생이 특히 한국인 자제에게 특혜를 베풀어서 학비를 면제해 준다는 말을 들었다. 그래서 나도 장 교장님을 뵙고 사정하며 선생님의 특혜를 바란다고 했더니 쾌히 허락하셨다. 그러면서 "장차 공부하여서 한국 독립에 이바지하라"는 좋은 말씀을 하여 주시며, 부하 직원을 불러서 나의 입학수속을 해 주라고 명하시니 나는 백배 감사함을 표하고 입학수속을 마쳤다. 집으로 와 부친께 장백령 선생님의 은혜를 말씀드렸더니 한 가지 근심은 사라졌다고 생각하셨다. 나는 남개중학교에 입학하여 열심히 공부하였다. 장래의 희망을 걸고 밥은 못 먹어도 매일같이 등교하여 공부할 정도로 향학에 열을 올렸다. 남개중학, 대학에서 공부하는 한국인은 현감玄甘 씨와 김유성金有聲 등 두 사람이요, 후에 누님도 남개학교에 다녔다.

중국 복건성 남부 천주시: 푸젠성 취안저우시[Quánzhōushi].

민단편련처운동: 뒤에 나오는 민위편련처운동民圍編練處運動과 혼용하는 것으로 보임.

상해노동대학이 설립이 안 된 데에 대하여 이을규 선생의 편지 내용을 간략히 말하면 다음과 같다.

1927년 가을부터 중국 복건성福建省 남부 천주시泉州市를 거점으로 일어났던 농민자위운동農民自衛運動, 즉 민단편련처운동民團編練處運動은 국립 상해노동대학의 창립과 불가분의 관계였다. 상해노동대학上海勞動大學 준비처籌備處는 한국 독립운동 동지들과 중국인 사상 동지들과의 연락 중심 기지였다. 그곳은 동지들 사이에 여러 가지 논의가 오고 가는 자리였으며, 결의가 아닌 결정으로서 다음과 같은 방략이 결정되었다. 즉, 대중운동의 양 날개인 노동자·농민을 교육시키는데 노동운동은 상해노동대학이 그 이론과 훈련을 맡아서 도시노동자를 조직화시키기로 했다. 공산주의 노동자 조직에 대항하는 이론과 조직을 발전시켜 적화운동을 분쇄하고자 한 것이다. 그리고 복건성에서는 농민자위운동인 민위편련처운동民團編練處運動을 벌이게 된 것이다.

복건성은 특수한 곳이다. 내가 1933년에 복건성 천주에 가서 여러 곳을 다녀보니, 복건성의 민중의식은 수백 년 동안 내려온 씨족적, 족벌적 사회 관습과 의식이 중국 24성省 중 가장 많이 남아 있는 곳이었다. 그 예로 이씨족李氏族·왕씨족王氏族 등 족파의 대립이

상해노동대학교 창설과 민단편련처운동을 주도했던 한중일 아나키스트들(복건성 진강현 천주시, 1927)

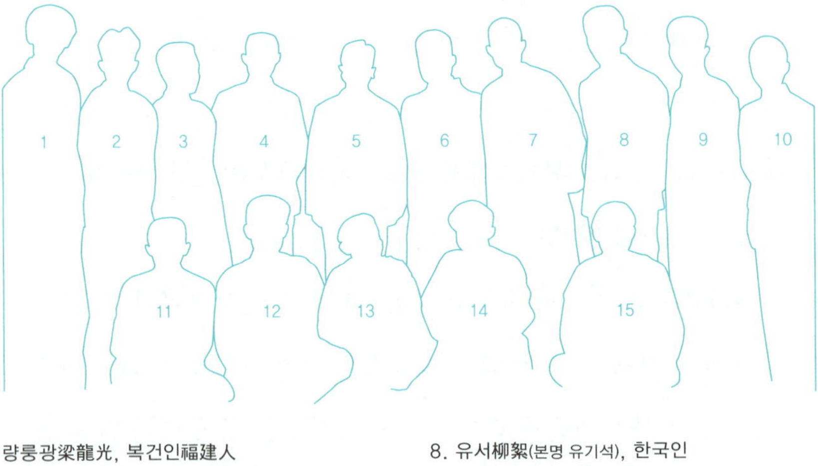

1. 량룽광梁龍光, 복건인福建人
2. 왕톈쥔王天均(본명 판톈쥔范天均), 광동인廣東人
3. 이회관李晦觀(본명 이을규), 한국인
4. 친왕산秦望山, 복건인
5. 이와사 사쿠타로岩佐作太郎, 일본인
6. 아카가와 게이라이赤川啓來(이명 친시퉁秦希同), 일본인
7. 어우양젠핑歐陽健平(활동명 천쥔링陳君冷), 광동인
8. 유서柳絮(본명 유기석), 한국인
9. 유지청柳志靑, 한국인
10. 리량룽李良榮, 복건인
11. 린청차이林成材, 복건인
12. 이기환李箕煥(이명 이견李堅), 한국인
13. 장첸디張謙第, 사천인
14. 이우관李又觀(본명 이정규), 한국인
15. 정진르鄭今日, 복건인

이정규가 가지고 있었던 사진 원본.
사진 앞 좌측 상단에 '1927년' 이라고 적혀 있으며, 사진 뒷면에는 같이 사진을 찍은 동지들의 이름과 출신지가 서 있거나 앉은 순서대로 적혀 있다.
출처: 국민문화연구소, 《우관 이정규 선생 유고집》 제1집, 국민문화연구소 출판부, 2007.

전투를 불사하는 매우 치열한 양상이었다. 심지어 몇 년씩 적대적인 관계가 지속되어 각자 충돌을 대비하여 무기를 준비하기도 했다. 그런데 이러한 곳에서는 사람들이 집단생활하고 대규모 농장을 상호 영농하기 때문에 농민자위운동 조직이 대단히 수월했다. 즉, 농민조직에 공산주의자들의 침투하는 것이 불가능한 곳이다.

1925년 3월 중국혁명의 아버지라 불리는 손문孫文 선생이 '혁명상미성공동지장수노력革命尙未成功同志將須努力'하라는 유명한 유언

손문: 쑨원[Sūn Wén].

혁명상미성공동지장수노력: "혁명이 아직 성공하지 못했으니 동지들은 앞으로도 필히 노력해 달라"는 뜻[必須喚起民眾, 及聯合世界上以平等待我之民族, 共同奮鬥.].

장개석: 장제스[Jiǎng Jièshí].

진우인: 천요우런[Chén Yǒurén].

담평산: 탄핑산[Tán Píngshānxiàn].

등연달: 덩옌다[Dèng Yǎndá].

을 남기고 서거하였다. 그런지 2년 만에 장개석蔣介石의 북벌군은 순조롭게 성과를 거두어 중국의 심장부인 무창武昌·한구漢口·남창南昌·항주杭州를 차례대로 석권하고, 1927년 3월 말 남경南京·상해上海를 무난히 점령하였다. 소련의 개입에 의한 국공합작의 효과를 본 셈이다.

그러나 국공합작도 이런 성공을 고비로 분열의 위기가 찾아왔다. 내부적으로 부글부글 끓어오르던 양파兩派의 불화와 알력이 마침내 폭발하고 만다. 그 이유는 국민당 주류인 장개석 일파가 남경을 점령하고 수도를 남경으로 하겠다고 결정한 것에 대하여, 진우인陳友仁·담평산譚平山·등연달鄧演達 등의 친공산적 성격의 국민당 좌파는 종래부터 주장해 오던 자신들의 세력권인 무창을 수도로 하자는 강경론을 내세워 북벌 도중에 남경정부와 무창정부(무한武漢정부라고도 부른다)로 나뉜 것이다. 무한정부가 승리를 거두면 전 중국은 적화赤化가 되는 것이고, 남경정부가 승리를 거두면 공산계열의 몰락과 아울러 국민당 우파의 천하가 되는 판가름이 될 일대 결전이 새로운 양상으로 벌어지게 되었다. 결전의 도화선은 중국 노동단체의 총본산인 상해총공회上海總工會의 총파업과 무장봉기 계획이었다. 중국 공산분자들과 무한정부파는 그 유명한 1925년 5주州

'30' 상해 총파업의 단꿈을 그대로 재연하려 하였다. 그러나 그들의 꿈은 수포로 돌아갔을 뿐만 아니라 치명적인 조직 파괴를 당하고 만다.

즉, 장개석의 남경정부는 무한정부파가 강경하게 나올 것을 예견하고 자체의 기반을 공고히 하기 위한 숙청을 단행할 준비를 하였다. 그 공작을 총체적으로 책임진 인물은 중국의 원로 무정부주의

5주 '30' 상해 총파업: 1925년 5월 30일 상하이에서 일어난 반제국주의 민중운동인 '5·30사건(五卅事件)'. 1925년 상하이 내 일본계 공장에서 근무하던 노동자들이 착취에 항거해 파업을 단행하였고, 마침내 5월 30일 학생들과 시민들까지 가세해서 시위에 나서자 상하이 당국은 진압을 위해 경찰(당시 경찰은 영국인, 인도인 등으로 구성) 3천명을 동원하여 집단 발포와 강제 진압을 하였다. 이로 인해 다수의 사상자가 나오고 체포당했으며, 상하이산업부는 계엄령을 선포하였는데 이는 시위를 전국적으로 확산시키는 계기가 되었다.

오치휘: 우즈회이[Wú Zhìhuī](1865~1953).

즈회이는 자로, 본명은 우징헝吴敬恒(Wú Jìnghéng).

채원배: 차이위안페이[Cài Yuánpéi]. 채원배는 그 당시 한국인들을 북경대에서 공부할 수 있게 해 주었는데, 그 공로를 인정하여 2007년 북경대에서는 그의 이름을 따 참신한 고급인재를 양성하기 위한 자유전공대학으로 '원배학원'을 설립하였다.

자이자 국민당 인사인 오치휘吳稚暉와 북경대의 기틀을 확립한 북경대 총장 채원배蔡元培, 그리고 북경대 교수 이석증이었다. 이렇게 준비를 갖추고 기다리고 있던 판에, 총파업이니 무장 봉기니 하는 정보가 들어오니 그야말로 그물에 들어오는 물고기였던 셈이었다.

4월 중순에 남경정부의 기반인 남경·상해·항주·소주蘇州 등 장강長江 이남의 주요 도시에서 숙청의 폭풍이 불었고, 상해총공회 산하의 각급 노동조합 및 친공산당계의 각 기관은 봉쇄를 당한 채 총검거가 단행되었다. 이렇게 공산계의 책동은 분쇄되었으나 장차의 수습정리가 큰 문제였다. 이에 오치휘·채원배·이석증 씨는 심사숙고한 끝에 공산주의자에 대항할 인재, 또 이론적으로 투쟁력을 갖춘 인재를 양성하기 위해 노동대학을 건립하려고 했던 것이다. 본래는 국립으로 설립하려는 계획이었으나, 제반설비·자금조달의 부족 문제로 끝내 무산되고 말았다. 내가 말할 수 있는 것은 많은 어려움 속에서도 유자명·이을규·이정규 선생님이 오치휘·채원배·이석증과 사상적으로나 항일에 대해서는 동지의식이 있었기 때문에 노동대학 설립에 참여했다는 점이다.

또 한 가지 특기할 것은 장개석이 북벌할 때 황포군관학교黃浦軍官學校를 졸업한 우리 독립운동 청년들 수백 명이 북벌군에 가담하여 혁혁한 전공을 세웠다. 그런데, 공산계 군軍을 숙청할 때 우리 용감한 청년 군인들이 너무 많이 희생되었다. 이것은 장개석의 사단장 장발규張發奎라는 인물 때문이었다. 마치 노령露領 흑하사변黑河事變처럼 한인의 아까운 피를 가치 없이 흘리게 되는 환경이

공산계 군을 숙청할 때 우리 용감한 청년 군인들이 너무 많이 희생되었다: 이들 황푸군관학교의 한인 학생들은 졸업 후 대부분 1926년 7월에 시작된 북벌에 참여한 것으로 알려져 있다. 북벌에 참여한 한인들의 정확한 명단 또한 잘 알려져 있지 않지만, 황푸군관학교 졸업생들 대부분이 국민혁명군의 군관으로 북벌에 참여했던 것과 마찬가지로 수십 명에 이르는 한인 졸업생들 또한 북벌 전쟁에 참가했던 것으로 보인다. 또 이들 한인 청년군인들의 상당수가 북벌 전쟁의 와중에서 희생된 것으로 알려져 있다.

출처: 배경한, 《20세기 한중관계사연구》, 일조각, 2024, 365쪽.

장발규: 장파꾸이[Zhāng Fākuí].

노령 흑하사변: 일명 자유시自由市 참변. 1921년 극동 공화군(러시아 아무르주) 내 스보보드니(Свобо́дный, 러시아어로 '자유로운' 이라는 뜻)에서 러시아 적군赤軍의 통수권 접수를 거부한 한인 망명 독립군들이 포위, 진압된 사건.

우리는 그동안 누님이 유치원 일을 하여 벌어오는 돈으로 하루하루를 지냈다: 규숙이 천진으로 돌아온 것은 송동집이 죽고 난 후이니 1927년 이후, 삼일유치원이 폐교 당할 때까지 일했다고 보면 불과 몇 달 근무한 것이다. 삼일유치원은 1927년 말 아니면 1928년 초 폐교한 것으로 추정.

되고 말았다. 이것도 공산주의의 농간이다. 후세에 이 사건에 관해서는 언급하는 사람이 아무도 없다. 참으로 애석한 노릇이다.

⚘

우리는 그동안 누님이 유치원 일을 하여 벌어오는 돈으로 하루하루를 지냈다. 그러나 왜놈의 방해로 유치원 문을 닫게 되고 유세관 선생님은 미주 하와이로 떠나게 되니 그나마의 생활비 공급원이 단절되었다.

그러던 중 북경에서 오래 알던 김사집金思潗 선생이 우리 집에 어쩐 일인지 오셨다. 그분은 젊었을 때 일본 동경에서 메이지대학明治大學 법학과를 졸업하고 변호사가 되었다가, 1919년 3·1운동 이후 북경으로 건너와 여러 독립운동에 헌신하면서 당시 이안정二眼井에 있던 우리 집에 조석으로 오곤 했다. 그러다 조성환·이세영李世永·성주식 등의 지인들이 임경호에 대해 운동비용을 문제시하며 추태를 부릴 때 김사집 씨는 내용도 잘 모르면서 덩달아 부친을 맹비난했었다. 그런 일이 있고 수년간 조성환·이세영·성주식과 더불어 발을 딱 끊었던 분이 홀연히 천진으로 내방한 것이다.

과거지사야 어떠하던 수년간 같이 독립운동 하던 동지를 의외로 만나게 되니 본시 사소한 사정이나 감정에 연연하는 분이 아니신 부친께서는 매우 반기셨다. 천성이 관용하시며 다정다감하시므로 김사집 선생을 반갑게 맞이하시는 것이었다. 김사집 선생도 우리 집에 와 보더니 형편의 비참함을 느꼈는지, 부친을 안고 눈물을 흘리시며 "이렇게 비참한 생활을 하실 줄은 전혀 생각하지 못했습니다. 건강하시던 선생님의 몸이 대단히 쇠약해지셨습니다"라고 탄식하며 말씀하셨다. 부친과 수년간의 여러 사정을 서로 말씀하시며 반찬도 없는 저녁 식사를 한 후 또 오시겠다며 작별을 고하셨다.

그 후론 자주 방문하시어 장래 일을 논의하며 지내고 있었는데, 하루는 김사집 씨가 부친께 "선생님의 형편도 말은 아니지만, 저의 지금 형편이 진퇴유곡進退維谷이라 별다른 방법이 없으니, 염치불구하고 저를 좀 받아 주십시오"라고 간청하는 것이었다. 우리 집은 지금 단칸방살이에 과년한 누님도 계신데, 연로한 김사집 씨하고 한 방에 거처한다는 게 그전 같으면 생각도 못할 일이었다. 그러나 부친께서는 우리 형편이 그보다 더한 처지였더라도 오죽하면 김사집 씨가 그런 사정을 하겠느냐며 흔쾌히 허락하시는 분이시다. 그러니 비좁은 단칸방에서 사는 것이 얼마나 불편하고 곤란했겠는가. 독립운동 하는 분들의 처지가 이러하다는 것을 누가 상상이나 하겠는가.

김사집 씨가 온 지 수일 후, 누님이 반농담으로 "김 선생은 이후에도 우리 아버님을 맹목적으로 비난하시겠습니까?" 하니, 김사집 선생은 얼굴이 빨개졌다. 그러면서 "과거 모든 것이 나의 불찰이니 어찌 또다시 그런 무례한 짓을 하겠습니까. 과거 우리들 불찰의 소치입니다"라고 했다. 이를 듣고 부친이 "사람은 살다 보면 오해가 생기는 법이요. 그런 일을 가지고 우리 장래의 대사를 망치겠소? 이런 일 저런 일 다 있는 것이오" 하시며 화기애애하게 지내셨다. 그 후로 김사집 선생은 부친의 인격이나 사상, 성격 등 모든 면을 다시 인식하고 존경하게 되었다.

김사집 선생은 우리하고 단칸방에 기거하며 나날을 지내면서 '어찌 이럴 수가 있는가' 하는 소리가 절로 나오며 새삼 그 고달픔을 인식하게 되었다. 왜냐하면 1주일에 사흘은 조반석죽朝飯夕粥이 아니라, 사흘은 굶고 3~4일은 조죽석죽朝粥夕粥이었기 때문이다. 김사집 선생은 우당 선생이 이런 생활고를 겪을 거라고는 꿈에도 생각하지 못하였다고 했다. 그러다 보니 과거 자금으로 인한 조성환·이세영·성주식 씨들의 행동이 큰 착오였다는 사실에 반성하고, 다시는 우리 독립운동 하는 사회에 이런 불미스러운 일이 없기를 바란다고 말씀하셨다.

또 한 가지 웃지 못할 일이 있었다. 김창숙 선생의 사촌 동생 김창국金昌國 씨가 자주 부친께 왔었다. 어디에서 구했는지 권총 한 정을 가지고 와서는 잠시 보관해 달라고 하여 부친께서 맡아 계셨다. 그런데 하도 끼니를 거르는 바람에 5명의 식구가 배가 고파 견딜 수 없는 지경에 이르자 김사집 선생이 궁여지책으로 김창국 씨의 권총을 저당 잡혔다. 당시 다방면으로 활동하고 있던 서상환徐相煥이라는 사람이 있었는데, 그 사람은 무슨 일이라도 하는 분이었다. 권총을 그에게 저당 잡히고 돈 5원을 받아 쌀을 사서 며칠 굶은 배를 채웠다. 그런데 1개월쯤 지나 김창국 씨가 와서 보관한 권총을 달라 하니, 이런 난처한 일이 또 어디 있겠는가. 그래서 김사집 선생이 김창국 씨에게 말하기를 "위험하고 귀중한 물품이니 지

미욱한: 매우 어리석고 미련한 데가 있는.

금 이곳에는 없고, 다른 곳에 두었소. 3일 후에 갖다 놓겠으니 그때 다시 오시오"라고 둘러 말하였다. 김창국 씨는 의아한 눈치였지만 할 수 없이 돌아가고 말았다.

가고 난 후 5원을 어디서 구해 저당한 권총을 찾아오겠는가. 참으로 답답한 일이었다. 백방으로 5원을 구하러 김사집 선생이 동분서주東奔西走하였으나 도저히 희망이 없었다. 3일의 기한이 다 되어 김창국 씨가 와서 물건을 달라고 하니, 없는 물건을 어찌 주겠는가. 그리하여 김사집 선생이 솔직하게 부득이한 사정으로 잠시 저당하였으니 며칠만 기다려 주면 꼭 가져다 주겠다고 하였다. 김창국 씨는 화를 내며 별별 욕설과 극언까지 뱉은 후 "3일 후에 반드시 올 테니 무슨 일이 있어도 물건을 가져다 놓으시오. 만일 약속을 어기면 불상사가 일어날 것이니 각오하시오" 하고 갔다. 사실 불상사가 나건 말건 그것은 문제가 아니었다. 김창국이라는 위인이 본래 미욱한 인물이라 탓할 여지도 없고 여하튼 돈을 구해 해결하는 것이 상책이었다.

그런데 마침 부친께서 아시는 분 중에 불란서조계지에 사는 석昔씨라는 분이 있었다. 본래 그의 아버지는 중국인이고 어머니가 한국인으로, 이곳에서 태어나 근 30여 년간 중국에서 사업을 했고 부인은 한국인이었다. 사태가 다급하다 보니 생각다 못해 석씨 생각이 나신 부친께서 직접 찾아가셔서 급한 사정을 말씀하시고, 돈 10원을 빌려 오셨다. 참으로 다행이었다. 나는 곧이어 서씨에게 찾아가 5원과 이자를 주고 권총을 돌려와서 3일 후에 김창국 씨에게 주니 자기도 미안한지 말없이 가버리곤 그 후로는 한 번도 오지 않았다. 김사집 선생도 무척 불쾌해하며 그자는 인간이 덜된 자라고 매도하였다. 모든 게 없는 것이 죄다.

이렇게 근근이 지내며 세월이 갔다. 나는 학교에 충실히 다니며 공부를 열심히 하였다. 겨울철에는 날씨가 매우 추워서 솜옷을 입

서씨: 서상환.

홑두루마기: 솜을 넣지 않고 홑겹으로 지은 두루마기.

동자군: 오늘날의 보이스카우트.

시비곡절: 옳고 그른 것을 이르는 말.

어야 하지만, 부득이 홑옷 두 개를 겹쳐 입고 학교를 가면 정말 너무 추워서 쩔쩔맸다. 홑두루마기에다 바지 솜을 안에 대고 입으면 등이 춥지 않아 당장은 괜찮으나, 체조할 때는 두루마기를 벗어야 하는데 두루마기를 벗으면 바지 솜이 나타나니 주위의 학생들이 크게 웃으며 조롱했다. 그러면 선생님께서는 "규호 네가 이렇게 하고서라도 학교에 오는 것 자체가 참으로 장하다"고 하며 나를 위로해 주셨다. 또 여러 학생을 집합시키시더니 "이 이규호는 고려인으로 자기 부친과 대일투쟁을 하며 독립운동을 하기 위해 우리 중국에 온 사람이다. 장백령 교장께서도 매우 아끼는 학생이다. 오죽하면 이런 모양으로 등교를 하고, 너희들의 조롱에도 조금도 개의치 않는 이 행동을 너희는 배워야 할 것이다" 하며 훈시를 하였다.

나는 아직도 그 선생에 대한 고마운 마음을 잊지 않고 있다. 선생께서 내게 동자군童子軍 활동을 해 보라고 하셨는데, 제복을 장만할 능력이 없어서 못 하겠다고 했더니 선생님께서는 당신의 돈으로 제복을 사서 입히고 동자군에 편입시키기도 하였다. 그뿐만이 아니었다. 중국 학생들이 나를 향해 '망국노亡國奴'라고 놀리는 바람에 이를 참지 못해 큰 싸움으로 번진 적이 있다. 그 혼란으로 인해 수업에 못 들어갔더니 선생님께서 오셔서 시비곡절是非曲折을 따진 뒤 학생들을 모두 모이게 하여 일장 연설을 하셨다.

"여러분들이 이 고려인 학생을 보고 망국노라고 무시하며 조롱하지만, 여러분들은 지금 우리 중국 근대 역사를 모르는가? 구라파 백인 국가들이 우리 중국을 침략하여 8개국 조약을 강제로 체결하는 바람에 중국은 반半식민지가 되다시피 하였고, 동양의 일본

21개의 불평등 조약을 강제로 체결해야 했다: 1900년 8월에 8개국 열강 연합군이 의화단 운동을 진압하고, 베이징(북경)을 점령한 다음 1901년 9월 7일 체결한 불평등 조약. 〈베이징 의정서〉라고도 한다. 이 조약으로 거액의 배상금을 지불하고, 수도 베이징에 열강 군대가 주둔한 것을 허락하였다. 불평등 조약은 20개로 파악됨.

동지분들의 집도 자유로이 오가지 못하는 형편이었다: 이은숙은 이 당시 상황을 두고 《서간도 시종기》에 다음과 같이 기술하였다.

경찰에서는 요시찰을 다니며 한 달에 3, 4차씩 오는데, 형사가 혼자 올 때는 그냥 조사만 하고 가고, 둘이 올 때는 나를 경찰서까지 데리고 가서 묻지 않을 것까지 이것저것 묻고는 가라 하기가 일쑤다.

《서간도 시종기》, 171쪽.

윤복영 선생 집: 이은숙의 대고모(윤복영의 어머니) 댁.

까지 가세하여 21개의 불평등 조약을 강제로 체결해야 했다. 여러분들은 이에 대해 깊이 생각한 적이 있는가. 우리나라가 그런 처지인데도 어찌 고려인 학생을 무시하고 뼈와 살이 아픈 말을 하는가. 제군들이 꼭 반성하길 바라며, 이 고려인 학생과 상애상조相愛相助하는 동지로써 가깝게 지내도록 하라."

이렇게 연설을 하신 것이었다. 그 후로는 많은 학생들이 나에 대한 태도가 달라져서 몹시 친절하였다.

이것이 다 망국의 슬픈 신세였다. 국내에 계신 어머니는 무사하시나, 중국으로 귀환하시려고 애를 쓰셔도 다소의 생활비와 운동비를 만들어 오시려다 보니 1년, 또 1년이 지나갔다. 국내 사정도 10년 전에 비하면 민심도 변한 데다 독립운동이란 말과 희망이 점차 희박해지고 또 왜놈의 강박 정책이 점차 혹독해지고 있었다. 국내에 계신 부친의 동지 이득년·유창환·유진태·김진호·이관직·임경호 등 다수가 왜놈의 감시 속에서 요시찰 인물이 되어 일거일동을 감시당하고 있어 어머니가 그분들의 집에만 갔다 와도 꼭 왜놈의 앞잡이 형사가 와서 누구누구의 집은 왜 갔었느냐며 힐난하므로 동지분들의 집도 자유로이 오가지 못하는 형편이었다. 어머니께선 조선어 학자이자 협성학교協成學校를 설립하신 윤복영尹福榮

선생 집과 진외조부님 댁에서 거처하시며, 김성수金性洙 씨의 동생이 경영하는 고무신 공장 공인工人으로 일해 모은 소액의 공임工賃과 묵정동墨井洞 유곽의 매음녀들의 옷을 삯빨래도 하고 삯바느질도 하여 모은 돈을 부친의 생활비로 부치셨다.

우리 남매와 부친께서 어머니의 이런 사정을 어찌 알았겠는가. 해방 후에야 비로소 어머니의 고생을 알게 되었고, 간혹 동지분들이 생활비를 변통하여 어머니께 수십 원을 비밀리에 주시면 어머니

진외조부님 댁: 이회영의 외조부인 정순조 판서 댁. 이은숙에겐 시외가가 된다.

김성수 씨의 동생: 김연수金季洙(1896~1979).

공임: 물건을 만들거나 어떤 일을 해서 받는 품삯.

묵정동: 현재 서울 중구 장충동과 필동 일부에 편입되었다.

경의선 장단역에 수십 명의 동지가 옛 동지의 유해를 영접하러 마중 나와 눈물을 흘리며 맞아 주셨다: 《서간도 시종기》에는 다음과 같이 서술되어 있다.

29일 오후에 서울서는 우리 모녀, 질아 사은 내외(이규봉 내외), 딸 셋, 생질, 시외사촌 부자분, 손녀 내외와 가군 동지들과 옛날 친구 오륙십 명 선생들이 장단역으로 내려갔다.

《서간도 시종기》, 223쪽.

는 곧 부친께 우편환으로 부쳤는데 몇 개월이 지나면, 왜놈의 형사가 우편물을 추적한 끝에 어머니를 찾아와 돈이 어디서 났느냐며 꼬치꼬치 캤다고 한다. 그렇다고 동지분들이 주었다고 하면 그분들이 경찰에 가서 곤욕을 치르게 되니, 어머니께서 얼마나 난감하셨을지 상상해 보라. 참 불쌍하신 나의 어머니셨지만 워낙 유능하신지라 한 번도 동지분들께 누를 끼친 일이 없으셨다.

유창환 선생님의 아드님이신 일창一滄 유치웅兪致雄 선생은 한국의 문필가로 명성이 자자하시며, 인품과 인격이 이 세상에 비할 분이 없는 분이시다. 그런 분이 당시 우리 어머니에 대한 생생한 사정을 말씀해 주셨다. 이런 말을 들으면, 부친의 진정한 동지분들은 국내에 머무르시던 옛 동지들이 아닌가 하는 생각이 든다. 일제의 잔혹한 치하에서도 어머니가 국내로 오신 때부터 마음을 써 주시고 해외에 계신 부친을 항상 염려하시는 것들이 참다운 동지애가 없었다면 그렇게 할 수 있겠는가. 그리고 부친께서 1932년 순국하시고, 왜놈의 강제로 어쩔 수 없이 화장한 재만 모시고 귀국했을 때, 그 왜놈들의 삼엄한 감시 속에서도 경의선 장단역에 수십 명의 동지가 옛 동지의 유해를 영접하러 마중 나와 눈물을 흘리며 맞아 주셨다. 이득년·정인보 선생님의 비통한 조사弔詞 등이 바로 애끓는 심정의 발로라고 하겠다.

소위 '해외에서 독립운동 같이했다'고 하더라도 사실 그 동지애는 천지차이가 있다. 동지라고 다 동지애가 있는 것도 아니오, 의리가 있는 것도 아니다. 그저 이해와 욕심, 질투와 시기로 뒤범벅이 되어 이기적 행위만 조장하는 경우도 있다. 해방이 되고 내가 출옥하여 부친의 옛 동지이신 이득년·정인보·이관직·김진호·윤복영·

1927~8년: 원문에는 1926년으로 기술. 그러나 1926년에 이을규는 우당과 같이 천진에 거주하였으므로 본문과 같이 수정.

진강현: 현재 취안저우시 리청구鯉城區 지역에 해당됨.

양용광: 량룽광[Liáng Lóngguāng].

진망산: 친왕산秦望山[Qín wàng shān]. 취안저우시 차오웨이포草埔尾 출신. 광서제 22년(1896) 출생.

민국 4년(1915), 쑨원이 이끄는 중화혁명당에 가입. 20세에 쉬자오란許卓然을 따라 민주혁명활동을 하고, 취안저우에서 왕취안성王泉笙, 구이화산桂華山 등과 혁명당의 일원으로서 반원 반일운동을 전개.

민국 7년(1918), 쉬자오란이 이끄는 남정국군南靖國軍에 합류하고 호법도리護法倒李(厚基)운동을 펼침. 이후 1927년 여름, 친왕산은 량룽광梁龍光·천춘파이陳春培 등의 제청으로 농촌의 자치운동을 한·중·일 3개국 동지들의 합작으로 일으켜 취안저우에 본인이 단장으로 민단훈련소民團訓練所를 설립하고 항일독립투사를 양성함.

이을규·이정규 등 여러 선생님들을 찾아 뵙는데, '이분들이 진정한 부친의 동지였구나!' 하고 다시 깨닫게 되었다. 지금은 모두 다 천국으로 가셨다고 믿는다. 참 훌륭한 분들이었기 때문에 저승이 있다면 왜 극락세계로 안 가시겠는가라는 생각을 하게 된다.

한편, 1927~8년에 상해와 중국 남방 복건성 천주를 중심으로 부친의 동지분들과 중국 동지분들이 독립기지 건설 및 군사조직·훈련을 위해 다방면으로 활동하고 있었다. 그리고 유자명·이을규 선생님으로부터 부친께 상세한 보고가 오고 있었다.

복건성은 주로 농촌의 농민운동 문제가 중요했다. 앞에 서술하였듯, 복건성은 원시적 봉건사회였기 때문에 성씨의 관념이 강렬하였다. 그런 까닭에 산간토비山間土匪(산적)와 공산주의자들의 침략을 막고 지키려면 각 농촌에 있는 청년들을 조직해 훈련을 시켜야 했다. 그래서 그들을 지도할 간부급을 양성하기 위해 천주시에 진강현 선전원양성소晉江縣 宣傳員養成所라고 하는 훈련소를 설립하고 중국 출신 학생 200~300명을 뽑아 교육을 시작하여 큰 성과를 거두게 된 것이다. 또한, 이때 중국 동지 양용광梁龍光의 여러 가지 제의도 함께 보고되었다. 그 내용은 첫째, 복건성 천주시 진강현은 진망산秦望山 동지의 고향인데, 그는 인근 여러 현에 신망이 두터워

민남閩南 20여 현을 가히 지휘할 수 있다는 것, 둘째, 국민혁명군이 승리한 후 성 정부의 요직에 진망산 동지를 앉히자는 물망이 높았으나 본인이 거부하여 그만두었다는 것, 셋째, 남양 화교의 유력자들이 진망산 동지에게 민남 치안을 책임져 준다면 운동자금을 대겠다고 한다는 등의 사정이 담겨 있었다.

여하튼 이러한 동지들의 노력으로 지금까지는 매우 희망적이라는 것이다. 그러니 부친께서도 장래에 희망이 있다고 생각하셨다. 지금은 비록 생활고로 허다한 고초를 겪지만 모든 것을 참고 지내보자 하시는 것이었다. 김사집 선생도 중국 남방에서 이런 희망적인 운동이 펼쳐지고 있다는 것을 처음 듣고 기쁨을 감추지 못하셨다.

그런데, 4월경의 일이었다. 김사집 선생은 외출하셨고, 부친과

민남: 현재 푸젠성 남부에 위치한 민난[Mĭnnán].

4월경의 일이었다: 1928년 4월.

누님이 방에 있는데 문밖에서 이상한 사람의 말이 들리니 부친께서 재빨리 문 안쪽으로 가서 서셨다. 밖에서 문을 두들기며 조선어 반, 일본어 반을 섞어서 하는 말에 누님이 문을 열고 중국말로 "누구를 찾으십니까?" 하니, 부친의 성명을 대며 "이 집에 있는가?" 하였다. 누님은 "그런 분은 이곳에 없습니다. 당신은 누구십니까?" 하고 물으니, "나는 일본 영사관에 있는 사람인데 이런 사람을 찾으러 왔다"고 하였다. 누님께서 재차 없다고 말하자, "그러냐?" 하고는 방을 살펴보더니, 누님밖에 없음을 알고 갔다.

김사집 선생이 돌아온 후 일본인이 무슨 일 때문에 우리 집에 왔을지 숙의하신 후, 김 선생은 정확한 사실을 수소문해 보겠다며 나가시고 부친께서는 내일부터는 집에 있지 않고 아침 일찍부터 옛 러시아조계에 있는 공원에 나가 있겠다고 하셨다. 김사집 선생이 수소문하신 결과로는 1926년 말에 국내에서 발생한 대사건(나석주 의사 사건)이, 중국 상해·북경·천진 등에서 모의하고 국내로 침투한 사건이라 왜놈들이 1년이 넘도록 각 방면으로 수사하는 중이니 아마도 그 사건을 가지고 놈들이 날치는 게 아닌가 하신다. 그 말씀에 부친은 유자명 선생이 와서 사건을 설명하고, 이화익 선생님이 폭탄과 권총을 가져간 모든 정황을 회상하시면서 그런 일들이 노

천진 러시아조계 내에 있던 옛 러시아공원俄國花園 내 성모마리아 승천교회聖母帡幪堂

옛 러시아공원: 천진 러시아조계공원天津俄國花園(Russian Park of Tianjin)으로 추정. 총 면적은 7만㎡으로 옛 천진 러시아조계 영사관 동쪽 방향(迤東)에 위치. 공원 안에 동방정교회인 천진성모마리아 승천교회天津聖母帡幪堂가 1909년에 세워졌다.

1900년에 설치된 천진 러시아조계는 1924년 8월 6일 북양정부(중국)에 공식적으로 반환된 후 '천진특별행정구제3구'(특3구)로 명칭을 바꿨다. 따라서 1928년의 시점에서 이규창이 '옛 러시아공원'이라고 하는 건 타당한 표현이다. 이규창이 거주한 대길리 집에서는 현재 기준으로 도보로 40분 거리에 위치(단 당시에는 다리가 없었으므로 시간이 더 걸렸을 것으로 추정).

출되어 왜놈이 알고 나를 찾은 것이면 그렇게 소극적인 행동에 그치지 않을 것이고, 유자명·이화익에 관한 일은 절대로 비밀이기에 나석주 의사 자신도 무기의 출처를 모를 것이고, 김창숙 선생이 안다고 해도 절대로 발설하지 않을 것이니 단지 그놈들이 의심이 나서 광범위하게 탐지하려고 하는 것이 아닌가, 만약 천진의 일본조계지 부귀호동에서 유곽업을 하는 박씨 집에서 나석주·이화익·유자명·김창숙 등이 모의한 것이 사후에라도 알려지면 박씨가 무사할 리가 없으니 우선 며칠만 그놈들을 피하면 될 것이라고 생각하셨다. 부친께서는 이런 지난 일들을 자신만 혼자 간직하시고 누구에게도 말을 한 적이 없으셨다.

김사집 씨에게도 나석주 의사 사건이 나면 났지 나하고 무슨 관계냐고 하시며, 혹시 얼마 전에 김창숙 선생의 사촌 동생 김창국이 권총을 맡겨놨다가 도로 가져간 것이 무슨 사단이 난 것이 아니냐고 되레 반문하시니 김사집 씨는 그럴지도 모른다고 대답하였다. 그런 까닭에 두 분은 매일 아침 일찍 옛 러시아공원으로 피신하셨다. 그러나 놈들은 꾸준히 찾아왔다. 이렇게 되니 매일이 좌불안석이었다. 생활은 더 곤란해지고 누구 하나 맘대로 출입을 할 수가 없었다. 온 집안사람이 모여서 어떻게 하면 좋을지 논의를 거듭하다,

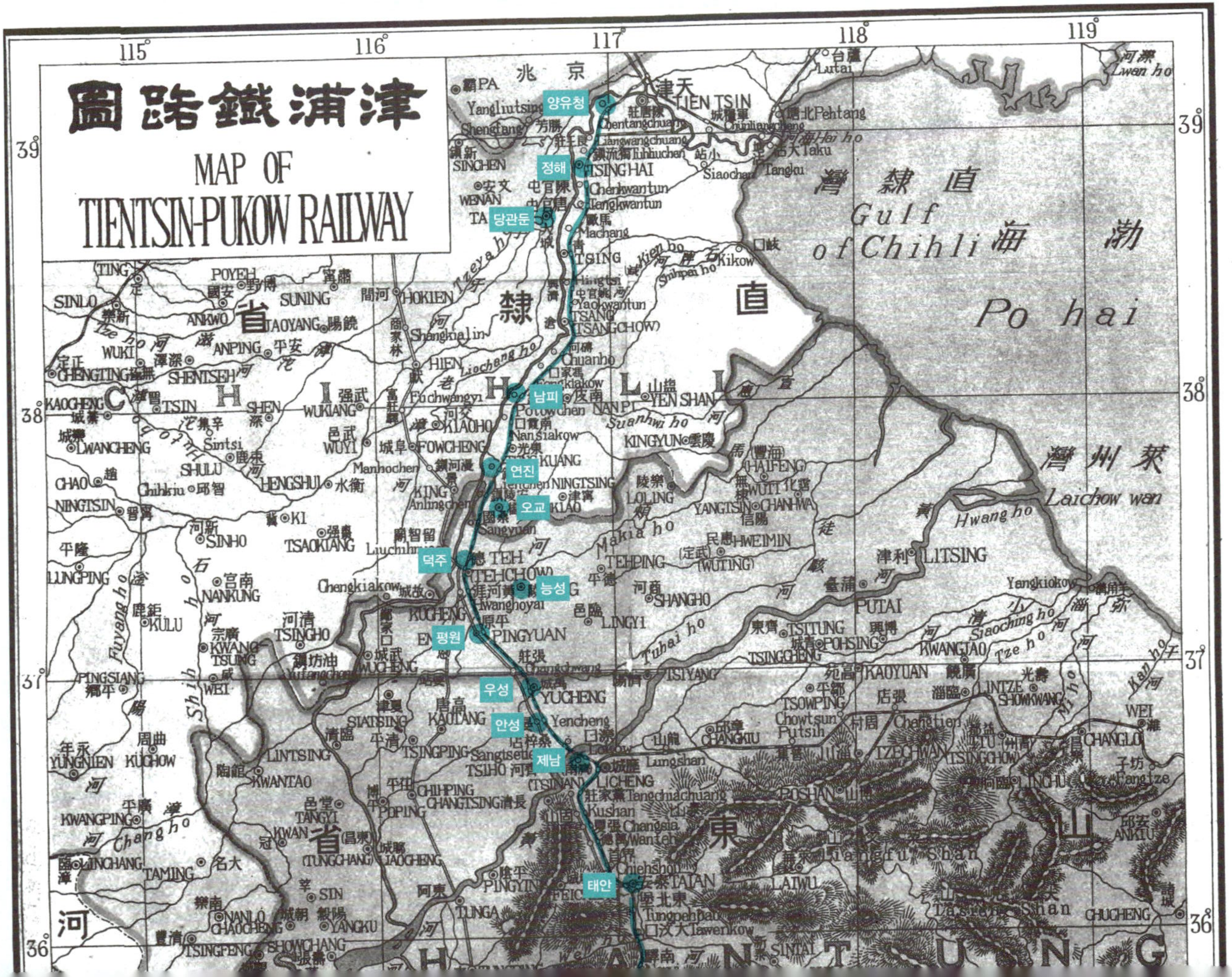

津浦鐵路圖
MAP OF
TIENTSIN-PUKOW RAILWAY
양유청
정해
당관둔
남피
연진
오교
덕주
능성
평원
우성
안성
제남
태안
TIEN TSIN
TSINGHAI
TSANGCHOW
TEHCHOW
PINGYUAN
YUCHENG
LICHENG
TAIAN
Gulf of Chihli
Po hai
Laichow wan

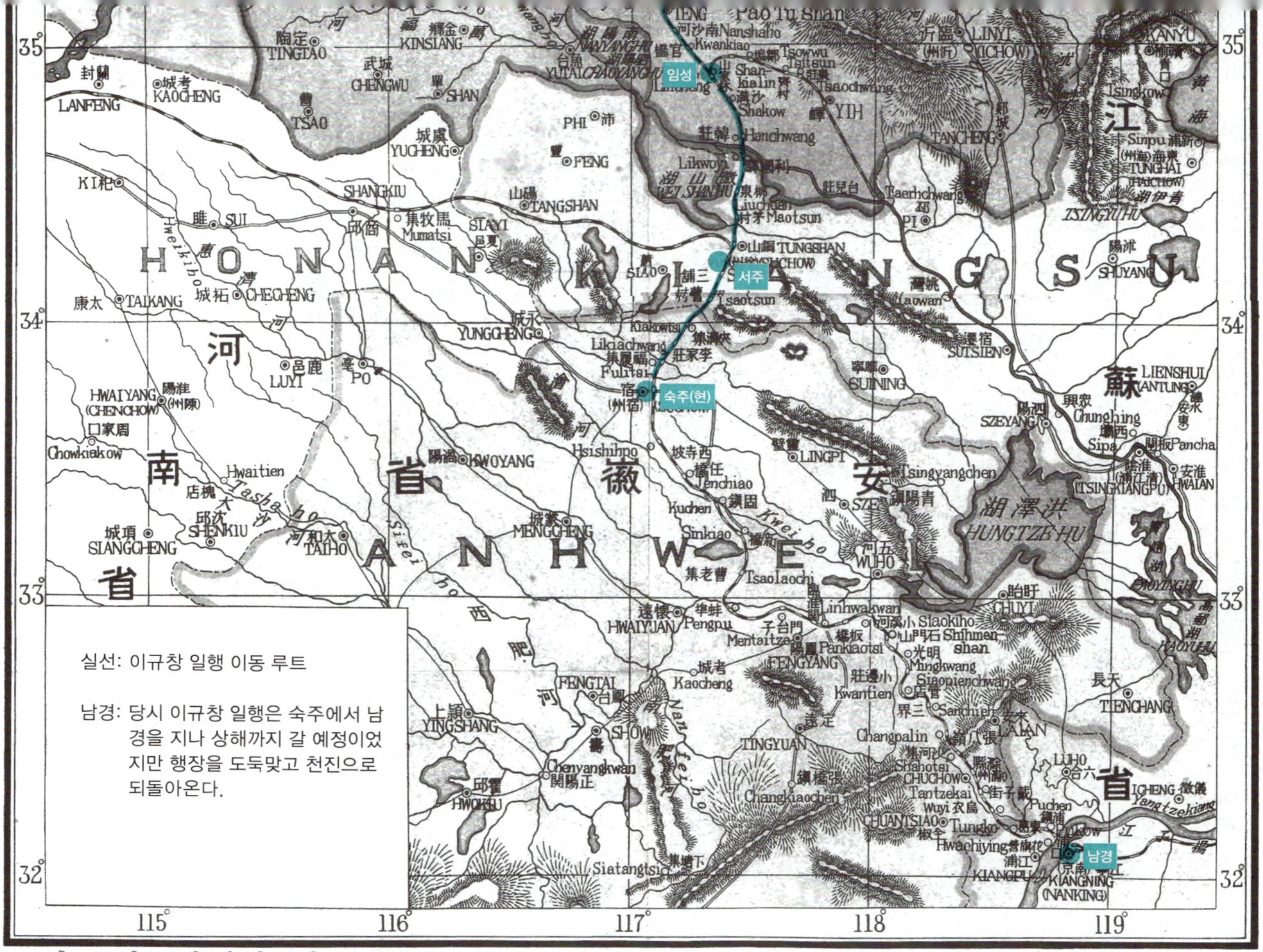

진포철로전도(1923)

출처: 地圖114(https://www.ditu114.com/ditu/1090.html)

끝내 김사집 선생의 말을 따르기로 최종 결론이 났다. 누님과 동생은 천진시에서 경영하는 빈민구제원貧民救濟院으로 가기로 하고 부친과 나, 김사집 선생은 무전여행으로 상해로 가기로 한 것이다.

다만 빈민구제원에 들어가는 수속이 까다로워서 며칠이 걸렸다. 그 조건은 사고무친四顧無親하며, 생활이 극빈한 여자라야 허가가 났다. 허가가 떨어지자 누님과 동생 먼저 빈민구제원으로 갔고, 며

누님과 동생: 이때 이규숙과 이현숙은 홍숙경, 홍숙현으로 이름을 바꿈.

사고무친하며: 의지할 만한 사람이 아무도 없으며.

1928년 5월 3일: 원문에는 1927년으로 기술했으나 1928년이 맞다.

진포선: 진푸철도津浦鐵路(Tientsin-Pukow Railway). 진푸선津浦綫이라고도 한다. 톈진과 난징을 잇는 철로로, 1908년 6월(청 광서제 34년)에 짓기 시작해서 1912월 11월(민국 원년)에 모든 선로를 완성하고 개통한다. 시발역은 징펑철로京奉鐵路 톈진북역天津北站, 종착역은 난징 푸커우南京浦口역이다.

양평: 양루이칭楊柳靑(양유청)으로 추정. 천진 남쪽 방향으로 30리(약 12km)쯤 떨어져 있다.

무전여행으로 수천 리를 간다는 게 말이 쉽지: 현재 북경에서 상해까지 직선 거리가 대략 1,100㎞. 이규창이 여행할 당시에는 철로를 따라 이동했으니 훨씬 먼 거리를 이동했을 것이다.

칠 후 우리도 무전여행을 떠날 준비를 하였다. 이웃도 알지 못하게 해야 했고, 주변 상인에게 외상이 많으니 부득이 말도 못하고 도주하는 셈이 되어 버렸다.

❀

그리하여 1928년 5월 3일 새벽, 부친, 김사집 선생 그리고 나는 방문을 잠그고 떠났다. 천진에서 상해로 가는 진포선津浦線 철로를 따라 새벽길을 가는데, 첫 번째 당도한 곳이 천진에서 30리 떨어진 양평楊平이라는 곳이었다. 음식점에 들러 아침 식사를 하고 휴식을 조금 취한 후 남쪽으로 향했다. 사실 김사집 선생이야 상해로 가든 천진에 있든 홀몸이시니, 어디를 가나 비슷하겠지만 상해로 가는 편이 나을 것이다. 그러나 부친의 입장은 달랐다. 상해에는 비록 둘째 형님(이석영)과 동생(이시영), 아들 규학 내외가 있지만, 딸자식 둘을 빈민구제원에 두고 무전여행으로 수천 리를 간다는 게 말이 쉽지, 어떻게 그 심정을 헤아릴 수 있겠는가. 참으로 비참하고 슬픈 정경이었다. 김사집 선생도 부친이 너무도 딱하여 여러 가지의 위로의 말씀을 건네시면서 앞만 보고 걸으시다가, 처량한 심

정해: 현재 톈진시 징하이구靜海區.

남당: 남당은 찾지 못함. 다만 정해와 남피 사이에 당관둔唐官屯이라는 지명은 있음.

남피: 현재 남피현南皮縣. 징후선 2구간(진푸선) 참고.

출처: 위키피디아(https://ko.wikipedia.org/wiki/%EC%A7%95%ED%9B%84_%EC%B2%A0%EB%A1%9C).

철연: 철연은 찾지 못함. 다만 남피현과 오교 사이에 연진連鎭이라는 지명은 있음.

오교: 우차오吳橋.

평원: 제남부 평원현平原縣으로 추정.

덕능: 덕릉은 찾지 못함. 다만 오교와 평원 사이에 덕주德州와 능성구陵城區라는 지명은 있음.

제남부는 산동성의 수도로써 비교적 문물이 번창하여 왜놈이 일찍이 조차지를 형성하고 있는 곳이었다: 제남부(현재 제남시)는 독일이 청대부터 조차하여 1898년부터 1914년까지 통치하였고 1914년, 제1차 세계대전 당시 일본이 산둥 반도를 점령하면서 21개조 요구를 시작으로 병력을 몇 차례 파병하는 등 강압적인 조치를 취하면서 제남부를 조차지로 삼았다.

태안부: 현재 산둥성山東省 타이안시泰安市.

'등태산이 위천하' 라는 논어 구절이 생각났다: 논어가 아니라 《맹자·진심상孟子·尽心上》의 한 구절이라고 한다. 원문은 다음과 같다.

"孔子登东山而小鲁, 登泰山而小天下."(공자께서는 [노나라] 등산에 올라가서는 노나라를 작다고 여기셨고, 태산에 올라가서는 천하를 작다고 여기셨다).

1535m: 원문은 '800공척'으로 기술.

정을 억누르지 못해 자신의 과거사를 말하신다.

어느덧 정해靜海를 지나 남당南塘·남피南皮로 넘어갔다. 그리고 소잔小棧이라는 여인숙에서 하룻밤을 지낸 뒤, 철연鐵連·오교吳橋·평원平原·덕능德凌·우성禹城·안성晏城 등을 거쳐 제남부濟南府에 당도하였다. 제남부는 산동성의 수도로써 비교적 문물이 번창하여 왜놈이 일찍이 조차지를 형성하고 있는 곳이었다. 조선인 거류민도 꽤 있었고, 그중에는 왜놈의 등만 믿고 중국인 흡연자를 상대로 비인도적인 상술로 아편을 팔아 중국인들에게 빈축을 사는 사람도 있었다.

제남부에는 오랫동안 북경 등지에서 우리와 특별한 관계였던 서정화라는 분이 마침 살고 있어서 그 집을 찾아갔다. 서정화 선생께서 우리를 반갑게 맞아 주셨다. 그간의 일들과 우리가 부득이하게 이런 여정을 떠나게 된 사유를 말하고, 한 이틀 대접도 받고 여비도 지원받아 다시 남쪽 상해 방향으로 출발하였다. 제남부를 지나서 태안부泰安府에 들어오니 '등태산登泰山이 위천하爲天下'라는 논어 구절이 생각났다. 태산은 높이가 1535m밖에 되지 않지만 아마도 산동성 주변에 산이 없고 대개가 평지이므로 옛날 사람들은 태산을 제일 높은 산으로 이해한 모양이다. 이렇게 걷는 것이 하루에

40리 내지 50리로, 여러 곳을 거쳐 계속해서 행진을 하였다.

그런데 태안부 근처가 상상할 수 없이 황냉퇴패荒冷退敗하고 주민들의 생활 수준이 어찌나 빈약한지 남녀노소 할 것 없이 모두가 궁핍하였다. 그곳에 당도하여 하루, 이틀 머무를 곳을 찾았지만 마땅한 곳을 찾기가 참으로 어려웠다.

그래서 부득이 태산 근처의 사찰을 찾아서 주지승에게 "우리는 산동성이 고래대성인古來大聖人이 탄생한 고적이므로 보러 왔습니다. 귀 절에서 하루 머물고 갈까 하는데 괜찮겠습니까?" 하고 물으며 시주를 좀 하려고 하니, 주지승이 난색을 표하며 "우리의 사정이 도저히 객인을 대접할 수 없는 형편이니, 잠은 어느 곳에서든 주무시되 식사는 대접하기 어렵습니다. 다만, 객인께서 가리지만 않

황냉퇴패: 황량하고 쓸쓸한 데다 쇠락한.

고래대성인: 공자를 가리킨다. '일산일수일성인一山一水一聖人(우리는 산 하나, 강 하나, 성인 한 사람밖에 없다네)'이라는 표현이 있는데 여기서 '산'은 타이산(泰山·태산), '수'는 황허(黃河·황하), '성인'은 공자를 가리킨다.

으신다면 우리 승려들이 먹는 죽이라도 드릴 수 있습니다"라고 말하였다. 사실 우리 형편으로는 그 죽도 괜찮다고 생각했기 때문에 무방하다고 하니, 주지승이 죽 세 그릇을 가져다 주었다. 어떤 채소를 넣고 만든 죽인지 너무 써서 먹기가 난감했으나, 배가 고파 별 수 없이 다 먹었다. 이후 잠을 청하려 하는데 모기가 하도 기승을 부리는 바람에 제대로 자지도 못했다.

김사집 선생은 태안부가 중국의 대성인이 난 곳이고 동양 문명의 기원이라 이름난 땅이라 문물이 화려하고 법도가 우수할 거라는 선입관이 있었는데, 실제로 보니 이 무슨 야만의 고장인가 하시며 탄식하셨다. 나같이 어리고 무지한 사람도 참으로 대경실색大驚失色할 정도였다. 퇴폐·무질서·무지식 등 무어라 형용할 수 없을 정도로 어안이 벙벙했다. 중국이 그렇게 될 수밖에 없었던 것은 청조 말기에 지방관리의 부정부패와 서구의 침략에서 비롯된 착취, 농촌의 생산 부진, 토호들의 발호가 있었기 때문이다. 그러니 각처에 도적이 봉기하여 노략질이 더욱 심해지니 문물이 자연 쇠퇴하고 무지무식無知無識이 날로 더해가는 것이었다. 아무리 옛날 옛적에 현인이 탄생하고 그로 인해 만들어진 고대문물이 전국을 순화했다 하더라도 별수가 없는 것이다. 우리가 지금 이런 고초를 겪는 것도 원인을 생각해 보면 이 나라와 과연 무엇이 다른가. 참으로 한심한 노릇이다.

부친과 김사집 선생의 말씀을 들으며 남쪽으로 갔다. 진포선 일대를 두루 살펴보니 소도시나 농촌부락 할 것 없이 군벌들의 전화戰禍로 건물이란 건물, 도로 모두 파괴되어 잘 곳이 없었다. 그래서 결국 건물이 포탄에 맞아 벽만 남아 있는 곳을 택하여 벽에 의지하고 밤을 지냈다. 종일 걷다가 보니 피곤한 몸인데 한둔을 하니 전신의 불편함을 어찌 다 말하겠는가. 곤하게 자다 깨서 허공을 쳐다보면 하늘의 별만 총총할 뿐이다.

참으로 처량한 맘을 헤아릴 수 없었다. 지금 60여 년이 지났어도 그 시절의 처량했던 기억이 떠오르곤 한다. 매일 먹는 음식이라곤 산동 말로 '머머' 즉, 강낭떡, 좁쌀밥 이외는 없었다. 백미나 백면百麵은 구경할래야 할 수 없는 것이다. 이렇게 빈곤하고 황폐화된 진

한둔을 하니: 한데서 밤을 지새니. 노숙露宿.

총총할 뿐이다: 촘촘하고 많은 별빛이 또렷할 뿐이다.

강낭떡: 강냉이떡(옥수수떡)으로 추정.

포선 일대를 도보로 근 3개월을 가니 서주부徐州府에 당도하였다.

서주는 그래도 강소성江蘇省에서는 대도시라 비교적 번화하고 짜임새가 있었다. 시가지 초입에 오니 여관 안내자가 우리를 보고 여관에 투숙을 안 하겠냐며 따라왔다. 그러자 김사집 선생이 투숙하겠다며 그 안내자를 따라가는 것이다. 우리는 여관에 투숙할 만한 돈이 없는데 어찌 저분이 저렇게 여관으로 가나 하고 의아했지만 여하튼 김사집 선생님이 하시는 대로 따라갔다.

여관에 와서 방 하나를 정하고 점심을 먹으라고 하니 점심도 청하여 먹었다. 그런 후 부친께서 김 선생을 보고 "어쩔 작정으로 이곳에 오셨소" 하시니, 김 선생이 말하기를 "내가 알기로는 과거 송호宋虎 동지가 여기서는 '송호성宋虎聲'이라 하며, 산동성 2군단 사단장으로 있다는 말을 들었으니 일단 여관을 정하고 송호 동지를 찾아가서 도움을 청할까 한다"고 하셨다. 그 말에 부친께서 내가 미처 못한 생각을 김 동지가 하셨으니 연락을 해 보라고 하셨다. 이렇게 이틀간 휴식을 취한 후, 김사집 선생께서 제2군단장 앞으로 서신을 정중히 쓰시고, 여관 주인을 통해 주소를 알아낸 뒤 내게 편지 심부름을 시키셔서 그 서신을 군단장 처소로 가서 직접 전하고 왔다.

3일 후 여관으로 병사가 군단장의 회신을 가지고 와서 김 선생을 찾으니. 여관 주인이 황급히 우리 방으로 안내해 주었고, 그 병사는 김 선생에게 서신을 전하고 떠났다. 당시 여관 주인과 다른 사람들은 군단장이 병사를 시켜 서신을 보낸 것을 보고 우리가 아주 대단한 사람으로 생각했던 모양이다. 가지고 온 편지를 보니, 송호 사단장은 지금 관내에 없고 안휘성安徽省에 주둔하고 있으며, 이곳에서 거리가 멀어 직접 오지 못 한다는 내용이었다. 참으로 낭패였다. 근 1주일 동안의 여관 숙박료를 어찌하면 좋을지 참으로 막막할 뿐 방도가 전혀 없으니 정말 진퇴양난이었다.

여관 주인은 우리의 이러한 속사정도 모르고 군단장의 친구인 줄 알고 극진히 대우하며 1주일이 지나도록 여관비에 대해서는 한 마디를 꺼내지 않았다. 며칠 후면 8월 추석이 되니 더 큰 일이었다. 중국에는 8월 추석 전에 모든 외상은 다 청산하는 풍습이 있는

8월 추석: 1928년 추석(음력 8월 15일)은 양력으로 9월 28일.

숙현: 쑤셴(숙현宿縣, 1912~1992). 지금은 없어진 지명으로 현재 쑤저우시宿州市에 해당.

소로: 아주 작고 좁다란 길.

데 이를 어찌하면 좋겠는가. 그래서 궁여지책으로 야반도주할 수 밖에 없었다. 양심상으론 용납할 수 없지만, 속수무책이니 양심을 찾을 도리가 없는 것이다. 세상에 도적이 따로 있는 것이 아니다. 우리 같은 경우는 망국이 죄인 것이다. 그래서 밤이 되자 부친이 먼저 소지한 물건을 3개로 나눈 중 하나만 가지고 여관을 나오셨고, 그 후 김사집 선생이, 끝에 내가 방에 등을 끄고 자는 것처럼 하고는 여관을 빠져나왔다. 그리고 우리는 서주성 밖으로 나갔다. 철로를 따라 밤에 두 노인과 어린아이가 지나가니 참 이것이 무슨 기구한 팔자인가.

정신없이 걸어 가는데 갑자기 군인이 나타나서 이 밤중에 어디를 가는 거냐며 검문을 했다. 갑자기 당한 일이라 당황하였지만 검문하니 대답을 안 할 수가 없어, "이분은 나의 아버님이고, 다른 한 분은 나의 숙부입니다. 숙현宿縣에 있는 친척 집에 가는데 길을 잃어 어쩔 수 없이 철길을 따라가는 것입니다" 했다. 다행히 그 군인이 우리를 험한 인물로는 보지 않았는지 우리 보고 지금 이 철로는 우리가 경계하고 있는 곳이니 이곳을 피해 다른 길로 가라며 친절히 말하는 것이다. 그 말을 듣고 나는 그 군인에게 고맙다고 말하고 자리를 떠났다. 우리는 철길을 피하고 다른 소로小路로 갈 작정으로 맞은편 철로 위를 보니 무장 장갑차 3, 4대가 철로 위에 버티고 있었다. 그 광경을 보니 밤중에 우리를 통과시켜줄 리 만무했다. 무장한 대대병력이 토비土匪의 내습을 방비하는 처지이므로 흡사 전시 같았다. 그러니 이 지역 일대가 안전할 리가 없는 것이다. 농촌은 황폐하고 생활은 극히 어려운 지경이었다. 철로변을 벗어나서 한참을 갔다. 밤은 이슥하고 피곤하니 어디서 눈이라도 붙였다가 다시 가야겠다고 생각하고 파괴된 집터에서 날이 밝기를 기다리며 앉아서 졸았다.

새벽이 되니 몸에 한기가 돌아 졸지도 못하고 추위를 이기려고 운동을 하며 날이 밝기를 기다렸다. 그리고 또다시 전진하였다. 도둑이 제발 저리다고 했던가. 여관 주인이 금방 쫓아올 것만 같아 안심할 수가 없었다. 그저 멀리 가려고만 생각했다. 참으로 죄 짓고는

3, 4대: 원문에는 '34대'라고 표기됨.

토비: 지방에서 들고 일어난 도둑떼.

200리 거리: 서주에서 숙주까지 약 78.5km.

못 살 것 같았다.

숙현이라는 곳은 서주에서 200리 거리이니 못 가도 3일은 가야 한다. 한 동네를 지나다 아무 집이나 집주인 찾아 먹을 것을 좀 달라고 하고 하룻밤 재워달라고 부탁하니, 집주인은 먹는 것은 우리와 같이 먹어도 잠은 잘 데가 없으니 저기 헛간에서라도 자려면 자라고 했다. 나는 그 헛간이라도 자라는 것이 너무 고마웠다. 우리는 옥수수떡과 국을 저녁으로 먹고 헛간에서 옥수수 짚을 깔고 잤는데 이 또한 재수가 없었다. 새벽에 화장실을 다녀오신 부친께서 우리를 깨우시며 보따리 하나가 없어졌다고 하신다. 좌우를 둘러보니 정말 보따리가 없어진 것이다. 이러니 어찌하면 좋은가. 주인에게 말을 해 보았지만, 고개만 흔들 뿐 아무 말이 없었다.

중국은 본래 좀도둑이 많다. 그래서 신채호 선생이 예전에 '중국에서 살다 보니 중국의 어디를 가든지 좀도둑, 큰도둑 천지다. 조선의 좀도둑이 중국의 공자와 같다'라고 말하다가 김창숙 선생하고 대판 언쟁을 하는 것도 본 적이 있다. 주인도 대단히 미안해하며 아침을 먹으라고 권하면서 어찌하면 좋은가 하였다. 아침 식사 후 주인에게 우리가 지금 아무것도 없으니, 내가 입고 있는 외투라도 좀 팔아 달라고 부탁했다. 주인은 그러마 하고 외투를 동네에 가서 팔아 돈 1원 50전을 가져다 주었다. 우리는 주인에게 감사하다고 하고 음식값을 주려고 하니, 주인이 우리 집에서 도난당했는데 내가 어찌 음식값을 받겠느냐며 잘들 가라고 한다. 그러니 억지로 줄 것도 없이 그저 고맙다고 하며 그 집을 나섰다. 다시 철길을 따라 숙현으로 갔다. 정오쯤 되어서야 숙현역에 도착했다. 숙현에서 남경에 가려면 근 400리 거리가 된다고 한다. 남경에서 상해까지는 800여 리이다. 숙현역 근처에서 점심을 한 후 부친께서 김사집 선생에게 말씀하시길 "지금 이 초라한 행색으로는 상해에 갈 수 없다"고 하신다. "상해에 있는 사람들이 다 나의 형이요, 동생이요,

숙현역: 민국 원년(1912년) 숙주(쑤저우)가 숙현(쑤셴)으로 개칭하면서 '남숙주역'(난쑤저우역南宿州站)이 '숙현역'으로 바뀌었다.

숙현에서 남경에 가려면 근 400리 거리가 된다고 한다. 남경에서 상해까지는 800여 리이다: 400리는 약 157km. 실제 숙현에서 남경까지는 약 276km.

800리는 약 314km. 실제 남경에서 상해까지는 약 300km.

부친과 나는 서주부를 이틀 만에 왔는데: 숙현(숙주)에서 서주까지 이틀 걸렸다는 뜻. 현재 지도 기준으로 숙현에서 서주까지는 도보로 약 18시간 정도(약 79km) 소요.

아들인데, 내가 이 모습을 하고 그들을 만날 수 없지 않겠느냐 하시며 김 동지는 어떻게 생각하시오?" 하신다.

그 말을 들은 김사집 선생도 무어라 대답을 하겠는가. 한참 있다가 "그러면 선생님은 어떻게 하시겠습니까?" 하고 묻는 것이다. 부친은 나는 상해로 가지 못하겠고 도로 천진으로 돌아가겠노라고 하신다. 그 말을 듣자 김사집 선생님께서는 자기는 천진으로 돌아가지 않고 상해로 가겠다고 하였다. 두 분께서 한 시간쯤 환담하시더니, 아버지께서 나의 외투를 팔은 돈에서 3분의 1을 김사집 선생께 여비로 주시며 몸조심하라며 작별인사를 나누었다. 그리고 김사집 선생님은 눈물을 흘리시며 남쪽으로 가셨다. 끝내 두 분은 남북으로 서로 등을 향해 작별인사를 하신 것이다. 그러니 알게 모르게 서로 뒤를 자꾸 돌아보셨고, 한참을 가다가 문득 확인해 보니 서로의 자취가 보이지 않았다.

부친과 나는 서주부徐州府를 이틀 만에 왔는데, 해가 떠 있을 때는 서주역으로 가지 못하고 밤이 되어서야 역으로 갔다. 그 이유는 여관 안내자를 만날까 두려웠기 때문이다. 근 1주일 동안 돈 한 푼 안 내고 숙식하고 야반도주를 하였으니, 본의가 아니지만 양심의 가책 때문에 대낮에 떳떳이 역으로 가지 못하는 신세, 이것이 독립운동 하는 사람의 행동인가 자탄自歎하게 되었다. 여하튼 역에 와서 서주를 빠져나가야 하기에, 서주에서 임성臨城 조장석탄광棗莊石炭鑛으로 가는 비어 있는 석탄화물차가 있어 올라탔다. 그리고 얼마 안 있어 화물기차가 출발하니, 그제서야 조마조마한 마음이 풀렸다.

임성: 현재 산둥성 자오좡시棗庄市에 위치.

조장석탄광: 린청현臨城縣 자오좡 탄광棗庄石炭礦. 즉 임청현 조장 탄광.

1878년에 설립된 이 탄광공사는 산둥山東 이현嶧縣(지금의 자오좡시 시중구市中區)에 세워졌으며, 오직 중국인들로만 운영되는 국영기업이었다.

비어 있는 석탄화물차가 있어 올라탔다: 현재 기준 서주역(폐쇄됨)에서 임성역까지는 도보로 약 111시간(최단 직선거리 489km), 차로 약 5시간 정도가 걸린다.

임성역: 임성역臨城站(린청역)에는 2022년 8월 진푸철로津浦鐵路 자오좡전시관棗庄 陳列館이 개관되었다.

중국의 진포선 철도는 중·영 합작으로 건설되었기 때문에: 1898년에 맺은 협약에 따라 영국과 독일은 톈진부터 푸커우-진푸선津浦綫까지의 노선을 합작함.

임성에 화물차가 밤 1시나 되어 도착하니, 우리는 하차하여 임성역 내에서 하룻밤을 지냈다. 석탄화물차에 탔기 때문에 전신에 석탄이 묻어 의복이 흑색으로 변했다. 그래도 별수 없지만 내일은 어떻게 기차를 타고 가나 하는 것이 더 큰 문제였다. 이튿날 부친께서 천진 빈민구제원에 있는 규숙 누님에게 우리가 다시 천진으로 가는 중이라는 편지를 쓰시겠다고 하셔서, 내가 역사무실로 들어가 지필묵을 좀 빌려 달라고 사정을 하니 한 청년 사무원이 지필묵을 가지고 나와 부친께 인사를 드리고 빌려 주었다. 부친께서 편지를 쓰시는 동안 나는 그 청년 사무원과 여러 대화를 나누었다. 청년 사무원이 내게 어디서 학교를 다녔냐고 묻기에 천진 남개학교를 다니다가 부친과 이렇게 오게 되었다고 하니 그 청년이 아주 반색하며 자기도 남개학교를 졸업하고, 철도국에 취직되어 이곳에 와 있다고 말하더니, 자기 사무실에서 올해 천진 남개학교 재학생 명부를 가지고 나오는 것이었다. 그러더니 내 이름을 찾아보라 하기에 명부를 확인해보니, 내 성명 '이규호'가 기재되어 있었다. 청년 사무원이 그것을 보더니 더 큰 호감을 보이며 너의 부친과 너는 기차를 타고 천진으로 가야 하겠지만, 좀 문제가 있다고 말했다.

본래 중국의 진포선津浦線 철도는 중·영 합작으로 건설되었기 때문에, 영국인의 지분이 있어 우리 중국 역원 마음대로 일을 못 하며, 무임승차도 우리 맘대로 허락하지 못한다는 것이다. 또 기차 내에서 검표하는 것도 중국인과 영국인이 같이 검표하므로, 중국인 검표원에게 미리 부탁해야 하며, 그래도 영국 검표원이 문제를 삼으면 그땐 정말 곤란하다는 것이다. 그러더니 내가 잘해 보겠으니 기다리라고 하였다.

부친이 누님에게 편지를 써서 부치시고 기차가 오기를 기다리고 있는데 그 청년이 나에게 일괴양전一塊洋錢을 주면서, 가다가 부친께 음식을 사드리라며 나라를 위하여 이렇게 고초를 겪으니 퍽 안됐다고 하는 것이다. 오후 4시경 천진으로 가는 기차가 오고 그 청년이 기차에 검표하는 사람과 자기들끼리 대화하더니, 우리를 그 검표원에게 소개해 주었다. 기차를 타고 가다가 상황을 잘 보고 검

일괴양전: 은화 한 닢을 가리키는 말.

제남역: 옛 진푸철로를 지나는 제남역濟南車站. 이 역은 산둥성 지난시濟南市 톈챠오구天橋區 옛 상업부두의 북동쪽 구석에 있었다. 현지(지난) 사람들은 이곳을 '오래된 기차역(老火車站)'이라고 부른다.

남창역: 톈진시 베이천구北辰區 티엔무전天穆鎭 난창南倉에 있는 화물역이자 조차역.

표원의 지시에 따라 행동하시면 된다며 우릴 보고 잘 가시라고 인사를 했다. 남개학교 동학이라는데 호의를 가졌고 부친께서 한국인으로 항일독립운동하시는 분이라는 데 더욱 동정하는 것이다. 자기가 남개학교에서 공부할 때 교장 장백령 선생님께서 일본의 중국에 대한 불평등 조약 및 갖가지 침략에 대하여 자세히 가르치고 애국심을 고취시켰다고 했다. 여하튼 우리는 그 청년의 덕을 단단히 본 셈이다. 참으로 감사할 뿐이다.

기차를 타고 새벽에 제남濟南으로 거의 올 때쯤, 영국 검표원이 검표를 하기 시작했다. 그때 중국 검표원이 영국인에게 무어라 말을 하곤, 우리에게 제남역장에게 부탁해 놓을 테니, 안심하고 제남역에서 내렸다가 다음 오는 기차를 타라고 말해 주었다. 우리야 그 사람이 하라는 대로 하는 수밖에 없는 것이다. 과연 제남역에 도착하여 우리가 하차하니 그 검표원이 역장에게 부탁하였다. 그 기차가 떠나고 우리는 역장과 역 사무실로 가서 대기하였다. 다음 날 새벽에 기차가 들어오자 역장은 기차 검표원에게 전과 같이 부탁하였다. 그리하여 우리는 또 그 기차를 타고 가게 되었다. 참으로 그 분들이 우리에게 베푼 호의야말로 감사할 따름이다.

기차를 타고 밤새도록 가는데 남창역南倉驛을 지나서 영국인이 검표를 하였지만, 잘 피하여 하차하지 않았다. 이튿날 아침 7시경 또 검표를 하였다. 하차하는 역은 정해역靜海驛인데, 여기서는 천진시까지 50여리라 여하튼 거의 다 온 셈이었다. 당시 동학이었던 임성역의 청년 역원과 각 역장 및 검표원들에게 지금까지도 감사하다. 그래서 고마운 마음을 잊지 않기 위해 글로 쓰는 것이다. 후에 나는 동학인 임성역의 청년 역원에게 감사의 편지를 보냈었다. 안타깝게도 그 동학의 성명을 (지금은) 기억하지 못해 아쉬울 따름이다.

정해의 식당에 들러 아침을 먹고 부친을 모시고 천천히 천진시를 향해 걷는데, 내가 부친께 어찌하여 상해로 안 가시고 도로 천진으로 돌아오시려 하셨는지 여쭈니, 부친께서 "너도 생각해 보거라. 너의 누이와 동생을 빈민구제원에 두고 어쩔 수 없이 천진을 떠

정해역: 톈진시 징하이구靜海區 동팡훙루東方紅路 338호에 자리한 기차역. 진푸철로의 원 철로 노선에 있던 역 중 하나로 1908년에 운행을 시작했고 현재는 문을 닫음.

백하 강변: 강바닥의 모래가 하얗다고 해서 '백하白河'라고 하였다.

20리: 약 8km.

났으나, 지금은 왜놈들이 내가 어디로 갔는지 모를 것이다. 그러니 다시 천진으로 가서 누이·동생을 데려와 안주시키고, 네 어머니에게도 연락해 모든 문제를 해결하여야 하지 않겠느냐" 하시는 것이다. 나는 그 이야기를 듣고 맘속으로 '이 곤란한 상황 속에서도 잠깐이라도 자식에 대한 염려를 놓지 않으시는구나' 하고 생각했다. 물론 남루한 모습으로 형, 동생, 아들과 옛 동지들을 상봉하기 싫은 위신 문제도 있겠지만, 그보다 자식에 대한 걱정이 우선이라는 것을 단지 말씀을 안 하실 뿐이었다.

저녁때가 다 되어 천진시 근처까지 왔지만, 시로 들어갈 순 없어 '잔棧', 그러니까 여인숙에서 잠을 자게 되었다. 그렇게 하룻밤 지내고 이튿날 천진으로 들어가 누님이 계신 빈민구제원으로 가려 했으나, 석탄화물차를 탔던 까닭에 내 옷이 너무 볼썽사나워서 그대로는 도저히 누님에게 갈 수가 없었다. 생각하다가 비누 하나를 사서 백하白河 강변에서 세탁을 했다. 옷을 홀랑 벗어 강물에 빠니 음력 8월의 햇볕이라 한 2시간 만에 다 말랐다.

깨끗해진 옷을 입고 부친께 이곳에서 기다리시라고 한 뒤 나는 빈민구제원으로 갔다. 한 20리 되는 것 같았다. 돈이 아까워서 전차도 안 타고 그냥 걸어서 가니 참으로 다리가 아프고 배가 고팠다.

천진 중국인 거리 금탕교와 경찰청(天津支那街金湯橋及警察廳)

홍경숙: 이규숙의 가명 중 하나. 리경숙이라는 이름도 사용했다.

짜장면: 한국의 짜장면이 아닌 천진의 차오미엔炒面(도삭볶음면)으로 추정.

빈민구제원을 찾아서 누님을 보러 왔다고 하니, 홍경숙洪卿淑이냐고 하며 잠시 기다리라고 하더니 누님이 큰 보퉁이를 들고 나오셨다. 반가운 수인사와 함께 근처 음식점으로 가서 짜장면을 사 주시며 부친과 네가 얼마나 고생했느냐며 우는 것이다. 부친의 편지를 받고 원내에 있는 여자들에게 우리 사정을 말하며, 부친이 천진으로 다시 오신다는데 나도 돈 한 푼 없으니 어찌하면 좋으냐고 하니, 그 여자들이 자기들끼리 얘기하다가 본인들이 소유하고 있는 의복을 두세 벌씩 내놓고, 동생이 오거든 팔아서 부친의 생활비로 보태 쓰라고 하여 가지고 나왔다고 했다. 누님은 점심 먹고 어서 부친께 가라면서, 이곳 사정은 후에 상세히 말한다며 현숙이도 잘 있으니 너무 심려치 마시라 전하라고 했다.

나는 점심을 얻어먹고 누님과 작별을 한 후, 누님이 준 의복을 가지고 전에 자주 가던 전당포로 갔다. 거기서 의복을 내어놓으니 주인이 자세히 보고는 5원을 주겠다고 한다. 주인은 "너 참 오래간만이다" 하면서 사실 많이 주는 거라고 하며 돈을 건네주었다. 사실 많이 준 것이다. 나는 주인에게 감사하다고 하며 부친이 기다리시는 곳으로 서둘러 갔다. 시간이 너무 오래 걸려 매우 피곤하신지 벽에 기대어 주무시는데, 내가 오는 것도 모르시고 깊게 주무시는 것

잔점: 여관. 객잔.

동자: 청조 말부터 항일전쟁 이전까지 중국에서 통용되던, 동으로 만든 보조화폐. 동원銅圓이라고도 한다.

금탕교: 진탕자오(금탕교). 원래 이름은 동부교東浮橋. 톈진시 내에서 난카이구南開區와 허베이구河北區 사이의 하이허海河를 건너는 다리로, 톈진에서 가장 먼저 지어진 대형 구조물 중 하나이다(1906 시작, 1907 준공). 총 길이 76.4m, 폭 10.5m.

소왕장잔: 소왕장 쪽에 있는 여관.

불란서조계지에 있는 조선은행: 옛 톈진 조선은행을 가리키며, 현재 주소지는 카이팡베이루解放北路(해방북로) 97—101호. 1918년에 지어졌으며, 당시 거리 이름은 대법국로大法國路이다(법국法國은 프랑스를 뜻한다). 프랑스식 이름은 Rue de France.

소왕장: 소왕장은 마을 이름이 아니라, 오늘날의 '소왕장다제小王莊大街'(현재 톈진시 허베이구 톈타이루天泰路(천태로)의 동서 양측 지역을 통틀어 일컫는다. 범위는 북쪽으로는 진푸철로, 남쪽으로는 신카이허新開河까지로 추정된다. 소왕장의 예전 이름은 퉁창리同昌里로 이 일대는 20세기 초까지만 해도 황무지나 다름이 없었고, 특히 1930년부터 1950년대까지는 범죄자를 처형하는 사형장이었다고 한다. 소왕장 내에는 마을이 많았는데 그중 비교적 유명한 곳을 꼽으라면 구샹촌顧鄉村, 디토우堤頭, 신장辛莊 등등이 있다.

이다. 자식 된 도리로 참 죄송하였다.

부친을 가만히 깨워 '잔점棧店'을 찾아서 모시고 갔다. 저녁때가 되자 나는 상점에 가서 쌀과 반찬 등을 사 가지고 와, 밥을 지어 부친과 먹었다. 잔점에서 잠만 자는데도 하룻밤에 동자銅子 10매枚를 주어야 했다. 음식은 스스로 지어 먹어야 한다.

이렇게 수일 지내면서 국내에 계신 어머니께 천진시 금탕교金湯橋 소왕장잔小王莊棧의 주소에 와 있다고 간단히 편지를 보내었다. 한 1주일이 있으니 어머니께서 편지를 받아 보시고 어떻게 변통하셨는지 조선은행 돈 10원과 "안녕하다니 정말 안심이고 돈을 변통하는 대로 보내겠다"는 내용의 편지를 보내셨다. 불란서조계지에 있는 조선은행에 가서 환전을 하니 중국 돈 13원이 되었다.

이렇게 잔점에만 있을 게 아니라, 방을 한 칸 얻어서 기거하기로 하고 소왕장小王莊 근처 집을 둘러보니 천진시 중에서도 빈민촌이라 토방土房은 세가 싼 편이었다. 중년 부부로 딸만 둘을 둔 주인집에 방 하나를 임차하고 이튿날 이사를 하였다. 이불 등은 전당포에 잡힌 것을 찾아왔다. 수개월 만에 부친을 모시고 편안히 잠을 자게 되었다. 이것이 다 어머니의 지극하고 자애로운 마음의 소치이니 얼마나 감사한가. 그뿐만 아니고 국내에 계신 부친의 동지분들

천진에 실재했던 토방의 모습. (May 7, 1911)
출처: HISTORICAL PHOTOGRAPHS OF CHINA(https://hpcbristol.net/)

세교: 대대로 맺어 온 친분.

동짓달: 음력으로 열한 번째 달.

이 걱정하시는 마음이 모여 왜놈의 혹독한 감시 속에서도 음으로, 양으로, 동지애로, 진실로 위선이나 가식 없이 도움을 주신 것이다. 내가 누누이 말하며 강조하지만 국내에서 사귄, 의리를 숭상하고 가문끼리 전통적으로 맺은 유대 관계는 보통 독립운동을 하던 인물들과는 판이한 점이 있었다. 광복 후에도 그분들을 뵐 때나 그 후손들이 생각하는 것을 보아도 하늘과 땅 차이였다. 그러니 세교世交라는 것을 강조할 수밖에 없는 것이다.

빈민촌 소왕장에서 9월을 보내고 10월이 되었다. 기후가 차츰 추워지니 옷이 문제가 되었다. 누님께 가서 전당표를 가져다 아버님과 내 겨울 옷을 찾고, 겨울 살림 준비하려고 이럭저럭 조금씩 장만을 하니 돈이 얼마 남지 않았다. 그렇게 10월이 다 가고 동짓달이 되니 기후가 몹시 차서 생활비가 더 들었다. 식량도 다 먹고 석탄도 다 때게 되니 사방을 돌아보아도 보조를 받을 곳이 없었다. 그렇게 동짓달 15일경이 되자 석탄과 양식이 다 떨어지게 되었는데 날은 혹한에 밥도 못 먹으니 배고픔과 추위를 참을 수 없었다. 그래서 이불을 전당 잡혀 수일 배고픔과 추위를 면하다가 또 할 수 없어서 겨울 옷도 전당 잡히게 되었다. 이러다 보니 배고픔이 추위보다 더 참기 어려운 것을 절실히 알게 되었다. 이러한 형편을 딱하게 여긴 집주인이 '노인이 추워서 어찌 살겠는가' 하면서 홑이불을 갖다 주고 옥수수 가루 한 사발도 주었다. 죽을 만들어 노인께 드리라고 은혜를 베푼 것이었다. 하지만 그것도 하루 이틀이지, 자기도 가난한 처지에 우리의 이런 처지를 어찌하겠는가.

집주인은 우리를 남방 복건인으로 고향에서는 잘 사는 사람으로 생각했다. 부친의 인품이나 관상을 봐도 귀와 부를 겸한 분으로 보

중국 남방에 내란이 발생하여: 1927년 연초부터 우한 정부와 대립했던 장제스와 국민당 우파는 같은 해 4월 12일, 중국국민당 좌파와 중국공산당을 대상으로 상하이 쿠데타(상하이 대숙청)를 일으킨다. 이 사건으로 제1차 국공합작은 결렬되고 제1차 국공내전이 시작되었다.

기한: 굶주림과 추위.

매탄: 석탄石炭.

어레미: 곡물의 알갱이나 모래나 흙 등을 크기에 따라 선별해서 걸러낼 때 쓰는, 바닥의 구멍이 굵은 체.

았던 것이다. 그때 마침 중국 남방에 내란이 발생하여 서신이 두절이 되면서 돈이 못 온다고 말씀드리니, 주인네들이 다 그대로 믿었다. 참으로 그날그날 지내는데 죽지 못해 사는 형편이었다. 나는 그래도 어려서 참고 지내지만, 부친께서는 근 1년간 하도 고생하셔서 허약해지니 기한饑寒을 못 참으시는 것 같았다. 밤에 잠도 못 자고 먹지도 못하니 내 생각에 부친이 곧 돌아가실 것 같은 생각이 들었다.

주인집 부인과 의논하니, 부인이 나보고 내일 아침 새벽 4시에 금탕교를 건너 일본조계지나 불란서조계지의 부잣집 대문 앞에 가 있으면, 하인이 밤새도록 양로洋爐에 때다 남은 매탄煤炭재를 버릴 테니 그것을 주워 오라고 했다. 그 재 속에서 타다 남은 매탄을 고르는데 그것이 '코크스'이다. 이것을 주워 오면 조개탄煤球 때는 화로를 줄 테니 방에다 때라는 것이다. 그리고 석탄재를 치는 어레미와 자루, 쇠갈퀴를 장만하여 줄 터이니 4시경 집에서 나가면 이런 것을 주우러 가는 아이들이 많으니 따라가서 그 아이들이 하는 대로 하면 된다고 일러 주었다. 부인의 말대로 그렇게 하면 우선 돈 안 들이고 몸을 녹이는 방법이 되는 것이다. 부인께 감사하다고 하고 내일부터 이 공작을 하기로 작정하였다. 부인이 저녁 때 재를 치는 어레미와 자루, 쇠갈퀴 등을 내게 주며 잘하라고 신신당부를 하셨다.

그런데 나는 솜옷 아닌 홑옷을 입고 있는 판에, 새벽 영하 20도가 넘는 날씨에 밖에 나갈 생각을 하니 기가 막혔다. 그래서 또 부인께 사정을 하니 자기 남편이 입던 다 떨어진 상의 하나를 주셨다. 그것조차 감사할 뿐이었다. 밤을 지내고 방직공장에서 공인 교대의 기적 소리가 꼭 4시에 울리므로, 그 소리에 맞추어 세 가지의 도구를 들고 보자기로 귀를 싸매고 금탕교를 건너갔다. 그리고 제일 가까운 일본조계지로 질주하여 갔다. 과연 부인의 말대로 나 같은 아이가 수십 명이 보였다. 이런 매탄재에서 타다 남은 매탄을 주우러 온 아이들을 이곳에서는 '야해자野孩子'라고 호칭한다. 우리말로 하면 '들판의 아이'라는 뜻이다. 그러니 나도 '들판의 아이'가 되어버렸다. 이 또한 무슨 운명의 팔자 소관인가. 하여튼 그때는 그것이 문제가 아니었고, 단지 석탄 찌꺼기를 얼마나 많이 자루에 담느냐가 급선무였다.

야해자들이 하는 것을 보고 그대로 하다 보니 한 시간쯤 걸려서 한 자루를 채웠다. 새벽 4시에 집을 나와서 매탄 한 자루를 채워 둘러메고 집에 돌아온 것이 거의 10시였다. 거의 6시간 동안 야해자 노릇을 하고 보니 전신에 석탄재를 뒤집어쓴 상거지가 따로 없었다. 집에 와서 주인이 준 석탄화로에다 불을 피우니 불길이 제법 강하고 석탄 냄새도 없었다. '코크스'가 된 탄이라 아주 품질이 좋은 것이다. '사람이 죽으란 법은 없구나' 하는 생각이 재삼 들었다. 방 안이 금방 온기가 돌며 한기가 없어졌다. 부친께서 당신 자식의 이런 꼴을 보시고 마음이 어떠하실지 짐작이 가고도 남았다. 그러나 부친이나 나나 그런 모양에 개의할 때가 아니었다. 어떻게 해서라도 음식이라는 것을 입에다 넣는 것이 급했다. 나도 어찌나 배가 고픈지 기운을 차릴 수가 없었다. 좀 남아 있는 옥수수 가루만으로 죽을 쑬 수가 없어서 시장에 나가니 배추 겉잎 벗긴 것이 배추 옆에 있기에 그걸 주워 가지고 집에 왔다. 그걸 물에 씻어 잘게 썰어 죽을 쑤는데 같이 넣어 끓이니 우거지 옥수수죽이 되었다. 그걸 부친께 한 그릇 드리고 남은 것을 내가 맛있게 먹었다. 배고프고 얼었던 몸이 따뜻한 방에서 죽 한 그릇을 진수성찬처럼 먹고 나니 몸이 확 풀리며 잠이 와서 염체불구하고 잤다. 이런 노릇은 매일매일 하루도 빠짐없이 실행했다.

그런데 인간은 본래 귀천이 있는 게 아니라는 것은 진즉 깨닫고 있었다. 다만, 이런 모양과 이런 행동은 참으로 '야해자'인데 이런

天津城廂保甲全圖
光緒二十五年歲次己亥仲春
總理天津保甲事宜
延津李蔭梧敬題
山陰馮啟鷸謹繪

〈천진성상보갑전도天津城厢保甲全图〉(1899)

출처: LIBRARY OF CONGRESS (https://www.loc.gov/)

지도 위 실선은 이규창이 석탄재를 얻기 위해 소왕장 쪽에서 금탕교를 건너 서개까지 이동한 추정 루트를 표시한 것이다.

서개: 광서 25년(1899)에 그려진 〈천진성상보갑전도天津城厢保甲全图〉에, '마가구馬家口' 옆에 '서개西開'라고 적힌 두 글자를 발견할 수 있다. 이 서개는 현재 없어진 지명으로 1900년대 이후 저지대에 고층건물이 들어서면서 서개의 범위는 차츰 줄어들어 서남쪽으로 치우치게 된다. 시대에 따른 서개의 범위 변화는 다음과 같다.

1) 1900년 이전: 현재 백화점 남쪽, 중국대극장中國大戲院 북쪽, 다구루大沽路 서쪽 지역.

2) 1900년대 이후: 이때 서개는 남서쪽으로 이동하여 창즈강墻子河으로 이동했는데, 이는 오늘날 빈장다오濱江道와 허베이루河北路 사이의 부채꼴 모양 지역에 해당.

3) 1920년대 무렵: 빈장다오 형성 후 창즈강 너머, 즉 지금의 서개교회 일대로 후퇴하였고, 서쪽으로는 시캉루西康路, 서남쪽으로는 구이저우루貴州路(황가정원黃家花園 포함), 서북쪽으로는 시핑다오四平道 일대로 이동.

그러나 이규창은 '불란서조계의 서개'를 갔다고 하였으므로, 당시의 서개 중에서도 이곳은 'Rue Depasse', 즉 31호로路인 더다푸루德大夫路로 보인다. 현재 이곳 명칭은 허베이루河北路로, 진저우다오錦州道부터 잉커우다오營口道에 걸쳐서 있다.

영미연초공사: 현지 명칭은 영미연공사英美煙公司. 1949년 전까지는 중국 내에서 가장 큰 담배공사였으며, 현재 중국공업유산보호리스트에 들어간다. 상하이, 우한, 칭다오 등지에도 회사가 있었으며 톈진에는 둥리구東麗區 청린다오成林道 319호에 회사가 있었다.

환경에서도 생존경쟁이 있고 적자생존의 진화원칙이 적용되었다. 그 많은 '야해자' 속에서 남보다 더 빨리, 더 많이 차지하려고 부잣집 문 앞에 서 있다가 하인이 석탄재를 메고 나와 버리자마자 온몸으로 그 석탄재 위를 덮쳐 다른 '야해자'가 접근하지 못하게 하고 나 혼자 골라서 자루에 넣는 식으로 하니, 시간이 절약되어 빨리 집으로 올 수 있었다. 이것이 바로 생존경쟁이며 적자생존의 원리가 아니겠는가. 이렇게 하기를 근 1개월 동안 하니, 방구석에 석탄이 산처럼 쌓여서 추위에는 근심이 없었으나, 심한 굶주림을 해결하는 것이 급선무가 되었다.

12월 10일경 석탄을 주워 집에 오니 부친의 신색이며 몸 전체가 힘이 없어 금방 돌아가실 것 같았다. 내가 그때처럼 당황한 적이 없었다. 기나긴 엄동설한에 이런 비참한 생활이 지속되니 몸이 극도로 쇠약해지신 것이다. 그래서 나는 화로에 석탄을 넣으며 부친께는 아무 말도 하지 않고 생각했다. 그리곤 방에서 나와 전에 살았던 불란서조계의 서개西開에 사는 김형환 선생 댁으로 무턱대고 갔다.

김형환 선생은 이광李光 선생의 외척 되시는 분인데 천진에서 오래 사시며 영미연초공사英美煙草公司에 근무하셨다. 선생 내외분이 사셔서 우리가 천진에 온 후 이광 선생의 소개로 자주 그 댁에 갔었다. 나는 김형환 선생 댁으로 가는 것이 잘하는 것인지 잘못하는 것인지 생각할 여유조차 없었다. 단지 부친의 형편이 위급하니 재빠르게 달려가, 그 댁에 당도하였다. 나는 2층에 올라 문을 두드리자, 곧 하인이 문을 열면서 누구냐고 물으며 내 행색을 보더니 걸인 중에 상걸인 행색이라 이상하게 생각하는 것 같았다. 내가 김 선생님 계시냐고 물었더니, 하인이 주인께 말을 하는 것 같았다. 김 선생이 나와서 나를 보고 대경실색을 하시며 너 규호가 아니냐며 방으로 들어오라 하시며, 어찌 되어 이 꼴이 되었으며 우당 선생은 어찌 되셨느냐고 물으셨다.

내가 "부친께서 형편이 말이 아니어서, 제가 부친께는 말씀을 못 드리고 선생님께 구원을 청하러 왔습니다" 하며 원조를 청했다. 내 말을 들으시고 김형환 선생이 대양大洋 5원을 주시며 어서 부친께

대양: 중국 화폐였던 은전銀元(圓)을 가리키는 말. 다른 말로는 '양전洋錢', '화변전花邊錢'이라고도 한다. 백동전(1각角)은 소양小洋이라 했고 10각이 1대양이다.

20여 리가 되는 거리: 약 8km 정도 되는 거리. 현재 도보 기준으로는 1시간 30분 전후가 걸리며, 실제로 서개부터 소왕장까지는 약 7km에 달한다.

가라고 하셨다. 그리고 지금 천진에서는 이회영 선생이 근 1년간 행방불명이 되었다고들 한다며, 자세한 이야기는 추후에 하자고 하셨다. 김형환 선생님의 아내는 지금 병원에서 아이를 낳고 집에 없다고 하신다. 나는 김 선생께 인사를 하고, 대양 5원의 큰 돈이 수중에 있으니 용기백배하여 집까지 20여 리가 되는 거리를 불과 1시간도 안 걸려서 달려왔다. 집 근처에 와서 쇠고기와 쌀, 야채를 사서 방에 왔다. 전후 사정도 말씀드리지 않고 밥을 짓고 고기로 전골을 만들어서 부친께 드렸다. 부친도 하도 시장하시다가 수개월 만에 고기와 쌀밥을 드시니 어떻게 이런 음식을 마련했느냐 하시는 말씀도 않고 다 잡수셨다. 나도 먹고 식후에 다 정돈하여 놓고 부친께 자초지종을 말씀을 드렸더니, 부친께서 칭찬하시며 용기가 가상하다 하셨다.

김형환 선생은 우리가 다시 살아날 수 있게 해 준 은인이었다. 방에 석탄은 있고 돈도 크게 5원이 있으니 그만 부자가 된 기분이 들었다. 나는 매일같이 '야해자' 노릇을 하며 새벽에 나가서 석탄 찌꺼기를 한 자루씩 모아오고 세 끼를 챙겨 먹으니 기분이 참으로 뿌듯했다. 부친도 식사를 제대로 하시고 내가 가끔 육류를 사다가 보신을 해 드리니 원기가 나시는 것 같았다.

그러나 중국의 풍속은 정월 1일부터 15일까지 모든 게 휴업 상태이므로 빈부를 막론하고 15일치 음식을 미리 준비해 놓아야 한다. 만약 못해 놓으면 별수 없이 굶어 죽는 것이다. 국내에 계신 어머니도 중국의 풍속을 알아서, 세말歲末에 무언가 보내 주실 것 같아 매일 기다리고 있었다. 상해에 있는 규학 형님에게도 편지로 이러한 사정을 대충 전했었다.

우리가 이 토방에 온 후 부친께서 백지 큰 종이에 묵란墨蘭을 그리시고, 화제畫題로 〈자연지상 여만물自然之像 如萬物〉이라 써서 그 화폭을 벽에다 붙여 놓으셨다. 집주인이 화폭을 보고 어르신이 이런 훌륭한 문장과 그림을 하시니 참으로 존경스럽다고 하였다. 중국 사람은 숭문崇文 기풍이 있어 글 잘 쓰고 문장을 잘하는 사람을

소산: 이규창의 호. 일제강점기 당시 독립운동가들은 신변 보호를 위해 본명(그 당시 이름은 이규호)보다는 호나 가명을 썼다.

호를 휘파람 소(嘯)에 뫼 산(山)을 쓴 것은 초명이 '규호'인 것에 착안하여, '범이 산에 올라가서 휘파람을 분다'는 뜻으로 이회영이 직접 지어 준 것이라고 한다.

출처: 공훈전자사료관 《독립유공자증언자료집》 1권 중 '이규창'(2001)

세밑: 歲밑. 한 해가 끝날 무렵. 설을 앞둔 섣달 그믐께를 이른다.

존경하는 풍조가 있다. 비록 집주인 자신도 가난하지만, 우리를 동정한 것이다. 그러다 12월 27일경 주인의 딸 '소팔'이가 "소산嘯山" 하고 나를 부르며, 우편이 왔다고 외쳤다. 그리하여 내가 급히 나가 보니 우편부가 나를 보고 도장을 가져와 편지를 받아 가라고 하였다. 내가 도장을 찍어 주고 편지를 보니, 국내에서 어머니가 부치신 등기 서신이었다. 편지에는 안부의 말씀과 함께 일화 20원을 부쳤다고 하셨다. 그때처럼 세상에서 부러울 게 없었던 적이 없었다. 세밑은 되어 가는데 어찌 이 고비를 지내나 하고 주야로 근심하던 차였다. 어머니께서 온 힘을 다해 이 많은 돈을 보내 주시니, 백 번 천 번 감사한 마음이 들었다.

뒤늦게 알았지만, 어머니께서 묵정동 유곽 여자들의 옷을 짓고 수선하고 세탁해 주고 받은 돈이 10원에 이득년, 유창환, 김진호 선생들의 성의로 모은 돈 10원을 합쳐 20원을 보내신 것이다. 이 모든 분에게 죽어도 은혜를 잊지 못하겠다. 해외에서 지내는 동안 우리 식구들의 생활 환경은 무척 비참했지만 특히 1927~1928년 2년간의 부친과 나의 생활은 어떤 말로도 표현이 부족하다. 지금까지 75년을 사는 동안 이토록 비참하고 절망적이었던 적은 천고에 없었다. 만약 내가 문학적인 소질이 있어 그 절망적 생활상을 글로 옮길 수 있다면 세계의 명작이 될 것이다. 사실 나는 지금까지도 이런 일들이 내 개인의 운명, 그리고 팔자소관이라고 생각하며 살아왔다. 다만 나는 이런 일도 독립운동의 한 역사가 되겠는지 남들의 평을 바란다.

어머니의 서신을 받고 나니, 부친이나 나보다 집주인이 더 기뻐하였다. 그들이 우리에 대해 얼마나 마음을 쓰고 있었는지 알 수 있었다. 이튿날 나는 매일 하던 야해자의 일을 하루 쉬고, 불란서조계 조선은행 지점에 갔다. 중국 점원이 호의로, 대양 25원을 환전하여 일본 돈보다 3원을 더 쳐주었다. 집에 오다가 배가 고파, 주머니가 두둑한 김에 음식점에 들러 짜장면을 사 먹었다. 그리고 전당포에 맡겼던 부친과 나의 겨울 옷을 찾아 집에 오니, 시간이 정오가 다 되었다.

부친께서는 조반을 드시고 나를 기다리고 계셨다. 겨울 옷을 입게 해 드리니 한결 마음이 편안하였다. 이불을 또 찾아와야 하기에

주련: 기둥이나 벽 따위에 장식으로 써서 붙이는 글귀.

잠시 쉬다가, 전당표를 가지고 또 나가서 이불을 찾아오는데 힘들었다. 저녁때가 다 되어서 집에 오니 부친께서 저녁밥을 해 놓고 나를 기다리시느라 저녁을 안 드시고 계셨다. 그날은 밥도 잘 먹고 따뜻한 이불을 덮고 잠을 청하니 수개월 만에 평안한 잠을 잤다.

소왕장小旺莊 동네에서 우리 집이 큰 화젯거리가 되었다. 그도 그럴 것이 노인과 나이 어린 아들이 엄청나게 고생이 많았는데, 고향에서 많은 돈이 와서 형편이 풀렸다는 소문이 나니 다들 흠모하는 모습이었다. 소왕장 동네에 대중 찻집茶館 하나가 개점하게 되었는데 그 주인이 부친을 뵙고 기둥에 걸어둘 축하 주련柱聯을 써달라고 간청하였다. 부친이 흔쾌히 승낙하시고, 가져온 주련에다 왕희지체로 한 대구對句를 잘 써서 주시니 주인이 싱글벙글 좋아하며 개점하는 찻집 정면에다 걸어 두었다. 다음 날 주인이 개점식에 부친을 모시고, 큰 대접을 하였다. 모든 사람들이 부친께 와서 인사를 하며 주련을 써 주신 데 대한 감사를 표했다.

그리고 난 후에는 동네 사람들은 필요할 때마다 부친께 글을 써 달라고 하였다. 나는 그래도 아침 4시면 일어나 헌옷을 입고 어레미와 자루를 가지고 석탄을 주우러 갔다. 내 생각엔 아무리 돈이 있고 생활이 나아졌다고 하여도 그 짓을 하지 않았으면, 부친은 벌써 동사하셨을 것이다. 나도 어찌 되었는지 누가 알겠는가. 인간은 과거를 망각하면 안 된다는 철학적 이치를 그때 터득하였고, 그것이 나이 70이 넘도록 나의 생활 철학이자 인생의 철학이다. 그때 그 경험이 좌표가 된 것이다.

1929년 신년을 잘 지냈다. 정초에는 빈민구제원에 있는 누님과 동생이 원장의 특별 호의로 3일간 집에 와서 과세過歲를 하게 되었다. 그때 동생 현숙이는 나이가 10세인데 중국 백화문白話文으로

과세를 하게 되었다: 설을 쇤다는 뜻.

동생 현숙이는 나이가 10세인데: 원문에는 '8세'라고 적었으나 이현숙은 1919년생이므로 이 당시 이미 10세이다.

백화문: 구어체(白話)로 쓴 중국의 글.

중국 '백화문'의 원본이 존재하여 이 책에 복사하여 첨부한다: 현재 남아 있는 자료가 없어서 부득이하게도 첨부하지 못함.

동가식서가숙하는: 이리저리 일정한 거처 없이 떠돌아다니는.

글을 써서 부친께 드렸다. 참 잘 쓴 것이라 하였다. 현숙이는 해방 후 만주 장춘長春에서 30살이 되기 전에 한 많은 사연을 간직한 채 죽고 말았다. 그 시절에 동생 현숙이 부친께 써서 올린 중국 '백화문白話文'의 원본이 존재하여 이 책에 복사하여 첨부한다.

나는 학업에 소홀히 하지 않았고, 시간만 있으면 공부를 하였다. 1월 말경 어머니께서 손수 부친의 솜두루마기綿袍와 상하의하고 내 상하의를 지어서 소포로 보내 주셨다. 또 상해에서 규학 형님이 30원을 보내왔다. 형님은 상해에서 영국인이 경영하는 버스 공사에서 검표원으로 일하며 매월 45원을 받아 생활하는데 임시정부 요인들의 생활비에다 석영 숙부님과 시영 숙부님의 생활비까지 보조하려다 보니, 우리한테 돈을 보내기 어려운 형편이었다. 규홍 형이 성장하여 취직하게 되어 시영 숙부님의 보조를 안 하게 되자 좀 여유가 생겨서 처음으로 목돈을 보내온 것이다. 참으로 고마웠다.

상해임정 요인들의 생활이 막연하여 동가식서가숙東家食西家宿하는 형편이니 취직해서 사는 아들이나 조카의 보조를 받지 않을 수가 없었다. 어머니와 형님이 보낸 돈 덕분에 당분간의 생활의 문제가 해결되자 부친께서도 기력이 나셔서 상해와 만주 각처 동지들에게 편지를 보내 장래의 독립운동의 방향과 계책을 의논하셨다. 그러던 중 만주에 가서 김좌진金佐鎭, 김종진金宗鎭 선생과 재만在滿 단체를 통합하여 '한족총연합회韓族總聯合會'라는 새로운 민족연합체를 결성하고 항일독립운동의 새로운 기준하에 공산주의에 대항하는 운동을 전개하던 이을규 선생으로부터 서신이 왔다. 그 내용은 자세하지 않으나 곧 북경과 천진으로 오겠다고 하였다. 그 배경을 설명하자면 다음과 같다.

1926년 무렵 봉천의 군벌 장작림張作霖은 북경을 점거하고, 대원수로 군림하다가 북상하는 장개석의 북벌군과 맞서게 되었다. 방어에 혈안이 된 장작림의 군대는 한국 사람들을 남방南方과 통모하는 분자들이라고 심하게 감시했다. 그 원인은 북벌에 참가한 젊은 한인 장교들이 황포군관학교黃浦軍官學校 출신으로 일선에서 전과가 혁혁했던 점이 중국 군벌들 사이에서 화제가 되었기 때문이다. 그렇게 한국인이 특별 주시대상이 되어버린 것이다.

군들이: 자네들이.

1927년경 김종진 선생은 만주로 가던 도중 천진에 들러 부친을 방문한 적이 있었으나 시간적 여유가 없어 제반 독립운동 방향에 대해 충분히 논의하지 못했다. 이번에는 부친을 만나 만주에 가서 활동할 방침을 의논하고, 될 수 있으면 독립운동의 기지를 만주로 재집결하여 정착시키고 싶은데 1910년에 만주로 이주할 당시의 계획을 재현하려면 우당이 반드시 만주로 다시 가서 활동하는 게 절실하다는 게 제 생각이요, 또 1910년 후 지금 만주의 제반 사정이 변화가 심하여 정치·군사·사상적으로 우리 만주 교포사회의 복잡함을 어찌 풀어야 할 것인가에 대한 선후책先後策을 강구해야 하므로 우당 선생을 방문하게 되었다고 하였다.

부친께서는 군君들이 북만행北滿行을 한다니 근래에 처음 듣는 반가운 소식이라고 격려하셨다. 지나간 과거 이야기로부터 장차 앞으로의 모든 문제와 각지의 제반 사정 등의 이야기가 한이 없이 계속되었다. 내가 소금밥이 아닌 소금죽을 만들어 두 분께 올렸다. 부친은 상해, 북경 등지에 있는 운동자들의 여러 가지 불미스러운 행위에 비판을 가하시며 앞으로 북만에 가거든 제군들은 그들의 전철을 밟지 말라고 경고하시며 우리에게 성공이 오고야 만다고 운동에 대한 전망을 말하며 격려를 거듭하셨다. 그리고 나도 독립운동을 한다는 사람으로, 또 여러분의 선배로서, 또 인간으로서, 일생을 통하여 변함없는 열과 성을 가져야 된다고 스스로 반성하고 맹세한다고 하셨다.

또 사상문제에 대해 김종진 선생은 상해에서 이을규 선생 등 '무정부주의자'들을 만났을 때 우당 선생님도 아나키적 자유사회주의자라고 들었는데 이 점에 대해 구체적으로 토의하고 싶다고 했다. 어떠한 동기로 무정부적 자유사회주의로 전환하셨는지를 묻자 부친은, "내가 의식적으로 '무정부주의자' 자유사회주의자가 되었다거나 무정부주의로 전환하였다고는 생각할 수 없다. 다만 한국의 독립을 위하여 생각하고 실시하고자 하는 노력과 방책이 현대적인 사상적 견지에서 볼 때 자유사회주의 무정부주의자들의 주장과 상통될 뿐이다. 즉 본래는 딴 것이었던 내가 새로이 방향을 바꾸어 자유사회주의 무정부주의자가 된 것은 아니다.

일부 사람들의 말처럼, 내가 황실 중심의 보황파保皇派였다고 하면 물론 180도의 사상전환이라고 생각할 수 있다. 다만, 과거 한말부터 기미년(1919년) 직전까지 내가 고종 황제를 앞세우려고 한 것은 복벽적復辟的인 봉건사상이 아니라, 고종 황제께서도 철저히 항일이 골수에 사무친 분이시고, 나와 그분이 특수한 인척姻戚의 관계를 맺게 된 것도 오랫동안 항일운동에 손발을 맞추던 것과 깊은 관련이 있었기 때문이다. 헤이그 밀사 사건의 진실을 밝히고 한국독립운동을 촉성시키려면 세계적인 정치문제로서 한국독립문제를 상기시켜야 하는데, 그러기 위해서는 대내·대외적으로 영향력을 가질 수 있는 고종 황제를 내세우는 것이 상책이라고 생각한 데서 나온 방책에 불과한 것이다. 이런 방책에 대하여 고종께서도 충분히 이해하시고, 북경으로 망명하려고 하였던 것인데 일제가 고종 황제를 독살하였고, 해외 탈출이 수포로 돌아간 것이다. 마치 대동단大同團의 전협 씨, 이을규 씨가 의친왕義親王 이강李剛을 상해로 데려가려던 사건과 다름없는 것이다"라고 말씀하셨다.

또 부친은 "'자유연합'의 이론적 체계가 너무 허술하고, 이상에 불과하다는 평도 있지만 '독립운동자'의 견지에서 나는 가장 적절한 이론이라고 생각한다. 왜냐하면 현실에서 모든 독립운동자들이 자기 사상은 어떠하든 간에 실재에서 자유연합의 이론을 그대로 실행하고 있다. 기미(1919년) 이전은 물론이고, 그 이후 지금까지 수많은 단체와 조직이 생겼지만, 그들 사이에 단원 자신들의 자유의사에 의하지 아니하고 강제적인 명령에 무조건 따르며 행동한 사람이 누가 있으며, 그러한 단체가 어디 있는가? 자네도 독립운동 제

1선에 선 것이 타인의 강제에 의한 것인가? 다 자기 자유의사에 의한 것이라고 믿는다.

국가와 민족을 위하여 희생하는 것도 자유의사의 행위이지 절대로 타의에 의한 강제는 아닌 것이다. '목적'이 방법과 수단을 규정하는 것이지 방법과 수단이 목적을 규정할 수 없다는 본연의 논리로 볼 때, 한민족의 독립운동이란 것은 그 민족의 해방과 자유의 탈환이다. 그럴진대 더욱이 이런 해방이란 자각과 목적의식이 투철한 사람들이 하는 까닭에 운동 자체가 해방과 자유를 의미하는 것이요, 자의식이 강한 독립운동자들에게 맹목적인 복종과 추종이란 있을 수 없으며, 있다면 거기에는 오직 운동자들의 자유합의가 있을 뿐이니 이론적으로 당연한 것이다. 그러니까 강권적인 권력중심의 명령조직으로 독립운동의 목적인 해방이 이루어진 예는 없는 것이다.

자유가 절대 없는 공산주의만 보더라도 그렇다. 적화의 야욕으로 인류의 자유평등의 천부적 기본권을 말살하면서 세계를 '슬라브'족의 지배하에 예속을 도모하는 비합리적 수단으로는 자유와 평화가 올 수 없는 것이 하늘의 이치인 것이다. 많은 사람이 모인 집단에서 수행되는 독립운동인 까닭에 설혹 합의되지 않은 사람들이 있다 하더라도, 공통된 동일 목적이 있는 만큼 양보로 너그럽게 받아들여 소수인 자기들의 의견을 양보하거나 보류하고 협력하는 것이 일반적인 예다. 만일 강제로 일을 한다면 효과가 없을 뿐 아니라, 그 일은 실패로 돌아갈 것이다.

그러니까 동서東西를 통하여 소위 독립해방운동은 자유와 평등을 추구하는 운동이고, 독립운동자 자신들도 자유의지, 자유결의에 의해 조직적 운동에 참여하는 것이고, 형식적인 형태가 어떻든지 간에 다 자유 합의에 의한 조직적 운동인 것이다"라고 말씀하셨다.

김종진 선생도 부친의 말씀을 듣고 자기의 마음에 꼭 들었다고 하며 자기도 만주로 가면 말씀대로 이행하겠다고 하였다. 부친께서 또 말씀하시기를, 우리 독립운동 선상의 모든 불미스러운 분란과 다툼은 그것이 지방색이건 또는 개인 중심의 것이건 권력중심의 지배욕이 원인이라고 하셨다.

부친은 지극히 힘든 독립운동의 올바른 정리를 위하여 자리다툼을 근절하는 방안이 무엇일지 생각했다고 하시며, 권력집중을 배격하는 자유합의의 논리에 근거한 조직이라면 '감투'가 없으니 가장 적절한 방안이 아닌가 생각한다며 자기 개인적인 욕심 없이 오직 일만을 생각하는 사람이라면, 쓸데없는 아집 없이 공정한 사물의 판단을 내릴 것이라고 하셨다. 즉 남의 옳은 의견을 담을 수 있는 올바른 사람이 될 것이라고 말씀하면서도 자네도 자기 고집 없이 남의 의견에 전적으로 찬동하는 것을 보면 역시 자유 연합주의적인 기질의 사람이라고 하시니 방안에 웃음꽃이 피었다. 이렇게 독립운동의 방향을 정함과 동시에 만주에서의 독립운동계획을 수립하기로 하고, 김종진 선생은 부친과의 작별을 애석하게 여기며 천진역을 떠났다.

김종진 선생이 만주로 간 지 1년 뒤, 상해에서 이을규 선생이 합류하여 만주에서 독립운동을 전개하기 위한 새로운 조직인 한족총연합회를 결성하였다. 백야 김좌진 장군을 위원장으로 추대하고, 만주 일대의 교포의 정신적·물질적인 것을 대거 개혁함으로써 자

김좌진 장군이 불의에 괴한에게 암살되었다: 1930년 1월 24일 사망.

유연합의 체제로 쇄신하여 쌓여 있던 모든 폐단을 개혁하였다. 대일항쟁과 적화를 도모하려는 공산주의자들의 음모와 파괴공작을 분쇄하며 교포들의 자주자치적 협동조직의 발전에 주력하였다. 부친은 만주에서 여러 동지들에 의해 이런 운동이 활발히 펼쳐지는 것을 여러 차례 오간 서신을 통해 알고 계셨다. 부친은 1910년 모든 가족과 전 집안의 재산을 바쳐 시도했던 당신의 독립운동의 계획과 이상인 남만주에 이민양병移民養兵을 하겠다는 운동이 20년 후에 다시 실현되고 있다고 생각하셨다. 비참한 환경에서도 희망찬 장래를 바라보시며 지내셨다.

그런데 1930년 초 이을규 선생이 한족총연합회 위원장 백야 김좌진 장군이 불의에 괴한에게 암살되었다는 간단한 말과 자세한 사정은 추후에 보고하겠다는 서신을 보내셨다. 이 소식에 부친은 실망이 이만저만이 아니셨고 재만 동지들의 장래에 대한 심려가 크셨다. 그러던 중 김종진, 이을규 두 분 선생이 천진 소왕장 빈민촌 우리 집에 나타나셨다. 부친이나 이을규 선생이나 나나 할 것 없이 모두가 반가움에 눈물이 날 지경이었다. 내가 밥을 짓고 고기반찬을 하여 두 분께 잡수시게 하고, 나도 먹으며 말씀을 듣다 보니 만주 일대의 우리 독립운동 사정이 그리 평탄하지 않다는 걸 알게 되었다.

왜놈의 강압은 물론이요, 공산주의자들의 교란과 파괴 음모, 그 가운데 왜놈의 주구들의 발호로 인심이 흉흉하고 사회 불안이 조성되고 있어 특별한 계획이 필요하며 특히 자금의 고갈은 속수무책이라 하였다. 그런데 국내에서 신현상申鉉商 동지가 미곡상米穀商을 하는 최석영崔錫榮 씨와 함께 운동자금을 모금하여 함흥咸興을 경유하여 차고동車鼓東 동지와 함께 북경에 왔다는 것, 북경에서 각지 동지들과 앞으로의 운동을 협의 계획하고자 대표자 회의를 열기로 하였다는 전후 사실을 자세히 말씀하셨다.

백야 김좌진 장군은 공산주의 분자와 한족총연합회를 반대하는 불순분자의 공모로 피살되었으며, 앞으로 이런 사건이 또 일어나지 않을 것이라는 보장은 없는 상황이라며 이를 방지하기 위하여 천진과 북경뿐 아니라 상해에 있는 동지에게도 연락해야 한다는 것, 그리고 우리가 성취한 만주의 독립운동 기지를 왜적이나 공산주의

지금 나이가 75세이지만: 1988년 기준.

분자에게 빼앗길 수는 없으니 더욱 견고한 방비책을 마련해야 한다며 부친과 밤새워 논의하였다. 그리고 바로 다음 날 곧 북경으로 가서 신현상, 차고동 동지를 만나 자금의 상황을 들은 후 다시 부친께 연락하여 선후책을 강구하겠다고 하시고, 날이 밝자마자 북경으로 떠나셨다.

이을규 선생은 만주에서 백야 김좌진 장군과 한족총연합회 조직 등의 경과보고는 나중에 시간이 나는 대로 하겠다며 그간에 만주의 제반 변천 사항도 전달하겠다고 하였다. 이을규 선생이 북경으로 간 후, 나는 어머니와 상해 형님께서 보내 주신 돈으로 부친과 내가 평안히 지낸다고 편지를 썼다.

불란서조계에 사시는 김형환 선생께도 그 고생할 때 돈 5원을 주셔서 얼어 죽기 직전에 생명을 구할 수 있었다는 부친의 감사 말씀을 벌써 전했었지만, 나는 그 후에도 종종 김형환 선생께 문안인사를 드리러 갔다. 나는 사람은 홀로 사는 게 아니며 상호 부조가 인간의 본능적 이치임을 깨닫게 되었다. 나아가 어린 나이에 죽을 고생을 한 것이 평생을 사는 동안 귀중한 삶의 경험이 되었고 어려움을 극복하는 굳센 의지를 갖게 되었다. 나는 어려서 밥을 굶은 경험이 많아서 그런지, 지금 나이가 75세이지만 하루 정도는 음식을

Pekin from the City wall - 1900.

서단패루 선무문宣武門 거리(1900)

서단패루 선무문宣武門 거리(1915)

걸려도 그리 힘들지 않다. 이것이 소싯적 굶었던 습관 때문인지, 본래의 생리가 그러한지 나도 분간할 수가 없다. 어쨌든 북경, 천진 시절에 겪은 비참한 생활의 어려움은 아무리 기구한 팔자소관으로 돌릴지언정 한시도 잊을 수 없다.

이을규 선생이 북경에 간 지 10여 일이 지나도록 소식이 없자 부친께서 내게 북경에 가서 사정을 확인해 보고 오라고 하셨다. 이에 나는 천진역에서 기차를 타고 북경으로 향했다. 정오쯤 되어 북경 기차역에 도착해 보니, 근 3년 만에 오는 북경이라 모든 경치가 낯설게 느껴졌다. 이을규, 김종진 두 분이 기숙하고 계신 '서단패루西單牌樓'의 공우公寓로 갔다. 두 분은 북경 민국대학北京民國大學 학생인 정래동丁來東, 오남기吳南基, 국순엽鞠淳葉과 함께 지내고 있었다. 그리고 국내에서 온 신현상, 차고동, 최석영 씨 등과 수시로 만나 국내 정세와 중국 상해, 복건 등지의 우리 독립운동자들의 상태를 듣고, 만주의 상황을 설명하였다.

두 분의 설명에 의하면 우리 동지들의 노력으로 만주에 각 독립운동단체를 통합하여 한족총연합회를 결성하고, 만주의 절대적인 한인 교포 지도자로 신망을 한 몸에 받는 백야 김좌진 장군을 주석으로 추대하여 희망찬 독립운동을 전개함으로써 교포들의 생활안전과 정신단합에 주력하고 있었다. 그런데 일제에 의한 간도공산당 사건 이후, 체제를 재정비하여 각 방면에 침투하고자 기회를 엿보고 있던 공산주의자들이 절체절명의 처지에 놓이자 급기야 백야 김좌진 장군을 암살하기에 이르렀고 결국 만주에서 독립운동이 큰 타격을 받게 되어 우리 두 사람(이을규, 김종진)이 북경, 천진, 상해, 복건 등지에 있는 중국 동지 및 우리 동지들에게 만주 지역 운동에 어떤 지원 방도를 강구할 수 있는지 그 의견을 듣고자 온 것이라고 하셨다. 그리고 국내의 운동 상황과 사회정세에 대해서는 금번에 최석영 씨의 책략 아래 호서은행에서 8만 원의 거금을 인출하기는 하였으나 국외로 탈출하는데 어려운 점이 많아 일부만을 가지고

북경 민국대학: 북경 민국내학은 1916년 채원배가 설립하여 1920년 북경대학 병설대학으로 전환함.

왔고, 나머지는 북경에 안전한 연결 장소가 결정되는 대로 가져올 계획으로 홀홀히 도피탈출을 한 경과를 설명하면서 북경에서 각지 대표 회의를 열게 된 전후 사정과 상해, 복건 방면의 동지들도 얼마 지나지 않아 북경으로 도착한다는 이야기도 하셨다.

그리고 이을규 선생이 이러한 내용을 자세히 기록하여 나에게 주면서 "부친께 바로 가서 전하고 선생님의 전언을 가지고 즉시 또 오라"고 하시니 나는 곧바로 천진으로 향했다. 부친이 이을규 선생이 전후 사정을 기록한 것을 보시고, 심사숙고하신 후 당신의 의견과 장래에 할 일에 대해 자세히 쓰셨다. 3일 후 내가 다시 북경으로 가서 이을규 선생께 전했다.

이러한 나의 심부름은 대단히 중요한 일이었다. 내가 직접 그 많은 사건에 참여할 자격과 능력은 없으나, 고달픈 심부름은 항상 하고 있었던 것이다. 나는 그저 많은 분들이 의논하고 협의하는 사건의 내용만 듣고 있을 뿐이요, 또 많은 선생님들도 내가 절대로 비밀을 지킨다는 것을 아시기 때문에 나를 절대로 신임하셨던 것이다. 어려서부터 북경에서 백정기, 유자명, 정화암, 이을규, 이정규, 신채호, 김창숙, 한세량, 한진산, 박숭병, 윤기섭, 성주식, 이광, 조성환, 김규식, 박용만, 이상재, 류석현, 그리고 의열단, 다물단 등 제반단체의 연락과 전언, 허다한 대소사건의 심부름을 했다. 그러나 나의 입에서 비밀이 발설된 적은 한 번도 없었고 또 성실히 실행하였다. 다만 그 수없이 많은 내가 전한 것, 심부름한 것을 기억나는 대로 쓰다 보니, 내가 아무리 기억력이 좋다 하여도 하도 시간이 흘러서 그 많은 사건과 사실을 일일이 기억하지 못한다. 그것이 나로서는 애석하기도 하지만, 될 수 있는 대로 기억을 더듬어 쓰려고 노력하고 있다.

며칠이 되지 않아 상해에서 백정기, 김지강金芝江, 김성수金聖壽(일명 주열朱烈), 황웅黃雄과 학생 수삼 인이 왔으며, 또 수일 후 복건에서 상해를 경유하여 화암 정현섭鄭賢燮, 장기준莊麒俊(일명 왕해평王海平), 오면직吳冕稙(일명 양여주楊汝舟), 송순보宋淳甫, 김동우金東宇 씨 등 수많은 분들이 모여드니 장래 우리들의 독립운동 방향과 만주의 지금까지의 경과에 대해 김종진 선생과 이을규 선생이 설명하게 되

한교: 해외에 거주하는 한국 교포.

준동하는: 직역하면 '벌레 따위가 꿈적거리다'는 뜻으로, 불순한 세력이나 보잘것 없는 무리가 법석을 떠는.

었다.

만주의 지방 정세, 특히 한교韓僑들의 모든 상황을 비롯해 우리 독립운동 각 진영의 현황과 공산주의자들이 준동蠢動하는 정황 및 독립운동 진영과의 적대적 대립을 상세히 보고·설명하면서 백야(김좌진) 장군이 영도하던 신민부新民府를 발전적으로 해체하고, 한족총연합회를 창립한 것은 한교들의 민중적 자치기관으로서 사명을 가지는 동시에 이것이 우리 독립운동의 민중적 토대가 되어 명실공히 항일구국운동을 민중운동화하려는 계획이었다는 것을 구체적으로 설명하였다.

나아가 지금까지 항일구국운동에 국민이 참여하지 않은 것은 아니지만 소극적 운동방식으로는 공산주의의 파괴 행위에 맞서지 못하고 대처할 수 없으므로 공산주의자들의 망동妄動을 미연에 방지하려면 전 민중의 운동화가 되어야 한다는 것, 전 민중이 참여하는 적극적 운동방식을 펼치기 위해 그동안 재만주 자유연합주의자들의 연합연맹을 조직하고 한족총연합회 운동에 적극 협력하여 교육과 사상계몽에, 또는 농민들에 대한 생활개선과 직업보도 등을 책임지고 지도하게 되었다는 것까지 설명하니 한자리에 모인 여러 선생들이 흥분과 감격에 휩싸이셨다. 김종진, 이을규 두 분은 다시

각지 동지들이 만주운동에 대하여 절대적인 이해와 성원을 가지시고 협력해 주실 것을 부탁하였다.

수일이 지나는 동안 서로 간의 의견교환이 충분히 되자 전체 회의를 열고 각지의 보고를 받았다. 그 후에 제의사항을 토론하는 자리에서 이을규, 김종진 선생은 만주 지역의 중대성을 인식하고 재정적인 면에서는 물론, 인적인 점에서도 우선적으로 총력을 기울여 민족 대계의 기반을 만주에다 닦자고 호소하였다. 이 제의는 만장일치로 승인되어, 결의하는 동시에 국외의 독립운동은 만주를 중심으로 할 것과 물적·인적 모든 것을 만주 지역 독립운동에 집중시킬 것을 결정하였다.

그리고 우리가 중국 동지들과 연계를 가지고 해 오던 중국 각지의 운동은 동지 간의 의리로나 또는 중국 동지들과의 긴밀한 관계를 가짐으로써 우리가 생각하는 만주 독립운동을 강력히 수행할 수 있는 것이니, 적극적인 성의를 가지고 자기 책임을 다하자고 덧붙여서 결의하였다. 그리고 상해에 있는 의열단 동지인 유자명 동지에게 중국 동지들과 긴밀히 연락해서 만주독립운동의 귀추와 상황을 상세히 보고할 것을 부탁하기로 하였다. 이와 같이 모든 태세를 갖추고 각지의 계획안을 검토하면서 국내외 사정을 참작하여 신중히 검토하며 기본방침을 결정하기로 한 그 중요한 순간, 예기치 않았던 돌발 사건이 일어나 전면적인 타격을 받게 되었다.

어느 날 새벽에 여러 군데 나누어서 묵고 있던 동지들의 한 숙소에 중국 경찰을 앞세운 일제 경찰이 급습하여 이을규, 김종진, 신현상, 최석영, 정래동, 오남기, 국순엽, 주열(김성수), 차고동 등 여러 선생님과 나도 중국 경찰서에 유치되었다. 당시 중국의 정치 정세를 보면, 장작림이 일본군에게 잔혹하게 죽은 뒤, 그 아들 장학량이 아버지의 원수를 갚기 위해 부하 가운데 친일 세력을 숙청하고 장개석의 남경 정부에 순종하였다. 다만, 북경 일대에는 풍옥상馮玉祥이 남경 정부에 대립하고 있다가 마침내 물러나게 되어 산서山西의 염석산 군벌과 연결하여 남경정부의 장개석과 화해 공작을 하던 상황이라 북경의 정국이 미묘하던 시기였다.

이때, 신현상, 최석영 양씨兩氏가 국내의 호서은행에서 큰 돈을 인출해서 종적을 감춘 사건은 당시 조선일보에 〈호서은행湖西銀行 대금大金 사기사건〉이라 대서특필되었다. 일경 당국은 이것이 반드

여러 선생님과 나도 중국 경찰서에 유치되었다: 당시 정황을 다룬 《조선일보》 기사에 따르면 그 내용은 다음과 같다.

〈오만팔천 원 횡령범 북평에서 수피착遂被捉〉

중국 북평(북경)에서 삼십 일 뭇발한 전보통신에 의하건대 북평에 있는 일본 경찰은 금년 삼월 초순경에 조선호서은행 본 지점으로부터 현금 오만팔천 원을 횡령하여 가지고 달아난 조선인 두 명이 북평에 잠복하여 있는 사실을 발견하고 중국 관헌의 응원을 얻어서 28일 밤에 그 본부를 습격하여 주범 두 명과 그 일파로 지목되는 여덟 명을 체포하였다는데 그곳은 조선00운동자의 집합장소이어서 다수한 관계 비밀서류와 무기 등을 발견 압수하였다 하며, 그들은 방금 중국 공안국에 있는데 일본 측이 그 인도를 요구하는 중이라 한다.

그 체포된 두 명의 일홈(이름)은 신현정申鉉鼎, 최석영崔錫榮이라 하며 압수한 돈은 불과 삼천 원으로 그 나머지 오만오천 원은 조선 00운동자금으로 상해와 만주 방면으로 분배된 듯하다고 한다.

(《조선일보》, 1930. 5. 2.)

〈호서은행 대금 사기사건〉: 《조선일보》 기사(1930년 5월 2일자)에 따르면 사건이 발생한 건 같은 해 3월 초라고 한다.

적기관: 일본 영사관을 포함하여 일제의 각종 정보모략 테러기관을 가리킴.

공사관 경찰: 원문은 '대사관 경찰.' 그러나 1945년 이전에는 중국에 일본 대사관이 존재하지 않았으므로 본문과 같이 수정.

시 국외로 유출되어서 독립운동 자금이 될 것이라 생각하고, 혈안이 되어 수색에 광분하였다. 동시에 국경선을 철통같이 둘러싸고 중국 각지의 적기관敵機關에도 통보하여 그들의 체포를 명령했다. 이에 적의 공사관 경찰은 조선 안에서 일어난 강도단 일당이 북경에 잠입하였다고 거짓으로 유포하고 그 체포를 의뢰하는 한편 혼미한 중국 정국을 이용해 중국 경찰을 매수하여 앞잡이로 내세우고 왔으니 잡힐 수밖에 없었다.

그러니 나도 어린 나이였지만 한데 휩쓸려 공안국公安局 유치장에 수용되었다. 나는 아무 생각도 없이 주열 김성수 선생과 또 한 분하고 같은 유치장에 갇혔고, 다른 분들은 분산하여 수용되었다. 곧 1박 2일이 경과하여 우리는 무사히 유치장에서 나왔고 신현상, 최석영 두 분만 호서은행 주범이라 중국 관헌도 부득이 일제 경찰에 인도하게 되었다. 나는 유치장에서 하룻밤을 잘 때 주열 선생의 팔을 베고 평안히 잤다. 참으로 나이가 어렸기에 근심 걱정 없이 잠도 잘 잔 것이다.

우리가 다 무사히 유치장에서 나온 것은 우리 동지 유기석柳基石, 중국에서는 '유서柳絮'로 통하는 분 덕분이었다. 본시 황해도 분인데 흥사단의 중진으로 안창호 선생의 총애를 받고 있는 분이다. 그

무정부주의자: 현재 기준에서는 무정부주의자와 자유주의자의 의미는 다르나, 이규창은 여기서 같은 개념으로 보고 기술한 것으로 보임.

장음오: 장인우[Zhāng Yīnwú]. 직례성直隸省(현재 허베이성) 보정부保定府 박야현博野縣 출신. 국민당 소속의 중화민국 군사장령이자 정치가. 1929년(민국 18년) 6월부터 1931년 2월까지 북경특별시장으로 재직했다.

유기석 선생과 동창이며: '동창'이라는 것은 오류로 보임. 두 사람의 수학 연혁은 다음과 같다.

이름	유기석	장음오(장인우)
소학교	만주에서 태광학교太光學校, 창동학교昌東學校에서 소학교 과정.	흑룡강성黑龍江省 육군소학陸軍小學 졸업.
중등과정학교	연길도립 제2중학교에서 2년간 수학한 후 난징 화중공학華中公學에 2학년으로 편입. 1924년 화중중학 졸업.	육군 제1예비학교陸軍第一予備學校 졸업.
대학교	조양대학朝陽大學 경제과.	보정육군군관학교保定陸軍軍官學校 제5기생으로 졸업.

는 중국 당국과의 교섭을 전담하고 있는 무정부주의자(자유주의자)로서 중국 대학을 졸업하여 중국 정계, 학계의 동문이 허다하며 우리 독립운동에 지대한 공헌을 한 동지이다. 그 당시 북경 시장이 장음오張蔭梧 씨인데, 유기석 선생과 동창이며 사상적 동지이므로 유서 선생이 우리가 일경의 간계로 유치장에 있다는 말을 듣고 부랴부랴 장음오 시장을 만나서 전후 사실을 상의하였다. 그 결과, 호서은행의 주범인 동지 신현상, 최석영 두 분은 부득이 일제에게 인도하고 여타 동지들은 즉시 석방되었다.

신현상, 최석영이 불행하게 되어서 동지들은 아주 애석하게 생각하였으나 이 정도에서 마무리된 것도 불행 중 다행으로 유기석 동지가 활약한 덕택이었다. 문제는 앞으로의 일이었다. 한 번 놀란 판이라 비밀리에 자리를 옮기면서 회의를 계속해도 회의의 내용(에 제대로 진전)이 있을 수 없게 되었다. 지금까지의 회의는 앞으로 어떻게 적극적인 독립투쟁을 하느냐에 대한 희망과 기대에 찬 것이었다면, 불의의 풍파를 겪고 난 뒤부터는 이 사태를 어떻게 수습하느냐가 초점이 되었다. 그래서 모두가 어찌할 바를 모르고 있으나 만주에서 온 이을규, 김종진 두 분은 형편이 달랐다. 실망이 큰 것은 말할 나위도 없지만 만주 사정을 누구보다도 잘 아는 처지라 더욱 초조한 심정이었다.

북만 한교의 지도자인 백야 (김좌진) 장군을 잃고 나니, 아무리 한족총연합회가 있다해도 한교사회는 아직 토대가 잡히지 않고 있었다. 게다가 일제와 공산주의자들의 발악이 날로 심해지니 독립운동의 지도적 위치에 있던 운동가들도 점점 소극적 내지 방관하는 태도를 취하게 되는 판에 운동자금이 궁색해지니 이것을 타개할 만한 실력을 가진 사람이 제2의 백야(김좌진)로서 등장하기를 바랄 수도 없었다. 아무리 북만의 농민운동 같은 독립운동일지라도 재정 없이는 불가능한 것이다.

또 한족총연합회가 농민의 자립자치를 표방하는 만큼 농민에게 무리한 부담을 지울 수도 없어 난처하였다. 이러한 절대절명의 막다른 골목에서 하늘에서 내린 복음같이 국내에서 호서은행 운동

호언: 의기양양하여 호기롭게 말함.

위무하고: 위로하고.

자금이 나왔다는 소식을 듣고 호언豪言을 하며 동지들을 위무慰撫하고 이곳에 온 것인데 불의의 사건이 일어나 국내에 두고 왔다는 그 자금은 물론이요, 신현상, 최석영 두 선생이 가지고 왔던 돈마저 일제에게 압수되고 말았으니 이제는 수천 리 북만 길을 무전 여행하는 수밖에 딴 도리가 없게 되었다.

신현상, 최석영 두 분이 일본 경찰에 체포되어 중국 공안국에서 몸수색을 당할 때 최석영 씨 몸에서 돈 만 원이 나왔는데 그때 유명한 '뽕알 밑' 만 원이라는 신조어가 유행하였다. 최석영 씨가 붕알 밑에다가 감추었던 돈이 발견되었기 때문이다. 또 노잣돈이나 가지고 간들 무슨 낯으로 동지를 대하며 앞일을 어떻게 수습해 나갈 것인가. 앞날이 막연하기가 이를 데 없었다.

나는 유치장에서 1박 2일을 지내고 나와서 2~3일 더 있다가 천진으로 갔다. 부친께서 나를 기다리시는 심정을 모르는 바 아니지만 이을규 선생이 1~3일만 더 있으면서 이곳 상황의 귀추를 보고 부친께 보고를 드리라고 하셔서 조금 더 있었다. 그 후 천진으로 가서 북경에서 당한 사정을 말씀드리고 이을규 선생이 써 준 서신을 부친께 드렸다.

부친께서 나의 경과보고와 이을규 선생의 서신을 보신 후 지금 있는 처소가 불안하니 이사를 해야겠다고 하시며 나하고 지금 당장 이사 갈 집을 보러 가자고 하시어 금탕교를 넘어 집을 보러 갔다. 이곳저곳 집을 보다가 마음에 들어 세를 정하고 주인에게 2~3일 후에 이사 오겠다고 한 곳은 금탕교장金湯橋莊이라는 곳이다. 3일 후, 1년여를 두고 내 평생의 두 번 다시없을 비참한 생활을 하던 소왕장 토방을 떠났다. 동사와 아사를 면하게 해 준 집주인의 은혜를 마음 깊이 간직하고 작별을 한 후 석탄 찌꺼기를 주우러 갈 때 쓰던 자루, 얼레 등을 챙겨 이사를 했다. 지금도 그 추억을 한 번도 잊어 본 적이 없다. 그 추억은 내가 죽을 때까지 잊지 못할 것이다. 금탕교장 집에 이사하고 나서 북경 이을규 선생에게 이사하였다고 통지하고 상해의 형님과 국내의 어머니께 알려 지우들에게 알리도록 하였다.

불원간: 머지않아 곧. 조만간.

근 10여 일 후 이을규, 백정기, 장기준, 오면직, 김동우, 송순보(김지건金智乾), 주열 등 여러분이 천진으로 오시니 방을 구해야 했다. 마침 우리가 사는 건넛집이 하나 나왔는데 방이 퍽 커서 5~6명이 머무르기에는 적합하였다. 이을규 선생은 자금을 구하러 상해를 거쳐 복건으로 갈 것을 작정하고 천진으로 왔으며, 김종진 선생은 북경에서 만주로 가서 만주의 동지들과 만주독립운동 재정리에 노력하겠다고 했다. 불원간不遠間 북경, 천진에 있는 동지들도 만주로 합류하여 한족총연합회를 재건, 강력하게 추진할 것을 재확인하였다. 나는 이분들에게 조석으로 제공할 식사를 준비하느라고 분주하였다.

천진 불란서조계지에 국내로부터 이호풍李浩風이라는 동지가 한 여자와 같이 와서 동거하고 있었다. 이씨는 자기 가정이 비교적 가산이 풍족하여 생활에 지장 없이 지내고 있었다. 내가 알게 되어 여러 선생께 알려주니 이호풍 씨 집에 가서 여러 가지 문제를 상의하였다. 이을규 선생이 상해며 복건성으로 가는 문제도 의논하였다. 그런데 상해로 떠나기 수일 전 이호풍 씨가 동거하던 여자가 출타하더니 종무소식終無消息이라며 어디로 갔는지 종적을 모르겠다고 내방한 동지에게 걱정을 하였다. 그 후 이을규 선생이 천진 부두에서 승선하고 상해로 떠났는데 1개월이 지나도 상해에 도착하였다는 소식이 없어 여러 동지들께서 초조하던 차에 상해로 떠나는 기선에서 왜놈의 경찰에게 체포되어 국내로 압송되었다는 보도가 국내 신문에 났다. 참으로 청천에 벼락을 맞은 셈이다.

후에 알게 되었는데 이호풍 씨가 동거하던 여인이 행방불명이 된 이유가 천진 왜놈 영사관으로 가서 조선으로 가겠다고 하니 왜놈이 그 여자를 여러 가지로 심문했는데, 그 여인이 여러 가지를 말하던 중 자기가 듣기에 이을규라는 자가 수일 내로 기선을 타고 상해로 간다는 것을 들었다고 한 것이다. 왜놈이야 참으로 불로소득을 얻게 되었으니, 그 여인을 앞세우고 천진 부두로 가서 이을규 선생

종무소식이라며: 끝내 아무 소식이 없다며.
적마: 공산주의자를 낮춰 부르는 말.
선생들이 피살당한 것: 1931년 7월 11일.

이 승선하는 것을 확인하고 체포하였다는 것이다.

그때 그 사건을 두고 알지 못하는 여인 앞에서 독립운동에 대한 일은 절대로 말해서는 안 된다는 사실에 또 한 번 경종을 울렸다. 이호풍이 비록 동지라 하지만 밑도 끝도 모르는 여자를 해외로 데려와서 동거한다는 자체가 불미스러운 행동인데, 그 여자 앞에서 부주의하게 여러 가지를 말한 것이 불찰이었다.

여담인지 몰라도 훗날의 만주 피살사건을 생각할 때 이을규 선생이 일제에게 잡힌 것이 불행 중 다행 아닌가 싶다. 1931년 적마赤魔와 제휴한 민족독립운동의 분열 무리에 의해 김종진, 이준근李俊根, 김야운金野雲 선생들이 피살당한 것을 생각해 보면, 만약 이을규 선생이 무사히 복건에서 만주로 갔으면 3인과 함께 피살되었을 것이 뻔하니, 피살되지 않을 운명이라 왜놈에게 붙잡혀 가지 않았나 하고 혼자 생각을 하곤 했다. 그래도 그 당시는 불의에 이을규 선생도 왜놈에게 체포되었으니 또 우리 운동의 앞길이 아득할 따름이었다.

그때 북경에 있던 정화암 선생이 유기석 선생하고 산서성 태원太原으로 가서 안창남安昌男 비행사의 누이동생을 만나 만주로 가는 여비와 운동자금을 교섭하려 했다는 편지가 부친께 왔다. 그 내용인 즉, 우리나라의 유명한 비행사 안창남 씨가 중국 산서성 염석산 독판督辦 휘하에서 비행사 학교를 설립하고 학생을 훈련시키던 중 비행사고로 순사殉死한 것을 유감스럽게 생각한 염석산이 그(안창남)의 누이동생에게 다대大多한 위자금慰藉金을 주었는데, 유기석 선생이 누이동생 안 소저安小姐와 친분이 있어 그 위자료 일부를 우

비행사고로 순사: 안창남은 1930년 4월 2일 사망했다(1901년 3월 19일생).

소저: 小姐. 젊은 여성을 가리키거나 또는 부르는 말.

욱가: 현재 톈진시 화핑구和平區 화핑루和平路 위치. 일본조계 내에서도 가장 중심가였으며, 일본식으로는 '아사히마치'라고 불렀다.

은호: 옛날, 규모가 비교적 큰 '전장錢莊'(개인 경영의 금융 기관). 일종의 은행.

중실은호: 원문은 정실은호正實銀號라고 적혀 있었으나 실제 상호는 중실은호이다.

리 만주 독립운동의 자금으로 사용할 것을 교섭하던 중, 안 소저 주변의 조선인 청년의 방해 공작으로 실패했다는 내용의 서신이었다. 부친은 즉시 백정기 등 여러 동지에게 정화암 선생의 서신 내용을 공개하고 의논하셨다.

조금이나마 희망을 걸었던 안창남 비행사의 위자료 사용계획도 수포로 돌아갔으니 앞날이 더욱 막막하였다. 그렇지만 모두 어떤 방법과 수단을 총동원해서라도 우리의 활동자금을 만들어야 했기 때문에 계획을 강구하던 중에, 송순보 씨가 외출에서 돌아와서 일본조계지 욱가旭街의 중실은호中實銀號를 강탈함이 어떠하냐고 제의한다. 그 말을 들은 부친이며 여러분들이 갑작스러운 제의에 서로 얼굴만 바라보다가 백정기 선생이 "송 동지가 그런 제의를 하니 좀 자세히 그 내용을 설명하시오" 했다. 송순보 씨는 "내가 누구라는 말은 안 하겠고 어떤 사람하고 이런저런 자금에 대한 논의를 하던 중에 일본조계지에 있는 중실은호을 강탈하는 게 어떠하냐고 했다. 입지조건이나 그 내부의 구조가 퍽 간단하니 내일이라도 점심때에 거사하는 게 수월하다고 했고, 만약 거행을 한다면 자기가 다소나마 조력을 하겠다고 했으니 제諸 동지들의 생각은 어떠한가?" 하고 반문을 하는 것이었다. 좀 생각을 해서 결정하면 자신

大公報 1930年11月19日 第9819號 7/12

중실은호 사건을 다룬 《대공보》 신문기사. 발행 날짜가 1930년 11월 19일이다.
출처: 全國報刊索引數据庫(https://www.cnbksy.com) 및 위스콘신대학교 도서관 소장 마이크로 필름.

도 그 일에 나서겠다고 했다.

2일 후 거행하기로 하고 거행할 사람도 정했다. 장기준, 양여주, 송순보, 김동우, 김성수 등 5인이 권총을 휴대하고 정오에 일본조계 욱가旭街로 출동하여 중실은호에 침입하여 단 30분 만에 무사히 목적을 달성하고 집으로 돌아왔다. 참으로 대담무쌍한 처사였다. 그 이튿날 《중국대공보中國大公報》에 대서특필로 백주에 대담한 강도단이 일본조계에 소재한 중일합작中日合作인 중실은호에 침입하여 다대한 금전을 강탈하고 유유히 도주했다고 보도되었다.

거사는 무사히 치렀으니 하루바삐 천진을 떠나는 게 상책이라 만주로 가기로 정하고 준비를 하였다. 그때는 빈민구제원에 있던 누님과 동생 현숙이가 집에 와 있었는데 여러 동지들의 권고와 부친께서도 승낙하셔서 장기준 동지와 누님의 혼인이 정해지고 형식에 불과한 예를 치르고 부부가 되었다. 이렇게 되니 매부 장기준과 누님, 동생 현숙이도 다 만주로 가게 되었다.

정오에 일본조계 욱가로 출동하여 중실은호에 침입하여 단 30분 만에 무사히 목적을 달성하고 집으로 돌아왔다: 실제 사건 발생일은 '1930년 11월 18일 월요일'이고, 발생 시각은 '오후 4시경'이라고 함.

《중국대공보》에 대서특필로 백주에 대담한 강도단이 일본조계에 소재한 중일합작인 중실은호에 침입하여 다대한 금전을 강탈하고 유유히 도주했다고 보도되었다: 《대공보》 기사 내용은 대략 다음과 같다.

〈쉬제旭街(아사히마치 혹은 욱가) 중실은호中實銀號 강탈〉

〈세 명의 강도가 침입하여 280여 원을 탈취, 강도들은 감히 오래 머물지 못하였고, 천만다행으로 다른 손해는 없어〉

일본조계 쉬제旭街 중 가장 번화한 구역에 설립된 중실은호에 어제 오후 4시경, 갑작스럽게 강도 3명이 침입하여 현금 280여 원을 훔쳤다. 강도들은 오래 머물지 않았고 바로 도주하였으며, (중실)은호는 나중에서야 경찰서에 신고했다.

《대공보大公報》, 1930. 11. 19.[화요일], 제9819호 7/12.

1930년 12월 초순: 원문에는 1929년 9월 중순이라 하였으나 중실은호사건이 1930년 11월 18일에 일어났고 이규숙과 장기준의 혼인, 만주로의 출발 준비까지 하려면 아무리 서둘러도 12월 초순이나 가능한 것으로 추정됨.

만주 해림: 현재 헤이룽장성黑竜江省 무단장시牡丹江市에 위치한 현급시県級市.

⁂

1930년 12월 초순께 정화암, 백정기, 오면직, 김동우, 송순보, 김성수 등 여러 선생들과 매부 장기준, 누님 규숙, 동생 현숙이 만주로 출발하게 되었다. 권총과 폭탄 다수는 누님과 동생이 몸에 간직하고 천진을 작별하였다. 수일 후에 무사히 만주 해림海林에 도착하였다는 누님의 서신이 왔다. 그 후 백정기, 오면직 등 제 선생들이 보내온 서신에는 만주의 제반 사정이 상세히 적혀 있었고 누님과 동생의 침착하고 대담함을 칭찬하고 있었다. 무기를 몸에 간직하고 기차 안이나 각 역을 지나갈 때 누님과 동생의 그 대담한 행동과 자연스러운 태도를 극구 찬양하며 과연 독립운동가의 자제라고 감탄하는 것이었다.

나는 수개월 동안 그 허다한 동지 선생들의 뒤치다꺼리를 하느라고 어린 나이에 심신의 고단함을 몹시 느끼게 되었다. 그러나 매일같이 북적북적 대던 환경이 일시에 고요하니 부친도 적막함을 느끼셨는지 몹시 쓸쓸하게 보였다.

본시 자금이 준비되고 만주행을 결정할 때 부친도 함께 만주로 동행하시자고 모든 동지가 요청했었다. 그 이유는 부친은 과거

이은숙의 가족 사진
출처: 이회영기념관(http://leehoeyeong.com/)

이은숙은 1940년 9월에 이규창을 면회한 후 신경으로 건너갔으며, 이규동은 1940년 신경상업중학교에 입학, 1945년에 졸업하였으므로 이 사진은 1940년 이후에 찍은 것으로 보인다. 장녀 장현덕과 차녀 장순덕은 장기준의 전처 소생이다.

사진 왼쪽 하단에 적힌 [PHOTO SUGANUMA, HSING-KING]은 스가누마 나오토菅沼直人가 주인으로 있었던 후지사카사진관藤坂寫眞館에서 찍었다는 표시인데 이곳은 청 선통제, 아이신교로 푸이愛新覺羅 溥儀가 만주국 대동왕 시절 공식사진을 찍은 어용사진관이었다.
당대 현지 언론지인 일본판《장춘사정長春事情》에 '1930년 전후, 후지사카사진관은 니혼바시도오리日本橋通(현재 청리다제勝利大街) 19번지에 있으며, 경영자는 스가누마 나오토이다' 라고 했다. 청리다제와 황허루黃河路의 교차점에 위치한 후지사카사진관의 건물은 아직 남아 있다.

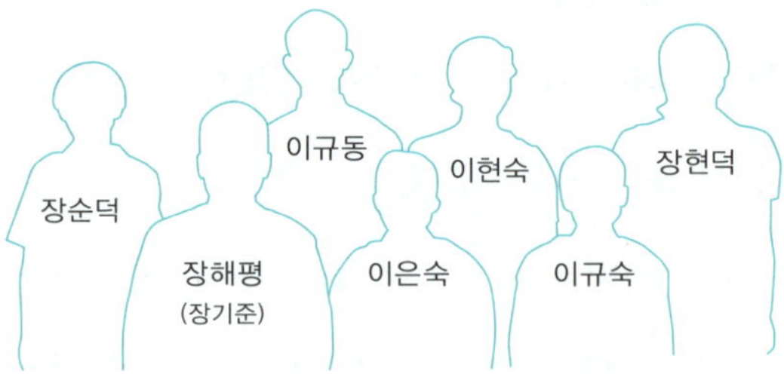

1908년 이전부터 만주에 이민 둔병屯兵의 계획을 하시고 몸소 만주에다 기지를 설정하신 분이며, 지금도 부친의 명성이 있어 부친께서 오시면 무언가 희망이 있다고 생각할 것이라며 연로하셨지만 같이 가시자고 했었다.

그러나 사태를 관망하시던 부친은 우선은 상해로 가셔서 과거의 동지이신 이동녕, 조완구, 동생 시영 또는 유자명과 중국인 동지들과 협조하여 좀 더 먼 장래를 바라보고 만주뿐 아니라 복건에 우리가 수년간 노력한 독립운동의 기반을 더 견고히 하기로 결론을 내리셨다. 그리하여 여러 동지들과 여식들도 다 갔으니 하루바삐 상해로 갈 준비를 하게 되었다.

12월 중순 어느 날 내가 저녁을 지어 부친께 진지를 드리고 나도 밥을 다 먹고 설거지를 하고 잠시 휴식을 취하는데 갑자기 여섯째 호영護榮 숙부께서 나타나셨다. 오랫동안 부친의 거처를 알지 못하였다가 정래동, 오남기 씨들에게 형님 소식과 거처를 알고 이렇게 왔다고 하였다. 두 분이 얼마나 반가우신지 눈물을 흘리시며 한동안 말씀을 못 하셨다. 두 분은 말씀을 계속하시며 그간의 사정과 집안 형편 등을 환담하시는 사이에 나는 숙부의 식사를 만들어 드렸다.

숙부는 상해에 계신 시영 형님의 말을 하며 너무도 무정하고 섭섭하다고 하였다. 수년간 한 번도 자기에게 말 한마디 없고 서신조차 한번 없으니 그럴 수가 있느냐고 부친께 하소연을 하시는 것이다. 부친은 수일 후에 상해로 간다는 말을 하시며 내가 가면 성재에게 말을 하겠다고 하시고, 내가 상해로 가서 자리를 잡으면 자네에게 기별을 할 테니 둘째 형님도 그곳에 계시고 하니 우리 사형제가 함께 살면 얼마나 좋겠는가 하시며 숙부를 위로하셨다. 숙부는 이틀간 머무르시다가 북경으로 돌아가시며 당신이 소실로 삼았던 안동安東집이 국내에서 온 한 남자와 없어졌는데 행방이 묘연하다고 말씀하시는데 그 모습이 퍽 비참해 보였다.

부친이 숙부에게 노비路費를 주시며 내가 넉넉지 못하여 노비밖

둔병: 군사가 주둔함.

12월 중순: 원문은 '10월 중순'이라고 되어 있으나, 중실은호 사건 이후 이규숙·장기준 부부와 현숙이 만주로 가고 난 다음이니 12월 중순으로 추정되어 본문 수정.

성재: 이시영.

1931~2년경: 1933년이라는 설도 있음.

에 못 주니 얼마 안 되지만 받으라고 하셨다. 이것이 숙부와 부친의 마지막이 되었다.

숙부는 그 후 숙부 내외분과 아들 형제가 1931~2년경 북경에서 모두 돌아갔다는데 어찌하여 온 가족이 세상을 떠났는지 그 이유는 모른다. 여하튼 1910년, 전 가족이 만주로 망명할 때부터 숙부도 무한 고생과 고초를 겪으면서 독립운동에 헌신하셨다. 북경에 사실 때에도 다양한 사건에 관련되어 운동을 음으로 양으로 원조하시다가 원인도 모르게 온 가족이 돌아가셨으니 참으로 우리 집안분으로 이렇게 비참할 수가 없다. 이게 다 운명이려니 하였고 팔자 또한 이러하였다고 믿는 게 속이 조금이나마 편안하지 않은가 한다.

상하이 부두 풍경Panorama of Shanghai Bund(1930)
출처: 위키미디어 커먼스(https://commons.wikimedia.org/)

제3장

청년기

상해에서 독립운동을 하다

나는 (1930년) 12월 말에 부친을 모시고 천진에서 배를 타고 1주일 만에 상해에 도착하였다. 이전에 노동중학교에 입학하려고 상해에 와 본 적이 있어 길이 생소하지 않았고, 점심 때가 되어 상해 부두에 도착하니 아직 밝은 낮이라 불란서조계지 애인리愛仁里에 있는 규학 형님 댁까지 수월하게 갈 수 있었다. 형님 댁에 도착하니, 형님은 직장에 가시고 형수가 부친과 나를 반가이 맞아 주셨다. 그리고 형수가 석영 숙부 댁으로 부친을 안내하니 오랜만에 형제분이 만나셔서 갖가지 지난 일들을 말씀하시며 반갑게 정담을 나누셨다.

얼마 후 다섯째 시영 숙부께서 오셔서 삼형제분이 참으로 오랜만에 한자리에 모이시니 얼마나 기쁘시겠는가. 저녁이 되자 규학 형님이 오셔서 부친을 뵙고, 저녁식사는 집에 가서 드시도록 (함께) 모시고 왔다. 부친은 형님과 저녁을 드시며 그간에 일어난 일들에 대해 말씀하시고, 그날은 형님 댁에서 지내시고 방 하나를 얻기로 하였다. 이틀 후 애인리 안에 정자간亭子間이란 값싸고 조그마한 방을 구하여 내가 부친을 모시고 지내며 식사는 형님 댁에서 하게 되었다.

며칠이 지나서 임시정부의 요인들이 간단하나마 공식적인 환영 행사로 만찬을 베풀었다. 부친을 환영하느라고 이 자리에 김구, 이

12월 말에: 원문에서는 10월로 되어 있으나 정황상 1930년 12월 말이 되어야 하고 《우당약전》에도 우당 선생이 1930년 12월 말에 상해로 왔다고 기록되어 있음.

정자간: 중국어로 '다락방, 골방'이라는 뜻으로 '뒷채后楼'의 '주방厨房' 위층에 있는 작은 방이나 위층·아래층 계단 사이의 작은 방을 가리킨다.

동녕, 이시영, 조완구, 조소앙과 그 외 김두봉, 홍남표, 김갑金甲, 이유필李裕弼, 조상섭曺尚燮, 안공근安恭根, 안경근安敬根, 최창식崔昌植 등 여러 선생들이 부친을 환영하며 그동안 서로 간에 격조하여 독립운동의 긴밀한 의논과 진행을 유기적으로 연결하지 못하였으나 우당이 상해에 오는 것으로 우리의 독립운동의 앞길이 한층 더 희망적이라며, 희망찬 환영사를 하시니 분위기가 화기애애했다.

그러면 그 당시 상해 임시정부의 사정은 어떠하였나. 참으로 형편이 없었다. 1919년 초기 임시정부를 조직할 때는 3·1독립선언운동 직후여서 국내외의 모든 국민이 독립에 대한 희망의 빛이 비치는 것으로 인식하고 있었다. 그러나 날이 갈수록 희망과 빛은 사라지고 왜놈의 기세는 날이 갈수록 팽창하여 만주는 물론이요, 중국대륙까지 야금야금 침투하면서 세력을 확장하는데 열강은 왜놈의 침략 행동을 묵인하는 기세라 우리의 국권회복 자주독립은 거의 절망인 상태가 되어 버렸다.

대부분의 국내외 국민들이 국가의 독립성취를 바라는 마음에 앞

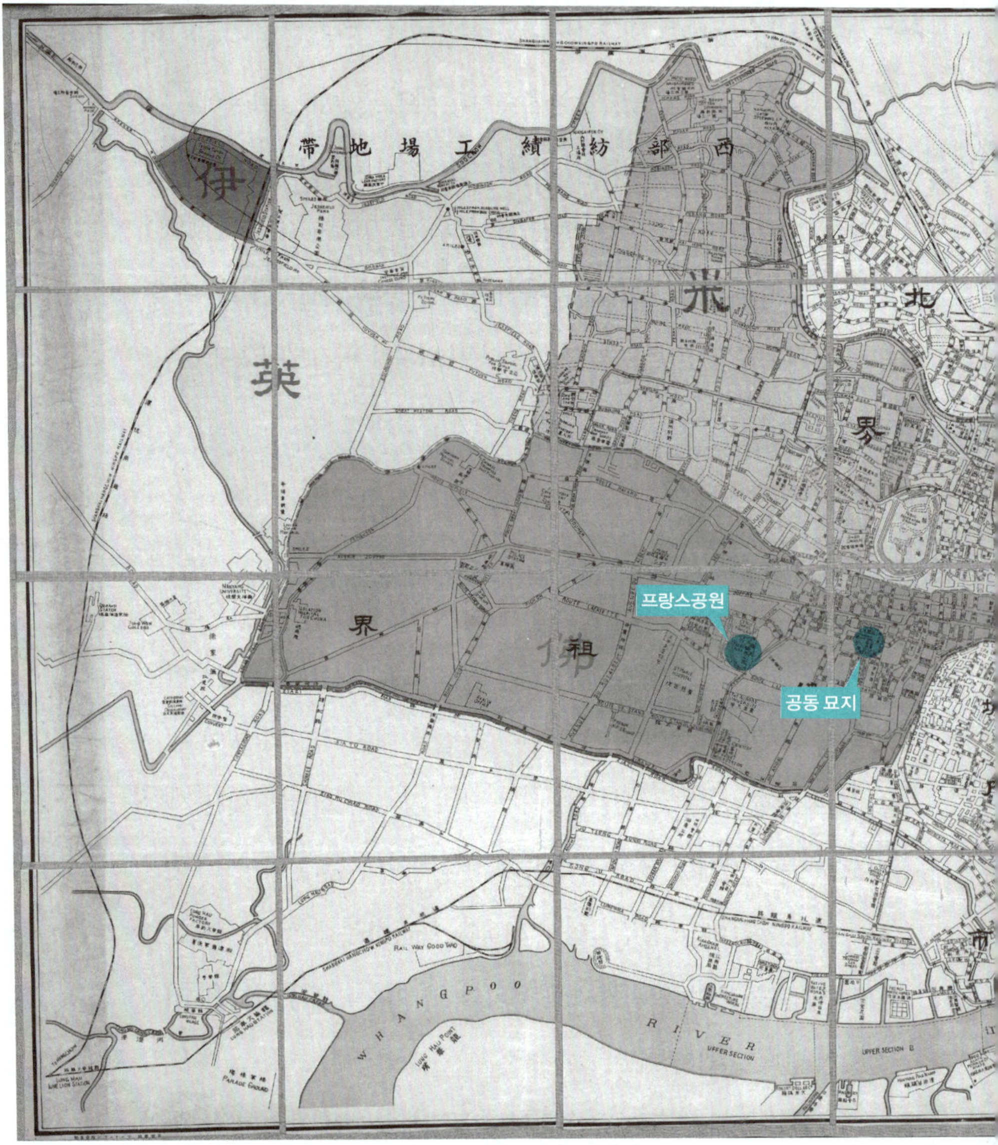

帶地場工績紡部西
伊
英
米
北
界
界
租
佛
프랑스공원
공동 묘지
WHANGPOO
RIVER
UPPER SECTION

상해 지도(1932)

출처: Geographicus Rare Antique Maps(https://www.geographicus.com/P/AntiqueMap/Shaghai-jichisanshokai-1932)

위 지도에 표시한 길은 이 책에서 언급된 거리로
1930년대 초반에 이규창 등이 활동했던 지역이다.

상해 지도(1927)

출처: LIBRARY OF CONGRESS (https://www.loc.gov/)

서 각자의 생존 문제가 우선되는 것도 부득이한 사실이라, 과거 독립운동에 열렬히 헌신하던 인물들 중에 소극적인 정도를 지나 일본 통치하에서 조선에 자치권을 달라고 탄원하는 자도 있고, 소비에트 연방의 공산주의자들의 지령에 의하여 국내외를 막론하고 민족을 분열시키고자 맹렬히 행동하는 자들도 있었다. 더구나 왜놈은 국내외에 살고 있는 한인들을 금전과 개인 영달을 내걸고 매수하여 독립운동조직을 파괴하다 보니, 적극적으로 독립운동을 하던 인물도 매수되어 오히려 이면에서 독립운동의 방해공작에 열을 올리는 경우도 있었다.

주위 형세가 이렇게 되었는데도 우리 민족의 고질병인 지역 다툼, 당파 싸움은 끊이지 않고, 게다가 친일분자와 왜놈의 앞잡이로 직접 나선 자들이 독립운동자 신변을 위협하고 직접 모살을 획책하니, 같은 민족끼리 피를 보게 되는 살생이 도처에 발생하였다.

1930년: 원문에서는 1929년이라 했지만 실제로 이회영과 이규창이 상해로 온 때는 1930년 12월이므로 수정.

이봉창 의사, 윤봉길 의사의 의거: 각각 1932년 1월과 같은 해 4월에 발생.

이처럼 황당하고 비탄을 금치 못하는 광경과 사정을 어찌 다 말할 수 있겠는가. 1930년에 임시정부를 지키고 있던 분들은 이동녕·이시영·조완구·김구·조소앙 선생뿐이다. 그 당시 그분들의 생활의 어려움을 누가 알겠는가. 내가 알기로는 나의 큰형님, 그리고 그 외 2~3인의 자제들이 전차공사, 버스공사에 검표원으로 종사하며 받는 월급으로 식량을 사 드리고 5~6분 선생님이 각자 자취 생활로 연명하며 세월을 보내셨다.

지금에 와서 소위 독립운동사라는 것을 기록하면서, 임정이라는 독립혈투의 기관을 사수할 수 있었던 것이 주변인들의 피나는 노력의 결과라는 공적은 한마디도 언급하지 않는다. 임시정부 주석이 되고 의정원장이 되는 것, 재무총장이 되는 것을 흡사 지금 세상에 높은 벼슬을 하는 것처럼 호강을 하며 독립운동을 한 것으로 인식을 하니 참으로 헛웃음이 나올 뿐이다.

시영 숙부께서는 자식 규홍만 데리고 불란서조계 초가집에서 자취하며 지내셨다. 이동녕 선생, 조완구 선생, 김구 선생(김구 선생은 후에 가족이 와서 지냈지만) 세 분은 독신으로 자취하시며 오랜 세월을 견디셨다. 이봉창 의사, 윤봉길 의사의 의거 후에 장개석 총통의 호의로 생활이며 모든 사정이 활발해지자 와 보지도 않던 사람들이 모여들었다. 참으로 가소로운 세태였다.

부친을 환영하던 분들 중에도 나중에 왜놈에 귀순한 분도 있고 하니 인생의 무상함을 알 수 있다. 그런데 조국이 해방되니 왜놈에 귀순했던 배반자들이 조국독립운동에 헌신한 양 독립의 공훈 운운하니 하늘과 땅에 대하여 양심과 수치를 모르는 인물들이 허다한 판이다.

부친께서는 애인리 정자간 방에서 허다한 각 방면의 동지와 유자명 선생을 통하여 알게 된 중국 국민당의 요인들과 대일항전의 동지들 중 이석증, 오치휘, 호한민胡漢民 등과 한중 협력하여 왜놈의 침략을 저지하는 데 노력하고, 동시에 군인을 양성하는 방안도 협의하셨다. 그 당시 만주에서는 왜놈의 사주로 저 유명한 만보산 사건萬寶山事件이 발생하여 한중 민족 간의 악감정이 각처에서 팽배하자 도처에서 불상사가 야기되었다.

호한민: 후한민[Hú Hànmín] (1879~1936).
만보산 사건: 1931년 7월 발생.

내가 중국 청년에게 구타를 당한 일도 있었다. 이는 만보산 사건으로 인한 중국인의 한인에 대한 악감정의 소치로 볼 수 있는데 이것이 바로 왜놈의 이간정책離間政策 중 한 가지였다. 상해의 민심도 한인에게 우호적이지 않았고 임시정부에 대한 국내외의 인식도 날이 갈수록 희박해져서 사실 임시정부가 있는지 없는지 그 존재조차 망각되는 처지에 놓여 있었다. 게다가 임정과 관련되어 음으로 양으로 한 팔의 역할을 하던 인사들 일부도 표면으로는 독립운동가로 자처하면서 암암리에 왜놈과 거래하는 수작을 부리고 있었다. 그 한 예로 국내에서 105인 사건의 관련자이고 서북학회도 관련된 흥사단의 주요 인물로 상해에 와서 임시정부 요인으로 활동하던 옥관빈玉觀彬을 위시하여 흥사단의 이용로李容魯 등은 왜놈을 위하여 음으로 양으로 임시정부를 방해하고 왜놈의 지시로 요인을 체포하는데 갖가지 간계를 더하는 배신행위를 했다.

국내외에서 조금도 원조가 없어 궁핍하고 끼니를 때우기도 어려운 요인들이 전차 또는 버스공사에서 자제들이 검표원으로 번 돈에 의지해서 근근이 생명을 유지하고 있는 처지에 독립전선의 동지라는 자들의 변심으로 더한층 곤궁을 겪게 된 것이다. 형편이 이런데 북만에서 활동하던 한족총연합회의 동지들 대다수가 홀연히 상해로 오게 되었다. 백정기, 양여주, 김동우, 정화암, 김성수 그리고 김야봉金野俸, 이달, 엄형순嚴亨舜, 이강훈李康勳 등이 상해로 오고 매형 장기준, 규숙 누님, 현숙은 장춘으로 도피하였으며 송순보 씨는 남만으로 갔다고 한다. 이렇게 급거 상해로 혹은 타처로 간 것은 만주의 주변 상황이 급변하였기 때문이었다.

그 당시 만주의 한인사회는 친소, 친일, 독립자주의 3파로 정립되어 있었다고 볼 수 있다. 그때의 만주에 살던 주민들은 신민부新民府나 기타 독립운동 단체들을 일종의 권력단체로 대하였고 그 단체들도 자기들이 **지배자연**然하며 한교韓僑 농민들을 대하였던 까닭에 서로 간에 큰 간극이 있었다. 거기에 공산주의자와 일제 주구가 중간에서 이간離間을 붙이기도 하는 무어라고 말할 수 없는 미묘한 시기였는데, 신민부가 자진 해체를 하고 앞장서서 동포들의 불만을 대변하며 불행과 곤궁을 위로하여 어루만지니 교포의 환영

지배자연하며: 지배자인양 행동하며.

교섭간시: 교섭의 중요 절차를 행하는 것.

을 받음은 당연하였다. 백야 김좌진 장군이 중심이 되어 신민부를 해체한 뒤 능히 대외적으로 공산주의자들의 침투교란浸透攪亂을 막을 수 있고, 사상적으로 소위 과학적 사회주의라고 떠드는 적색분자들을 물리치고, 왜적들과 장기 항전할 수 있는 재만동포조직을 만들고자 대대적인 개편작업을 진행한 결과 한족총연합회가 새로 탄생된 것이다.

내 생활을 내 힘으로 하는 사람만이 항일구국을 할 사람이요, 서로 협동부조하며 일치단결하는 집단만이 진정한 구국단체이니 앞으로 우리가 발족한 한족총연합회를 우리 동포들 자신의 단체로 인식하여야 한다는 것이 한족총연합회가 주장한 바였다. 과거의 단체들같이 권력을 쓰며 위세를 부리지도 않았다. 공산당들과 같이 모략이나 또는 무조건 나를 따르라는 식의 오만도 없었다. 그저 자기들의 의견을 존중하면서 이기적이지 않고 사심 없이 다 같이 일하고, 서로 도와서 우리의 생활을 빨리 향상·발전시키며, 유랑하지 말고 잘살자고 하는 데는 누구 하나 반대할 이유가 없었다. 또 토지의 교섭간시交涉幹施처럼 직접하기 어려운 중국 지주와 중국 관청과의 교섭을 대행하여 준다고 하니 이런 고맙고 편리한 일이 또 있겠는가.

이렇게 되니 각지의 조직화가 급속도로 진행되지 않을 수 없었다. 한족총연합회의 출발이 처음부터 이렇게 급진전하게 되니 일제의 영사관과 그 주구 놈들이 당황함은 물론이요, 간도공산당 사건 이래 지하로 숨어든 이래 진용陣容을 재정비하여 각 방면에 침투하려고 기회를 노리는 적색분자들에게는 치명적인 비보였다. 타격을 크게 받은 공산주의자들은 물론이요, 친일파 또는 독립운동 내부에도 자기세력이 거세된 무리가 불만과 악감을 품고 반격할 기회를 노리는 자들이 생겼다.

그렇게 각지의 일제 주구들과 적색분자들의 준동蠢動이 가일층 맹렬해지면서 백야 김좌진 장군이 살해당하고 그 뒤를 이어 김종

진용: 진영陣營의 형편 또는 상태.

가일층: 加一層. 정도 따위를 한층 더.

각산 조영원의 유치로 살해당하고 말았다: 1931년 7월 11일 사건 발생. 김종진이 마지막으로 방문한 곳이 하이린(해림)역 부근의 조영원 집이었고 그곳에서 공산주의자들에게 납치되어 살해당하는 바람에 조영원의 집은 범행의 무대가 되었다. 그러나 조영원이 이 살해에 적극적으로 가담했는지, 혹은 단순히 장소를 제공했는지 등에 대한 명확한 증거는 현재까지 확인되지 않고 있다.

진金宗鎭, 이준근李俊根, 김야운金野雲 동지가 해림海林 역전에서 각산覺山 조영원趙永元의 유치誘致로 살해당하고 말았다. 각산 조영원은 본시 김좌진 장군이 신민부를 조직하여 독립운동을 할 때 휘하에서 운동을 하였는데 신민부가 해체되고 한족총연합회가 결성된 다음부터 자기가 소외되었다고 생각한 나머지 백방으로 방해공작을 하고 있었다. 그러다가 백야가 피살되니 한족총연합회의 체제가 약화됨을 틈타서 한족총연합회를 완전 말살, 파괴할 목적으로 공산주의자와 암암리에 왜놈의 주구와도 공모하며 천인공노할 소행을 감행한 것이다.

그러니 수많은 동지들이 상해로 철수할 수밖에 다른 도리가 없었다. 참으로 해괴한 일은 해방 후 얼마 안 가서 각산 조영원이 국내에 출현하여 심산 김창숙 선생께 자주 왕래하며 간사한 태도로 친밀히 지내고 있었다. 자기가 지은 죄를 생각하지 않는 자였다. 나는 각산이란 자를 본 적이 없지만 매부인 장기준 형님이 북만 해림에서 그 인간으로 인하여 위험한 찰나를 맞았지만 겨우 도피하여 생명을 보존하였다는 말을 듣고 각산이라는 자가 파렴치한 놈이라고 생각하였다. 그자도 이미 이 세상을 떠났으니 지옥이 있다면 반드시 지옥으로 갔을 것이다.

나는 상해로 온 지 얼마 안 되어 우리 임시정부에서 설립한 한인 교포 학교인 인성학교仁成學校에 입학했다. 인성학교의 교장 선생님은 백연白淵 김두봉金枓奉 선생으로 우리말의 권위 있는 학자이시다. 우리나라의 근대국어학의 태두이신 주시경周時經 선생의 수제

인성학교: 1917년 상해에 한인거류민의 자제들을 교육시키기 위해 설립되었던 학교. 처음에는 사립으로 설립되었지만 1920년 의무교육 실시를 목표로 한 모범학교로 상해 한인거류민단 소속 공립학교가 되었다. 광복 이후에도 유지되었으나 1975년 학생 수 감소로 문을 닫았다.

화광의원: 원 표기는 광화였으나 '화광'이 맞음. 화광의원은 상해 이매로李梅路(오늘날의 왕팅루望亭路)에 위치했다고 한다.

등몽선: 덩멍셴[Dèng Mèngxiān]. 덩멍셴이 운영하던 화광의원은 상해 중국 아나키스트들의 거점이자 한국, 일본, 중국, 베트남, 인도, 필리핀 등 아시아 각국 아나키스트 동지들이 방문하는 결집지였다. 1928년 6월 14일에 동방아나키스트대회를 개최했고, 이때 아나키스트들의 국제연대조직인 동방무정부주의자연맹를 결성했다.

공공조계: 上海公共租界(Shanghai International Settlement). 상해 조계 중에서도 미국과 영국, 일본을 중심으로 공동의 행정 및 무역, 생활이 이루어지던 구역.

오마로: 현재의 광둥루廣東路. 1908년 상하이 첫 노면 전차의 종점이 있었다.

이지능: 리즈넝[Lǐ Zhīnéng].

자이고 독립운동의 원로이셨다. 인성학교에 입학하여 매일 등교하여 국어도 배우고 일반교육도 배웠다. 같은 반에 백연 선생의 조카딸 박차정과 안공근 씨의 따님 안연생安連生, 아들 안낙생安樂生, 안우생安遇生, 또 민제호閔濟鎬 씨의 아들 민영완閔永琬 등 허다한 학생이 있었는데 성명을 다 기억할 수가 없다.

그렇게 지내다가 내 자신도 무슨 일이라도 해서 다소의 돈이라도 벌어야 되겠다고 생각하였다. 유자명 선생이 아는 중국 동지 화광의원장華光醫院長 등몽선鄧夢仙 씨에게 부탁하여 공공조계公共租界 오마로五馬路에 사는 자기 친구 이지능李知能 씨를 소개해 주었다. 이지능 씨는 오마로에서 양약방洋藥房을 경영하며 부부가 살림을 하며 지내는데, 나를 그 약방의 점원 겸 약방 관리자로 와서 일을 보라는 것이다. 그래서 부친께 자세한 말씀을 드리고 그날로 그 약방에서 먹고 자며 일하게 되었다.

공공조계는 영국조계, 일본조계를 합하고 중국 사람도 한몫 끼어 행정을 하는 곳이라 공공조계라 한다. 그러나 불란서조계는 독자적으로 조계를 관리하기 때문에 우리 임시정부와 독립운동가들에게 안전한 피신처이다. 그런데 국제적인 공공조계 오마로는 사창가라 어찌나 난잡한지 밤만 되면 음탕한 풍기風氣가 형언할 수 없었

인성학교 졸업사진(1926)
뒷줄 왼쪽에서 두 번째가 여운형, 세 번째는 최창식
출처: 〈독립운동인명사전〉

다. 약방에서 판다는 약이라는 것이 성욕 자극제와 중국말로 '보험투保險套'라고 하는 성병을 방지하는 고무기구이다. 이런 약과 고무기구를 밤새도록 남자가 여자를 데리고 와서 아무렇지도 않게 사가는 것이다. 그렇게 밤을 꼬박 새우고 이튿날 12시에야 개점을 하게 되니 나의 생활습관이 아주 변하였다.

그렇게 하면 매월 월급 10원에 세끼 식사는 제공되었다. 주인 이지능 씨는 광동廣東 사람으로 국민당 원로인 진제당陳濟棠 씨의 지우인데 당분간 상해에 이런 약방을 차려 놓고 여러 가지 정치와 군사 방면의 활동을 하고 있었다. 그러니 내가 중국 사람도 아니요, 한국의 독립운동을 하는 집안 아들인 것을 알아서인지 이지능 씨는 여러 가지의 문제와 화제에 대해 나와 자유롭게 대화를 했다. 그는 나의 장래에 대해서도 여러 가지 생각을 해 주면서 광동군관학교에 입학하여 장래 군인이 되는 게 어떠냐며 권유하기도 하였다. 나는 생각해 보겠다고 하고 부친께 말씀은 드렸지만 그 당시 나는 군인 될 생각이 전혀 없었고 흥미도 없었기 때문에 염두에 두지 않았다.

매월 10원을 받아서 부친께 용돈으로 5원을 드리고 5원은 내가 썼다. 7, 8개월 지나서 이지능 씨 내외가 자기 고향 광동으로 가게

보험투: 콘돔.

진제당: 천지탕Chén Jìtáng(1890~1954). 자는 백남伯南. 광둥 팡청구防城區 출신으로 중화민국육군 일급상장, 전 광둥성 정부주석 등을 역임.

상해 교외 남상: 상하이 지아팅구嘉定區 난샹진南翔鎭 차이탕지구柴塘地區.

입달농촌학원: 중국 근대의 저명한 교육자이자 혁명가 쾅후성匡互生과 만화가 펑쯔카이豐子愷, 송강제3중학교松江三中의 초대 교장 타오자이량陶載良 등이 주축이 되어 1925년에 세운 입달학원立達學園을 가리킴. '입달立達'이라는 이름은 《논어》 제6편 〈옹야雍也〉에서 나오는 "어진 자는 자기를 일으키기 전에 남을 먼저 세우며, 자기가 깨닫기 전에 남을 먼저 깨닫게 한다(己欲立而立人, 己欲達而達人)"라는 구절에서 따왔다. 입달학원의 특이한 교육과정 중 하나가 '농촌교육과'를 개설하고 힘을 쏟았다는 것인데, 이 과는 1929년에 신설되어 1930년 2월 상해 남상南翔 자당촌柴塘村의 합작농장으로 이전하였다.

입달농촌학원에 전임 책임선생으로: 유자명은 쾅후성의 초청으로 입달농촌학원에서 1930~1935년까지 근무했다.

되어 약방을 타인에게 팔고 갔다. 이지능 씨는 나보고 새 주인을 도와서 있으라고 했지만, 나는 이런 곳에 더 있기가 싫어서 그만두고 부친을 모시고 지내다가 유자명 선생이 관리하는 상해 교외 남상南翔에 있는 입달농촌학원立達農村學園을 왕래하며 여러 가지 일을 도왔다.

유자명 선생은 국내의 수원농림학교 출신으로 농업 방면에 연구가 많아 중국 국민당 우인友人들이 경영하는 입달농촌학원에 전임 책임선생으로 기술과 학예지도에 명성이 자자하였다. 각 성에서 온 청년농촌전문양성원이 5~600명이 되며 농지가 수천 정보에 양계, 양축, 양봉, 식물 재배 등 허다한 실제 영농기술 전수에 전심전력을 하시고 있던 터이다. 그래서 나는 입달학원에 가서 일을 도우며 이것저것 배우기도 하였다. 그 학교 생도들은 유자명 선생을 숭배하는 학생이 많아서 동지로서 우리 독립운동에 다대한 원조를 아끼지 않았다. 지금 기억 나는 학생 이름만 해도 상이강常爾康 등 여러 사람이었다.

그 당시 상해에는 광복 후 문인으로 유명한 김광주金光洲도 있었고, 류산방劉山芳, 임기병林基秉, 일본에서 온 원심창元心昌, 박기성朴基成 등이 있었다. 상해에서 비교적 오래 사시던 정해리鄭海理 선생 내외분과 딸 가족도 있었다. 부인은 중국 여자요, 봉천사범학교奉天師範學校 졸업생으로 아주 지식이 풍부한 분인데 불우하게도 정신병을 앓게 되어 참으로 불쌍한 처지였다. 정해리 선생은 본시 우리나라 명문거족 출신인데 왜놈이 우리나라를 독점하자 정해리 선생의 부친이 영국 목사에게 선생을 양자로 주어서 일제의 교육을 못 받게 했다고 한다. 영국 목사의 집에서 자란 만큼 영어 실력이 대단하였다. 원래 총명하여 중국어도 잘하고 중국문학에도 능한데 영국 신문《런던 타임즈》에 투고를 하면 신문사에서 수정 없이

《상해시보》: 《시보時報(上海)》, *Eastern Times*. 청 말기인 1904년 6월 12일에 창간. 무술정변戊戌政變 이후 보황개량파가 최초로 창간한 신문. 명의상 발행인은 일본인 소가타 고타로宗方小太郎로 했지만, 실제 최초 발행인은 디추칭狄楚青이다.

1921년 디추칭이 별세한 후《시보》는 스포츠, 사회 및 엔터테인먼트 등 소일거리 위주로 기사를 싣게 되면서 정치적인 색채는 점점 사라져갔고 결국 1939년, 항일전쟁이 격심해지면서 상하이 함락 및 재정 문제로 폐간됨.

'수수' : 사오사오. 중국어로 '형수님'이라는 뜻.

'제제' : 디디. 중국어로 '남동생'이라는 뜻.

일진일퇴하여: 좋아졌다 나빠졌다 하여서.

상해에 와서 근 1년이 되었다: 1931년.

투고문을 그대로 실을 정도로 영문 실력이 뛰어나다는 것이다. 중문中文도 마찬가지로 빼어나 《대공보大公報》나 《상해시보上海時報》에 시사 등 투고를 하여 명성이 자자했다. 나는 정 선생의 부인을 '수수嫂嫂'라 부르고 지냈다. 딸은 어리고 정 선생은 사무에 바빠서 정신병에 걸린 부인을 돌볼 사람이 없는 터에, 부인이 중국말이 통하는 나를 '제제弟弟'라 하며 친숙히 지내는 터라 정 선생이 내게 집에 와서 부인하고 말동무를 좀 해 주고 병세가 호전되면 자기 일을 도와 달라고 하여 정 선생 댁에 있었다. 그런데 '수수'의 병이 일진일퇴一進一退하여 도저히 치료될 가망이 없었다. 얼마 후 부득이 정신병자를 수용하는 병원으로 가게 되니 '수수'의 신세가 가련하였다. 정 선생은 어린 딸하고 생활하게 되니 그 가정의 환경도 어수선하였다.

상해에 와서 근 1년이 되었다. 그동안 나는 여러 가지 일도 하고 동지분들의 일도 도와 주며 지내는데 현영섭玄永燮이라는 청년이 조선에서 일본을 경유하여 원심창 선생을 찾아왔다. 현영섭 씨는 '경성제국대학'에서 수학한 분인데 부친의 함자가 현헌玄櫶라고 했다. 부친께서도 국내에 계실 때 잘 아시던 분의 자제라 퍽 대견하게 생각하시며 국내 소식을 청문하시며 가정의 안부도 물으셨다. 원심창 선생하고는 일본 동경에 있을 때 알게 되었고 세계어 '에스페란토 Esperanto'에 능하여 세계어학회의 회원이기도 했다. 그리고 '아나키스트'의 사상을 가지고 있었다.

그러니 상해로 잠시 와서 여러 사상적 동지들을 보고 장래의 세사世事와 해외의 독립운동의 상황을 알아볼 겸 온 것이다. 그 당시

현헌: 원문에는 '현채玄採'이지만 수정.

세계어: 세계 여러 나라에서 공통으로 사용하기 위하여 만든 언어. '에스페란토', '이도ido' 등이 있다.

방 1칸을 얻어: 당시 백정기와 이강훈의 거주지 중 한 곳이 푸루리루福履理路(J. Frelupt Route, 현재 젠궈시루建國西路) 팅위엔팡亭元坊 6호. (백정기는) 1931년 7월 다시 상해로 와서 정해리의 소개로 원심창을 만나 알게 되었고, 9월에 만주에서 온 이수현(본명 박기성), 전리방田里芳(본명 이용준) 등과 함께 동거하였고, 10월에 역시 만주 혹은 북경에서 온 양여주(본명 오면식), 엄형순, 이달, 김지강(본명 김성수) 등과도 함께 동거하게 되었다. 이후 이들은 2명 내지 5명 단위로 프랑스조계 안을 전전하면서 자취 생활을 하였다고 한다.

출처: 박찬승, 〈1933년 상해 '有吉明공사 암살미수 사건'의 전말〉, 《한국독립운동사연구》 제60집, 한국독립운동사연구소, 2017.

우리 동지분들의 생활은 궁핍하기가 이루 말할 수 없었다. 방 1칸을 얻어 백정기, 원심창, 박기성, 엄형순, 김성수, 이달, 김야봉 선생들이 같이 자취하고 끼니를 해결하면서 지내는 판이었다. 이렇게 지내는 상황이다 보니 일본을 거쳐 상해로 온 현영섭도 당분간 이런 생활을 해야 했고 보다 못해 자기가 가지고 온 돈을 생활에 보태 쓰라고 내놓았다. 그는 상해에 사는 우리들의 생활이 이런 줄은 꿈에도 생각지 못하였던 것 같다. 그렇게 하루하루 보내면서 새삼 산다는 것이 이렇게 힘드는 것인가 하는 생각을 새롭게 한다고 했다. 안남미安南米 밥과 절인 고등어 반찬 한 가지를 며칠씩 계속하여 먹으니 안남미 밥과 고등어를 보기만 하여도 진절머리가 난다고 하면서, 이것이 세계적으로 유명한 국제도시 상해에서 우리 독립운동을 하는 사람들의 처참하고 비참한 생활환경이란 것을 다시 한 번 음미하게 된 모양이다. 자기 집에서 환국하라고 보낸 노잣돈을 곤란한 선배 동지들의 생활비로 내놓고 귀국을 못하니 집에다 다시 보내라 하였다. 그는 두 번째 온 노잣돈으로 귀국하면서 많은 것을 배우고 돌아간다고 하며 우리의 건투를 빌었다.

다만 해방 후에 들은 얘기가 있다. 현영섭 씨는 국내에서 운동도 많이 하고 상해에 있는 우리에게 서신도 보내고 간혹 금전도 보내기도 하였으나 전쟁 말기에 녹기연맹綠旗聯盟이란 조직체를 만들어 친일에 가담하였다. 공산주의자와 대항하면서 지내다가 일본이 패전하자 미국 극동군사령부에 취직이 되어 '사이판'에 가 있다는 말도 들었으나 한 번도 본 적은 없다.

얼마 후 '천리방千里放' 이용준李容俊, 허열추許烈秋 이 두 분이 상해로 왔다. 허열추 씨는 본래 성姓은 정씨인데 허 장로의 여식과 동거생활을 하는 고로 아들이 없는 허 장로의 성을 따라 허열추라 하고 아들같이 지내는 분이다. 천리방 이용준, 이분은 충청도인으로 일본을 거쳐 상해로 오신 박기성, 원심창 씨와 국내에서부터 동지이셨다. 나도 상해에 오자마자 성명을 달리하고 지내는 판이었지만

일본이 패전하자 미국 극동군사령부에 취직이 되어 '사이판'에 가 있다: 실제로는 일본 패전 후 일본으로 도피한 뒤 일본 주재 미국 대사관에서 근무했다고 한다.

출처: 위키피디아(https://ko.wikipedia.org/wiki/%ED%98%84%EC%98%81%EC%84%AD)

천리방: 다른 이름으로 '전리방田理芳'을 쓰기도 함.

소파되는 데: 조금 부서지는 데.

건준: '조선 건국 준비위원회'의 준말.

부친께서 이용준 동지를 '천리방'이라 작명해 주셨다. 그리고 오면직吳冕稙 선생도 양여주楊汝舟라 지어 주신 것이다. '너는 양楊의 배'라 하셨는데 그 의미는 네가 배가 되어 사람을 건네준다는 의미였다. 그렇게 본명과 성은 다 모르고 지내는 게 해외의 독립운동 하는 분들의 정체인 것이다. 천리방 선생도 기질이 호탕하며 시도 잘 지으시어 국내 여러 문예지에 발표하여 찬사도 받으셨다. 1932년경 천진에 파견되어 1만 톤급 일군 수송선 1척을 일청기선日清汽船 부두에서 대파하고 일군 병영에 투탄하였으나 불발되었으며 일본 총영사관은 소파小破되는 데 그쳤다. 화북華北의 각 신문은 이것을 대대적으로 보도하였으며 일제 각 기관도 전율치 않을 수 없었다. 훗날 왜놈에 체포되어 징역 5년의 옥고를 치른 천리방 선생을 서울에서 반갑게 다시 만날 수 있어 기뻤다. 선생은 해방되자마자 큰 포부를 갖고 군대를 조직하고 군편성에 주력하였다. 그러나 왜놈이 소위 대동아전쟁을 완수한다는 구실로 강제 징병했던 청년들이 귀국하자 그들을 포섭하는 데 이용준 선생이 걸림돌이 된다고 판단한 건준建準의 공산주의자들의 총격에, 중구 을지로에서 백주 대낮에 복부에 총탄 3발을 맞았다. 천리방 선생은 서울 병원에서 치료를 하였으나 회복하지 못하고 아깝게 희생되고 말았다. 이분이 우리의 해내海內에서 독립운동하신 분으로 국내에서 적색분자에게 첫 희생자가 되신 분이다.

❀

1931년경 7월의 만보산사건, 동년 9월의 만주사변, 다음 해 1월 말에 일어난 상해사변 등으로 이어진 왜놈의 대륙침략은 점점 노골적으로 급변되어 갔다. 앞에서 이야기한 만주에 있던 우리 동지분들이 부득이 후퇴하여 상해로 오신 것은 바로 이런 상황 때문이었다. 왜놈이 만주사변을 일으킨 이때에 우리도 전진하기 위하여 조직을 강화해야 하므로 동지분들이 한자리에 모이게 되었다. 남상입달학원에 계신 유자명, 중국 학생 동지 상이강, 이달, 이강훈, 엄순봉, 김야봉, 백정기, 정화암, 이용준, 박기성, 원심창, 김광주, 류

해내: 바다를 건너지 않고 육지로 연결되는 외국.

다음 해 1월 말에 일어난 상해사변: 제1차 상하이사변(1·28송호전쟁, 淞滬戰爭)은 1932년 1월 28일 발발. 원문은 '2월'로 되어 있지만 1월 말로 수정함.

산방, 나월환羅月煥, 오면직, 김동우 그리고 부친과 최연소인 나도 이 모임에 참석하였다.

일본과 국내에서 온 분들과 상해에 있던 분들이 합석하기는 근래 처음이었다. 북만주, 남만주, 북경, 천진, 복건, 남경 등지에서 과거에 일어났던 일들과 근래의 사변으로 인한 주변 환경의 변화에 대해 정보를 공유하고, 독립운동의 방향을 새로 정하고 이를 수행하기 위한 조직체를 가져야 한다는 결론이 났다. 명칭을 어떻게 정할지에 대해 논쟁한 끝에 중론에 따라 '남화한인청년연맹南華韓人青年聯盟'이란 명칭으로 그 자리에서 결성식을 가졌다. 이들은 부친을 의장으로 추대하였으나 부친은 사양하시며 "이 조직은 어디까지나 용맹하고 활기찬 청년이 중심인 조직체이므로 청장년의 인물로 의장을 삼아야 한다는 것이 내 생각이니, 내가 의장직을 감당 못하여 사양하는 게 아니라 장래에 조직을 인도해 갈 사람은 여러분이니 나의 이런 생각을 이해하여 주기 바란다"고 말씀을 하셨다.

각자의 의견을 말하다가 노老선생의 의향을 존중해서 장래 모든 일에 지도와 편달을 바란다고 이구동성으로 의결하고 유자명을 의장으로 추대하자는 부친의 제의를 만장일치로 가결하였다. 유자명 선생이 의장이자 남화한인청년연맹의 대외책임자가 되었다. 그리고 산하 단체로서 남화구락부를 두어 기관지《남화통신南華通訊》을 발간하기로 했다. 유자명 선생은 의열단의 중요한 참모이시기도 했지만, 아나키스트 사상가로서 항일반공의 거두이자 장개석의 측근인 중국 국민당 중진 이석증, 오치휘, 호한민, 심중구沈仲九, 진제당, 왕아초王亞樵, 화균실華均實 등과 사상적으로 항일독립운동의 공동체를 이루는 동지였다. 따라서 그들은 음으로 양으로 원조를 해 주었고, 곤란할 때는 그들에게 도움을 청할 수 있었다. 대외적으로나 대내적으로나 유자명 선생 같은 분은 드물었기 때문에 부친이 지명하신 것이다. 참으로 잘된 처사라고 이구동성으로 극

심중구: 선중지우[Shēn Chóngjiǔ]. 원문은 深重久라고 쓰여 있으나 오자로 보임.

왕아초: 왕야차오[Wáng Yàqiáo].

화균실: 화쥔쉬[Huá Jūnshí].

왕정위: 왕징웨이[Wāng Jīngwèi].

하문(아모이): 샤먼廈門[Xiàmén]. 중국 푸젠성 남부에 있는 지급시. 아모이Amoy 역시 샤먼을 가리키는 국제적으로 통용되는 이름이다.

백숭희: 바이충시[Bái Chóngxǐ].

이종인: 리쭝런[Lǐ Zōngrén].

진명추: 천밍슈[Chén Míngshū].

찬하였다. 그리하여 남화한인청년연맹을 조직하고 활발한 활동을 개시하게 되자 중국 동지들도 우리와 손발을 맞춰 항일구국연맹을 조직하고 구체적인 행동지침을 마련하여 하나하나 실행에 옮겼다.

항일구국연맹은 주로 적의 기관파괴와 요인암살, 친일분자의 숙청, 배일선전 등을 목적으로 했다. 행동대는 즉각 실력행사를 감행하였다. 이를테면 화균실 동지와 '천리방' 이용준 두 분이 친일행위를 하는 '왕정위汪精衛'를 '상해북군참上海北軍站'에서 저격하려다 그의 부관을 살해했고, 복건성 천주에서는 그곳 동지들이 하문(아모이)의 일본 영사관을 폭파하였다. 또 천진에서는 유기석, 천리방 선생들이 일본의 군수물자를 싣고 들어온 일청기선과 일본 영사관에 폭탄을 던져서 영사관 건물 일부를 폭파시키는 등 맹렬한 활동을 하였다. 이런 사건들은 부친과 유자명, 정화암 선생 등의 계획과 책략에 의하여 이루어졌고 또 중국 동지 왕아초가 재정과 무기 공급 책임을 수행하였다.

왕아초王亞樵 동지는 안휘성 사람으로 광동·광서의 서남계西南系측인 호한민, 백숭희白崇禧, 이종인李宗仁, 진명추陳銘樞를 배경으로 19로군路軍과 불가분의 관계를 맺고 있는 중국 아나키스트였다. 항일구국의 의지가 열렬하여 우리와의 관계도 이런 의식에서 맺어진 동지였고, 따라서 물질적으로나 무기의 제공·원조를 아끼지 않았으며, 정치적으로도 될 수 있는 한 우리에게 유리하도록 노력했다.

1932년 1월 28일, 상해사변이 일어나 19로군과 일본과의 교전이 시작되자 일본군이 패전을 거듭하게 되었다. 이에 일본은 외교로 중국 남경정부에 압력을 가하여 19로군을 즉각 해체하고 일본의 피해에 대한 배상을 해 줄 것을 요구하였다. 남경정부는 만일 전쟁이 확산되어 중일 간에 대전쟁이 발발하면 중국의 현 상태로는 전쟁을 수행할 능력이 전무하므로, 19로군 부총지휘관副總指揮이자

상해사변이 일어나 19로군과 일본과의 교전이 시작되자: 1월 28일~3월 1일. 즉 2월 한 달 내내 벌어짐. 제2차 상하이사변은 1937년 8월부터 같은 해 11월까지 일어남.

군사령관: 원문에는 위장團長이라고 표기되었으나 수정. 채정개는 1930년 19로군 부총지휘관副總指揮 겸 군사령장軍長으로 임명되었다고 한다(총지휘관은 여러 부대 또는 군을 총괄하는 상위 지휘관).

채정개: 차이팅카이[Cài Tíngkǎi](1892~1968). 원문에는 '채정해蔡正楷'로 표기되었으나 오자로 추정.

시라카와 대장: 시라카와 요시노리白川義則. 당시 상하이파견군사령관上海派遣軍司令官 역임.

우에다 사단장: 우에다 겐키치植田謙吉. 당시 제9사단장第9師團長 역임.

군사령관軍長 채정개蔡廷鍇 장군에게 정면 전쟁을 중지하고 후퇴하기를 강력히 명령하였다.

그러나 대일감정이 극도로 악화된 이 시점에 장래의 결과가 어떻든지 일본군을 최후까지 섬멸한다는 장병들의 각오를 무시할 수 없었던 채정개 장군은 지금의 정세로는 남경정부의 명령을 받아들일 수 없다고 판단했고, 19로군과 남경정부 사이에 대일전쟁의 수행에 대해 의견이 불일치하여 불화가 발생하게 되었다. 왕아초 동지도 19로군에 가담하여 최후까지 대일항전을 고수하려 하였고 남경정부가 왕아초 동지를 제거하려 하자 그는 자기 방어태세를 항상 게을리하지 않았다. 일본군의 연전연패에 대일본 군인의 체면이 손상되는 것을 막으려고, 본국으로부터 시라카와白川 대장을 위시하여 우에다植田 사단장, 군 장성 여러 명이 1만여 명의 군대를 인솔하고 참전하니, 상해사변은 확대일로의 국면으로 접어들었다. 전쟁이 대전으로 확산되어 전투가 일진일퇴하는 가운데 19로군이 고군분투하였으나 결과는 일본군의 승리로 종결되니 19로군의 잔병은 절강·복건성 등지로 후퇴하고 상해사변은 한 달여 만에 종식되었다.

이렇게 되니 중국 전체 국민의 대일감정은 더욱 악화되었으나 약

홍구공원 지도

장치중: 장즈중[Zhāng Zhìzhōng].

성재, 석오 선생: 이시영과 이동녕.

홍구: 현재 상하이 홍커우구虹口區.

자의 처지로 당분간은 어쩔 수 없었다. 상해사변을 야기한 일본은 장치중張治中의 근위부대와 19로군의 완강한 저항으로 고전했으나 결국 승리를 거두었으니, 1932년 4월 29일에 승전을 자축하고 전쟁에 임하였던 그들 군인들의 사기를 고무하기 위하여 히로히토 천황의 생일인 '천장절 기념식天長節 記念式'을 겸한 전승 축하식을 거행하기로 했다.

우리 남화한인청년연맹에서는 이 기념식 정보를 사전에 입수하고 어떤 일이 있더라도 이 기념식에 참석하는 일본 군부 요인들을 폭살시켜 버리자는 거사계획을 마련하였다. 기념식 정보는 중국 동지 왕아초가 입수하여 식전에 참석할 거물급의 명단과 식이 거행되는 시간과 순서 등을 자세히 알려 주었다. 그리하여 백정기 선생이 자원하여 이 식전에 자기가 꼭 폭탄을 던지겠다고 흥분했다. 그의 사기가 대단했다.

그런데 한 2개월 전에 임시정부의 백범 김구 선생과 성재省齋, 석오石吾 선생이 있는 곳으로 한 청년이 찾아왔다. 자기는 충청도 사람으로 지금 공공조계 홍구虹口에 있는 일본인 세탁소에 고용인으로 일하며 일본인 행세를 하고 있는데, 망국의 한을 풀기 위해서는 이 한 몸 희생하여서라도 무슨 일이든 하겠으니 기회가 있으면 언제든지 불러달라고 했다. 덧붙여 자기가 한인이라는 것을 절대로 발설하지 말라고 당부하면서 먼저 비밀리에 연락을 하겠다 하고 갔다. 뜻밖에 나타난 이 청년이 퍽 대견하기도 했고 또 일면으로는 의아하기도 하였으나 청년이 하도 진지하고 그 후 정한 장소에서 만나 여러 가지 문제를 토의하면 할수록 의심 가는 점을 찾아볼 수가 없었다. 백범 선생과 굳은 맹세를 하고 생사를 각오하여 일본 요인 암살 또는 항일독립운동에 헌신을 각오한 몸이라는 것을 재확인하였다.

상해사변이 일본의 승리로 끝나고 그 기세로 일본의 대중국 침략이 더욱 가열차진 판국이었다. 남화한인청년연맹이나 임시정부 측에서나 장구한 세월의 침체를 깨고 일을 해 보려고 하는 차에 왜

홍구공원: 홍구공원이라는 명칭은 1922년에 붙여진 것으로, 현재는 루쉰공원魯迅公園이다. 위치는 상하이시 홍커우구 쓰촨베이루四川北路 2288호이며, 상하이 북부에 있다.

'벤또' : 弁当(べんとう). 일본어로 도시락이라는 뜻. 실제로 윤봉길은 수통 모양의 폭탄을 투척했다고 함.

놈이 전쟁에 이겼다고 그 축하식을 천황의 생일인 4월 29일에 상해에서 하겠다고 준비를 하니 남화연맹 측은 왕아초 동지를 통하여 식전의 입장표를 구하기로 하였다. 입장표만 구하면 거사할 준비는 다 되어 있었다. 그런데 왕아초 동지가 구해 온다던 입장표를 시간이 다 되도록 못 구하니 방법이 없었다.

백범 선생, 성재 숙부, 석오 선생 역시 4월 29일에 거사할 준비를 하고 윤봉길尹奉吉 씨를 홍구공원虹口公園에서 만나 축하식의 자세한 시간, 식장 입장의 계획을 면밀히 검토하였다. 윤봉길 씨는 일본인으로 공인되어서 세탁소 주인 노부부와 같이 일본 국기를 들고 '벤또'와 수통水筒을 메고 입장하게 되니 아무리 경비가 삼엄하여도 왜놈이 이것까지는 발견하지 못하였다. 윤봉길 씨는 세탁소 주인 노부부를 부축해가며 일본 국기를 들고 유유히 입장하여 축하대 앞자리에 함께 좌정하고 있다가 단상의 왜놈 장성들이 한참 축하의 열기 속에 휩싸이고 그 열기가 차츰 상승하여 식장에 모인 군중의 환호가 절정에 달할 무렵, '벤또'를 열었다. 뚜껑을 열면 폭탄에 점화되게 되어 있어 그것을 단상에다 투척하니 삽시간에 천지가 진동하는 폭음이 들렸다. 단상에 앉아 있던 왜놈들이 비명을 지르고 선혈이 낭자하여 전 식장이 혼돈상태가 되어도 윤봉길 씨는 태연하게 대한독립만세를 쉴 새 없이 외치다가 그 자리에서 피체被逮되고 말았다고 한다. 참 통쾌하고 세계 어느 사건과도 비할 데 없는 쾌거였다.

그 당시 상해의 우리 조선인 교포의 현황을 자세하게 설명할까 한다. 지금으로부터 55~6년 전, 상해에서 왜놈들이 우리 교포들을 매수공작을 하는 방법 중에 가장 흔한 것이 금전으로 매수하고 지위보전으로 유인하는 것이다. 독립운동에 가담한 인사가 장구한 세월을 버티며 운동을 하였으나 그 전망은 요원하기보다 절망적이요, 생활고와 온갖 고초를 감당하기가 날이 갈수록 어려워지니 마음도 나약해지는 것은 불문가지였다. 그 틈을 탄 갖은 유인 간계에

피체되고: 붙잡히고.

55~6년 전: 이규창이 이 부분을 기술하는 시점은 1988년 이전, 아마 1985년쯤으로 추정.

1931년: 본문에 '1929년'이라고 되어 있지만 이규창이 상해에 간 것은 1930년 12월이니 본문과 같이 수정.

옥가라는 인물: 옥관빈 또는 옥성빈으로 추정.

무너진 인물이 부지기수였다. 표면으로는 독립투사였으나 암암리에는 일제의 정탐꾼이 된 그런 사정과 사실을 지금에 와서 말할 사람도 없고, 생존한 사람도 없는 형편이니, 나라도 1931년에서 1935년까지의 실상을 대강 밝히고자 한다.

윤봉길 씨가 홍구공원에서 거사하기 전에 이런 일이 있었다고 한다. 옥玉가라는 인물 혹은 박朴·신申·김金가들이, 즉 불란서조계에 있는 불순분자들이 조만간 큰 사건을 터뜨리려고 모의하고 있으니 이 사실을 자세히 탐지하여 알려주는 댓가로 거액의 금전을 달라고 왜놈 영사관에 요구하였는데 그 말을 들은 왜놈이 또 무슨 허위사실을 가지고 금전을 요구하냐며 그 말을 흘렸다는 것이다. 전에도 모종의 중대사건 운운하며 돈만 가져간 적이 한두 번이 아니었기 때문에 이번 첩보를 믿지 않고 응하지 않았다가 이런 중대한 사건이 발생하니 발을 동동 구르게 된 것이다.

여하튼 이런 판국이니 그런 중차대한 일을 도모하는데 누가 윤봉길 의사를 만나고 누가 사건을 도모하는지 함부로 발설을 하겠는가. 전부 '스파이'라고 하여도 과언이 아닌데 해방 후 해외에서 온 사람들을 만나 그 시절의 상해 이야기를 들으면 모두가 윤봉길 의사를 알고 홍구 사건에 관계한 것 같이 자기를 소개하니 내심 참으로 가소로웠다. 그 당시 윤봉길 의사의 거사를 미리 알고 있었던 사람은 윤 의사 본인과 백범 김구, 석오 이동녕, 성재 이시영, 조완구 선생뿐이었다. 백범 김구 선생이 전담專担하여 비밀리에 모의하고 후에 네 분께 보고하는 형식을 취하였다. 이 모든 일은 절대 비밀리에 행해졌고, 윤봉길 의사가 세탁소의 노동자工人로 일하면서 일본인 행세를 했기 때문에 비밀이 지켜지고 세상을 진동시킨 대사건이 될 수 있었던 것이다. 그리고 홍구공원 식장에 중국인 경비원이 검문하고 입장을 시켰다는 터무니없는 말을 하는 사람도 있지만 그것은 천부당만부당한 소리다.

그 당시 상해 사정이 어떠했을지를 생각해 보면, 상해사변으로 중국 19로군과 벌인 전투에서 수차례 패퇴하다가 대병력을 투입하고 나서야 겨우 이긴 일제가 전승을 축하하고 천황 히로히토의 생일을 겸하는 식장에 입장검표를 중국인에게 시킬 리가 있겠는가. 일본 헌병과 왜놈 형사가 물샐틈없이 경계하고 있는데 '짱코로(중

'짱코로(중국인)' : ちゃんころ. 일제강점기 때 중국인(특히 한족)을 낮춰 부르던 멸칭.

국인)'에게 입장인을 검색하도록 한단 말인가. 참 무슨 허황한 소리요, 왜 함부로 아는 척하는가. 상해의 당시 형편을 생각하고 말을 하면 좋겠다. 어째서 윤 의사가 일본인 세탁소에서 일하였다는 사실을 말하지 않는가. 일본인 세탁소에서 일을 하였기 때문에 거사하기가 수월하였다.

그리고 후세 사람들은 윤봉길의 의거를 마치 백범 김구 선생이 명령하여 윤 의사가 거사한 것 같이 전하지만, 내가 그 당시 들은 것과 후에 알게 된 사실로 말하자면, 윤봉길 의사의 그런 희생의 각오나 살신성인殺身成仁의 의지가 없었다면 김구 선생이 명령한다고 해서 그런 큰 사건을 수행할 수 있겠는가. 오히려 김구 선생이 그런 각오를 가진 윤봉길 의사가 거사를 행할 수 있도록 폭탄을 구하는 등 조력했다면 모를까, 나는 그런 말들이 윤봉길 의사의 성스러운 행동을 무시하는 것이라고 생각한다.

그렇게 명령하였다고 하여 위대해지는 것도 아닌데, 우리 독립운동사 전체를 볼 때 나석주 의사는 김창숙金昌淑의 명령을 받은 것이고, 윤봉길 의사와 이봉창李奉昌 의사는 김구의 명령을 받은 것이라는 등 수많은 열사의 행동이 누군가의 명령으로 순국한 것처럼 후세에 독립운동의 역사가 만들어지니 이는 큰 잘못이라고 생각한다.

현재의 화이하이중루淮海中路에 해당되는 샤페이루霞飛路
출처: 搜狐焦点-南京(https://nj.focus.cn/zixun/6faa5a063f6a4385.html)

보강리: 샤페이루霞飛路에 위치한 동네. 샤페이루, 즉 Avenue Joffre는 지금의 회이하이중루淮海中路의 프랑스조계 시절 이름으로 당대 프랑스조계의 중심부를 가로지르는 거리였으며, 프랑스 원수 조제프 조프르Joseph Joffre의 이름을 따서 거리 이름을 지었다.

1932년 4월 29일 상오上午 12시가 다 되어 갈 무렵 난데없는 '폭죽' 터지는 소리가 천지를 진동하자 상해시市의 모든 중국인은 만세와 환호의 함성을 광적으로 질렀다. 윤봉길 의사의 살신성인의 장쾌한 거사에 중국의 인민들이 하도 통쾌하고 기뻐서 흡사 미친 사람같이 날뛰었던 것이다. 제19로군이 패퇴敗退하고 왜놈이 강압적으로 침략하는 상황에서 눈엣가시 같은 시라카와白川, 우에다植田, 시게미쓰重光 등 일제의 중요 인물들을 윤봉길 의사가 한 번에 살상하니 그동안의 상처와 통한의 고심苦心을 치유 받은 중국인들이 환호한 것이다.

하루 종일 이런 광경이 펼쳐졌었다. 참으로 통쾌한 거사였다. 그 반면 왜놈은 미친개처럼 독기를 뿜으며 전 상해시를 헤집으며 연루자 체포에 혈안이 되었다. 그러나 거사 전날 김구, 이시영, 이동녕, 조완구, 조소앙趙素昻 등은 비밀리에 거처를 옮겨 누구도 모르게 되었고 나는 부친을 모시고 유자명 선생이 있는 남상입달학원으로 갔었다. 그리고 남화한인청년연맹의 동지분들은 홍구공원에서 사건이 터지자 거주지에서 떨어진 안전지대에 임시로 피신하였다.

그런데 4월 29일, 이날 안창호安昌浩 씨는 불란서조계 보강리寶康里 조상섭趙尙燮 씨의 손자 돌찬치에 갔다가 불란서조계 경찰과 왜

조상섭: 그러나 조상섭에 대해서는 다음과 같은 설명도 있다.

조상섭은 1920년대 후반부터 독립운동에서 멀어져 기독교 신앙에 전념하였는데, 1932년 윤봉길의사의거 직후 존경하던 안창호가 체포되자 독립운동에 관심을 끊은 뒤 인삼 사업에 전념했다. 이 때문에 일제에 아첨한다는 소문이 돌며 변절자로 비난받았다. 1933년 아나키스트들이 그의 집을 습격해 인삼을 강탈했고, 조상섭이 이를 비난하자 그들은 다시 공격해 사죄와 재산을 요구했으나 실패했다. 이후 그는 상하이에서 은거했고 귀국해 안창호 묘를 참배한 적도 있다고 한다.

1940년 1월 20일 오전 4시 상하이에서 숙환으로 사망하였고, 만국공원묘지에 안장되었다. 그의 묘 바로 옆에 안장되었던 안태국의 유해는 1993년 국내로 봉환되었지만, 임정 초대 대통령 이승만 탄핵사건의 주역이기 때문인지 독립유공자 명단에 들지 못했다.

출처: 리브레위키(http://librewiki.net/wiki/%EC%A1%B0%EC%83%81%EC%84%AD)
이동훈, 〈돌아오지 못한 독립운동가 유해 152기〉, 《주간조선》 제2556호(2019. 5. 6.)
(https://weekly.chosun.com/news/articleView.html?idxno=14309)

불란서조계 경찰과 왜놈 형사에게 체포되어 일본 영사관에 유치되었는데: 일명 '상하이의 올드보이' 배준철(1918년생)의 회고에 따르면, 1932년 4월 29일 윤봉길의거 당시 김구의 심부름으로 도산 안창호에게 피신하라는 전갈을 전하러 갔었지만 길이 엇갈리는 바람에, 당시 도산은 이 소식을 듣지 못하고 한인회장 이유필의 집 앞에서 일경에게 피체되었다고 한다.

출처: 《백봉 라용균 연구》 발간위원회(김주용 · 이상호 · 윤왕희), 《백봉 라용균 연구》, 도서출판 박영사, 2025, 44쪽.

놈 형사에게 체포되어 일본 영사관에 유치되었는데, 이를 두고 참으로 해괴한 일이라며 우리 한인사회에서 설왕설래하였다. 그도 그럴 것이 안창호는 유명한 독립운동가였고, 임정의 최고 요인이자 흥사단의 거두인데 윤봉길 의사 의거를 그렇게도 몰랐으며, 설령 그렇다 하더라도 위험한 시점에 신변 보호를 위해 피신하도록 미리 언질이 없었다는 것이 말이 되나, 어떻게 이럴 수가 있을까 하는 소리야 당연한 생각일 것이다.

그러나 사실은 안창호와 임시정부 분들은 그 당시에 사이가 서먹서먹하여 물과 기름 사이였다. 그러니 그런 극비의 일을 모의하는 데 참여는 고사하고 기미도 알 수 없었던 것이다. 안창호는 조상섭의 손자 돌잔치에 가서 태평스럽게 있다가 독살스러운 왜놈에게 붙잡히고 말았다.

그런데 또 한 가지 이상한 일은 조상섭 씨는 어떻게 왜놈의 독수毒手에 걸리지 않았는가 하는 것이다. 조상섭 씨도 임시정부의 정무위원이었던 사람이다. 그리고 이유필 씨도 그 자리에 있었으나 왜놈에게 체포당하지 아니하여 세론世論이 자자하였다. 그 이유는 후에 명백하게 되었다. 조상섭은 암암리 왜놈하고 내통하고 지냈다고 한다. 그러나 겉으로는 독립운동가인데 누가 그 사람을 의심하

사실 이유필 씨는 위장으로 왜놈에게 붙잡힌 것으로, 실은 귀순한 것이라는 해괴한 소문이 나돌았다: 이유필에 대해서는 여러 설이 있음. 다음과 같은 기사도 있다.

사실 이유필은 1933년 3월 9일에 상해에서 체포되어 신의주로 압송되었다가 석방, 가택연금, 4개월 뒤에 치안유지법 위반으로 다시 체포되어 의주 지방법원에서 3년형 받아 복역 후 1936년 출옥, 변절자로 의심을 받아 임시정부에서 제명당했다. 이후 1945년 11월 23일 월남하는 도중 청단에서 심장마비로 사망했다. 1990년대 초 일본 정부의 비밀문서에 '이유필을 처벌하는 것보다 차라리 석방하여 이를 이용하면 도리어 한국통치상 유리하다'는 문구가 있었다는 것이 알려지면서 이유필 선생의 친일 의혹은 해소됐다.

《조선일보》, 2009. 8. 15.

불란서 영사관 공무국: 상하이프랑스조계 관리당국上海法租界 公董局으로 추정. 상하이에 있는 외국 조계들이 중국 정부한테서 벗어나 직접 관리하는 행정부를 설립한 것으로, 1862년에 설립되었고 1943년에 해산되었다. 상하이공공조계 공부국上海公共租界 工部局, 약칭 '공부국'과는 소속이 다르다. 관리당국 산하에는 총 10개 부문의 정책자문위원회(공동국동사회公董局董事會)와 총 13개 부문의 집행기구가 있는데 옥성빈이 근무한 곳은 경무처警務處로 추측된다.

집 근처에서 이름을 알 수 없는 청년이 발사한 총 한 방에 절명하고 말았다: 이 책에서는 옥성빈이 1932년에 죽은 것으로 되어 있지만 다른 설명도 있다.

옥관빈이 암살되자 옥성빈은 동생을 살해한 범인을 찾으려고 애를 썼다. 그 역시 독립운동을 방해하고 있던 친일파였다. 옥성빈도 넉 달 뒤인 1933년 12월 18일 오후 6시에 상하이 프랑스조계 김해산金海山의 집 입구 길가에서 암살되었다.

출처: 이호룡, 《절대적 자유를 향한 반역의 역사—한국 아나키즘을 돌아본다》, 서해문집, 2008, 94쪽.

겠는가. 조상섭 씨나 이유필 씨 모두 흥사단興士團의 중요 인물이었다. 그러니 안창호로서는 친밀하게 지내는 게 당연한 이치였던 것이다. 그런데 이유필 씨는 1933년경 돌연히 왜놈에게 붙잡혔다는 소문이 자자하였다. 그리하여 상해 교민 사회에서 이유필 씨도 기어코 왜놈에게 잡혀갔다고 퍽 애석하게 생각하였는데 얼마 후 사실 이유필 씨는 위장으로 왜놈에게 붙잡힌 것으로, 실은 귀순한 것이라는 해괴한 소문이 나돌았다. 그래서 상해 우리 사회에 일대 소란이 일었지만 국내로 압송하여 평북 고향에서 평안히 지냈다고 해방 후에 들었다. 그러니 조씨나 이씨나 다 독립운동에 참가하던 사람인데 변심하여서 평안한 여생을 보내겠다고 작심하게 된 연유는 독립은 부지하 세월이고, 앞길은 암담하니 변심하게 된 것이다.

(1932년) 9, 10월경 옥성빈玉成彬이 불란서 영사관 공무국工務局에서 근무하고 자기 집으로 오는 길에 집 근처에서 이름을 알 수 없는 청년이 발사한 총 한 방에 절명하고 말았다. 그리고 그 청년은 도피했다. 나중의 말인즉 옥성빈은 왜놈과 내통하여 안창호를 체포되도록 한 혐의로 피살된 것이라고 한다. 옥성빈은 옥관빈玉觀彬의 4촌 형인데 평안도인으로 서북학회 회원이었고, 105인 사건에도

上海事件直後
安昌浩被逮
僑民團長李裕弼家에서
日本領警에引渡

【上海中特派員電報】 작일사(康里)二十七호 리유필의집을습
격발생직후 오후一시 일본총령격하매 마츰 리는 업슴으로 그
사관경찰은 불란서조계 공부국 곳에서 리의귀래를 기다리든중
경찰서에 향하야 엄중교섭하야 안창호(安昌浩)가 그집을방문하
사건의수모자로 인증되는 교민 려고드러갓든바 불란서 경관대
단장리유필(李裕弼)의 체포를 는안창호를체포하야 공부국경찰
의뢰하얏슴으로 불란서 경찰대 서에떠려가서약一시간을심문한
는 즉시하비로보강리(霞飛路寶 후 오후四시 일본령사관경찰에
인도하얏다 五시경긔자는 불란
서경찰을 방문하고 서장을맛난
즉 서장이말하기를 안(安)을리
유필(李裕弼)로잘못알고 일본
경찰서에 인도하얏다고한다 그
가 체포될때까지 살던 하비로
(霞飛路) 一〇一四롱二九호의
二층에잇는 좁은방에는 청치시

五월一일의 메이데이도 하로
를압두고 각도경찰은 각단체의
책동을 미리방지하고저 경무국
의취체방침 지시에의하야 불온
인물의 예비검속도 행한다
우외 집회는 일체로금지하얏
스나 경긔 경남 전남등엔 불온
격문이 산포되엇슴으로 경계는

勞働

1932년 안창호 피체 기사사진
《동아일보》, 1932. 5. 1.

프랑스 영사관 정치부: 프랑스주차상해 총영사관 정치처法國駐上海 總領事館 政治處(Chancellerie politique)로 추정.

연관되었던 옥관빈이 상해로 오자 옥성빈도 상해로 와서 불란서 영사관 공무국에 재직하고 있었다.

불란서 영사관에서는 외국인을 고용할 때 반드시 같은 국적인 사람 2명을 써야 하는 법이 있다. 그리하여 프랑스 영사관 정치부에는 엄항섭嚴恒燮, 공무국에는 옥성빈이 일했다. 엄항섭 씨는 그동안 정치부에 재직하면서 왜놈이 임정 요인이나 독립운동가를 체포하려면 우선 불란서 당국에 요청해야 하는 점을 이용해, 불란서 당국에 들어온 체포 협조 내용을 우리 측에 미리 귀띔을 해 주어 피신하도록 조치하여 체포를 미연에 방지하게 하였다.

한 예로 교민의 회갑잔치나 생일날에 김구 선생이나 숙부님 등을 청하여 대접을 하는데 이분들이 가기만 하면 반드시 누군가에 의해 왜놈들이 누구누구의 집에 이분들이 있다는 것을 알게 된다. 그러면 왜놈은 불란서 영사관에 와서 '살인강도 김구, 이시영 등이 여기 여기에 있다'며 체포협조를 요청하는데 그 요청을 알게 된 엄항섭 씨가 미리 연락하여 왜경이 오기 전에 피신하게 하는 것이다. 이렇게 불란서조계뿐만 아니라 상해 전역에 걸쳐 한인사회에는 독립운동자의 가면을 쓴 왜놈의 정탐자 앞잡이가 누가 누군지 모를 정도로 우글우글했다.

의거 직전에: 원문에는 '윤봉길 의사의 의거 직후'라 되어 있지만, 안창호가 윤 의사 거사일에 체포되었는데 엄항섭이 없어 체포당한 거라면 거사 전에 엄항섭이 피신했다고 봐야 됨.

안창호가 불행하게 된 것: 안창호가 일정에 피체당한 것. 안창호 피체에 대한 기사 내용은 다음과 같다.

〈상해 사건 직후 안창호 피체, 교민단장 이유필 집家에서, 일본 영경領警에 인도〉

[상해 신申 특파원 전보]

작일 사건 발생 직후 오후 1시 일본총령사관 경찰은 불란서조계 공부국 경찰서에 향하야 엄중교섭하야 사건의 수모자로 인증되는 교민단장 이유필의 체포를 의뢰하였음으로 불란서 경찰대는 즉시 하비로 보강리霞飛路 寶康里 27호 이유필의 집을 습격하매 마침 이는 없음으로 그곳에서 이의 귀택을 기다리던 중 안창호가 그 집을 방문하려고 들어갔던 바, 불란서 경관대는 안창호를 체포하여 공부국 경찰서에 데려가서 약 1시간쯤 심문한 후 오후 4시 일본 영사관 경찰에 인도하였다.

5시경 기자는 불란서 경찰을 방문하고 서장을 만난 즉 서장이 말하기를 안을 이유필로 잘못 알고 일본 경찰서에 인도하였다고 한다. 그가 체포될 때까지 살던 하비로 1X14로 29호의 2층에 있는 좁은 방에는 정치시사에 관한 서적과 낡은 양복 두 벌이 있을 뿐이었다. 그는 화초를 좋아하여 그 뜰에는 그의 손으로 재배한 화초가 만발하여 있었다. 그의 체포되었다는 소식은 전 상해에 일대 센세이션을 일으키고 있다.

《동아일보》, 1932. 5. 1.

그런데 홍구공원 윤봉길 의사의 의거 직전에 엄항섭 씨가 불란서 당국에 사표를 내고 가족과 더불어 항주杭州로 가게 되면서 불란서 영사관에는 옥성빈만 공무국에 있게 되었다. 그러니 안창호가 조상섭 집에서 왜놈에게 붙잡힌 것은 옥성빈이 사전에 안창호의 체포 시도를 알았으면서도 엄항섭처럼 사전에 알리지 않아서 안창호가 불행하게 된 것으로 보았고, 그것을 이유로 옥성빈이 왜놈과 내통하고 있었다고 단정하고 사살한 것이다. 그 당시 상해 정세가 이렇게 흉흉하였다.

1932년 10월경 부친이 항주로 숙부 성재를 찾아가 며칠 머물면서 아마도 여러 가지 장래의 일이며 당신이 무엇을 하리라는 것들을 광범위하게 상의하셨다. 김구, 이동녕, 김사집 선생도 만나보고 상해로 돌아오신 부친은 백정기, 원심창, 박기성, 정화암, 유자명 선생들을 모아 장차 자신이 행할 독립운동의 방향을 피력하고 금번 항주에 가서 동생과도 상의하였고 여러 동지들에게도 대강 나의 소신을 말하고 왔다고 하시면서, 과거 본인이 만주에서 운동하던 근거를 바탕으로 재출발하는 각오를 하였다고 하셨다. 부친은 "내 나이 비록 연로하였으나 이렇게 종말을 지을 수는 없다"고 하시며 여러 동지가 이번 행동에 적극 협조해 주기를 당부하셨다.

2, 3일 후 유자명, 백정기, 정화암이 부친과 진지하게 의논하였다. 칠십이 다 된 노인이 그 위험한 곳을 간다는 데 모두 만류하였다. 우리는 지금도 만주에서의 운동을 포기한 것은 아니며 국민당의 요인인 이석증, 오치휘 등 중국 동지들과 부단히 연결하여 동북 만주의 군벌과 서로 협조하면 안전하게 운동을 전개할 수 있다고 하면서도, 만주가 전에 비하여 전반적 정황이 불리한 것만은 인정하여야 한다고 하는 등 여러 가지 이론異論이 제기되었다. 그러나 부친은 결심을 그대로 실행할 것을 굳히셨다.

그러하니 유자명, 백정기, 정화암 선생들은 부친의 결심을 누그러뜨리지 못하고, 다만 우리에게 협조적인 남경정부의 이석증, 오

관동군사령관 무토: 무토 노부요시武藤信義(1868~1933). 5대(1926~1927), 10대(1932~1933) 관동사령관 역임. 1932년 8월 8일에 10대 관동사령관에 임명되었을 때는 만주국 주재 특명 전권대사와 관동 장관을 겸임함. 같은 해 9월 15일, 만주국 국무총리 정샤오쉬鄭孝胥와 〈일만의정서日滿議定書〉를 조인함.

치휘, 호한민 등과 내통하고 있는 동북 만주의 군벌과 연락을 취해 만주에서 하는 제반 운동의 편의를 볼 수 있게 해 보겠다고 하였다. 유자명 선생이 남경으로 가서 이석증, 오치휘, 호한민 등을 만나 비밀연락을 해 놓도록 하는 한편 장춘에 있는 매부 장기준과도 연락을 취하여, 부친이 가시는 일은 극비리에 진행되어야 하고, 운동이 순조롭게 되면 동지들도 1진, 2진으로 나눠서 만주로 건너가 활발히 독립운동을 다시 해 보자고 하셨다. 그리고 관동군사령관 무토武藤가 온다는 소식을 들었던 때라 암살계획을 세워야겠다고 말씀하셨다.

부친은 자신이 늙었다고 젊은 사람들만 일선에 나서는 것을 그대로 볼 수 없으니 이번에는 자신도 일을 해야겠다고 고집하셨다. 여러 동지들이 "선생님이 꼭 만주로 가시겠다고 하시니 더 이상 만류는 하지 못하겠습니다. 그러나 지금 이곳 사정도 그렇습니다만 만주 사정도 과거와는 크게 달라져서 위험합니다. 만주에 안착하실 때까지 아무리 절친한 사람이라도 만주로 가신다는 것을 절대로 말씀하지 마시고 극비리에 떠나셔야 합니다" 하고 여러 번 말씀을 드렸다. 그러나 부친께서는 둘도 없고 형제 간에도 가장 절친한 중형仲兄 석영 숙부한테 생전에 다시 볼지 말지 한 전도前途에 어찌 작별인사를 안 하고 갈 수 있나 하시며, 나를 데리고 중부仲父께 가서 마지막이 될지 모르니 부디 안녕히 계시라고 하며 만주로 간다고 하셨다. 게다가 중부께서 어느 방향으로 가냐고 하시니 행선지를 말씀하신 것이다. 때마침 중부님 곁에 '태공太公'과 연충렬延忠烈이 있었다. 하나는 조카이고 다른 하나는 엄항섭 동지의 처남이니 조금도 의심하지 않았고, 그럴 필요도 없었다. 그러시고 유자명 선생으로부터 이석증 씨와 만주 각처 간의 비밀연락 상태와 여러 사무처리에 대한 계획도 다 들으시고 규학圭鶴 형에게도 고별을 고하셨다.

1932년 11월 초 달이 환한 밤에 나 혼자서 부친을 황포강黃浦江 부두로 모시고 가서 대련大連으로 가는 중국 상선에 승선하시게 하고 부친께서 몸조심하시고 안착하시길 빌며 절을 했다. 배가 출발하는 것을 보고 백정기, 엄형순, 박기성의 거소로 가서 부친이 떠

'태공' : 이규서. 이석영의 둘째 아들이자 이규창의 사촌. 뱃놀이를 좋아해서 '이태공李太公'이라고도 불렀다.

연충렬: 엄항섭의 처남이자 연미당의 동생.

지금 나이 75세이지만: 1988년 기준.

나셨다고 말하고 그곳에서 한밤을 잔 뒤, 그 이튿날 형님 댁에 가서 부친의 소지품을 맡기고 나는 백정기 선생의 거처로 와서 동거하게 되었다.

그리하여 내가 여러 동지의 조석을 백정기, 엄형순 선생과 셋이 공급하는데 시장에 가서 반찬거리를 사다가 만드는 것은 내가 주로 하였다. 천진에서 상해로 온 후 형님 댁에서 식사를 하였음으로 2년여 동안 자취를 하지 않았으나 부친이 상해를 떠나셨으니 형님께 내 한 몸 부담되기 싫어, 백정기 선생 등이 자취하며 사는 데로 가서 도우며 지내게 된 것이다.

나는 일상 생활하는 데 못하는 게 없었다. 북경에서 어머니가 국내로 가시고 송동집 아주머니가 돌아간 후부터 부친을 공양하기 위해 밥 짓는 것, 빨래하는 것, 반찬하는 것, 바느질하는 것 등 무엇 하나 하지 않고는 그날그날을 지낼 수 없게 되니 하기 싫어도 도리가 없었다. 그리고 하다 보니 모든 게 일류 선수급이 되었다. 지금 나이 75세이지만 아직도 생활에 필요한 일 중에 스스로 할 수 있는 일은 될 수 있으면 남의 손을 빌리지 않는다. 습관이 된 것이다. 그러나 나이가 먹어가니 이런 일도 점점 하기가 싫어진다.

공동생활을 하다 보면 각 개인의 행동과 성격을 다 알 수 있다.

내가 별의별 고생과 고초를 겪었어도 여러 분하고 공동생활을 하는 것은 처음인 데다 나이도 제일 어리기 때문에 그분들 성미에 맞추고, 순종하는 게 중요했지만 그래도 공동생활은 어려운 것이다. 하루 이틀도 아니고 긴 세월을 지내게 되니 순종하는 것도 한도가 있는 법이다. 그런데 그 많은 사람 중에 백정기 선생과 엄형순 선생 같은 분은 이 세상에 둘도 없는 분으로 생각되었다. 그 두 분은 참으로 인간의 훌륭한 점은 다 갖추셨다. 의리, 관용, 협조 모든 일의 솔선수범, 그리고 궂은일은 모두 두 분이 하셨음에도 시비 한 번 하신 적이 없었다. 어린 나도 감복感服하여서 불평불만이 있어도 꾹 참고 두 분 하시는 대로 무조건 순종하여서 곤란한 환경에도 원만히 지나가게 되었으나 모든 동지의 생활과 대외교섭을 도맡은 사람이 이기적이요, 개인 행동을 하니 그에 대한 불평불만이 표면에 노출되지 않을 수 없었다.

유자명 선생은 남상입달농촌학원을 책임지고 농업 축산 지도를 해야 하니 한 달에 한 번씩이나 우리에게 올까 말까 하는 형편이

상관하여: 남녀가 육체관계를 맺음.

요, 그러다 보니 주로 정화암 선생이 모든 대내외의 일을 도맡아 우리의 생활비와 사건을 도모했다. 그런데 너무도 이기적이고 재주를 부리니 한두 번은 동지들이 모르고 넘기지만 상습적으로 하는 행동이 말썽이 안 날 수 없었다. 그러나 백정기 선생이 거중 조정을 하여서 폭발 직전에 위기를 모면하곤 했었다.

정화암이란 분은 좋게 말하여 '한량'이요, 혹평을 하면 '방탕자'라고 해야 적당할 것이다. 금전 문제도 그랬고 여자 문제도 그랬다. 절망과 고독한 생활, 이런 환경에서 식생활은 생명을 유지하는데 제일 중요한 문제였지만, 인간은 역시 생물이라 본능적인 문제도 식생활과 마찬가지로 기본 문제인 것이다. 아무리 인간이 이성을 앞세운다 해도 때로는 그런 것도 아닌 것 같았다. 정화암 선생은 이런 환경에 처한 동지들과 같이 지내기에 부적당한 인간이라 하겠다. 국내에서 처음 북경에 올 때에도 좋게 말해서 신식 여성인가를 데려와 물의를 빚었고, 만주에 가서도 백야 김좌진 장군의 처제와 상관相關하여 남의 일생을 망쳐버렸다. 그뿐 아니라 한족총연합회의 동지들이 적색분자와 반대파에게 살해당하는 판국에 동지들은 생각하지도 않고 자기 생각만 한다는 비난을 면치 못하였다. 심지어 백연 김두봉 선생하고 철천지 원수가 된 것도 여자 문제 때문이었다. 여자도 과실이 있겠지만 화암 이분도 동지의 여자와 불륜의 관계를 맺어 임신까지 시키면서 상해 일대에 비난이 자자하였고 독립운동의 동지요, 사상의 동지끼리 원수지간이 되고 말았다. 두 분은 끝내 각자 노선을 가게 되었다.

물론 인간은 천차만별이지만 동지들 모두가 고독과 절망, 비참한 생활, 또 언제 어느 때 생명을 잃을지도 모르는 두려움에 시달리면서도 목적과 장래가 무엇인지를 잊지 않으려고 애쓰는 시점에 자기 혼자만 그런 생활을 하니, 왜 불만이 폭발하지 않겠는가. 상해에서 우리가 공동생활을 할 때에 자기만 여자를 얻어 따로 살면서 대외관계를 빌미로 거처의 주소도 알리지 않으니, 잠시는 모르지만 세월이 가면 동지들이 왜 모르겠는가. 후에 아리요시有吉 공사 암살사건 후 백정기 선생이 체포되자 동지들 사이를 거중 조정을 하던 의리의 동지가 없어진 것이라 감정이 언제 폭발할지 모를 일이었다. 결국은 이달李達 동지가 화암에게 권총을 발사하였다. 불행 중 다행으로 총알이 빗나가 인명사고는 안 났고 동지들이 이달 동지를 만류하고 무마를 하였으나 그 감정의 앙금은 쉬 사라지지 않았다.

사람이라고 다 같은 사람인가. 그 속성은 발로發露하게 마련이고 위대함을 자처하는 사람이라도 천성으로 타고난 선악과 교활함은 어쩔 수 없다는 점을 터득하게 되었다. '공동생활'을 할 때, 더구나 해외 독립운동과 같은 일을 할 때 한 인간의 개인적 행동이 전체 운동의 방향을 좌우하며 인화단결人和團結의 성패를 가름하게 된다고 생각되었고, 자기희생의 정신이 결여된 인간은 사회 생활뿐 아니라 독립운동에도 방해물이 된다는 것은 진리였다.

내가 이런 사실을 쓰는 것은 정화암 선생 한 개인을 비방하고 매도하려고 하는 것이 아니다. 우리가 잔인무도한 왜놈하고 혈전을 벌이는 판에 그런 이기적이고 비열한 행위를 하면서 동지 간의 화목단결和睦團結, 생사를 같이 하는 성과를 바랄 수 있겠는가. 그 당시 나는 독립운동에만 적용되는 것이 아니라 인간이 사회생활을 잘하려면 참다운 인간의 모습이 필요하다는 것을 깨닫게 되었다. 사람이 아무리 무슨 이상주의자라 자처한들 그 인간의 본성이 다르다면 이상주의자라는 그 이름만 빌리는 것에 불과하다. 그러기에 인간은 태어날 때부터 선·악·교활·잔인성을 타고나는 것이다. 고대 성인들 중에 인간 본성을 선이라 한 사람도 있고, 악이라 한 사람도 있다. 전부 그럴 만한 진의眞意가 있는 것이다.

부친이 떠나신 후 나는 만주 목적지에 평안히 도착했다는 편지가

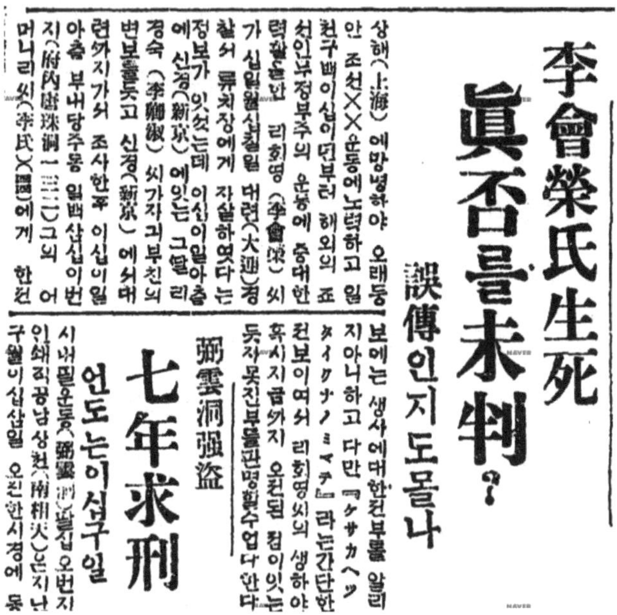

李會榮氏生死
眞否를未判?
誤傳인지도몰나

상해(上海)에망명하야 오래동안 조선××운동에노력하고 일천구백이십이년부터 해외의 표서인부정부주의 운동에 중대한 력할을하든 리회영(李會榮)씨가 십일월십칠일 대련(大連)경찰서 류치장에게 자살하엿다는 정보가 잇섯는데 이십이일아츰에 신경(新京)에잇는 그딸 리경숙(李卿淑)씨가자긔부친의 변보를듯고 신경(新京)에서대련까지가서 조사한후 이십이일아츰 부내당주동 일백삼십이번지(府內唐珠洞一三二)그의 어머니리씨(李氏×圖)에게 한컨보에는 생사에대한컨부를 알리지아니하고 다만『ケサカヘツタイクナノミマチ』라는간단한 컨보이여서 리회영씨의 생하야 흐시지금까지 오컨된 점이잇는듯 자못진부를판명할수업다한다

弼雲洞强盜
七年求刑
언도는이십구일

시내필운동(弼雲洞)칠십오번지 인쇄직공남상천(南相天)은지난 구월이십삼일 오전한시경에 뭇

이회영의 순국 소식을 알리는 기사
《조선일보》, 1932. 11. 23.

국내 장단에 사는 출계한 아들 이규룡에게 편지를 보내니: 《서간도 시종기》에는 음력 10월 19일(11월 16일) 신경에 사는 규숙으로부터 영사관에서 자신을 조사하러 왔는데 '아버님이 피착되신 것 같다'는 연락이 왔고, 음력 10월 20일에 이은숙이 거주하는 통동으로 사망전보가 온 것으로 되어 있다.

《서간도 시종기》 213~216쪽.

오기를 고대하며 하루하루 지내는데, 10여 일이 지나서 돌연 국내에서 어머니의 전보가 왔다. 〈11월 17일 부친이 대련 수상경찰서에서 사망〉이란 간단한 전문이었다. 나는 매일 규학 형님께 갔으므로 어머니가 형님께 전문을 보내신 것을 본 것이다. 형님과 나는 청천벽력이라 꿈인지 아닌지 도무지 헤아릴 수 없었다. 나는 곧 백정기 선생께 가서 전문을 보이고 사후 대책을 의논하였으나 당장은 무슨 수가 없어 국내 어머니께 자세한 과정을 알리라는 서신을 보냈다. 그리고 항주에 계신 시영 숙부, 각처의 부친의 동지 분들께 이 끔찍한 비보를 전하였다.

수일 후 비교적 자세한 내막을 알리는 어머니의 답서가 왔다. 대련 부두에 중국 상선을 타고 온 수상한 중국인 노인이 상륙하니 경찰이 연행해 심문한 결과, 조선인 노인이므로 유치하고 심문하던 중 11월 17일 자살한 것을 발견하였다. 이후 노인의 인적사항을 내국으로 조회한 바 이회영임을 판명하고 국내 장단長湍에 사는 출계한 아들 이규룡李圭龍에게 편지를 보내니, 부친께서 대련경찰서에서 사망하신 걸 알았다고 하시며 자세한 것은 추후 알리겠다고 하셨다.

그러나 부친께서 자결하셨다는 것은 아무리 생각을 하여도 이해할 수 없는 일이니 여기에는 반드시 중대한 가혹행위가 있었을 것이라는 판단을 하였다. 수일 후 국내에서 발행하는 중앙일보·동아일보를 보니 〈이회영 노인, 대련경찰서에 피체되어 심문 중 새벽에 허리띠로 철창에 목을 매어 액사縊死하였다〉고 경찰서에서 발표하였는데 어찌하여 액사하였으며, 액사한 동기가 무엇인지, 액사에 대하여 여러 가지 의문점이 많다고 보도하였다. 사실 부친께서 자결할 하등의 이유는 없었을 것이다.

규룡 형이 장춘에 있는 규숙 누님에게 알려 누님이 급히 대련경찰서로 가서 그놈들에게 사정을 문의하니, 그놈들은 두말도 않고 자결한 것이니 화장해서 유골을 가져가라고 위협 공갈까지 하였다고 한다. 그들은 강제로 부친의 시신을 대충 누님께 보여 주면서 얼

중앙일보·동아일보: 당시 보도 기사의 제목은 다음과 같다.
〈李會榮氏生死(이회영 씨 생사) 眞否(진부)를 未判(미판)?〉
《조선일보》, 1932. 11. 23.
〈大連警署(대련경서)에 留置中(유치중) 痲繩(마승)으로 縊首自決(액수자결)〉
《동아일보》, 1932. 11. 24.

중국식 겉옷인 따파오: 두루마기 같은 외투.

55년 전의 일: 1987년 기준.

굴을 확인시키고 부친께서 입고 계셨던 중국식 겉옷인 따파오大袍·모자·신발만 돌려 주고 화장해 버렸다. 안면을 확인할 때 선혈이 낭자하였고, 겉옷에 선혈이 많이 묻어 있었다고 하였다. 그러니 왜놈들은 노인을 때려서 사망케 하고 자결했다고 허위 발표를 한 것이다. 신문지상에서도 자결에 대한 의문점이 많다고 논평하였지만 왜놈의 가혹한 치하라 노골적으로 '때려 사망하였다'고 사실대로 쓰지 못하였다.

참 분하고 원통했다. 내가 지금 55년 전의 일을 기술하면서도 눈물이 나서 글을 쓸 수 없어 한참 진정을 하고 다시 쓰기를 계속한다. 나의 부친은 참으로 불쌍한 분이다. 부친과 나는 부자지간이니 더 얹을 말이 없지만, 나는 우리가 보통 평범한 부자지간이 아니라고 생각한다. 어머니가 1925년에 국내로 가신 후부터 1932년까지 근 8년 동안 조석으로 모셨다. 부富도 있고 귀貴도 있었던 나의 부친이 소위 독립운동을 했다는 분들은 다 같은 처지라 하지만, '독립운동'이란 이름의 일을 그만 두고라도 개인적으로도 남이 당하지 못할 비참한 생활고를 겪고, 비참한 환경에서 지내신 것을 생각할 때 참으로 불쌍하다는 생각이 지금도 드는 것이다.

그러니 자식으로서 그 모진 비참한 생활을 버티신 부친에 대해

존경심이 커지고, 위대한 인격을 더욱 깊이 사모하게 되었다. 부친께서도 자식이니 애정이야 더 말할 나위도 없겠지만 환경이 비참한데 어린 나이에 그 난관을 극복해가는 자식에 대한 특별한 애정과 감회가 있으셨다.

나는 부친이 이렇게 허무하게 별세하시니 한동안 내 자신이 어떻게 할 바를 몰랐다. 이런 광경을 본 백정기 선생과 엄형순 선생은 나를 위로하며 "우당 선생님은 자기 소신대로 행동하시다 가셨으니 그분이야말로 이 세상에 둘도 없는 위대한 독립운동을 하신 분이요, 진정한 인류의 자유평등을 사상가이시니 우리는 이 선생님의 위업을 계승할 각오를 다시 한번 맹서盟誓하자. 너도 단단한 맘을 먹고 실망하지 말라"고 하셨다.

그래도 나는 분이 안 풀리고 부친 생각이 날이 갈수록 더해 가기만 하였다. 그렇게 지내기를 한 달쯤 지났을 때 참으로 해괴한 소

맹서: '맹세'의 원말.
참으로 해괴한 소문: 이규서와 연충렬이 이회영의 만주행을 일본 측에 밀고했다는 것.
형님: 이규학.

문이 들려왔다. 퍼지는 소문과 관련하여 백정기·엄형순 선생님과 의논도 해 보고 또다시 생각해 봐도 하도 엄청난 일이라 도저히 믿을 수가 없어서, 소문은 소문대로 남겨두고 다시 논하지 않기로 하였다. 그럼에도 소문의 출처가 정확하다는 말이 나돌고 헛소문이라고 단정할 수 없어지자, 두 선생님과 함께 그 진상의 여부를 규명하자고 결론지었다. 그래서 어쩔 수 없이 형님께 가서 그간의 소문을 상세히 설명하니, 형님이 어떻게 이럴 수 있느냐며 분노하시고, 반드시 진상을 밝혀야 한다고 말씀하셨다. 그리고는 네가 나설 수밖에 없는 일이니 참으로 곤란한 일이지만 할 수 있겠느냐, 반드시 알아내야 한다며 서너 번이나 거듭 당부하셨다.

내가 굳이 반세기가 지난 사건의 진상을 나의 자서전에 쓸까 말까 여러 번 망설였지만, 이 사건은 그 당시 큰 파문을 일으켰고 독립운동 투쟁의 한 역사이므로 기재하지 않을 수 없다고 판단했다. 앞서 서술했지만, 부친께서 만주로 가시는 것이 결정되자 여러 동지들은 지금 상해에 있는 우리 사람들의 심정을 믿을 수 없으니, 누구에게도 만주로 가신다는 말씀은 하지 마시라고 했다. 그러나 형제 간의 마지막이 될지도 모르기에 부친께서는 둘째 형님인 석영 숙부에게 작별을 고하지 않을 수 없어 작별 인사를 드렸던 것인데,

그것이 정말 마지막이 되어버리고 말았다.

만약 둘째 형님께 작별인사를 하지 않으셨다면 부친께선 모진 고문을 당하지도 돌아가시지도 않으셨을 것이고, 무사히 만주에 도착하셨을 것이다. 이 역시 운명의 소치가 아닌가 싶었다. 석영 숙부 곁에 이태공과 연충렬 두 청년이 있었는데 그게 화근이 된 것이다. 누가 그 두 청년이 천인공노할 짓을 하리라고 꿈엔들 생각했겠는가. 소문에 의하면, 이 두 청년이 일본 영사관에 우당 이회영이 만주를 가는데 대련을 경유한다고 밀고하였다는 것이다.

홍구공원 사건 이후 왜놈들은 공작금을 물 쓰듯 하면서 매수공작에 혈안이 되었고 상해의 교포사회에는 독립운동을 하면서 양다리를 걸치는 행위가 존재했다. 특히 표면으로 애국자인 척하면서 그 이면은 왜놈의 주구 노릇을 하니 그 사실을 누구도 예측을 못하고 여전히 애국자 또는 열렬한 운동가로 살아가는 그들과 상대하다 보니 그야말로 부지중에 자진 밀고를 하는 상황이었다. 또 그런

상해한인청년당: 1932년 1월 30일 중국 상하이에서 결성된 독립운동 단체로 한국독립당의 외곽단체이기도 하다.

놈들은 독립운동을 하는 분들의 자제나 친척에게 접근하여 친절하면서도 친밀하게 행동하여 상대방의 호감을 사니 추호도 의심하지 않고 아는 대로 모든 사실을 말하게 되고, 그렇게 들은 내용을 왜놈에게 밀고하게 되니 왜놈으로서는 얼마나 기쁘고 쾌재를 부르겠는가. 생각하면 치가 떨릴 뿐이다.

우리 동지분들이 이런 소문을 듣고 가만히 있을 수 있겠는가. 여하튼 사실을 규명하는 것이 당연하기에 더 주저할 수 없는 일이 되었다. 그렇다고 무턱대고 두 청년을 데려다가 사유를 물을 수도 없는 노릇이고, 만약 그게 사실이더라도 순순히 말하지도 않을 것이다. 또 그런 기미를 알아차린다면 오히려 도망갈 것이 뻔하니 섣불리 행동할 수도 없었다. 그러니 이 두 청년을 유인하는 일은 천상 내가 나서야 하는데, 나 역시 진행하는 애로가 이만저만이 아니었다.

사실 나는 그 두 사람하고는 상해한인청년당上海韓人青年黨 또는 상해한인소년동맹上海韓人少年同盟의 회원이었고 김철金哲·서재현徐載賢·한영려韓英麗·왕영재王英哉 등과도 관련이 있었다. 그러나 홍구공원 사건 이후 각자 흩어져 모두 함께 만나기가 곤란한 형편이었다. 그래서 나는 잠시 관망하며 주도면밀하게 진행하려고 생각하고 있었는데, 백정기·엄형순 선생님께서 나를 보고 너에게 이런 말을 하지 않으려고 했으나, 서로 큰 오해가 생길 수도 있으니 미리 알고 있는 편이 좋을 것 같아 어린 너에게 알린다며 말씀하셨다.

정화암이 연충렬·이태공 유인계획에 대하여 지금까지 보인 너의 태도가 석연치 않을 뿐 아니라 근래 너의 태도와 행동이 수상하니 좀 더 지켜보고 무슨 조치를 취할 것이라고 말했다며 두 선생께서는 그 말을 듣고는 아연실색하여 정 동지에게 어린 동지를 왜 함부로 하느냐며 힐타詰咤했다고 하셨다. 그러면서 규호는 부친 우당 선생의 참변을 당한 충격이 크고, 둘도 없이 가까이 지내던 연충렬·이태공 동지들이 천인공노할 무도한 짓을 벌인 것에 상심이 깊어 두 인간을 어떻게 처단해야 하나를 고심하고 있다는 것을 우리 두 사람에게 말한 적도 있는데, 어떻게 그런 말과 생각을 하느냐고 하셨다며 나에게 간곡히 말씀하는 것이었다.

정화암이 나를 그렇게 생각하고 조치를 취하겠다고 했다는 말을 듣는 순간 내 감정은 전신에 피가 끓어오르고 흥분되어 내 자신을

힐타했다: 잘못을 따지며 꾸짖었다.

중부: 이석영.

억제할 수가 없었다. 그러나 나는 본래 매사에 신중하고 사려가 깊은 성격이라 두 선생께 일언반구 없이, 스스로 장래의 처신을 결정하기로 하였다. 어떻게든 연충렬·이태공 두 사람을 내 손으로 유인하여 그 진위를 가려내고 나서 정화암이 나에게 어떤 조치를 취하려 했는지, 나의 태도와 행동 가운데 어떤 점이 수상했는지, 이를 규명하기 위해 최후의 수단을 취할 각오를 했다.

상해의 우리 사회에서 '조치한다'는 말은 없애버린다는 말과 같다. 그럼 정화암은 나를 없애버리겠다고 생각했던 것일까. 만약 그렇다면 나도 나이는 어리지만 정화암을 조치할 수 있을 것이다. 그렇게 결심을 세우고 연충렬·이태공을 잡기 위해 각 방면으로 행동을 개시하였다. 두 사람이 갈 만한 장소는 모조리 찾아다니기를 근 10일, 마침내 중부仲父 댁에서 그들을 만나게 되었다. 중부님이 계신 자리에서 여러 가지 대화를 나누다가 내가 "우리가 다시 과거처럼 단체를 조직하여 독립청년운동을 다시 시작하여야 하지 않겠는가" 하고 말하니, 두 사람은 대단히 환영하며, 우리도 그런 생각을 하였다며 과거에 같이 일하던 청년 동지들을 소집하자고 하며 퍽 서두르는 태도였다.

그래서 나는 재조직하는 데는 허다한 준비가 필요하고 자본이 필요하니 우리를 후원해 줄 선생님이 필요하다, 그러니 이틀 후에 다시 중부님 댁에서 만나자고 약속하고 나왔다. 혹시 미행자가 있는지 없는지 사방을 살피며 곧장 백정기·엄형순 두 선생님께로 갔다. 두 선생님께 연충렬·이태공을 만났고 2일 후에 다시 만나기로 하였으니, 계획을 세워서 우리가 만나자는 장소로 오게 하자고 하였다. 상해한인청년당과 상해한인소년동맹을 재건할 것을 논의하였고 재건하려면 자금과 후원해 줄 선생을 선택해야 한다고 하였으니, 백범 김구 선생을 비롯한 한두 분의 성함을 거론하면서, 백범 선생님이 우리 청년당을 재건하는데 적극 찬성하시어 자금도 어느 정도 후원해 줄 수 있다고 확언을 받은 상태라고 하여 그들이 믿도록 한 후 회합 장소를 정하기로 했다.

이틀 후 중부님 댁으로 가서 두 사람에게 계획한 대로 설명하니

확약했다: 확실하게 약속했다.

두 사람은 의외로 대찬성을 하였다. 그래서 며칠 후 다시 만나서 백범 선생과 다른 선생님을 만날 장소를 정하고, 우리의 조직을 재건해서 앞으로의 독립운동에 대한 우리의 결의를 표시하자고 하며 다시 만날 날을 정하고 돌아왔다. 그리고 수일 있다가 백범 선생님들과 만나는 장소를 상해 근교 남상입달농촌학원으로 정하고 만나는 날 기필코 약속을 지킬 것을 확약確約했다. 그러면서 백정기·엄형순 두 선생님께 보고하여 만나는 날 만반의 준비가 다 되도록 하였다. 남상입달농촌학원은 유자명의 학원이자, 중국 청년 동지의 회합처요, 주위가 한적한 곳이라 외부에 대해 신경 쓸 필요가 없는 장소라 가장 적당하였다. 약속 당일, 백정기·엄형순을 비롯하여 여러 선생들이 남상입달농촌학원에 도착하자, 연충렬·이태공 두 사람도 바로 도착하였다고 한다.

나는 숙소에서 혼자 밥을 해 먹고 홀로 밤을 지내는데, 그날 밤에 비가 오니 맘이 형언할 수 없을 정도로 우울하여 새벽 2~3시까지 잠을 못 이루지 못했다. 새벽녘에 잠깐 잠이 들었는데 산발한 태공이 나타나 백 번 용서를 빌고 통곡하다 내 앞에서 사라졌다. 몹시 놀라 눈을 뜨니 꿈이었다. 꿈을 꾸고 난 후 여러 가지로 불길한 맘이 들어 다시 잠을 이루지 못한 채 날이 밝았다. 나는 조반도 먹는 둥 마는 둥 선생님들이 돌아오시기만을 기다렸다. 12시쯤 되어 백정기·엄형순 두 분이 돌아오셨지만 나는 차마 어떻게 되었느냐고 물어보지 못하고 그저 눈치만 살폈다. 그러나 두 분은 조금도 별다른 기색도 없고 아무런 말씀도 없으시니, 나 또한 경과에 대하여 묻지 않았다. 사실 묻기도 싫었다. 그런 지 한 15일쯤 지난 후에 백정기 선생께서 그날의 상황을 자세히 설명하여 주셨다.

지금 나로선 그 상황을 쓸 수도 없고 또 쓴다 한들 무슨 가치가 있겠는가. 다만 인간의 탈을 쓰고 어찌 그런 불행하고 비도덕적이며 야수 같은 행위를 했을까 눈물이 북받쳐 정신을 차릴 수가 없었다. 비 오던 날 새벽, 나의 꿈에 보인 태공의 모습을 생각하니 하늘의 뜻이 무심하지 않음을 새삼 인정할 수밖에 없었다. 그러나 오랜 세월이 지났음에도 여전히 생각하면 생각할수록 불행하고 비극적 사실이 내 뇌리에서 사라지지 않는다. 부친의 참담한 별세뿐만 아니라 두 청년이 저지른 죄악은 아무리 선善과 인仁, 자애와 관용을 베풀어 보려 해도 용서할 수 없기 때문이다. 물론 이런 비극은 왜놈의 침략과 국토의 강탈로 인해 빚어진 것이다. 규학 형님께 두 청년의 행위가 사실로 판명되어 조치하였다고 말씀드렸더니 눈물을 흘리시며 깊게 탄식만 하실 뿐이었다.

여하튼 나로서는 잘했건 못했건 사건을 일단락 지었으니 정화암 선생에 대한 나의 뜻을 행동에 옮겨야겠다고 생각했다. 그래서 백정기·엄형순 선생님 두 분께 나의 결심과 각오를 말씀드리고 정화암 선생과 담판을 짓겠다고 말씀드렸다. 그러자 선생님께서 한사코 만류하시며 과거의 일이니 자네가 참고 장래의 운동에 대한 생각이나 하자고 간곡히 타이르는 것이었다. 하지만 나로선 그냥 묵과할 수는 없었다.

나에 대한 정화암 선생의 언사는 예삿일이 아니었다. 내가 어릴 때부터 갖가지 일을 시키면서 같이 고생하며 지내온 지 10여 년이 지났는데 그 어린 동지가 부친의 참사를 당하여 마음을 다스리지 못하는 와중에, 어찌 그런 망언과 적대적인 행동을 할 수 있는가.

백정기·엄형순 두 분의 만류에도 불구하고, 나는 이틀 후 권총을 가지고 두 분 선생께 "이것이 마지막이 될지 모르니, 두 분은 그렇게 아십시오"라며 최후의 말을 전하고 방을 나가려고 하였다. 그러자 엄형순 선생님께서는 나를 잡으시고는 내 말을 좀 더 들어 보라며 권총을 빼앗았다. 그러면서 이런 위험한 시기에 경거망동을 하지 말라며, 우리가 정화암에게 이전의 일을 사과하도록 할 터이니 노여움을 풀라고 하시며 나를 진심으로 설득하셨다. 그 말을 들은 나는 어쩔 수 없이 이제 정화암을 다시는 거론할 필요도, 또 사과 받을 필요도 없으며 다시는 그 사람을 상종하지 않겠으니 두 분은 그렇게 이해해 주시라고 말씀드렸고 그 후로는 상종하지 않았다.

나는 그 후에는 백정기·엄형순·박기성·원심창·정해리·이용준·이달·김성수·김야봉·오면직·김동우·이강훈 선생들의 생활을 도와드리고 항주에 계신 시영 숙부님께 가끔 문안인사를 드리러 가곤 했다.

항주杭州에서 열린 부친의 추도식에는 항주에 계시는 이동녕·조완구·조소앙·김사집·이시영 등 임시정부 요인들과 허다한 독립운동자, 중국의 정객, 정당 요인들이 참석하여 부친의 순국에 대한 애도와 비통함을 표시하였다.

항주에서 돌아와 규홍圭鴻·규학·규훈圭勛 형님들과 형수님들하고 그간의 이태공·연충렬에 대한 여러 가지 비통한 일들을 말하

불란서조계지 내의 공원: 지금의 푸싱공원復興公園. 프랑스식 정원으로 꾸민 것이 특징이다. 선통제 원년인 1909년 6월에 준공한 뒤 7월 14일(프랑스 국경일)을 기념하여 외부 개방을 한 이 공원은 당시에 '구지아자이顧家宅공원'이라고 불렸는데, 속칭이 프랑스공원法國公園이었다.

며 앞으로의 일들을 의논하였다. 형수님이 거처는 어떻게 하겠느냐며 우리와 같이 지내는 것이 좋지 않겠느냐고 하셔서, 나는 앞으로 사정을 봐 가며 정하겠다고 답하였다. 형수가 내 거처를 걱정한 것은, 정화암이 나에 대해 좋지 못한 생각을 한 것에 대한 분노와, 혹시 불상사가 일어날지도 몰라 걱정이 되었기 때문이었다. 나도 주도면밀한 성격이라 무모한 짓은 안 할 것이니 과히 심려 마시라고 하였다. 그리고 백정기 선생들이 자취하는 집으로 가서 이전과 같이 생활하였다. 시간이 나는 대로 공부도 하고, 국내에 계신 어머니께 자식 걱정하지 마시고 그저 옥체만강玉體萬康하시라고 편지도 보냈다.

내가 이현근李鉉根 형을 우연히 상해 불란서조계지 안에 있는 공원에서 만난 일화를 이야기하지 않을 수 없다. 왜냐하면 그 형은 실제로 우리 대한민국에서 가장 용감하고 투철한 애국자이면서, 내가 세상에서 처음 본 위대한 독립군인이기 때문이다.

상해의 기후는 아열대라 3월만 되어도 여름 날씨이기에 불란서조계지 내의 공원으로 피서하러 가곤 했다. 그런데 공원 출입문

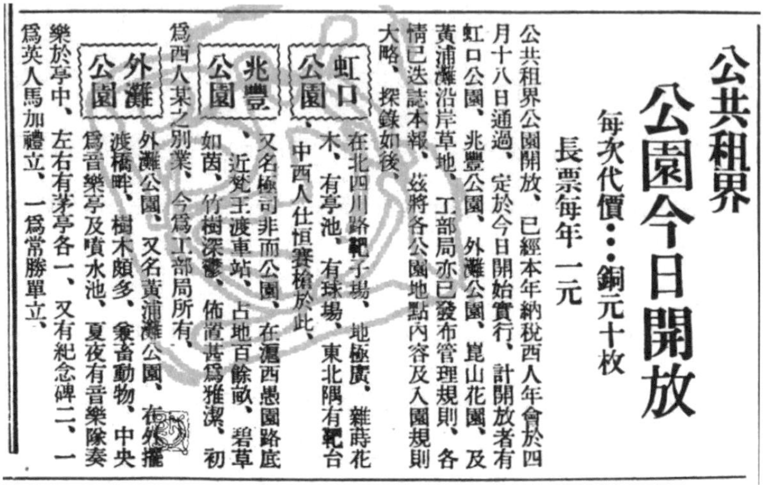

公共租界 公園今日開放

每次代價‥銅元十枚

長票每年一元

公共租界公園開放、已經本年納稅西人年會於四月十八日通過、定於今日開始實行、計開放者有虹口公園、兆豐公園、外灘公園、崑山花園、及黃浦灘沿岸草地、工部局亦已發布管理規則、各情已迭誌本報、玆將各公園地點內容及入園規則大略、探錄如後、

虹口公園 在北四川路靶子場、地極廣、雜蒔花木、有亭池、有球場、東北隅有靶台、中西人仕恒賽槍於此、

兆豐公園 又名極司非而公園、在滬西愚園路底、近梵王渡車站、占地百餘畝、碧草如茵、竹樹深鬱、佈置甚爲雅潔、初爲西人某之別業、今爲工部局所有、

外灘公園 外灘公園、又名黃浦灘公園、在外擺渡橋畔、樹木頗多、兼畜動物、中央爲音樂亭及噴水池、夏夜有音樂隊奏樂於亭中、左右有茅亭各一、又有紀念碑二、一爲英人馬加禮立、一爲常勝軍立、

《時報》, 1928. 6. 1.
기사 제목에 '공공조계 공원 금일 개방'이라고 써 있다.

'중국인과 개는 공원 출입을 금한다' 라고 경고문이 붙어 있었다: 프랑스조계와 공공조계 내에 만들어진 공원은 처음에는 외국인 대상으로만 공개하였다. 이후 끊임없이 논의한 끝에 1928년, 비로소 중국인도 입장이 가능하게 되었다(출처: 《시보時報》(1928. 6. 1.). 따라서 이규창이 상하이로 왔을 때는 이미 프랑스공원에 중국인 입출입이 가능한 시점이었다(이규창 상해 거주 시기: 1930. 12~1935. 3). 다만 이때까지도 인종차별이 아직 남아 있고 게시문을 떼지 않은 상태일 수도 있다는 가정이 가능하다.

'중국인과 개' 는 공원의 출입을 금한다: "華人與狗不得入內." 여기서 화인華人은 중국인을 가리킨다.

일등 종조국: 일본을 가리킴.

'동근동조 · 내선일체' : '동근동조'라는 말은 1890년경에 시작되어 1920년대 말에는 상당히 널리 사용되었으나, '내선일체'라는 구호는 1937년 이후에 사용되기 시작한 것으로 이 부분은 이규창의 기억 오류로 보인다.

게시판에 '중국인과 개는 공원 출입을 금한다'라고 경고문이 붙어 있었다. 남의 국가에 와서 땅을 강제로 점령하다시피 조차지로 사용하면서 그 나라 백성을 개와 비교하고, 자기들만 사용한다고 '중국인과 개'는 공원의 출입을 금한다고 하니 이런 천인공노할 행동이 어디 있겠는가. 피압박 민족의 서러움이로다.

그런데 살펴보니 조선 사람은 출입이 가능한 것이 아니겠는가. 그 이유인즉, 조선이 일등 종조국宗祖國의 식민지 백성이기 때문이었다. 참으로 치욕적인 명예인 것이다. 왜놈의 노예가 된 까닭에 일등 종조국의 식민지민이라는 '영광'스러운 자격이 생겨 프랑스인에게 대우를 받게 되니, 이 치욕적인 처지를 국내에 있는 우리 동포들이 안다면 어떤 감정을 느낄지 알 수 없었다. '동근동조同根同祖·내선일체內鮮一體'의 '영광'스러운 대우를 받으며 왜놈의 치하에서 살아온 민족으로서 참으로 비참하고 통탄할 일이었다.

나는 가끔 그 공원에 가서 책도 보고 휴식을 취했는데, 내가 앉은 자리에서 좀 떨어진 곳에서 한 동양 청년과 프랑스 군인 3명의 격투가 벌어졌다. 그때 그 동양 청년은 큰 소리로 "아이 엠 코리아!"라고 외치며 3명의 군인을 상대로 격투를 벌이고 있었다. 하도 이상하여 가 보았더니 그 청년은 "아이 엠 코리아, 두유 노?"라고만 외치는 것이다. 그 청년의 신체가 장대하고 기운이 워낙 세서 3명의 프랑스 군인들은 감당하지 못하고 가버렸다. 내가 그 청년에게 가서 한국인이냐고 물으니, 그 청년이 반색을 하며 "나는 한국인이다, 너도 한국인이구나" 하며 의자에 앉아 자기소개를 하는 것이다. 자기는 고향이 함경북도 북청北青이고 성은 이李, 이름은 현근鉉根인데 올해 나이는 25세로, 상해에 온 지 근 3개월이 되었다고 했다. 그러면서 나보고 당신은 누구며 무엇을 하는 사람이냐고 물어보았다.

당시 나는 이현근이 초면이라 내가 누구며, 무슨 일을 하는지 솔직하게 말할 수 없는 형편이었기에, '나의 성명은 이규호요, 현재 형님 댁에 거주합니다'라고 거짓말을 하였다. 그러자 그는 자신의

성은 이, 이름은 현근인데 올해 나이는 25세로: 공훈전자사료관(e-gonghun.mpva.go.kr) 자료 기준으로 이현근은 1912년생(사망은 1940. 2. 2.)이고 상해에 1931년에 옴. 이규창과 만난 시점에 이현근은 19세임.

자기 같은 인물은 도저히 입학할 수 없었고: 공훈전자사료관 자료에 의하면 이현근은 1929년 경신고등보통학교儆新高等普通學校에 재학 중 반일 투쟁을 주도하다가 학교에서 퇴학, 1930년에 일본에 유학. 일본 유학 시절에도 재대판在大阪(오사카 내) 조선 유학생 웅변대회에 참가하여 일본의 탄압정치를 비판하고 일본인 학생을 구타한 혐의로 퇴학당함. 그 후 바로 상하이로 건너옴.

거처로 같이 가자고 해서, 나는 그 길로 따라나서게 되었다. 가 보니 그는 자취하면서 중국어 공부를 열심히 하고 있던 모양이었다. 나는 다시 오겠노라 약속하고 그 길로 백정기 선생님과 여러 동지 선생들을 찾아 뵈었다. 선생님들께 이현근 씨와 있었던 일들을 상세히 말씀드리자, 그 사람의 근본을 자세히 알고 교제하는 것이 타당하기에, 그 사람과 자주 만나 상해에 온 이유와 앞으로 무슨 일을 할 것인지 알아보도록 지시하셨다. 이현근 씨를 의심한다기보다는 그때 우리의 형편이 매사를 주도면밀하게 처리하지 않으면, 막대한 피해와 희생이 따르기 때문에 부득이한 처사였다. 그리하여 이현근 씨의 처소로 매일 가서 놀며 그가 상해로 온 목적과 앞으로 무엇을 할 것인지를 알게 되었다.

원래 본인은 고향 북청에서 영농을 하시는 부모님 슬하에서 여유롭게 생활하다가, 고등학교를 졸업한 후에 사관학교에 가서 군인이 되는 것을 최대 목표로 삼아 일본으로 건너가 육군사관학교에 입학하려 했다. 그러나 자기 같은 인물은 도저히 입학할 수 없었고, 일본에서 각 방면으로 수소문해 보니 중국 육군사관학교에는 입학할 수 있다 하여 부친께 말씀드리고 계획도 없이 무턱대고 상해로 건너온 것이라 하였다. 그렇게 상해로 와서 3개월이 지나고 보니 자신의 앞길이 캄캄한데, 그래도 중국어는 습득해야 하니 매일 열심히 공부한다고 하면서 나에게 중국어를 가르쳐 달라고 하였다. 자기는 앞으로 대한민국 최우수 장교가 되어 국가에 이바지하겠다고 심경을 토로하였다.

그렇게 지내다 보니 나하고는 어느새 둘도 없는 친형제가 되다시피 했다. 이런 모든 이현근 씨의 사정을 백정기·엄형순·박기성 동지분들께 말씀드리니, 사람은 믿을 만하지만 좀 더 시간을 보낸 후 우리와 알고 지내도록 하자고 말씀하셨다. 이현근 형이 하루는 중국말과 풍습을 터득해야 사관학교에 입학할 수 있겠다며 상해에 있는 민남閩南학교에 입학 수속을 하고 온다고 하였다. 목적을 위해 노력하는 그 자세가 참으로 가상하게 느껴졌다. 그리고는 정말 민남학교 학생이 되어 공부를 시작하였다. 민남학교는 복건성福建省 성민들이 자신들의 자제와 남화민교南華民僑 자제를 위해 상해에 설립한 학교로서, '민閩'은 복건성 지역을 지칭하는 옛말이다.

이현근 형은 입학 후 공부를 누구보다도 열심히 하여 교내에서 칭송이 자자하였다. 그 학교에서 그를 특별히 인식하게 된 한토막 사건이 있다.

당시 중국 전체는 공산주의 사상이 만연해서, 공장이며 학교며 가릴 것 없이 공산주의 선동자들이 '프락치'를 침투시키고 선동을 일삼으니 편안한 날이 없었다. 민남학교도 예외는 아니어서 매일매일 공산주의 선전을 하며 시위 행동을 밥 먹듯 하니, 교장 이하 교직원들은 선후대책을 강구하느라 고심하는 중이었다. 형은 오직 공부해서 사관학교 가는 것이 목적인데, 공산주의자들의 선동으로 공부를 못하게 되자 화가 끝까지 치밀어 올랐다. 그래서 교장 이하 교직원들과 회합에 참석하여 미온적인 수단으로는 방지할 수 없으니 강경하게 나가야 한다면서 스스로 선두에 서겠다고 나섰다. 교장이나 교직원들이 형님을 보니 신체가 장대하고 그 기세가 늠름하니 가히 신임할 수 있겠다며 믿고 전체회의에서 찬성하였다.

그래서 이후부터는 형님의 방침대로 진행했는데 학교 내에서 학생들이 시위하면 형님이 선두에 서서 적극적으로 몽둥이를 휘두르며 해산시켰다. 처음에는 저항하다가 형님의 위력을 끝내 당해내지 못하고 해산을 하게 되니 점차 집회의 승산이 없어지고 실행도 못하는 데다 주위의 감시가 강화되자 그 이후부터는 수업도 제대로 되고 학교가 평온해졌다. 그래서인지 교장 이하 교직원들은 형에 대한 칭송과 호감의 정도가 말로 다할 수 없을 정도로 대단했다. 즉, 이 사건을 계기로 대한 남아의 용기가 상해 일원에 자자했다.

향후 중국 육군사관학교에 입학할 수 있도록: 이후 이현근은 중국육군군관학교 제11기생으로 입교하여 제1총대 보병과第1總隊步兵科를 1936년 10월에 졸업하고 중국군 장교로 선임됨.

제간단: 매국노 단체奸團를 제거한다는 뜻.

불자약회사: 정식 명칭은 '난주불자제약蘭州佛慈制藥'. 1929년 상하이 자베이구閘北區에 제약공장을 세웠다.

옥관빈: 법명은 혜관慧觀. 옥관빈이 1928년 중국 국적을 취득한 이후로는 이 이름으로 더 널리 알려졌다.

옥관빈은 이미 왜놈과 내통하기로 하고 사업을 시작한 것이었다: 현재 옥관빈이 친일 변절자라는 물적 증거는 아직 발견되지 않았다. 그러나 한홍구 성공회대 석좌교수는 옥관빈이 독립운동선상에서 탈락했고, 독립운동가들을 멸시하고 조롱하고 오만하게 군 것은 사실이라 만약 이 정도를 일제 앞잡이로 본다면 일제 앞잡이라 할 수 있고, 일제에게 독립운동가들의 활동 정보를 팔아넘기는 행위를 밀정이라고 본다면 옥관빈이 이런 행동을 저질렀다는 확실한 증거는 찾기 어렵다고 했다.

다만 당시 독립운동 진영에서는 여러 가지 정황으로 보아 옥관빈, 옥성빈 모두 변절자로 간주하였고, 이를 기반으로 처단한 것으로 추측된다.

우리 동지들 또한 이현근 형을 신임하지 않을 수 없었고, 서로 안면을 트고 왕래하면서 향후 중국 육군사관학교에 입학할 수 있도록 도와 주기로 약속했다.

❀

한편, '제간단除奸團 사건'이 발생하였다. 상해사변 이전부터 상해에 '불자약회사佛慈藥會社'라는 제약회사를 차려놓고, 일제 관헌과 내통하면서 매국노 노릇을 서슴지 않으며 돈을 많이 번 부자가 있었으니, 그가 바로 옥관빈玉觀彬이다. 그는 '105인 사건'에 관여한 인물이자, 서북학회의 회원이면서 흥사단에서 중요 위치에 있었던 거물이었다. 상해에 온 후 임시정부에 관여하다가 암암리에 왜놈과 내통하면서, 백범 김구 선생에게는 우리가 지금 이럴 때가 아니라, 일본에 술책을 써서 우리 독립운동에 유익한 방도를 계획해 볼 터이니 자기를 이해해 달라고 했다. 백범과 여러 선생들께서는 그의 제의를 부정하면서 "세력이 없는 우리가 어찌 강세인 왜놈을 이용하겠는가. 우리가 도리어 이용을 당할 게 명백한데 백 번 숙고하여 행동하라"고 권고하셨다. 그러나 옥관빈은 이미 왜놈과 내

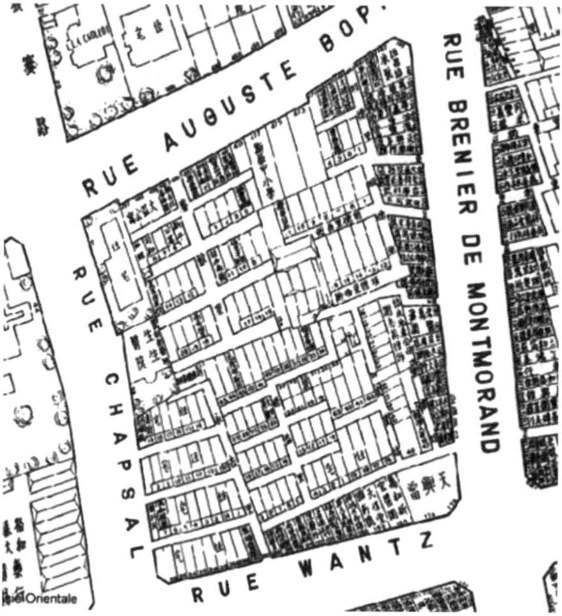

상하이 시내 지도(1939)
시계 방향으로 북영길리北永吉里의 포백로蒲柏路(Rue Auquste Bop),
마랑로馬浪路(Rue Brenier de Montmorand), 남영길리南永吉里의 망지로望志路(Rue wantz),
살파새로薩坡賽路(Rue Chapsal)

반로환동: 노인老人이 다시 어린아이의 모습으로 돌아가는 것을 이르는 말.

통하기로 하고 사업을 시작한 것이었다.

그리하여 왜놈이 준 자금으로 '불자제약공사'를 설립하고 대대적으로 약의 효과를 선전하며 사업을 진행하였다. 약의 주성분은 남녀 간의 흥분제로 반로환동返老還童을 선전했다. 그렇게 왜놈의 돈과 모든 편의를 자기 말대로 '이용'하게 되었으니 저도 그 대가를 치러야 하지 않겠는가. 이것은 당연하고도 또 당연한 결과인데 그러다 보니 외부에서는 알 수 없는 임시정부 내의 비밀이나 그 외 독립운동의 감춰진 사실을 왜놈이 알게 되어, 우리 독립운동 선상에 큰 암적 존재가 되었다.

홍구공원 사건 이후, 중국 정부의 신임을 얻은 임시정부 요인들은 왜놈의 막대한 금전과 권력을 배경으로 날뛰는 옥관빈을 제거하여 우리 독립운동의 방해자를 소탕하고 미약한 우리 운동의 진행을 강화할 것을 결정했지만, 안타깝게도 그 행동에 나설 사람이 없었다. 윤봉길·이봉창 두 분 열사도 본인이 자원해서 희생한 결과, 세계를 진동케 한 대사건을 성취하고 순국하신 것처럼 왜놈의 주구를 숙청하는 것도 자신의 희생을 각오하지 않고는 행동에 나설 수 없는 것이다.

그 당시 임시정부 내에는 그런 사건을 처리할 청년이 아무도 없었다. 그래서 백범 선생은 남화한인청년연맹에 그런 행동에 나설 수 있는 인물이 있음을 알고 정화암을 만나 의논하였다. 그 결과, 엄형순·오면직 두 분이 옥관빈을 전담하여 제거하기로 결정하였다. 그런데 옥관빈의 거처가 공공조계인지라 그곳에서 제거하기는 곤란하고, 대신 옥관빈이 불란서조계지 영길리永吉里에 살던 4촌형 옥성빈玉成彬의 집을 월 2, 3회 방문하므로, 이때를 포착하면 비교적 쉽게 처리할 수 있을 것으로 보았다. 그래서 영길리 8호號 정

불란서조계지 영길리: 영길리永吉里에는 1922년(현재는 고층아파트로 개축)에 새로 지은 가옥 80호가 남북으로 줄지어 있었다. 석고문石庫門(개방형으로 지어진 상해의 전통 주택 양식) 형식이었고, 동쪽은 마랑로馬浪路(Rue Brenier de Montmorand), 서쪽은 살파새로薩坡賽路(Rue Chapsal)를 경계로 하고 남북으로 북영길리北永吉里와 남영길리南永吉里로 나뉘었다.

건축물 사이로 상해의 리롱里弄(남방어로 골목, 작은 거리를 뜻함. 베이징의 '후통胡同'에 해당함)이 사방으로 있었기 때문에 신분을 숨기고 살다가 위급한 경우에 탈출해야 하는, 이를테면 국민당과 공산당 혁명가, 그리고 한국의 독립운동가들이 이곳에 많이 거주했다.

영길리 8호: 원문에는 호가 아닌 '구口'자로 적혀 있으나 오자로 보임. 의열단원 서상락徐相洛은 의열단 본부가 상하이에서 베이징으로 옮겨간 후인 1922년에 이곳에 거주하면서 의열단 지역 책임자로 일하였다.

면 2층에 방 한 칸을 얻어 살면서 그의 동태를 포착하고 행동하기로 결정했다. 본래 나는 엄형순 선생과 같이 방을 썼는데 옥관빈 건으로 엄 선생이 방을 얻어 나가게 되니, 대부분 혼자 지내고 엄 선생이 가끔 오시게 되었다.

때는 1933년 8월 1일, 상해는 대단히 더운 때라 해가 서산으로 넘어가면, 집에 있던 사람들이 전부 도로변으로 나와 더위를 식히려 했기 때문에 길거리에 인파가 대단했다. 그런 광경이 밤 12시가 넘도록 이어졌다. 밤 1시가 다 되어 엄형순 선생께서 오시더니, 권총을 몸에서 꺼내 은밀한 곳에 감추어 두고는 수돗가에 가서 몸을 씻고 주무셨다.

그 이튿날 중국 신문에 불란서조계지 영길리 앞에서 한국인 옥관빈이 괴한에게 총격을 당해 피살되었다는 기사가 크게 실렸다. 나는 그제서야 '엄형순 선생이 어젯밤에 행동하시고 나한테로 왔구나' 하고 생각했다. 그렇다고 엄 선생에게 옥관빈을 제거했느냐고 묻는 것은 법도가 아니기 때문에 아무 말도 하지 않았었다. 나는 한참 후에야 비로소 옥관빈을 살해할 당시 광경을 자세히 알게 되었다.

1933년 8월 1일 밤 10시경, 2층 셋방에서 영길리 쪽을 바라보니 옥관빈이 자동차에서 내려 영길리 안쪽으로 들어가므로 엄형순 선생이 권총을 앞 배에 끼고 따라 들어가 옥빈관이 들어간 집을 확인하였다. 그리고 도로변에서 중국 사람들이 장기 두는 것을 보며, 그가 나오기만을 기다렸는데, 집에서 나온 그가 중국식 두루마기를 한 팔에 걸친 채 자동차로 오는 것이었다.

두루마기를 한 손에 두른 것은 위험할 때 호신용 권총을 사용하려는 자세였다. 엄 선생은 옥관빈이 그런 대비를 하고 있다는 것을 알아차리고, 불시에 권총을 빼내어 발사하니 순식간에 심장을 정통으로 맞은 옥관빈이 피를 토하고 즉사하였다. 엄 선생은 사망 여부를 확인하고 인파 속으로 묻히셨는데 그 와중에도 총성에 놀라 쫓아온 안남인安南人 경찰에게는 범인이 저편으로 도망갔다고 하시고는 유유히 빠져나와 나의 처소로 왔다고 한다. 참으로 대담무쌍

안남인: 베트남인.

서간단: 1932년 5월 김구의 주선으로 남화한인청년연맹이 조직한 단체. 이 조직에 나월환羅月煥도 참여하였다. 여기서 서는 '호미 서鋤'로, 마치 호미로 잡초를 제거하듯 간자間者를 처단한다는 뜻이다.

한 행동이었다.

'옥관빈 피살사건'이 보도되자 상해에 살고 있는 우리 교포들과 중국인들은 커다란 충격을 받았다. 흥사단에서는 옥관빈이 흥사단에 소속되어 있던 거물이었기 때문에, 그 피살 원인을 알아내려고 동분서주하고 있었다. 그리고 장례위원회까지 조직하여 호화스러운 장례 계획까지 마련했다. 물론 흥사단에도 이강·김오연·허열추·유서 등은 우리 남화한인청년연맹의 맹원인 관계로 어느 정도 사건 내용을 짐작하고 있긴 했으나 모두 입을 닫고 있었다.

중국과 불란서 당국에서도 피살 원인을 조사하였으나 밝히지 못하는 형편이었다. 이 기회에 옥관빈의 죄상을 전부 공개하여 마땅히 죽어야 할 사람임을 세상에 알릴 필요가 있다고 생각하여, 임시정부 측에선 김구·안공근, 남화연맹 측에선 유자명·엄형순·오면직·정화암이 상해 오송吳淞 근처에서 비밀리에 회합을 가졌다. 그리고 이 자리에서 옥관빈의 죄상 발표를 '서간단鋤奸團' 명의로 할 것을 합의하였다. 발표문에는 옥관빈의 죄목을 나열하고, 중국과 한국독립운동가로선 그의 피살은 당연한 것으로 규정짓는다는 사실을 기재하였다. 또한, 만일 그의 비행을 비호하거나 두둔하는 등의 경거망동하는 자가 있으면 그자도 같은 방법으로 처단될 것을 경고하였다. 이 발표 내용이 사회에 알려지자 모두 경악을 금치 못했다. 왜냐하면, 이는 옥관빈이 정치적인 이유 즉, '한간韓奸'으로 규정되어 서간단이라는 한국의 독립운동 단체에 의해 살해되었다는 뜻이기 때문이다.

중국 경찰도 수사를 중지하고 떠들썩하던 흥사단도 조용해졌다. 그러나 서간단이 어떤 계통의 단체인지 아무도 몰랐다. 앞에서도 말했지만 당시까지도 우리 사회에서는 윤봉길 의사 의거 당일인 4월 29일, 흥사단 단장 도산 안창호 선생이 조상섭의 손자 돌잔치에 갔다가 일경에 체포된 것 때문에, 임정 요인들이 어떻게 도산 선생에게 사전에 귀띔도 안 했는지, 만약 했더라면 조상섭의 집에 가지 않고 항주杭州나 가흥嘉興으로 피신하셨을 텐데 하는 의문이 계속 일고 있었다. 더군다나 서북 출신이 많은 흥사단 내에서는 더한층 비난이 맹렬하였다. 그러다 보니 옥관빈이 왜놈의 주구라는 것을 교민들은 서간단이 성명을 낸 후에야 비로소 명백히 알게 된 것이

한간: 중국에서 '친일파'를 가리키는 말.

항주: 중국 저장성浙江省의 성도. 1932년 상해 임시정부는 이곳으로 이전함.

가흥: 중국 저장성의 지급시. 1932년 김구가 윤봉길 의거 후 피신한 곳이기도 함.

다. 살해 전까지 임정의 몇몇 사람만 알고 있었고 알아도 어찌할 도리가 없었다.

그러니 홍구공원 사건같이 너무나 막중한 거사는 도산 안창호 선생을 못 믿어서가 아니라 흥사단의 절대적 위치에 있고 세상사람들이 임정의 요인임을 다 아는 옥관빈 같은 자도 있는지라, 이런 거사에 대한 정보는 함부로 말을 하지 못하는 것이다. 부지중에 비슷하게라도 말이 나가면 곧바로 왜놈에게 전해지고 거사는 낭패를 보게 되니, 믿고 또 믿는다 하여도 그 당시 주위 환경이 이러하여, 도산 안창호 선생에게도 아예 함구하였다고 한다.

앞에서 말했듯이 도산이 체포된 다음에 옥관빈의 사촌 형인 옥성빈도 도산의 체포를 방지하지 못한 혐의로 일제와 내통하고 있는 것이 아닌가 하는 의심을 받아 암살당했다. 1933년경 상해의 사정이 이러하였다는 것을 자세히 아는 사람은 아무도 없다. 해방 후 요즈음에 와서 독립운동사를 기록하는 학자 혹은 교수들이 피살된 옥관빈·김달하의 진상을 제대로 알지 못하고 마치 정치적 알력으로 피살된 이동휘의 심복 김립金立의 피살과 같은 이유로 살해되었다고 왜곡 기록하는 것을 보고 퍽 유감으로 생각하였다. 이러한 사실을 기록할 때는 신중한 검토가 있기를 바라마지 않는다.

독립운동 수행에 자금이 필요함은 두말할 필요도 없는 것이다. 그래서 우리 단체에서도 자금 문제로 설왕설래說往說來하였다. 다행히 백정기 선생께서 거중 조정하여 동지들 간의 오해가 해소되곤 했었다. 그러나 '아리요시 아키라有吉明 공사 암살미수 사건' 이후 백정기 선생이 체포되어 거중 조정할 인물이 없어지니 또 말썽이 나게 되었다. 우리 남화연맹은 임시정부 요인들과 대체로 대소사건을 협조 상의하게 되니 자연히 물심양면으로 상부상조를 하게 되었다. 홍구공원 사건 후 임정은 중국 국민당 장개석蔣介石 정부로부터 물심양면으로 대대적인 지원을 받게 되었고, 우리 남화연맹에도 백범 선생이 다소의 자금을 보조해 주셨다. 그래서 아리요시 아키라 공사 암살미수 사건도 그러했고 옥관빈 사건도 자금을 제공받아 수행할 수 있었던 것이다. 그런데 이러한 일을 모두 백정기 선생이나 유자명 선생이 도맡아서 처리하였던들 동지들 사이에 오해가 없

백삼: 뿌리의 잔털을 다듬어서 햇볕에 말린 인삼.

었을 것인데, 정화암이 대외 제반사를 맡아 실행하니 공·사 생활 면에서 시비가 일어나고, 이를 거중 조정해 오던 백정기 선생이 없어지니 문제가 생긴 것이었다.

옥관빈 사건 때에도, 거사 비용에 대하여 나는 잘 모르지만 백범 김구 선생이 근 2천 원 정도를 정화암에게 주었는데 사건에 대한 회합을 할 때 정화암이 이 금전 문제에 대해서는 동지들에게 말을 하지 않고 있다가, 사후 동지들이 알게 되면서부터 불화가 조성된 것이다. 물론 당시 피차 간에 말 못할 상황이 있었다고 할 수도 있겠지만 생사를 같이하는 동지들인데 못할 일이 어디 있겠으며, 못할 말이 어디 있겠는가. 유자명 선생이 와서 동지 간의 험악한 분위기를 완화시켜 주었다.

이런 일도 있었다. 내가 남방 복건성 천주시泉州市로 인삼人蔘 50근을 가지고 가게 되었다. 이 인삼이 어디서 났는가 하면, 임시정부에서 여러 요직을 지낸 조상섭이 국내의 백삼白蔘을 상해로 가져다 행상을 하여 막대한 금전을 손에 넣게 되었다. 행상하는 것이 잘못

이 아니라 교제하면 안 되는 왜놈의 앞잡이들과 비밀리에 내통한다는 소문과 함께 친일親日로 갈아탔다는 좋지 못한 소문이 상해 교민사회에 나도는 것이 문제였다.

그리하여 독립운동 단체에서 수 차례 경고를 한 적이 있었다고 한다. 그럼에도 자숙하지 않고 계속 일을 저지르자 오면직 선생이

천주중학 기숙사: 복건천주여명고중福建泉州黎明高中으로 추정. 이 1930년에 교사 엽비영은 이 학교에 부임했으며, 근처의 평민중학平民中学에서도 수업했다. 1920~30년대에 천주는 중국 아나키스트들의 주요 거점이었는데, 특히 위에서 언급한 두 학교는 문화적인 젊은이들을 모아 아나키즘의 이상을 전파하기에 안성맞춤인 곳이었다.

중학교 선생 및 학생들과 상종하며 지내고 있는데: 이 당시 학기 중이니 시기는 9월로 추정됨.

천주중학교에서: 유자명도 이곳에서 교사생활을 했는데, 이에 관한 자세한 내용은 《유자명 수기—12장. 여명중학교로부터 입달학원으로》에 실려 있음.

(1929년) 한복염 기념 농장에서 수박 수확을 끝마치고 나자 천주泉州 여명중학교黎明中學校 교원인 진범여陳范予(陳範豫?)가 나에게 편지를 보내왔다. 그는 여명중학교에서 생물학을 가르치고 있었는데 자기는 집으로 병 치료를 가니 나더러 자기 대신 여명중학에 와서 생물학을 가르쳐 달라는 사연이었다.

그래서 나는 남경을 떠나서 상해를 거쳐 하문에 이르렀다. 하문에서 위혜림衛惠林을 만났는데 그도 여명중학교로 가는 길이었다. 나는 그와 함께 하문에서 목선을 타고 안해安海를 거쳐서 천주에 도착했다.

엄형순 선생께 조상섭의 이런 소행을 두고 볼 수 없으니, 함께 가서 경고하고 향후 자숙을 촉구하자고 하여 두 분께서 직접 조상섭의 집에 가서 경고를 하였다. 그러나 되려 거세게 반발하니 두 분의 격노가 이만저만이 아니었다. 그래서 조상섭이 가지고 있던 백삼 70근을 강제로 가지고 왔고, 상해에서는 조상섭의 집에 괴한이 침입해 백삼을 강탈해갔다는 소문이 퍼지게 되었다. 그리고 이 일 때문에 훗날 나에게 강도죄라는 혐의가 붙게 되었다.

1933년 8월이 지난 시점에, 나는 복건성에 인삼을 팔아 자금을 만들기 위해 백삼 70근 중에서 50근을 가지고 복건성 천주시에 있는 허열추·장도순張道順 선생을 찾아갔다. 미리 허열추·장도순 선생님께 연락을 드리고, 중국 상선을 이용해 1주일 만에 무사히 천주시 부두에 도착한 나는 중국 동지가 창설한 천주중학 기숙사에 머무르면서 허열추 동지에게 인삼의 처분을 부탁했다. 그러면서 중학교 선생 및 학생들과 상종하며 지내고 있는데, 이 학교에서 수학하고 있는 학생 중에 심용철沈容澈이라는 우리 동포 학생이 있었다. 이 학생은 만주에서 살다가 우리 동지 중에 한 분인 형이 사망하면서 어린 심용철을 장도순 선생이 천주로 데려와 당신이 교사로 일하고 있는 천주중학교에서 수학하게끔 한 것이다. 천주중학 교

여명중학의 교장은 양용광梁龍光, 교무주임은 오극강吳克剛이었는데 오극강은 병으로 인하여 하문 고랑서 병원에서 병 치료를 하게 되어서 위혜림이 교무주임을 대리하게 되었다. 당시 천주에는 여명고급중학과 평민중학의 두 개의 중학교가 있었는데 이 두 학교의 경비는 남양南洋에 있는 화교들로부터 보내오고 있었다. 이 두 학교는 같은 계통의 사립학교로서 학교를 관리하는 기관은 동사회憧事會이고 동사장憧事長은 진망산秦望山이었다.

당시 천주에도 조선 사람이 있었는데 유수인柳樹人과 허열추許烈秋는 여명중학에 있었으며 (중략)

천주중학 교사로 광동 출신인 엽비영이란 선생님이 계셨다: 원문은 葉裵英으로 표기. 중국어로 배péi와 비fēi가 발음이 비슷하므로 집필 중 오기한 것으로 보인다.

예페이잉[Yè fēiyīng](1906~1961)은 광둥성 둥관시東莞市 출신으로, 1930년부터 1947년까지 장장 17년 동안 학교 운영, 신문 발행, 학생 운동, 농민운동을 이끌며 천주의 교육에 큰 영향을 미친다. 나중에 고향 광둥으로 돌아갔을 때 부임한 학교에서 교장을 맡아 주길 바랐으나, 그는 끝까지 교사로 남길 바랐다고 한다.

염전: 푸톈(푸양莆陽 혹은 푸셴莆仙). 역사적으로는 씽화興化로 알려진 푸젠성의 현급 도시로 과거에는 푸톈현縣이었다. 북으로는 푸저우(복주), 남으로는 취안저우(천주)를 맞대고 있다.

근 700~800백 리: 약 275~314km.

소계: 샤오시전小溪鎭. 푸젠성 장저우시漳州市 핑허현平和縣 위치.

사로 광동廣東 출신인 엽비영葉非英이란 선생님이 계셨다.

나는 백삼 처분이 2, 3개월이면 될 것이니 곧 상해로 돌아갈 것이라 생각했다. 그런데 생각한 대로 되지 않고 시일만 지체되다 보니 내가 아무리 초조하게 굴어도 방도가 없었다. 그런데 상해에서 알았던 복건성인 친구를 천주 시내에 나갔다가 우연히 만나게 되었다. 매우 반가워 그 친구와 천주중학교로 돌아와 여러 사람에게 소개하고 이틀간 같이 지냈다. 그는 복건성 염전苒田이라는 지역의 부농의 아들로, 상해에 와서 공부하다가 다시 자신의 고향으로 돌아온 것이었다. 성은 이李요, 이름은 수능秀能이라 했다. 이수능은 나에게 자신의 집에 같이 가자고 했다. 내일이면 자기 매부의 가족도 같이 부모님을 뵈러 가니 같이 가자는 것이다. 나 역시 이곳의 일이 언제 완결될지 모르기에 수일간 친구 집에 갔다 오겠다고 허열추·장도순 두 분께 말하고 하문廈門에서 온 이수능의 매부 가족과 동행하였다.

이수능의 집은 천주에서 근 700~800백 리가 되는 소계小溪라는 지명의 고을인데, 소계까지 가려면 강에서 목선을 타고 4~5일을 가야 되므로 남방의 풍경을 구경하며 가게 되었다. 복건성은 상하常夏의 지역이므로 1년 내내 눈은 물론이요, 서리도 안 오는 지역

엽비영(葉非英, 예페이잉)
출처: 중국 위키피디아(https://zh.wikipedia.org/zh-tw/%E5%8F%B6%E9%9D%9E%E8%8B%B1#%E7%94%9F%E5%B9%B3)

용안육: 무환자나뭇과 상록 교목의 열매인 용안을 말린 것. 심신불안, 건망증, 불면증 따위의 약재로 쓰인다.
집단으로 모여서 거주하며: 샤오시전(소계진)은 장저우시 남서부 쪽에 위치한 핑허현(평화현)에 있는 마을로 이곳 사람들은 '핑허 토루平和土樓'라고 구별되는 반원형半圓形의 토루를 지어 모여 살았다. 주로 명청明清시대에 지어졌고 특히 샤오시전 신차오촌新橋村(신교촌)에는 명나라 만력 11년(1583년)에 지은 지금까지 현존하는 것 중 가장 오래되었다는 토루인 연안루延安樓가 있다.
성곽 위에도 시설을 만들어: 원문은 '성곽 위에는 참호를 만들어'라고 하였으나, 실제로 참호는 성곽 위가 아니라 방어선을 따라 만들기 때문에 수정하였다.
재래제도: 복건성 고유의 호적제도.

이다. 그런 까닭에 강기슭에는 열대의 과수나 과일이 풍부하고 파초芭蕉의 과수원이 많아, 돈 50전만 주면 파초 열매 '바나나'를 3~4 덩어리를 주었다. 그리고 가지茄子라는 채소와 우리가 보약이라고 하는 용안육龍眼肉도 널려 있었다.

참으로 열대의 흥취를 만끽하며, 이수능의 집에 오니 참으로 내 생전에 처음 보는 광경이었다. 세상은 20세기 초엽인데 이곳은 12, 13세기의 봉건영주의 관습 그대로일 뿐만 아니라, 건물과 풍경도 봉건사회 그대로였다. 그리고 누대로 전래한 성씨 간의 대립으로 화해가 안 될 때는 무력충돌도 불사하는 판이었다. 그리하여 이李씨네도 집단으로 가택의 성곽을 구축하고 집단으로 모여서 거주하며, 성곽 위에도 시설을 만들어 전투에 대비하니 언제 무력충돌이 일어날지 예측하지 못한다고 하였다.

그래서 성 당국도 속수무책으로 될 수 있으면 화해를 권유할 뿐이다. 다른 성에 비교할래야 할 수 없는 특이한 사회구조였다. 그러므로 중국 각 성에서 공산주의의 침투가 심하나 유독 복건의 재래在來제도에는 공산주의 침투가 불가능한 형편이었다. 나는 이수능의 집에서 근 15일가량 놀면서 이곳저곳 다니다 보니 그곳 민족의 특성을 많이 알게 되었다.

핑허현平和縣 샤오시전小溪鎮의 토루
출처: https://mbd.baidu.com/newspage/data/dtlandingsuper?nid=dt_5787455882576644971&sourceFrom=search_a

민족 분포는 묘족苗族과 단족蛋族과 같은 소수민족, 그리고 한족漢族이 혼합되어, 언어의 분포도 전 중국 가운데 가장 다양했다. 그래서 참으로 10리 밖의 사람끼리도 말이 통하지 않는 지역이 허다했다. 우리의 상식으로는 이해가 불가능한 점이 정말 많았다. 내가 처음 상해에 가서도 말이 안 통해서 마치 외국에 왔나 착각할 정도로 북경말과 상해말은 완전히 달랐었다. 중국 전체를 보지 않고 중국을 안다는 게 '장님이 코끼리 만지는 격'이 된다는 것을 알아야 했다. 이수능의 부모님께서 나에게 친절히 대해 주시며, 상해에 돌아가도 부모가 안 계시니 우리하고 같이 살자고 하셨다. 지금 생각해 보면 그분들의 말을 듣고 그곳에서 살았더라면, 여생을 평안히 살지 않았을까 한다. 이 역시 운명이었다고 생각이 든다.

근 20일 만에 천주로 돌아와 보니 백삼 건은 도무지 어떻게 됐는지 알 수 없었다. 허열추 씨의 말은 중국 상인에게 백삼을 갖다 주었는데 처분하여 준다고 말만 할 뿐 도무지 결론이 나지 않는다는 것이다. 그러니 난들 어떻게 하겠는가.

학교가 겨울방학을 맞아 의욕이 넘치는 엽비영 선생이 졸업반 30여 명에게 함께 도보로 복건성·절강성浙江省·강소성江蘇省을 행진하여 남경정부 수도인 남경까지 가보자는 제안을 하시니 학생들이 찬동을 하여 곧 진행한다고 했다. 나 역시 상해로 돌아가야 하니 그 행렬에 합류하여 장장 천여 리를 도보로 가기로 하고, 부책임자로서 남경을 목표로 12월 초에 천주에서 출발하였다.

우리 일행 중에 안남安南 독립운동가 한 사람이 천주학교에 있다가 우리하고 동행하게 되니, 일행 중에 외국인은 나와 안남운동가 둘뿐이었다. 안남인의 성명을 기억하지 못하여 퍽 유감이다. 나하고 무척 친하게 지냈는데, 사람이 어찌나 나약한지 오랫동안 산길

남안·안계·선유: 남안시市, 안계현縣, 선유현縣.

남현: 남현은 찾지 못함. 다만 복주 근처에 병남현屛南縣(핑난현)이라는 지명은 있음.

일천 척이 넘는: 해발 696미터.

용천선사: 푸저우 동남쪽 구산鼓山에 위치.

일견무유하였다: 더할 나위가 없었다.

협화대학: 복건협화대학福建協和大學(Fukien Christian University). 복건성에 있는 크리스천 계열 대학교로, 1915년 개교하고 1951년 폐교했다. 복건사범대학과 복건농림대학의 전신이다.

남안탕산: 현재 저장성 원저우시溫州市에 위치.

을 걷는 고생을 못 참아 나한테 듣기 싫은 소리도 많이 들었다. 나도 어쩔 수 없어 그런 것이었다. 사람을 여러 명 데리고 가는데 한 사람의 편의만 봐줄 수 없는 처지라 맘속으로는 이해가 되었지만, 나도 그 안남 동지 때문에 여러 가지 고생을 많이 했다.

천주시를 나서서 남안南安·안계安溪·선유仙遊 등지를 거쳐 염전에서 이틀 동안 머문 뒤에, 남현南縣을 지나 복건성의 수도 복주福州에 도착하였다. 명실상부한 대도시이며 번화한 곳이었다. 복건성의 경제 중심지이고 남양南洋 화교의 고장이라, 남양의 문물이 복건성의 번영을 불러왔다. 복건시의 성 동쪽 강가에 우뚝 선 일천 척尺이 넘는 고산鼓山의 위용이 장관이었다. 그 산 위에는 이름난 사찰이 많았는데 그중 용천선사湧泉禪寺가 가장 유명하였다. 그 규모는 매우 커서 법당은 가히 천 명이 모여 예불을 할 수 있고, 그 인원을 재울 수도 있는 대사찰이었다. 등산하여 멀리 바라보면 강산의 경치가 일견무유一見無遺하였다. 근처에 협화대학協和大學이 있어 그곳을 견학하고 용천선사에서 하루를 묵은 뒤 다시 전진하였다.

여러 복건의 골짜기를 지나 절강성과 나뉘는 분수관分水關에 도착하여 하루를 지내고 절강성의 유명한 남안탕산南雁蕩山을 구경 안 할 수 없어서 풍경을 본 후 온주溫州에 들러 휴식을 취하였다.

온주의 특산물인 귤과 차茶의 생산량은 전 중국의 소비를 충당한다고 한다. 우리의 본래 목표는 장개석 총통의 고향인 봉화奉化에 들러 봉화의 풍물을 견학하려고 하였으나 시간 관계상 그곳은 못 들리고 천태산天台山의 절경을 본 뒤 소흥紹興으로 갔다. 그곳의 청주淸酒로 유명한 소흥주를 제조하는 양조장을 견학하였는데 양조장의 역사가 수백 년이 더 된다는 것에 더 놀랐다.

우리가 천진에 살 때 이광 선생이 오시면 내가 도향촌稻香村이라는 전 중국을 대표하는 유명한 명주만 판매하는 상점에 가서 소흥주를 사가지고 왔었다. 소흥주 안에 불에 구운 대추를 넣어두면 그 맛이 더 향기롭고 특이한 맛이 났었다. 천진 시절을 생각하니 그때 같이 지내시던 부친과 김종진 선생은 이미 세상을 뜨셨고 이을규·백정기·원심창·이강훈 선생은 왜놈의 감옥에서 옥고를 치르고 계시니 세상사 무상함이 느껴졌다.

봉화: 현재 저장성 닝보시宁波市 펑화구奉化區 시커우溪口.

소흥: 현재 저장성 샤오싱시. 항저우에서 약 50km 떨어진 도시로 자연이 아름다워 국무원에서 '생태여행도시'로 지정했다.

그리고 항주시로 와서 미려한 풍경과 고대古代로부터의 역사적 변천을 알 수 있는 아름다운 풍물風物과 고적古蹟을 보게 되었다. 사실 학생들과 엽비영 선생, 나 모두 노독路毒이 심해 며칠 동안 휴식을 취하면 어떨까 하고 생각했는데, 풍경이 수려하고 만인이 동경하는 항주의 명승지에 오니 저절로 노독도 풀리고 상해도 지척에 있어 다행히 마음을 쓰지 않아도 되었다.

항주시杭州市는 중국의 역사상 6대 명도名都 중의 하나이다. 춘추시대에는 월越나라에 속했고, 열국시대列國時代 후에는 초국楚國에 속하였으며, 진秦나라 때에는 전당錢塘이라 하였다. 유명한 수양제隋煬帝의 대토목공사인 남북운하南北運河의 개통은 고대의 남북문화와 경제발전에 지대한 영향을 주었으니, 그 시절부터 비로소 항주라고 불렸다. 송조宋朝 때는 금국金國이 대륙을 침략하여 송宋 고종高宗이 금의 침략에 패퇴하여 남으로 와서 항주를 도읍으로 정하였고, 송의 명장이며 충효의 표상인 악비岳飛 장군의 충렬사忠烈祠가 이곳에 건립되었다.

우리 일행이 악비 장군의 사당을 참배할 때 보니, 사당 뜰 앞에 간신 진회陳檜 등의 무리가 악비 장군을 향하여 꿇어앉아 사죄하는 모습의 동상이 주물鑄物로 만들어져 있었다. 사람들이 진회를 향해 침을 뱉고 돌로 치며 배신자라고 매도하는 것을 보고, 국가와 민족을 배반하고 침략의 편에서 매국 행위를 한 간신을 천 년이 흘러간 오늘에도 용서하지 못하는 것이 민족의 정의가 아닌가 다시 한번 더 생각하고 다짐하였다.

항주의 아름다운 명승지나 서호西湖의 미려한 풍경은 더 형언할 필요가 없다. 유명한 시인 소동파蘇東坡의 '서호비서시西湖比西施'란

서호비서시: 정확히는 "욕파서호비서자欲把西湖比西子". 서호를 중국 4대 미녀인 서시西施에 견주어 본다는 뜻으로, 소동파의 〈음호상일초청후우飮湖上一初晴後雨〉(맑았던 호수에 비 내리는 것을 술 마시며 바라본다)라는 칠언절구의 시에서 나오는 구절이다. 서시를 기념하는 의미로 서호를 '서자호西子湖'라고도 일컫는다고 한다.

박기성: 충북 진천 출신. 1907~1991. 1926년에 일본에서 상해로 건너갔으며 중앙육군군관학교 11기생으로 1934년 입학, 1937년 졸업. 남화한인청년연맹에 가입하여 항일운동을 하였으며, 서안西安에서 적후방공작활동을 전개하던 중 한국광복군이 창설되었을 때 제5지대 간부를 역임함. 이후 1943년에는 총사령부 서무과원으로 배속되어 광복이 이뤄질 때까지 그곳에서 활동하였다.

남경 육군사관학교: 중앙육군군관학교中央陸軍軍官學校가 정식 명칭.

이현근: 중국 중앙육군군관학교 제11기생으로 입교하여 1936년 10월 졸업 후 초급장교로 임관하고 그 후 보병 상위上尉로 진급, 1937년 7월 일본의 중국본토 침략이 본격화됨에 따라 한구漢口전선 등에 참전하여 싸우다가 일본군에 체포되어 일본 군법회의에서 사형선고를 받고, 1940년 2월 사형이 집행되어 순국하였다.

문구가 이를 잘 표현하였다고 생각한다. 우리는 항주에서 근 1주일 동안 구경도 하고 휴식을 취한 다음 강소성江蘇省으로 이동하였다. 나는 가흥에서 학생 일행과 작별한 뒤 상해로 왔고, 엽비영 선생의 일행은 남경으로 갔다가 상해에 와서 수일 머무르다 뱃길로 복건 천주로 돌아갔다. 강탈한 인삼 덕분에 복건성을 갔다가 의외로 근 5, 6개월간 복건·절강·강소 3성의 여러 가지 풍물과 인물을 접하게 되었고, 또 중국의 역사와 문화를 배우게 되었다. 이는 다시없는 기쁨이었다.

그러나 허열추 동지에게 맡긴 인삼은 그 후에도 종무소식終無消息이 되고 말았다. 우리 동지분들도 이 문제에 대해서는 일언반구도 재론하지 않았다. 세상사 다 그런 게 아닌가. 상해에 와 보니 박기성 선생과 이현근 형은 남경 육군사관학교에 입학해 있었다. 더욱이 이현근 형은 평생 소원이었던 사관학교에 입학하게 되었으니 군인으로서 한국 남아의 기세가 하늘을 찌를 듯하였다.

그러고 보니 우리 동지들 가운데 사관학교 생도가 이제 3명이나 되는 것이다. 처음으로 사관학교에 입학한 동지가 나월환羅月煥이었고, 그 다음이 박기성·이현근 두 분이었다. 해방되었을 때 생존한 분은 박기성 한 분이다. 이현근·나월환 동지는 자기 생명을 돌보지 않고 오직 왜놈 한 놈이라도 사살한다는 일념 아래, 앞뒤를 가리지 않고 왜군과 교전하다 돌아가셨다. 내가 아는 수많은 군인 독립운동가 중에서도 가장 참다운 군인 독립운동가였다.

이현근 형과 박기성 선생의 남경 육군사관학교 입교는 유자명 선생의 주선으로 쉽게 이루어진 것이다. 국민당 요인이자 사관학교에서 중책을 맡고 있었던 인물이 유자명 선생과 막역한 친우이자 항일투사였기 때문이다. 그는 유자명 선생과 함께 입달농촌학원을

나월환: 서안西安의 한국 광복군훈련소에서 광복군을 훈련하던 중, 1942년 3월 1일 동료 간의 불화로 인하여 5지대 간부들에 의하여 암살되었다.

내가 아는 수많은 군인 독립운동가 중에서도 가장 참다운 군인 독립운동가였다: 원문에서는 이현근이 왜군과 교전 중 장렬히 전사한, '광복군'으로 기술하였다. 그러나 이현근은 1938년 순국하였으므로 1940년에 창설된 광복군에 참여할 기회가 없었음. 출처: 한국민족문화대백과사전(https://encykorea.aks.ac.kr/Article/E0046495)

그: 광호생(광후성, 匡互生) [Kuāng Hùshēng](1891~1933).

중국의 저명한 교육자이며 5·4 학생 운동을 이끈 핵심 인물.

육종학: 농작물의 품종을 개량하거나 새로운 품종을 만들어내는 이론과 방법을 연구하는 학문.

호남농대: 현재 후난농업대학湖南農業大學(Hunan Agricultural University). 1903년 창설. 건립 당시 명칭은 '호남농학원湖南農學院'.

92세에 종천하셨다: 1894~1985.

설립하고 유자명 선생에게 교수·교장·관리자로서의 책임을 맡겨, 우수한 농업 개척자를 다수 배출하여 각 성의 농촌개척에 핵심인력이 되게끔 했다. 또한, 유자명 선생은 의열단에 기여한 공헌뿐만 아니라 중국의 학자·정치인·군인을 망라하는 자신의 인맥을 우리 독립운동에 지원·협조하도록 하는 역할을 하셨다. 해방 후 중국 공산당 치하에서 공산주의자들에게도 대접을 받은 육종학계育種學界의 태두였다. 운남성雲南省 고원에서 벼의 개량에 심혈을 기울여 신품종을 발견하여 농학박사 학위를 받았고, 호남농대湖南農大에서 교수 생활을 하시고 만년까지 명예주임으로 연구활동을 하시다가 92세에 종천終天하셨다고 한다. 나는 그분을 가까이하며 학식과 인격, 특히 복잡하고 어려운 인간관계를 타협으로 해결하는 그 인품을 숭배한 나머지 아직도 그분을 잊지 못하였다. 우리 독립운동계에 빛나는 위대한 거성인 것이다.

나는 주로 엄형순 선생님과 동거하면서 항주·소흥에 가끔 가서 숙부와 석오 선생을 뵙기도 하고 상해에 거주하는 규홍 형, 규학 형님과 규훈 형님 댁을 왕래하며 장래를 의논하였지만 뾰족한 수가 나는 것은 아니었다.

이때 상해에는 조선인거류민회朝鮮人居留民會라는 언뜻 보기에 우리나라 사람들의 자치기구 같은 단체가 있었다. 그런데 이 단체는 그 명칭과 달리 상해에 거주하고 있는 우리 거류민들의 성분을 조사하고, 특히 항일독립운동자들을 색출하여 일본 당국에 그 자료를 제공하는 일본의 어용기관이었다. 따라서 거류민회의 회장은 절대적인 친일분자일 뿐 아니라 한발 더 나아가 왜놈의 주구가 되어 항일독립운동자를 밀고하고 체포에 앞장서는 자리인지라 일본 당국의 신임을 받는 사람이 아니면 그 자리에 앉을 수가 없었다. 그런데 그 당시 홍구의 거류민 회장에 돌연 이용로李容魯가 앉게 되었다. 상해의 교민들이나 독립운동자들은 어떻게 이용로가 회장이 되었는지 의아할 수밖에 없었다. 그때까지 어느 누구도 그를 우리

이용로: 친일파. 일본 총영사와 내통했다고 함.

순사: 나라를 위하여 목숨을 바침.

교포나 독립운동가를 배반할 인물로 인식하지 않았기 때문이다. 이용로는 평안도 사람으로서 미국에서 유학을 마치고 귀국했다가 상해로 와서 임시정부에서 구국운동에 가담한 인물이었다. 또한, 무역업을 영위하면서 흥사단의 요원으로도 활약하였다.

그런데 나는 부친께서 순사殉死하시고 이태공·연충렬에 대해 결말을 지은 후에도 여러 가지로 미심쩍은 점을 명확히 할 요량으로 각 방면으로 탐문하던 차에 의외로 중대한 말을 들었다. 태공과 충렬이 저지른 사건의 이면에는 지금 거류민 회장인 이용로가 중요한 역할을 하였다는 것이다. 즉 이용로가 임정과도 가까이 지낸 흥사단의 요원이므로 누구나 그를 신임하였고 우리 독립운동가의 자제들도 선배 독립운동자로 대접하여 거리낌 없이 왕래하며 무엇이든지 의논하였다. 이태공·연충렬 두 청년도 예외는 아니어서 이용로가 암암리에 친일 행각을 하는 줄도 모르고 생활이 궁핍한 순진한 청년들이 이용로의 금전을 비롯한 여러 가지 유혹에 넘어간 것이다. 그리하여 번번이 왜놈의 형사하고 접촉도 하게 되고 금전 거래도 있게 되니 당연히 무슨 일이나 말을 들으면 그자들이 알려고 하는 사건의 사실 여부에 대해 실토하게 되고, 결과적으로 천인공노할 죄악을 범하게 된 것이다.

내가 이 사실을 탐지하고 있을 때 이용로가 홍구의 거류민회 회장이 되었으니 모든 연관성이 불문가지不問可知로 완벽히 판명된 것이다. 오랫동안 이용로를 의심하는 사람은 아무도 없었다. 그가 상종하는 독립운동가들은 정안삼鄭安三·홍남표洪南杓·차리석車利錫 등과 정화암이었다. 그러니 누가 이용로를 의심했겠는가. 내가 거듭 말하지만, 자기 한몸 살기 위해 왜놈의 개가 되어 어제의 항일 독립운동 동지를 팔아먹는 금수만도 못한 친일 무리들을 같은 동족임에도 희생시켜야 하는 가혹한 현실을 후세에 어찌 설명해야 되겠는가.

이렇게 되니 남화한인청년연맹에서는 우리의 운동 전체를 위하여 이런 인물을 제거하지 않을 수가 없었고, 그렇다고 우리 연맹 단독으로 처리에 나서기도 미묘한 상황이었다. 그가 임정이나 흥사단·의열단과 얽혀 있는 관계로 누구 하나 선뜻 나서는 사람 없이, 단지 이용로가 독립운동 단체들의 내막을 너무나 잘 알고 있다는

일경: 일본 경찰.

것에 민감할 뿐이었다. 그러다가 점차 우리 독립운동가들 사이에서는 그를 제거해야 한다는 의견이 일어났다.

그러나 그를 제거하기에는 너무나 많은 위험이 뒤따랐다. 그의 거주지는 홍구에 있는 거류민회 건물 3층이었다. 그곳으로 침투해 들어간다는 것은 일본 영사관으로 나를 잡으라고 찾아가는 것이나 다름이 없었다. 홍구는 윤봉길 의사 사건 후 일경日警의 경비가 너무나 철통 같은 곳이다. 그리고 이용로 자신이 이미 위험을 느끼고 있는 처지라 그는 신분이 확실한 사람 이외에는 일체 만나지 않았다. 누구든지 그를 만나려면 사전에 신분과 만나는 목적까지 정확한 조사를 받아야 했고 위험이 없을 때에만 만남이 가능했다.

엄형순 선생이 석양 무렵에 돌아와서 당신이 이용로를 제거하기로 했다며 내가 거사 후 무사하면 몰라도 나는 최후의 각오를 하고 있는 것이니, 만에 하나 여의치 않을 때를 대비하여 너는 네 자신의 장래를 생각하고 국내에 계신 어머니를 봉양할 방도를 생각하라고 여러 가지로 당부했다. 그러면서 자기가 과거에 관여했던 수많은 사건의 이모저모와 함께, 자기는 고향에 누가 있는지 전혀 모르고 있는 형편이라고 말하는 등, 흡사 최후 유언을 하는 것 같은 태도를 보였다.

나는 그분의 말을 다 듣고 나서 나도 할 말이 있다고 하며 엄 선생이 이왕 단독으로 행한다고 하니 내가 이 일을 돕겠다고 했다. 태공·충렬의 소행도 다 이용로가 주역인데 지금 태공과 충렬은 이미 결말이 났으나 이용로는 아직 남아 있으니, 내 맘속에 항상 부친의 원한과 두 청년에게 비도덕적 행위를 자행하게끔 유인한 죄를 응징해야 한다는 생각이 가득하고 나의 의무로 생각하니 엄 선생 거사를 돕는 역할을 하겠다고 나섰다.

선생은 여러 가지 의미로 나를 타이르며 만류하였다. 그러나 나는 절대로 그 말을 받아들이지 않고 초지初志를 관철하고자 하니, 결국 선생도 일을 성사하려면 혼자보다는 한 사람 정도의 조력이 있는 것이 낫겠다고 생각하셨는지 나의 요청을 허락하셨다. 결행할 날짜를 다시 정하기로 하고 준비를 하게 되었다. 여러 날 동안 각 방면으로 정보를 수집해 보니, 이용로는 거류민회 일이 끝난 밤에만 혼자 있으니 그를 살해하고 안전하게 그곳을 빠져나오려면 이른 새벽만이 최적의 시간이었다.

그런데 이용로를 마음대로 만나는 사람으로 임득산林得山이란 사람이 있었다. 임득산은 이용로와 같은 평안도 사람이며 상해에 온 지 퍽 오래되었는데 상해에서 만년필상을 경영하여 돈은 잘 버는 형편이고, 흥사단원으로 면식이 넓어 회색분자라는 평이 있는 인물이다. 그러니 당연히 이용로하고는 대단히 친근하며 평시에도 자주 만나는 사이라는 것을 알게 되었다.

때마침 의열단과 관계가 있는 김정학金鼎學이란 이가 있었다. 그는 평안도 용강龍岡 사람으로 양반 출신이며 고향에 재산도 많고 영어도 능하며 광동 여자와 살고 있었다. 나는 해방 후 김정학 씨를 서울에서 다시 만날 수 있어 반가웠는데 과거 상해에서의 일을 회고하며 친밀히 지냈지만 그분은 이미 타계하셨다.

그 당시 나는 김정학 씨를 만나서 임득산의 공장 주소, 상호, 그리고 내부구조까지 필요한 자료를 얻었다. 그리하여 엄형순 선생과 나는 임득산의 심부름꾼인 김정학으로 가장하고 이용로를 찾아가면 쉽게 만날 수 있겠다는 결론을 얻었다. 나는 엄형순 선생과 채시로菜市路에서 정자간 하나를 얻어서 자취를 하고 있었다. 우리 둘은 1935년 3월 25일을 거사일로 정했다. 나는 규학 형님과 형수님께 자세한 내용이야 다 말을 못 하고 거사를 하는데 잘되면 형과 형수를 다시 만나고 여의치 않으면 영원히 못 볼지도 모른다고 하면서 작별을 하였으며, 성재 숙부님의 아들 규홍 형과 형수에게도 작별 인사를 하였다. 우리의 소지품은 엄 선생이 다른 동지에게 맡기고 이틀 동안은 서로 다른 볼일을 보았는데 나는 정화암에게는 가지 않았다.

1935년 3월 25일 새벽에 권총 한 자루씩 갖고 출발을 하려는 데 엄 선생이 간밤에 좋지 못한 꿈을 꾸었다고 하기에 내가 무슨 나쁜 꿈을 꾸었느냐고 물으니, 꿈에 큰 뱀이 자기에게 덤벼들어서 고생을 하다 깼다고 한다. 나는 그 말을 듣고 기분이 좋지 못하여 그러면 날짜를 다시 잡고 거사를 하자고 하였더니 "정화암이나 다른 동지에게 오늘 한다고 하였는데 후일로 미룬다면 우습지 않겠는가" 하며 거사를 결행하자고 했다. 나도 더 말하지 않고 이용로의 집으로 가니 7시경이라, 거리에 사람도 그리 많지 않았다.

다세대가 사는 집이므로 이용로 집의 문을 두드리니 안에서 누구냐고 하는 소리가 문밖에서도 들린다. 엄 선생이 임득산 씨의 심

별안간 칼로 엄 선생의 두부를 쳐서 상처를 내고 위에서 덮치는 사람이 있으니 여자였다: 이용로의 처 박성신朴聖信.

출처: 〈독립운동인명사전〉 중 '엄순봉嚴舜奉'(https://search.i815.or.kr/dictionary/detail/print.do?id=7868).

부름으로 온 김정학이라고 말하니 문이 열렸다. 열린 문 사이로 안을 들여다보니 이용로가 침대에서 몸을 반쯤 일으키고 있었다. 그래서 엄 선생이 두말 않고 권총으로 이용로의 가슴을 향하여 연거푸 2발을 쏘니 심장에 명중하고 곧 절명하였다. 나는 곧 2층에서 내려오고 엄 선생도 2층에서 내려오는 중, 별안간 칼로 엄 선생의 두부頭部를 쳐서 상처를 내고 위에서 덮치는 사람이 있으니 여자였다. 불의에 당하는 일이라 두부는 상처가 나고, 연약한 여자라고 하지만 죽자 하고 덤벼드니 기운이 센 엄 선생이라도 별수가 없었다. 내가 권총을 발사할 수도 없을 만큼 여자가 엄 선생을 껴안고 발악을 해서 공중에다 권총을 2, 3발을 쏘니 여자가 주춤하는 사이에 엄 선생은 그 여자의 두부를 쳐서 자기를 잡은 손을 뿌리치고 대로로 나섰다. 두부에서는 선혈이 나고 나는 엄 선생을 부축하고 도피하였으나 주위에 사람이 점점 운집하고 여자는 쫓아오면서 살인자를 잡으라고 고성을 질렀다. 중국 경찰이 우리를 포위하니 별수 없이 체포되고 만 것이다.

그리하여 우리 둘은 중국 공안국에 압송되었는데 하오下午쯤 일본 영사관의 형사가 와서 엄 선생은 조선인이라고 하여 일본 형사에게 인도되고, 나는 중국인이지 조선인이 아니라고 하여 왜놈에게 인도되지 아니하고 후일 다시 조사하여 처리하기로 하고 유치장에 넣었다. 우리 가족은 왜놈이 우리나라를 강점한 후 전 가족이 만주로 망명을 하면서 만주에 토지구입을 위해 중국 국적을 취득했고 자연히 왜놈 치하에 호적이 되어 있지 않아 이규호가 누구의 자식인지 왜놈이 조사를 하였으나 법적으로 확인을 못 하고, 따라서 내 신병을 중국에서 인도받을 아무 근거가 없었다. 그리하여 왜놈은 국내외로 이규호가 조선인이라는 근거를 찾아 중국으로부터

하오: 오후.

이소산: 이규창. 원문에는 '이포산李喃山'으로 적혀 있는데 오자로 판단된다.

인수하려고 조사한 결과 이회영의 아들임을 알고, 통동通洞에 계신 어머니를 경찰서로 연행하여 이규호가 친자임을 확인하고, 상해에서는 형님들에게 친일분자를 통하여 규호가 친동생 혹은 4촌임을 확인한 다음 엄형순 선생을 취조하여 이규호가 우당 이회영의 3자인 것과 아리요시 공사 암살사건에 관련된 백정기·원심창·이강훈 제 선생의 진술에 나오는 이소산李嘯山이라는 관계자임을 확인하게 되었다. 내가 중국 공안국에 유치된 후 왜놈들은 나를 인수하려고 갖가지 근거를 찾아 제시하며 교섭을 한 것이다.

그러나 중국의 관헌이 나를 심문할 때 나의 중국어가 하도 유창하고, 그때 중국 신문에 가끔 수필을 써서 기고하여서 신문사에서도 나를 좀 아는 형편이었다. 하필 사건 날에도 내 몸에는 신문사로 보낼 수필원고가 있어 공안국에서 몸수색을 하다가 나온 그 원고를 공안국장 이하 사람들이 보고는 나보고 문장이 참 '미려적문美麗的文'이라 칭찬을 했다. 그러니 내가 중국 국적을 가진 사람이라고 완강하게 주장하니 자기들도 이번 살인사건이 단순한 살인 사건이 아니라 조선인들의 독립운동에 관계된 것이요, 원칙적으로는 왜놈에게 인도하지 않아도 되는 것이라고 했다.

그러나 국권이 미약하고 왜놈의 강압에 못 견디어 4월 15일쯤 상해 시장 오철성吳鐵城이 나를 불러놓고 너는 조선인이 틀림이 없고, 또 지금 우리 중국 정세가 이런 사건으로 외교문제까지 복잡하게 확대되길 바라지 않는다는 취지의 말을 하면서 왜놈에게 인도한다는 의사를 나에게 비쳤다. 강약이 부동이고 약소민족의 비애가 이런 것이구나 하는 생각이 들 뿐이었다. 국가가 망하면 더 말할 것이 없지만, 국가라는 명색이 있어도 국권이 미약하고 사분오열이 되고 자주의식이 없는 민족은 고금을 막론하고 세계역사를 다 보아도 그 전도가 암담할 뿐이라는 것을 더 절실히 통감하였다.

그리하여 왜놈의 경부라는 스즈모토鈴本라는 놈과 조선놈 한 명이 나를 중국 공안국에서 인수하여 일본 영사관으로 데려갔다. 그 다음 날부터 왜놈에게 취조를 받게 되는데 나의 인적 상황, 그리고 나의 내력과 나이, 20세까지의 경력 및 독립운동 단체에 가입한

오철성: 우톄청[Wú Tiěchéng]. 중국의 혁명가이자 정치가, 군인. 오철성은 제2대 상해시 시장(1932년 1월 7일~1937년 3월 31일)을 역임했다.
20세까지의 경력: 이규창은 1913년생이지만 서대문형무소 기록에는 1915년생으로 되어 있음. 따라서 이때부터 20세로 진술한 듯함.

동기 및 그간에 활동한 사건의 가담을 자세히 취조를 하였으나 나는 세상이 다 아는 사실에 대해서만 진술하고 그것도 나하고는 관계가 없는 것이라 말하였다. 아리요시 공사 암살 미수에도 나의 관련 여부를 취조하였으나 나는 사후에 안 일이라고 응대를 하였다. 그러나 백(정기)·원(심창)·이(강훈) 세 분의 취조서에 언급된 이소산이라는 자가 누구인지 모르다가 우당 이회영의 3자의 별명이라는 걸 알아낸 그 취조서를 갖다가 나에게 보이며 '네가 이소산이 아니냐' 하여서 부득이 승인을 하다 보니 아리요시 공사 암살미수에 관여되었다고 안 할 수가 없었다.

그러나, (왜놈들이) 여러 가지 문제와 남화한인청년연맹의 내부조직과 인적관계, 그리고 임정과의 관계, 더군다나 숙부 이시영과 그 외 분의 관계로부터 (시작하여) 무수한 연관성을 더 알려고 갖은 수단을 쓰며 심문을 하였으나 중대한 사실에 대하여서는 나는 하등의 관련이 없다고 하며 전혀 모르는 일이라고 일관하였다. 이용로 살해 건에 대하여서는 엄형순 선생이 20일 전에 압송되어 대충 취조를 다 하였기 때문에 나도 엄 선생이 진술한 대로 거의 같이 말을 하여서 일단락을 짓게 되었다.

동일한 사건이라도 두 사람의 말이 맞지 않으면 몇 번이라도 동일하게 취조서를 작성하여야 하므로 엄 선생의 말한 것과 될 수 있는 한 동일하게 진술하려고 노력하여 완결을 지었으나 그놈들은 그 외의 사안을 더 알려고 나를 괴롭히는 것이다. 가끔 고문도 하고 또 유하게 달래기도 했다. 내가 체구가 작아 15~6세밖에 안 돼 보여서 그놈들은 나를 아주 어린아이로 취급했다. 그런 점은 나에게는 유리하게 작용해서 여러 문제를 수월하게 넘겼다.

그런데 내가 있는 유치장으로 한 사람이 더 들어오는데 그 사람은 박영철朴榮喆 씨란 분이다. 나는 의외라 생각하고 "박 선생, 어찌하여 이곳에 오셨소?" 하니 "이 사람들이 별안간 나를 붙잡아서 영사관으로 데려와 유치장에다 넣으니 나도 그 이유를 모르겠다"고 한다. 박영철 씨는 상해에 온 지 3~4년이 되었고 여러 방면에 관여하며 지낸다고 하나 정작 무슨 일을 하는지 나는 잘 몰랐다. 그러니

체구가 작아 15~6세밖에 안 돼 보여서 그놈들은 나를 아주 어린아이로 취급했다: 이규창이 서대문형무소에 처음 구류되었을 때 촬영(쇼와 10년[1935] 7월 26일)한 사진 뒷면에 신장이 '159.5(cm)'라고 기입되어 있음.

출처: 〈일제감시대상 인물카드〉, 한국사데이터베이스(https://db.history.go.kr/)

어찌하여 왜놈이 붙잡아서 나랑 같은 유치장에 넣는지 알 수가 없었다. 나는 그 박영철 씨에게 사회에서 대하듯 별다른 생각 없이 대하며 "내가 이용로를 살해한 후 상해에 소문이 어떻습니까?" 하고 물으니, 이용로 살해 사건은 큰 파문이 일었고 그 사람은 죽어 마땅하다고 한다며 너에 대하여 대단히 애석하게 생각한다고들 한다. 나이도 어린데 고생을 하게 되었다고 동정한다고 말하는 것이다.

그렇게 근 10여 일을 같이 지내며 이런 일 저런 일들을 얘기하는데 가끔 간수가 박영철을 불러내 취조도 하고, 나도 나가서 취조를 받는데 한 가지 이상한 느낌을 받았다. 내가 박영철하고 대화한 것이라고 기억되는 내용에 대해 왜놈이 나에게 심문하는 것이 한두 번이 아니었다. 그래서 나는 그 후로는 박영철하고 보통 예사로운 말만 주고받았지, 그 사람의 말 가운데 좀 이상한 말은 넘어갔다. 그러다 보니 취조받을 때 별 문제가 없었다. 이러고 보니 이상하지 않은가. 박씨가 무슨 혐의로 유치장에 왔는지는 몰라도 왜놈이 나의 비밀을 더 캐내려고 일부러 같은 유치장에 넣은 게 아닌가 하는 생각도 들었다. 왜놈이 별별 수작을 다 하는 것이다.

나는 5월 초에 국내로 압송되었고 박영철은 내가 국내로 압송되는 10여 일 전에 국내로 송치된다고 하였는데 해방이 된 후에 그 사람은 본 적이 없고 소식도 몰랐다. 나는 조선으로 가는 연락선 헤이안마루平安丸에 실려 선내에서 엄 선생과 한방에서 지내다 근 1주일 만에 인천부두에 도착하였다. 물론 선실에서도 수갑을 차고 지냈다. 선내에서 고국으로 오는 중 나는 엄 선생하고 국내에서 왜놈들에게 당할 여러 가지 취조에 대한 상담을 하였고 엄 선생은 "규호 너는 나이도 적으니 형을 받아도 잘 참고 몸조심하여 출옥하여서 장래를 행복하게 살아라" 하며 자신은 이미 죽음을 각오하였다고 하셨다.

"나는 당연히 죽는 것이 이치에 맞는다. 나는 17세에 만주로 가 김좌진 장군 밑에서 독립운동을 한다고 왜놈과 앞잡이들을 수없이 살해하였으니 아무리 국가를 위하여 행한 소행일지라도 지금 생각하면 뉘우침이 많다. 너만은 내 이 마음을 잘 이해해 달라"고 간곡히 말씀하시는 것이다.

헤이안마루: 여객선으로 사용되다 1941년 11월 잠수모함으로 개조한 군함. 1944년 2월 17일 일본 해군기지가 있던 추크 라군Chuuk Lagoon을 공습(Operation Hailstone)한 당시 미군기의 공습으로 인해 격침.

나는 그 당시에는 그분의 말을 그저 그러려니 하고 들었으나 나중에 그분이 한 말을 음미하며 생각하면 할수록 그분이야말로 생명의 존엄성을 늦게나마 깨달으셨던 것 같다. 엄 선생이 문득문득 생각이 나곤 한다.

미와 와사부로
출처: 《동아일보》, 1927. 10. 18.

* **옥중기:** 원문은 〈재옥중기在獄中記〉, 즉 감옥에서의 기록이라는 뜻이었음.

미와 경부: 미와 와사부로三輪和三郎(1884~?). 일제강점기 고등경찰관.

미와는 1934년까지는 그 직위가 경부警部였으나 1935년에 경시警視로 승진하여 원산 경찰서 서장이 됨.

출처: 〈직원록자료(조선총독부)〉, 한국사데이터베이스(https://db.history.go.kr/).

한참 우리말로 유창하게 떠들더니 우리 집 내력을 자기네 동료에게 소개하는 것이다: 이규창이 한국으로 왔을 때 원산경찰서 서장인 미와가 나온 것은 그가 1920~29년 종로경찰서, 1930~34년에는 경기도 고등경찰과 소속으로 근무하면서 이규창 집안을 잘 알았고 한국말을 잘했기 때문으로 추정.

제4장

옥중기*

인천 부두에 당도하니 선내로 왜놈의 형사 2~3명이 들어와 자기들끼리 말을 나눈 뒤 한 놈이 나한테로 와서 말을 걸었다. 자기가 미와三輪 경부警部라고 자기소개를 하며 우리 집을 잘 안다고 하였다. 너의 가문은 조선의 유명한 양반의 집이라고 한참 우리말로 유창하게 떠들더니 우리 집 내력을 자기네 동료에게 소개하는 것이다. 그러고 나서 우리 둘을 자동차에 태워 서울로 향하더니 드

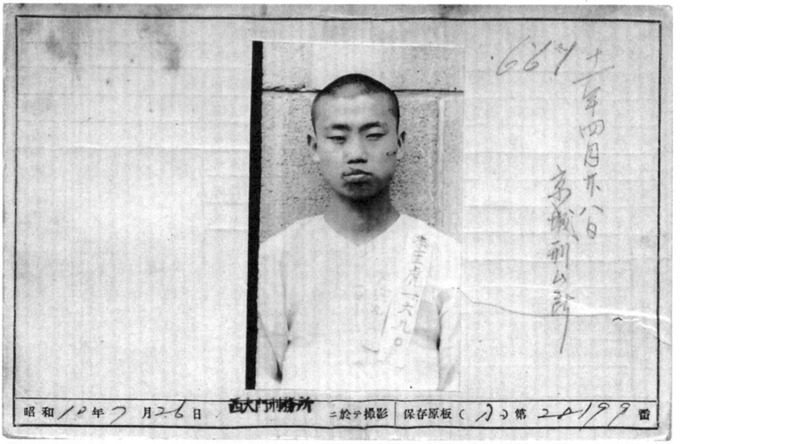

이규호(이규창), 쇼와 10년(1935) 7월 26일, 서대문형무소
출처: 〈일제감시대상 인물카드(https://db.history.go.kr/modern/ia/level.do)〉

신신백화점: 1957년에 신신백화점이 됨. 현재 SC제일은행 본점 자리(서울특별시 종로구 공평동 100).

제일루 사건: 1934년 10월 서울 관훈동의 중국요리집 제일루에서 아나키즘 운동을 재개하기 위해 회관 이을규, 우관 이정규 그리고 오남기 등이 활동계획을 수립하던 중 체포된 사건. 일제는 "오랫동안 잠잠하던 해내외의 무정부주의자들이 다시 서로 연락을 취하여 가지고 무슨 책동을 하려고 하여 점차 조선 내로 집중하는 기미를 탐지하고 그만 질풍신뢰로 검거를 시작한 것"이라고 선전함.

악행: 원문은 악형惡刑이라고 기술. 그러나 악형은 '모질고 잔인한 형벌', 경찰서에서 취조하는 것은 형벌(악형)을 내리는 것이 아니라 악랄하게 취조를 한 것이므로 '악행'으로 수정함.

디어 종로경찰서에 와서 서장에게 인계하였다. 미와는 나보고 서장의 말을 잘 듣고 잘 있으라 하며 갔다.

그 당시 종로서는 나중에 신신新新백화점이 들어선 자리에 있었던 것으로 기억한다. 나는 종로서 유치장 1호 유치방에 수용되고 엄 선생은 맨 끝 방에 수용되었다. 하루가 지난 후 아침 일찍이 엄 선생을 취조하러 형사가 데리고 나가는 것을 보았다. 사실 우리가 상해에서 저지른 사건에 대한 취조는 완전히 끝나 진술서류가 완결되었고 그 외 아리요시 공사 암살사건도 관련된 분들이 다 일본 내에서 판결을 받고 형의 언도까지 받은 관계로 우리 역시 상해에서 그 사건에 대한 취조가 다 완결되었다. 그러므로 조선에 와서 또 그 사건에 대하여 심문이나 취조할 필요는 없는 것이다.

그러나 그 당시 국내에서 발생한 사건이 또 있었다. 제일루第一樓 사건이라고 하여 이정규李丁奎, 채은국蔡殷國 두 분을 근 1년간 심문, 취조하여 조사를 종결짓고 서대문구치소로 송치한 사건이었다. 그러다 우리 사건이 발생하자 왜놈들이 억지로 우리 두 사람을 국내 동지들과 연결지어 사건을 확대 날조하려고 10여 명을 더 체포하여 각 경찰서에 수용하고 사전의 각본대로 우리가 서울로 압송되자마자 갖은 고문과 악행을 자행했다. 악독한 짓을 한 것이다.

엄 선생이 취조를 받고 온 후 내 차례가 되어 취조실로 가니 왜놈인지 조선 놈인지 알 수 없는 7~8명이 나를 포위하다시피 하고 위협하며 공포를 주었다. 나는 그러려니 했지만 겉으론 아주 어린애처럼 무서운 척, 몸을 덜덜 떨며 무서워하였다. 그중 한 놈이 나를 보며 한국말로 '너는 앞으로 우리 말을 잘 들으면 징역도 적게 살고 몸도 편안할 터이니 잘 생각해라. 내일 너의 어머니도 면회하게 할 테니 말을 잘 들어라' 하며 오늘은 이만하고 방으로 가라고 하였다.

그다음 날부터 우리는 국내에서 일어난 사실에 대하여 조금도 그 내용을 모르며 관여된 일도 없다고 하였다. 단지 이정규 선생과 이을규 선생은 부친이 살아 계시던 북경, 천진 시절에 가까웠던 관계로, 비록 왜놈들의 감시를 받는 부자유한 신세지만 고국에 어머니가 계시니 과거 생각을 하여 상부상조하며 지냈던 것인데, 왜놈들은 나를 국내로 압송하게 된 것을 빌미로 국내와 연결을 지어 어마어마한 사건으로 확대하여 음모를 조작할 작정이었다. 그래서 내가 인천에 오자마자 이을규 선생을 동대문서로 잡아다가 유치장에 가두고 그간 우리와 무슨 연락을 하였으며 무슨 음모를 꾸며 항일 독립운동을 하였느냐고 갖은 악독한 고문을 하여 동대문서에 있는 동안 30여 번을 실신할 정도로 악행을 당했다는 것은 훗날에야 알았다.

엄 선생도 더 말할 수 없을 정도로 악독한 물고문을 당하였고 나도 그에 못지않게 물고문을 당했다. 내가 당한 물고문은 이런 것이었다. 종로서 지하실에는 고문실이 따로 있는데 수도가 있고 수도꼭지에는 고무 호스를 달아 놓았다. 나를 나무로 만든 평상에 누이고 손발을 매어 놓고 왜놈 형사 사쿠라다櫻田라는 놈이 내 배에 타고 앉아 수도를 틀어 호스로 내 면상에다 물을 쏟는 것이다. 이렇게 되니 내 얼굴은 물에 빠진 것이나 다름없어 호흡이 불가능하니 별수 없이 물을 있는 대로 먹게 된다. 만약 기절을 하면 배에 타고 앉아 있던 왜놈이 나를 인공호흡을 하여 물을 토하게 하고 정신을 차리게 하였다. 그 후 좀 있다가 또다시 그런 짓을 반복하는 것이다. 그런 고문을 수십 일 동안 당하면 모르는 일도 안다고, 안 한 일도 하였다고 하게 되는 것이다. 그렇게 고문 앞에는 장사가 없다는 말이 왜정 치하에 유행하였다. 너는 네 어미와 붙어먹었지 하는 패륜적인 욕을 먹어도 혹독한 고문을 당하면 별수 없이 그렇다고 한다는 것이다. 이것은 하나의 비유이지만 왜놈 치하에서 얼마나 혹독한 고문을 당했으면 이런 유행어가 생겼겠는가.

내가 5월에 국내로 끌려왔을 때부터 이을규 선생이나 최학주崔

서대문형무소. 신축 건물(左)과 구축 건물(右)
출처: 조선치형협회 편, 《조선형무소사진첩》, 경성형무소, 1924.

최학주: 1930년 도쿄에 거주하는 재일한인 아나키스트들이 발간한 월간신문인 《흑색신문》의 편집자. 《흑색신문》은 1936년 5월 6일, 제37호를 끝으로 폐간.
생불여사: 사는 것이 죽느니만 못할 만큼 몹시 힘들다.

學柱 등 10여 명이 우리와 같은 고문과 고생을 겪었다. 6월 말경까지 종로서의 왜놈 형사들에게 고문을 당하고 회유를 당하여도 사건을 조작 확대할 만한 말이 엄 선생과 내 입에서 나오지 않았고, 또 모르는 사실을 안다고 할 수도 없었다. 왜경은 하는 수 없이 우리 둘을 서대문구치소로 송치했는데 그날 이을규 선생과 최학주 등 10여 명도 석방되어 귀가조치되었다. 이 사실은 해방 후에 그 당시 동아일보 기사를 보고서야 비로소 알았다.

만약 우리 둘이 고문에 못 이겨 허위로 그놈들이 조작한대로 진술하였다면 이을규 선생과 최학주 등도 서대문구치소로 송치되어 검사의 심문을 받았을 것이다. 그러나 우리 둘은 고문에 못 이겨 없는 소리를 하지 않았고, 또 이을규 선생도 마찬가지니 참 대단하신 분이라는 생각이 들었다.

먼저 송치한 '제일루 사건'의 이정규·채은국 두 분도 하등의 관련이 없게 되니 참으로 다행한 일이었다. 나는 여기에 꼭 한마디 말을 하고자 한다. 내가 국내로 압송되지 않았더라면 이런 왜놈 치하에서 항일독립운동 하셨던 분들의 그 피나는 고통의 속사정을 어떻게 알고 이해하겠는가. 왜놈 치하에 피눈물 나는 고통을 겪으면서 생명을 부지하며 생불여사生不如死의 지경에서 해방이 되었다.

자유의 몸이 되고 정신적으로도 해방이 된 국내의 독립운동가들이 기쁜 기분으로 과거의 동지, 소위 해외에서 독립운동을 하셨다는 위대한 분들을 만났는데, 놀랍게도 왜놈 치하에서 얼마나 사경을 헤맸느냐고 위로는 못할망정 8·15 이전이니 8·15 이후니 하며 선을 긋고 작당을 하여 왜놈에게 매국노 노릇이나 한 것처럼 매장을 하려 드는 그 패거리들의 작태에 나는 참으로 위대한 독립운동가라고 자처하는 그자들을 못마땅하게 여길 수밖에 없었다.

예비검속: 죄를 저지를 개연성이 있는 사람을 사전에 구금하도록 규정한 법률.

구로누마: 구로누마 리키黒沼力彌. 그러나 이규창이 종로경찰서에 구금되었던 1935년 당시 구로누마 경부가 아니라 기무라 요소키치木村與惣吉 경시警視(1933~1935)가 서장이었다(경시만 서장을 할 수 있다).

출처: 〈직원록자료(조선총독부)〉, 한국사데이터베이스.

치안유지법: 1925년 천황제나 사유재산제를 부정하는 운동을 단속하기 위한 목적으로 제정된 법률로, 당시 조선 내에서는 한민족 사상 통제 및 민족운동 탄압의 수단으로 이용.

사이가: 사이가 시치로齊賀七郎. 1935~1939년 경성 종로경찰서 경부보警部補.

사실 해외에서 독립운동하는 것보다 국내에서 독립운동하신 분들이 겪은 비참한 고통이야말로 말로 다 표현할 수가 없다. 1년 365일 하루도 편할 날이 없고 무슨 사건이라고 날조하여 예비검속豫備檢束을 하면 적어도 10일 내지 15일간 유치장에서 소소한 고문이라도 당할 수밖에 없었다. 만약 우리와 같은 사건이 나면 그것은 생명이 왔다 갔다 하는 판이다. 사람이 죽임을 당할 때도 바로 죽이면 고통 없이 죽는다. 하지만 제아무리 철석 같은 마음과 힘을 가진 인간이라도 고통만 주고 죽이지 않는 고통을 왜놈 치하 긴 세월 동안 겪으면 어떻게 될까. 자기만 위대한 독립운동가라 생각하면 참으로 한 모퉁이가 빈 인간이라 하겠다. 모든 것을 판단함에 있어 그 사람마다 인격과 사람됨을 보고 비판하는 게 옳지 않겠는가.

종로서의 서장은 구로누마黑沼라는 왜놈으로 조선 여인과 살며, 고등경부보는 주로 치안유지법 위반자만 취급하는 사이가齊賀라는 왜놈이다. 사상범은 민족운동자 또는 공산주의자, 공산주의자 중에도 민족의식이 주가 되는 자, 그렇지 않으면 소비에트 코민테른, 소위 국제공산주의자로 구분하며, '아나키스트'는 왜놈이 명명한 무정부주의자로 분류되었다. 그러나 사이가는 사상범이라고 칭하는 사람에 대하여 제일 먼저 그 사람이 사상적 지식이 있는지와 이론에 대한 이해정도를 판단하여 A급, B급, C급으로 구분하여 장래 요주의 인물의 기준을 정했다. 그러므로 공산주의 이론이나 '아나키'의 이론에 사이가만큼 정통한 놈도 드물 것이다. 일개 경부보라는 자가 주의에 대한 이론이 정연하니 사상범 취급에 조금도 빈틈이 없었다.

사이가가 나를 취조할 때도 내 사상과 민족의식에 대하여 여러 각도로 질문을 하였는데 민족의식에 대해서는 몇 마디의 대화로

빠가야로: ばかやろう(馬鹿野郎). 바보, 멍청이라는 뜻.

《경제학의 면포론》: 면포는 중국어로 빵面包(miànbāo). 《경제학의 면포론》은 러시아의 무정부주의자 표트르 크로포트킨Peter Kropotkin의 《빵의 정복*The Conquest of Bread*》으로 추정됨.

앞에서 언급한 《상호부조론》과 《청년에게 고함》도 크로포트킨의 저작이다.

《윤리학》: 크로포트킨의 미완성 원고 《*Ethics: Origin and Development*(혁명적 윤리학)》으로 추정. 이 원고는 1921년 러시아어로 출판되고 1924년 영어로 번역됨. 크로포트킨은 중국에서도 인기가 좋았다고 함.

《혁명가의 생각》: 크로포트킨의 《한 혁명가의 회상*Memoirs of a Revolutionist*》으로 추정.

확정하였다. 나를 보고 묻기를 '국어'를 할 줄 아느냐고 하기에 할 줄 안다고 하니 그러면 말을 해 보라고 하기에 내가 지금 하는 말이 우리나라의 국어가 아니고 무엇이며, 또 따로 무슨 국어가 있느냐고 반문하였다. 그러자 사이가는 발끈 화를 내면서 '빠가야로'라는 왜놈의 말을 연발하며 피우던 담배를 수갑을 찬 내 손등에다 비볐다. 내 손등을 담뱃불로 지져대는데 참으로 참기가 어려웠다. 지금도 내 손등에는 그때 사이가가 담뱃불로 지진 흔적이 남아 있다.

왜놈의 말을 국어 혹은 내지어內地語라고도 하는 것을 내가 알 리도 없고 생전 처음 듣는 말이었다. 나로서야 우리나라 말이 국어지, 왜놈의 말이 무슨 국어란 말인가. 이 몇 마디 대화로 "너는 골수에 민족의식이 박힌 놈이로구나" 하고 다시는 그 문제를 더 논하지 않았다. 그러고는 사상에 대하여 무슨 서적을 보았느냐고 묻는 것이다. 나는 나이가 어려서 사상에 대한 서적을 본 게 별로 없다고 하니, 그래도 무엇을 보았는지 말해 보라기에 '아나키'에 대한 서적으로 《상호부조론》, 《청년에게 고함》, 《경제학의 면포론》, 《윤리학》, 《혁명가의 생각》 등을 읽었다고 하였다. 그는 "너는 나이는 어리지만 책은 많이 보았구나. 앞으로 국어는 안 배울 거냐" 하기에 이미 국어를 아는데 또 무슨 국어를 배우라고 하느냐고 했다. 그러니 그때는 전과 같이 화를 안 내고 웃으며 일본어를 배우라는 것이라 하였다. 나는 당연히 외국어로 일본어를 배우겠다고 하였다.

나는 왜놈들에게 조선과 일본을 확연히 민족적으로 구별하여 말을 하였다. 그래서 사이가가 나를 보고 "쇼가나이야쯔"라고 하였다. 나중에 알았지만 '어쩔 수 없는 놈'이란 말이었다. 검사국에 송치될 때 취조서 후면에 자기의견서를 쓰는데 나에 대해서 '이놈은 민족의식이 강고強固하여 동화가 어렵다고 생각한다'고 썼다고 한다. 사이가가 그렇게 의견을 단 것을 본 검사가 나를 다 심문하고 나서 네가 뭘 했길래 사이가 상이 이런 의견을 붙였는지 말을 해 봐라 하였다. 서에서 취조할 때 주고받은 말을 자세히 검사에게 말을 하

"쇼가나이야쯔": しょうがない奴.

파안대소: 활짝 웃다.

여름이라 기저귀 같은 '훈도시' 라는 것: 훈도시ふんどし(褌)는 속옷이라 항상 입는 것인데 여기서는 하의를 더 입지 않았다는 의미로 보임.

차입: 교도소나 구치소에 갇힌 사람에게 옷, 음식, 돈 따위를 들여보냄.

틀형에 찍어 낸 콩밥 덩어리: 밥틀에 숫자가 새겨진 나무토막을 넣고 그 위에 밥을 넣어 누른다. 숫자가 클수록 나무토막 두께가 두꺼워져서 밥의 양이 줄어든다.

였고 검사가 신중히 듣더니 "네가 해외에서 성장하여 불순한 생각만 하게 됐으나 장차 너도 내선일체라는 인식을 배워 개과천선하면 훌륭한 황국신민이 될 것"이라고 말했다. 나는 아무 대꾸도 않고 듣기만 하였다. 그때 그 검사는 나를 아주 어린아이로 여겼는지 심문할 때 내가 쓰던 권총을 자기 손에 쥐고 나를 향하여 "이 권총으로 살인을 하였다니 믿을 수 없다" 하고 파안대소破顔大笑를 하였다.

서대문구치소에 수감되어 여러 재소자가 있는 방雜房으로 입감하였다. 14~5명이 정원이었다.

입는 옷은 왜놈의 '하오리はおり 羽織'라는 옷인데 '오비おび(帯)'라는 허리띠로 허리를 매는 게 전부인 아주 간단한 왜놈의 의복으로 여름이라 기저귀 같은 '훈도시' 라는 것을 아래에 찼다. 미결수는 남색藍色이며 기결수는 적색赤色의 수의囚衣를 입는다. 미결수는 자기집에서 차입差入한 사복을 허락을 받고 입을 수 있으나 기결수는 사복 착용이 불가능했다.

그리고 미결수의 세끼 밥은 콩밥으로 틀형에 찍어 낸 콩밥 덩어리인데 7등급의 밥이다. 밥 덩어리에 칠七자가 찍혀 있다. 이 7등은 최하위 등급으로 일을 안 하고 먹는 밥이다. 미결수는 자기 집이 여유가 있을 경우 사식을 하루 세 번 대어 먹을 수 있지만 검열이 엄격하다. 혹시나 음식 속에 외부하고 연락이 되는 암호와 여러 가지 수단이 있을까 하여 심하게 감시를 받는다. 사식을 먹는 미결수가 관식을 먹는 사람과 나눠 먹는 것은 금지사항으로 들키게 되면 양편 모두 혹독한 벌을 받는다. 만약 간수에게 들켰는데 먹지 않았다고 부인하면, 지독한 간수 놈은 사식을 먹지 않았다는 미결수를 감방 밖으로 끌어내어 비눗물을 강제로 먹여서 음식을 토하게 한다. 이때 토사물에 사식이 섞여 있는 것이 확인되면 온갖 혹독한 벌을 다 준다. 이렇게 벌을 주고 검열을 하는 곳을 조사실(시라베쇼

채명신: 1926. 11. 27~2013. 11. 25. 채은국과 반남 박씨 사이의 2남 중 장남. 대한민국 군인. 한국 전쟁시 백골병단(게릴라 부대)을 이끌어 전과를 올렸고 베트남전 당시 파월派越 한국사령관 역임. 본인의 희망에 따라 국립 현충원 장군묘역이 아닌 베트남전 참전 사병묘역에 안치됨.

調所, しらべしょ)이라고 한다.

미결수나 기결수 전부가 번호로 성명을 대신한다. 나는 661호였다. 감방에 앉는 것은 번호 순서로 한다. 감방 내에서는 절대로 잡담을 할 수 없었고 잡담을 하다가 들키면 벌을 받는다. 앉는 형식은 반드시 정좌正坐, 즉 꿇어앉아야 하는데 이렇게 세상 어디에도 없는 혹독한 방법으로 죄수를 다룬다. 이렇게 당하면서도 미결·기결할 것 없이 10년에서 20년 가까이 생명을 유지하고 살아서 세상에 나오게 되니 참으로 인간은 어떠한 동물인가 하고 다시 생각하게 된다.

때마침 내가 들어간 감방에 의외로 채은국 선생이 있지 않은가. 사실 나와 채은국 선생은 초면이었다. 채은국 선생은 채명신 씨의 아버지이시다. 종로서에서 사이가가 '제일루 사건'을 우리하고 연관을 지으려고 취조할 때 채은국 선생의 이름을 알게 됐다. 감방에 들어와 서로 인사를 하니 채 선생도 이규호라는 이름을 이정규 선생에게 들어서 알 뿐 감옥에서 이렇게 보게 될 줄은 꿈에도 생각지 못한 일이라 하였다. 그리고 왜놈들이 무슨 착각을 하였길래 나를 채 선생이 있는 감방에다 넣게 됐는지 이것도 천행이라 하겠다. 천우신조로 우리의 일도 풀리게 된 것이다. 채 선생은 1년 이상 미결수로 예심에 계류되어 있는 상태였다. 검사가 직접 기소하지 않고 예심에 넘기면 예심판사가 사건의 미진한 내용을 보충하여 정식으로 기소하는데 예심판사가 날짜를 정하고 재판을 하게 되니 부지하세월不知何歲月인 것이다. 왜놈의 치하에서는 독립운동 사건이나 치안유지법 위반 사건은 으레 예심에 넘겨 시일을 길게 끌어 징역도 아닌 미결수로 장구長久한 세월을 감옥살이를 시키곤 했다.

부지하세월: 언제 이뤄질지 그 시기를 알 수 없음.

징역도 아닌 미결수로 장구한 세월을 감옥살이를 시키곤 했다: 1922년 일본의 〈형사소송법〉이 개정됨에 따라 1924년 조선형사령도 일부 개정되어 시행되었다. 개정된 형사령은 1912년의 법령 체계를 유지하면서도 일부 변경이 있었다. 우선 검사와 경찰의 강제처분권은 모두 10일 이내로 기간이 단축되어, 강제처분권이 제약을 받는 듯했다. 그러나 당시 검사에게는 재량에 의한 예심청구권이 있었다. 예심이 시작되면, 예심판사는 갱신요청만으로 강제처분을 무기한 연장할 수 있었기 때문에 피의자를 원하는 만큼 잡아 놓을 수 있었다. 따라서 검사는 예심청구권을 악용하여 조선의 사상범 등을 통제하는 수단으로 활용하였다.

출처: 독립운동관련 판결문 - 일제강점기 체포와 수형, 그리고 기록물(https://theme.archives.go.kr/next/indy/viewIntroduction2.do?page=3)

폐일언하고: 이러쿵저러쿵할 것 없이 한마디로 말해서.

감방에서 채 선생을 만나 그간의 여러 사건과 사실에 대해 이야기하다 보니 참으로 어이가 없었다. 왜놈들이 그동안 중요하지 않은 사건을 확대하여 관계없는 많은 사람을 붙잡아서 취조를 하다 보니 성과는 없고 세상만 시끄러워진 것이다. 그러다가 상해에서 우리 사건이 일어나니 때는 이때다 하고 그 '제일루 사건'에 억지로 끼워 맞추려고 했는데 아무리 해도 연관이 없으니 위조로 만들 수는 없었다. 2일 후 간수가 밤중에 내게 이르기를 내일 판사에게서 출정하라는 통지를 받을 테니, 채 선생과 의논하고 예심판사 앞에 가면 여하튼 폐일언蔽一言하고 이 '제일루 사건'과는 아예 관련이 없다고 단호히 부인하라고 했다. 경찰서에서 검사국으로 송치된 후에는 경찰서와 같이 고문도 못 하고 사건에 대한 부인을 해도 검사가 가끔 노발대발할 뿐이니 끝까지 부인할 것은 부인하라면서 여러 가지 법률의 해석과 법규를 알려 주었다.

그 이튿날 재판소에 가서 상해에서 우리가 행한 사건은 전부 승인하였으나 국내 사건과의 관계에 대해서는 경찰서에서와 마찬가지로 관련이 없다고 했다. 검사도 꼭 단정을 하고 사실을 묻는 것이 아니라 그저 피상적으로 심문하는 것 같았다. 전혀 관련이 없는 우리가 국내로 압송되는 기회를 틈타, 국외로부터 비밀리에 지령을 받아 '제일루 사건'이 일어난 것으로 조작하기 위해 우리를 무수히 고문하여 자백을 강요하였으나 사실 모르는 일이었다. 검사도 나의 말을 듣고 별 이의를 않고 '제일루 사건' 기소문에 우리와는 관계가 없다는 것을 확정하여 기소 송치하였다. 1935년 12월 말 예심이 종결되었고, 36년 4월 이정규·채은국은 각각 3년, 2년 형의 언도를 받았는데 미결통산未決通算일이 무려 250일이었다.

이처럼 왜놈들의 가혹한 압박 치하에서는 사건 같지도 않은 일을 빌미삼아 연루자들을 옭아매려고 갖은 수단을 부리고 고문을

미결통산일이 무려 250일이었다: 《동아일보》(1936. 4. 8.)에서는 각자 미결통산일이 250일이고 《조선일보》(1936. 4. 8.)에서는 채은국 250일, 이정규 260일이라고 보도했다.

그 당시 서대문구치소는 구 구치소와 신축된 구치소가 있었다:

1920년대 후반, 서대문감옥의 수용 한도에 문제가 발생하였다. 〈치안유지법〉(1925)이 반포된 후 잡아들여야 할 사상범—독립운동가, 아나키스트, 공산주의자도 포함된다—이 대폭 늘어나 이들을 격리 수용할 공간이 필요했다. 특히 당시 조선에 독립(민족해방)과 새로운 사회건설이 결부된 위험 사상이 옥내에서 전파될 우려가 높다고 판단되면서 서대문형무소에 사상범 격리를 위한 구치감이 출현하게 되었다.

박경목, 〈1930년대 경성구치감 설치와 사상범〉, 《한국사연구》 199, 2022 참조.

옛 건물: 원문은 구소舊所임.

일삼아 강제로 사건을 만들어 3~4년씩 징역을 살게 하는 것이 이들의 식민지 정책이었다. 지금 그것을 모르고 자란 청년들이 과거 우리 선인들의 비참한 과거를 조금이나마 알아서 망국의 한이 어떤 것인지를 생각한다면 이런 분단된 민족의 앞으로 나아갈 길을 생각할 때 다소 도움이 되지 않을까 한다.

출정하였다가 감방으로 돌아오니 채 선생이 반갑게 맞아주며 검사에게 진술한 내용을 대강 듣고 참 잘하였다고, 우리와 관련이 없음이 판명됐으니 다행한 일이라고 기뻐하였다. 곧 예심으로 돌렸다고 간수가 나에게 통지하여 주었다. 그러는 동안에 간수가 나의 번호를 부르며 소지품을 다 가지고 나오라고 하는 것이다. 그래서 나는 소지품도 별것 없지만 대강 챙겨 나가면서 채 선생을 바라보니, 그가 가만히 말하기를 다른 감방으로 가는 것이니 몸조심하고 부디 잘 지내라고 하였다.

나는 3동 5호실 감방에 수용되었다. 그 당시 서대문구치소는 구 구치소와 신축된 구치소가 있었다. 옛 건물은 목조 2층 건물

연조: (사물의) 역사나 유래.

간도 공산당사건: 1927년부터 30년까지 3차례에 걸쳐 간도에서 활동하던 공산주의 운동가들을 검거한 사건. 1차 29명 실형, 2차 체포 72명 중 49명 실형, 3차 체포 130명 중 49명 실형.

급히 콘크리트로 2층 건물을 지은 것이다: 서대문감옥은 두 차례에 걸쳐 대대적인 증축공사를 했다.

1차: 1919~1922

2차: 1931(10월)~1935(5월)

이규창이 언급한 공사는 2차 공사이며, 조성 당시 명칭은 '경성구치감'이었다. 이 구치감 건물은 338,700엔의 공사비로 2층 청사, 2층 잡거감(41개), 2층 독거감(242개) 및 병감, 2층 영치품 창고와 욕장 및 기관실 등으로 이루어졌다. 당시 신축구치소의 수용가능 인원은 약 500명이었다.

출처: 이종민, 〈2장. 제국 일본과 동북아 대표 감옥-2. 조선의 서대문감옥〉, 《식민지 조선의 감옥》, 2024, 67~68쪽.

김광묵: 1905~1936. 본적 함경북도 경성군鏡城郡(출생은 길주군吉州郡). 본명은 김환호(金環浩). 1930년 간도 5·30 봉기에 참여하고 같은 해 8월 중국공산당 입당. 1933년 12월 경성지법에서 사형 선고 뒤 1936년 7월 처형.

1심에서 사형언도를 받고 상고 중이며 미결수로 지낸 지 5년이 된다고 했다: 대법원이나 최고재판소(日)에서 형이 확정되어야 기결수로 분류된다.

로 연조年條가 오래되었고 교수대도 있으며 기결수도 수용하고 있었다. 새 건물은 간도 공산당사건으로 피검자 7~8백 명을 국내로 송치하게 될 때 수용이 불가능하므로 급히 콘크리트로 2층 건물을 지은 것이다. 내가 들어간 3동 5호실 감방은 독방이었는데 들어가 보니 나까지 3명이 있었다. 그중 한 사람은 수갑을 차고 쇠줄로 수갑 찬 손을 매서 허리에다 자물쇠로 잠그고 있었다. 나는 그분에게 인사를 하고 또 한 사람에도 인사를 하였다. 수갑을 찬 사람은 김광묵金光默이라는 간도 공산당사건의 연루자인데 1심에서 사형언도를 받고 상고 중이며 미결수로 지낸 지 5년이 된다고 했다. 또 한 미결수는 인천 사람인데 학생 신분으로 사상이 불미스러워 피검되어 판결을 기다리고 있다고 했다. 성은 한韓이고 이름은 기억이 안 난다.

그리고 나를 소개하니 참 고생하였다고 위로하여 준다. 그러니 내가 어이가 없었다. 사형 언도를 받고 몇 년을 감옥에서 지내는 사람이 도리어 나를 위로하니, 무슨 말을 해야 할 지 몰라 묵묵부답하였다. 그런데 옆 감방에서 벽을 탁 치는 것이다. 그러니 김광묵 씨가 입을 창에다 대고 옆방에다 가만히 말을 하기를, "새로 온 사람은 이규호라 하는데 상해에서 살인을 하고 이곳으로 송치되었다"

고 하였다. 그쪽 방에서 말을 듣던 사람이 반갑게 응답하기를, 내가 이정규라고 하며 이규호에게 얘기를 좀 하게 하라고 김광묵 씨에게 부탁하는 것이다. 그래서 김씨가 나를 보고 이정규가 옆 방에 있으니 간수에게 들키지 않게 말을 하라고 한다. 그래서 나는 창에다 대고 규호라고 하니 나 우관又觀이라고 하며 말을 못 잇는 것이다. 조금 있다가 다시 말을 하기를, 간수가 오게 됐으니 이따가 다시 하자 하며 그만두었다.

우관: 이정규의 호.

통방: 교도소나 유치장 따위에서, 이웃한 감방의 수감자끼리 암호로 의사를 통함.

통신법: 모스 부호 등을 활용한 이른바 '타벽打壁 통보법'이라고 한다.

순경: 일제강점기에는 오늘날의 순경에 해당하는 최하위직 경찰관을 '순사巡査'라고 했음.

채영식: 본문에는 蔡(榮)增植으로 표기. 실제로는 채영식蔡榮植(1912년~?)

1946년 경기도 경찰부 경부警部

1947~1950년 서울 성북경찰서장, 용산경찰서장, 종로경찰서장, 서울시 경찰국 부국장

1951년 내무부 치안국 보급과장, 내무부 치안국 통신과장

1952년 내무부 건설국 자재과장

출처: 《대한민국 인사록》(1950), 《대한민국건국십년지》(1956).

만일 우리가 서로 말을 하는 것을 간수에게 들키면 혹독한 벌을 받는다. 그래서 조심조심 서로 망을 봐 주며 말을 하게 된다. 그리고 벽을 사이에 두고 통방通房을 하는 통신법이 있다. 통방하는 사람이 한 손에 책을 들고 독서하는 척하며 한 손으로 벽에다 신호를 보내는 것이다. 그 방법은 이렇다. '간다'를 통하려고 하면 '가' 자는 한 번 딱 치면 '가'요, 또 연거푸 딱딱 치면 받침 'ㄴ'이 된다. 그러면 '간'이 되고 그다음 '다'를 할 때는 딱딱딱 세 번을 치면 '다'가 되어 '간다'라는 말로 통하게 된다. 이것은 무선 전신통신과 같은 이치이다. 김광묵하고 이정규 간에 통방하는 것을 보니 참으로 일류선수라 모든 게 정확하였다.

내가 종로경찰서에 수감되었을 때 유치장을 지키는 순경이 나에게 '너의 죄명은 살인이라 서대문구치소에 가면 예심을 거쳐 긴 세월을 지내게 될 것이다. 내가 너에게 통방하는 법을 알려 줄 테니 잘 배워서 사용하라'고 하며 그 방법을 일러 주었다. 우리나라 국문은 참으로 훌륭한 문자라고 그 순경이 말했다. 그 순경은 한국인으로 경기 중학을 졸업하고 고시 공부를 하고 있던 사람으로 이름은 채영식이라고 하였다. 그래서 유치장에 있는 사람들이 다 채씨를 가리켜 생각이 다르다고 말을 하였다. 해방 후 내가 이정규 선생 댁

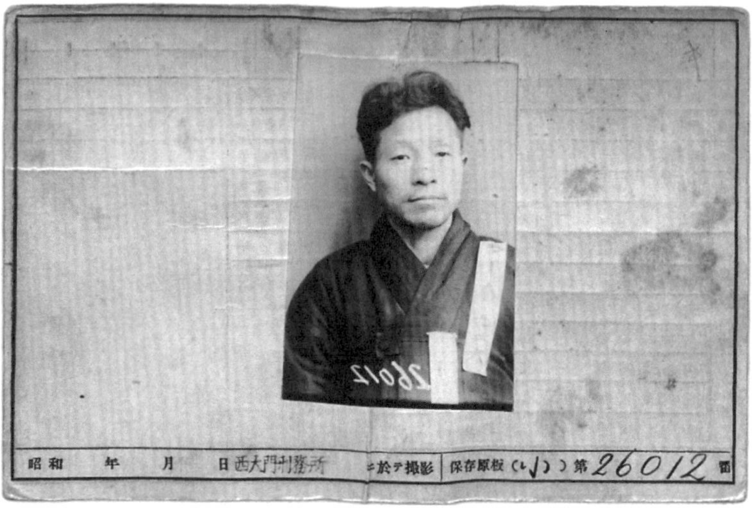

이정규, 쇼와 4년(1929) 3월 20일, 서대문형무소
출처: 〈일제감시대상 인물카드〉

신흥사: 서울 성북구 돈암동에 위치한 조선 시대의 사찰인 홍천사興天寺. 조선 태조 이성계가 황화방에 1397년(태조 6년) 신덕왕후 강씨의 명복을 빌기 위해 세운 왕실 원찰로, 태종 때 현재 자리로 옮김. 1669년(현종 10년) 함취정含翠亭 자리에 이건하여 중창하고 신흥사新興寺로 이름을 고쳤다. 1794년(정조 18) 현재 자리에 중창하였고, 1865년(고종 2년) 흥선대원군의 지원을 받아 다시 홍천사라고 불리면서 왕실 원찰 기능을 담당. 해방 후 이 부근에 대소 연회장이 많아 일반 시민들의 회갑연 및 고희연이 많이 열렸다.

에서 머물 때 성북경찰서장이 우리를 찾는다고 하여 만나니 그 서장이 바로 13년 전 종로서 유치장에서 통방하는 방법을 알려준 그 분이었다. 어찌나 반가운지 눈물이 날 지경이었다. 그 서장이 이정규 선생과 나를 신흥사新興寺로 초대하여 한턱 낸 적도 있으나 이것도 이제는 지나간 옛 이야기가 되고 말았다. 채 서장은 작고하였다.

내가 간수 몰래 이정규 선생하고 말을 하기도 하고 그렇지 못하면 김광묵이 나 대신 통방을 하여 모든 사실과 사건의 내용을 알렸다. 상해의 근황이나 임시정부의 내용, 우리 남화한인청년연맹에 누구누구 모여 있는지, 그간의 제반 사건까지 자세히 알려 주었다. 그리고 이 방에 오기 전에 채은국 선생이 계신 감방에 4~5일 같이 있다가 왔다고 하였더니 참으로 다행한 일이라고 하며 다른 문제는 다 무사하게 되었다고 기뻐하였다.

그렇게 이정규 선생하고 가끔 대화도 하고 통방도 했다. 1주일에 한 번씩 목욕을 같이 갈 때도 있었으나 절대로 말을 못 하게 했다. 그래도 틈만 나면 말을 했다. 1936년 4월 이정규·채은국 두 분이 각각 3년, 2년씩 징역을 받고 기결로 이감할 때까지 그렇게 지냈으니 두 분이 기결로 옮겨 간 후 참으로 섭섭하였었다.

이정규 선생과 통방하던 중 내 장래를 논할 때 "너는 20세가 되었으나 결혼도 못 하고 너의 신상이 어떻게 결말이 날지 모른다. 그리 쉬운 일은 아니니 몸부터 보전하여 건강에 힘쓰고 출옥하여서 어머니와 편안히 살 생각을 하라"고 간곡히 말을 하였다. 나의 재판 결과가 어떤 형이 될지 알 수 없으므로 우관께서도 나의 인생 장래가 걱정이 되었던 탓에 그런 말씀을 하셨다고 생각된다. 사실 내 죄명이 살인 또는 살인미수였으니 형량이 어찌 될지, 사형이 될지 무기가 될지 가혹한 왜놈들이 어떠한 형량을 내릴 것인지 예측할 수 없었다. 여하튼 우관께서 심려해 주신 데 대하여 감사할 뿐이다.

이정규·채은국 두 분이 각각 3년, 2년씩 징역을 받고:

이정규 징역 3년(1936년 4월 7일 언도, 4월 8일 입소, 1938년 출소).

채은국 징역 2년(1936년 4월 7일 언도, 4월 8일 입소. 1937년 7월 31일 출소).

출처: 〈일제감시대상 인물카드〉, 한국사데이터베이스.

왜놈 교수 미야케: 미야케 시카노스케三宅鹿之助.

구치소 독방의 제반 규칙은 이러하다. 독방은 말 그대로 한 사람을 넣는 곳이다. 그러나 3인에 한하여 동거할 수 있고 절대로 두 사람만 두지는 않는다. 그 이유인 즉 두 사람이면 합심이 잘 되어 무슨 모사나 음모를 꾸미기가 쉽고, 세 사람을 두면 합심이 잘 안 되어 음모를 못 꾸민다는 것이다. 그런데 사형수는 독거하게 하지 않는다. 그 이유는 사형수가 자살하는 예가 있어 옆에 사람을 더 넣어 사형수를 보호하는 것이라고 하지만, 사실은 감시의 역할을 하는 것이다. 또 수갑과 쇠사슬에 매어 두는 것은 자살 예방과 정신이상자의 폭행을 방지하는 것이다.

인천의 한씨라는 청년이 기소 유예되어 출감하고 그 뒤로 또 한 사람이 입감하였는데 김삼룡이라는 사람이었다. 1933년 무렵 서울에서는 조선공산당 재건운동 사건이 발생하여 이재유와 김삼룡이 주모자로 지목되었는데 경성제국대학의 왜놈 교수 미야케三宅鹿之助가 관여한 것이 밝혀지면서 사회적으로 큰 문제가 되었다. 그중 한 사람인 김삼룡이 우리 방에 입감한 것이다. 그리하여 우리 방에 입감자가 도로 3인이 되었다.

미결구치소의 사형수가 모두 23~4명이 넘는다고 했다. 그중 간도공산당 사건에 관련되어 사형수가 18명이나 되고 주모자인 주현갑·이동선 등이 사형이요, 그 외에 살인, 폭동, 방화죄의 사형수가 5~6명이다. 그 외는 살부회를 조직하여 자기 아비가 공산당 폭동을 못하게 하는 혁명 수행 방해자라고 아버지를 살해한, 존친살해죄로 사형선고를 받고 상고 중인 무리도 있었다. 무지한 민중을 선동한 공산주의자들의 죄악이 어찌 이 세상에서 용서를 받겠는가. 허울 좋은 미명 아래 '프롤레타리아' 혁명을 성취한다는 무산대중無産大衆의 혁명은 인간의 기본권을 제물로 하였다. 무수한 비인간·

사형수가 18명: 1930년 발생한 '제4차 간도공산당 사건'에서 약 2,000명이 체포된 후 서울로 이송되었고, 이중 무려 400여 명이 예심에 넘겨졌다. 예심을 거쳐 272명이 정식 재판에 회부된 가운데 12명이 옥사하고 22명에게 사형이 언도되었다.

출처: 변은진, 《자유와 평화를 꿈꾼 '한반도인' 이소가야 스에지》, 아연출판부, 2018, 111쪽.

살부회: 공산주의자가 아닌 아버지를 공산주의자 자녀들이 살해하자는 모임. 다만 이 부분에 관해서는 논란이 많다.

비도덕·비윤리적 행동으로 자식이 위대한 혁명 과업을 수행하기 위하여 천인공노할 살부회를 조직하고, 부모, 형제를 무차별 살육하고 유물론적 이상사회를 건설한다는, 공산주의 광신자들의 비인간적인 소행에 나는 또 한 번 아연실색하였다.

사바세계에서 진정한 평등과 자유를 갈구한다는 인류 최고의 이상은 한낱 이상일 뿐 인류가 지구상에서 멸망할 때까지도 이루지 못할 이상이라는 몽상을 나는 고독한 형무소에서 하게 되었다. 나는 이 지면에 이런 일은 안 쓰려고 하였으나 이것도 인간상의 한 단면이므로 쓰는 것이다.

동거하는 사형수 김광묵은 함경북도인으로 부모가 서간도에 이주하여 살면서 그를 낳아 공부를 시켰다. 성장한 후 학교 선생으로 있으면서 공산주의에 물든 그는 극단적인 행동자가 되어 간도공산당 폭동의 주요 인물이 되었고, 각 운동과 폭동에 가담한 결과 왜놈에게 붙잡혀 1심에서 사형이 언도되고 최종 심의만 남아 있는 형편이었다. 그 사람됨이나 생각이 보통 사람과는 좀 다른 점이 많았다. 5~6년을 옥중에서, 더군다나 사형수의 처지임에도 조금도 자세가 흐트러짐 없이 지낸다는 것부터 보통 사람과는 좀 다른 것이다. 그래서 이 방에 오는 사람마다 김광묵에 대하여 안쓰럽게 생각하며 특별히 대하는 것이다.

사형수들은 취침 시 꼭 가운데서 자게 했다. 다시 말해 내 옆에 자게 된다. 그런데 여기에 말 못 할 딱한 사정이 있는 것이다.

인간은 동물이요, 생물이다. 그래서 여러 가지 본능이 있겠지만 성적 본능이 먹는 것 다음에 제일이라 하겠다. 그래도 그렇지, 감옥이란 혹독한 환경 속에서, 더군다나 생명이 어찌 될지 모르는 형편에 아무리 본능이라 한들 그런 생각이 나고 충동이 나겠는가. 참으로 어이없는 짓이라 하겠다.

내가 이러저러한 생각 끝에 잠이 들면 김광묵이 나를 못살게 굴었다. 나에게 사내끼리 성교하는 짓인 계간鷄姦을 요구하는 것이다.

경성감옥: 정식 명칭은 경성형무소(1923년 개칭). 1912년 10월에 준공, 개청하였으며 이 경성감옥이 신설되면서 기존의 경성감옥이 '서대문감옥'으로 명칭을 바꿨다.

이종민, 〈6장. 8·15 전후의 감옥-1. 일본의 패전과 식민지 감옥 해체〉, 《식민지 조선의 감옥》, 2024, 261~263쪽, 참조.

음어: 군대에서 '암호'를 이르는 말.

비역: 사내끼리의 성적 행위를 하는 일. '계간'도 같은 뜻.

잠이 깨서 생각하니 화도 나고 어이가 없어 당장 야단을 치고 싶었지만 만약 간수에게 들키면 큰 변이 날 것이고, 또 한편으로는 인생이 불쌍하게 느껴졌다. 그리하여 내가 괴로우면서도 아무 말없이 지냈으나 날이 갈수록 그 행동을 자제하지 못하는 것이다. 김광묵이 방을 나간 사이 비교적 성격이 후한 조선인 간수에게 나의 고통스러운 사정을 간곡히 말하니, 그 간수가 딱하다 하면서 오늘부터 너는 김광묵 다음, 다음에서 잠을 자라고 명령하여서 김광묵·김삼룡 그다음이 내 순서가 되었다.

그러면서 나는 과연 인간이란 무엇인가 다시 한번 심사숙고하게 되었다. 인간이란 아무리 비참한 환경에 처하더라도 생명이 붙어 있는 한 본능을 억제하지 못하는구나. 이성이 다 어디에 있다는 말인가. 감방은 웃지도 울지도 못할, 인간으로 대우를 못 받는 지옥과 같은 세상인데 이런 곳에서도 질투, 모략, 심지어는 생명을 걸고 소란을 피우고 성적 본능에 관해서는 해결책도 없다.

10년 이상의 형을 받은 기결수는 경성감옥으로 이송하여 복역하게 되는데 여하튼 호불호를 막론하고 식사가 제공되어 생명은 유지할 수 있으니 그다음에 생각하는 것이 성적 욕구의 해결이다. 형무소의 음어陰語로는 '삐억'(비역)이라고 하는데 '계간鷄姦'이라는 말이다. 단기수로 나이가 22세 정도의 어린 죄수가 마포형무소로 이감되어 오기도 한다. 이런 어린 죄수는 대개 소매치기, 혹은 절도의 재범 이상의 범죄자들로 형무소의 생활양식이나 생리에 누구보다도 잘 적응한 사람들이다. 그리하여 만기가 되어 사회로 나갔다가 며칠 만에 형무소로 또다시 오면 장기수들은 반갑게 맞이한다. 장기수가 너 무얼 하다가 벌써 왔는가 하면 사회에서 잠깐 볼일 보고 왔다고 천연덕스럽게 대답하는데 어느새 '몇 번은 누구의 짝이다' 하고 소문이 금방 전 공장에 퍼진다. 그리고 다시 들어온 젊은 재범수를 다른 장기수가 절대로 가까이하지 않는다. 그것은 불미스러운 일이 나지 않기 위하여 경계하는 것이다. 그런 기괴하고 독특

마포형무소: 경성형무소. 당시 경성형무소 위치가 경기도 고양시 용강면 공덕리로 현재의 마포구 공덕동 서울서부지방법원 인근에 위치. 따라서 '마포형무소'는 곧 경성형무소를 지칭하는 말이었다.

공장: 여기서 공장은 '형무소의 작업장'을 뜻함.

남색: 사내끼리의 성적 행위를 하는 일.

한 인간사회가 있다.

내가 미결수로 형기가 확정되기 전에 구치소에서 기결수로서 잡역을 하는 사람들은 나를 보고 너는 나이도 어리고 장기수가 될 것이니 마포형무소에 가서도 네 자신을 보호하기 위해서라도 모든 행동을 진중히 하여야 한다고 했다.

첫째로 장기수들을 존중하며 자기를 과시하지 말 것, 자기의 형기가 길다고 다른 장기수의 사정을 우습게 여기며 자기만 형기가 많다고 탄식하는 태도는 삼갈 것, 또 너에게 고생했다고, 장기수라고 동정하는 자들에게 물건이나 음식을 받으면 그게 아무 것도 아닐지라도 문제가 된다는 것, 겉으로 징역을 사는데 편할 수가 없게 만드는 것에 '남색男色'을 위한 공작이 도사리고 있다는 것을 염두에 두고, 물건이나 음식 같은 것을 거절할 때도 그 죄수를 존중하며 "오래 고생하신 분의 호의를 어찌 나이 어린 제가 받겠습니까" 하며 항상 신중하여야 한다고 나에게 주의할 것을 일러 주었다. 나는 그분의 충고를 명심하면서 김광묵에게 당한 지난날의 일들을 새삼 되새겼다.

김삼룡은 1년 반의 형을 받고 기결수가 되어 이감하였고 나도 그간 예심 판사에게 수차례 심문을 받으면서 별문제 없이 진행되었다. 어머니께서도 자주 면회를 와 주셨고 사복이나 사식도 대주시니 어찌 하해와 같은 은혜를 저버리겠는가. 장단長湍에 계신 규룡 형님도 면회를 오시고 민족변호사 소완규 선생은 나의 사건을 맡아 전력을 다하셨다.

내 사건에 대한 서류는 규룡 형님이 일일이 손수 베껴서 소 선생께 드리기도 하였다. 서사書士에게 맡기면 비용이 많이 들어 우리 형편으로는 그 돈을 댈 수가 없었고, 또 사건 서류가 방대하여 재판일 전에 소 선생이 검토를 해야 변호의 자료가 되는 관계로 규룡

장단: 경기도 북서부에 있던 군. 장단군 오목리에 이규창의 6대조인 이종성이 지은 종택과 이종성을 배향하는 오천서원梧川書院이 있다.
서사: 필사하는 사람.

형님께서 밤을 새워가며 서류 일체를 필사해서 건넸다고 한다. 어머니께서 면회를 오셔서 자세한 말씀을 하여 주셨다. 지난날 부친께서 북경에 거류하실 때 소 선생은 근 1년간을 우리 집에 체류하면서 부친의 지도를 많이 받으셨고 환국한 후에도 계속 면학에 힘써 변호사가 되신 후에 독립운동 사건에 대하여는 민족적 양심으로 무료 변호를 하여서 국민들로부터 존경을 받고 있다고 하셨다. 어머니는 환국한 후로 소 선생의 도움을 많이 받으셨다. 그 당시 이인李仁 씨, 김병로金炳魯 선생 등이 왜놈의 미움을 받고 고난을 당하면서도 민족적 양심의 발로로 자진하여 변론하시던 분들이셨다.

1936년 2월경 나의 재판이 시작되었다. 아침 일찍이 출정할 준비를 하고, 수일 전부터 판사가 심문할 사건의 내용들을 가상하여 답변할 허다한 사실들을 다시금 되새기며 착오가 없도록 심사숙고하느라 잠도 제대로 자지 못하여 매우 피곤하였다.

아침 8시경 간수가 661호는 나오라 하였다. 그날 출정해 공판을 받을 미결수들은 수갑을 채우고 5명을 한 조로 포승으로 명태 꿰듯이 묶은 다음 얼굴에 용수라 불리는 둥그런 통을 씌웠다. 그것은 동범 간에 대화는 물론 외부인과의 연락을 방지하는 것으로 주위가 삼엄하다. 대형 자동차에 승차시키고 미결수가 공판정에 입정할 때까지는 유치장에 꼭 한 사람씩 격리 유치했다. 그래서 그 명칭을 '비둘기 유치장'이라 한다. 대개 9시에 재판이 시작되므로, 비둘기장에 있은 지 얼마 안 되어 간수가 661호는 나오라고 하여 재판정에 들어가니 나보다 엄형순 선생이 먼저 입정하여 있었다. 나를 보고 몸은 편안하였나 하시길래 곧 대답하려 하였더니 간수들이 말을 못 하게 막았다. 주위를 살펴보니 어머니와 규룡 형님이 와 계셨고 내 옆에는 소완규 변호사께서 좌정하여 있었으며 법정 정면 중앙에 왜놈 판사가 앉았다. 좌편에 나를 기소한 검사 놈이 앉았으며 판사 옆에 서기 겸 통역이 앉아 있었다.

시간이 좀 지나서 판사가 개정한다고 선포하니 공판정에는 숨소리 하나 안 들렸다. 간수는 나와 엄 선생 옆에 한 사람씩 붙어 우리를 감시하고 있었다. 서기가 우리 둘에 대한 인적 상황을 확인하여 판사에게 고한 후 한 10분쯤 있다가 검사가 기소한 사건의 내용을 약 3시간에 걸쳐 설명하고 검사로서 기소한다고 하였다.

그다음에 판사가 엄 선생에게 검사가 기소한 사실과 너의 범죄사실을 인정하는가 물었다. 엄 선생은 자신의 범죄 사실은 다 인정하였으나 이규호는 조상섭 사건에는 가담한 사실이 없고 자신만 가담하였다고 반론을 제기하였다. 그다음으로 판사는 나에게 검사가 기소한 이번 사건에 대하여 확인 심문을 하니 나도 대체로 사건 내용을 인정하였다. 국내에서 일어난 '제일루 사건' 즉 이을규·이정규·채은국 선생의 연계 여부 건으로도 심문하였으나 나하고는 무관한 일이며 종로경찰서에서 억지로 우리를 관련시키려고 강제 조작하려고 하였다고 진술하였다. 나의 강도 건에 대해서는 엄 선생은 무관하며 내가 관련이 있다고 끝까지 강조하였다.

이어서 우리 둘에 대한 소완규 변호사의 변론이 있었는데 특별히 나에 대한 변론에서는 나의 부친께서 비참하게 비명횡사하신데에 대하여 의미심장하게 설명하셨다. 그런 환경 속에 그 아들로서, 또 어린 청년으로서 심정의 변화가 아니 일어나겠는가. 판사님께서 이 점을 특히 유의하시어 관대한 판결을 바란다고 열변을 토하였다. 검사가 논고 후 구형에 있어 엄 선생에 대해서는 살인 및 살인미수 죄를 적용하여 사형을, 이규호 피고인에게는 살인방조와 살인미수죄 또는 강도죄를 병합하되 연소함을 고려하여 무기형을 구형한다고 하였다. 참고로 살인미수죄는 1933년 백정기·원심창·이강훈 세 분의 주중일본 공사 아리요시 아키라 암살 미수사건에 대한 공모죄로 죄명이 추가된 것이다.

검사가 이렇게 사형과 무기형을 구형하자, 법정 안은 찬물을 끼

없은 것과 같이 긴장이 감돌며 고요하였다. 이어서 재판장이 우리 두 사람에게 최후로 말할 게 없는가 하며 최후 진술을 요구하였다. 그러자 엄 선생은 자기의 주장과 소신을 조금도 굴하지 않았다. 그 분은 자기 말대로 결심한 것이 있어 죽음을 작정한 것이다. '시사여귀視死如歸', 즉 죽는 일을 집으로 돌아가는 것처럼 두려워하지 않는 의로운 인간의 최후 결심이므로 왜놈에 대한 자기 행동은 국가와 민족에 대한 충과 의의 행동이요, 전 세계 피압박 민족에 대한 자유와 평등의 이념 행위임을 주장하였다. 또, 왜놈 판사의 물음에 대해 떳떳한 애국충정과 자유평등의 사상이 온 법정 안이 울리도록 침착하고 위엄 있게 피력하였다. 그다음으로 내게 말할 것이 있으면 하라 하기에 나는 단지 이민족에게 강탈당한 조국을 찾기 위하여 독립운동한 것은 당연하지만, 사람이 사람을 살해한 것에 대해서는 당연히 벌을 받을 각오가 되어 있다고 간단하게 말했다. 내가 이렇게 말한 뜻은 너희들도 우리 민족을 무수히 살해하였고 또한 나의 부친도 너희들이 살해한 것이니 똑같이 벌을 받아야 한다

와캇타: 分かった.

는 뜻으로 말한 것이다. 그랬더니 왜놈 판사는 내 말을 통역을 통하여 듣고 '와캇타'라고 했다. 후에 알아본 즉 우리말로 '알겠다'는 뜻이었다. 이렇게 하여 오후 4시경 우리 재판이 끝났다.

내가 나의 과거를 쓰면서 이 기회에 사실을 정확히 하고자 한다. 내게 강도라는 죄명이 붙었지만 사실 나는 강도짓을 하지 않았다. 지금에 와서 강도를 했든 안 했든 무슨 문제이겠냐마는 그 당시의 나의 심정이 그랬다는 것이다. 어찌하여 강도의 죄명이 붙었나 하면, 함께 잡힌 엄 선생이 사형을 받게 되는 것은 확실했는데 그 당시 법률도 모르고 형법이 무엇인지 무식한 나로서는 엄 선생의 죄명이 하나라도 없으면 사형을 면하지 않겠는가 하는 생각을 한 것이다. 그리하여 종로경찰서 고등계 경부 사이가가 취조할 때, 엄 선생이 강도한 게 아니라 내가 했다고 말했다. 그러나 내 자신이 강도를 하였다고 자백하면서 죄명 하나가 더 붙을 뿐이었다. 나중에 알았지만 죄인에게 벌을 줄 때 중한 죄, 즉 살인에 중점을 두어 죄를 주는 것이지 강도죄가 있건 없건 형량에는 큰 관계가 없었다. 그런 걸 모르고 강도를 하였다고 자백을 하여 죄명만 더 붙게 되었다.

그날 공판을 마치고 서대문구치소로 오니 우리 둘은 중죄인이 되었고 엄 선생은 사형수이기 때문에 손에 수갑을 채우게 되었다.

그리고 구치소 내에는 사형수 하나가 추가되어 간도공산당 사건 사형수, 또는 잡범 사형수를 합하여 25명이 되었다고 콩밥을 공급하여 주는 복역수가 밥을 주면서 우리에게 가만히 일러줬다. 그러면서 나보고 너도 꽤 고생하겠다고 하며, 사형을 당할 사람보다야 좀 낫겠지만 참 안되었다고 동정을 하는 것이다. 나는 그저 고맙다고 하였다.

엄 선생에 대한 심정이야 어찌 말로 표현할 수 있겠는가. 52, 3년

지친: 매우 가까운 친족. 아버지와 아들 사이 등을 가리킴.

무후선열: 독립유공자로 확인되어 건국훈장을 받은 자 가운데 돌봐 줄 가족 또는 후손이 없는 경우.

1936년 2월 4일에 제1회 공판을 하고:

상해에서 유길有吉(아리요시) 공사를 쏘아 죽이려 하였고 상해조선거류민회 부회장을 쏘아 죽였다는 무정부주의운동자 남화한인청년연맹원 경북 영양 출생 엄순봉과 원적주소 불명 이규호 두 명에 관한 치안유지법 위반 살인 강도미수 등 피고 사건은 4일 오후 1시 20분 경성지방법원 제4호법정에서 산하山下(야마시타) 재판장, 향천香川(가가와) 검사의 담임으로 제1회 공판이 열렸다.

출처: 《조선일보》, 1936. 2. 5.

이 지난 오늘까지 내가 동고동락하던 선생님들 중에 사형, 피살된 분이 5, 6분이나 되지만 부친이야 나의 지친至親이시며 비참한 환경 속에서도 고생을 낙으로 알고 지내셨고, 그러시면서 어떤 역경에도 굴하지 않고 대의만을 위하여 사시다가 생각지도 않던 왜놈에게 잡히어 노인이 모진 고문 끝에 운명하신 그 광경을 상상할 때, 그리고 오랜 세월 동안 나를 친동생과 같이 사랑하여 주던 엄 선생이 사형을 당하여 이 세상을 하직한 것을 생각할 때, 나는 살아서 세상을 다시 보게 된 데 대하여 순국하신 부친과 엄 선생께 더없이 죄송한 마음을 금할 수가 없다.

이후 엄 선생은 무후선열無後先烈이 되어서 국립묘지에 쓸쓸히 모시게 되었다. 1987년 8월 15일 독립기념관 개관식에 참석해 달라는 초청을 받고 동지 엄순봉 선생을 비롯한 무후선열 합동 추념식에 참석, 선생을 추모하는 마음의 만분의 일이라도 추념할 겸 독립기념관 개관식에 경건한 마음으로 갔었다.

1936년 2월 4일에 제1회 공판을 하고 언도 공판은 바로 두 주일 후인 그해 2월 18일에 개정하였다. 우리 두 사람은 전 공판 때와 같이 재판소에 도착하여 10여 일 만에 보았지만 나로서는 무어라 위안의 말을 드려야 할지 말문을 열지 못했다. 엄 선생은 도리어 아무 일도 없었다는 초연한 자세로 나를 위로하며 "너는 오늘 언도에서 무기징역만은 안 되길 바란다. 나는 이미 각오한 바를 너에게 언명하였듯이 내 마음은 평안하니 조금도 심려 말라"고 하시는 것이다. 나는 그런 말을 듣고 하염없이 눈물이 쏟아지는 가운데 다시 한번 '참으로 위대한 분이구나' 하는 것을 마음속에 새기며 우러러 보게 되었다.

공판은 개정된 지 불과 30분 만에 모든 게 끝이 났다. 판사는 엄

언도 공판은 바로 두 주일 후인 그해 2월 18일에 개정하였다:

전 유길공사를 암살미수하고 상해조선인민회 부회장 이용로를 '스파이' 혐의로 쏘아 죽였다는 남화한인청년연맹원 엄순봉과 이규호 두 명에 관한 치안유지법 위반, 살인, 살인미수 등 피고사건은 18일 오전 11시 반에 경성지방법원에서 산하 재판장으로부터 엄순봉에게 사형, 이규호에게는 징역 13년(구형은 무기징역)의 판결을 언도하였다. 언도가 끝난 다음에 엄순봉은 한마디 하고 싶은 말이 있으니 말을 들어달라 하였으나 재판장은 들어주지 않고 퇴정해 버리니, 그는 '할 대로 하여라' 하면서 울분에 넘치는 안색으로 간수에게 이끌려 퇴정하였다.

출처: 《조선일보》, 1936. 2. 19.

자당: 남의 어머니를 높여 이르는 말. 여기서는 이규창의 어머니 이은숙을 가리킴.

선생에게는 구형대로 사형을 언도하면서 불복할 때는 1주일 내에 상고하라고 했고, 곧이어 이규호에게는 특별히 모든 것을 참작하여 13년의 징역형을 언도하면서 너는 아직 나이가 어리니 개과천선하여 빨리 출옥해 어머니를 봉양하라는 아주 친절한 말까지 하였다. 사실 이때까지 재판사상裁判史上 살인죄에는 잘해야 무기징역이고 25년 유기징역형이 언도되면 천행이라 하였는데, 반항적인 죄인에게 13년의 언도와 판사의 소위 인정 어린 언사라는, 그야말로 전무후무한 일이 일어난 것이었다. 그러나 엄 선생이 사형을 받게 되니 나의 맘은 형언할 수 없이 더 무거웠다.

엄 선생은 내 손을 잡으며 몸 건강히 있다가 좋은 세상이 오면 자당慈堂을 모시고 잘 살라고 하며 만면에 희색을 띠면서 말씀하셨다. 나는 눈물만을 흘리면서 아무 말도 못 하고 서 있었다. 구치소에 돌아오니 왜놈의 간수나 조선인 간수나 죄수들까지도 나를 보고 너는 참으로 하늘이 도운 행운아라고 이구동성으로 말했다. 오늘 나에 대한 13년 형의 언도는 의외이며 축하할 만큼 파격적인 일이라는 것이었다.

그런데 3일 후 나를 기소한 무라타 검사가 13년이라는 형량이 너무 적다며 불복공소를 한다고 나에게 통지가 왔다. 이렇게 되니 간

경성형무소. 전경, 감방, 공장
출처: 《조선형무소사진첩》

수나 여러 사람이 "그러면 그렇지, 검사가 가만히 있겠는가" 하면서 수군거렸다. 그런데 소완규 변호사께서 나를 면회하러 와서 말하기를 검사가 불복공소를 하면 피고가 맞고소를 하는 것이 원칙이라 했다. 자기가 검사를 만나서 검사의 의향을 물으니 불복공소한 이유는 형량 때문이 아니라 두 피고가 상해에 있을 때 또 하나의 살인사건을 자행했기 때문이라고 했다. 엄 피고는 더 형량을 가할 수는 없지만 이규호의 경우 살인사건 한 건에 대하여 13년의 형이 확정된 다음, 만약 또 다른 살인사건을 범한 사실이 있다면 동일한 살인죄명으로는 가형을 할 수 없으나 검사로서는 부득이 불복공소하는 것이라고 했다. 소완규 변호사는 내게 또 다른 살인사건과는 무관하다며 맞고소를 하는 대신 13년 형을 살겠다고 하라고 했다. 공소를 포기하면 공소 기간을 통산하여 주겠다고 검사가 언명하였으니 맞고소를 하지 말라는 것이다. 검사가 말하는 살인사건은 다름이 아니라 옥관빈이 밀정 혐의로 처단된 사건이었다. 그러나 이렇게 되면 엄 선생은 한 줄기 희망도 가질 수 없는 것이다.

그리하여 검사는 엄 선생을 취조하여 옥관빈 살해를 확정하게 되었고 엄 선생도 흔쾌히 자기가 한 소행이라고 승인하므로 검사는 나에게 옥관빈 살해 건에 대하여 심문도 하지 않았다. 4월 17일 제

이규호, 쇼와 11년(1936) 11월 3일, 경성형무소
출처: 〈일제감시대상 인물카드〉

4월 17일 제2차 항소 공판: 《조선일보》 기사에 따르면 일주일 뒤인 4월 24일에 최종 언도되었다.

누범: 거듭 죄를 지음. 또는 그런 사람.

복심법원: 복심법원은 일제강점기의 제2심 재판소. 한국의 고등법원에 해당.

2차 항소 공판에서 엄 선생은 물론 사형이요, 나는 13년 형 그대로 확정되어 항소 기간을 통산하여 판결이 되었다.

이렇게 나는 13년의 징역을 살게 되어 구치소를 떠나게 됐다. 엄순봉 선생하고는 영원히 이별하게 되었다. 근 1년간 나를 괴롭게 하였으나 간도공산당 건으로 사형선고를 받고 5년을 지내 온, 인간으로서 가련한 신세인 김광묵도 사형집행이 확정되어 불원간 불귀의 길로 떠나게 되었다. 참으로 모든 게 심적으로 산란하여 내 맘을 어찌할지 몰랐다. 운명이 이러니 감수할 수밖에 없는 노릇이었다. 그런데 내 감방에 동거하던 누범累犯이 나보고 장기형을 받았으니 필시 경성형무소로 가게 될 것인데 그곳에 가서 징역을 살되 매사에 주의를 하라고 친절히 말해 주었다.

경성형무소는 복심법원覆審法院에 항소하여 10년 이상 형을 받은 장기수를 수용하는 곳으로, 벽돌공장, 농장일 혹은 청소 등의 외부 사역을 시킬 1년형, 2·3년형 정도의 단기수 수인囚人을 제외하고는 무기 이하 10년 이상 죄수만을 수용하는 형무소이다. 나는

13년의 형을 받고서 경성형무소로 이송되어 독방에 1주일 동안 있으면서 형무소 내 의무실에서 건강 진단을 받았다. 이 모든 절차는 공장에 가서 성실히 일하며 규칙을 잘 준수할 수 있나를 확인하고 공장으로 나가게 하느냐, 아니면 독방에 두느냐를 결정하기 위하여 1주일이라는 기간을 독방에 두는 것이다. 나는 인쇄공장으로 사역을 나가게 되었다.

경성형무소 인쇄공장은 규모가 대단히 컸다. 사역하는 수인도 백수십 명이 넘고 대개가 지식이 있는 사람들인데 형기가 무기, 20년, 15년이나 되는 사람이 7~80명이나 되었다. 그러니 나의 13년

무기 이하 10년 이상 죄수만을 수용하는 형무소이다:
경성감옥에는 무기 및 10년 이상의 형을 받는 남자 장기수를 수용하였는데 벽돌공장, 제지, 인쇄, 도자기 등이 대표적인 작업이었다고 한다.
이종민, 〈6장. 8·15 전후의 감옥-1. 일본의 패전과 식민지 감옥 해체〉, 《식민지 조선의 감옥》 261~263쪽, 2024 참조.

공장: 바깥 세상이 아닌 형무소 작업장을 가리키는 말.

계호계: 戒護(かいご). 형무소와 구치소 등에서 보안을 유지하고 수감자와 피의자, 피고인의 도망과 반칙행위를 방지하는 업무.

징역은 명함도 내밀 수 없는 형편이었다. 같이 지냈던 누범이 나에게 여러 가지 충고를 하던 중에 경성형무소에 가서 13년을 어찌 사느냐고 한탄을 하거나 네 생각만 하다가는 그곳에 있는 장기수들에게 미움을 사서 징역살이가 퍽 곤란해질테니 말조심하라고 미리 충고를 하여 준 것이 무척 고맙다는 생각이 들었다.

인쇄공장에는 잡역雜役이란 명의名義의 수인이 담당 간수 대신 공장의 모든 인원의 인적 사정과 작업의 능률, 가족 면회 등의 요구사항을 파악해서 담당 간수에게 보고하여 처리하고, 수인이 병이 나면 의무과에 진단을 요청하는 수속을 해 주는 역할도 했다. 담당 간수는 왜놈과 조선인 간수가 두 시간마다 교대한다. 이런 곳에서조차 인종차별이 발생하는데, 정확히 말하면 굳이 조선인 간수를 담당 간수로 투입하여 민족적인 감정에 불신을 불러일으키는 것이다. 수감자 전부가 독립운동하던 사람이란 점이 더 중요한 요소가 되는데 조선인이 제아무리 한술 더 떠서 왜놈보다 더 악랄하게 행동한다고 해도 '떡고물'이나 얻어먹었지, 진짜 왜놈은 되지 못하는 데도 일부러 민족적 차별과 불신을 조장하게끔 만들었다.

공장에 나가서 계호계戒護係 간수가 인쇄공장 담당 왜놈의 간수에게 나의 신병을 인도하고 간 후 담당 간수는 한 노인을 불러 나

벽동: 평안북도 벽동군碧潼郡.

문선계: 원고를 들고 필요한 활자를 골라내는 작업 담당.

주자계: 필요한 금속 활자를 주조하고 주조된 활자의 품질(글자 모양, 크기, 균열 등)을 검사하고 불량품을 골라내며 필요에 따라 활자를 다듬거나 정리하고, 또한 필요한 활자 수요를 맞추기 위해 활자 재고를 관리하고 부족한 글자의 추가 주조 작업 등을 담당.

조판계: 원고에 따라서 골라 뽑은, 즉 문선 작업으로 뽑은 활자의 순서, 행수, 자간, 행간, 위치 따위를 맞추어 짜는 작업.

문정계: 문정交正이라는 용어는 '교정'과 같은 의미로서 최종적으로 인쇄 작업을 하기 전에 조판된 활자나 견본 인쇄물(쇄본) 등을 꼼꼼히 확인하여 오자, 탈자, 배열 오류, 인쇄 품질상의 문제 등을 찾아내고 수정하는 작업을 담당.

사시카에: 조판된 원고를 교정 지침에 따라 활자를 교체하거나 다시 짜서 넣는 것을 뜻하는 일본어.

해판계: 인쇄를 마치거나 또는 인쇄를 위한 지형을 제작한 후에 조판 과정에서 고정시켰던 활자와 부품들을 풀어서 분류하고 정리하여 다시 사용할 수 있도록 하는 작업을 담당.

제본계: 인쇄가 끝난 낱장의 인쇄물을 접고 자르고 꿰매거나 접착제로 붙이거나 철심을 박아서 책의 형태로 만들고 표지를 씌우고 모서리를 다듬는 작업을 담당.

전지: 자르지 않은 온전한 한 장의 종이.

를 맡기고 작업의 위치를 정하게 하였다. 그 노인이 바로 이 공장의 잡역이라는 직책의 수인이다. 이분은 60세가 넘은 노인이다. 형무소에서는 성명은 모르고 번호로 대신하는데, 내가 미결에서는 661호였으나 경성형무소에 와서는 1960번이 되었다. 가는 곳마다 이름이 바뀌는 것이다. 그 잡역의 본명은 김봉한金鳳漢인데 만주에서 독립군으로 활약하다 벽동 근처에서 왜군과 수십 회 교전 중 대퇴부에 총상을 입고 체포되었고, 사형에서 무기수로 감형되어 경성형무소에서 복역한 지가 15년이라 한다. 다리가 거북하여 절룩이는 형편이다. 참 인자한 분이다.

인쇄공장에는 문선계文選係, 주자계鑄字係, 인쇄계印刷係, 조판계組版係, 문정계交正係(사시카에, 差し替えら 한다), 그리고 해판계解版係, 제본계製本係 이렇게 분업화되어 있었다. 처음 공장에 온 수감자는 제본계에 배치되어 인쇄된 인쇄물을 접는 일을 하게 된다. 근 20명이 인쇄된 전지全紙를 접는 것이다. 여러 사람이 나에게 작업의 요령을 알려 주면서 나의 과거와 어찌하여 이곳에 왔으며 가정은 어떠한가 등에 대해 알고자 했다. 잡역이 나에게 자세히 가정의 형편을 묻기에 나의 부친은 이회영이라고 하였더니 그분이 나의 손을 잡고 눈물을 흘리며 내가 만주에 가서 신흥무관학교를 졸업한 후

© 한정은

© 한정은

밥틀에 숫자가 새겨진 나무토막을 넣고 밥을 담아 누르면 밥 덩어리에 숫자가 새겨진다. 숫자가 커질 수록 나무토막의 두께는 두꺼워지고, 밥의 양은 줄어든다.

상장: 증서의 형태로 수여하는 상장賞狀이 아니라 소매에 달아주는 상장.

청산리전투 등 여러 전쟁에 참가하였으니 이회영 선생을 왜 모르겠는가, 시영 숙부며 석영 숙부도 다 안다고 하셨다. 나에게 자신의 과거지사를 소상히 말하면서 너도 고생 꽤나 했겠다고 위로를 해주신다. 나도 그분께 얼마나 고생하셨냐고 하니 15년을 살고 있는데 무기형이라고 하시며 언제 새 세상을 볼지 아득하다고 하셨다. 그러니 나의 13년이 무슨 징역 축에 끼겠는가. 나는 그저 겸손한 말로 '저야 무슨 대단한 징역이라고 말을 하겠습니까' 하였더니 그분의 말이 '그게 무슨 말이요, 13년이 얼마나 긴 세월인데 아예 그런 말 하지 말고 우리는 이곳에서 눈감고 귀먹고 사는 형편이니 세상 소식이나 차차 알려달라'고 하시는 것이다. 나는 참으로 그분들의 가련한 모습에 눈물이 날 지경이었다.

이런저런 이야기를 하다가 점심 때가 되니 취사장에서 점심밥을 운반해다 주는데 콩밥과 국, 그리고 반찬이라고는 무 겉절이, 특찬特饌이라고 명태 조린 것 등을 가져왔다. 장기수가 규칙을 잘 지키고 개과천선하였다고 인정받으면 상장賞章을 받는데 1급·2급·3급을 탄 수감자에게는 특찬을 1주일에 한 번씩 주고, 상장을 탄 수인이 이후에 또 상장을 타면 대상이라 하여 상장을 소매 위에 1개 더 달아 주고 1주일에 특찬을 2회씩 준다. 그러나 소상이나 대상을 탄 수감자는 백수십 명 중에 불과 10여 명뿐이다. 모두 15년 이상 징역을 산 사람들이니 이러고 보면 놈들이 하는 소행이 얼마나 가혹하고 가소로운 행위인가. 그리고 대상을 탄 수감자는 특별히 겨울에 내복을 입을 수 있다. 12시에 점심을 먹을 때는 마대로 제작한 방석을 마주 보게 깔고 중간에 밥상이라고 하는 목판을 놓고 번호 순서대로 앉는데 잡역을 필두로 반드시 꿇어앉아야 하는 법이다. 그리고 양쪽으로 사람 수를 세게 하여 인원수에 따라 콩밥 한 덩어리와 국 한 그릇, 겉절이는 4인에 한 그릇을 받고, 상장을 받은 수인은 특찬으로 찐 북어 한 토막을 받아 점심을 먹게 된다. 나는 내 작업등급이 4등이라 '4'자가 새겨진 콩밥을 받았다.

전체 콩밥의 등급은 다음과 같았다. 특등은 중노동을 하는 수인에게 공급하였는데, 벽돌일을 하는 연와공煉瓦工과 농사 짓는 경운耕耘, 그리고 형무소 밖으로 나가서 청소 등 작업하는 수인들이 그 대상이었다. 그다음 등급은 1등, 2등, 3등, 4등, 5등, 6등, 7등까지

목마: 신체검사용 허들.

있는데 7등급은 작업을 하지 않는 미결수, 또는 독방에 수용하여 방안에서도 작업을 안 하는 수인에게 주는 것이다.

해방 후 지금도 왜놈의 제도로 급식을 하는지 모르겠다. 하여튼 특찬을 받은 분들이 나에게 가만히 주며 먹으라고 하셨다. 그러나 나는 그 호의는 감사하나 내가 어찌 먹겠는가 하며 사양하고 그 분들에게 돌려주었다. 만약 나쁜 간수에게 들키면 받아먹은 수인이 벌을 서게 되니 돌려주는 것도 간수에게 들키지 않도록 행동해야 하므로 대단히 난처한 지경이었다. 형무소의 규칙은 일거수일투족이 모두 법에 따라 정해지는 것이라 제 몸과 제 맘이라도 다 자기 것이 아니라는 것을 각오하여야 한다. 그러니 인간이 사는 곳이 아닌 것이다.

오후 5시면 작업을 파하고 저녁식사가 끝난 후 간수들이 또 수인 인원을 셌다. 그러면 수인들은 자기가 밥 먹던 자리에다 작업복을 벗어 놓고 수건 한 장만 가지고 자기가 머물 감방으로 입방할 준비를 한다. 그러다가 경적이 울리면 나체로 1열로 감방 입구로 간다. 양 편에는 간수가 있어 수인이 가지고 가는 수건을 훑어보고 수인은 전후前後에 있는 목마를 타고 건넌다. 그리고 양손을 들어 손가락을 펴서 간수에게 보여주고 입은 크게 벌려 자기의 죄수번호, 즉

나의 경우는 번호 1960번이라고 일본말로 크게 외친 후 수건을 받는다. 감방으로 들어가면 왜놈의 의복 '하오리'를 입고, 여러 재소자가 모인 잡방雜房에서는 번호순대로 꿇어앉는다. 수인이 다 입방하면 간수장은 간수부장과 간수에게 인원수 체크를 시켰다. 이때 이들이 얇은 나무 조각에 번호가 새겨진 감방 번호부番號簿를 보며 번호를 불렀다. 그러면 꿇어앉은 자세로 고개를 숙이고 있던 수인은 자기 번호에서 고개를 들고 왜놈 말로 '하이はい'라고 답을 해야 했다. 방내 인원 숫자가 맞으면 부장이 문 자물쇠를 채웠다. 전 감방에 수용인 숫자가 다 맞으면 경적을 울려 무사無事를 고하고, 마지막으로 간수장이 또다시 자물쇠를 검사하면 1일 과업이 끝나는 것이다.

공장에서 나체로 입방하는 것은 4계절 다 똑같이 한다. 영하 20

교회사: 법률 교정직矯正職 국가 공무원의 관명官名의 하나. 죄수를 교화하는 일을 맡았다.

도의 겨울에도 마찬가지다. 목마를 타는 것은 항문에 불순물을 감추고 입방하는 것을 방지하는 것이고 입을 크게 벌리고 큰소리로 자기 번호를 부르는 것은 불순물을 입 속에 넣고 입방하는 것을 막기 위해서이다. 마찬가지로 양 손가락을 벌리게 하는 것도 손가락 사이에 불순물을 끼고 입방하는 것을 방지하는 방법이다. 자기가 하는 행동을 자기가 못 보니 잘 모르지만 다른 수인이 이 짓을 하는 걸 보면 꼭 원숭이 놀음 같기도 한다. 모두 왜놈의 부도덕한 행위요, 야만적 만행이었다.

지금 이런 왜놈에게 이런 짓을 당하고 생존하셨던 분들은 다 돌아가시고 누가 있는가. 나는 될 수 있으면 감옥 내의 모든 실정을 기억할 수 있는 한 자세히 기록하려고 한다.

감방 내에서는 절대로 잡담을 금하며, 독서는 허락하나 자기네 제국주의에 대한 서적만 허용하고 서적을 차입할 때는 반드시 검열을 한다. 검열은 교무과敎務課에서 담당 교회사敎悔師가 했다. 형무소 안에는 불교 승려가 죄수의 개과천선과 교화를 담당하였는데 이들은 조선 죄수에게 일본제국의 황도정신皇道情神을 설파하고 동근동조同根同祖(같은 뿌리, 같은 조상)임을 강조하며 왜놈으로 동화, 교화를 시행하는 역할을 맡았다. 전쟁 말기에는 왜놈의 기독교인 교회사도 있었다. 그러므로 서적도 대개 이런 종류의 것이 전부다. 나는 형무소에 입소한 지 얼마 안 되어 책이 없었다. 그래도 일본말과 글을 알아야 서적을 볼 수 있으니 어머니가 면회를 오실 때 말씀드려 《일본언해日本言海》라는 책을 차입받아 공부하게 되었다. 그래서 감방에 들어오면 일본언해 책으로 열심히 공부를 하므로 다른 죄수와 잡담할 새가 없었다.

감옥에서 수일을 지내자 형무소의 형편도 대략 알게 되었다. 감옥에는 공장의 수가 참 많았다. 대장간, 철공장, 담배 '파이프' 공장, 고려청자공장, 목木공장, 표구공장, 의류수선공장이 있었다.

교회: 이 교회教悔라는 말은 독일어 'Seelsorge'(영혼의 인도)를 일본에서 번역한 말로, 메이지明治 시기 일본에 많은 영향을 미친 프로이센 감옥학에서 유래된 말이다.
출처: 이종민, 〈4장. 사상통제와 형무교회-1. 형무교회의 역사〉, 《식민지 조선의 감옥》, 역사공간, 2024, 144쪽.

《일본언해》: 정확한 제목은 《言海》. '언어의 바다'라는 뜻으로, 일본 국어학자 오오쓰키 후미히코大槻文彦가 메이지 시기에 편찬한 일본어 사전.

표구: 서화에 종이나 비단을 발라 꾸며서 족자·액자·병풍 등의 형태로 꾸미는 표지 장식. 일본 용어 효구表具를 그대로 사용한 것.

의류수선공장에서는 수십 대의 미싱으로 죄수의 의복에다 외부에서 주문한 의복까지도 제조하여 수입도 창출하고 죄수에게 의복 제조 기술도 교육하여 출소 후 생계를 이어 나갈 수 있도록 하였다. 사실 형무소 내의 공장은 전부 죄수가 기술을 하나라도 습득해서 출소 후 생계를 이을 수 있도록 하여 재범을 방지한다는 목적이 있었다. 그러나 막상 효과는 그리 없었다.

내가 있는 인쇄공장만 보아도 인쇄공 중 누범이 많았다. 전과자에 대한 사회의 불신 때문에 정착하지 못하고 다시 범죄를 저지르고 2, 3년의 형을 받고 인쇄공장으로 다시 돌아오는 경우가 태반이었다. 모순된 사회의 부산물인 것이다. 내가 10여 년간 감옥에 있는 동안 4, 5번씩 재범을 하고 오는 인간이 허다했다. 그래서 내가 그 사람을 보고 '또 왔구나' 하면 태연하게 '사회에서 잠깐 볼일을 보고 왔다'고 아무렇지도 않게 답을 했다. 사람이 이쯤 되면 더 무슨 말을 하겠는가. 그런데 또 흥미로운 광경이 있었다.

그 당시 우리 사회는 공산주의 사상이 만연한 형편이어서 형무소 내에도 사상범이 각양각색이었다. 그중 공산주의자들은 조선의 독립이란 말은 절대로 하지 않고 조선혁명운동·무산자계급혁명투쟁이라고 말했다. 이 공산주의자들은 누잡범에게 '동무'라 호칭하며 모순된 사회여서 그런 것이지 '동무'들의 죄라고 할 수 없다고 설교하며 공산주의 사상을 고취시켰다. (누)잡범들은 두뇌가 퍽 총명해서 공산주의 사상의 이론을 전개하면 진짜 공산주의자들 뺨을 칠 정도였다. 따라서 누가 '절도'·'쓰리(소매치기)'를 하고 입소를 한 것인지 착각할 지경으로 사상범인 척하는 누범 인간들이 부지기수였다. 참 웃지 못할 일이었다. 그런 여파가 커지자 잡범들을 분리하여 감방에 수용하면서 공산주의자들이 사상선전을 못 하게 하였지만 '절도'·'쓰리꾼'들은 사상범 노릇하는 게 고상한 것임을 잘 알기

사이토 마코토: 일제강점기 제3대 조선총독.

이·김: 이의준과 김창균. 두 사람은 1926년에 같이 잡혀 재판을 받았고 1928년 11월 6일, 평양 복심에서 두 명 모두 사형이 확정되었지만 이의준은 1929년에 1월 25일에 평양에서 사형이 집행되었고 김창균은 복역하다가 여러 차례 감형되어 1944년 6월 24일 만기 출소. 따라서 김창균은 1936년에 경성형무소에서 복역 중이었지만 이의준은 이미 사망한 후임.

출처: 공훈전자사료관(https://e-gonghun.mpva.go.kr/).

에 기회만 있으면 간수의 눈을 피해 가며 공산주의 복역자에게 접근하였다.

인쇄공장에는 1924년 압록강 국경 시찰을 하던 조선총독 사이토 마코토齋藤實의 암살 미수(마시탄馬嘶灘 사건)로 체포되어 복역하고 있던 이·김 두 분이 있었다. 또한 만보산 사건의 주요 범죄자로 10년 형을 받은 '박'이라는 평양 분도 있고, 함경도 이원利原농민폭동사건 주모자 채수철蔡洙喆도 있었다. 그리고 공산주의자가 사상을 전환하여 사형에서 무기로 감면된 자가 있었고 길주吉州·명천明川 공산주의 폭동사건으로 10년·11년 형을 언도받은 사람도 여러 명 복역하고 있었다. 그리고 장기천張基千이란 분은 만주 독립군으로 활약하다 체포되어 15년 형을 받고 복역 중이었다. 이분은 해방 후 대전형무소에서 출감하여 나하고 반갑게 재회하였다. 또한 경성형무소 내에는 김동삼金東三·이화익李化翼·오동진吳東振·김보형金寶炯·최양옥崔養玉·이규보李圭甫·유정근俞政根이 복역하였다. 그중 오동진·김동삼 두 분은 옥중에서 순사殉死하셨다.

나는 무슨 도道 출신인지를 구별하고 싶지 않다. 그러나 내가 해외에 있을 때나 해방 후 사회의 양상을 볼 때 이 조그마한 땅에 무슨 도 무슨 도하며 너무 구별을 하니 나도 말하게 되는 것이다. 평안도平安道에서 어떤 이를 위대한 인물을 치느냐 하면 으레 해외에서부터 도산 안창호安昌浩를 말한다. 물론 도산 안창호는 위대한 분인 것만은 사실이다. 그러나 도산 안창호 이외에도 인품이나 행동거지, 인격, 그리고 왜놈과 투쟁한 역사가 혁혁한 순국하신 분들의 수를 헤아릴 수 없고 그중에 오동진 선생 같은 분도 있다. 오동진 선생은 해방 후 후손도 없이 고독하게 국립묘지 무후선열 제단에 위패만 모시게 되었는데 그다지도 출신 도를 구별하면서 이분을 위한 추념식 한 번 안 하는 이 모순된 사회가 어디 있는가. 오동진 선

관후유덕하시며: 사람이 너그럽고 후덕하시며.

풍기: 풍도風度와 기상을 아우르는 말.

합장배례: 존경을 표하는 뜻으로 두 손바닥을 마주 대고 절하는 것.

오동진 선생은 무기형을 선고받고: 1932년 6월 평양복심법원에서 무기형을 언도받음.

생의 옥중투쟁기를 옥중에서 보고 들은 대로 기술한다.

나는 마포형무소에 입소하여 감옥 의무실에서 오동진 선생과 처음 인사하였다. 그분을 마주 뵈니 저런 분이 어찌 왜놈의 군인과 맞서 선두지휘를 하시며 혈전을 하셨나 할 정도로 의문이었다. 그만큼 외모도 잘 생기셨고 관후유덕寬厚有德하시며 인자한 풍기風氣가 있어 주위 사람에게 호감을 주실 뿐 아니라 인정이 철철 흘러 넘치셨다. 내 일생에 그런 분을 본 적이 없었다. 천여 명의 각양각색의 죄수가 다 나와 같이 그렇게 느꼈다. 왜놈의 형무소 소장도 그분을 대할 때는 합장배례를 하며 "가미사마神樣(신)"라 칭할 정도로 숭배하는 형편이니 더 말할 게 있겠는가. 죄수들을 "닝겐카人間か(인간이냐?)"라고 하며 부정적으로 보는 왜놈들조차 존경하는 참으로 위대한 분이었다.

오동진 선생은 무기형을 선고받고 마포로 수감된 후 왜놈에게 요구조건을 제시하였으나 이를 수용하지 않자 단식을 선포하고 투쟁에 돌입하였다. 처음 15일간은 물도 한 잔 안 먹었다. 그러니 소장이 병동에다 수감하고 왜놈 간수로 하여금 감시를 하게 했다. 또한 조선 사람은 얼씬도 못 하게 하고 매일 변기를 검사하였다. 물 한 모금도 안 먹었으니 소변인들 나올 리가 없었다. 그렇게 15일이

단식을 선포하고 투쟁에 돌입하였다: 오동진의 단식투쟁에 관해 보도된 기사가 있는데 이규창의 서술과 일부 차이가 있음.

〈무기에서 20년(廿年)으로, 64세면 출감〉

경성형무소에 수감되어 있는 정의부正義府 수령 오동진은 6월 22일부터 단식을 시작하였다는 소식을 듣고 경성형무소를 방문하매, 마침 횡산橫山(요코야마) 소장이 외출 중이고 서무계 주임을 만나 오동진의 근황을 들었다.

출처: 《동아일보》, 1934. 7. 19.

〈오동진 단식 중지〉

경성형무소에서 복역 중의 정의부 수령 오동진(46)은 지난달 28일까지 전후 사십 일 동안 계속적으로 장구한 단식을 하고 29일부터 미음을 먹기 시작하야 요즈음에는 죽을 먹고 있는데 몹시 쇠약하였든 몸도 차차 회복되어 간다고 한다.

출처: 《동아일보》, 1934. 8. 9.

소장: 요코야마 도오사부로橫山藤三郞. 1932년부터 1935년까지 경성형무소 소속. 1934년 당시 관직은 덴고쿠典獄(형무소장).

출처: 〈직원록자료(조선총독부)〉, 한국사데이터베이스.

인도의 간디도 40일까지 단식한 기록이 있을 뿐이다: 실제로 간디의 단식은 21일이라고 한다. 본문 말미에서도 신문에 쓴 누군가의 칼럼에서 간디의 3주간에 걸친 단식이 최장 일수였다고 언급함.

1944년경 순국하셨다: 1944년 12월 1일 사망.

'불굴의 투사' 오동진 선생의 추모회 보도기사(《자유신문》, 1945. 12. 4.).

출처: 《중앙일보》, 전달 못한 훈장 7342개… '독립군 사령관' 오동진 장군도 못받아 (https://www.joongang.co.kr/article/25358672)

지난 후 오동진 선생께서 물만은 먹겠다고 하셨다. 물만 먹으며 단식하는 동안 선생은 조금도 자세가 흐트러지지 않은 채 자기의 신념을 집필하셨다. 단식을 시작한 지 만 48일 뒤 "단식이 끝났다"고 선언하고 음식을 요구하셨다.

세계에서 단식을 48일 동안 한 사람은 지금까지 오동진 선생 이외에는 없다. 저 유명한 인도의 간디도 40일까지 단식한 기록이 있을 뿐이다. 더군다나 15일간 물 한 모금도 안 먹고 단식을 한 예는 없다. 이리 보면 오동진 선생이야말로 평안도뿐만 아니라 우리 민족 중 가장 위대한 인물이라 할 수 있지 않겠는가. 그러니 왜놈 형무소 소장이 합장 배례를 하면서 '가미사마'라고 칭하는 것이었다.

오동진의 독립 항쟁의 역사야말로 더 말할 필요도 없는 것이다. 불행히도 경성감옥에서 공주감옥으로 이송되어 계시던 중에 해방의 기쁨을 못 보시고 1944년경 순국하셨다고 들었다.

나는 경성형무소에서 10년 만에 이화익 선생을 다시 만나게 되었다. 이화익 선생은 의열단義烈團으로 독립운동을 하셨고 1926년 말에 천진天津에 유자명 선생과 함께 나석주 의사 사건 관련으로 부친께 왔었다. 이화익 선생이 경성형무소에 15년 형을 받고 옥살이를 하고 있으리라고는 생각지 못하였다. 이분이 내게 부친의 안

정이형(鄭伊衡, 1897~1956)

족형: 성과 본이 같은 사람들 가운데 유복친 안에 들지 않는, 같은 항렬의 형뻘의 사람을 지칭한다.

족숙: 성과 본이 같은 사람들 가운데 유복친 안에 들지 않는, 같은 항렬의 아저씨뻘의 사람을 지칭한다.

부를 묻기에 1932년에 대련경찰서大連警察署에서 고문 받다가 순국하셨다고 전하니 참으로 캄캄하게 모르고 있어 죄송하다며 탄식하셨다.

이규보 족형族兄은 10년의 형을 받고 가지야鍛冶屋(대장간)공장에서 복역 중이었다. 그는 1927년에 상해와 북경을 거쳐 천진의 족숙族叔, 즉 나의 부친을 뵙고 만주滿洲로 이청천李青天 등 동지를 보러 가서 만주의 제반 독립운동 상황을 토의하고 작별한 후 다시 상해로 건너와 운동의 진전을 토의하다가 일본 경찰에게 체포되어 10년 형을 받고 이곳에서 나와 상봉하게 되었다. 또한 상해와 만주에서 독립운동을 하시다가 일본 경찰에 체포되어 15년 형을 받고 이 감옥에 계신 유정근 씨도 같은 공장에서 만났다. 그리고 쌍공雙公 정이형鄭伊衡 선생도 만났다.

정이형 선생은 사형 집행 직전에 왜적 일본의 히로히토裕仁 왕이 등극한 소위 '경사慶事'로 사형에서 1등급 감형되어 무기형으로 복역 중이었다. 경성형무소에서 징역 19년 8개월을 살고 대전 감옥으로 이감되었다가 그곳에서 8·15 해방을 맞아 출옥하셨다. 해방된 후 정부 수립에 노력하셨고 반민특위反民特委의 주역이셨는데 나에게는 장인이 되시는 분이다. 그분에 대한 독립운동사는 더 말할 것이 없고, 평북 의주義州 분으로 오동진 선생과는 둘도 없는 동지이셨다. 최양옥, 이분도 10년 징역형을 받고 이곳에 복역 중이셨다. 그분에 대한 감옥의 일화도 참으로 많았다. 그리고 김동삼 선생도 복역하셨는데 병을 앓는데도 병보석이 허락이 안 되어 1937년에 감옥에서 순국하였다.

여기서 꼭 확실히 밝혀야 할 일이 있다. 보통의 죄수는 대개 병이 들면 병보석이 되는 게 상식이다. 독립운동을 했던 분도 병이 들면 그분의 행장行狀에 따라 보석이 되는 법이다. 그러나 왜놈들은 독립운동가가 '개과천선'하여 다시는 독립운동을 안 하겠다는 것이

행장: 몸가짐과 품행.

평독방: '1.5평 독방'으로 추정. 신축된 경성형무소는 단층 목조에 총 44개의 독거감방獨居監房들이 있었으며, 1실의 면적은 1평 50작이었다고 한다.

출처: 행정안전부 국가기록원 사이트-일제시기 건축도면 콘텐츠
(https://theme.archives.go.kr/next/place/viewMain.do)
〈경성형무소 도판 9〉(경성감옥일부복구공사평면급정면측면도)·〈감방상하검사구평면급단면도 10〉
(1912~18년 추정)

인정될 때에만 병보석을 허락하였다. 그러므로 김동삼 선생이나 허다한 열사들이 자기의 기개와 소신을 굽히지 않는 한 감옥에서 죽는다 하여도 절대로 보석으로 풀려나지 못했다.

경성형무소에는 위대한 분이 또 한 분 있었다. 그분을 통칭 '임장군林將軍'이라고 했다. 본시 의병義兵으로 왜놈과 전투를 하다가 체포되어 무기형을 받고 이 감옥에 수용되었다. 15년간 복역 중 365일 연중 하루도 빼지 않고 세상을 떠나실 때까지 왜놈과 투쟁하셨다. 그분은 본래 강원도가 고향이요, 기골이 장대하고 힘이 천하장사였다. 수십 명 간수가 포위하고 결박하려다 못하고 방에다 가두어 놓았다. 그리고 소방 호스로 수공水攻을 하였다. 왜놈은 만 5일이 지나서야 항복을 받았다. 그 후 수갑을 3개씩이나 채우고 또 더해서 족쇄까지 채운 뒤 암실諳識 독방에 무려 3년이나 가뒀다. 그 후에는 족쇄도 풀고 수갑도 한 개만 채워서 평독방平獨房에 수용했다. 3년이 또 지난 후에야 비로소 남은 수갑 한 개도 풀어 주었다. 이렇게 세월을 보내고 나니 아무리 천하장사이지만 기진맥진하지 않을 수 있으리오.

그러나 그분의 신체는 쇠진하였어도 그 기개만은 불쇠不衰라. 매일 10시경이 되면 일과로 철창 밖을 향해 일본 천황에서부터 형무소장까지 사형선고를 천지가 진동하게 큰 목소리로 읊는 것이다. 그래서 임 대장이 대노하면 비가 올 거라고 말하기까지 하였다. 임 장군은 15년의 징역을 살면서 병감에 가서 치료도 받지 못하고 독방에서 쓸쓸히 세상을 떠났다. 때는 1939년이었다. 나는 그분의 성만을 기억하고 이름은 기억하지 못한다. 나는 지금도 그분의 항일 독립운동의 공적과 불굴의 옥중투쟁을 세상에 밝히지 못하는 것이 참으로 애석하다. 각 방면으로 그 사실을 밝히려 하여도 지금까지 못 밝히고 있지만 언젠가는 밝히게 되리라고 믿고 있다.

교회사: *조선에서 초기 교회敎誨는 언어의 소통이나 교회의 방법에 대한 모색이 주를 이뤘으나, 항일운동과 공산주의 사상운동 등이 지속되면서 소위 '사상범 양산'에 대응해야만 했다.*

따라서 1930년대 이후 감옥 내 사상범과 접하며 관리하는 두 축 중 하나인 교회사는(다른 하나는 간수) 사상범의 '생각'을 읽어내거나 그 추이를 살피며 압박과 회유를 번갈아가며 접근했다고 한다.

출처: 이종민, 〈4장. 사상통제와 형무교회〉, 《식민지 조선의 감옥》, 2024.

꽗

감옥의 공장은 1개월에 두 번, 일요일에 휴업을 한다. 휴업일에는 하룻동안 강당에 나가 교회사의 설교를 듣고 종일 감방에서 쉰다. 그리고 다음 날부터 다시 공장에 나가 2주일 동안 작업을 하며 징역살이를 하는 것이다. 휴식하는 날은 다른 공장에서 작업하는 분을 만나 과거, 현재, 미래의 일에 대해 의견을 교환할 수 있는 절호의 기회라 우리 죄수들은 그날이 되기를 고대하고 서로 정보도 교환한다. 그러나 독방에 수감된 죄수는 강당 출입이 금지되었다. 독방 수감자는 대개 규칙을 어겼거나 사상이 문제가 된 경우인데 대부분 독립운동을 했거나 사상범들이다. 이런 경우는 강당에 나와 다른 죄수들과 접촉하는 것 자체가 금지되었다.

사상범은 주로 공산주의자를 말하는데 공산주의자도 두 종류가 있다. 우리가 알기로 공산주의자들은 사상과 행동이 동일하다. 하지만 내가 형무소에서 만난 공산주의자들은 다 같은 생각과 행동을 하는 것이 아니었다. 공산주의자를 분류할 때는 국제공산주의자, 즉 '코민테른'·소비에트 '코민테른'에 소속되어 자기 생각과 육체를 전부 소비에트 '코민테른' 공산주의에 바친다는 측과, 그와

문갑송, 쇼와 9년(1934) 12월 26일, 서대문형무소
출처: 〈일제감시대상 인물카드〉

반대로 극소수지만 순수한 민족적 공산주의를 믿는 측이 있다.

순수한 민족적 공산주의자의 대표로써 문갑송文甲松이라는 인물이 있다. 그의 주장은 우리 조선에 공산주의 국가를 건설하더라도 일본 제국주의를 타도하고 소련 공산주의의 간섭도 완전히 배척하는, 완전한 독립국가이자 우리 민족만의 공산주의 국가를 건설하자는 것이었다. 이를 통해 나는 문갑송이 코민테른에 속한 자와 대립하고 있는 것을 처음으로 알게 되었다. 코민테른의 인물들은 소련을 프롤레타리아의 조국이요, 자기네들의 종주국이라고 거리낌없이 말하는 자들이다. 따라서 모든 독립운동자들과 대립하게 되어 투쟁도 불사했다.

그러나 공산주의자들이 항일전선에서 때때로 민족주의와 합작하는 경우도 많았다. 하지만 그 끝은 분열과 반목의 결과 투쟁으로 귀결되었다. 코민테른에 속한 자들은 오직 목적을 위해서 수단과 방법을 가리지 않는 것이 철칙이었다. 그러므로 민족주의와 합작을 가장하며 항일투쟁 전선에 합류하지만 모든 것을 국제공산당 지령에 의하여 행동하였다. 그 때문에 민족이고 독립이고 있을 리가 없는 것이다. 그저 소련의 주구들이었다.

앞서 언급한 문갑송을 말하자면 부모가 만주로 이주하여 항일

독립운동 활동을 한 가정에서 출생하였다. 그는 소년 시절부터 국가와 민족에 대한 확고한 이념을 가졌다. 장성한 후 봉천奉天 중국 국립사범대학을 졸업하여 중국학교에서 교편을 잡았다. 그러던 중 공산주의에 물이 들어 사회주의 운동을 하다 체포되어 무기형을 받았다. 문갑송은 경성형무소에서 절대 타협하지 않고 민족적 공산주의를 표방한 독립운동자로서 옥중 투쟁을 벌이고 있었다.

원래 마포에 있는 경성형무소는 왜놈이 감옥을 설치한 후 수많

왜놈의 간수가 휴대한 검을 탈취하여 그를 찔러 죽인 후 최후까지 저항하다 자살하는 사건이 속출하였다: 다음과 같은 경우들이 있다.

〈경성형무소 복역 중 장기수 파옥 소동〉

- 간수의 칼을 빼 들어서 간수를 무수 난자
- 필경은 진압되고 형무소에서 취조 중

출처: 《동아일보》, 1928. 3. 9.

〈간수 2인 자상, 수인도 할복〉

- 죄수가 간수 찌르고 제 배 갈라
- 경성형무소의 참극

출처: 《동아일보》, 1930. 1. 22.

은 독립운동가를 가두었던 곳이다. 감옥에서는 왜놈의 참혹한 대우로 인하여 피비린내 나는 혈투가 끊이질 않았다. 예를 들면 왜놈의 간수가 휴대한 검을 탈취하여 그를 찔러 죽인 후 최후까지 저항하다 자살하는 사건이 속출하였다. 보통 왜놈의 간수나 간수장, 부장들이 공장 안을 순시할 때는 반드시 패검佩劍을 손으로 단단히 잡고 돌아다녔다. 훈련소에 새로 들어온 간수들이 경성형무소를 견학할 때는 미리 형무소의 내력을 듣고 오기 때문에 긴장할 수밖에 없고 특히 형무소에 있는 죄수에게 피살된 자의 피 묻은 간수복이 전시된 전시장을 견학하고 그 상황을 청취하고 나면 더욱 긴장할 수밖에 없는 것이다. 조선 각 도에 크고 작은 감옥이 있지만 경성감옥과 같이 비참하고 살벌한 감옥은 없다. 서대문감옥 역시 경성감옥 만큼 참혹한 곳이라고는 하나 그곳은 수많은 사형수에 대해 교수형을 집행하는 곳이라 소문이 대단한 것이고 유관순柳寬順 여사의 극한 투쟁으로도 유명하지만 개인에 의한 한 사건일 뿐이다. 경성감옥처럼 가혹한 왜놈의 행위에 끊임없는 반항과 투쟁을 한 감옥소는 없다. 사람들에게 왜놈이 조선을 강탈한 후 감옥 안에서 얼마나 많은 사건이 일어났는지에 대해 아는 일이 하나라도 있는가를 묻고 싶다.

요즘 들어 우리 국가의 인권과 민주주의를 위해 투쟁한다는 사람들이 단식투쟁을 하는 분위기가 있는데 이에 대해 어떤 분이 조선일보에 세계 각국의 단식의 약사略史를 서술하면서 인도의 '간디'의 3주간에 걸친 단식이 최장 일수였다고 쓴 것을 보고 한탄을 금치 못하였다. 자기 나라 독립열사가 단식으로 항일투쟁한 역사는 깜깜이 무식이니 어찌 식자라 하겠는가. 경성감옥에서 48일 동안 단식을 했던 오동진 선생의 단식이야말로 세계에서 비할 수 없는 일이다.

약사: 내용을 간략하게 줄여서 쓴 역사.
미결감: 미결수를 가두어 두는 감방.

이렇게 1936년이 지나고 1937년을 맞이하니 옥중생활이야 하루하루가 변함없고 그날이 그날인 것이다. 단지 연말연시의 행사가 있었다. 옥중에서도 왜놈들의 설 쇠는 형식에 따라서 12월 30일에 종무식을 하고 그날부터 연초 신정을 지나 1월 4일 오전 시무식을 거행하기까지 휴식하고 5일부터 일을 시키는 것이었다. 그렇게 1937년이 시작되었다.

새해가 시작되었다고 나에게 무슨 희망이 있는 것은 아니고 목숨이 붙어 있고 사지四肢가 움직이니 옥중의 가혹한 규칙에 따라 무의식 중에 움직이는 것이다. 그 당시 우리나라는 겨울 추위가 엄청났다. 내가 고국의 땅을 디딜 때인 1935년의 겨울은 수십 년 이래 신기록이었는데, 당시 서울의 기온은 영하 23도였다. 서대문 미결감未決監에 있을 때 이런 추위에 당하여 발톱 동상에 걸렸는데 지금까지도 그 흔적이 남아 있다. 그렇게 출옥할 때까지 겨울철이면 해마다 영하 19~20도가 보통이었다. 요즈음에는 이런 혹한은 없다.

나는 감옥에서 인쇄공장 문선계에서 문선 작업을 하였다. 나는

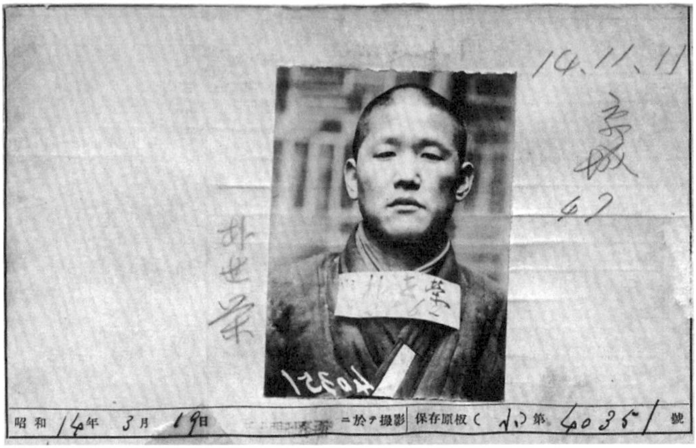

박세영, 쇼와 14년(1939) 3월 19일, 서대문형무소
출처: 〈일제감시대상 인물카드〉

'모스크바' 단기 공산대학: 정식 명칭은 동방노력자공산대학Коммунистический университет трудящихся Востока. 1921년 4월 21일, 코민테른에 의해 설립된 모스크바 소재의 공산주의운동가 교육기관으로 중국의 덩샤오핑과 류샤오치, 베트남의 호찌민도 이 학교 출신이다. 1930년대 후반 폐교하였다.

프로핀테른: 국제적색노동조합.

태평양노동조합: 정확한 명칭은 '태평양노동조합 홍남좌익.' 1932년 3월 23일 결성.

경성(복심법원)에서 10년 형이 그대로 확정되어 경성감옥으로 온 것이다: 〈박세영·김창수金昌洙·김태석金泰錫·한이흠韓利欽의 항소심에 대한 경성복심법원의 판결문〉에는 징역 10년과 원심미결구류일수 중 120일, 당심미결구류일수 중 400일을 본형에 산입한다는 내용이 실려 있다(1936년 9월 2일).

출처: 국가기록원 독립운동관련판결문
(https://theme.archives.go.kr/next/indy/viewMain.do)

본래 성격이 치밀하고 무슨 일이든 절대로 등한시하지 않는 성격이어서 비록 징역살이로 하는 일이지만 그렇다고 일상생활에 불성실하게 지내는 법은 없었다. 그리하여 문선계에서 각종 원고를 문선함에 있어서 작업 등급에 1등급의 자격증을 받았다. 또한 작업기사에게 칭찬도 받고 담당 왜놈 간수의 신임도 받았다. 나는 1일 작업시간 동안 1만 2천여 자의 원고문을 문선하였다.

그러는 동안 새로 들어온 죄수로 공산주의자 박세영朴世榮이라는 자가 징역 10년의 형을 받고 입소하여 인쇄공장 문선계에 배치되었다. 박세영은 서울 사람으로 관철동貫鐵洞에서 한약상을 하는 가정에서 출생하였다. 중고등학교를 마치고 공산주의 신봉자가 되어 각 방면의 독서회 단체에 가입하여 운동에 참가하였다. 그러다 소련 국제공산당 '코민테른'의 유인으로 '모스크바' 단기 공산대학에 입학하였다. 그는 6개월 단기과정을 졸업하고 흥남질소비료회사 직공으로 취업하여 '프로핀테른' 태평양노동조합 책임자로 활약하다 체포되었다. 함흥재판소에서 10년 형을 받고 항소하였지만 경성(복심법원)에서 10년 형이 그대로 확정되어 경성감옥으로 온 것이다.

공장 내 사람들은 오랫동안 바깥세상 소식이 깜깜하던 차에 나에 이어 박세영이 들어오자 세계 정세와 장래가 어찌 돌아갈지 궁금해하였다. 그때는 일본 제국주의가 만주를 자기 손아귀에 넣고 그 기반을 튼튼히 하기 위하여 중일전쟁을 일으키려고 그 전초 공작으로서 중국의 북부 지방, 즉 북지北支로 진군할 빌미를 잡고자 할 때였다. 당시 왜놈들은 기세등등하였고 자기 행위가 정당하다는 것을 우리 민족에게도 대대적으로 선전하였고 당연히 감옥 내에서도 왜놈들이 정당함을 인식시키기 위하여 선전을 활발히 하던 때였다. 안 그래도 감옥 안에서는 왜놈의 이런 침략 행동에 열강들의 반응은 어떠한가, 왜놈의 기세가 변하지 않을 것인가에 대한 논

중일전쟁: 원문에서는 북지사변北支事變. 북지사변의 명칭은 일본 정부가 최초로 중일 전쟁을 지칭할 때 사용했던 표현이다. 이후 지나사변支那事變으로 변경하여 지칭하였다.

북지: 중국의 북부 지방으로서 베이징과 허베이성河北省, 산시성山西省, 톈진天津, 네이멍구內蒙古 자치구 등으로 이루어짐.

영어: 죄인을 가두어 두는 곳.

의가 암암리에 분분하던 판에 새로 사람이 들어오니 궁금한 점을 조금이라도 더 알고자 하는 것은 자연스러운 일이었다.

나와 박세영은 같은 문선계에서 일하게 되면서 자연스럽게 서로의 과거사를 말하게 되었다. 나는 상해에서의 우리 독립운동의 활동과 여러 사건들의 내용에 대해 말해 주었다. 그러나 박세영은 독립운동이나 국제정세 등에 대해서는 아는 것이 별로 없었다. 단지 공산주의 운동의 정세와 방향에만 일방적으로 관심이 있었고 별도의 독립운동에 대한 확고한 방침은 없었다.

그러나 시시각각으로 변동하는 세계 정세에 대하여 누가, 더군다나 영어囹圄의 몸으로 무엇을 알고 판단하겠는가. 그래서 박세영과 나는 사상적 토론은 하지 않기로 하고 될 수 있는 한 세상사에 대한 이야기를 하였다. 비록 암흑 속에서 살면서도 상황을 예의 주시하고 국제정세의 변화가 있을 것이니 우리가 함께 힘을 모아 항일독립운동에 노력하기로 긍정적으로 인정하고 합의하였다.

1937년 3월에 김동삼 선생이 옥중에서 병사하셨다. 선생은 일생을 만주에서 독립운동을 혁혁히 하시다 왜놈에게 체포되어 복역 중 병을 얻으셨지만 병보석이 허락되지 않아서 옥중에서 한 많은 최후를 맞으셨다.

1937년 3월에 김동삼 선생이 옥중에서 병사하셨다: 신문기사에 4월 13일 사망으로 나옴.

〈정의부사건의 김동삼 옥사〉

정의부正義府 사건으로 징역 십 년의 판결 언도를 받고 경성형무소에서 복역 중이던 경북 안동 출생의 김동삼은 13일 오후 세 시쯤 옥사에서 병사하고 말았다.

고향에서 그의 아들 용묵容默이 내경來京하야 시체를 인수하였는데 부내 인사정仁寺町 경일여관京一旅館에 임시 호상소를 두었으며 15일 고향으로 운구하게 되리라고 한다.

출처: 《조선일보》, 1937. 4. 15.

당시 경성형무소는 조선 내에서도 격이 제일 높은 감옥이었다: 실제 형무소 규모는 서대문형무소가 더 크고 형무소장의 관급은 유동적이었음.

출처: 〈직원록자료(조선총독부)〉, 한국사데이터베이스.

경성형무소장의 관급이 제일 높았다: 조선에 있는 14개 형무소 중에 경성형무소장과 서대문형무소장의 관급이 제일 높았지만 두 곳의 소장의 등급은 유동적이었고 제일 높은 경우가 3등2급임.

출처: 〈직원록자료(조선총독부)〉, 한국사데이터베이스.

왜놈의 관급은 '주임관'과 '칙임관'이 있다: 구제관리등급 중 하나인 고등관高等官의 최상위는 천황이 궁중에서 치르는 친임식親任式에서 임명하는 친임관親任官(대신大臣 등)이며, 그 이하는 9등급으로 나뉘어 1등과 2등이 칙임관勅任官, 3등부터 9등까지를 주임관奏任官이라고 한다.

출처: 日本-公務員(官吏)の人物情報を調べる(戦前編)(https://ndlsearch.ndl.go.jp/rnavi/politics/post_771)

그러는 동안 1937년 4월께 나는 문선계에서 교정계(문정계라고도 한다)로 이동하였다. '사시카에差し替え'라고 하는 곳이다. 이 계는 인쇄하는 과정 가운데서 가장 중요한 작업을 하는 곳이다. 일을 잘하고 신임을 받아야 이 교정계 일을 할 수 있었다. 간수들이 나를 잘 보았는지 이 작업을 맡게 되었다. 교정계는 작업량이 많아서 매우 바빴다.

당시 경성형무소는 조선 내에서도 격이 제일 높은 감옥이었다. 그래서 조선총독부 법무국 형정과刑政果에서도 경성형무소장의 관급官級이 제일 높았다. 왜놈의 관급은 '주임관奏任官'과 '칙임관勅任官'이 있다. '주임관'은 고관의 추천에 의하여 천황이 임명하는 것이고 '칙임관'은 천황이 친히 관리를 임명하는 제도였다. 경성감옥의 소장은 정년이 다 된 고등관 검사를 칙임관으로서 임명하여 정년이 될 때까지 소장의 직책을 맡게 한다. 퇴직 정년이 될 때까지 감옥의 경비 소득을 자유자재로 운영하여 한몫 챙기고 퇴직하라고 봐주는 것이다. 그래서 소장이 천여 명의 의식비衣食費를 다 떼어먹으니 죄수들이 먹는 거나 입는 것들의 궁상은 차마 말할 형편이 못 된다. 그리하여 1937년 6·7월경에 대참사가 일어났던 것이다.

이 참사는 담배 파이프(빨부리)공장에서 발생하였다. 12시 점심때였다. 콩밥에다 국이라고 배급된 것은 6·7월 뙤약볕에 자란 상추를 소금물에 삶은 것이었다. 그러니 그 맛이 얼마나 쓰겠는가. 그 쓴 국이 천여 명이 점심에 먹을 국이었다. 감옥에서는 음식을 먹을 때 형식적으로나마 검식檢食이라고 해서 간수가 먹을 밥과 국을 상

검식: 음식에 어떤 이상이 있는지를 알기 위하여 음식을 내놓기 전에 먼저 먹어 보는 일.

계호과: 당시 경성형무소 내에는 계호과 외에도 서무과庶務課, 작업과作業課, 교무과敎務課, 의무과醫務課 등 총 5개의 과가 설치되어 있었다.

격금대: 몽둥이의 일종. '격금擊金'은 징, 꽹과리, 북을 치는 일. 따라서 격금대는 징, 꽹과리, 북을 치는 채(대)인 것으로 추정.

선만일여鮮滿一如라 쓴 현판 밑 유리창으로 도장道場이 보이고 거기 주욱 세워 논 격금대가 보였다. 밖에서는 눈이 펴떡이었다. 아이들이 눈을 손에 받으며 골목을 아래위로 달렸다. 제발 많이 오기를 나는 빌며 무심히 앉았을려니까, 별 두 개 붙인 사람이 들어와서 간단히 주소 성명을 묻고, 나의 한 일을 따져 묻기에 사실이라 대답했더니, 자세한 것은 내일 취조한다 했다.

출처: 강형구, 〈우설雨雪〉, 《삼천리 제12권 제5호》, 1940년 5월 1일.

위에 갖다 놓아야 했다. 그러나 간수가 왜 죄수들이 먹는 쓴 국과 콩밥을 먹겠는가. 참으로 겉치레일 뿐인 처사였다.

그때 마침 담당 왜놈 간수와 교대한 조선인 간수가 왔다. 죄수들이 점심을 먹기 시작하는 판에 한 죄수가 국의 맛을 보니 너무 써서 도저히 먹을 수가 없었다. 그래서 그 죄수가 국을 들고 조선놈 간수에게 가서 "나리, 이 국의 맛을 좀 보시오"라고 하며 "써서 먹을 수가 없습니다" 하였다. 그러니 조선 간수가 그 국의 맛을 보고 말하기를 "쓰긴 해도 감칠맛이 있구나" 하며 국그릇을 돌려주는 것이었다. 국그릇을 받은 죄수는 조선 간수의 쌍판에 국을 퍼부으며 말하기를 "감칠맛이 있으면 너나 먹어라" 하였다. 죄수가 퍼부은 국 때문에 간수의 백색 정복이 온통 국물을 뒤집어써서 흑색으로 변하게 되고, 옆에서 이 광경을 지켜보던 근 200명의 죄수는 일제히 고함을 지르며 소동을 피웠다. 그러자 간수가 당황하여 계호과戒護課에 연결된 비상벨을 눌렀다.

왜놈의 간수부장 이하 30명이 파이프공장으로 출동하여 주동자 10여 명을 체포하고 조사실로 데려갔다. 그들을 조사실 목판에다 엎어 놓고 격금대로 볼기짝을 사정없이 때리니 둔부에서 선혈이 낭자하여 사방으로 튀었다. 그럼에도 둔부에 소금을 뿌려가며 계속해서 난타하니 얼마 안 있어 그 죄수는 그만 기절하고 말았다. 이렇게 5인의 죄수를 같은 방식으로 난타하여 죽게 만들고, 나머지 폭행당한 죄수 5~6명은 죽지는 않았으나 빈사 상태였다.

이렇게 사태가 심각해지자 아무리 죄수를 사람으로 치지 않는 간수놈들이라도 한꺼번에 5명씩이나 죽게 하였으니 당황하였다. 간수들은 이 사건을 극비리에 처리하려고 하였으나 그것이 그렇게 마음대로 되는 것이 아니었다. 시간이 흐르자 감옥 전체에 간수가 죄수들을 때려죽였다는 소문이 퍼졌다. 왜놈 간수장, 부장, 간수

언덕바지: 언덕의 꼭대기. 또는 언덕의 몹시 비탈진 곳.

석양빛: 원문은 서양西陽빛, 오자 표기인 것으로 추정.

법무국 행형과장: 원문에는 형무국 형정刑政과장. 실제 직원록 자료에 형무국 형정과는 보이지 않음. 따라서 감옥의 상급기관이자 조선총독부 직속기관으로 법무국 행형과 과장法務局 行刑課 課長으로 추정됨. 미노다가 소장일 때 행형과장은 모리우라 후지오森浦藤郎.

놈들은 감시를 게을리하지 않고 분위기는 삼엄하여 감옥 전체가 죽은 듯이 고요했다.

그러나 작업이 끝나고 저녁밥을 다 먹은 후 감방에 입방한 지 약 30분이 지났을 때였다. 1동 1호 감방에 있는 죄수가 우렁찬 목소리로 왜놈들의 잔악무도한 행위를 규탄하는 언사로 왜놈을 질타하자 8개동 각 방에서 사전에 약속이나 한 것처럼 일제히 세면기를 두들겼고 철창 밖을 향해서 큰 소리로 "간수들이 감옥에서 사람을 때려 죽였다"고 소리쳤다. 그러자 공덕리 언덕바지에 거주하는 주민들이 여름에 입는 흰 옷을 입고 모여드니 석양夕陽빛에 백의동포로 언덕이 온통 하얀 빛으로 덮이고 그곳에서도 큰 소리로 고함을 치며 맞장구를 치는 것이었다.

사태가 이쯤 되니 간수 놈들이 갈팡질팡하고 소장 이하 아무도 퇴근도 못하고 속수무책이었다. 그렇게 약 1시간 이상 이런 상황이 계속되다가 모든 감방이 고요해졌다. 알고 보니 법무국法務局 행형行刑과장이 급하게 출동하여 이 광경과 사유를 자세히 듣고 죄수가 살해당한 이유 또한 다 알고 갔다고 하였다.

그 이튿날 죄수 전부를 휴업시켰다. 그리고 형식적으로나마 어제 일어난 소요사태의 동기를 조사하였다. 2일간 휴업 후에는 다시 공장 일을 시켰다. 사건 조사 후 미노다라는 소장이 경질되고 '고마루' 라는 이가 새 소장으로 부임했다. 죄수 5명을 살해한 간수부장, 간수장 두 놈은 과실치사로 형사 기소되었다. 그런데 기소된 두 놈의 간수가 어째서인지 하필이면 조선놈이었다. 참 마음이 찢어질 듯 아팠다. 어찌 같은 민족이 이런 천인공노 잔인무도한 행위를 저지를 수 있느냐 하는 생각이 들었다. 제아무리 왜놈에게 잘

사건 조사 후 미노다라는 소장이 경질되고 '고마루' 라는 이가 새 소장으로 부임했다: 원문에는 히로타大為라는 소장이 경질되었다고 하였으나 사건 당시 경성형무소장은 미노다 초헤이嚢田長平로 추정됨. 미노다는 1936년에 경성형무소에 덴고쿠典獄(형무소장)로 부임(쇼와 11년[1936] 7월 1일 《조선총독부 및 소속관서 직원록》 기준).

미노다의 후임은 대전형무소 소장을 지낸 고마루 하라자에몬小丸源左エ門으로, 경성형무소에서 1937년부터 1940년까지 소장 고코로에所長心得, 즉, 소장 직무대행을 역임(쇼와 12년[1937] 8월 1일 《조선총독부 및 소속관서 직원록》 기준).

출처: 〈직원록자료(조선총독부)〉, 한국사데이터베이스.

기소된 두 놈의 간수가 어째서인지 하필이면 조선놈이었다: 여인출呂仁出(간수장), 안종순安鍾淳(통역생 겸 간수장).

출처: 〈직원록자료(조선총독부)〉, 한국사데이터베이스.

별호: 감옥 안에서 통용되는 용어.

보이고 신임을 얻고, 칭찬을 받으려 기를 쓰고 자기 민족에게 야수만도 못한 행동을 해 봤자 감옥소 별호別號로 '잔반殘飯밖에 못 얻어먹는 놈'들이었다. 내선일체는 구호일 뿐이고 왜놈 천황의 진정한 적자赤子도 못 되는 주제들인 한심한 인간들이었다. 후에 조선 간수 두 놈은 과실치사죄로 2년과 1년 반의 징역을 받았다고 한다.

나는 이런 사실을 더 정확하게 하고 싶다. 또한 때마침 독립기념관을 건립하는 기회에 일본 식민지 치하 감옥이라는 지옥에서 비참하게 살해된 원혼들을 위로하고자 하였다. 그래서 좀 더 확실한 증거를 얻으려고 안양형무소와 부산형무소를 방문하여 왜정시대(일제강점기)의 감옥일지가 있는지, 또는 간수를 지냈던 사람들 중 이런 사실을 기억하고 있는 이가 있는지를 조사하였다.

그러나 이 사실을 기억하고 있는 사람도 감옥일지라는 것이 없다고 하였다. 내가 옥중기라고 할 지금의 이 글을 좀 일찍 썼더라면 이승춘·정이형·최양옥·김보형·장기천 등 모든 선생들의 증언을 들었을 텐데 지금 다 작고하시고 나 홀로 외롭게 생존하여 옥중에서 일어났던 허다한 사실을 쓰려니 어려움이 이만저만이 아니다. 물론 나의 기술이 사실이지만 그래도 여러 방증이 있으면 금상첨화로 더 좋지 않겠는가. 그리고 감옥에서 이런 대참사가 일어났는데

도 동아일보나 조선일보에 전혀 기사화되지 못하였다는 것에 분한 마음을 금할 수가 없었다. 그러다 나는 족형 이규보의 수기가 생각나서 찾아보았다. 그는 10년 형의 옥고를 치렀는데 그 당시의 참사를 간략하게나마 기록한 것이 있었다. 참으로 다행이었다. 그 내용은 '정축丁丑(1937)년에 음식이 충분하지 못하여 감옥 내에서 소동이 발생하였다. 장재욱張載旭·김봉춘金鳳春 등 5인 사망하였다'고 간단히 적혀 있었다. 이런 이규보 형의 옥중수기가 역사의 한 면을 더하는 데 도움이 되었다.

정축(1937년)에 음식이 충분하지 못하여 감옥 내에서 소동이 발생하였다. 장재욱·김봉춘 등 5인 사망하였다: 원문에는 '정축丁丑 1937년 옥중사변獄中事變 돌개이식료突皆以食料도 불충분不充分 유대소동有大騷動 장재욱張載旭 김봉춘金鳳春 등等 5인 사언死焉'이라고 표기되어 있다.

보정: 바오딩[Bǎodìng]. 허베이성河北省 중부에 있는 도시.

장가구: 장자커우[Zhāngjiākǒu]. 허베이성의 지급시.

태원: 타이위안[Tàiyuán]. 산시성山西省의 성도省都.

제남: 지난[Jǐnán]. 산둥성山東省의 성도.

1937년 7월 7일 노구교사건蘆溝橋事件이 전면적인 중·일전쟁으로 확대되었다. 화북華北의 일본군은 관동군과 본국군의 신속한 증원을 얻어 총공격을 펼쳤다. 일본군은 북경·천진 일대를 점령하고 보정保定·장가구張家口·태원太原·제남濟南 등 화북의 중요 도시를 거의 손에 넣었다. 8월에 들어와서는 상해에서도 중·일 양군이 정면으로 충돌하게 되었다. 상황이 이렇게 되니 감옥 내에서도 왜놈들의 선전이 대단하였다. 마치 "중국 대륙을 금방 다 먹을 것이다"는 식의 표현을 하며 기고만장한 태도로 매일 정오가 되면 승전 보도를 감옥 내 라디오 방송으로 죄수들에게 알렸다.

이러한 상황이니 조금 생각이 있는 죄수들에게 지금의 왜놈의 기세로 보아 조선의 미래는 끝장이 나는 게 아닌가 하며 실망하고 낙담하는 기색이 각양각색으로 나타났다. 그도 그럴 것이 일본에 인접한 러시아, 중국 이 두 대국이 언젠가는 조선 독립을 위하여 가만히 있지 않겠지, 하는 일루의 희망이 우리에게 있었다. 공산 러시아는 전 세계의 약소민족 해방이란 거창한 구호 아래 공산주의 선전이 대단하였고 조선공산당의 선전 또한 거창했다.

그러니 1919년 제1차 세계대전 종식 후에 미국 대통령 윌슨이 주창했던 '민족자결'이란 위선의 구호가 식민지 민족과 약소민족의 희망을 고취하였으나 일시적 충동에 불과했던 반면, 러시아의 구호는 남달랐다. 공산주의 러시아가 피압박 약소민족 해방을 내걸고 각국에 국제공산주의 지령하에 조직을 강화하고 제국주의에 대항하는 혁명을 주도하니 금방이라도 식민지가 해방될 것 같았다. 그런데 왜놈의 세력이 만주 침략을 시작으로 중국까지 진공하여 연전 연승하는 기세이니, 조선의 독립과 해방의 희망이 무산될 것이라 생각하는 것도 무리는 아니었다.

원유: 원인과 이유를 아울러 이르는 말.

청나라 말의 9개국 조약: 정식 명칭은 〈중국에 관한 9개국 조약〉이다. 1922년 2월 6일 워싱턴회의에서 중국 문제에 관하여 미국·영국·프랑스·벨기에·포르투갈·네덜란드·일본·이탈리아·중국 등의 9개국 간에 조인된 조약을 말한다. 내용은 문호개방·영토보전·기회균등·주권존중의 원칙 속에서 일본의 중국진출을 억제함과 동시에 중국의 권익보호를 표명하고 있다.

감옥 내 각 공장에서 작업하던 죄수들이 서너 명씩 모여 앉으면 이 문제를 화제로 삼아 수군댔다. 그 말을 들어보면 "우리 장기수들은 무슨 희망으로 살아가나"라는 것이다. 다만 이 말을 하는 것이 감옥 안의 죄수뿐만이 아니라 조선 전체가 왜놈의 세력이 욱일승천旭日昇天하는 기세에 맹종하게 되었다는 풍문이 감옥 내에까지 전파된 것이다.

그래서 나와 박세영은 이 상황을 면밀히 분석하고 세계 정세를 검토하여 결론을 내렸다.

'만약 일본이 더 전쟁을 확장하여 전 중국을 점령하게 되면 세계의 열강이 절대 좌시하지 않을 것이니 일본제국의 중국 독식은 불가능할 것이 명백하다. 그 원유原由를 생각해 볼 때 청나라 말의 9개국 조약만 보더라도 자명한 일이다. 9개국 중 어느 한 나라도 대중국을 단독 점령하거나 독식하지 못하게 하기 위하여 조약을 체결하였다. 이를 보면, 오늘날 왜놈의 침입이 장기화되면 곧 세계전쟁으로 확대·발전되는 요인이 될 것이다.'

우리는 전쟁이 장기화되면 곧 뜻하는 바를 이룰 수 있다는 결론을 얻었다. 그리고 우리가 내린 결론을 무슨 수를 써서라도 감옥 내에 사람들뿐만 아니라 감옥 외의 사람들에게도 주지시킴이 타당하다고 생각하여 글을 작성하기로 하였다. 문선을 하고 조판되자 바로 교정을 보아 인쇄토록 하였다. 감옥 내 전체에 배포하는 것은 청년 죄수들에게 맡겼다. 이 청년들은 왜놈들이 소위 '국어', 즉 일본말을 교육시키기 위하여 뽑은 청년 죄수들이다. 교회사의 교육을 받기 위해 이들이 모일 때 이들에게 배포하게 하였다. 외부 사람들에게는 소제부掃除夫 죄수들에게 부탁하여 외부로 산포한다는 계획을 세우면서 공작을 시작하게 되었다.

글의 제목은 〈전쟁은 동에서 서로 간다〉였고 내용은 대개 이러하다. 전쟁의 시작은 동에서, 즉 일본이 전쟁을 유발하였으니 전쟁이 장기화되면 세계의 강대국들이 일본 제국주의 침략을 묵과하지 않을 것이고 국가 간의 이해관계로도 가만히 있을 리가 없다. 그러면 필연적으로 세계대전이 일어날 것이고 일본제국의 패배는 불문가

소제부: 청소노동자.

전화: 질적質的으로 바뀌어서 달리 됨.

지다. 그렇게 되면 조선은 독립이 될 것이고 공산주의화한다는 목적은 이루게 될 것이다. 독립이 된다는 주장은 내가 한 것이요, 공산주의화를 주장한 것은 당연히 박세영이 주창한 것이다. 이 두 주장은 그 당시로는 무리가 아니었다.

1. 파쇼 일본의 중국 침략을 공동 사수하자!
2. 제국주의 침략전쟁을 국내 전쟁으로 전화轉化시키자!
3. 조선의 독립인민정부수립 만세!

이렇게 세계정세와 더불어 반드시 세계전쟁이 일어날 것임을 이야기했다. 그렇기 때문에 우리는 정신을 가다듬어 러시아가 피압박 민족을 해방하는 데 적극 협조하여 일본제국의 패전을 위해 사투하자는 내용을 작성하였다. 문선·조판 작업을 한 후 나는 교정계에서 150장을 찍어서 계획한 대로 감옥 내 배포는 일본어를 교육받는 기결수인 주명선朱明善·이안진李安珍에게 배포하게 하고 제2차 배포인 대외 배포는 기결수 마중렬馬仲烈·이원석李源錫에게 배포하게 하였다.

이 모든 과정은 간수는 모르게 할 수 있어도 같은 죄수들끼리는 속일 수가 없었다. 대개 이런 공작을 하는 줄 알면서도 모두 아예 모른 척하고 있는 것이다. 아무튼 무사히 대내·대외로 선전문을 배포하는 작전은 성공을 하였다고 자부하였다.

그런데 이렇게 암암리에 행사가 끝난 지 2개월이 지나서였다. 날짜는 확실히 기억할 수 없지만 대개 9월 말경 어느 날이었다. 저녁을 다 먹고 감방 안으로 들어갈 무렵 간수장을 위시하여 부장·간수 10여 명이 인쇄공장 내로 왔다. 그들은 박세영의 번호와 나의 번호 1960호를 부르더니 우리 둘을 데리고 가서 감방 4동 독방에 수감시키고 경계를 삼엄히 하였다. 이렇게 되니 나는 직감적으로 내가 인쇄·배포한 선전문 공작이 탄로난 것이 아닌가 하는 생각이 들었다. 만약 내일 이 사건에 대한 조사를 하면 어찌 항변해야 하나 하고 밤새 고민을 하다가, 이미 들킨 바에 간수들과 박세영의 말을

감식벌: 본인에게 급여하는 양식의 1회 분량을 2분의 1 내지 3분의 1로 감하는 벌.

출처: 동북아역사재단 일제침탈사 편찬위원회 기획·이종민, 박경목, 이승윤 번역, 《행형제도 감옥 1: 식민지 감옥의 설치와 운영》, 동북아역사재단, 2021.

들어보고 나서 사실대로 말하여 고생을 덜하는 것이 상책이라 생각하였다.

그 이튿날 박세영이 먼저 조사실에 가는 것을 알았다. 그 후 한 3시간 뒤에 박세영이 돌아온 후 간수들이 나를 데리고 조사실로 향했다. 왜놈의 간수장이 조사 책임자였고 비교적 유하게 대해 주었다. 간수장이 먼저 사건의 전부를 말하며 박세영이 사실대로 다 말하였고 너는 선전문의 내용을 모르고 박세영이 인쇄를 하니까 따라서 인쇄한 것으로 들었다고 하였다. 그러니 나도 솔직히 그 사실을 말하라고 대단히 부드럽게 대하는 것이었다. 그래서 나도 한 것은 했다고 솔직히 말을 하고 박세영이 말한 대로 선전문의 내용은 전혀 모르고 또 알려고도 하지 않았다고 하였다. 수량은 얼마나 인쇄하였냐고 간수장이 물어서 나는 백지를 가져다 주는 대로 인쇄하였고 그 일도 범칙이니 경황없이 일을 하였기 때문에 그 내용을 알 수도 없었고 알려고 하지도 않았다고 하였다. 그 말을 듣고 간수장이 알았다고 하면서 간수에게 나를 수감하라고 명령을 내렸다.

결과적으로 박세영이 사건의 모든 책임을 지게 되었고 나는 내용을 모르는 하수인이 되었다. 참으로 나는 그의 도량에 감사를 느꼈다. 2일 후 범칙에 대한 벌을 받게 되었다. 처벌은 감식벌減食罰 2주일, 금고벌禁錮罰 3개월이었다. 금고벌은 독방의 반 정도 되는 크기의 암실방暗室房에서 수갑을 차고 지내는 것인데 보통 키 큰 사람이라면 다리를 펴고 잘 수 없는 공간에 웅크린 채로 3개월을 지내야 했다.

다행히 혹독한 구타나 다른 형벌은 더 받지 않았다. 얼마 전에 간수들이 죄수를 때려 죽게 만든 것에 양심의 가책을 느껴서인지도 모른다. 아무튼 박세영과 나는 운이 좋아서인지 혹독한 벌은 받지 않았다. 그래서 그런지 조선인 간수들이 우리에게 '너희들은 참으로 재수가 좋다. 그 재수는 하나님이 주신 것'이라고 말할 정도였다.

그래도 우리가 받은 2주 감식벌은 유례가 없는 가중된 중벌이었다. 형무소에서 감식벌은 최고 1주일이 가장 심한 벌이었다. 여기서 감식이라고 하는 것은 내가 먹는 밥의 등급이 4등이라고 하면 4등급의 식사량을 삼등분한 3분의 1을 한 끼씩 배급하여 1주일을 먹

금고벌: 자유형의 하나로 교도소에 가두어 두기만 하고 노역은 시키지 않는 처벌.
구공판: 검사의 처분으로 범죄로 인정된다고 판단하여 재판을 청구하는 기소유형.

이는 것이다. 그다음 1주일은 다시 시작할 때 하루만 정상인 4등급의 밥을 주고 그 후 다시 1주일을 전과 같이 4등급의 밥을 삼등분한 양을 감식벌이 끝날 때까지 줬다. 그리고 감식벌에 들어가기 전 체중을 달아 기록하고 감식벌이 끝난 후에 체중을 재서 시작일과 끝나는 날의 체중을 비교한다. 2주일간이나 감식을 하였으니 당연히 처음 잴을 때보다 감량이 되는 것이 당연했다.

그러나 전과 비교했을 때 체중이 안 줄었든지 혹은 그대로라면 이는 필유곡절, 즉 반드시 어떤 이유가 있다고 하여 다각적으로 추궁을 받게 된다. 만일 추궁하다 불법이 발견되면 혹독한 처벌을 받았다. 하지만 우리에게 그런 뜻밖의 일이 있을 리가 없었다.

우리와 달리 선전문 산포散布에 협조한 수인들은 가벼운 벌을 받는 것에 그쳐 벌이 끝난 후 도로 공장으로 돌아가서 작업을 하게 하였다. 나와 박세영은 1938년 3월 28일 경성지방법원 검사국으로부터 구공판求公判하였고 나머지 4명은 불기소 처분이 되었다. 그리하여 나와 박세영은 징역을 살며 미결수로서 서대문감옥으로 이송되어 공판을 받게 되었다. 5월경에 서대문감옥에 수용되어 2층에 있다가 2동으로 내려와 공판일만 기다렸다. 그런데 마침 2동 감방에 안재홍安在鴻 씨가 있었다. 그는 흥경구락부사건興京俱樂部事件

서울에서 유명한 '악박골'의 약수였다: 서대문구 영천동靈泉洞 안산 주변에서 솟아나는 약수터 '악박골'의 샘물. 이회영과 인연이 있는 작가 심훈의 대표작《상록수》에서도 주인공 채영신과 박동혁이 악박골 약수터를 찾은 장면이 묘사된다.

영신은 동혁이가 또 그대로 뿌리치고 갈까보아 도리어 겁이 났던 판이라 '어디로 갈까' 하고 고개를 꺄우뚱하다가,

"그럼 목두 마른데 악박골루 가서 약물이나 마실까요?"

하고 독립문 쪽을 향해서 앞장을 선다.

"참, 악박골이 영천靈泉이라구두 허는덴가요?"

(중략)

악박골 물터 위의 조그만 요릿집에서는 장구소리와 함께 노랫가락이 흘러나온다. (중략) 동혁은 다른 사람이 하는 대로 돈 10전을 주고, 약물 한 주전자와 억지로 떠맡기는 말라빠진 굴비 한 마리를 샀다.

"온, 샘물을 다 사먹는담."

하고 한 바가지를 철철 넘치도록 따라서 영신에게 권한다.

출처: 심훈, 〈1. 쌍두취행진곡〉,《상록수》(1953)(범우사 2013년 발행판).

과 남경군관학교학생대사건南京軍官學校學生大事件으로 신흥우申興雨씨 등 여러 명과 함께 기소되어 감방에 있었다.

또한 그곳에서 1936년 엄형순 선생과 공판을 받을 때 우리를 여러모로 도와주던 조선인 간수를 만났다. 그는 나를 알아보고 "어째서 또 왔느냐, 너도 조용히 징역을 살지 못하는구나" 하면서 너의 동지 엄형순은 참으로 훌륭하셨다고 엄 선생의 이야기를 전했다. 엄형순 선생은 사형이 집행될 때까지 행동과 몸가짐이 그야말로 성인聖人과 같았고 사형을 받으러 감방을 떠날 때 감방에 있는 사람에 대한 그 언행이 정말 위대하였다고 하였다. 엄형순은 사형 집행 전 마지막으로 대한독립만세와 '아나키즘'의 자유평등만세를 부르며 사형대로 갔다고 전했다. 조선인 간수는 나에게 내가 수많은 사형수를 대하였지만 그분 같은 분은 처음 보았다며 감탄하였다.

그해 여름의 더위는 지난 몇 년의 여름 중 처음 겪는 더위였다. 또한 가뭄이 심하여 곡식이 흉작이라 했다. 그 당시 나는 감옥 서쪽 독방에 수용돼 있었는데 어찌나 더운지 매일 냉수를 두 주전자씩 정신없이 마시곤 했다. 다행인 것은 배급되는 주전자에 담긴 물이 서울에서 유명한 '악박골'의 약수였다. 이 물은 아무리 마셔도 배탈이 나지 않는다. 내가 중국 북경에 있을 때 부친께서 고국을 그리

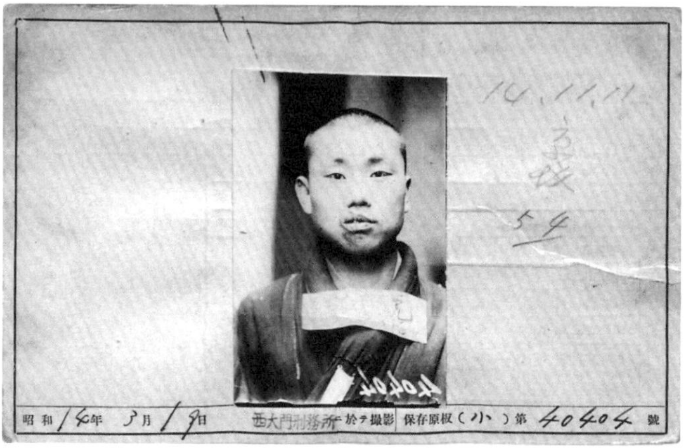

이규호, 쇼와 14년(1939) 3월 19일, 서대문형무소
출처: 〈일제감시대상 인물카드〉

며 하시는 말씀이 있었다. 우리나라 서울 기후는 아무리 낮에는 덥다가도 저녁만 되면 서풍이 탁 불어 그 더위가 어디로 갔는지 모른다고 하시며, 악박골 약수만 마시면 소화도 잘되고 그 시원한 맛은 어디에도 비할 수 없다고 하신 것이 새삼 기억에 새롭다. 그때 나는 '우리나라는 참으로 금수강산인가 보다' 하고 생각만 했었다. 그런데 해방이 되고 출옥하여 보니 우리나라는 참으로 금수강산이다.

1939년 8월 3일 왜놈의 경성지방법원 제1심에서 치안유지법 위반·출판법 위반·공무집행법 위반의 죄명으로 박세영은 1년 6개월, 동일한 죄명으로 나 또한 10개월의 징역에 처한다는 언도를 받고 형은 8월 11일에 확정이 되었다. 그리고 3일 후 우리는 서대문형무소에서 도로 경성감옥으로 이감되어 독방에 수용되었다. 나의 총 형기는 13년에다 10개월을 더하게 되었다. 그때 나는 '원래 형기가 13년인데 그까짓 10개월쯤 더 징역을 사는 게 무슨 큰일이냐'고 대수롭지 않게 생각하였다. 10개월 동안 의식주 문제를 해결하게 되었으니 다행이 아닌가. 나는 무의식 중에 원숭이 놀음을 하며 독방에 들어가면서 "내 팔자가 조선총독도 부럽지 않다"고 말하였다가 간수 놈에게 구둣발길로 차이고 뺨을 얻어맞는 심한 구타를 당했다. 조선인 간수 놈은 그때 내 말을 듣고 일본말로 슈진노 쿠세니(수인 주제에) 그런 불손한 언사를 하느냐며 때렸다. 그리고 다시 그런 불경스러운 말을 하면 큰 벌을 줄 테니 조심하라고 하였다.

10개월 형을 추가로 선고받고 경성형무소로 다시 오게 되니 이화익·유정근·정이형·최양옥 등 장기형을 사시는 여러분들이 간접적으로나마 나에게 위로의 말을 전하시기도 하셨다. 독방에 있는 문갑송 씨는 퍽 좋아하시며 "왜놈들은 머지않아 망할 것이니 굳세게 살자"고 위로를 건넸다.

독방에 있는 죄수는 오전, 오후를 나눠서 운동을 시킨다. 그 시

슈진노 쿠세니(수인 주제에): 囚人のくせに.

'학고잇지우(八宏一宇의 일본 발음)': はっこういちう. 일명 '팔굉일우'. 온세상을 한 집안처럼 화합하게끔 한다는 뜻. 제2차 세계대전 당시 일본이 자국의 해외 진출을 정당화하는 슬로건으로도 사용하였다.

간에 죄수들은 서로 만나서 여러 가지 소식과 자기의 의견을 주고 받았다. 독방에 들어온 지 1개월 후 나는 박세영이 교무과 도서실에서 사역하게 되었다는 것을 감방 소제부에게 들었다. 그래서 나는 참 잘되었다고 생각하였다. 그런데 하루는 오전 운동시간에 문갑송 씨에게 들으니 박세영은 근자에 형무소장의 권유로 공산주의를 포기하고 사상을 전환하는 서약서誓約書를 썼고 그 대가로 교무과 도서실에서 일하게 되었다고 하는 것이다. 그러면서 문갑송 씨는 나에게 "동지만은 전환하지 말라"고 하며 박세영에게 배신을 당하였다고 하였다. 그러나 나의 답은 '배신할 게 어디 있느냐'는 것이다. 모두 각자 소신대로 행동한 결과이다. 나는 나대로 최후까지 독립운동을 목적으로 하는 것처럼, 그만큼 각자의 생각에 따라 행동하는 게 아닌가. 또 나는 독립운동자니 사상 전환이 어디 있겠는가. 게다가 박세영은 공산주의자이니 사상 전환할 수 있는 게 아닌가. 결국 공산주의운동만 안 하면 되는 것이다. 그 후 왜놈의 교회사가 나를 3차례 정도 불러 내 맘을 이리저리 떠보았다. 교회사는 황국신민의 도道를 내게 설명하고 황국은 '학고잇지우(八宏一宇의 일본 발음)'의 이상으로 세계평화를 달성하고자 하니 너도 황국신민으로 개과천선하여 일본을 위해 활동해야 한다고 설교하곤 하였다.

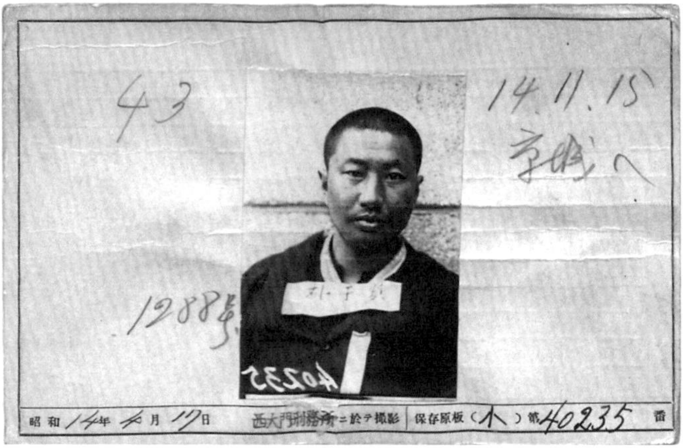

박우현, 쇼와 14년(1939) 4월 17일, 서대문형무소
출처: 〈일제감시대상 인물카드〉

1937년부터 1940년까지: 1937년 9월 말부터 1940년 4월 광주감옥의 의무실로 가기 전까지.

한편 나의 독방 맞은편 방에 한 죄수가 수용되었다: 박우현은 1939년 10월 16일 입소.

독방에는 1937년부터 1940년까지 있었다. 봄·여름·가을 3계절은 독방에서 그럭저럭 지낼 수 있었다. 하지만 겨울은 죽는 것만 못하였다. 나는 북향 방에 수용되어서 기온이 영하 19도가 되는 날이면 밤중에는 독방 온도가 영하 14~5도가 되니 그 추위를 감당하기가 정말 곤란하였다. 지난날 천진에서 부친을 모시고 살 때 '야해자野孩子' 노릇을 하며 석탄을 주워다 불을 때며 견딜 때보다 더 감당하기 어려운 추위였다.

한편 나의 독방 맞은편 방에 한 죄수가 수용되었다. 그 사람의 이름은 박우현朴宇賢으로 함경북도 청진淸津 사람이었다. 박우현은 국제공산당 코민테른에 가입하여 공산주의 운동을 하다가 12년 형을 받고 경성감옥 독방에 있게 되었다. 그런데 그 사람의 행동은 반쯤 미친 사람에 가까워서, 간수들은 박우현을 미친놈으로 취급하면서 무슨 말이나 행동을 하건 도외시하였다. 하지만 그렇다고 박우현이 진짜로 미친 인간은 아니었다. 그저 함경도 일대에서는 명성이 자자한 국제 공산주의자로 운동하던 책임자였기 때문에 형을 12년이나 받은 게 아닌가.

박우현은 한쪽 다리를 절어서 잘 걷지 못했다. 운동을 하러 갈 때는 꼭 벽에 의지하고 걸었다. 그래서 모두 다 절름발이 병자로 취급하는데 의무과의 의사나 일부 사람들은 박우현의 다리 장애에 대하여 의심을 가졌다. 아무리 진단을 해봐도 다리에 이상이 없다는 것 때문이다. 그리하여 박우현의 다리 문제는 화제가 되었다. 그러나 박우현 본인이 경성형무소에 온 다음부터 다리가 그랬다고 하니 의학상으로나 병리학상으로 확정을 못 짓고 있는 것이었다.

여러 가지 작업을 하며: 이런 작업을 통틀어 '거방居房(감옥에서 죄수를 수용하는 감방)작업'이라고 한다.

쇠털 같은 나날: (소털처럼) 헤아릴 수 없이 많은 나날.

규숙 누님과 매부 장기준은 만주 한족총연합회에서 활약하다가 친일 주구와 공산당에 의하여 한족총연합회 회원이 다수 살해당하는 사건이 일어났을 때 구사일생으로 도피하여 장춘에서 살고 있었다: 이규숙과 장기준이 장춘으로 간 것은 1931년.

만주 장춘으로 남매를 데리고 가셨다: 《서간도 시종기》에서는 이 상황이 발생한 순서를 다음과 같이 말하고 있다.

1) 1937년 3월(음력) 현숙과 규동만 먼저 보냄.
2) 1938년 현숙이 서울로 돌아옴.
3) 1940년 3월 이규창이 광주에 이감.
4) 1940년 7월 현숙이 다시 신경으로 감.
5) 1940년 9월 상순 이은숙이 광주에 가서 규창을 면회하고 신경으로 감.
6) 이후 이은숙은 1942년 12월 3년 만에 조선으로 돌아와 1943년 정월 10일 이규창 면회.

나는 독방에 있으면서 방내 작업으로 '봉투 붙이기', '걸레 꿰매기', '어망漁網(물고기그물) 짜기', '새그물 짜기' 등 여러 가지 작업을 하며 쇠털 같은 나날을 보냈다. 그러는 동안 나의 신체가 극도로 쇠약해져 체중이 30킬로 내외가 되니 피골이 상접이 되었다. 어머니는 면회를 오실 때마다 나에게 위로의 말을 건네셨다. 하지만 어머니가 자식을 안쓰러워하시는 모양을 보면 나는 방으로 와서 한참 동안 눈물을 흘리며 마음을 가눌 수가 없었다.

규숙 누님과 매부 장기준莊麒駿은 만주 한족총연합회韓族總聯合會에서 활약하다가 친일 주구와 공산당에 의하여 한족총연합회 회원이 다수 살해당하는 사건이 일어났을 때 구사일생으로 도피하여 장춘長春에서 살고 있었다. 서울에 계신 어머님은 생활을 더 지탱할 수가 없어 동생 규동과 현숙을 데리고 장춘 사위에게 의지하게 되셨다. 그때 어머님이 면회를 오셔서 장춘에 계신 매부에게 가니 부디 몸조심하고 다시는 다른 생각 말고 규칙을 준수하고 지내라고 천 번 만 번 당부하셨다. 그리고 만주 장춘으로 남매를 데리고 가셨다.

그러니 내 입장에서는 한 달에 2~3회씩 면회를 오시던 어머님까지 천리 타국으로 가셨으니 그 외로운 심정을 어찌 형용하리오. 징역 10여 년을 사는 동안 어머니 이외에는 누구 한 사람 면회를 온 적이 없었다. 시영 숙부의 자부子婦가 상해에서 국내 친정에 왔다가 잠깐 나를 면회하고 가셨을 뿐이다. 아주머니를 본 그때 참으로 기뻤던 맘을 지금도 잊지 못하고 있다. 이렇게 비참하고 외로운 환경에서 어머니께서 면회하러 오실 날을 학수고대하는 이 마음을 누가 감히 이해해 줄까.

어느 날 독방에 새로 수용된 사람의 이름을 알아보니 이재현李在賢 동지의 형인 이재천李在天이었다. 이재현은 나와 상해에서 같이 지낸 친구였고 지금은 서울에 있다. 이재천은 상해에서 체포되어

자부: 며느리. 여기서는 이규창의 사촌 형 규홍의 부인을 가리킨다.

이재천: 이재천은 1936년 2월 28일부터 1941년 2월 26일까지 서대문형무소에 수감. 경성감옥에는 수감된 적이 없으므로 이규창과는 서대문형무소에서 조우했던 것으로 추측.

출처: 〈일제감시대상 인물카드〉, 한국사데이터베이스

우한삼진: 양쯔강의 북쪽 지류인 한수이漢水강이 양쯔강과 만나는 지점을 둘러싼 3개 지역(양쯔강 남쪽의 우창武昌, 맞은편에 흘러 드는 한수이강의 남쪽 한양漢陽, 그 북쪽의 한커우漢口)을 가리키는 말.

부타지루: ぶたじる.

징역 5년을 받고 경성감옥으로 왔다. 그런데 그의 태도가 참으로 이상했다. 운동하러 나갔을 때 내가 대화를 하려고 해도 절대로 상대를 안 하고 피하는 것이다. 이렇게 수개월을 말 한마디 하지 않고 상대하지 않으니 피차간 상대를 하지 않고 지내게 되었다. 이렇게 기이한 일도 있었다. 해방 후 이재현 동지에게 형의 소식을 물으니 "상해에서 왜놈에게 잡혀간 것만 알지 그 후 어떻게 되었는지 살았는지 죽었는지도 모른다"고 하였다. 이렇게 행방불명으로 실종 또는 사망한 사람도 그 수를 헤아릴 수 없었다.

일본 제국주의자들은 중국 남경南京을 점령한 후 곧이어 우한삼진武漢三鎭으로 진격하여 점령하였다. 이러니 감옥 내에서도 대전승大戰勝 축하행사를 거행하며 감방에 있는 죄수에게까지도 '부타지루豚汁'라는 돼지고기를 넣은 된장국을 주고 '아카赤'와 '시로白'의 '모찌(찹쌀떡)', 즉 홍백紅白의 찹쌀떡을 나눠 주었다. 중국 전역을 석권한 전승 축하는 3일간 계속되었다. 이렇게 되니 전 세계가 모두 왜놈의 세상이 된 기분이었다. 그리고 구라파歐羅巴에서는 독일

'히틀러'의 전쟁 소식이 들려오니 동서에 전쟁이 발생한 셈이었다. 이러고 보니 내가 선전문에 적은 제목같이 전쟁은 동에서 서로 갔으며, 우리는 장기전을 원한다고 한 내용과 꼭 합치되는 상황이었다. 나는 단지 더 확장해서 세계대전이 끝나기를 고대할 뿐이었다.

이렇게 되자 감옥 내에서도 더욱 내선일체를 강조하는 정책이 펼쳐졌다. 천황의 적자로 일신을 바쳐 대일본을 위하여 헌신한다는 구호를 매일 아침 '동방요배東方遙拜', 즉 일본 천황이 있는 동방 쪽을 향하여 절을 하게 하며皇城遙拜 '황국신민의 서사誓詞'를 제창하게 하고 우리 민족의 역사·언어·이름을 사용하지 못하게 하는 말살정책을 강행하였는데, 이를테면 창씨제도創氏制度를 신설하여 왜

동방요배: 동쪽 방향으로 고개를 숙여 절을 하던 예법. 일본 천황에 대한 충성을 맹세하는 행위이다.

그의 형제: 형 장덕준張德俊(1891~1920)과 동생 장덕진張德震(1898~1924). 두 사람 모두 독립운동을 하는 도중 희생됨.

그런데 내가 독방에 있을 때였다: 아래에서 '1941년'이라고 하는데, 이때는 이규창이 광주형무소에 있었던 시기이고 독방에 있을 때는 아님.

놈의 성姓으로 개성改姓하도록 하였다.

그런데 재미있는 일은 완전 친일 분자들은 창씨를 하지 않고 자기의 이름, 성을 그대로 쓰면서 동족들에게는 창씨를 강권하는 것이다. 이들은 왜놈보다도 더 심하게 굴었다. 예를 들면 최고 친일 민족반역자인 한상룡韓相龍 같은 인물이나 장덕수張德秀도 자신의 성을 그대로 쓰며 같은 민족에게는 창씨개명을 강요했다. 이런 것들은 그저 한 사례에 불과하다.

장덕수로 말하자면 민족을 위하여 문화사업 항일운동을 하였던 인물이고 그의 형제도 모두 민족과 국가를 위하여 독립항일운동을 하다가 순사하셨다. 그런데 내가 독방에 있을 때였다. 하루는 간수가 나보고 나오라 하더니 교회당으로 가라고 하였다. 그 간수가 말하길 "유명한 반도인이 너희들을 위하여 강연을 하러 왔으니 이분의 말을 잘 듣고 황국신민의 각오를 한층 더하라"고 하였다. 이때가 바로 1941년 12월경으로 일본이 진주만眞珠灣을 기습하여 태평양전쟁이 발발한 때였다. 교회당에 들어가니 독방에 있는 죄수를 비롯한 모든 죄수가 다 입장하여 있었다. 그리고 왜놈의 교회사가 강연 온 사람의 경력과 누구라는 소개를 하였다. 첫 번째로 소개된 사람이 장덕수였다. 교회사는 그를 소개하며 "철학박사이자

학자이고 정치가로 반도에서 유명한 사람이다. 오늘 이 자리에 와서 너희들에게 황국신민으로서 나아갈 길을 말할 것이니 그의 말을 잘 듣고 이전의 죄를 반성하여 황국에 충성을 하라"고 하였다. 두 번째 사람은 정백鄭栢으로 교회사는 "마르크스주의 공산주의자이며 최근에 사상 전환을 한 사람이다. 대동아성전大東亞聖戰의 승전을 위해 세계 평화와 '팔굉일우八宏一宇'의 이상을 전파하고자 노

왜놈의 교회사: *일제강점기 당시, 형무소에서는 이미 1930년대 중반부터 치안유지법 개정에 대비하여 형무소 내 사상범을 전담할 교회사와 그 통역을 맡을 간수 1명을 수형자 2백 명당 1명 꼴로 배치할 계획을 세웠다고 한다.*

특히 사상범 집금集禁 형무소를 경성, 서대문, 함흥, 평양, 대구, 광주형무소로 하고 '사상계' 교회사를 충원하여 사상범 집금 형무소에서 통역 간수와 짝을 이루어 활동하게 한다는 계획이었다. 이들의 최종목표는 다른 무엇보다 수형자들의 전향이었기 때문이다.

출처: 이종민, 〈4장. 사상통제와 형무교회〉, 《식민지 조선의 감옥》, 2024, 164쪽.

철학박사: 이 부분은 교회사가 잘못 소개한 것으로 보인다. 장덕수는 컬럼비아대학 정치학 박사(Ph.D., 여기서 Ph=philosophy는 학문이라는 뜻)인데, 이 Ph.D.를 철학박사라고 흔히 범하는 오역을 한 것.

력하고 있으니 경청하라"고 하는 것이다.

나는 해외에서 설산雪山 장덕수가 우리 사회의 대단한 애국자요, 학자라고 들었던 탓에 훌륭한 분으로 여기고 있었는데 교회사의 소개를 듣고 내심 경악하였다. 이름이 난 애국자가 어찌 저렇게 변심하여 여기까지 와서 왜놈을 위한 말을 하는가. 국가와 민족을 위하여 일신을 바쳐 죽을 고비를 넘기고 이젠 죽는 것만 못한 이 지옥에서 비참한 생을 유지하고 있는데 장덕수는 감옥까지 와서 〈대동아성전과 반도인의 황국신민으로 나갈 길〉이라는 제목으로 열변을 토하니 그날 우리들의 마음이 어떠했으리오. 교회당에 모인 죄수들 중 몇몇이 한 모퉁이에 모여 와글와글 떠드는 바람에 간수 놈들은 대단히 긴장하였다. 나는 그날 두 인간의 왜놈을 위한 강연을 듣고 독방으로 돌아왔다. 강연에서 장덕수와 정백은 똑같이 '내선일체'를 강조하였다. 정백은 강연에서 공산주의를 비판하며 세계평화를 위해서는 황국의 숭고한 이상 즉, '팔굉일우'에 매진해야 한다고 했다. 그 후에도 왜놈의 장교 노릇을 하던 김석원金錫源·이응준李應俊 등이 감옥에 와서 전쟁 상황과 승전의 무용담을 죄수들에게 들려주었다. 그리고 우리 용감한 황군이 도처에서 백전백승을 하고 귀축鬼畜 미·영을 격멸하고 황군의 위력으로 세계평화에 이바지

하자고 열렬히 외쳤다.

해방된 후 나는 해괴한 꼴을 정말 많이도 보았다. 이렇게 몰염치하고 국민에게 낯짝도 들 수 없는 반역자들이 애국자로 둔갑하여, 건국이니 뭐니 하면서 온갖 정치에 주역 노릇을 하였다. 이들 때문에 민족의 정기가 말살되고 주체가 없는 국가가 되어 사회가 혼란했다. 나는 감옥에서 나온 후에 시영 숙부가 거처하시는 경교장京橋莊에 가끔 묵으면서 백범白凡 선생도 뵙곤 했는데 그때도 나는 나라가 어찌 되려나 하는 걱정이 앞섰다.

하루는 외출하였다가 숙부께 오니 한 손님이 한창 열을 올리고 있었다. 그는 자기가 일제강점기에 투쟁한 경력을 토로하며 장차 나라를 위한 건설적 의견을 피력하였다. 그렇게 그는 숙부와 장시간 대화를 하고 또 찾아 뵙겠다고 하며 돌아갔다. 그런데 내가 그

경교장: 백범 김구가 1945년 11월부터 1949년 6월 26일까지 사용했던 개인 사저. 서울특별시 종로구에 있으며 2005년 6월 13일 사적으로 지정되었다.

국시: 국민 전체가 지지하는 국가의 이념이나 국정의 기본 정책을 의미함.

사람을 어디선가 봤던 기억이 나길래 숙부께 그 사람이 누굽니까, 하고 물었다. 그러자 숙부는 "저 사람은 재사才士로 박학다식한 자이다. 국가를 위해 대단한 노력을 한 설산 장덕수이다"라고 하셨다. 그 말을 듣고 대경실색하는 나의 태도를 보시고 숙부께서 너 왜 그리 놀래느냐 하셨다. 그래서 나는 "1941년 왜놈이 소위 대동아전쟁을 일으켜 귀축 미국놈들을 멸망시키고 성전을 완수하자고 기를 쓰고 있을 때 방금 숙부님께 왔던 그자 장덕수를 감옥에서 만났습니다. 그는 재소자들에게 '대동아성전을 수행하는데 반도인으로서 황국을 위해 신명身命을 바치라'는 요지의 연설을 하며 왜놈의 앞잡이 노릇을 하였습니다"라고 전하였다. 숙부께서는 얘기를 듣고 "하도 파렴치한 인간들이 많으니 장래 이 나라가 어찌 되려는지 걱정이 태산이구나" 하시며 탄식하셨다.

사실 그대로 사회는 극도로 혼란에 빠져 해방 후 수십 년이 지나도록 '국본國本', 즉 국가이념과 민족 관념이 바로 서지 못하고 오직 국시國是만 있어 민주화 구호만 만발할 뿐 혼미를 거듭할 뿐이다.

1939년: 원문은 '1941년'이라고 되어 있으나 시간상 맞지 않으므로 본문과 같이 수정함.

"오토나시이": おとなしい(大人しい).

고려자기 공장은 경성감옥에만 있었다: 경성형무소에서 청자를 만들었다는 이야기는 다음 신문기사에 상세히 실려 있다.

〈무명의 수인이 청자기 발명〉

〈강진 점토로 고대품과 같이 경성형무소의 소득〉

경성형무소에서는 요전에 청자기 직공이 수용되어 있는 것을 기회로 청자기 작업을 시작한 바, 최근에 매우 훌륭한 것을 구워냈다는데 이 청자기의 상등을 '기누라'라고 부르고 그 외의 것은 천룡칠관天龍七官이라고 하야 그 자기에 붉은 모양을 넣어 구운 것으로 그 제작의 기술을 비밀에 붙이고 있는 중인 바.

유감은 이 같은 제품에 아직까지 전 천재天才를 얻지 못한 것이라고 한다. 그런데 이것은 옛날 것에 별로 지지 아니하는 자기라고 한다. 이 원료토原料土는 전라남도 장진長津의 서주鼠州에서 가져온 흙으로 제품은 원체 직공의 임금이 싼 관계로 보통 시가의 3분의 1밖에 아니 먹었다고 한다.

출처: 《동아일보》, 1933. 11. 25.

이 밖에도 조선일보(《조선일보》, 경성형무소에서 청자기 제조판매, 1933. 11. 27.), 조선중앙일보(《조선중앙일보》, 경성형무소서 청자기를 제작, 수인들이 만들어, 1933. 11. 28.)에도 기사가 실렸다.

가와사키: 가와사키 다케지로川崎竹次郞.

소속은 조선총독부 직속기관 감옥 경성형무소 작업과(朝鮮總督府 直屬機關 監獄 京城刑務所 作業課)이며, 경성형무소에 1939년부터 1942년까지 있었다고 함.

출처: 〈직원록자료(조선총독부)〉, 한국사데이터베이스.

1939년(10월경)이 되자 감옥 내에선 유화수단이자 산업생산을 강화를 위한 방책으로 독방에 장기간 있는 죄수를 구분하여 공장으로 출역할 것을 강요하였다. 이들에게는 반드시 공장에서는 규칙을 절대 준수한다는 조건을 붙였다. 나도 공장으로 나가서 사역을 하게 되었는데 나는 왜놈들에게 "오토나시이", 우리말로 '얌전하다'는 인정을 받아 고려자기를 제조하는 공장으로 가게 되었다.

고려자기 공장은 경성감옥에만 있었다. 공장의 기사는 '가와사키'라고 하는 왜놈인데 60세 정도 되었다. 우리 죄수들은 그를 '개새끼'라고 불렀다. 성격이 아주 까탈스럽고 자신이 황국신민이라고 뽐내며 안하무인격의 행동을 한다는 의미였다. 하지만 우리가 어떻게 할 수는 없었다. 그래도 이 공장은 조선인이 담당 간수였다. 간수의 원래 성은 김씨인데 창씨創氏를 하여 일본식 성으로 '가네모토' 즉, 김본金本이라 하였다. 그는 인간성이 퍽 유순해서 모든 죄수한테 호감을 샀다.

내가 자기공장으로 나가자 담당 간수가 나를 제 앞에 세워 두고 1시간 동안 설교를 하였다. 설교 내용은 "감옥에서 불온 선전문을 제작하고 배포하는 너 같은 죄수는 원래 절대로 공장에서 사역을 안 시키는 법이다. 하지만 성전을 수행하는 이 시기에 한층 마음을 고쳐먹고 성전을 위해 헌신하라"고 하며 "내가 너의 신병身柄을 맡았으니 절대 복종하고 작업에 전심전력하라"고 하였다. 그래서 나는 "그렇게 하겠다"고 하고 작업을 시작하였다. 1937년 9월 말부터 독방에 있었던 나로서는 그간의 고생을 일일이 말로 할 수가 없다. 그래도 공장에 나와 여러 사람하고 대화도 하며 작업을 하니 이 지옥 안에서도 좀 살 것 같다는 생각이 들었다.

자기공장의 작업순서는 고령토高嶺土를 반죽한 다음 반죽한 흙

고령토: 도자기의 태토와 유약의 원료가 되는 흰색 또는 회색의 흙.

로쿠로: ろくろ(轆轤). 일종의 물레로 토기, 목기, 가구 다리를 만드는 데 사용하는 기구. 재료를 회전축에 부착시키고 회전을 이용해 성형하거나 가공한다.

마가리: まがり(曲(が)り).

우와구스리: うわぐすり(釉薬). 유약 또는 잿물. 원문은 이 단어 뒤에 "왜말이나 적당한 말을 찾지 못하여 부득이 그대로 씀"을 붙였다.

데쓰다이: てつだい(手伝い).

을 '로쿠로'에 붙인다. 그런 후 작업하는 사람이 자기만의 기술을 발휘하여 여러 종류의 모양으로 기물을 제조한다. 이 단계는 고난도의 기술을 요했다. 제작하는 자기는 고려화병高麗花瓶 등 주로 다기류茶器類였다. 만들어진 자기는 2~3일간 건조한 후 '마가리'라는 철공구로 꽃무늬를 새기고 용 무늬와 송학松鶴을 조각하였다. 그런 다음 가마에서 '스야키素燒' 라고 하는 초벌구이를 한 후 '우와구스리(유약)'를 발라 가마에 다시 넣고 24시간 동안 약 1000도 정도의 열로 굽는데, 연료는 반드시 소나무로 때는 게 고려자기를 세계 명품으로 만드는 전통이자 일종의 비결이었다. 가마에 불을 땐 지 1주일쯤 지나서 가마를 열고 작품을 꺼낸다.

기사 '개새끼'는 기술이 대단했다. 그래서 그런지 조선총독 이하 정무총감, 조선군사령관 등은 개새끼의 우수한 작품이 나오면 부하를 시켜 오동목갑에 넣어서 가져갔다. 그리하면 '개새끼'는 더 우쭐하고 더 콧대가 높아졌다. 이 모든 작품의 제조는 전부 장기수들이 하는 것으로 그들은 모두 일류 기술자들이었으나 나는 초년생으로 '데쓰다이(견습보조자)' 즉, 조력자밖에 되지 못했다. 기본적으로 나는 '로쿠로' 제조법을 습득하려고 하였으나 손이 부실하여 기술을 습득하지 못했다.

세계대전이 점점 치열해지면서 물자의 부족으로 인해 상황이 어려워졌다. 식량을 위시하여 모든 면에서 통제를 강화하고 이른바 정신무장의 일환이라고 말하며 갖가지 수단과 방법으로 우리 동포를 들볶는데 혈안이 되었으니 그 방법이 가지각색이었다. 총독부에서는 〈조선사상범예비구금령〉을 공포하였다. 이 법령은 사상범

〈조선사상범예비구금령〉: 일제가 사상범에 대한 감시와 처벌을 위해 제정한 법률. 적용 대상은 출옥하는 사상범이었으며, 그중에서 감옥 내에서 집단행동을 하거나 소요를 일으키는 등 완고한 비전향자를 대상으로 예방차원에서 다시 구치소에 입감시켜 생활과 행동의 자유를 제한하는 법령이었다.

대화숙: 야마토쥬쿠やまとじゅく. 원문에는 다이쇼센카이大政翼會라고 했으나 문맥상 대화숙이 맞다.

만기가 될 때까지도 사상 전환을 안 한 자들은 예비구금소에 재수용하여 전향을 강요하도록 하는 것이다: 1930년대의 전향 기준은 다음과 같이 변화되었다고 한다.

1) 운동을 더 이상 하지 않겠는가?(운동의 포기)

2) 맑스주의를 버렸는가?(사상의 포기)

3) 황국신민으로서 충성을 맹세하는가?(새로운 사상의 흡수)

출처: 이종민, 〈4장. 사상통제와 형무교회〉, 《식민지 조선의 감옥》, 2024, 161쪽.

〈미곡통제령〉 : 정확하게는 1939년 미곡배급조정령 및 미곡배급통제에 관한 건으로, 1943년 조선식량관리령 및 조선식량관리령 시행 세칙(세금의 부과와 징수에 관한 규칙).

으로 징역을 사는 수형자를 대상으로 사상을 전향한 자는 만기 출소 후 대화숙大和塾이라는 황도皇道 수련소에 매일가서 신사참배와 궁성요배宮城遙拜를 하며 〈황국신민의 서사〉를 제창하도록 하고 만기가 될 때까지도 사상 전환을 안 한 자들은 예비구금소에 재수용하여 전향을 강요하도록 하는 것이다. 이는 그놈들이 이전에는 전향을 인정하였으나 전시가 되자 진정한 전환은 있을 수 없다고 새로이 인식하게 되었다는 것을 의미하는데, 즉 '이데올로기'를 포기하는 전환은 있을 수 없다는 것이다. 예로 들어 공산주의자가 사상을 완전히 전환하였다고 하더라도 우연히 공산주의 원조인 '마르크스'의 사진을 보는 순간, 도로 의식화되어 과거의 공산주의 사상이 되살아난다는 것이다. 따라서 사상 전환이라는 것이 있을 수 없다고 단정하여 이런 법령을 새로 제정한 것이니 진퇴양난이요, 꼼짝 못 하게 하는 가혹한 처사였다.

〈조선인 학도정신대조직법朝鮮人學徒挺身隊組織法〉만이 아니라 〈미곡통제령米穀統制令〉까지 공포하여 백미白米는 말할 것도 없고 좁쌀밥도 마음대로 못 먹게 되었다. 백미밥은 원래 친일분자들 등 특수층만 빼고는 모두가 먹을 수 있는 것은 아니어서 그 외의 사람들과 특히 가난한 사람들은 만주에서 수입한 좁쌀이 주식이었다. 그러나 미곡통제령이 공포되면서 이제 좁쌀밥도 맘대로 못 먹게 된 것이다. 이렇게 되니 감옥살이하는 죄수의 밥 상태도 점차 나빠졌다. 콩은 대두박大豆粕으로 변하여 영양가라곤 전혀 없었고 모든 부식은 더 형편없게 되었다.

감옥 공장에서는 매일 아침 궁성요배를 했는데, 최양옥 선생은 궁성요배를 하시며 "왜놈이 망하소서" 하고 비셨다. 황국신민 서사를 복창할 때는 일본말로 "황도 선양하자"에서 황도皇道를 "강도强

대두박: 콩에서 기름을 짜내고 남은 찌꺼기. 주로 가축의 사료나 비료로 쓰인다.

황도를 "강도"로 바꿔 발음하여: 황도こうどう와 강도ごうとう는 일본어 발음이 거의 비슷하다.

1940년: 원문은 '1942년'이라고 적혀 있으나 이규창의 이감기록을 보면 1940년에 경성형무소를 나온 것으로 되어 있어 본문과 같이 수정함.

출처: 〈일제감시대상 인물카드〉, 한국사데이터베이스.

'도노': 일본어에서 사람의 인명·신분 따위를 나타내는 말에 붙이는 높임말. 님, 씨(氏), 귀하.

"돗치노 고슈데스까(어디 '고슈' 입니까?)": どっちの'こうしゅう'ですか?

盜"로 바꿔 발음하여 "강도 선양하자"고 하셨다. 그래서 감옥에서 큰 문제가 되었다.

⁂

1940년 3월경 자기공장으로 계호과 간수가 와서 담당 간수 가네모토와 말을 주고받았다. 그러더니 나 보고 작업을 중지하고 간수 '도노殿'를 따라가라고 하였다. 그 간수를 따라가 보니 한韓이란 간수장이 나에게 "감옥의 형편에 따라 너는 '고슈' 감옥으로 이감을 가니 그리 알고 가라"는 것이었다. 나는 내심 깜짝 놀랐었다. 그러나 무어라고 말할 수도 없고 그놈들이 하라는 대로 할 수밖에 없었다. 그런데 조금 있다가 그놈들이 광인으로 취급하던 공산주의자 박우현을 데려와 말하기를 "너도 '고슈' 감옥으로 이감을 가니 그리 알고 있으라"고 하였다. 그러자 박우현이 "돗치노 고슈데스까(어디 '고슈'입니까?)"라고 왜말로 반문하는 것이다. 박우현이 왜말로 말했던 이유는 한이라는 간수장이 우리말을 사용하지 않고 꼭 왜말로 말하였기 때문이다. 소위 국어를 사용한 것이다. 이렇게 왜놈이 되어 가는 것이다.

그런데 일본말로 광주光州도 '고슈'이고 공주公州도 '고슈'로 발음한다. 그래서 박우현은 이 둘 중 어떤 '고슈'냐고 반문한 것이다. 그가 이 문제를 물어본 이유는 공주감옥은 전 조선의 정신병자나 광인들을 수용하는 감옥이고 간수들이 박우현 자신을 광인으로 취급하였기 때문이었다. 그래서 박우현은 더 자세히 히카리光字 고슈냐, 오야케公字 고슈냐고 물었다. 그러자 한가는 히카리 고슈라 답하였다. 박우현은 그의 말을 믿지 않았다. 그러나 나를 보고는 "규호야, 너는 나같이 미친놈으로 취급을 안 받으니 너만 믿는다"고 하였다. 곧이어 간수가 박우현을 데려가고 나도 곧바로 독방으로

공주감옥은 전 조선의 정신병자나 광인들을 수용하는 감옥: 공주형무소는 1937년에 전국의 심신미약자를 수감하는 '특수수형자 수감장소'로 지정됨.

출처: 이종민, 〈4장. 사상통제와 형무교회〉, 《식민지 조선의 감옥》, 2024, 174쪽.

교회사 중놈: 1930년대 초반까지도 일본 교회사들은 공산주의에 대한 대항사상으로 '불교'를 내세워 전향의 최종목표로 정토진종의 포교를 염두에 두었다고 한다. 또한 이렇게 장기간 옥내에서 수형자들과 면담하고 기록을 남기는 교회사는 단순한 정토진종계 승려가 아니라 '총독부 관리'로 봐야 한다.

출처: 이종민, 《식민지 조선의 감옥》, 2024.

수용되었다. 우리를 죽이든 살리든 그놈들에게 맡길 수밖에 없는 운명이었다.

이후 감옥 내에서 이규호와 박우현을 이감시킨다는 소문이 퍼졌다. 오동진 선생을 위시하여 정이형, 최양옥, 김봉한, 이화익, 유정근, 이규보, 김보형, 백세창白世昌 등 모든 선생들이 감방 소제부를 통하여 광주감옥에 가더라도 몸을 건강히 챙기고 세상은 얼마 후 희망이 있을 테니 부디 잘 지내라는 격려의 말을 내게 전하였다. 이게 얼마나 고마우신 마음들인가. 그런데 1945년 8월 17일 출옥하고 보니 그 인자하고 위대한 오동진 선생은 내가 광주감옥으로 간 후 1년쯤 지나 공주감옥에서 순국하셨다고 한다. 참으로 원통한 일이다.

그 이튿날 아침 나는 교회사 중놈에게 불려 가서 여러 가지 말을 들었다. 다른 말은 아니고 황국신민 설교를 하는 것이었다. 그러던 중 사상 전향을 하고 도서실에서 사역하는 박세영이 나에게 왔다. 그리고 나에게 "영치한 책들을 모두 챙겼으니 광주에 가서 받아보라"고 하였다. 더불어 "자전字典 뒷면에 자기의 서울 집 주소를 적어 놓았다"고 교회사 중놈이 듣지 못하게 조용히 말했다. 그리고 큰소리로 "광주에 가서 규칙을 잘 지키고 건강히 있으라"고 말하였

그렇게 나의 경성감옥에서의 생활은 막을 내렸다: 당시 경성형무소 기록에 이규창은 쇼와 15년(1940) 4월 16일 출소. 광주감옥으로 이감했다는 뜻이다.

출처: 〈일제감시대상 인물카드(이규호, 쇼와 14년 3월 19일자).〉, 한국사데이터베이스.

내가 얼마 전 자기공장에서 작업할 때 미국의 B29 폭격기가 최초로 일본 동경을 폭격하였다는 말을 들었다: B29에 의한 도쿄공습은 1945년 3월 9일에 시작됨. 최초의 도쿄 공습인 둘리틀 특공대에 의한 공습은 1942년 4월 18일에 이루어졌고 B-25가 출격했다.

서울시 전역에 등화관제 연습을 하는 모양이었다: 서울에서의 등화관제 연습에 대해서는 다음과 같은 기사가 있다.

〈장기관제長期官制를 목표〉

〈내월 중 등화관제 훈련 준비에 바쁜 경성부 방공본부京城府 防空本部〉

점차 긴박성을 띄워가는 작금의 제반 정세는 도시 경성의 상공에 철벽진을 뻗쳐 '방공준비는 다 되었다'는 신호를 절실히 요구하고 있어 경성부 방공본부京城府 防空本部에서는 경성 일원에 오는 5월 중순에 등화관제 훈련을 실시코저 준비를 진행 중에 있다.

출처: 《동아일보》, 1940. 4. 18.

다. 그렇게 나의 경성감옥에서의 생활은 막을 내렸다.

나와 박우현은 야간열차로 호남선을 타러 경성역으로 향했다. 왜놈 간수부장 1명과 조선인 간수 2명이 우리를 압송하는 책임을 맡았다. 우리에게는 빨간색이 아니라 파란색 의복을 입혔으며 손에는 수갑을 채우고 포승줄로 우리 둘을 연결해서 묶었다. 머리에는 얼굴이 보이지 않도록 하는 도구인 '용수'를 씌웠다. 그러니 나는 역 안에 있는 사람을 볼 수 있었지만 다른 사람들은 나를 볼 수 없었고 그저 죄수들을 이감하나 보다 할 뿐이었다.

기차표를 사고 홈으로 들어가서 시계를 보니 오후 9시경이었다. 경성감옥에서 나올 때부터 전 시가지가 암흑세계였다. 이것은 등화관제燈火管制라고 하는 것으로 적의 야간 공습에 대비하여 지역의 등불을 모두 끄게 한 것이었다. 내가 얼마 전 자기공장에서 작업할 때 미국의 B29 폭격기가 최초로 일본 동경을 폭격하였다는 말을 들었다. 그래서 그런지 서울시 전역에 등화관제 연습을 하는 모양이었다. 그렇다고 누구한테 이 일을 물어볼 수도 없는 상황

광주형무소. 정문, 공장, 감방
출처: 《조선형무소사진첩》

이었다.

9시 몇 분 차인지는 알 수 없으나 우리는 광주행 기차를 타게 되었다. 박우현은 기차 좌석에 앉게 되자 그제야 안심하고 나에게 "정말 광주로 가니 맘이 놓인다"고 하였다. "만약 정신이상자를 수용하는 공주감옥으로 가게 되었다면 자기는 죽고 말았을 것"이라고 자신의 생각을 털어놓았다.

우리가 탄 기차는 밤차이지만 승객은 가득 차 있었다. 우리는 자리에 앉았으나 서서 가는 승객들도 많았다. 나는 7세 때 북경으로 가는 기차를 타 보고 (국내에서 기차를 타는 것은) 이번이 처음이었다. 우리는 송정리松汀里라는 곳에 내려 광주로 가는 기차를 한 번 갈아타고 6, 7시경 광주역에 도착하였다. 그리고 광주감옥으로 직행하니 간수부장들이 우리 둘을 광주감옥 계호과에 넘겼다. 신상 조사는 광주감옥에서 간단히 마쳤고 나의 수인번호는 1991번으로, 이것이 나의 이름이 되었다. 광주감옥에서도 나는 독방에 수용되었다.

광주감옥은 경성감옥과 비교하면 규모가 퍽 작았다. 감옥의 수용인원이 5, 6백 명에 불과했고 장기수들은 없었다. 이곳에서는 보통 5년의 징역도 장기수로 취급하였다. 그러니 나와 박우현은 광주감옥의 최고의 장기수였다. 독방에 수용된 죄수로는 기독교 목사

송정리: 현재 광주광역시 광산구 송정동.

〈사랑의 원자탄〉: 1977년에 제작된 영화 〈사랑의 원자탄〉. 감독 강대진, 출연 이신재, 송승환, 박소미 등. 손양원 목사의 생애를 그린 전기영화로 손 목사의 별명에서 제목을 따 온 것으로 추측된다.

여수 공산당 반란: 여수·순천 10·19사건을 지칭한다. 여순사건은 정부 수립의 초기 여수에 주둔하고 있던 국군 제14연대 일부 군인들이 '제주4·3사건' 진압 명령을 거부하고 일으킨 사건이다. 이로 인하여 1948년 10월 19일부터 지리산 입산 금지가 해제된 1955년 4월 1일까지 여수·순천 지역을 비롯하여 전라남도, 전북특별자치도, 경상남도 일부 지역에서 진압 중 다수의 민간인이 희생당하였다.

공산주의 청년: 1948년 10월 19일 여수·순천 사건 당시 반란군이었던 안재선(안경선 목사의 부친).

손 목사를 6·25전쟁 때 공산군이 퇴각하면서 무참하게 살해한다: 손양원 목사는 애양원 교회에서 나환자들을 돌보며 목회를 하던 중 6·25전쟁이 일어났지만 피난을 가지 않고 나병환자를 계속 돌보았다. 이후 쳐들어온 공산군에 의해 1950년 9월 13일 체포당해 15일간 여수 감옥에서 혹독한 고문을 당하였다.

유엔군의 참전으로 퇴각하게 된 공산군은 손양원 목사를 여수시 둔덕동 미평과수원에서 총살하여 결국 1950년 9월 29일, 향년 49세의 나이로 순교하였다.

출처: 위키피디아(https://ko.wikipedia.org/wiki/%EC%86%90%EC%96%91%EC%9B%90)

가 있었다. 이분은 신사참배를 거부하는 등 자주 민족정신이 강한 분으로 왜놈이 싫어하는 종교인이었다. 더군다나 귀축 미국·영국과 이른바 성전을 한다는 상황에 이런 기독교 목사를 가혹히 취급하지 않을 수 없었다. 이분은 5년의 최고형을 받고 독방에서 징역살이를 하고 있었다.

이분이 그 유명한, 〈사랑의 원자탄〉이라는 영화의 주인공 손양원孫良源 목사님이다. 왜놈이 세계대전에서 패전하고 우리나라가 광복된 지 얼마 안 되어 여수 공산당 반란이 일어났을 때 손 목사의 두 아들이 공산주의 청년에게 살해당했다. 국군은 반란을 수습한 후 목사의 아들들을 살해한 공산주의 청년을 체포하여 총살형에 처하고자 했던 그때, 손 목사가 국군장교에게 사정하였다.

"그 청년은 나의 자식을 죽이고 여러 가지 죄를 범하였다. 그러나 내가 그 청년을 데려가서 나의 자식으로 삼고, 하느님의 사랑으로 선하게 인도하겠으니 나에게 주는 게 어떠한가" 하고 간곡히 부탁하여 그 장교가 상부의 허락을 받고 손 목사에게 청년을 넘겼다. 이 때 얻은 별명이 '사랑의 원자탄'인 것이다. 그런데 살해당한 자식을 대신해 공산주의 청년한테 진심 어린 사랑을 베푼 손 목사를 6·25전쟁 때 공산군이 퇴각하면서 무참하게 살해한다. 아무튼

이 거룩한 사랑을 베푸신 손 목사를 광주감옥 감방에서 뵈었고 광복 후에 이런 위대한 행적을 남기셨다는 말을 광주에서 들었다.

감옥에 오고 1주일 후 의무과의 간수부장이 나의 번호를 부르며 나오라고 하였다. 그리고 나를 데리고 의무과로 갔다. 그가 의무실 의무과장에게 나를 데려왔다고 하자 의무과장이 나를 보고 "자네 일본말 할 줄 아나?" 하며 물었다. 내가 "잘 모른다"고 대답하자 과

권계수 의무과장님: 당시(1940) 권계수가 맡았던 정확한 관직 이름은 '보건기사保健技師'.

경성의전: 경성의학전문학교. 1899년 대한제국에서 설립한 경성의학교에서 출발했고 1916년 조선총독부병원 부속 의학전문학교로 전환되어 운영된 관립 전문학교.

지금은 광주감옥에서 의무과장으로 재직하고 있었다: 중간에 1년 정도의 공백이 있는 걸 제외하면 권계수는 1929년부터 광주형무소에서 일했다. 처음 맡았던 관직은 '의무촉탁醫務囑託'.

일본인 '니시이': 니시이 가쓰마西井克磨. 광주형무소에서 1942년부터 근무했다. 이규창이 처음 광주형무소에 이감되었을 당시 약제사는 모리 시게오森繁雄. 광주형무소에는 1937년부터 1941년까지 재직.

출처: 〈직원록자료(조선총독부)〉, 한국사데이터베이스

급사(사환): 관청이나 회사에서 잔심부름을 위하여 고용된 사람.

장이 말하기를 "내가 소장에게 특별히 부탁하여 자네를 의무실에서 사역하도록 하였으니 지금부터 이곳에서 일을 하라"고 하였다. 아울러 "부장님의 명령에 복종하여 잘 지내도록 하라"고 자상하게 말하였다. 부장은 장재성張在性이라는 분으로 후에 알았지만 1929년 광주학생사건 주모자인 장재성張載性의 6촌 동생이 되는 분이다. 그리고 권계수權桂洙 의무과장님은 안동 권씨로 전남 구례求禮 분이요, 경성의전을 졸업한 의사로 만주에서 개업을 하셨다가 지금은 광주감옥에서 의무과장으로 재직하고 있었다.

의무과는 의무과장을 위시하여 간수부장 장재성과 약제사藥劑師인 일본인 '니시이西井', 급사(사환) 박만섭朴萬燮 소년, 그리고 나까지 합하여 5명으로 구성되었다. 하지만 나는 죄수이므로 의무과의 인원수에는 포함되지 않았다. 죄수들에게 감옥 의무실은 유일무이의 지상낙원과 같은 곳이었고 그곳에서 일하는 것은 공작公爵에 비할 정도의 고귀한 직장으로 알려져 있었다. 그렇게 들어가기 어려운 희귀한 장소에 내가 간병부看病夫로 사역을 하니 모두 다 이상하게 생각하며 부러워했다. 그도 그럴 것이 광주감옥이 생긴 이래 지금까지 치안유지법 위반 죄수가 의무실 간병부로 일을 한 적이 없다는 것이다. 그런데 경성감옥에서 이감되어 온 죄수를, 더군다나 감옥 내에서 법을 어겨 형기가 추가된 자를 간병부로 썼으니 어떤 면에선 의무과장의 권력이 대단하다는 뜻이었다.

간병부로 한참 일하던 어느 날 의무실에 아무도 없고 의무과장과 나 둘뿐이었다. 그때 과장이 나를 보고 "자네 부친께서 이회영 선생이시고 숙부가 이시영 선생이시지?" 하고 물으셨다. 그리고 이어서 "나는 자네의 가정을 잘 알고 있네. 그러니 그리 알라"고 하셨다. 아울러 아무쪼록 규칙을 잘 지켜 나의 체면을 세워달라고 하셨다. 나는 과장의 그 말을 듣고 어찌나 감격스럽던지 눈물이 날 지경이었다. 그래서 과장님께 "저의 가정을 잘 아신다니 참으로 감사하며 앞으로 심려를 끼치지 않도록 하겠습니다" 하고 말씀드렸다. 그러자 과장은 "알아서 잘하게"라고 하였다.

의무과장 권 선생은 보통 왜놈 치하의 의사가 아니었다. 나는 광주감옥으로 이감되는 것이 불우하다고 생각하였지만 오히려 전화위복이 된 셈이었다. 이런 분을 만나 비록 징역살이라는 가혹한 환경이지만 심적으로는 위로를 받게 되니 불행 중 다행이었다. 또 간수부장 장재성 씨도 민족의식이 강한 분이어서 일본인 약제사만 제외하고는 한 집안 같았다.

의무과의 병동이라고는 1, 2, 3, 4호의 감방뿐이었다. 그중 1, 2,

3호의 병감은 독방이었고 4호 병감만 5, 6명의 병자를 수용하였다. 그리고 4호 방은 간병부인 내가 함께 생활했다. 사실 광주감옥은 죄수도 소수인 관계로 병자도 그리 많지 않았다. 권 의무과장의 방침은 죄수가 병을 앓게 되면 될 수 있는 한 병보석으로 형 집행유예를 하여 가족에게 인계하는 것이었다. 그래서 간병부는 나 하나로 족하였다.

나는 아침에 다른 죄수보다 일찍 감방에서 나와 사무실과 모든 곳을 청소하고 외래환자, 즉 각 공장에서 발생한 내과환자 혹은 외상환자를 치료할 약을 준비하였다. 내과환자에게 줄 약은 약제사가 병명에 따라 조제를 하면 나는 종이에다 조제한 약을 싸고 죄수의 번호를 써서 약을 줄 준비를 했다. 병방病房에 있는 병자에게 줄 음식은 취사소炊事所에서 가져왔다. 죽을 먹을 병자에게는 죽을 주고, 밥을 먹을 병자에게는 밥을 골고루 분배하여 주는 일이 나의 의무였는데 죽은 백미로 된 것이어서, 만약 죽이 여유가 있으면 콩밥을 먹는 병자에게도 나눠주곤 했다. 내가 공정하게 분배했기 때문에 그들이 나를 퍽 좋아하였다. 그리고 나도 죽과 밥을 섞어서 먹었다. 이것도 보통 죄수들은 못하는 일인데 나는 경성감옥에서 광주감옥으로 쫓겨온 덕에 도리어 운이 핀 것이다. 사실 나는 간병부로 있으면서 권 선생을 보나 나 자신을 위해서라도 6개월이 지난 후부터는 외상 치료나 약제사가 지시한 처방을 잘 이행해서 의무과장님과 일본인 약사에게 칭찬을 받았다. 이렇게 되니 소장이나 다른 왜놈 형무관들이 나를 경계하고 주의 깊게 감시했던 것이 날이 갈수록 점차 해소되어 가고 있었다.

그러는 동안 일본의 세계대전은 치열해졌다. 왜놈들은 이른바 성전聖戰을 완벽히 이뤄내기 위해 물자 전체에 대한 통제 강화와 배급제를 실시하였다. 그들은 부족한 전쟁물자를 확보하기 위해 물자 통제에 혈안이 되어 있었다. 통제법은 더욱 강화되어 법을 어길 시에는 가차 없이 엄벌에 처해졌다. 그렇게 되니 감옥에는 매일 같이 죄수만 늘어났다. 감옥에 들어오는 죄수들은 대개 전시법을 위반한 사람들이었다. 주요 전쟁물자인 미곡을 통제하여 매일 세 끼 식사를 못 하게 되니 자연스럽게 미곡통제령의 위반이 전체 범법에 10의 9를 차지하게 되었다. 미곡통제령을 위반한 죄수들은 1년 혹은 6개월의 형을 받고 감옥으로 왔다. 죄도 아닌 죄목으로 징역을 사는 것이다. 왜놈들은 전시가 아닐 때에도 우리나라 소출의 백미 전체를 강탈하여 저놈의 나라로 가져갔었다. 그 때문에 친일하는 놈이나 자작自作을 좀 하는 농민만 우리 쌀을 먹었지, 그렇지 못한 가난한 모든 백성들은 만주의 좁쌀로 겨우겨우 명을 이어가는 형편이었다. 그런데 이 원수 같은 왜놈들이 중국 대륙을 침탈하고 대동아성전을 수행한다며 그나마 남은 곡식을 통제하고 법으로 규정하여 우리 민족이 굶어 죽을 지경에 이르렀으니 위반을 안 할 수 없게 되었다.

그래서 감옥에 죄수가 점점 증가일로였다. 이런 상황이니 병감에도 환자가 증가하여 나의 일은 점점 많아지고 의무실 전체가 일손이 부족하게 되었다. 하지만 간병부는 더 이상 증원을 할 수 없었다. 그것도 죄수 간병부의 정원이 있기 때문이었다. 그러니 나는 그 많은 일을 부득이 혼자 할 수밖에 없었다.

1942년에는 공산주의자 김삼룡金三龍이 10년 형을 받고 광주감옥으로 왔다. 나는 7년 전 김삼룡이 서울에서 제국대학 공산주의자 사건에 연루되어 초범으로 1년 반 형을 받고 감옥살이를 할 때 같은 감방에 있었기 때문에 서로 알았다. 그런데 광주감옥에서 또 만나게 된 것이다. 김삼룡에게 그간 사정을 들으니 그때 1년 반의 형을 다 살고 사회에 나가 또 공산당 사건에 관여되어 재범으로 3년의 형을 받았다고 하였다. 그렇게 또다시 징역을 살고 만기가 되어 사회에 나갔다가 이젠 3범이 되었고 이번엔 최고형 10년 형을 받고 광주로 왔다고 하였다. 그는 나에게 이곳에 와서 동무를 또 보니 옥고가 많았겠다고 한마디 하였다.

또 같은 해에 경성감옥 독방에 있던 공산주의자 문갑송도 광주로 왔다. 그렇게 되니 광주감옥도 장기수를 많이 수용하게 되었다. 이곳 교회과敎誨課에 소제부로 있는 김형선金瀅璇은 제주도의 조천潮天에서 공산주의운동을 하다가 검거되어 광주지방법원에서 2년 형을 받고 이곳으로 왔다. 그 당시 그에게 듣기로는 조천은 제주도내 공산주의자의 소굴이라 칭하였다. 이렇게 보니 장기수로 박우현, 문갑송, 김삼룡은 다 공산주의자였고 나 이규호만이 그들에게

교회과: 원문에 教悔課으로 표기되어 있던 것을 수정함.
'노모자' : 老耗子[lǎohàozi]. '늙은 쥐'라는 뜻.

는 이단자였다. 그러나 모두 같은 죄수요, 타도 왜놈 제국주의라는 동일한 목적이 있었으니 별문제가 되지 않았다.

그러나 문갑송은 철저한 민족적 공산주의자였으므로 박우현, 김삼룡 등과 공산주의 노선에 대한 논쟁이 극심하였다. 문갑송은 '노모자老耗子', 즉 러시아의 지배를 절대 받지 않고 자주독립의 국가를 건립한다는 이론이요, 박우현이나 김삼룡은 '소비에트'와 '코민테른' 명령하에 공산주의 사회를 건국하여야 한다고 주장하며 서로 맞서고 있었다. 여기서 나는 공산주의자들 자체도 서로 다른 이상과 노선을 가지고 있음을 새로이 발견하였다. 그러니 민족 자주의 독립운동자하고 대립하는 것은 당연한 일이었다. 단지 당면한 왜적과 투쟁을 위해 그때그때 합작하여 공동으로 싸울 뿐이었다.

나는 비록 감옥에서 많은 고생을 했지만 참 많은 상식과 지식도 배우게 되었다. 생각해 보면 사실 내가 무슨 지식과 학식이 있는 것은 아니었다. 하지만 감옥에서 모든 것을 배우고 공부하였다. 그래서 감옥살이를 하면 벙어리가 말을 하고 귀머거리가 말을 듣는 기가 막힌 곳이라고 말한다. 내 형편을 보면 그 말이 일리가 있는 것 같다. 감옥은 각양각색의 인물이 모이는 곳이다. 이곳에는 사회의 비도덕적 인간쓰레기 또는 도덕군자, 학생, 사상가, 의열義烈의 애국지사 등 다양한 사람이 있었다. 그러니 인간의 양면 또는 사회의 이면을 배울 수 있는 것이다. 감옥은 철학, 이성, 모순 등을 탐구할 수 있는 훈련장이었다.

1942년 말쯤 전라남도의 기독교 종교인들이 신사참배를 반대한 죄로 15명의 위반자가 최고형 3년, 2년, 1년을 받고 광주감옥에 복역하게 되었다. 일단 감옥에 들어오면 의무과에서 건강검진을 하였고, 내가 신분장身分帳에 건강 상태를 다 기재하였다. 그 때문에

기독교 종교인들이 신사참배를 반대한 죄로: 신사참배 거부운동은 1930년대 후반부터 1945년까지 기독교인이 중심이 되어 전개한 항일 운동이다. 1937년 중일전쟁으로 일제가 일반인은 물론 교회까지 신사참배를 강요하자 거부운동으로 발전하였다. 거부운동은 1) 신사참배 강요금지 청원운동과 2) 신사참배 거부권유운동, 이 두 가지 방향으로 전개됨.

신분장: 교도소에서 직원 및 재소자의 이력, 성적 따위를 모아 둔 장부. 한 사람에 한 책씩 되어 있다.

황두연: 1905~1984. 전남 순천 출신. 대한독립촉성농민총연맹 소속 제헌국회의원.

집사: 교회의 각 기관의 일을 맡아 봉사하는 교회 직분 중 하나.

천품: 타고난 기품.

충후하였으며: 충직하고 온순하며 인정이 두터웠으며.

나는 그 죄수가 무슨 죄를 범했고 형기가 얼마나 되는지도 다 알게 되었다. 3년 형을 받은 목사 박용의朴容儀는 서울 분이고 전라남도 책임목사로 있다가 신사참배 거부로 형을 받았다. 그 외에 황두연黃斗淵 장로는 광복 후 자유당 시절에 자신의 고향 전라남도 국회의원으로 출마하여 당선되어 정치인으로 활동하시다가 돌아가셨다. 그리고 오석주吳錫柱 목사, 김金 목사, 나덕환羅德煥 목사는 이름만 기억할 뿐 그 이상의 내용은 기억이 나지 않는다. 조용택趙龍澤이란 집사가 있었는데 그는 광주시 적십자의원장의 동서였다. 그의 천품天稟은 충후忠厚하였으며 형은 1년이었다.

권 의무과장의 호의로 이들은 병자 취급된 뒤 병감에 수용되어 치료를 받았다. 그렇게 되니 내가 있는 4동 병감이 사람으로 가득 찼다. 주봉식朱鳳植이란 청년은 3년 형을 받고 감옥에 들어온 인물로, 작업을 하다 목에 종기가 나서 4동 병감에 수용되었다. 그는 광주에서 청년운동을 하다가 일본 헌병대에 체포되어 그 후 혹독한 취조를 받고 지방법원으로 넘겨져 3년 형을 받았다. 주봉식의 인간됨은 정의감이 강했고, 나중에 광주 출신으로 국회의원이 된 정성태鄭成太 의원의 청년 동지였는데, 광복 후 사망하였다. 이렇게 하여 잡범(절도, 사기, 강도 등 범죄)이 아닌 시국사범(전시임시법 위반)들이

쏠스 광고

출처: 《매일신보》, 1938. 7. 6.

연이어 형을 받고 징역을 살게 되었다.

일본의 전쟁은 점점 치열해졌다. 미, 영을 상대로 전쟁을 하게 되니 군수품의 조달이 어려워지고 국민 전체의 생필품 공급이 부족해졌다. 식량 사정 또한 점점 궁핍해졌다. 백미는 말할 것도 없고 조도 수급이 불가능하여 하는 수 없이 대두박을 식량으로 배급하고 동시에 메수수로 식량을 충당하였다. 메수수는 전혀 영양이 없는 곡식이었다. 게다가 부식은 단지 해초 '물캐'라는 것을 소금물에 끓인 걸 국이라고 주었다. 그것을 며칠 먹으면 위가 고장이 나서 소화불량과 설사를 하게 되고 병이 나니 상황이 말이 아니었다. 게다가 죄수들은 경제범, 유언비어 죄로 경찰서에서 취조를 당하여 형무소에 들어올 때 이미 수개월간 음식을 제대로 먹지 못해 피골이 상접한 모양이 마치 사람이 아니고 인골人骨 귀신 같아 보였다. 재판에서 1년 내지 1년 반의 형을 받고 광주감옥에 징역을 살러 오면 감방에 1, 2일 정도 있다가 의무실로 건강 상태를 점검받으러 온다. 나는 그들의 모습을 차마 눈 뜨고 볼 수가 없었다. 수개월 동

수분이 심장까지 침입하면 사망하는 것이다: 저단백혈증으로 인해 심장을 둘러싸고 있는 심장막(심낭心囊)에 액체가 고이는 심낭삼출心囊滲出(Pericardial effusion)이 발생하고 액체가 더욱 많아지면서 심장의 운동이 극도로 제한되는 심장 압전心臟壓塡(cardiac tamponade)으로 사망한 사례를 말하는 것으로 추정됨.

자문: 한성구, 한준구 전 서울대학교 의과대학 교수

기아부종: 오랫동안에 걸친 영양실조로 몸이 붓는 증상. 혈액 중의 단백질이 줄어드는 저단백혈증이 주요 원인이다.

'쏠스' : salts, ソルッ를 가리키는 것으로 추정. 1930년대에는 황산마그네슘 등과 같이 장으로 물을 빼내는 염류하제鹽類下劑가 많이 사용되었음. 1938년 《매일신보》에는 다음과 같은 광고도 실렸었다.

〈여름철 병의 장본은 풋실과, 채소, 상한 음식〉

곽난에는 우선 피마자기름이나 '쏠스'.

세브란스병원 오내과 오한영 박사 왈 '곽란이 났을 때는 쏠스와 같은 것으로 창자 안에 붙어 있는 부패한 음식물을 우선 씻어내고 사향소화반 같은 것을 잡수어 보라.'

출처: 《매일신보》, 1938. 7. 6.

보선: 이미 되어 있는 곳을 보충하여 고침.

안 음식을 제대로 먹지 못하고 아사 지경에서 감옥으로 오니 이 꼴인 것이다.

그렇게 허기증이 난 사람에게 먹을 것이라고는 메수수밥 조그마한 덩어리와 해초 소금국이 전부이다 보니 처음 며칠 동안은 괜찮다가 배탈이 나서 설사를 수없이 하게 되는 것이다. 그러다 속이 텅 비면 또 해초국이나 물을 배가 터지도록 먹고 다시 설사를 하였다. 그런데 설사도 그치고 소변도 안 나오는 상태가 되면 며칠 후 전신이 부어오른다. 그러다 수분이 심장까지 침입하면 사망하는 것이다. 이것을 기아부종饑餓浮腫이라 한다. 흉년에 부어터져 죽는다는 말이 있는데, 감옥에서도 이렇게 되는 사람이 수십 명이었다. 따라서 죄수들에게 설사를 시키는 '쏠스'라는 약을 먹이고 소량의 죽을 주었다. 이렇게 1주일이 지나면 부기가 빠지고 정상으로 돌아왔다. 그러나 그것이 모두에게 해당되는 것은 아니었다. 중태에 빠져 생명이 위독해지면 권 의무과장께서는 죄수의 집으로 전보를 쳐서 병보석을 하게 했다.

한편 독방에 있던 공산주의자 박우현은 목공장으로, 김삼룡은 인쇄공장으로, 문갑송은 보선補繕공장에서 일을 하게 되었다. 박우현은 광주감옥에서는 경성감옥에서처럼 미친 짓을 하지 않고 조용히 있었다. 광주감옥에서는 경성감옥에서 이송할 때 보낸 의견서 등, 서류를 보고 처음 수개월 동안 박우현의 행동을 관찰하였다. 그러나 박우현을 볼 때 의견서의 내용과 전혀 일치하지 않으니 광주감옥에서는 박우현에 대한 생각이 달라졌다. 소장과 교회사는 그를 상대로 수차례 대화를 하더니 언어며 행동이 조금도 이상이 없고 도리어 이론이 정연하고 이해성이 아주 대단한 것을 알게 되었다. 교회사는 왜 너를 미친 인간으로 취급을 하게 되었냐고 박우현에게 물었다. 그는 "그들이 나를 상대하기가 곤란하니 미친놈으로 취급하는 게 무난하지 않았겠는가" 하며 반문을 하였다. 그것을 들은 교회사도 수긍을 하고 박우현을 독방에 둘 것이 아니라 공장으로 보내 향후 그의 동정을 더 관찰하기로 하였다. 이렇게 되니 박우현의 태도도 퍽 쾌활해지고 여러 죄수와 어울려 잘 지내니 광주감옥에서도 더 의심할 것은 없었다. 그러나 그는 여전히 다리는 잘 쓰지 못하였다.

염: 죽은 사람의 몸을 씻긴 다음 수의로 갈아 입히고 베나 이불로 싸는 행위.

나는 감옥에서 생전 처음으로 죽은 사람 염殮을 하였다. 감옥에 사고무친四顧無親한 이가 있었다. 내가 그 사람의 수족도 되었다가 친척도 됐다가 하던 중 그가 운명하였는데, 죽을 때는 옆에 사람 하나 없이 몸부림치다가 혼자 돌아갔다. 아침에 간수와 감방 문을 열고 죽은 시체의 얼굴이 이불에 가려진 것을 보고 이불을 들춰보았다. 그런데 시체가 두 눈을 딱 뜨고 나를 보는 것이 아닌가. 나는 이 광경을 보고 기겁을 하여 감방에서 뛰어나와 아무 말도 하지 못했다. 이런 나를 보며 간수는 왜 그러냐고 하기에 한참 뒤에 이런 광경을 말했다. 간수는 너도 참 놀랬겠구나 하며 정신을 가다듬고 일을 치르라고 위로하였다. 그 간수는 안安 씨이고 구례 사람이었는데 사람됨이 퍽 선하였다.

원한이 많은 사람은 죽을 때 눈을 못 감고 죽는다더니, 감옥에서 운명했는데 왜 사무친 원한이 없겠는가. '눈을 감고 죽을 수가 없었겠지' 하고 나는 몇 번이고 속으로 뇌까렸다. 감옥에서는 죄수가 죽으면 그 가족에게 전보를 쳐서 사망을 알리고 사망자의 가족들한테 시체를 인도하였다. 그러나 가족이 오지 않는다면 24시간이 지난 뒤 시체의 수인복을 벗기고 영치해 둔 사망자의 의복으로 갈아입힌 뒤 관에 넣었다. 그 역할을 내가 하였다. 그렇게 24시간을 또 두었다가 가족이 오면 관을 인도하였고 오지 않는다면 목공장에서 나무를 가져다가 묘비를 적었다. 묘비는 내가 먹글씨로 제 몇 호, 모모의 묘라 쓰고 관에다 넣었다. 소제부들이 감옥의 공동묘지로 관을 이동하기 전에 교회사 중이 마지막으로 죽은 이를 위하여 독경을 하였다. 나는 곁에서 촛불을 켜고 향을 피우고 경례를 하였다. 내가 상주 노릇을 하는 것이다.

이 모든 일을 생각해 보면 내 운명인가 싶었다. 나의 10여 년의 징역 생활 중 광주감옥으로 이감 와서 1945년 8월 17일 출옥 때까지 불쌍한 고혼孤魂의 시체 총 352구를 돌봤다. 그들이 죽기 전에는 내 손으로 치료도 하였고, 죽으면 시체를 염하고 상주 노릇을 하며 저승에서는 극락으로 가라고 축원까지 하였다. 내 손으로 쓴 352개의 묘비가 지금 어디에 있는지, 왜놈 치하 역사의 한 단원이었다.

이와 관련한 일화를 더 보태자면, 나는 출옥하여 9월 말경에 서

고혼: 죽은 뒤에 저승으로 가지 못하고 외롭게 떠돌아다니는 영혼.

울로 왔는데 그때 형무소에서 같이 출옥한 배종국裵鍾國 동지가 우리가 고생을 하다 살아났으니 점집에게 가서 우리의 운명과 팔자와 전생과 미래가 어떤 지 물어보자고 하여 태어나서 처음으로 점집에 갔다. 점쟁이에게 나의 생년월일과 시간을 말하니 그가 말하기를 "당신은 이 세상에 태어나면서 갖은 풍파와 고생을 당했을 것이요, 하지만 앞으로는 그런 풍파는 없을 것이다. 그런데 당신 일생에 죽은 사람을 많이 치울 것이다. 이것은 당신의 전생 팔자에도 있으니 그리 알라" 하였다. 나는 속으로 깜짝 놀랐다. 배종국 동지도 나를 쳐다보았다. 나는 점쟁이에게 다시 물었다. "일생의 몇 년 몇 월에 그런 시체를 치웠느냐"고 물으니 점쟁이는 "이 점괘에는 그런 정확한 연월일은 나오지 않으나 아무튼 많은 시체를 치우게 되어 있다"고 하였다. 나의 과거를 돌아볼 때 생전 운명과 팔자가 그렇게 타고 났다고 생각되지 않는가. 옛이야기를 쓰다 보니 40여 년 전의 기이한 점괘가 생각이 나서 말하는 것이다.

감옥에는 통제경제법 위반 사범이 날로 늘어났다. 죄수 수십 명이 1년 형을 받고 감옥에 들어와 의무실에서 건강진단을 받는데 건강진단을 받으러 오는 죄수들의 모습은 완전히 피골이 상접한 해골이 걸어오는 것 같았다. 이러니 건강하고 건강하지 않다는 것이 뭐가 중요하겠는가. 상황이 이러니 일반 감방에 3, 40명을 나누어 수용하고 완전히 병든 자들을 위한 임시 병감방을 만들어 치료를

피골이 상접한 해골이: 원문에는 '고루'라고 적혀 있음. 중국어로 쿠러우骷髏[kūlóu]는 '해골'을 뜻한다.

조선주둔군사령부에서 전라남도 여수에 잠수함 기지와 군항을 짓는데:
부산과 더불어 본토와 대륙을 연결하는 중요 통로지점이자 진해 해군기지를 보호할 위치에 있던 여수에서는 1942년 무렵부터 요새사령부와 항공기지 건설공사가 벌어졌다고 한다.
그러나 총독부 행형당국은 좌담회에서 여수 외역 작업의 내용을 표기하는 대신 ○○로 표기했다(작업시기는 1942년 2월경으로 표기). 또한 여수에서 일을 하다 광주형무소로 이송된 환자 수형자들은 이 작업이 '잠수함 기지'와 '군항 축항 작업'이었다고 했다고 한다.
출처: 이종민, 〈5장. 형무소 보국대로 본 전시동원〉, 《식민지 조선의 감옥》, 2024, 221쪽.

사증: 배탈로 설사를 하는 병증.

이증: 이질의 한 종류. 변에 곱이 섞여 나오며 뒤가 잦은 증상을 보이는 법정 감염병. 세균성과 원충성으로 구별한다.

시작하였다. 우리 의무과에선 권 의무과장을 위시하여 심지어 나까지도 무슨 약을 복용시켜야 병이 나을지에 대해 진지하게 의논했다. 그러나 묘안이 나올 리가 없었다. 약이 없으니 단지 음식을 약 대신으로 쓸 수밖에 없는데, 하지만 해초 소금국과 메수수로 만든 작은 밥덩이로 어찌 그 피골이 상접한 죄수들의 기운을 보충할 수 있겠는가. 그저 시체가 되어 출옥이나 안 하면 다행일 뿐이었다.

조선주둔군사령부에서 전라남도 여수에 잠수함 기지와 군항을 짓는데 죄수를 강제 동원하였다. 그래서 광주감옥은 전시 사범들 중 비교적 건강한 사람을 임의로 뽑았다. 그곳에서 사역을 시키기 위해서였다. 사람을 뽑을 때에는 의무실에서 건강진단을 하지 않고 수감자의 감방에서 직접 뽑았다. 그야말로 건강이 말이 아닌 사람만 빼고 전부 여수로 보내는 것이었다. 나중에 이것이 문제가 되었다. 군항 사역을 간 죄수들이 1개월 정도 지나면 거의 죽게 되어 2, 30명씩 광주감옥으로 송치되는 데 의사인 권 의무과장이 아니라 내가 보기에도 진단할 것도 없이 그 많은 사람들이 다시 살아날 가능성이 거의 없어 보였다. 참 마음이 답답할 뿐이었다. 죄수들은 사증瀉症, 이증痢症에 걸려 있었다. 특히 그중에서도 '세균성이증', '지하균志賀菌'에 의한 이질은 세균이 장에 급성으로 침투하여 혈농血膿이 쉴 새 없이 나온다. 이 병에 걸리면 수일 안에 사망했고 전염성이 강해서 감옥 내 감염된 사람이 부지기수였다. 이 병에는 '에메징'이라는 약이 특효약이었지만 당시는 전시戰時라서 감옥에는 전혀 공급이 되지 않았다. 이러니 내가 시체를 치울 팔자가 된 것이다.

여수에서 사역당하는 죄수들의 식사는 감옥에서 먹는 것과 대동소이했다고 한다. 일은 힘든데 음식까지 형편이 없으니 잡초, 개구리, 쥐 등 먹어도 되는 것과 안 되는 비위생적인 것을 가리지 않고 먹었고 그 때문에 나쁜 병에 걸리게 된 것이다. 감옥 내 상황이

지하균: 지하균은 이질균赤痢菌으로서 1898년에 일본인 시가 기요시志賀潔에 의해 발견되었으므로 그의 이름을 따서 Shigella라고 명명되었음. 일본에서는 '시가志賀'균이라 불린다.

에메징: 에메징エメチン은 에메틴Emetine을 가리킴. 에메틴은 아메바증, 말라리아 등 기생충 질환 치료에 사용되는 약물로서 아이펙삭ipecac 뿌리에서 추출되며, 구토를 유발하는 효과도 가지고 있음.

지급 전보: 일반 전보보다 더 빨리 전송하는 특별 전보.

이러니 권 의무과장은 소장 이하의 간부들의 회의에서 이런 악성 전염병 환자를 수감했다가는 감옥 전체가 감염되어 심각한 상황이 될 수 있으니 감염자 죄수의 가족에게 연락하여 병보석을 하자고 주장했고 그렇게 결정되었다. 그래서 나는 곧 그들의 가족에게 지급 전보至急電報를 치고 가족들이 오기만을 기다렸다. 한 사람이라도 살아 있을 때 가족이 데려가면 그만큼 나는 시체를 덜 치우게 되기 때문이다. 이질병에 대한 병보석 결정이 이처럼 빠르게 진행된 것도 이 병에 가장 약한 게 왜놈들이기 때문이라고 하였다.

집이 가까운 가족은 그 이튿날이면 감옥으로 와서 간단한 수속을 마치고 내가 다른 소제부하고 같이 병자를 업어서 가족에게 인도하면 가족들은 나에게 아주 감사하다는 뜻을 표하였다. 나는 힘이 들어도 산 사람을 내보내니 그저 기쁠 뿐이었다. 권 선생께 감사했다. 그렇다고 전부 살았을 때 출옥시킬 수는 없었고 어떤 이는 비참하게 약 한 번 못 쓰고 절명하니 참으로 불쌍하였다. 그 시체의 수의를 벗기고 자기 옷을 입힐 때 그 비참한 모습과 그 이질痢疾의 오물을 내 손으로 전부 처리하니, 그 고역을 어떻게 다 말할 수 있으리오. 내가 지금 글로 쓰니 이렇지, 그때 그 사정을 생각해 보면 겨우 이런 표현과 형용사로밖에 말하지 못하는 것이 한심하지만 참으로 기가 막혀 남모르게 울기도 하였다.

어떤 때는 밤중에 병감病監으로 간수가 데리러 와서 내 단잠을 깨웠다. "지금 병자가 다 죽게 되었으니 나오라"라고 하면서 감방 문을 열어 주었다. 간수와 같이 가보니 과연 숨이 넘어간 죄수가 10명이고, 곧 숨이 넘어가려는 자가 4명이나 되었다. 이 일을 어떻게 하면 좋을지 기가 막혔지만 도리가 없었다. 사태를 당하는 대로 처리하고 내일 권 선생께 밤사이의 상황을 보고할 뿐이었다. 그리하여 간수에게 이 시체들을 다른 감방으로 옮겨야 하니 내게 조수를 1명 구해 달라고 하였다. 간수부장의 허락을 받아, 자고 있던 소제부 죄수 1명을 데려다 같이 시체를 옮겼다. 번호를 기억하지 못하면 시체가 누구인지 분간을 못하여 대혼란이 일어나므로 내가 죽은 사람의 가슴에다 그 죄수 번호를 먹으로 ○○○번이라 썼다. 소제부와 함께 시체를 들어 10구의 시체를 독감방으로 옮겨 쌓아 올렸다. 하지만 병감에서 앓고 있는 20여 명 중에 곧 숨이 넘어가게 생긴 4명은 아직 죽지는 않았으니 죽은 후에 이동시키기로 하였다.

손과 몸을 대강 씻고 내 방으로 돌아오니 새벽 3시가 지났다. 나도 사람인데, 이 광경을 보고 처리까지 하고 왔으니 그 심정이 어떠하겠는가. 왜놈 치하에 징역을 사니 할 수 없이 죽지 못해 하는 고

역이었다. 이것을 누구에게 통사정하며 호소를 하겠는가. 아침 6시경 간수가 와서 나를 깨웠다. 4명이 또 숨이 넘어갔으니 산 사람과 같이 둘 수 없다며 시체를 치워야 하니 빨리 나오라고 하였다. 감방을 나와 작업복으로 갈아입고 임시 병감으로 가보니 20명의 병자 중 어젯밤에 신음하던 4명이 절명하였다. 그 나머지 중환자들도 자신들이 언제까지 생명을 부지할 수 있을지 모르는 공포에 빠져 있었다. 나를 보는 순간 "간병부 상さん, 나 좀 살려 주오"라고 하며 슬프게 목 놓아 우는 것이다.

이 광경을 보자니 인비목석人非木石, 인간이 목석이 아닐진대 나도 한없이 눈물이 났다. 권 선생이 나오시면 여러분의 집에 통지하여 병보석하시게 말씀드리겠으니 안심하시고 마음을 단단히 먹고 기다리라고 말하였다. 시체를 그 감방에서 꺼내어 어젯밤에 쌓아 놓은 시체방에다 짐짝 쌓듯이 쌓아놓고 병감에 와서 생각하였다. 죽은 사람은 이미 죽었으나 목숨이 경각에 있는 사람은 다 병보석하여 출감시켜야 했다. 이 많은 병자와 시체를 나 혼자서는 도저히 처리할 수 없으니, 과장에게 간병부 수를 늘려달라고 청해야겠다고 작정하였다. 과장이 오기 전 장재성 간수부장에게 간병부를 증원하여 달라고 하였다. 장 부장은 자신도 증원할 것을 과장에 건의

하였기 때문에 곧 조치가 있을 것이라고 말하였다.

과장이 온 뒤 나는 밤사이에 10명, 새벽에 또 4명이 사망하였고, 나머지 병자들도 명이 경각에 달린 상태라는 것을 보고하면서 과장님이 병보석을 허락하여 생명을 구해야 한다고 애원하였다. 과장이 만면에 웃음을 띠며 자네 말을 들으니 내가 소장에게 말하여 곧 병보석의 수속을 취해야겠다고 하였다. 나는 과장님의 그 말이 얼마나 감사한지 무어라 형언할 수 없었다. 과장이 한낱 죄수인 내 말만 믿고 병보석 조치를 하겠다니 더 감사하였다.

내가 간병부의 수를 늘려야 되겠다고 말하자, 과장은 부장에게 사람을 뽑아보라고 명령하고 소장에게 갔다 왔다. 그리고 나와 함께 병자를 보러 가서 일일이 다 확인한 후에 가족에게 지급 전보를 치게 하고, 인수할 가족이 오면 내보내기로 하였다.

감옥에서 의무과장의 권한은 막중하였다. 죄수를 병보석으로 출감시킨다는 것은 조선총독도 마음대로 못하는 것이었다. 그러나

품의하였다: 웃어른이나 상사에게 말이나 글로 여쭈어 의논하다.

의무과장은 자기 권한으로 살 가망이 없는 병든 죄수를 가족에게 인계하고, 치료 가능한 병이면 치료 후 다시 복역하도록 할 수 있었다. 이러니 의무과장의 권한이 대단한 것이다. 그런 과장의 신임을 받고 있으니 나는 매일 아침 일찍 간수와 병자의 감방으로 가서 수십 명 병자의 상태를 기록하고 과장이 출근하면 자세히 보고하였다. 그러면 과장은 내 의견을 참작하여 제일 위중한 환자부터 직접 보고 병보석을 결정하였다.

장 부장은 증원할 간병부에 대해 나와 의논하였다. 신중하고 수양修養이 있는 사람을 택해야 했다. 병자를 돌보는 것보다 시체 처리를 잘할 수 있는 사람이 필요하였다. 그러므로 기독교인이 나을 것이라고 생각하여 박용의 목사님과 광주시 적십자의원 원장의 동서인 조용택 집사, 그리고 전시범戰時犯으로 1년 형을 받고 타 공장에서 사역하는 사람 중에서 1명, 이렇게 총 3명을 내정하여 장 부장이 과장에게 이것을 품의稟議하였다. 과장은 "다 좋은데 이 사람들은 왜놈이 싫어하는 기독교인 죄수들이라 간병부로 쓴다면 좋아할까?" 하며 웃었다. 여하튼 소장과 의논하겠다고 하였다.

짐짝같이 쌓아둔 시체를 24시간이 지나 입관을 하는데 한참을 해도 아직 9구를 더 해야 할 때는 참으로 기가 막혔다. 하루 종일 걸려서 입관을 다 마치고 관 위에 죄수번호를 기록하여 착오가 없도록 하였다. 이것을 24시간 안에 가족이 오면 인계하려는 것이다. 재소자와 조선 간수들은 물론이요, 왜놈의 간수들도 이런 일을 하는 나를 동정하였다.

1943년경: 1941년 12월에 검거되었다고 함.

출처: 《경향잡지》, 1946. 9. 1.; 윤선자, 〈1940년대 전시체제와 제주도 천주교회〉, 《한국독립운동사연구》 25, 2005.

체포당하고 10달 뒤, 1942년 10월, 패트릭 도슨은 〈육군형법 및 해군형법 위반 및 불경죄〉로 징역 2년 6개월, 토마스 다니엘 라이언과 어거스틴 스위니는 〈육군형법 및 해군형법〉 위반으로 금고 2년을 선고받았다.

출처: 국가기록원(1942. 10. 24. 광주지방법원).

도선바트리: 패트릭 도슨P. Dawson(孫 파트리치오). 1934년부터 제주읍 삼도리(현재 삼도 2동)에 소재한 천주교성당(현재 중앙주교좌성당, 1899년 설립)에서 사제로 활동. 1999년 애국장 추서.

출처: 12월의 독립운동가, '제주도의 아일랜드 신부들'-'독립의 희망 전한' 〈패트릭 도슨·토마스 다니엘 라이언·어거스틴 스위니〉, 《우리문화신문》, 2024. 12. 3.

애란: 아일랜드.

나 신부: 토마스 다니엘 라이언T. Ryan(羅 토마스, 나도마). 1934년부터 제주도 서귀포(현재 서귀동)에 있는 천주교성당(현재 서귀포성당, 1900년 설립)에서 사제로 활동. 1999년 애족장 추서.

왜놈의 간수부장 2명은 각각 별명이 있었다. 한 사람은 '두부'인데, 두부는 네모 모양이라서 분명하기 때문이다. 그 부장의 성격이 융통성이 없어서 그런 별명을 갖게 되었다. 다른 부장은 '똥쥐'라고 불렀다. 이 사람들도 나를 퍽 동정하였다. 나는 이 상황이 잘된 것인지 잘못된 것인지 분간할 수 없었다. 이런 비참한 형편에서 나는 병자, 시체를 상대로 사투를 벌여야 했다.

수일 후 박 목사와 조 집사, 전시범 등 3명이 간병부로 증원되어 배치되니 일하기가 훨씬 수월해졌다. 내가 총책임자가 되고 박 목사는 병자의 간병을 맡았다. 날이 갈수록 전시범이 증가일로였고 여수군항 사역을 위해 파견되는 죄수들이 계속 늘어나니, 병자 또한 날로 늘어나 참으로 가혹하였다.

1943년경 천주교 신부 3명이 최고 3년형을 받고 입감하였는데, 3명 모두 서양 신부였다. 최고 3년을 받은 '도선바트리'는 애란愛蘭의 사람으로 제주도 책임 신부였다. 10년 가까이 재직하며 우리의 성명으로 손孫 신부라 불렀다. 나羅 신부라 하는 이는 같은 애란 신

스위니 신부: 어거스틴 스위니A. Sweeney(徐 아우구스티노). 1936년부터 제주도 서홍리(현재 서홍동) 천주교성당(당시 홍로[烘爐] 성당, 현재 수도원 면형의 집, 1902년 설립)에서 사제로 활동. 1999년 애족장 추서.

그렇게 하여 세 신부가 광주감옥으로 오게 된 것이다: 실제로 세 신부가 체포된 죄명은 "유언비어 유포와 불경 혐의"다. 다음은 각 신부가 신자들에게 한 말이라고 한다.

1) "일본 신문에 따르면 일본군은 장사까지 진격하고 있다고 발표하고 있으나, 상해의 라디오에서 일본군의 패전을 보도하고 있는 것을 보면 일본 신문 보도는 거짓" "중일전쟁이 장기화한다면 일본은 물자 부족으로 패전한다"(패트릭 도슨 신부, 1941년 4월, 선교사 집회에서)
2) "일본의 신문에는 일본군만이 승리하는 것처럼 보도하고 있지만 그것은 전부 거짓이다. 중국이 영·미의 원조를 받아서 사변이 장기화하면 일본은 패망한다"(토마스 다니엘 라이언 신부)
3) "일본군이 소주를 점령할 때 많은 비전투요원을 살해하는 비인도적 행위를 했다" "미국이 적극적으로 원조를 하고 있어서 전쟁이 장기화하면 일본의 승산은 없다"(어거스틴 스위니 신부)

부였고, 또 다른 분은 호주인濠州人으로 '스위니' 신부라 하였다. 우리나라에서 천주교의 신자나 책임자는 '바티칸Vatican' 교황청의 명령에 따라 행동하였으므로 무슨 운동이나 정치에 연관이 되는 법이 없이 단지 종교의 전파에만 관계할 뿐이었다.

그럼에도 그들이 왜놈에게 형을 받게 된 데에는 이유가 있었다. 대동아전쟁이 발발한 후 일본은 미국과 영국에 선전포고를 하였다. 독일·이탈리아 계통의 천주교 신부는 자기네와 동맹하여 함께 싸우는 국가이므로 적극적으로 보호하였고, 미국·영국 계통의 신부는 박해하였다. 일본은 미국과 영국을 적국으로 취급하고 구실을 붙여 전범으로 징역에 처하였다. 그렇게 하여 세 신부가 광주 감옥으로 오게 된 것이다. 이 서양 신부들이 아무리 신앙이 고매하다 해도 그들 역시 인간이었다. 우리나라가 망하고 왜놈이 통치하였지만 이 사람들은 우리 민족같이 비참한 고생은 안 했을 것이다. 그러나 지금 형을 받고 감옥에서 개·돼지도 안 먹는 음식을 먹게 되니 그들도 별수 없이 기아부종에 걸려 병감에 들어오게 되었다. 외국인이라고 그냥 둘 수는 없어 내가 머무는 병감에 수용하여 치료를 하게 되니 분위기가 달라졌다.

그들은 우리말을 잘하므로 비교적 친하게 지냈다. 세 사람 중 3

"손 신부" 패트릭 도슨

"나 신부" 토마스 다니엘 라이언

"서 신부" 어거스틴 스위니

출처: 《독립유공자 공훈록 24권》(2019), 공훈전자사료관(https://e-gonghun.mpva.go.kr/)

나마교: 로마교Roma教, 즉 천주교.

고창: 의견을 강하게 주장한다.

년 형을 받은 손 신부는 수양이 많이 된 사람이라 모든 행동이 신중했고, 호주인 신부는 그저 평범한 인간이고, 나 신부는 성격이 후덕한 사람이었다. 우리나라 목사들끼리는 교리에 대한 의견이 다르고 왜놈의 신사참배 참여에 대한 의견 대립도 심각하였다. 천주교 신부는 전교傳敎하려는 나라의 국법을 준수하는 것이 우선이라, 신사참배를 문제로 삼지 않았고 그러니 처세나 행동뿐만 아니라 교리에 대해서도 (목사들과는) 견해가 달랐다. 다시 말해 어느 국가에 가든 그 나라의 제도하에서 오직 나마교羅馬敎 교당의 명에 의한 전교만 할 뿐이다.

나는 감옥에서 비로소 구교(천주교)와 신교(기독교)의 다른 점을 알게 되었다. 신교 신자는 독립운동에 헌신하였다. 반면, 내가 징역 13년을 겪는 동안 독립운동한 천주교 신자는 한 사람도 보지 못했다. 천주교 신자들은 그들의 종교에만 충실했다. 그런데 개량적 천주교인인지는 몰라도, 최근 들어 일부 천주교인들이 인권과 자유를 고창高唱하고 있다. 진화 법칙에 의하여 그런 것일까?

'스위니' 신부의 병세가 중하여 권 의무과장과 함께 전력을 다하여 간병하였다. 그 덕분인지 스위니 신부는 전신이 붓는 위급한 상태에서 점점 부기가 내리면서 병세가 호전되었다. 그의 병세가 안정

되는 동안 소량의 죽으로 식이를 조절해야 했다. 그런데 스위니 신부가 허기증을 참지 못하고 안달하는 꼴은 차마 볼 수가 없었다. 제아무리 성직자나 수양한 인간이라도, 배고프고 몸이 불편할 때 위인과 성자가 될 수 있겠는가? 우리의 속담에 '식후에 예절을 안다'는 말이 있다. 이 말이 참으로 철리哲理라 하겠다.

그리하여 나와 스위니 신부 사이에 대단한 감정대립이 생겼다. 그의 병이 완쾌되려면 아직 철저한 절식이 필요했지만 신부는 이것이 못마땅하여 내게 항의했고 나는 절대로 허락하지 않았다. 그런데 어느 날 밤, 수수밥 한 덩이가 남아서 내가 그릇장 안에 두었다. 그 사실을 알게 된 신부가 가만히 일어나서 나의 머리를 스쳐 지나가며 그릇장에 둔 밥 덩어리를 꺼내 먹는 것이다. 나는 본시 신경이 예민하여서 잠귀가 무척 밝았다. 나는 그 신부가 하는 행동을 보니 꼭 도둑고양이 같았다. '너도 별수 없는 인간이로구나.' 그렇게 생각하였다. 당장 야단을 치려다가 꾹 참고 지나쳤다. 아침 식사를 준

철리: 아주 깊고 오묘한 이치.

비하며 식기장에서 식기를 꺼낼 때 사람들이 이구동성으로 어제 남은 밥이 없어졌다고 하였다. 그만큼 모두가 그 밥 한 덩어리에 이렇게 관심이 큰 것이다. 왜놈의 비도덕적 학정이 원인이 되어 이 방에 있는 사람이 모두 아귀餓鬼가 된 것이다. 내로라하는 목사·신부 같이 하나님의 사랑과 진리를 알리는 위대한 대변자를 자처한 인물들이 대중의 면전에서 수수밥 덩어리 하나를 가지고 아귀다툼을 하는 것을 보니 학식·상식이 없는 나로서도 다시 한번 생각하게 되었다.

내가 천진의 토방土房에서 영하 25~26도의 겨울에 연로하신 부친과 지냈던 때가 떠올랐다. 3~4개월 동안 화기도 없는 방에서 2~3일에 한 끼씩 겨우 먹었던 과거와 감옥에서의 이 광경을 비교하니 만 가지 생각이 교차했다. 물론 자유로운 사회와 가혹한 감옥 안은 양상이 판이하게 다르지만 춥고 배고픈 환경만은 같지 않은가. 성인군자聖人君子를 자처한 사람이니만큼 문제가 된다.

나는 될 수 있으면 취사장에 밥이나 죽을 수량보다 많이 만들 것을 부탁하여 먹을 수 있는 병자에게는 많이 주었다. 이것이 다 감옥 규칙으로는 큰 위법이며 범칙이다. 만일 이런 일을 계호과에서 알게 되면 나를 비롯하여 취사장 내의 사람들도 무사하지 못하였을 것이다. 그러나 우리는 죄수끼리 상부상조하여 한 사람의 생명이라도 구하자는 마음이었다. 하지만 인간으로서 할 수 없는 짓도 일어난다.

한 방에 중환자 둘을 두었는데 4시쯤 석식이 끝난 뒤 간수와 방을 검사하는데 병자 둘 중 한 사람은 일어나 앉았고 다른 한 사람은 이불을 얼굴까지 쓰고 있었다. 내가 이불을 벗기고 그 환자를 보니 이미 입에서 거품을 흘리며 숨이 끊어진 상태였다. 대경실색하여 앉아 있던 사람에게 이 사람이 언제 숨이 끊어졌냐고 물은즉, 그 사람은 놀라는 척하며 금방 나와 저녁밥을 먹었는데 죽었느냐고 오히려 나에게 물었다. 죽은 이의 신체를 만져보니 죽은 지 오래되었다. 나는 매일 한두 번씩은 환자의 동태를 살피며 병세를 물어 의무과장께 올릴 보고서를 작성하였다. 그렇기 때문에 밥을 줄

철학자 칸트가 설파했던 인간의 도덕적 진리: 원문은 '철학자 칸트의 오성비판悟性批判이나 순수이성비판과 같은 인간의 도덕적 진리'라고 기술되어 있음. 그러나 칸트가 도덕 관련으로 논의한 것은 《도덕형이상학 정초》, 《실천이성비판》, 《도덕형이상학》 등에 나오므로 보다 간단한 내용으로 수정함.

때도 두 사람 몫보다 더 주며 많이 먹고 빨리 나으라는 말을 꼭 하였다. 그런데 이미 죽은 지 오래된 사람과 어떻게 밥을 같이 먹었다고 하는지 참 어이가 없었다. 사람이 죽었는데도 말하지 않고 죽은 자의 몫까지 받아먹고 나서 죽은 환자가 밥을 먹고 죽었다고 천연스럽게 양심을 속이며 비인간적인 언동을 한 것이다. 나는 하도 화가 나서 간수가 보는데도 그 환자의 뺨을 수없이 때렸다. 이런 이유에서 나도 범칙을 하였다. 죄수가 죄수를 때리면 안 되는 법인데 '사람이 이럴 수가 있나' 하는 생각이 드니, 앞뒤를 가리지 않고 행동하였다. 나는 분을 참지 못하고 "그 사람 몫의 음식을 너에게 더 주지, 그 밥을 무엇에 쓰겠는가. 너 같은 인간은 세상에 둘도 없다"고 말하였다. 간수도 이 꼴을 보고 기가 막힌 모양이었다. 내가 한 짓을 보고도 도리어 잘했다고 하였다. 이런 광경이 지옥 아닌 인간이 사는 감옥에서 발생하는 것이다.

그날 밤 나는 잠 한숨 못 자고 그 광경을 회상하였다. 철학자 칸트가 설파했던 인간의 도덕적 진리가 이런 상황에서도 통용될 수 있을까? 인간이 극에 달했을 때 무엇을 더 논할 여지가 있을까? 철학자들의 학설도 일면만 보고 위대한 학설이라고 할 뿐이다. 이처럼 비참한 처지를 어떻게 말로 다 표현할 수 있을까. 나는 오늘도 그 시절의 그 광경을 잊지 못하고 항상 회상한다. 모든 현실을 이에 비교하며 비판하고 다각도로 생각하는 것이 습성이 되었다. 나 자신도 이것이 잘된 습성인지는 모르겠다. 흘러간 세월 동안 수많은 사연을 겪으면서 나에게 이런 좋지 못한 습성이 생긴 것 같다.

어쩌다가 인간이 도저히 먹을 수 없는 수수밥 덩어리 한 개로도 인간의 본성이 악한지 선한지를 가리게 되었는지 새삼 생각하였다. 내 감방에 수용된 오석주 목사와 청년운동으로 감옥에 온 주봉식 군이 수수밥 덩어리 하나를 가지고 눈을 부라리며 험악한 언쟁을 하는 것을 보면서 이것을 어찌해야 좋을지 생각하다가 내가 먹을 밥 한 덩어리를 주며 꼴사납게 떠들지 말고 조용히들 하시라고 하였다. 어처구니가 없는 이 광경을 의무과장과 부장에게 전하니 두 분은 배가 극도로 고프면 성자聖者나 선자善者나 할 것 없이 이성理性이 다 몰락하는 법인가 보다 하며 잡역이 그 불쌍한 인간들을 위하여 재주껏 밥 덩어리나 죽을 많이 얻어 다 먹이라고 하였다. 범칙

'요로시쿠 오네가이 시마스' : よろしくお願いします.

까지 묵인하며 종용하니 참으로 감사하였다. 그뿐 아니라, 배고픈 사람에게 베푸는 온정과 사랑은 천륜이라고도 하였다. 그러나 나는 다 그런 것은 아니라고 생각했다.

김태호金泰浩는 절도 6범으로 7년 형을 받고 광주에서 감옥살이를 하다가 여수 공사장에서 사역하던 중 병이 났다. 내 감방 옆 방에 수용하여 치료를 하는데 1개월 정도 경과하면서 병세가 점점 중해져서 소생할 가능성이 없었다. 과장에게 병세를 보고하고 병보석을 요청하고 가족에게 통지하려고 하였다. 그러나 절도 6범은 병보석이 불가능하다는 것이다. 그러나 다 죽게 되었으니 감옥 귀신이 되는 것보다는 자기 집에 가서 귀신이 되는 게 낫지 않겠는가 하였더니 과장도 이 절도범의 병세를 보고 법적으로는 곤란하지만 가족에게 전보를 치도록 하였다. 2~3일이 지나서 전보 회답이 '요로시쿠 오네가이 시마스'라고 왔다. 우리말로 '잘 부탁드립니다'라는 뜻으로 즉, 죽거든 잘 처리해 달라는 말이다.

이 죄수는 일찍이 부모를 잃고 형의 집에 의탁하여 살면서 여러 차례 범죄를 저질렀다고 했다. 그러니 형이 무슨 애정이 있어 다 죽어가는 사고뭉치 동생을 인수하여 그 송장을 치우겠는가. 그러니 이런 내용의 회답을 보낸 것이다. 감옥에서 볼 수 있는 진정한 천륜의 척도는 이런 잡범의 경우에는 부모가 첫 번째고, 다음은 마누라라고 한다. 부모나 아내는 다 죽게 되었다고 통지를 하면 백이면 백, 다 와서 데려가지만, 형제 간에는 그러는 경우가 백 번에 한 번 있을까 말까 하다는 것이다. 나는 인륜이 이렇다는 것을 깨달았다. 내가 부모께 인륜의 윤리를 배울 때 형제를 손과 발에 비유하셨다. 그러나 근대의 윤리는 시대 변천에 따라 변하고 있고 성서聖書의 전설에 의하면 인류 종족의 역사가 형제끼리 죽고 죽이는 것으로 시작하였으니 이런 윤리 도덕도 한계가 있는 것이다.

나는 전과 6범 김태호의 끈질긴 생명 현상을 직접 보았다. 부모나 아내가 있었다면 죽지는 않았을 것이라고 과장과 부장, 그리고 여러 죄수들이 이구동성으로 말하며 그의 사망을 슬프고 안타깝게 여겼다. 그 이유는 다음과 같다.

김태호가 사망한 지 만 이틀 후, 그러니 사후 3일째되는 새벽, 나는 잠이 깨서 이 생각 저 생각을 하고 있는데 내 옆방인 김태호 시

야소: 예수.

체실에서 말소리가 들려 퍽 기괴하게 생각하였다. 순시하는 간수가 병동 복도로 들어오는 것이 보이는데, 복도로 들어오는 문과 김태호의 시체실이 마주 보는 구조였다. 간수도 병동에 시체가 있다는 것을 알기 때문에 기분이 저조해 보였는데 간수가 복도로 들어오자, 김태호의 감방에 식사를 넣어주는 조그마한 문을 김태호가 주먹으로 내지르며, 큰 소리로 "나 김태호 살아 있다, 이놈들아" 하고 소리쳤다. 그렇지 않아도 시체가 있다는 것에 겁이 나 있던 간수가, 3일 전에 죽은 시체가 살아났다고 큰 소리를 지르니 혼비백산하여 계호과로 가서 간수부장을 데려오고 나에게 "얼른 나와서 김태호 방에 들어가 보라"고 하였다. 내가 들어가서 보니 과연 김태호가 다시 살아나 "잡역雜役 상, 나 좀 살려주시오" 하며 애원하는 것이다. 나는 그만 눈물이 나서 어쩔 줄을 몰랐다. 이럴 수 있는 것일까? 사람의 숨이 끊긴 지 3일인데 회생하다니, 야소耶蘇가 3일 만에 부활하였다고 하지 않는가. 김태호는 부활이 아닌 회생을 하였으니 참으로 기적이 아닐 수 없다. 만약 부모가 있어 병보석을 하였더라면 이런 기적이 세상에 전파되었을 것이고, 절도범의 죄수가 아니었다면 후세에 기적으로 기록되었을 것이다.

날이 밝아 출근한 과장에게 김태호가 회생하였다고 말하였다.

과장이 직접 와서 보고 그 역시 의외라고 생각하였다. 그러나 세상에 그 사람을 인수할 사람이 있어야 될 게 아닌가. 참으로 비참하였다. 결국은 3일 후 정말로 사망하고 말았다. 이 얼마나 가혹한 사연인가. 내 손으로 염을 하고 관에 넣어 향을 피운 뒤 그 사람의 명복을 빌었다. 소제부에게 잘 묻어 달라고 여러 번 부탁했다. 인간이 이렇게 최후를 마쳤다. 내가 사는 동안 이러한 사연들은 영원히 기억에 남을 것이다.

매일매일 환자는 증가하고 있어 나를 비롯한 4인으로는 도저히 그 많은 환자를 돌볼 수 없는 형편이었다. 때마침 전시법 위반으로

나를 비롯한 4인: (간병부로 일하던) 이규창, 박용의 목사, 조용택 집사, 전시범 1명.

최경동: 광복 후에(1952) 경남 나병환자수용소의 지방주사地方主事이자 소장으로 근무.

출처: 〈직원록자료(대한민국)〉, 한국사데이터베이스.

한지의: 일정한 지역 안에서만 개업하도록 허가된 의사.

2년 형을 받고 감옥에 온 최경동崔敬東이란 한지의限地醫를 간병부로 더 쓰게 되었다. 환자를 간호하는 데 매우 편리하였다. 그래서 최경동 씨와 나는 전심전력으로 병자를 보살폈으나 죽는 사람의 수가 줄지를 않았다. 그럴 수밖에 없었다. 왜놈들의 성전수행 지역이 점점 확대되고 물자공급은 날이 갈수록 원활치 못한 정도를 지나 완전 부족 상태에 빠져 있는 형편이었다. 식량·일용품은 물론이고, 나아가 약품의 부족은 더욱 심각했다. 그러니 감옥에 있는 죄수들이 뭐 그리 중요한 생명이라고 약품을 공급해 주겠는가. 다 죽어도 그놈들이 눈 하나 깜짝하겠는가. 불쌍한 인간들만 매일 수 명씩 죽어가는 것이다. 내가 있는 광주감옥에서만 수많은 목숨이 스러진 게 아닐 것이다. 전국 감옥에서 차이는 있어도 헤아릴 수 없이 많은 사람이 죽었을 것이다. 오동진 선생도 공주감옥에서 순사하셨는데, 그 외에도 무명 인사들이 얼마나 죽었는지 그 수를 알 수가 없는 것이다. 국가 민족이 망하면 이런 비참한 꼴을 당하는 것은 당연한 이치가 아니겠는가.

이러던 중 감옥에서는 김삼룡·박우현·문갑송 등 공산주의자들을 전주감옥全州監獄으로 이감시켰다. 그 이유는 광주감옥의 수용인원이 점점 증가하고 환자와 사망자가 예상 외로 많아지자, 의외의 일에 대비하여 전주감옥으로 이감시킨 것이다.

이때 소위 제2차 '서중학교사건西中學校事件' 즉, 제2차 광주학생 독립운동사건이 발생했다. 25명 정도의 학생이 각 처에서 검거되어 경찰에서 조사 중에 기환도奇桓度·강한수姜漢秀 등 3명이 취조 도중 심한 고문으로 인해 사망한 것을 병사病死로 조작하고, 기타 학생은 검사국으로 이첩하여 전부 기소하고, 광주감옥 미결감에 수용하였다. 세칭世稱 광주서중 학생 독립운동 모임인 '무등회無等會'는 비밀조직체로 전남 경찰부에서 총독부 경무국에 보낸 수사보고서에 따르면 이 조직이 처음 조직된 것은 1941년 12월 하순이라고 했

제2차 '서중학교사건': 제2차 광주학생운동, 무등회無等會사건이라고도 함. 1943년 5월 광주서중학교에 있었던 비밀결사 무등회가 한글 통제·일본어 상용·창시 제도·지원병 제도 등에 대한 반대운동을 전개하던 것이 발각되어 회원들이 체포되었다.
세칭: 세상에서 흔히 이르길.
무등회: 1943년 광주서중학교에서 결성된 비밀결사.
오랫동안: 원문은 '장구長久한 시일'.
남정준: 원문은 南正俊이라고 적혀 있는데 오자인 것으로 보임.

다. 그러니 경찰서에서 이 청년들을 1942년부터 1943년까지 2년간 취조하고는 검사국에 보내어 미결감에 수용했다. 장 부장과 내가 미결감으로 가서 건강진단을 하였는데 박화진朴和珍·신균우申均雨·배종국裵鍾國·기영도奇英度·기원흥奇源興 등 5명의 건강이 말이 아니었다. 오랫동안 경찰서에서 취조를 받은 그들은 대개가 부농이며 전라남도에서는 명사의 자제들이었다. 그래서 다른 피의자와는 달리 사식私食이라도 꾸준히 대어서 비교적 감옥생활이 좀 나았지만 워낙 가혹하게 취급당했기 때문에 건강이 말이 아니었다. 과장에게 보고하니 곧 병감에 수용하고 이들의 가족이 면회를 올 때 병에 맞는 약을 구해 차입하면 의무과에서 허가하도록 하였다. 그리하여 5명이 병감으로 와서 치료받게 되었다.

광복이 되어 1945년 8월 17일 광주감옥에서 같이 출옥한 사람은 배종국 씨로 지금까지 생존하여 대학을 졸업한 뒤 중고등학교 교사로 재직하며 광복회 대의원으로 활동하고 있다. 나와는 동지이며 호형호제하며 지내고 있다. 광주감옥 내에서 생사를 같이 한 유일무이의 생존자이다. 광주서중 학생사건으로 감옥에 들어온 사람 중 21명은 기소유예 처분이 되고 5명은 5년간 집행유예로 처분되었다. 단지 남정준南廷埈은 징역 2년을 받았다. 기환도와 기영도는 형제로, 형인 기환도는 경찰에서 받은 고문으로 인하여 사망하였다. 신균우 등은 각각 2년의 단기, 4년의 장기 징역형에 처하여 김천金泉소년감옥으로 이감되었다. 이들은 광복이 되자 출옥하였고 대학 졸업 후 전남도 교육계에 종사하다 사망하였다. 애석하게도 주만우朱萬尤는 광주감옥에서 사망하여 내 손으로 시체를 가족에게 인도하였다. 젊은 청춘들이 경찰의 고문으로 옥사하였다.

김천소년감옥: 1924년 설립. 원래는 김천분감이었던 것을 김천소년형무소로 개칭했다고 한다.

출처: 이종민, 〈4장. 사상통제와 형무교회〉, 《식민지 조선의 감옥》, 2024, 174쪽.

정신대: 정신보국대挺身報國隊로 추정. 군의 요청으로 조직된, 1943년 8월 서대문형무소에서 시작되어 전 조선 10곳의 형무소—광주도 포함—에서 엄선된 50명으로 결성된 소수정예 조직. 특징은 어떠한 어려운 일에도 견딜 수 있는 신체와 철저하게 군대적인 규율을 체득한 자들로 이루어진 조직이라고 한다.

출처: 이종민, 〈5장. 형무소 보국대로 본 전시동원〉, 《식민지 조선의 감옥》, 2024, 211쪽.

모범수에게 복장을 입히고 단기간 훈련을 받게 하여: 약 3개월에 걸쳐 훈련을 받았다고 한다.

마음이 통하는 부분이 있었다: 원문은 '심심상통心心相通하였다'.

이 기간 중 경성고등공업학교 학생 수 명이 전파기電波機를 조작하여 일본 전황의 패색을 암암리에 선전하다가 전시사범으로 왜놈 경찰에 검거되었다. 최고 징역 3년을 받은 주범 이종세李種世라는 청년이 광주감옥으로 이송되어 오고 기타 수 명은 미성년이므로 소년감옥으로 보내졌다. 경성고등공업학교는 지금의 서울대학교 공과대학이 되었다. 그 당시 고등공업학교에 입학하는 것은 대단히 힘들었는데 특히 조선인 학생은 입학이 쉽지 않고, 특별한 재능이 있어야 입학할 수 있다고 했다. 이종세는 덕수 이씨德水 李氏로 충무공 이순신 장군의 후손이며 영재로 수학 천재였다고 한다. 광주감옥 공장에서 사역하다가 모범수가 되어 정신대挺身隊라는 대원에 편입되어 간수 대신 당번을 섰다.

이 제도는 왜놈의 간수가 대부분 현역 군대로 입대하면서 간수 인원이 부족해지자, 소위 모범수에게 복장을 입히고 단기간 훈련을 받게 하여 간수와 교대로 근무하도록 한 것이다. 그리하여 그들이 병감에도 와서 근무하게 되었다. 그러니 우리와는 마음이 통하는 부분이 있었다. 이종세는 사회의 정세, 세계 상황, 소위 대동아성전의 전황을 아는 데까지 나한테 말해 주며 모든 게 머지않아 결말이 날 테니 꼭 참고 지내자고 하였다. 이종세는 자신이 학교에 다닐 때 들은 풍문을 말해 주었다. 왜놈이 전 조선인 중 지식인·사상가·민족주의자를 비롯하여 자기네에게 잘한다고 하는 인사까지 포함하여 10만 명 정도를 학살할 계획을 비밀리에 계획했다는 것이다. 게다가 수원 근처에 학살 장소까지 정하였다고 하는데 이는 공공연한 비밀로 전해지고 있다는 것이다.

이종세는 "감옥에 있는 사람도 이 학살 대상에 속하였을 거라며, 우리들은 계속 소통하면서 장래의 귀추를 주시하자"고 하였다. 이런 학살이 풍문에 그치는 게 아니라 구체화되어 실행에 옮겨진다면 이 얼마나 끔찍하고 비인도적인 망동妄動이란 말인가. 감옥에 있는 죄수야 독 안에 든 쥐니 언제든지 학살할 수 있겠지만, 전 사회에 걸쳐 그런 끔찍하고 무도하며 잔인한 비인간적인 행위를 한다는

망동: 정신이 흐려서 제대로 판단하지 아니하고 정상을 벗어나게 행동함. 또는 그 행동.
광복 삼십 몇 주년 기념일에 방송국에서 왜노의 잔학상을 방영하였는데: 광복 34주년을 기념하여 제작된 kbs 해외취재 다큐멘터리인 〈망각의 세월〉으로 추정됨(1979년 8월 14~15일, 2편에 걸쳐서 방영).

것은 그렇게 단순한 일이 아닌 것이다. 왜놈이 단독적으로 실행하기는 어려울 테니, 민족에게 용서받지 못할 왜노倭奴의 주구배走狗輩의 소행과 합해져서 계획되었을 것이다.

그렇다면 그 당시 박朴·이李·한韓 등이 왜놈의 충복으로 동족 학살을 위하여 암약하고 있다는 소문이 낭설이 아니었다. 왜놈의 패전이 1년만 더 지연되었다면 소문과 같이 10만의 동포가 무참히 학살되었을 것이라는 말을 출옥해서 들었으니 사실무근이 아니었다. 또 광복 삼십 몇 주년 기념일에 방송국에서 왜노의 잔학상을 방영하였는데, 전쟁 말기에 3만 명을 학살할 계획이 있었다고 하였다. 그러니 그 당시 10만 명을 학살한다는 소문도 (일부) 사실이었던 것이다. 이민족에게 학살당하지 않았지만, 광복 후 잔인무도한 공산주의자들 손에 동족이 무차별 학살을 당하였으니 이것은 천도天道인가, 인도人道인가 참으로 슬프고 또 슬픈 일이다.

병도 가지가지였다. 교무과에서 소제부로 사역하는 김시엽은 제주도 조천潮天에서 공산주의 운동을 하다 온 사람이었다. 그가 연 5일째 딸꾹질을 심하게 하는데, 약이 없기도 했지만 무슨 약을 써야 할지 몰라 6일 만에 사망하였다. 그의 집에 통지하였지만 전시 상황이라 증기선의 왕래가 완전 두절되어 가족이 오지 못했다. 결국 나와 박용의 목사 둘이서 입관하고 감옥 공동묘지에 안장하였다.

꒰

내가 자는 큰 감옥방에는 간병부 박용의 목사와 조용택 집사, 그리고 병자인 오석주·나덕환·김 목사가 함께 지냈다. 1개월에 2회, 일요일 하루를 휴업하는데 병자 이외에는 모두 다 교회사의 설교를 듣고 감방에서 종일 휴식을 한다. 그러면 휴식하는 동안 위안하는 차원에서 라디오로 음악을 들려준다. 그런데 이날은 라디오가 고장이 나서 죄수에게 음악을 들려주지 못했다. 나는 한지의인 최

야마모토 부장: 야마모토 오토오山本乙男로 추정.

그러나 야마모토는 광주형무소에 1936년부터 1940년까지 근무했기 때문에 1942년에 입소한 박용의, 조용택 등과 같은 시기에 광주감옥에 있었는지는 불분명함. 1942년에 광주감옥 간수장은 야마다 스에요시山田末義.

출처: 〈직원록자료(조선총독부)〉, 한국사데이터베이스.

경동과 다른 임시 병감을 돌며 병자를 돌보느라 감방에서 휴식하지 못하고 저녁밥을 공급한 뒤에야 감방에 들어와 일과를 끝내고 휴식하였다. 우리 병감은 간수가 늘 지키는 게 아니라 한 시간에 두세 번씩 순찰하여 병자의 동태를 살폈다.

그런데 감방에 있는 목사님들이 저녁 예배를 보고 설교를 한 후 찬송가를 부른다고 하였다. 나는 예배 중에 가만히 설교 정도는 해도 되지만 찬송가만은 하지 말라고 하였다. 그러나 그분들은 내 만류를 듣지 않고 찬송가를 부르기 시작하였다. 찬송가를 부르는 도중 야마모토山本 부장이 마침 뒷담을 돌다가 찬송가 소리를 듣고 병감 복도로 들어왔다. 일본말로 "야카마시이喧しい(시끄러워!)" 하며 "다레가 우탓타카誰が歌ったか(누가 노래 불렀나?)" 하는 것이다. 그렇게 되니 목사님들께서 누구 하나 나서서 내가 했다고 하지 않고 가만히 있었다. 왜놈 간수부장은 크게 화를 내며 누가 노래를 불렀냐고 소리를 지르면서 바른대로 대라고 하였다. 그래도 한 사람도 나서지 않았다. 그러니 그놈이 화가 나서 "시라베쇼(조사실)에 가서 때려도 솔직하게 말하지 않을 것인가" 하며 당장 목사들을 끌어낼 기세였다. 이렇게 되면 목사들이 혹독하게 매를 맞는 것은 뻔한 일이었다. 그리고 병자라는 이유로 목사들을 병감에 넣었는데 찬송가를 불러서 문제가 생겼다면 의무과장의 체면이 어떻게 되겠는가? 그래서 할 수 없이 내가 나서며 간수부장에게 서투른 일본말로 "부쵸도노部長殿, 사실은 내가 노래를 불렀습니다"라고 말하였더니 "오마에카お前か(너냐)! 너는 감옥에서는 노래하지 않는 것이 규칙인데 어째서 했는가?" 반문하였다. 나는 "오늘은 휴식날이라 음악으로 죄수를 나구사메慰め, 즉 위로하는데 오늘은 음악이 없지 않습니까? 그리하여 병자를 위로하기 위하여 와타시가私が(내가) 창가를 불러주었습니다" 하였다. 간수부장이 내 말을 듣고 목사들을 돌아보며 "좋다. 이 간병부 잡역이 너희들을 위안하려 노래를 불렀다니 이 잡역을 보아서 곤도다케 유루스今度だけ許す(이번만 봐준다)"라고 하더니 나가서 금방 라디오로 음악을 들려주었다.

이렇게 위기를 모면하자, 목사님들은 나에게 면목이 없는 듯했다. 차라리 내가 먼저 일어나 내가 했다고 하고 매를 맞는 게 낫지, 왜놈 부장이 찬송가인 줄 알면 가만히 있었겠는가. 더군다나 목사들은 왜놈의 신사참배를 안 한다는 종교적 이유로 죄수가 됐는데 추호의 용서가 있겠는가. 나는 "이런 사정을 다 알기 때문에 목사님들에게 제발 찬송가만큼은 부르지 말라고 하였던 것입니다. 이런 일을 당하고도 누구 하나 나서지 못하면서 감당 못할 짓을 왜

합니까? 제발 앞으로는 그런 짓을 하지 마시오" 하였다.

여하튼 무사하였으니 다행이었다. 부장도 내가 찬송가를 안 부른 줄 알았지만 내가 책임지고 나서니 나를 보아서 관대히 한 것이다. 후에 부장이 의무과장에게 "목사들의 소행이 솔직하지 못하더라"고 말하였다고 한다. 덧붙여, 간병부 잡역이 자진하여 책임지고, 하지 않은 일도 자신이 하였다고 용서를 비니 내가 잡역에게 탄복하였다고 하는 것이다. 과장이 "자네 훌륭한 일을 하였어"라고 말하였다. 왜놈에게도 이런 앗사리한 면은 있었다. '앗사리あっさり'는 우리말로 '깨끗하다', '뒤끝이 없다'라는 뜻이다.

이런 일이 있은 뒤로 왜놈 간수들이 나를 대하는 태도가 비교적 관용적으로 바뀌었다. 일요일에는 내가 일하는 의무실에 와서 자기가 필요한 약을 좀 달라고 해서 가지고 갔다. 그러면서 과장에게 달라고 하기가 어려워서 잡역에게 달라고 하는 것이니 양해하라고 솔직히 말하고 창고에 둔 붕대 혹은 탈지면脫脂綿을 집에 가지고 갔다. 감옥은 그래도 배급이 나오니 이런 물자가 좀 있는 편이고, 시중의 약국에는 이런 물품이 품절된 지 오래되었기 때문이다. 나야 그들이 미안한 태도로 사정하니 달라고 하면 내어줄 뿐 그것이 나와 무슨 상관이겠는가? 그놈들도 이런 물품을 구하려니 별수 없었던 것이다. 그리고 내가 그 많은 시체를 치우고 두렵고 냄새나는 온갖 일을 다 하는 것을 보고, 왜놈들의 생각이 좀 바뀌었는지 가끔 나에게 수고한다는 위로의 말을 건넸다.

광주감옥에 온 지 2년 반 만에 장춘에 계신 어머니께서 서울에 1주일간 오신 사이에 자식인 나를 면회하러 오셨다: 《서간도 시종기》에서는 1943년 정월 10일에 면회했다고 서술함.

광음은 신속하여 신경 온 지도 3년이 되니 우리 규창이 보고 싶은 생각에 임오년(1942) 12월 그믐께 서울에 와서 내수동 친척 댁에서 유留하며 계미년(1943) 정월 7일 기도 성취하고, 정월 10일 전라남도 광주에 가서 3년 만에 그립던 우리 모자 반가이 면회하니 그때의 감회란 이루 말할 수도 없도다.

《서간도 시종기》, 289쪽.

내가 광주감옥에 근 5년간 있는 동안 어머니께서는 두 번 면회하러 오셨다: 《서간도 시종기》에서는 광주로 이감된 후 1940년 9월 장춘에 가기 직전에 한 번, 후에 한 번 면회했다고 함. 그렇다면 2년 반 만에 면회했다는 이규창의 서술이 맞음.

생전 처음 만나는 이 형을 면회하러 광주감옥으로 왔었다: 《서간도 시종기》에서는 이규동이 1945년 신경상업학교를 졸업하고 면회를 간 것으로 서술함.

우리 규동이 신경상업학교 5학년이 되어 명년明年(다음 해)에 졸업을 하면 제 형 면회 간다고 하니, 제 마음에도 형이 자유 없이 감옥에 있는 것이 항상 원심怨心(원망하는 마음)이 되는 중이고 또 보고 싶은 생각이 간절한 때문이리라.

《서간도 시종기》, 291쪽.

환희작약하다고 할지: 기뻐서 날뛴다고 할지.

광주감옥에 온 지 2년 반 만에 장춘에 계신 어머니께서 서울에 1주일간 오신 사이에 자식인 나를 면회하러 오셨다. 계호과장의 호의로 약 반나절 동안 어머니와 같이 오랜만에 맺혔던 회포를 나누었다. 점심 때가 되자 특별히 계호과에서 어머니께 식사 대접까지 해 드렸다. 감옥이 생긴 이후 초유의 이변이 아닐 수 없었다. 이것이 다 권계수 의무과장의 덕택이었다. 내가 광주감옥에 근 5년간 있는 동안 어머니께서는 두 번 면회하러 오셨다. 경성감옥에 있을 때는 한 달에 두 번씩은 꼭 오셨지만 만주 장춘으로 가신 후로는 면회를 자주 오시지 못했다. 어찌 자주 오실 수 있으랴. 편지는 한 달에 두세 번씩 보내 주셨다.

1945년 봄, 동생 이규동李圭東이 외조부님을 모시고 국내로 와서, 외조부님을 고향인 충청남도 공주 외증종조 이관직李觀稙 씨 댁에 모셔다 드리고 생전 처음 만나는 이 형을 면회하러 광주감옥으로 왔었다. 나는 마음이 환희작약歡喜雀躍하다고 할지, 비통하다고 할지 갈피를 잡을 수가 없었다. 동생을 만나게 되었는데 내 눈에서는 눈물이 한없이 쏟아지는 것이었다. 원래는 면회실에서 면회하는 법인데 특별히 의무과 내에서 그것도 과장, 부장 앞에서 면회하게 되었다. 나와 동생 사이에는 아무 장애도 없이 기탄없는 말들이 오고 갔다. 과장은 "이 전쟁은 오래 못 갈 테니 그렇게 알고 장래 준비를 하라"고 동생에게 일러 주었다. 참으로 고마우신 분이었다. 그날 동생은 장재성 간수부장 댁에 가서 머물고 그다음 날 아침에 또 면회를 한 뒤, 경성을 거쳐 어머니가 계시는 장춘으로 돌아갔다. 그리고는 광복이 된 후에도 거의 1년이 지나 어머니, 동생, 누님을 상봉하게 되었다.

1925년에 어머니께서 동생을 임신한 채 귀국하여 출산하셨으니 동생은 부친을 한 번 뵙지도 못하고 성장하였다. 동생이 스무 살이 되어서야 처음으로 감옥에서 형제 상면相面을 하게 되었으니, 나도 모르게 눈물이 쏟아지는 것이다. 이 또한 천륜이 아니고 무엇이겠는가. 모든 게 타고난 기구한 운명이라고 체념할 뿐이었다.

상면: 서로 처음으로 만나서 인사하고 알게 됨.
1943년 초쯤: 원문은 '1944년 초쯤'이라고 되어 있으나 정황상 시간순서가 맞지 않아 본문과 같이 수정함.

전쟁의 양상은 지극히 위급하고 불리하게 흘러가 아무리 전승戰勝하였다고 총동원하여 극성스럽게 선전하여도 사실 패전의 기색을 감출 수 없었다. 학도병, 징병, 퇴역한 노병, 그것도 모자라 종래에는 소년병, 즉 미성년자까지 소집하여 병사兵事 훈련에 여념이 없었다. 그리고 식량과 각종 생필품, 의약품 등이 완전 고갈 상태여서 영양부족에다 각종 전염병이 유행하여 날로 사망자는 증가하고 있었다.

나는 매일 병자를 병보석시키는 일이 제일 중요한 일이었다. 한지의였던 간병부 최경동하고 될 수 있으면 한 사람이라도 더 감옥에서 내보내는 데 의기투합하여 의무과장이 출근하면 죄수들의 병세를 보고하면서 위급한 환자를 지목하면 의무과장은 거의 다 우리 말대로 병보석으로 처리해 구명을 많이 하였고, 되도록 우리가 직접 사망자를 손대지 않게끔 하였다. 그렇게 했어도 종전까지 무려 352구의 시체를 처리하였다.

1943년 초쯤 장 부장이 여성 감옥에 가서 새로 입감한 여성 죄수의 건강을 점검하였다. 그러고는 여성 죄수의 신분장身分帳을 나에게 주며 신장, 체중 등을 기록하라고 하였다. 그 여성 죄수의 신분을 보니 제주도 제주시 사람으로 나이는 25세고, 이름은 안응수安應洙였다. 죄명은 보안법 위반이었다.

여성 감옥에 남성 간수는 절대로 출입하지 못하지만, 간수부장, 간수장, 의무과장은 출입이 가능하였다. 여성 간수가 모든 업무를 처리하지만 장 부장은 의무과에 있는 만큼 여성 감옥을 자주 왕래하였다. 여성 간수가 자주 의무과에 와서 약품을 가져가며 나에게 약과 자기들이 필요한 물품을 달라고 사정하곤 하였다. 그러면 될 수 있는 대로 주었다. 여성 간수들도 절대로 안 되는 일이지만 사탕 같은 것들을 나에게 주며 "간수들에게 들키지 말고 잡역이 간병부와 잘 나눠 먹고 문제없이 하라"는 것이다. 감옥의 규칙이 엄하다 하여도 서로 간에 인지상정이 있었다. 일본인 여성 간수 중에도 나에게 친절히 대하며 종종 귀한 왜놈의 과자 '센베이'를 주는 이가 있었다.

이렇듯 그나마 살벌한 감옥에서도 의무과 안의 의무실에는 인정이라는 희귀한 분위기가 있었다. 이것은 의무과장의 인덕人德 덕분에 가능했다. 또 장 부장의 인정 어린 성품과 합하여, 니시이西井

약제사도 자연히 악한 것보다는 선한 게 인간 생활의 진리라고 받아들였다. 이런 분위기에서 마음에 평화를 갖게 되니 환자와 시체를 다루는 일이 한결 덜 고통스러웠다. 이렇게 하루하루를 보내는데 과장이 간부회를 마치고 사무실로 오더니 소장의 특별지시라며 3개월 전에 감옥에 들어온 여성 죄수를 서무과에서 소제부로 쓰고, 의무과를 오가는 잔심부름을 시키기로 계호과장에게 명령하였다고 말했다. 그 여성 죄수는 내일부터 출역한다고 덧붙였다.

그 여성 죄수가 앞에서 얘기한, 보안법 위반으로 형을 받은 제주도 출신의 안응수였다. 얼굴이 아주 아름답다고 했다. 그 사람이 사역하게 된 이유는 소년들이 각종 사업과 소년병으로 징집되어서 인원이 부족한 탓이었다. 그러나 과에서 과로 연락하는 업무라고 하여도 여성 죄수에게 사역을 시킬 수는 없는데 당시는 전시이고 소장의 방침이 그러하니 그대로 시행하였다. 여성 죄수의 준수사항은 남성 죄수와는 절대로 가까이하지 않고, 대화도 절대 금지한다는 단서가 붙었다.

다음 날 안응수가 서무과에 나와서 소제하는 것을 보았다. 의무과와 서무과의 건물은 마주 보고 있었다. 나도 아침 일찍 의무과 내외를 소제하고 그날 진단할 환자의 외과적 조치에 필요한 약을

준비하느라 매우 바빴다. 나는 최경동과 일을 분담하여 처리하였다. 간수들은 이구동성으로 안응수의 미모를 칭찬하였고, 왜놈의 간수들은 모두 '벳핀상べっぴんさん'이라 불렀다. 우리말로 '미인'이라는 뜻이다. 인간이 모여 사는 데는 장소가 어디든 똑같았다.

나는 30세 가까운 나이가 되도록, 환경도 환경이지만 본래 이성異姓에 대하여 별 관심이 없었다. 20세 때쯤 중국 복건성福建省 천주泉州에 갔을 때 양효영楊曉影, 오애련吳愛蓮, 오복옥吳福玉 등의 여성들과 친하게 지냈다. 우리는 서로 '친애'하며 여성 문제를 토의하고 조직활동을 하며 지냈으나 이성으로서의 연정은 절대 느껴본 적이 없었다. 그러다가 체포되어 고국의 감옥에서 10여 년을 지내다 보니 당연히 본능으로 성에 대한 고심도 하였으나 비참하고 생지옥의 환경에서 무슨 이성에 대한 성적 관심을 느낄 수 있었으리오. 그런 방면에 대해 생각할 여유도 없고 처지도 아니었다.

그런데 기상천외한 일이 나에게 생겼다. 바로 안응수에 대한 연정이었다. 의무과 상황이 나를 그렇게 만들었고 장재성 간수부장이 이런 사유를 만들어 주었다. 왜놈이 한국을 강탈한 후 감옥에서 여성 죄수와 남성 죄수가 만나서 연애하는 일은 없었다. 아마 있었다고 해도 사실이 아니라 조작이라고 생각할 것이다. 그러나 내가 이런 기상천외한 사단의 주인공이 되었으니 참으로 놀랄 일이었다. 이것도 다 왜놈이 동양 평화를 위한다는 명목으로, 소위 대동아성전을 전개한 덕택이었다.

일은 이렇게 시작되었다. 하루는 장재성 간수부장이 급사 박만섭朴萬燮에게 안응수의 ○○○번호를 말하며 서무과에서 ○○○번호 외 죄수의 신분장 2~3건을 찾아오라고 명하였다. 그래서 박만섭이 서무과로 가서 안응수에게 장재성 간수부장의 지시라고 말하였다. 이후 안응수가 신분장을 찾아서 의무과로 가지고 왔었다. 안응수가 처음으로 의무실에 왔는데, 좌우도 살피지 않고 장재성 간수부장 앞에 똑바로 서서 그의 지시만 기다리고 있었다. 나는 간수부장 반대쪽 책상에 앉아 서류를 정리하고 있었다. 정면으로 보니 소문 그대로 미인이었다. 안응수는 나를 본 척도 하지 않고 신분장을 간수부장에게 내고 조용히 서 있었다. 잠시 후, 간수부장이 나에게 귀한 손님이 왔으니 인사하라며, 종종 이곳에 올 테니 대접을 잘하라고 하였다. 그래서 내가 의자를 갖다 주며 앉으라고 권하였다. 그러나 안응수는 대꾸 한마디 않고 의자에 앉지도 않고 신분장 처리가 끝나자 간수부장에게 경례하고 서무과로 돌아갔다. 그도 그럴 것이 남성 죄수와 절대로 대화할 수 없도록 되어 있으니 당연히 간수부장이 인사를 나누라고 하여도 하지 않은 것이다.

그날 이후, 안응수는 매일 한 번씩은 심부름으로 의무실로 왔다. 자주 오게 되니 자연히 서로 말을 주고받게 되었다. 친숙해지면서 안응수가 간수부장에게 약을 달라고 하면 간수부장이 나에게 약을 주라고 하였다. 또, 여성 감옥에서 필요한 약도 안응수가 요구하여 가져갔다. 이렇게 되니 날이 갈수록 더 친숙해졌고, 여러 가지 얘기를 하였다. 사실 처음 부장이 인사하라고 하였을 때 나는 알지 못하는 사이에 가슴이 두근거렸다. 이것이 본능인 것이다. 10여 년 만에 여자와 대면하고 상대에게 말하게 되니 내 가슴이 두근거리는 것이 당연하다고 생각했다.

내가 임시로 설치한 각 병감에서 최경동과 병자를 간호하는 동안, 안응수가 의무실에 와 서류를 서무과로 가져가면서 간수부장에게 나의 경력, 가정 사정에 대한 것과 무슨 죄로 복역하며 징역은 얼마냐고 물었던 모양이었다. 그러니 간수부장이 나의 가정 내력

추축국: 제2차 세계대전 당시 일본·독일·이탈리아의 삼국 동맹에 속했던 나라.

과 복역하게 된 과정을 말해 주었다. 이 나라 독립운동을 하다 중국 상해에서 잡혀서 13년의 징역을 받은 것, 경성감옥에서 독립에 대한 선전문을 인쇄하였다가 발각되어 가형加刑을 받은 것, 광주감옥으로 온 후 의무과장께서 특별히 보아서 의무실에서 사역하고 있는 것, 2년간 이 어려운 일을 잘 처리하여서 소장 이하의 신임을 받고 지낸다는 것을 안응수에게 자세히 설명한 것이다. 이 모든 말을 들은 안응수는 눈물을 흘리며 내가 가엾다고 하더라는 것이었다. 간수부장이 그 일을 나에게 말하며 "안응수가 자네에게 마음이 있는가 봐" 하였다.

그러나 나는 마음에 어떠한 큰 감정을 느끼지 못하였다. 그것은 내가 본래 이런 문제에 소홀하고 내 장래를 생각할 때 남녀관계에 대한 감정이나 생각하고 있을 때가 아니라고 생각했기 때문이었다. 더욱이 우리의 지금 형편과 장래의 상황이 어떻게 될지 알 수 없었다. 왜놈이 우리 동포 10만여 명을 학살한다는 비밀공작을 추진하고 있다는 풍문이 실화로 벌어지려는 판국이었다. 인생 문제도 좋지만, 이 예측 불허한 시국에 이는 그저 그런 것이라 생각되었다. 전세는 점점 왜놈에게 불리해졌다. 제2차 세계대전에서도 미국·영국·프랑스·소련 연합군의 전세가 유리하여 소위 왜놈의 추축국樞

軸國 동맹인 독일·이탈리아 군대의 전세가 날로 패색이 농후했다. 왜놈의 정세가 초조해질수록, 우리에 대한 갖가지 혹독한 압박이 더욱 심해졌다. 식량과 생필품이 완전히 고갈되어 버렸다.

전남 담양의 부농인 이혁李爀이 1년 반인가 형을 받고 감옥에 왔다. 의무과장과 사회에서 친구 관계였으므로 병자로 감방에 수용하게 되었다. 내가 그분을 상대하고 보니 교양이 풍부하고 학식도 심오한 인물이었다. 지금 생각하여도 무슨 법을 위반하고 감옥에 왔는지 기억이 안 난다. 감옥에 있을 때 퍽 각별하게 지냈고 1945년 8월 17일 같이 출옥하게 되었다. 나는 출옥한 후에도 권계수 선생의 은혜를 잊지 않고 생일날이나 광주에 가는 날에는 반드시 그를 찾아 문안하였고, 장재성 부장도 꼭 찾아보았다. 권계수 선생의 자제는 형제인데, 첫째 아들은 권흥식權興植으로 가톨릭의대에서 교수로 있다가 사망하였고, 둘째 아들은 권충식權忠植인데 광주 금남로에서 호남의원을 운영하고 있다. 부친의 서거 후에 의원을 물려받아 방사선과 의사로 개업하여 지금도 운영을 하고 있다.

안응수와 매일매일 접촉하며 자별하게 지냈다. 하루는 장재성 간수부장이 나에게, 안응수가 자네가 꼭 마음에 드니 자기가 출옥하면 반드시 내가 출감하기를 기다려서 결혼하여 살겠다고 간수부장님이 가서 전해 달라고 부탁하였다는 것이다. 그러면서 간수부장은 "자네는 안응수가 어떤가? 괜찮지?" 하고, 자기가 보기에 마음씨도 착하고 이해성이 풍부하니 그렇게 작정하여 보라고 권고하였다. 이 말을 듣고 보니 이성에 대한 감정이 조금 달라졌다. 그 후로 안응수를 보면 나도 모르게 태도가 달라지는 것을 느꼈고, 안응수가 나를 대하는 태도도 이전과 많이 달라졌다. 이런 것이 남녀 간의 연애라고 하는 것인가 하고 생각했다. 이쯤 되니 자꾸 만나고 싶고 말도 많이 하고 싶었으나, 장소는 감옥이고, 사방에 감시하는 눈초리가 엄하였다. 어쩌다가 이런 지경까지 왔으나, 그렇다고 참다운 인간적 행동을 할 수가 있었겠는가. 그저 사모하는 마음뿐이지 손목 한번 서로 잡아보지 못하는 형편이었다. 어떻게 보면 이것이 참된 남녀 간의 신성한 연애가 아닌가 하였다. 안응수가 사무실로 오면 미소로 서로의 마음을 전할 뿐이었다. 이심전심이었다. 나는 나이 서른에 이성을 알게 되고, 남녀 간의 사랑이 이런 것이라는 것을 처음 알게 되었으며 우리 둘의 마음은 날이 갈수록 더 가까워졌다.

그러나 주위의 상황은 말로 형용할 수 없는 생지옥이었다. 사방에서 환자들이 다 죽어가는 신음 소리뿐이고, 나만 보면 무슨 수를 써서라도 이 한목숨을 살려달라고 애원하는 가련한 목소리뿐이었다. 이런 일을 24시간 매일 겪으며 다 죽어가는 사람을 가족에게 업어다 주는 일, 또는 죽어가는 사람에게 최후의 방법으로 강심제强心劑인 '캄풀' 주사를 놔주어야 했다.

이때 내 심정은 무어라 형용할 수 없었다. 누구라도 이런 처지를 이해하는 사람이라면 사랑과 정의감이 있는 진정한 인간일 것이다. 내가 비록 도덕군자는 아니지만 그때의 모든 사정을 회고하면 이런 일을 겪으면서 나 자신의 성격이나 인생관이 한 단계 올라갔다고 할 수 있다. 나는 사람에 관한 근본원리가 항상 같다고는 할 수 없다는 생각이 들기 시작했다. 원래는 사람은 원리가 하나라고 생각하였다. 그런데 내가 감옥에서 그 많은 불우하고 비참했던 사

강심제: 심장박동을 강화하는 약물.

'캄풀' 주사: camphor injection. 강심제의 하나로 녹나무 또는 캄포르camphor, 나무에서 추출한 장뇌액樟腦液을 정제하여 만들었음. 여러 다양한 용도로 사용되었다.

이 지경에 캄풀 주사가 효험이 있을까 없을까를 헤아려 볼 새도 없이 간호부를 끌어온 것은 다만 송장을 데리고 집에 들어가지 않겠다는 욕심이요, 밖에서 죽은 송장을 집에 끌여들였다는 말만 듣지 않게 하자는 발뺌이나 체면을 먼저 생각하였던 것이다.

출처: 염상섭, 〈임종〉, 《문예》, 1949년 8월.

람들, 산 사람, 죽은 사람에 관계없이 성심껏 돌봐 준 것이 인도적 행동인가, 아니면 인류애가 드러난 것인가? 아니면 징역을 살아야 하니 할 수 없이 한 것인가? 어느 것인지는 모르나 그 모두에 해당된다고 정의를 내릴 수 있는 것이다.

그런데 나의 안응수에 대한 사랑이나 안응수의 나에 대한 사랑은 위의 인정에 대비하여 동일한 사랑이라 정의할 수 있을까? 나는 그 당시 이런 사랑에 대하여 내심 갈등이 생겼다. 사랑이란 명사名詞는 동일할지 몰라도 상대방에게 유형무형으로 베푼 인류애와 이성에 대한 마음이 완전히 분리된다고 생각하였다. 이성에 대한 마음은 무엇인가? '욕구가 나타나는 것을 사랑이라고 표현하는 건 아닐까' 하고 생각하였다. 내가 이 사랑의 정의에 고심한 경험이 있었다면 무슨 신천지를 발견한 것처럼 의의와 정의가 다르다고 생각하였을 것이다. 지옥 같은 감옥에서 시체가 매일 쌓이는 극한의 환경에 직면하게 되고 이것들을 직접 처리하던 당시의 나로서는 신기했고 사랑에 대한 판이한 생각이 들었다.

그러나 이 비참한 환경에서도 남녀 간에 연모의 정을 억제할 수 없다는 것을 깨달았다. 매일 안응수를 못 보면 눈이 빠지도록 기다리게 되었다. 이런 심정은 안응수도 똑같았다. 그리하여 무슨 구실을 붙여서라도 의무실에 꼭 오는 것이다. 감옥이니까 어쩔 수 없는 것이지 참으로 말로 표현하기 어려운 지경이었다.

세계의 사정이나 왜놈의 형편은 물론이고 우리 사회의 사정도 시간이 갈수록 더 긴박해졌다. 모든 행동뿐 아니라 말 한마디 잘못하여도 징역 1~2년은 보통이고, 감옥으로 오게 되면 누가 생명을 부지할 수 있을 지 보장이 없었다. 고역은 심하고 먹는 음식으로는 생명을 부지하기 어려운 상황이니 6개월만 지나면 기아부종이 생겨 한 달 내에 시체가 되는 것이다. 그 당시 광경을 보지 못한 사람은 이 비극을 상상이나 할 수 있을까! 지금은 다 과거의 일이 되어, 이 비극을 아는 사람을 손가락에 꼽을 정도이다. 참으로 비참한 역사였다.

해방 후 대한민국 정부가 수립되어서 내가 감찰위원회監察委員會에 재직하다가 자유당 국회가 감찰위원회를 없애는 바람에 체신부遞信部로 전직되었다. 체신부에 재직 중 일부 고위공무원이 "조선총

형무소장: 원문은 '감옥장'. 실제로 본문에서는 '소장', '옥장'을 번갈아 가면서 표기함.

독부 때만 못하다"고 탄식하며 대한민국 정부를 못마땅하게 생각했다. 나는 내심으로 아연실색하였다. 더 말할 여지가 없었다. 나는 듣고도 듣지 못한 척했다. 이런 민족하고 어찌 왈가왈부를 하겠는가. 나는 아직도 과거의 일들을 생각하고 치를 떨며 지내고 있지만 이런 말도 현실에서는 무가치한 망언에 불과한 것이다.

1944년 봄 안응수가 의무실로 오더니 가출옥하게 될 것 같다고 하였다. 이어, 출옥하면 당신이 출옥할 때까지 기다리겠으니 몸 건강하고 마음 편안히 지내도록 하라고 간곡히 부탁하며 눈물을 흘렸다. 이 말을 들으니 내 마음은 어찌할 줄 몰랐다. 참 인간이 이럴 수가 있나 했다. 사랑하는 사람이 이 생지옥에서 구사일생으로 나가면 당연히 그보다 기쁠 데가 있을까. 그러나 그게 아니었다는 말이다. 무엇인가 손안의 보물이 없어지는 것 같은 감정이 불현듯 느껴졌다. 참으로 나 자신도 어이가 없었다. 다시 참다운 인간이 되려고 고심하며 안응수에게 참 잘되었다고, 부디 나가서 몸을 잘 보전하라고 당부하였다. 내가 이런 말을 하는 것이 참 진심에서 우러난 말인지 후에 몇 번이고 곰곰이 생각하였다. 나는 지금 그때의 심정을 가식 없이 털어놓는 것이다.

정말로 1주일 후에 안응수는 가출옥을 받아 당분간 형무소장 집에 머무르게 되었다. 그때 제주도와의 왕래가 완전히 끊긴 상태였기 때문이다. 객선客船은 가지 못하고, 가끔 군함만 왕래하였다. 당시에 미국의 잠수함이 출몰했기 때문에 객선은 모두 왕래가 금지되었다. 그러므로 안응수는 고향인 제주도로 못 가고 형무소장 집에 있게 되었다. 이런 소식은 급사 박만섭 군이 형무소장 집에 갔다가 안응수를 만나 소식을 전한 것이다. 이런 소식만 들어도 내 심정은 위안이 되었다. 이때 여수에서 사역하던 죄수 100여 명이 모두 사경을 헤매게 되어 감옥으로 돌아왔다. 생명이 경각에 달려 있는 목불인견의 인간들을 어떻게 해야 할지 몰라 나는 정신이 나갈 지경이었다. 박용의 목사, 최경동, 조용택 등 간병부와 눈코 뜰 새 없이 구호하느라고 진땀을 흘렸지만 매일같이 여러 사람이 시체가 되어 나갔다.

1945년 1월경 형무소장 구니미쓰國光의 알선으로 안응수는 (왜놈) 해군 함선을 타고 고향인 제주도로 가게 되었다. 광주를 떠나는 날

제주시 일도리: 현재 제주시 일도동一徒洞을 가리킴.

나에게 편지를 간단히 쓰며 자신의 제주 집 주소라고 하며 '제주시 일도리一徒里 백 몇 번지'라는 글자를 남겼다. 이 편지를 박 군이 전달해 주었는데, 이것이 마지막이었다.

여하튼 일제 식민 치하의 감옥에서 여성 죄수와 사랑을 속삭였다는 말을 듣는다면 아마도 세상 사람들은 어떻게 그런 일이 있을 수 있느냐며 조금도 믿지 않을 것이다. 다만 나는 광주감옥으로 이감된 뒤, 허다한 시체를 치우며 고생하였지만 또 세상에 있을 수도 없는 사랑을 속삭이기도 했다. 이 또한 하느님의 사랑과 부처님의 자비로 내게 복을 내려 주셨다고 생각하고 나날을 보냈다.

1945년 8월 15일에도 감방을 일찍 나와서 의무실 안팎을 청소하고 병자를 돌아볼 준비를 다 하였다. 의무과장이 오기만을 기다리고 있었는데 9시가 더 지나서 권 과장이 출근하며 나에게 "오늘 무슨 중대한 사건이 날 테니 명심하고 주의하라"고 알려 주었다. 나는 내심 왜놈들이 무슨 흉측한 짓을 할 것 같아서 기분이 좋지 못하였다. 약 2년 전에 왜놈이 우리 동포 10만여 명을 학살하려 한다는 소문을 들은 기억이 있었기 때문이다.

과장님과 같이 병자들을 돌아보고 나니 11시가 지났다. 그러자 전 감옥의 죄수를 감방에 수감하며 12시경 일본 동경으로부터 중대한 방송이 있으니 정숙히 경청하라고 하였다. 그래서 나도 다른 간병부와 감방으로 돌아와서 '무슨 중대한 방송을 하나' 하며 방에 있는 병자와 말을 주고받았다. 그때, 확성기에서 왜놈 말로 "지금부터 중대 방송이 있겠습니다. 전국의 청취자 여러분은 자리에서 일어나 주십시오. 只今より重大なる放送があります. 全国の聴取者の皆様、ご起立願います."라고 하는 것이다. 그 내용은, 왜놈이 패전하였으므로 미·영 연합국에 무조건 항복한다는 것으로 왜

지금부터 중대 방송이 있겠습니다: 옥음방송玉音放送(ぎょくおんほうそう). 1945년 8월 15일, 쇼와 천황이 태평양전쟁을 끝맺기로 결정했다는 소식을 국민에게 전한 방송을 가리키는 말. 당시 일본의 유일한 방송국이었던 일본방송협회(현재 NHK 제1방송)에서 방송되었다. 방송에서는 포츠담선언을 수락한 일본이 전쟁에 졌다는 것을 천황 본인의 목소리로 국민들에게 전했다. 이 방송을 시작으로 일본에서는 8월 15일이 종전기념일로 정해졌다.

只今より重大なる放送があります. 全国の聴取者の皆様、ご起立願います:

출처: 일본 위키피디아 〈옥음방송과 전후 라디오 방송玉音放送と前後のラジオ放送〉 문서 중.
(https://ja.wikipedia.org/wiki/%E7%8E%89%E9%9F%B3%E6%94%BE%E9%80%81)

놈의 천황이, 직접 일본 국내와 식민지에 있는 왜놈들에게 비통한 목소리로 약 15분간 항복을 언명한 것이다.

방송을 들은 우리들은 꿈인지 생시인지, 왜놈들이 승전하지 못할 것이라고 생각은 하였지만 어째서 이렇게 빨리 손을 들었을까 생각했다. 이렇게도 전쟁의 상황을 깜깜 몰랐다. 알고 보니 미국의 두 방의 원자탄 투하로 그 악독한 왜놈이 두 손을 들고 만 것이다. 8월 15일 정오, 이 기쁜 소식을 듣는 순간 나는 "이크, 살았구나!" 하고 큰 소리로 감방에서 소리쳤다. 감방 내에 있던 병자들이 크게 놀라며 나를 보고 "왜 이러는가, 진정하라"고 달래려 애썼다. 나중에 생각한 것이지만, 패전했다는 말을 들은 왜놈의 간수들이 화가 나서 무슨 짓을 할지 누가 알겠는가. 그리하여 내가 큰 소리로 "나는 살았다. 우리는 살았다!" 하는 소리를 못 하게 만류하였던 것이다.

3시경 장재성 간수부장이 나만 감방에서 나오게 하였다. 권계수 의무과장, 장재성 간수부장과 함께 앞으로의 일을 의논하였지만 결말이 나지 않았다. 아직은 총독부가 모든 집행권을 갖고 있고 일이 진행되는 형세를 누구도 판단할 수가 없었다. 더욱이, 감옥에 있는 죄수의 처리나 대우가 어떻게 될지 미지수였으므로, 수일이 지나 봐야 상황을 알겠으니 될 수 있는 한 조용히 왜놈의 발표만을 주시하라고 하였다. 나는 죄수들에게 신중히 행동하라고 부탁하였다. 사실 나는 왜놈들이 죄수들을 학살하려 들지도 모른다는 생각에 초조하였다.

그렇지만 왜놈이 패전해서 항복한다는 발표를 들으니 나로서는 어찌 기쁘고, 또 기쁘지 않겠는가. 나는 왜놈들이 죄수들을 학살할지도 모른다고 절대 타인에게 말한 적이 없다. 이런 말이 전파되면 나의 생명조차 어찌될까 걱정되어 몹시 긴장되었다. 단지 나 혼자서 초조할 뿐이었다. 정말 악몽 속을 헤매다 깨어난 것 같았다. 그렇게 기승을 부리던 왜놈들이 맥이 풀려 고개 숙인 꼴을 보니 패전과 망국의 비참함을 다시 한번 새롭게 깨달았다. 일제 총독부에서는 독립운동자 사상범思想犯과 기타 전시취체법戰時取締法 위반자들은 그냥 방면하는 것이 아니라 가출옥의 편법을 적용하여 8월 17일에 내보내기로 결정이 났다고 했다. 칼자루는 아직도 왜놈들이 쥐고 있으니 여하튼 출옥하고 보자고 결론지었다.

8월 17일 감옥에서의 마지막 아침밥을 먹고 출옥할 준비를 서둘

은전: 옛날 나라에서 은혜를 베풀어 내리던 혜택.

렸다. 나는 의외로 광주감옥으로 오게 되어 권계수 의무과장의 은혜로 생명을 보존하였다. 불쌍하게 사망한 죄수의 시체 352구를 염하고 다 죽을 지경에 놓인 죄수를 병보석으로 업어다 가족에게 넘겨준 일도 수백 번에 달하였다. 장재성 간수부장 덕택에 안응수라는 여성 죄수와 '사랑이 이런 것이구나' 하는 한 토막의 인생 경험도 하였다. 그 외에 선과 악, 비리, 진리, 윤리, 도덕, 철학 등 아무것도 모르던 내가 실제 경험을 통해 참다운 인간으로서 깨닫도록 계발해 준 감옥을 영원히 잊을 수 없다.

감옥에서 10여 년을 지내다가 왜놈의 패전으로 가출옥하게 되었다. '천황의 은전恩典으로 우리를 특별히 출옥시킨다'는 형무소장 구니미쓰의 말을 듣고 12시경 광주감옥소를 나왔다. 나는 몇 번이고 감옥소를 돌아보았다. 치안유지법 위반자가 모두 20여 명인데 광주에 사는 부호이자 유명인사인 현준호玄俊鎬 씨가 우리를 위하여 자기 집에서 점심을 대접하며 위로의 뜻을 표하겠다고 하여 그 집에 가서 10여 년 만에 호화스러운 한식 음식을 대접받았다.

나의 소지품에는 서적이 꽤 많았다. 의무실에 있는 동안 장래에 의사가 되기 위해서 권 의무과장의 특별한 허락을 받아, 어머니께서 그 어려운 살림에 품을 팔아 만든 돈으로 생리학, 해부학, 의학총서, 게다가 《웰레스문화사대계》 등 허다한 서적을 정성껏 차입해 주셨다. 우리가 감옥을 나온다는 말을 듣고 상해에서 동거하다 행방불명이 되었던 최동철崔東喆이 뜻밖에도 마중을 왔다. 최동철 씨는 원래 광주 사람으로 광주에 거주하는데 소지품이라야 서적뿐인 내 짐을 자기 집에다 보관해 주겠다고 하여 최동철에게 맡기고, 그 집에서 저녁까지 있다가 광주서중학교 사건으로 징역을 살았던 배종국의 광주 서석동瑞石洞 숙부 댁에 가서 머물게 되었다. 배종국의 집은 나주였는데, 그곳에 부모님이 계셨고 숙부 댁에서 서중에 다니다가 비밀결사에 가담하였던 것이다.

나는 세상에 처음으로 나온 사람처럼 배종국과 밤새도록 광주시를 돌아다니며 피로한 줄도 모르고 새벽 4시경 귀가하였다. 조금 눈을 붙이고 아침밥을 먹은 후 배종국이 자신은 나주에 계시는 부모님을 뵈러 간다고 하여 나도 동행하기로 했다. 사실 나는 감옥에

《웰레스문화사대계》: 이규창이 언급한 책은 허버트 조지 웰스Herbert George Wells가 쓴 *The Outline of History*(1920)로, 일본에서는 《세계사대계世界史大系》라는 제목으로 번역되어서 출판되었다.
광주 서석동: 현재 광주광역시 동구 서석동.

서는 나왔지만 서울에 가 봤자 있을 곳이 없었다. 어머니께서는 아직 장춘 누님 댁에 계시고 나는 어디를 가나 집이 없기는 마찬가지여서, 배종국과 나주로 가는 것이 좋았다. 나는 생전 처음으로 우리나라 시골 농촌에 갔다. 그때는 초가을이라 오곡백과가 초가을 벌판에 싱그럽게 익어가고 있었다. 그것을 보니 10여 년 동안 자연의 풍경이 무엇이며 어떻게 형성되는지를 모르다가 고국의 농촌에서 자연의 아름다운 풍경을 만끽하니 내가 선인仙人이 된 것 같았다. 부친께서 항상 고국을 그리워하시며 금수강산이라 하시던 말씀이 과연 거짓이 아니었음을 다시금 느꼈다.

나주에서 1개월 가까이 지냈다. 음식을 잘 먹고 심신이 즐거워 몸에서 날개가 돋아 승천할 것 같았다. 옥고가 말끔히 사라진 것 같았다. 9월 20일경 광주로 돌아와서 권계수 선생, 장재성 부장을 다 방문하고 조만간 서울로 가보겠다고 하였다. 담양 사람인 이혁 선생도 보았고, 기영도 등 광주서중학교 사건으로 감옥에 들어왔던 여러 동지도 만났다.

5년 전 광주감옥에 가기 위하여 청색 수인복을 입고, 공산주의자 박우현과 줄줄이 엮여서 열차를 탔었다. 그때 왔던 경성역에 자유의 몸으로 도착하고 보니 5년 전과는 전혀 다른 모습이었다. 광주에서 밤새도록 와서 서울에 도착하니 아침이었다. 그렇다고 어디 갈 데가 없고 아침은 먹어야 했기 때문에, 어려서 들은 무교탕반武橋湯飯 집을 찾아가기로 했다. 행인에게 물어보니 친절히 알려 주어서 무교동을 찾아갔다. 듣던 대로 설농탕雪濃湯, 장국밥을 파는데 그 음식 냄새가 시장한 배를 더 자극하였다. 우리들이 밥집으로 들어가자 손님이 꽉 차 있었다. 내가 장국밥을 청하였더니 배종국도 나와 같은 것을 먹었는데, 그 맛이 일미逸味였다. 지금은 그런 장국밥을 먹을 수가 없다.

나는 그때 감옥에서 작업한 보상금 13원과 권계수 선생이 준 10원을 더하여 23원이 있었다. 만약 내가 경성감옥에서 규칙을 잘 지

일미: 아주 좋은 맛.
종로구 도렴동: 현재 서울 세종문회회관 뒤편 외교부, 센터포인트 광화문 빌딩, 도렴빌딩 등을 포함하는 지역으로 조선시대에는 궁중 진헌용 직조물의 염색을 맡았던 도렴서都染署가 있었다.

키고 작업 등급도 특별급이 되었다면 출감할 때 수십 원을 받았을 것이다. 그런데 나는 선전문을 인쇄한 벌로 가형을 받았으므로 가형 전의 보상금은 다 몰수당하였다. 내가 가지고 있었던 13원은 광주감옥에서 작업한 것에 대한 보상금인 것이다. 나는 이 돈을 서울에 와서 비용으로 사용하였다. 나와 배종국은 서울에 아는 사람 집이라고는 없었다. 나는 사촌 형 이규봉李圭鳳의 서울 집 주소를 알지 못했다. 게다가 지난 10여 년 동안 감옥으로 면회 한 번 오지 않았으니 사촌 형이 서울에 사는지 알지 못했던 것이다. 그야말로 사고무친이었다.

서울 시내를 이리저리 돌면서 구경을 하는데 한 청년이 나에게 "잡역 상, 언제 광주에서 나왔냐"고 물으며 반갑게 대하였다. 자세히 그 청년을 보니 절도 4범으로 4년간 김천소년감옥에서 살다가 성년이 되어 남은 형을 마치기 위하여 광주감옥으로 이감되었던 사람이었다. 이 청년은 여수항에서 노역하다 병이 들었고, 병감에 있다가 운 좋게 병이 나아 만기 출옥하였다. 아는 사람 하나도 없는 판에 이 청년이라도 만나니 마음이 조금 편안해졌다.

그 청년이 "오늘 잘 데가 없으면 자기가 여관을 소개하겠다"고 하였다. 그 덕에 종로구 도렴동都染洞 '무슨 장莊'이라는 여관으로 가서 방을 정하고 하룻밤을 자게 되었다. 그는 나에게 "감옥에서 자기 생명을 구하여 주었다"고 대단히 고마워했다. 이런저런 이야기를 하다가 세 사람이 한방에서 잠들었다. 아침에 깨어 보니 그자가 어디를 갔는지 보이지 않았다. 우리는 그가 나갔다가 돌아올 것이라고 생각하였다. 그러나 9시가 지나도 오질 않아서 여관 주인에게 물으니 아침 일찍이 볼 일이 있다며 문을 열어 달라기에 열어 주었다고 하였다. 방으로 돌아와 나와 배종국의 옷을 뒤져보니 돈 2~3원만 남기고 다 가지고 갔으며, 배종국의 손목시계마저 가지고 갔다. 우리 둘은 깜짝 놀라서 서로 얼굴만 마주 보고 있었다. 참으로 앞길이 캄캄하였다. 지금도 배종국을 만나면 40년 전 우리가 서울에서 그 사람에게 당한 일을 추억으로 이야기한다.

나는 그때 그 사람이 한 행동을 보고 '절도는 절대로 사회의 암적 존재'라는 것을 절실히 느꼈다. 경성감옥과 광주감옥에서도 '절도'로 최고 10년 형을 받은 10범의 죄수가 조금도 후회하거나 잘못을 고칠 마음이 없이 당연하다는 태도를 보인 적이 있다. 전과 10

발호하고: 권세나 세력을 제멋대로 부리며 함부로 날뛰고.

범의 절도범도 내가 병자로 성심성의껏 구호하였기 때문에 그 역시 나를 생명의 은인이라 칭했을 것이다. 그러나 물건을 보면 갖고 싶은 마음이 생긴다고 해도, 인간으로서는 도저히 할 수 없는 행동이다. 사회가 안전하려면 이런 나쁜 종자를 박멸하여야 한다고 생각하였다. 아마 지금도 그런 나쁜 종자는 곳곳에서 발호跋扈하고 있을 것이다.

여하튼, 남은 2~3원으로 여관비를 주고 나자 돈 몇 푼이 남지 않았고, 우리는 앞이 캄캄하였다. 이렇게 되자 생각나는 것이 있었다. 바로, 경성감옥에서 세계 전쟁의 전망과 조선 독립에 대한 선전문을 제작할 때 함께했던 공산주의자 박세영이었다. 내가 광주감옥으로 이송될 때 나에게 은밀히 자기 집 주소를 알려준 것이 기억났다. 배종국에게 박세영의 집으로 찾아가면 감옥에서의 정과 의리를 봐서라도 우리를 도와주지 않겠는가 하며 박세영의 집을 찾아갔다. 박세영은 관철동 한약건재상 집 아들이므로 집을 찾기는 수월하였다. 박세영을 찾으니 마침 사무실에 있었다. 그런데 박세영이 나를 보더니 그리 반가워하는 기색이 아니었다.

그러나 나는 예의를 다하고 배종국을 소개한 후 우리 둘의 딱한 사정을 말하고 무슨 수가 없겠느냐고 하였다. 박세영의 첫 말이

"동무와 나는 노선이 다르니 더 무슨 말을 하기는 어렵고, 다만 지금의 사정이 딱하니 종로 장안빌딩 내에 출옥 동지들을 위한 구호 사업회가 있으니 그리로 가서 사정하라"고 하였다. 박세영의 그런 태도와 노선이 다르다는 말을 듣고 나는 아주 불쾌하고 화가 났다.

"물론 나는 노선이 다르다. 내가 공산주의자가 아닌데 노선이 같겠는가? 같은 공산주의자라도 때와 환경의 변화에 따라 노선이 다를 수도 있겠지" 하고 말하였다. 이는 '너는 왜놈에게 굴복한 사상전향자'라고 암시한 것이다. 사상전향을 한 사람이 어찌 나와 노선이 같을 수 있겠는가. "내가 지금 당신한테 구구한 사정을 하는 것은 인간 대 인간의 관계로 온 것이다. 또 내가 당신과 선전문을 제작하자고 온 것이 아닌데 무슨 노선의 말이 나오는가. 감옥에서도 당신과 주의와 노선이 같아서가 아니라 오로지 항일 독립의 목표를 달성하기 위하여 위험을 무릅쓰고 공범이 된 것이다. 노선이 동일하여 그런 것이 아니야" 하고, 나는 대단히 불쾌하여 큰 소리를 냈다. 박세영이 아무 말도 하지 않았다. 그러자 배종국이 나에게 "형님 더 말 말고 갑시다" 하였다. 나도 그런 사람과 더 이야기할 필요가 없어 실례한다고 하고 그 집을 나왔다.

나는 '유물사관 신봉자인 공산주의자는 다 박세영과 같이 비인간이구나' 하고 생각하였다. 배종국도 "나는 형님께 말로만 들었는데 그 사람의 꼴을 보니 '그럴 수가 있나' 하였소. 형님이 분을 참으시오"라고 하였다. 그러면서 나도 공산주의자에 대한 인식이 달라졌다고 덧붙였다. 또, "우리네 인정은 그럴 수 없소. 우리 둘의 처지가 지금 어떻소? 아침에 갔으니 사람이라면 아침을 못했을 것이니 아침밥이라도 먹으라고 해야지, 그런 인정 어린 말은 하나도 않고 무슨 빌어먹을 놈의 노선이 다르니 어쩌구저쩌구, 그게 약소민족의 해방이요? 농노자農勞者를 위한 투쟁의 인물이요? 이후에는 다시 그런 비인간적 물건과 상종을 마시오" 하였다. 내가 배종국의 말을 듣고 보니 스스로가 부끄러웠다. 나도 그 후로는 박세영을 보아도 단 한 번도 말을 섞지 않았다.

아무튼 별수가 없어 장안빌딩 출옥동지구호회로 찾아가니 사무원이 있고 사무장이 또 따로 있었다. 나와 배종국은 사무장에게 인사하고 소개하며 우리의 지금 사정이 이러하니 도와줄 수 없겠는가 물었다. 그러니 사무장이 "우리는 고생하다 출옥한 의지할 데 없는 여러분들을 위하여 숙소와 식사를 마련하였으니 안내자를 따라가라"고 하였다. 감사하다 하고 따라가니 관철동 어느 여관으로 안내하였다. 안내자는 주인에게 이 두 분을 잘 대접하라 하며 우리에게 인사하고 돌아갔다. 나와 배종국은 우선 주인이 안내하는 대로 2층 방 하나에 둘이 거주하기로 했다. 주인은 그 근처 밥집에서 식사하면 된다고 소개하였다. 주인은 우리의 성명과 본적 등을 명부에 기재하였다. 이렇게 되니 당분간 숙식은 해결되었다. 그리고 출옥구호회에서는 우리에게 다소의 용돈도 주었다. 이렇게 10일 가까이 지냈다.

어느 날 시내에 갔다가 여관으로 오니 여관 주인이 이규호라는 분이 있는가 하며 시내 돈암동에서 사시는 이을규 씨가 와서 찾았는데, 외출하였다고 하자 4시경에 또 올 테니 기다리라는 부탁을 받았다는 것이다. 나는 이을규 선생이 나를 찾으러 왔었다는 말을 듣고 어쩌나 반가웠는지 모른다. 배종국에게 이을규가 어떤 분이라고 대강 말하고 오시기를 기다렸다. 4시경 이을규와 이정규 두 분 형제가 나의 방으로 들어오면서 나를 껴안았다. 이을규 선생은 한 달간이나 각 방면으로 나를 찾다가 혹시나 하고 장안빌딩의 출옥구호회 사무장에게 탐문을 하였다고 했다. 사무장이 10일 전 그

100리길도 아니고: 100리는 현재 단위로 환산하면 40km이다.

가 이곳에 와서 사정하길래 여관으로 안내를 하였다고 답했다고 한다. 그리고 선생은 "오늘 너를 찾게 되었다. 얼마나 죽을 고생을 하였느냐?" 하며 눈물을 흘렸다. 참으로 동지애가 드러나는 순간이었다.

그리고 당장 돈암동 우관 이정규 댁으로 가자고 하였다. 나는 주인에게 그동안 덕분에 잘 있다가 간다고 인사를 하고 두 분과 돈암동으로 가는데 그때만 해도 교통편이 불편하여 걸어서 댁으로 갔다. 돈암동 댁은 아담하였다. 이정규 선생의 부인에게 인사를 하고 차려준 저녁을 먹었다. 식사하는 동안 그간의 사정, 옥중에서 지낸 일들을 이야기하였다. 또, 두 선생은 내가 서대문형무소에서 기결수가 되어 경성감옥으로 갈 때, 그때의 심정과 어머니께서 고생하시던 일들을 자세히 나에게 들려주었다. 더불어 어머니께서 하루속히 환국을 하셔야 되겠는데 만주 장춘이 100리길도 아니고, 교통편이 어떤지 모르겠으나 빨리 오시길 기원한다고 하였다.

그러면서 너는 나와 있으라고 하며 불편하게 생각할 게 없다고 하시는 것이다. 나도 북경, 천진에서 오랫동안 친형제처럼 지냈기 때문에 하나도 서먹한 기분이 들지 않았다. 그래서 이정규 선생 댁에 머물기로 하였다. 배종국 동지는 이틀 후 나주의 자기 집으로 가

동지들과 같이한 이규창(1949. 3. 7.)
유치웅, 이을규는 이규창과 같이 감찰위원회에서 일하였고 유각경은 1953년 감찰위원회 위원이 되었다.

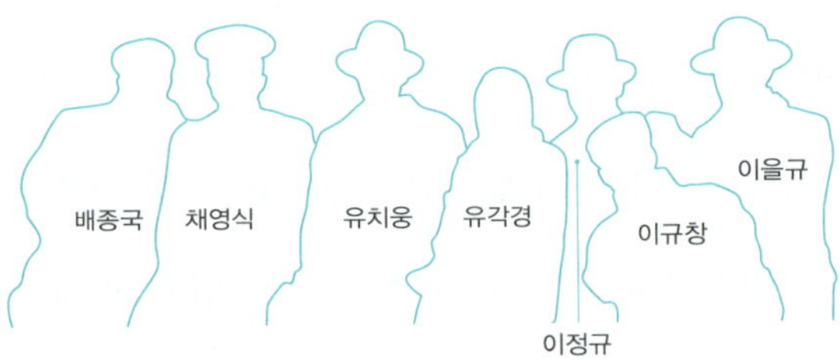

게 되어 자주 연락하기로 하고 서울을 떠났다.

⁂

나는 자주 시내에 나가서 감옥에서 같이 징역을 살던 분들도 만났다. 오동진 선생이 왜놈의 패전 1년 전에 공주감옥에서 순사하셨다고 들은 것도 이때였다. 정이형 선생은 대전에서 출옥한 뒤, 서울에서 출옥동지회를 조직하여 을지로乙支路 2가에 사무소를 정하시니 출옥한 분들이 모여들었다. 최양옥, 김보형, 장기천, 백세창 이런 분들은 경성감옥에서 출옥한 분이고, 이화익 선생은 고향인 황해도로 가서 함께하지 않았다. 그 후에 정이형 선생이 '을유회'라는 친목회를 조직하니 서세충徐世忠, 최호崔浩 등 왜놈 때 독립운동을 하며 고초를 겪던 지사들이 매일 같이 모였다. 공산주의자인 이문홍李文弘, 박세영이 가끔 오기도 하였다. 그런데 상해에 있다가 왜놈에게 잡혀 5년 징역을 살았던 천리방 이용준 동지께서 왜놈에게 징집을 당했다 돌아온 청년들을 모아서 국군준비위원회를 조직하고 건군위원장이 되어 조직을 확장하던 중, 을지로 2가 대로에서 공산주의 계열에 반대투쟁을 전개하다가 공산주의자에게 피격되

이규창 정문경 결혼사진(1947. 12. 10.), 공덕동 아소당我笑堂
아소당은 흥선대원군 별장으로 광복 후 이회영 일가의 임시 거처지였다.

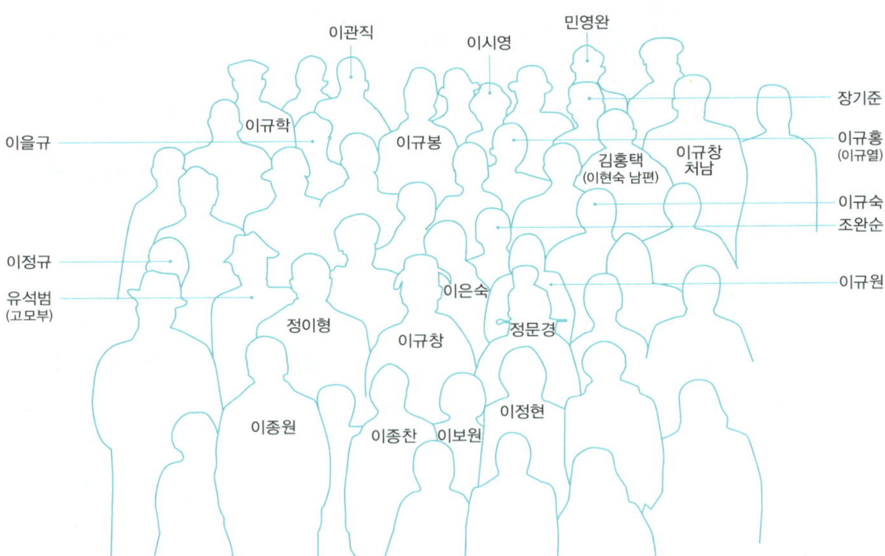

어 복부에 세 발의 총탄을 맞았다. 경성대 의대병원에 입원하여 치료를 하였으나 1주일 후 사망하였다. 해방 후 우리 동지의 첫 희생은 공산주의자들의 '테러'에 의한 것이었다.

돈암동 이정규 댁에 있은 지 수삼 일 후 사촌 형 이규봉이 내가 이곳에 있다는 소문을 듣고 나를 찾으러 왔다. 규봉 형은 나에게 대단히 언짢아 하면서 형의 집으로 가자고 하기에 형을 따라갔다. 형수가 대단히 반기며 감옥에서 나온 지 꽤 되었는데 어찌 형님을 찾아오지 않았느냐고 말하였다. 나는 감옥에서 나왔어도 서울에 바로 온 것이 아니고, 거처가 없어 감옥에서 알게 된 사람에게 신세 지다가 서울에 온 지 얼마 안 됐다고 하였다. 그러자 사촌 형이 "네가 그럴 수가 있느냐. 어째서 내게 바로 오지 않고 이정규·이을규에게 갔느냐"고 하며 크게 화를 냈다. 나는 하도 어이가 없어 대꾸를 안 하려고 하였으나 점점 더 야단을 치시니 점점 화가 났다.

"형님, 그게 무슨 말씀이오. 내가 해방되기까지 10여 년 동안 놀러 다니며 형님을 찾아 뵙지 않았단 말씀입니까? 형님도 너무하지 않으시오? 내가 잘한 일을 했는지, 못된 짓을 했는지 어찌 아십니까? 10여 년 징역살이를 하고 말로 다 못할 지경으로 비참하게 고생하다가 겨우 살아남아 왜놈의 패전 덕에 출옥하였습니다. 그런데 곧바로 찾아오지 않았다고 야단치시니 참으로 야속합니다. 내 심정을 사실대로 말한다면 형님께서 그러실 수 있습니까. 어떻게 10여 년 동안 감옥에 있던 사촌 동생을 면회도 한 번 오시지 않았습니까? 아무리 인정이 없어도 이러실 수 있습니까?"

하고 나도 큰소리를 냈다. 그랬더니 형님 말이 "내가 왜놈에게 얼마나 곤욕을 당했는데 어떻게 너를 면회하러 가겠느냐" 하시는 것이다. 이 말을 들으니 나는 더 화가 났다. 왜놈에게 감시당하고 곤욕을 당해도 사촌 동생을 면회 간다고 경찰이 구류를 하겠는가, 고문을 하겠는가. "감옥에 있는 사촌 동생과 무슨 독립운동을 공모하였느냐고 조사받을까 무서워서 10여 년간 면회를 한 번도 못 왔습니까?" 하고 물었다. 그리고 "형님 댁에 더 있을 필요가 없으니 갑니다" 하고, 나는 저녁도 먹지 않고 이정규 선생 댁으로 돌아왔다.

이강훈·원심창도 일본에서 돌아왔다: 원심창, 이강훈은 1945년 12월에 환국.
상해에서 숙부 성재장께서도 고국에 돌아와: 이시영(성재장)은 1945년 11월에 환국.
서대문 죽첨장: 죽첨장은 서울 서대문구 충정로 소재 건물로서 1938년에 금광업자 최창학의 저택으로 완공되었다. 당시 그 일대를 다케조에마치(竹添町)라 했기에 건물 이름도 '죽첨장竹添莊'이라 불렀으나, 이후 김구가 경교장京橋莊이라 개명하였다.

아리요시 아키라 공사 암살미수 사건의 이강훈李康勳·원심창元心昌도 일본에서 돌아왔다. 한편, 상해에서 숙부 성재장省齊丈께서도 고국에 돌아와 서대문 죽첨장竹添莊에 백범 김구 선생과 동거하고 계셨다. 나는 매일 숙부에게 갔고, 가끔 모시고 잠도 잤다. 여하튼 그때 세상은 혼란하였다. 그 자세한 일을 어찌 다 기억하겠는가.

그 후 나는 어머니가 만주 장춘에서 오실 때까지 동지 이석규李錫奎의 집에 함께 살면서 이런저런 일을 하며 지냈다. 1947년 11월경 천신만고 끝에 어머니께서 동생 이규동과 함께 천행으로 서울에 도착하였다. 21년 만에 어머니와 동생이 함께 한자리에 모이게 되니 얼마나 경사스러웠겠는가. 망명하셨던 시영 숙부도 돌아오시고, 상해에 있던 규학 형님, 형수, 조카 종찬의 5남매도 수십 년 만에 돌아오니 집도, 먹을 것도 없는 형편이었지만, 40년 전 황량한 만주로 떠났던 가족 가운데 생존한 10여 명이 광복이 되어서 고국으로 돌아온 것이다. 이보다 더 기쁘고 환희할 데가 어디 있겠는가. 순국하신 분과 아사·병사하신 가족들을 회상하며 나는 다시 한번 각오하였다. 다시는 다른 민족의 침략으로 망국이 되어서는 안 된다고 뼈아프게 생각했다. 과거를 영원히 잊지 않고 이 나라의

이규창과 가족들, 이종찬의 육군사관학교 졸업식(1960)

앞줄: 왼쪽부터 조완순(이규훈의 부인), 이은숙, 조계진
뒷줄: 이규학, 이시영의 비서였던 독립운동가 민영완(閔永玩), 이규창, 이보원(이종찬의 여동생), 이종찬, 윤장순(尹長淳, 종찬의 부인), 정순정(鄭順貞, 종찬의 장모)

자주와 자유주의 사회 국가 건설에 노력해야 할 것이다. 민족의 모든 역량을 결속하며 이에 매진하기를 기원한다.

해방 이후, 1945 가을 무렵, 상해에서 체포되어 20년 형을 받고 경성형무소에서 복역하다가 왜놈이 패전하며 출옥한 김성수金聖壽 선생을 비롯하여, 상해·북경·천진 등지에서 독립운동을 하던 이석규, 공형기孔亨基, 차리혁車利革, 방우용方禹鏞이 나와 만났다. 우리들은 광복되고 왜놈들이 패퇴하였지만, 조선총독부 치하에서 갖은 악행을 일삼던 왜놈의 경찰들을 섬멸하여야 되겠다고 의견을 모았다. 첫 번째 대상은 미와三輪和三郎 경부와 종로경찰서의 경부보警部補 사이가齊賀 등이었다. 미와 경부의 소재를 탐문하였으나 그놈은 패전하자 원산을 거쳐 자기 나라로 도망갔다고 하였다. 나머지 사람들도 다 도망갔으나 사이가는 서울 원남동苑南洞 자기 집에서 아직 도망가지 않고 있다는 것을 확인하였다. 나는 김성수·공형기·차리혁과 함께 아침 일찍 사이가의 집으로 가서 그를 찾으니 본인이 나왔다. 그 사람이 누구인지 알기 때문에 공형기와

김성수: 김지강金芝江이라고도 한다.

차리혁: 본명은 차일혁車一赫. 차리혁은 해방 후 김성수와 같이 다닐 때 쓰던 활동명으로 '사회혁명에 도움을 주는 이로운 사람이 될 것'이라는 뜻에서 지었다고 함.

경부보 사이가: 원문에는 '경보 사이가'라고 되어 있었으나 경보라는 직책은 없으므로 수정함. 사이가 시치로는 1935년부터 1939년까지 경성종로경찰서 소속일 때는 경부보, 1941년 경성보호관찰소 소속일 때는 보호사保護司였다.

미와 경부의 소재를 탐문하였으나 그놈은 패전하자 원산을 거쳐 자기 나라로 도망갔다고 하였다: 미와는 원산경찰서에 재직한 적(1935)이 있으므로 이 루트를 이용하여 탈출한 것으로 추측된다.

공형기와 차리혁이 사이가냐고 묻고 권총을 발사하니 그 자리에서 즉사하였다: 사이가 시치로는《경성일보》에서 1945년 11월 2일 오후 6시 30분경 원남동 124번지 자택 근처 우체국 건너편 노상에서 권총 두 발을 맞고 사망했다고 보도됨.

출처: 정진석, 〈정진석의 언론과 현대사 산책 ②〉, 일제 고등경찰 피살 사건 미스터리-의문의 권총 두 발이 응징한 사이가 시치로의 전력,《신동아》 제599호(598~609쪽)(2009. 7. 29.) (https://shindonga.donga.com/Print?cid=108677)

총에 맞은 사람은 왜놈의 극악무도했던 고등계 형사 하라다라는 놈이다: 하라다 다이로쿠原田大六로 추정. 1942~1943년 동안 경기도 경찰부장으로 재직.

출처: 〈직원록자료(조선총독부)〉 및《조선총독부》 관보 제4561호(쇼와 17년[1942] 4월 14일 발행), 한국사데이터베이스.

백병원: 그 당시에는 백인제白麟濟 외과병원(현재 을지로3~5가와 그 주변이 포함된 중구 저동 2가 위치).

인인군자: 덕행이 높은 사람 또는 남을 잘 돕는 사람.

차리혁이 사이가냐고 묻고 권총을 발사하니 그 자리에서 즉사하였다. 이 일은 미군정美軍政 시기였으므로 신문에 간단히 보도되었다.

그 후 미군정 시기, 우리 동지들이 자유신문 2층에서 집합하여 있었다. 방우용 동지가 창으로 밖을 보라고 하며 나갔다. 창 밖을 보니 방 동지가 어떤 남자에게 권총을 발사하였고, 그 남자가 쓰러졌다. 그러자 주위의 군중들이 방 동지를 에워싸며 "살인자를 잡으라"고 외쳤다. 우리들이 현장으로 나갔을 때, 경찰이 와서 방우용을 데리고 갔다. 우리에게는 어떻게 할 방법이 없었다. 총에 맞은 사람은 왜놈의 극악무도했던 고등계 형사 하라다原田라는 놈이다. 이놈은 근처 백병원으로 이송되었다. 복부를 맞은 상처는 응급치료하고 3개월 만에 완치되어 자신의 나라로 갔다. 방 동지는 현장을 포위한 군중에게 "내가 이놈을 쏜 것은 왜놈의 악질형사이기 때문에 쏜 것이다"라고 말하였다. 그러나 이 군중들은 방 동지의 말은 듣지도 않고 경찰에서 잡혀가도록 두었다. 이런 상황이라면 군중의 심리도 짐작할 수 있을 정도였다. 그 당시 이북에서 쫓겨온 왜놈들을 이남의 사람들이 얼마나 동정하는지! 이러한 행동은 인인군자仁人君子인지, 속없는 민족인지 구별이 안 될 지경이었다. 방 동지는 살

남원 광한루에서 동료들과 함께한 이규창
(1954. 8. 22. 사진에 적힌 '4287'은 단기 '4287년'을 뜻한다.)

인미수죄로 기소되었다가 우리가 김병로, 이인에게 부탁하고 사방에 운동을 해서 마침내 집행유예로 석방되었다.

해방 후 우리의 행동이 잘한 것인지 잘못한 것인지는 모르겠다. 그러나 왜놈의 악독한 치하에서 우리 독립운동자를 무수히 학살하고 모진 고문으로 사망하게 만든 놈들을 극소수라도 처리하는 일을 한 사람은 우리들 외에는 없었을 것이다. 40년 전의 일이 기억이 나서 그 진상을 밝히는 것이다.

해방 후 40년간 내 개인의 일이나 사회 전반의 정치적인 사건은 더 기억하기도 싫다. 이것으로 내 일생 동안 흘러간 세월과 운명의 찌꺼기를 작성하였다. 이 글을 읽으시는 분들의 비웃음을 감수하고, 감히 세상에 내놓은 글을 관대히 봐 주시기를 바랄 뿐이다.

#《운명의 여신》 인명록

성명	생몰연도	본명, 이명, 호, 자	이력
강매 姜邁	1878~1941		주시경의 제자이며 국어문법학자. 확실한 신원은 미상이다. 《조선문법제요朝鮮文法提要》(1921), 《잘 뽑은 조선말과 글의 본》(김진호金鎭浩와 공저)(1925), 《정선조선어문법精選朝鮮語文法》(1932)을 저술함.
강한수 姜漢秀	1921~1944		전라남도 담양 출신. 학생비밀결사인 '무등회無等會'를 조직, 독립운동을 전개하다 옥사.
고마루 하라자에몬 小丸源左ェ門		고마루 하라자에몬 小丸源左衛門	1921년부터 1940년까지 경성형무소, 서대문형무소, 대전형무소, 함흥형무소 등지에서 근무. 1937~1940년 경성형무소소장 직무대리 역임.
고운홍 高雲興			대한국민당大韓國民黨 지방부 소속. 납북인사.
고종 高宗	1852~1919	태황제太皇帝(시호) 성림聖臨(자)	조선의 제26대 국왕이자 대한제국의 초대 황제.
구로누마 리키 黑沼力彌	?~?		이규창이 종로경찰서에 구금되었던 1935년에 해당 서에서 근무. 당시 직급은 경부.
국순엽 鞠淳葉	?~?		광주고등보통학교光州高等普通學校 출신. 공산제도의 실현과 조선민족의 독립을 목적으로 한 단체 성진회醒進會의 일원. 이후 아나키스트이자 북경연맹원으로 활약한다.
권계수 權桂洙	?~?		이규창이 광주형무소에 있던 시절의 의무과장. 1929년부터 광주형무소에서 계속 근무하였고(첫 직급은 촉탁의醫務囑託) 1938년 이후부터 관등은 9이되 대우는 7이었다. 해방 후에도 광주형무소에서 근무하였으며, 1958년에 광주형무소에서 29년 이상 영년근속자로 공을 인정받아 표창장을 받았다.

성명	생몰연도	본명, 이명, 호, 자	이력
권기옥 權基玉	1901~1988		독립운동가. 1925년 중화민국 운남육군강무학교雲南陸軍講武學校 항공군사학부를 나온 한국 최초의 여성 비행사. 대한민국 최초의 여성 출판인이기도 하다. 남편은 독립운동가이자 시인 이상화의 형인 이상정(1896~1947)이다(1926년 10월 9일 결혼).
기영도 奇英度	1926~1984	기태룡奇泰龍(본명)	전라남도 장성 출신. 광주서중학교光州西中學校 출신. 기존의 '독서회'라는 단체를 학생독립운동단체인 '무등회'로 재결성. 1943년 5월, 무등회를 중심으로 한 광주서중의 제2차 독립운동(제2차 무등회사건)에 연루되어 옥고를 치름. 기환도의 동생.
기원홍 奇源興	1906~?		1934년에 장성농민조합 황룡지부를 설치하고 조합원에게 공산주의적 교육을 시도한 혐의로 징역 1년 6개월을 선고받고(치안유지법 위반) 옥고를 치름. 1940년 주하준朱夏俊·나금주羅金柱·신균우申均雨 등의 학생들과 기존의 독서회를 '무등회'로 개칭하고 조직을 확대.
기환도 奇桓度	1920~1944		1943년 5월에 무등회를 중심으로 광주서중학교 학생들이 동맹휴학을 단행(광주서중 제2차 독립운동)하자, 사건의 배후조종자로 지목되어 경기도 경성부에서 체포되었다. 광주로 이송된 후에는 일본 경찰로부터 온갖 잔학한 고문을 당하다가 1944년 4월 10일에 옥사.
김갑 金甲	1889~1933	김진원金瑨源(본명) 김갑은 중국 망명 후 사용한 이름	일제강점기 때 임시정부에서 법무총장 대리, 노동총판, 국무위원 등을 역임한 독립운동가. 초기 임시정부 조직 안착에 역할이 크며, 1924~1930년까지 재무장을 맡아 임정의 안살림을 했다. 한국독립당 참여.
김광묵 金光默	1905~1936	김환호金環浩(본명)	공산주의자. 1930년 간도 5·30봉기에 참여. 이후 치안유지법에 따라 체포. 이규창 서대문형무소 수감 당시 같은 방에 수감되어 있었음. 1936년 7월 사형 집행.
김광주 金光洲	1910~1973	평萍(필명)	중국 상해 남양의학대학南洋醫學大學 중퇴. 중국문학을 국내에 소개하는 반면 자신의 작품활동도 왕성하게 펼침. 해방 후 《태양은 누구를 위하여》, 《석방인》 등을 저술.
김구 金九	1876~1949	김창수金昌洙 김창암金昌巖(초명) 백범白凡(호) 연상蓮上(자)	정치인이자 독립운동가. 일제강점기 당시 임시정부 주석 등 주요 직책을 역임하고 한인애국단을 조직해 이봉창과 윤봉길의 의거를 주도함. 신민회, 한국광복군 등에서 활동.

성명	생몰연도	본명, 이명, 호, 자	이력
김규식 金奎植	1881~1950	우사尤史(호) 변갑 번개비(별명)	파리강화회의에 대한민국임시정부 대표로 파견된 이후 국제 외교무대에서 활약. 해방 후 좌우합작운동에 앞장섰으며 1948년 남한 단독 총선거에 반대하여 김구, 조소앙 등과 함께 북한으로 건너가 남북협상에 참여함. 한국 전쟁 중 납북된 뒤 병사.
김달하 金達河	1868~1925	소봉小峰(호)	외아문(통리아문) 주사, 서우학회 결성을 주도. 서북학회 참여. 단기서의 비서 역임. 조선총독부 밀정으로 파악되어 다물단에 의해 암살당함.
김대지 金大池	1891~1942	일봉一峰(호) 김대지金大地 김인식金仁植(이명)	독립운동가. 1910년 비밀결사 일합사一合社 조직, 임시정부 내무의원 및 국내조사원 역임. 이후 북경군사통일회 내무총장 역임.
김동삼 金東三	1878~1937	김긍식金肯植(본명) 일송一松(호)	안동에서 협동학교 경영, 신민회 대동청년단에서 활동. 1911년에 만주에 망명하여 10여 년 동안 백서농장(후에 서로군정서) 지도자로 활약함. 경신참변 후 계속하여 독립단체의 통합운동에 앞장서다가 1931년 일경에 피체되어 옥고를 치르다가 사망.
김동우 金東宇	1894~1939	노종균盧鍾均(본명) 백운서白雲瑞(이명)	한인애국단원. 한국독립군특무대 중대장 및 조사부장 역임. 대한민국임시정부 경무국장인 김구 휘하에서 대한민국임시정부 비서장인 김립을 처단하고, 한인애국단 결성과 운영에 참여하는 등 활발한 특무 활동을 전개.
김두봉 金枓奉	1889~1960	백연白淵(호)	독립운동가이자 언론인, 한글학자, 조선민주주의인민공화국의 정치인. 임시의정원 의원, 한국민족혁명당 중앙집행위원, 조선독립동맹 주석 등을 역임.
김명준 金明濬	1870~?	가네다 아키라 金田明(창씨개명)	구한말 관료이자 계몽운동가. 관료생활을 청산한 뒤 교육활동 전념. 1921년 조선총독부 중추원 주임 참의에 임명되면서 본격적으로 친일활동 시작. 그러나 친일활동을 하면서도 조선인 참정권, 자치권 운동을 추진.
김보형 金寶炯	1894~?		평안북도 영변 출신. 1919년 3·1운동에 참가한 다음 만주로 망명하여 군자금모금 및 의용군 조직책으로 활약. 이 밖에도 정의부, 고려혁명군 등에서 항일투쟁을 전개함.

성명	생몰연도	본명, 이명, 호, 자	이력
김사집 金思集	1886~1936	이소二疎(호) 김효원金孝源(이명)	서울 종로 출신. 변호사를 하다가 경술국치 이후 중국으로 망명하여 독립운동 전개. 1930·1932년 상해대한교민단 심판원 역임. 1934년경 한국독립당 합류, 기관지 《진광震光》 발행 참여. 1936년 임시의정원 상임위원 역임.
김삼룡 金三龍	1910~1950		경성 콤그룹을 조직한 공산주의자. 광복 후에 민주주의 민족전선 상임위원, 남조선로동당 서울지도부 책임자 등을 역임. 박헌영과 리승엽이 월북한 뒤 남로당의 실질적인 총책. 한국 전쟁 발발 직후 총살당함.
김석원 金錫源	1893~1978	가네야마 샤쿠겐 金山錫源(창씨개명)	1908년 대한제국 무관학교 입학, 1915년 일본육사 졸업. 1937년 중일전쟁 참전. 귀국 후 침략전쟁을 선전하고 조선인의 입대를 권유하는 등 적극적인 친일 행각을 벌인다. 1949년 북한산 북어를 밀무역해 이익을 챙긴 '북어사건'으로 예편하였다. 이후 원석학원 이사장·5대 국회의원 등으로 활동함.
김성수 金性洙	1891~1955	인촌仁村(호)	경성방직 사장, 동아일보 사장, 제2대 부통령 등을 역임한 기업인이자 계몽운동가, 언론인, 교육인, 정치인.
김야운 金野雲	?~1931		아나키스트·북만민립중학기성회北滿民立中學期成會 개최 위원이자 독립운동단체인 한족총연합회 간부로 참여.
김연수 金秊洙	1896~1979	수당秀堂(호)	김성수의 동생, 대한민국의 기업인. 삼양사(훗날의 삼양그룹) 설립.
김원봉 金元鳳	1898~1958	약산若山(호)	독립운동가·의열단 조선의용군 조직, 임시정부 군무부장, 1946년 2월 민족주의민주전선 공동의장, 6월 인민공화당 위원장 역임. 1948년 김구·김규식 등과 함께 남북협상에 참여한 후 그대로 북한에 남았다.
김유성 金有聲	1880(추정)~?	김유성金有成(이명)	1921년 이후 대한독립단 참모부장, 총무부장으로 활동하면서 항일무장투쟁 전개. 이후 1923년 대한의군부 정무부장·경무부장·민사부장 및 1925년 신민부新民府 결성 회의 해림 지역 대표 역임. 1927년 농민호조사 발기인으로 참석.
김윤오 金允五	1853~?		1907년 조직된 서북학회 발기인이자 총무. 농촌운동과 여성의 지위 향상을 위해 노력하였던, 정신여자중학교 교장을 역임한 김필례의 오빠.

성명	생몰연도	본명, 이명, 호, 자	이력
김종진 金宗鎭	1901~1931	시야是也(호) 심웅沈雄(이명)	김좌진의 6촌 동생. 운남군관학교 출신으로 김좌진의 대변자로서 한족총연합회에서 농무農務와 조직선전 부장 군사부장 역임. 공산주의자에게 피살당함.
김좌진 金佐鎭	1889~1930	백야白冶(호) 명여明汝(자)	육군무관학교 출신의 군인이자 청산리 전투의 지휘관. 북로군정서를 이끌고 청산리 전투를 승리로 이끌었던 그는 김동삼, 오동진 등과 '3대 맹장猛將'으로 불렸다. 전투 후 신민부를 조직하였고, 민족유일당운동의 일환으로 혁신의회와 한족총연합회를 결성함.
김지강 金芝江	1900~1969	김성수金聖壽(본명) 주열朱烈(이명)	의열단 및 남화한인청년연맹 등 혁명단체의 일원. 육삼정六三亭 의거 참여자로 친일분자 숙청을 위해 맹활약 중 일제에 붙잡혀 1938년 해주지방법원海州地方法院에서 징역 18년 형을 선고받음. 서대문형무소에서 옥고를 겪다가 광복을 맞아 출옥함.
김진호 金鎭浩	1873~1960		일제강점기 당시 전도대를 조직하여 전국 순회 전도를 하며 민족계몽사업에 힘쓴 목사이자 독립운동가. 신민회 회원으로 3·1운동 당시 독립선언서를 각국 영사관에 배포하고 배재학교 학생을 시위에 동원하는 일을 맡았으며 상동청년학원, 공옥학교, 배재학교, YMCA에서 성경, 한문, 역사 등을 가르쳤다.
김창숙 金昌淑	1879~1962	심산心山 벽옹躄翁(호) 문좌文佐(자)	《심산만초》,《벽옹만초》,《벽옹칠십삼년회상기》 등을 저술한 유학자이자 독립운동가, 정치인. 서로군정서를 조직하고 국채보상운동과 교육운동에 투신. 1919년 파리만국평화회의에 한국의 독립을 호소하는 진정서 작성을 지도하고 제출함. 해방 후 성균관대학교 재건.
김철 金徹	1886~1934	영탁永鐸(아명) 일강一江(호) 김영택金永澤 김중청金重淸(이명)	신한청년당 창당. 임시정부 의정원 의원, 국무위원, 군무부장 및 대한교민단 심판 역임.
김필순 金弼淳	1878~1919	해사海史(호)	대한민국 최초의 의사면허 소지자. 만주에서 독립운동가 주치의로 활동하며 독립군을 치료하고 병원 수입을 독립군의 군자금으로 기부하였음. 독립운동가이자 교육자인 김순애의 오빠.

성명	생몰연도	본명, 이명, 호, 자	이력
김활란 金活蘭	1899~1970	우월又月(호)	일제강점기 및 대한민국의 교육인, 언론인, 사회운동가. 이화학당 졸업생으로 이화여자전문학교 제7대 교장이자 최초의 한국인 교장이며 이화여자대학교의 초대 총장.
나덕환 羅德煥	1904~1971	나장환羅長煥(이명)	전라남도 영광 출신. 여수교회 목사. 일제의 식민지통치를 비판하고 궁성요배와 신사참배를 거부하다 체포됨. 1942년 광주지방법원에서 치안유지법 위반으로 징역 1년 형을 선고받은 날, 소위 불경죄로 징역 1년 형이 추가되어 광주형무소에서 미결구류 일수까지 포함해서 실질적으로 2년간 옥고를 치르고 1943년 11월 4일 출옥.
나석주 羅錫疇	1892~1926	김영일金永一 나리羅李 나석주羅石柱 마중달馬中達 마중덕馬中德(이명)	국내에서 독립운동자금을 마련하기 위한 의열 투쟁을 벌이다가 상해로 망명하여 대한민국임시정부 경무국 경호원으로 활동. 1926년 일본의 식민지 경제 착취 기업인 동양척식주식회사 경성지사와 조선식산은행朝鮮殖產銀行 사옥에 폭탄을 투척하였지만 미수에 그쳤음. 이후 일본 경찰에 저항하다가 스스로 가슴에 총을 쏴서 순국.
나월환 羅月煥	1911~1942	송죽松竹(호) 나월한羅月漢(이명)	철혈단을 조직하여 일제에 대항하여 무장 투쟁 전개. 중국헌병학교 교수, 한국청년전지공작대 대장, 한국광복군 제5지대 지대장 등 역임. 한국청년간부훈련반에 대한 교육감독 및 지원 등에 심혈을 기울이며 활약하던 중, 동지였던 변절자에게 암살당함.
남정준 南廷埈	1923~1948		1941년 무등회 결성. 1942년 무등회 재건, 1943년 광주서중 재학 중 일제의 창씨개명과 일본어 상용 등을 반대하는, 소위 '제2차 독립운동'인 동맹휴학에 참여했다는 이유로 1944년 9월 징역 2년을 선고받고 옥고를 치름.
남형우 南亨祐	1875~1943	수석痩石(호) 남성민男聖敏 오일태吳一泰(이명)	보성전문 법과 교수 및 임시정부의 법무총장, 교통총장 역임.
단기서 段祺瑞	1865~1936	돤치루이 Duàn Qíruì	중화민국의 군벌이자 정치가. 1916년부터 1920년까지 중화민국의 최고 권력자였으며, 국무총리와 임시집정을 역임.

성명	생몰연도	본명, 이명, 호, 자	이력
담평산 潭平山	1886~1956	탄핑산 Tán Píngshān	광동성 고명高明(가오밍) 출신. 중국혁명에 참여한 사회주의자이자 중국공산당 초기 당원. 중국국민당 혁명위원회 구성에 참여.
도슨, 패트릭 (P. Dawson) 孫 파트리치오	1905~1989	전도표全道彪 (한국명) 전숌仝숌 (개명한 한국명) 손孫 신부(별명)	1934년부터 제주읍 삼도리에 소재한 천주교성당(현재 중앙주교좌성당, 1899년 설립)에서 사제로 활동. 1942년 10월 24일 광주지방법원에서 이른바 '육군형법 및 해군형법 위반, 불경죄'로 징역 2년 6월, '국방보호법, 군기보호법 위반'으로 징역 2년 6월, 도합 징역 5년을 선고받고 광주형무소에서 복역하였다. 1945년 해방과 더불어 석방됨.
등몽선 鄧夢仙	?~?	덩멍셴 Dèng Mèngxiān	아나키스트. 이을규, 이정규 형제가 연맹원이었던 아나키스트 국제연대조직인 '동방무정부주의자연맹'의 발기인. 덩멍셴이 원장으로서 운영하던 화광의원華光醫院은 상해 중국 아나키스트들의 거점이자 한국, 일본, 중국, 베트남, 인도, 필리핀 등 아시아 각국 아나키스트 동지들의 결집지였음.
등연달 鄧演達	1895~1931	덩옌다 Dèng Yǎndá	중국국민당의 군 장교. 국민당 내에 제3당을 창당하려는 시도를 하다 1931년 국민당 정부에 의해 반역죄로 유죄 판결을 받고 비밀리에 처형됨. 오늘날 중화인민공화국에서 혁명적 순교자로 인정받고 있음.
라이언, 토마스 다니엘 (T. Ryan) 羅토마스	1907 ~1971	나羅 신부(별명)	1934년부터 제주도 서귀포(현재 서귀동)에 있는 천주교성당(현재 서귀포성당, 1900년 설립)에서 사제로 활동. 1942년 10월 광주지방법원에서 육군형법 및 해군형법 위반 혐의로 금고 2년을 선고받고 옥고를 치렀다. 출소 후에는 연금 상태에 놓였다가 8·15광복으로 출옥함.
무토 노부요시 武藤信義	1868~1933		제5대, 제10대 관동사령관. 제10대 관동사령관 재임 시 만주 전권대사와 관동 장관을 겸임함. 독립운동가 남자현과 손기업이 각각 다른 시기에 무토를 암살하려고 계획했으나 실패함.

성명	생몰연도	본명, 이명, 호, 자	이력
문갑송 文甲松	1904~?	문벽도文碧濤 왕경王耿(이명) 노이老李 소이小李 옥봉장玉鳳章(별명)	사회주의 운동가이자 중국공산당원. 중국공산당 만주성위원회의 지시로 '간도 5·30봉기'를 지휘하였다. 1934년 5월, 일경에 체포되어 1937년 4월 경성지방법원에서 치안유지법 위반 및 소요죄로 무기징역을 선고받음. 수감 기간 중 옥중 투쟁을 목적으로 결성된 '옥내獄內공산주의자동맹'에 참가하였다. 8·15광복 후 사회노동당, 근로인민당에서 활동함.
미노다 초헤이 蓑田長平	?~?		1936년 이규창이 경성형무소에서 복역하던 당시의 소장(전옥장). 같은 해 6, 7월 난동을 부린 죄수들을 형무소 간수들이 때려 죽이는 사고가 발생하여 경질되었다.
미야케 시카노스케 三宅鹿之助	1899~1982		경성제대 교수. 1924년 3월 도쿄제국대학 경제학부를 졸업하고, 1927년 4월 경성제국대학 법문학부 교수로 부임하여 1934년 5월 일제 경찰에 검거될 때까지 법문학부 학생들과 적색독서회 등을 조직하여 반제국주의 투쟁을 전개한 인물.
미와 와사부로 三輪和三郎	1884~1968		일제 고등계 경찰관. 1920년부터 종로경찰서에 근무하면서 조선인 양심수들을 체포해 악명을 떨쳤다. 1935년 상해에서 체포되어 서울로 압송된 이규창을 만났을 당시의 미와는 원산경찰서장으로 재직 중이었음.
민영달 閔泳達	1859~1924	우당藕堂(호)	조선 말 개항기 당시 좌참찬, 호조판서, 내부대신 등을 역임한 관료. 명성황후의 종형제로 1894년 김홍집 내각의 내부대신이 되었으나 그다음 해 명성황후가 을미사변으로 시해되자 사직하였다.
민영완 閔永琓	1911~1976		상해에서 대한민국임시정부 요인의 지도 아래 만들어진 청소년단체 화랑사花郎社에 참여하여 총무 겸 재무간사로 활동. 1933년 중국 중앙항공학교를 졸업한 후 중국 공군으로 근무하다가 광복 직전 한국광복군 총사령부에서 활동. 광복 이후에는 부통령이 된 이시영의 비서관 역임.
민제호 閔濟鎬	?~?	소운少雲(자) 민우명閔禹明(이명)	대한민국청년단 재무부장, 임시정부 외사국장, 상해 교민단 서구위원 등을 역임한 독립운동가.

성명	생몰연도	본명, 이명, 호, 자	이력
박기성 朴基成	1907~1991	이수현李守鉉, 李壽鉉(이명) 어우양쥔歐陽軍 (중국식 이름)	한국광복군 출신의 독립운동가이자 대한민국의 군인. 1934년 중국 육군군관학교에 입학 후 남화한인청년연맹 가입. 나월환과 같이 한국청년전지공작대 소속이었으며, 한국광복군 제5지대 간부, 광복군총사령부 서무과원 등을 역임.
박돈서 朴敦緖			이시영의 처남이자 반남 박씨의 남동생. 신흥무관학교 학생이기도 했으며 독립운동가들의 중국어 통역으로 활약.
박세영 朴世榮	1909~?		사회주의 운동가. 모스크바 동방노력자공산대학 출신. 훗날 자신이 몸담은 코민테른 동양부의 파견으로 홍남지역의 지도기관인 '홍남좌익'을 조직하고 지도자로 활약하다가 체포됨. 경성형무소에서 징역 10년을 받았고 여기서 이규창하고 처음 만났다. 두 사람은 그 당시 일본이 일으킨 전쟁을 비판하는 선전물을 제작, 배포한 것 때문에 가형을 당함.
박숭병 朴崇秉	?~?		독립운동가. 1919년 4월 임시정부 군무부위원 역임. 1925년 임시정부에 내분이 일어나자 이 사태를 규탄하는 교정서矯正書를 이세영, 연병호延秉昊 등과 함께 발표함.
박용만 朴容晩	1881~1928	우성又醒(호)	대한민국의 독립유공자. 미국에서 유학하고 하와이로 건너가 독립운동 전개. 한때 이승만과 정치적 동지였으나 중간부터 의견이 달라져 갈라섰음. 박용만은 무장훈련을 통해 군사를 양성해서 독립전쟁을 일으키자는 주장을 펼쳤고, 실제로도 한인소년병학교 설립이나 독립군 양성에도 적극적이었음.
박용의 朴容儀	?~?		서울 출신. 전라남도 책임목사로 재직 중 신사참배 거부로 3년 형을 선고 받음. 이규창이 광주형무소 복역 시절 입감하였으며, 나중에 이규창과 함께 간병부로 잡역을 하게 된다.
박우현 朴宇賢	1910~?	박우현朴禹賢(이명)	함경북도 명천군 출신. 사회주의 운동가. 치안유지법, 출판법, 상해, 공무집행방해 등으로 12년 형을 받음. 이규창이 경성형무소에 있던 시절 처음 만났고, 이후 1940년에 광주형무소로 이감될 때 같이 가게 됨.

성명	생몰연도	본명, 이명, 호, 자	이력
박자혜 朴慈惠	1895~1943		간호사 출신 독립운동가. 약 10여 년 궁녀로 지내다가 1910년 경술국치 이후 궁궐에서 나온 뒤 숙명여학교, 사립조산부양성소를 거쳐 근대교육을 받고 조선총독부의원 산부인과 간호부로 근무. 3·1운동의 부상자들을 간호한 것을 계기로 간호사들의 독립운동 단체인 '간우회'를 설립함. 단재 신채호의 아내.
박차정 朴次貞	1910~1944	임철산林哲山 임철애林哲愛(이명)	한국 여성운동가들이 좌우를 초월하여 설립한 단체인 근우회와 조선의용대의 부녀복무단에서 활동한 독립운동가. 김두봉의 조카딸이자 김원봉의 아내.
박찬익 朴贊翊	1884~1949	남파南波(호) 박정일朴精一 박창익朴昌益(이명)	독립운동가, 교육자. 한인애국단과 한국독립당 활동에 참여하였으며, 해방 후에는 임시정부 주화대표단장으로 교포들의 생명과 재산을 보호하는 데 기여함. 김구와 이승만 사이의 갈등을 중재하려 노력하였으나 실패.
방우용 方又鏞	?~?		광복 이후 일본 고등계 형사 하라다 다이로쿠原田大六한테 총을 쏴서 살인미수죄로 기소되었으나 집행유예로 석방됨.
배종국 裵鍾國	1924~2017		광주서중 출신. '무등회' 회원. 무등회의 항일운동의 양상은 겉으로는 교풍쇄신을 표방하며 배종국을 포함한 5학년 학생들이 주도한 것으로 1943년 징병 반대, 일본어 상용 반대 등을 구호로 내걸고 동맹휴학을 주도하다 일본 경찰한테 잡혀 광주형무소에서 1년여 동안 옥고를 치름. 광복 후 이규창과 함께 출소한다.
백남칠 白南七	1892~1959		임시정부 외무부 서기 역임. 미국에서 교민단, 동지회 활동. 1932년 귀국해서 '중앙모터'라는 회사를 운영하던 중 기독교 및 기호파 계열의 항일비밀결사인 '흥업구락부' 사건에 연루되어 체포, 불기소.
백세창 白世昌	1888~1965	세창은 호 백낙주白樂疇(본명) 학범學範(자) 백운기白雲起(이명)	대한독립단, 혈성대 등에서 군자금 모금 및 일본인 관리와 친일파 처단 활동을 전개한 독립운동가. 항일투쟁을 하던 중 신의주에서 붙잡혀 사형 및 무기징역을 언도받았으나 복역 중 광복을 맞아 출소함.
백순 白純	1863~?	은계隱溪(호) 백낙현白樂賢, 白洛鉉 백준白俊(이명)	1913년 중국 만주 북간도 지역 최초의 한인 자치기구 간민회墾民會의 간부로 활동. 1925년 항일무장투쟁 전개를 위한 군정부인 신민부新民府 성립을 위해 노력하였고, 이후 신민부 원로로서 항일활동을 지도함.

성명	생몰연도	본명, 이명, 호, 자	이력
백숭희 白崇禧	1893~1966	바이충시 Bái Chóngxǐ	중화민국의 군벌, 군인, 정치가. 광시성 회족 출신. 장개석의 북벌(1926~1928) 당시 국민혁명군의 부참모총장을 맡았으며, 군내 가장 유능한 장군으로 평가받았다. 1946년 국공내전 당시 만주 지역에서 국민당군 지휘.
백정기 白貞基	1896~1934	구파鷗波(호)	무정부주의에 입각하여 자유혁명자연맹, 흑색공포단, 남화한인청년연맹 등에서 항일무장투쟁을 전개. 1933년 주중일본공사인 아리요시 아키라가 상해에서 대규모 연회를 연다는 소식을 듣고 습격하려다 체포되었고, 옥고를 치르던 중 지병의 악화로 1934년 순국.
변영태 卞榮泰	1892~1969	일석逸石(호)	외교관, 영문학자, 독립운동가 출신 정치인. 1912년 신흥학교(신흥무관학교의 전신) 제1회 졸업생. 제3대 외무부장관, 제5대 국무총리 등을 역임. 정부 관료로서의 주요 활동은 주로 1950년대에 집중되었다.
사이가 시치로 齊賀七郎	?~1945		1935년 이규창이 서울로 압송되어 왔을 당시 심문을 담당했던 종로경찰서 경부보警部補. 1935~1939년까지 경성 종로경찰서 재직. 광복 이후 이규창의 동지들인 공형기와 차리혁에게 처단당한다.
서세충 徐世忠	1888~1957	춘강春江(호) 서병두徐丙斗(이명)	계몽운동가. 1909년 신민회계열의 국권회복을 목적으로 한 비밀 청년단체인 대동청년당大東青年黨 조직 후 비밀리에 독립운동 전개. 이후 신간회에 가입해서 활동.
서왈보 徐曰甫	1886~1926		만주에서 활동한 독립운동가로 1919년 중국 남원항공학교南苑航空學校를 졸업한 한국인 최초의 항공기 조종사. 풍옥상 군벌의 항공대장, 남원항공학교장 등을 역임. 1926년 새 비행기 시승 때 비행기 추락으로 사망.
서재필 徐載弼	1864~1951	필립 제이슨 Philip Jaisohn (영문 이름) 쌍경雙慶(호) 윤경允卿(자)	조선의 문신. 대한제국의 개화파 정치인, 언론인이자 독립운동가. 갑신정변의 주역 중 하나이기도 하며, 미국으로 건너간 후 병리학자, 의사, 시인, 소설가로 활동하면서 재미在美한국 지도자로 활동함.
선우혁 鮮于赫	1889~1967	선혁鮮爀(이명)	신한청년당 이사, 임시정부 교통위원, 상해대한인거류민단 총무 등을 역임한 독립운동가.
설태희 薛泰熙	1875~1940	오촌梧村(호)	개신유학자. 대한자강회 설립에 참여하고 한북흥학회를 조직함. 애국계몽운동에 헌신.

성명	생몰연도	본명, 이명, 호, 자	이력
성주식 成周寔	1891~1959		군인·사회주의계열 독립운동가. 조선의용대, 대한민국 임시정부에서 활동하였으며, 해방 후에는 민주주의민족전선과 좌우합작운동에 참여하여 활동함. 1948년 4월 제1차 남북협상 때 월북하여 귀환하지 않고, 같은 해 9월 조선민주주의인민공화국 건국에 참여함. 이후 조선민주주의인민공화국에서 정치인으로 활동했다.
성준용 成駿用	?~?		신흥무관학교 졸업생이자 교관. 서로군정서 헌병대장 역임.
소완규 蘇完奎	1902~?	고바야시 에이지 小林英司 (일본식 이름)	변호사. 1930년에 니혼대학 법률과, 1932년에 메이지대학 연구과 졸업. 이규창을 비롯한 여러 독립운동가들을 위해 무료로 변호에 나서곤 했다. 한국 전쟁 중 실종되어 생사를 알 수 없으며, 납북된 것으로 추정됨.
손문 孫文	1866~1925	쑨원Sūn Wén 일선逸仙(호) 중산中山(별명)	청말 신해혁명을 이끈 혁명가이자 외과 의사. 신해혁명을 이끌고 중화민국을 수립한 공로로 중국에서는 '국부國父'로 불림. 중화민국 초대 임시 대통령 역임, 중국국민당 창당.
손양원 孫良源	1902~1950		1938년 평양 장로회신학교를 졸업한 후 줄곧 여수의 한센병 환자 요양원인 애양원愛養院 교회에서 시무. 1940년 신사참배를 거부한다는 이유로 광주형무소에 수감되었음. 해방 후 출옥한 손양원은 여순사건 때 자신의 아들들을 죽이는 데 가담한 안재선의 구명 운동을 펼쳐 구해 내고 양자로 삼아, 사후에 '사랑의 원자탄'이라는 별명을 얻었다.
손영직 孫永稷	?~?		비밀결사인 조선민족대동단朝鮮民族大同團 소속. 박용만朴容萬·나창헌羅昌憲·고광원高光元·김가진金嘉鎭 등과 함께 군자금 모집을 촉구하는 내용의 〈갹금권고문醵金勸告文〉을 발표함. 김창숙과 함께 이회영의 북경 집을 방문했다.
손정도 孫貞道	1882~1931	해석海石(호) 문세文世 호건浩乾(자)	임시의정원 의장 등을 역임하였고, 의용단을 조직해 임시정부를 지원한 독립운동가.
송동집 松洞집	?~1927	송동집宋東集	이규룡의 소실이자 오목리에 있던 경주 이씨 집안 선영 묘지기의 딸. 북경, 천진까지 따라가 이회영의 수발을 들었다.

성명	생몰연도	본명, 이명, 호, 자	이력
송호 宋虎	1889~1959	송호성宋虎聲(본명)	독립운동가. 광복군 출신으로 조선경비대 초대 총사령관 역임. 대한민국 육군 창군의 주역 중 한 사람.
스위니, 어거스틴 (A. Sweeney) 徐 아우구스티노	1909(추정)~1980	서徐 신부(별명)	1936년부터 제주도 서홍리(현재 서홍동) 천주교성당(당시 홍로烘爐 성당, 현재 수도원 면형의 집, 1902년 설립)에서 사제로 활동. 1939년부터 일본군의 전황보도 허위 및 패망 주장. 1942년 육군형법 및 해군형법 위반으로 금고 2년을 선고받고 광주형무소에서 복역.
시게미쓰 마모루 重光葵	1887~1957		일본의 정치인이자 외교관. 1932년 4월 홍구공원에서 일어난 윤봉길의거 때 한쪽 다리를 잃음. 제2차 세계대전 전후로 외무대신 세 번 역임. 1945년 9월 2일 일본의 특명전권대사로 USS 미주리에 올라 항복문서에 서명하였다.
시라카와 요시노리 白川義則	1869~1932		일본제국 육군. 상해 파견군 사령관, 관동군 사령관, 육군 대신, 군사 참의관 등 여러 요직을 역임. 1932년 4월 윤봉길의거 때 중상을 입고 사망.
신균우 申均雨	1925~?		전라남도 고흥군 출신. 광주서중 재학 중 비밀결사 단체인 무등회를 이끌고 1943년 제2차 독립운동의 주역으로 일제에 항거하다 체포됨. 1944년 9월 단기 2년, 장기 4년 형을 선고 받고 옥고를 치름. 해방 후 대학에 진학했으나 한국 전쟁 때 소식이 끊김.
신석우 申錫雨	1895~1953		와세다대학 졸업 후 중국으로 건너가 1919년 상해에서 고려교민친목회 조직, 회장으로 선임. 임정 교통총장 역임. 1924년 조선일보 인수 후 사장 역임. 신간회 총무간사 및 경성지회 대표에 선임됨. 광복 후 초대 주중대사.
신익희 申翼熙	1894~1956	해공海公(호) 여구如耉(자)	임시정부에서 내무총장 등 중책을 맡았음. 해방 후 국회의장으로 활동하다가 민주당 대통령 후보로 출마하였으나 유세활동 중 사망.
신채호 申采浩	1880~1936	단재丹齋(호)	독립운동가이자 아나키스트, 민족주의 사학자. 한말 애국계몽운동에 힘썼으며, 항일비밀결사 신민회 조직에 참여. 대표적인 저작으로 《조선상고문화사》, 《조선사연구초》 등이 있음.

성명	생몰연도	본명, 이명, 호, 자	이력
신팔균 申八均	1882~1924	동천東天(별명)	육군 무관학교 출신. 대한통의부 의용군 사령관, 군사위원장 역임. 당시 사람들은 동천東天의 신팔균, 경천擎天의 김광서金光瑞, 청천靑天의 지석규池錫奎를 일컬어 '남만삼천南滿三天'이라고 불렀다.
신현상 申鉉商	1905~1950	일연一鳶(호) 신현정申鉉鼎(이명)	군자금 모금 활동을 전개한 독립운동가. 1929년 임시정부 군자금 조달의 지령을 받고 국내로 잠입, 고향 예산에서 최석영崔錫榮을 포섭하여 호서은행湖西銀行 천안 지점에서 5만 8000원을 강제 조달함.
심용철 沈容徹	1914~2001	심극추沈克秋(이명)	남화한인청년연맹과 흑색공포단에 참여. 남화한인청년연맹의 기관지 《남화통신》을 발간하였으며 1944년 정화암이 대장인 항일무장부대 한교전지공작대에 참여함. 1945년 5월 한족동맹회 비서로 활동하였으며, 광복 후 교육자 및 학자로 활동하였다.
심중구 沈仲九	?~?	션종지우 Shěn Zhòngjiǔ	중국국민당 중진이자 아나키스트 사상가. 유자명과 절친한 지기였음.
심훈 沈熏	1901~1936	심삼준沈三俊→ 심삼보沈三保→ 심대섭沈大燮(본명)	독립운동가, 소설가, 시인, 배우, 영화 감독, 시나리오 각본가. 중국으로 망명한 동안 신채호와 이회영과 교류하며 독립운동에 적극적으로 참여. 한국으로 돌아온 뒤에도 적극적으로 독립운동을 전개하고 작품활동을 한다. 대표작으로 《그날이 오면》, 《상록수》 등이 있음.
안경근 安敬根	1896~1978	석천石泉(호) 이관오李冠五(이명)	안중근의 사촌동생. 운남강무학교 졸업. 황포군관학교 교관, 한인애국단 단원, 한국특무대독립군 조사위원 역임. 항일특무활동 담당.
안공근 安公根	1889~1940(?)	안삼재安三才 조한용趙漢用(이명)	안중근의 친동생. 1919년 중국 상해의 대한민국 임시정부에 투신. 이듬해 1월 모스크바 밀파 외교원으로 선정, 같은 해 10월에는 다시 임시파로외교위원臨時派露外交委員에 임명되어 독립운동에 대한 러시아의 후원을 이끌어 내기도 함.
안낙생 安樂生	1913~1950		안공근의 둘째 아들. 흑룡강성 출생, 상해 복단대학에서 수학. 독립운동자금 관리를 담당하고 의열투쟁을 원조하였으며, 1934년 동방구락부에서 활동함. 1938년 일경에 체포되어 옥고를 치름.
안연생 安蓮生	1917~?		안공근의 큰딸. 상해 복단대학 졸업 후 미국으로 감. 1953년 1월 2일부터 3월 5일 까지 대한민국 공보처장 서리 역임.

성명	생몰연도	본명, 이명, 호, 자	이력
안우생 安遇生	1907~1991		안공근의 큰아들. 임시정부 군무부에서 활동.
안창남 安昌男	1901~1930	안호安虎(이명)	독립운동가, 비행사. 독립군 비행사 양성 계획을 세우고 대한독립공명단 조직과 독립운동자금 모집 지원. 1925~1930년 중국에서 비행사, 비행 교관, 비행학교 교장으로 활동. 1930년 산서성 태원부太原府 천지단天地壇에서 비행 훈련 중 기체 고장으로 추락, 사망.
안창호 安昌浩	1878~1938	도산島山(호)	일제강점기의 교육개혁운동가 겸 애국계몽운동가이자 독립운동가, 정치가. 신민회 참여 및 흥사단 설립.
안호형 安鎬瀅	1873~1948		대한제국의 내관. 전라남도 순천 출신. 1919년 비밀결사 도란사桃蘭社 창립. 4월 13일 순천군 낙안읍 만세운동 지휘.
안확 安廓	1886~1946	자산自山(호) 운문생雲門生 팔대수八大捜(필명)	한국의 국학자, 국어학자, 역사학자, 문학가, 독립운동가. 《조선문학사》 등을 저술하였으며 아악에 대한 연구도 하였다. 조선국권회복단 마산지부장, 월간지 《신천지》 편집인 등을 역임.
어수갑 魚洙甲	1896~1950		경기도 김포 출신. 태평양회의 참가 자금을 모집하려다 체포되어 1921년부터 1년간 옥고를 치름. 출소 후 《시대일보》 기자로 활동. 6·10만세 운동과 조선공산당 사건으로 다시 검거되어 징역 2년을 받음. 출소 후 고향에서 문맹퇴치와 계몽운동을 전개하고 해방 후 초대 하성면장을 지냈으며, 6·25 혼란기에 금정굴에서 학살당함.
엄항섭 嚴恒燮	1898~1962	일파一波(호) 엄대형嚴大衡(이명)	1922년 절강성 항주杭州의 지강대학之江大學 졸업 후 임시의정원 의원과 임시정부 비서국원 등으로 활동. 1924년 상해청년동맹회 집행위원. 경제후원회를 만들어 임시정부를 적극적으로 지원. 김구의 최측근. 6·25 때 납북됨.
엄형순 嚴亨淳	1906~1938	형순은 이명 엄순봉嚴舜奉(본명)	한족총연합회, 재만주조선무정부주의자연맹, 남화한인청년연맹 등에서 친일파 처단활동을 전개한 독립운동가. 이용로 처단에서 중심적인 역할을 하였으며 이 때문에 이규창과 함께 서울로 압송, 살인죄로 사형당함.

성명	생몰연도	본명, 이명, 호, 자	이력
여운형 呂運亨	1886~1947	몽양夢陽(호)	1918년 신한청년당 조직, 2·8독립선언 및 3·1운동 추진. 1933년 조선중앙일보사 사장에 취임하여 언론을 통한 항일투쟁을 전개하다가 손기정 선수의 '일장기 말소사건'으로 조선중앙일보 폐간. 해방 후 건국준비위원회를 결성하고 1946년부터 좌우합작운동을 전개하였으나 이를 반대하는 세력으로부터 수차례 테러를 당하던 끝에 1947년 암살당함.
여운홍 呂運弘	1891~1973	근농勤農(호)	독립운동가이자 정치가. 상해 임시정부 수립 참여, 임시의정원 의원으로 활동. 인성학교 교장 역임. 이후 일제 침략전쟁의 협력단체인 조선임전보국단 발기인으로 참여. 해방 후 조선건국준비위원회와 조선인민당에서 활동. 여운형의 동생.
여원홍 黎元洪	1864~1928	리위안훙 Lí Yuánhóng	청나라의 군인이자 중화민국의 혁명가. 중화민국의 제 2, 3대 대총통 역임.
연미당 延薇堂	1908~1981	연충효延忠孝(본명)	상해여자청년동맹 임시위원, 임시의정원 의원, 재건 한국애국부인회 조직부 주임 등을 역임한 독립운동가. 주로 상해 임시정부에서 활약. 상해를 떠나 중경重慶에 머물다가 해방을 맞이해 고국으로 환국하기까지 항일투쟁의 제일선을 지켰음. 엄항섭의 부인.
연충렬 延忠烈	?~1933		엄항섭의 처남이자 연미당의 남동생. 이회영의 만주행 정보를 일정에 흘렸다는 혐의로 이규서와 함께 처단됨.
염석산 閻錫山	1883~1960	옌시산Yán Xīshān	청나라의 혁명가. 중화민국의 군벌, 군인, 정치가. 산서성山西省의 실질적인 지배자로 40년 가까이 군림. 군벌로서는 드물게 경제 성장, 사회 개혁에 적극 힘썼기 때문에 모범 장관으로 불렸다.
엽비영 葉非英	1906~1961	예페이잉 Yè Fēiyīng	광동성 출신. 중국 아나키스트 활동가이자 교육자.
오남기 吳南基	?~?		아나키스트, 북경연맹원. 중국문학연구자 정래동丁來東이 북경민국대학北京民國大學 재학 중일 때 국순엽과 함께 아나키즘그룹에서 활동하였다. 이을규, 유기석과도 친분이 있었음.

성명	생몰연도	본명, 이명, 호, 자	이력
오면직 吳冕植	1894~1938	마중량馬仲良 송효춘宋曉春 양여주楊汝舟 오철吳哲(이명)	기자 출신의 독립운동가. 백정기, 이회영 등과 교류하며 아나키즘을 수용한 것으로 알려져 있다. 1931년 남화한인청년연맹 가입, 1933년 주중 일본공사 아리요시 아키라 처단 시도 및 밀정 처단, 한국독립군 특무대에 참여. 독립자금을 모금하던 중 1936년에 일제 경찰에 붙잡혔고, 사형을 선고받은 뒤 1938년 평양형무소에서 순국.
오상규 吳相奎	1858~1922	괴정槐庭(호)	계몽운동가 및 교육가. 함경북도 회령 출신. 이준李儁과 유진호, 설태희 등과 한북흥학회를 조직하여 함경도 지방의 계몽운동과 교육구국운동에 힘을 씀. 서북학회 창립에도 일조함.
오석주 吳錫柱	1888~1952	남계南溪(호)	전라남도 고흥 출신. 1919년 고흥면 만세시위에 참여를 시작으로 독립운동을 하던 중 일제 경찰에 붙잡혀 옥고를 치름. 출소 뒤 목회활동에 집중했으나, 1938년 신사참배 거부운동을 전개하며 다시 옥고를 겪게 됨. 광복 이후 제헌 국회의원 역임.
오세창 吳世昌	1864~1953	위창葦滄(호) 중명仲銘(자)	3·1 독립선언서에 서명한 민족대표 33인 중 한 명으로 《근역서휘》, 《근역인수》 등을 저술하며 한국서화사 연구 발전에 기여한 서예가, 언론인, 독립운동가. 역관 오경석의 아들.
오치휘 吳稚暉	1865~1953	우즈후이Wú Zhìhuī 우징헝吳敬恒(본명)	청말부터 민국 시기의 아나키즘 철학자이자 정치인. 초기엔 변법자강운동을 지지하며 서양 학문을 접하고 과학 보급과 서구화를 주장했으나 일본·영국 등지에서 활동하며 아나키즘을 수용하고 교육혁명을 통한 사회개혁을 추구하게 됨. 근공검학 운동을 주도하였고 북경대학에서 아나키즘 사상을 전파해 모택동 등에게 영향을 줌. 그러나 공산주의 세력과 갈등을 겪으면서 점차 현실 정치와 타협해 국민당에 합류, 북벌과 반공노선을 지지하게 됨.
오패부 吳佩孚	1874~1939	우페이푸Wú Pèifú 자옥子玉(자) 유학자 장군 [유장儒將](별명)	중화민국의 군벌. 장작림과 중국 천하를 놓고 자웅을 겨뤘음. 한때 장작림을 꺾고 1인자의 자리에 오를 뻔 했으나 라이벌인 장작림과 함께 남방에서 올라온 국민혁명군에 밀려 몰락함.

성명	생몰연도	본명, 이명, 호, 자	이력
옥관빈 玉觀彬	1891~1933	옥혜관玉慧觀(법명)	계몽운동가이자 독립운동가, 언론인, 기업인, 불교인. 상해에 제약공장을 설립하여 자산을 축적. 처음에는 안창호 계열의 독립운동가로 분류되었으나, 후에 변절을 의심받아 처단됨.
옥성빈 玉成彬	?~1933 (1932년으로도 추정)		옥관빈의 사촌형. 상해 프랑스조계 공부국에서 근무하였으며 일본과 내통한 혐의로 처단됨.
왕아초 王亞樵	1887~1936	왕야차오 Wáng Yàqiáo	중화민국의 정치인. 공작의 대가로 대립戴笠(다이리)에 맞먹는 인물. 암살대왕, 부두방주, 인간마귀로 악명을 떨쳤다. 하지만 장개석에 절대적인 충성을 바친 대립과 달리 반反장개석파의 일원으로 서남파를 지원하여 수차례 장개석, 왕정위 암살을 시도하였고 아나키스트로서 한국의 아나키스트 독립운동가들과 친밀했음. 결국 대립에게 사살당한다.
왕정위 汪精衛	1883~1944	왕징웨이 Wāng Jīngwèi 왕자오밍汪兆銘 Wāng Zhàomíng(본명)	중국국민당의 일원. 손문의 오른팔. 손문 사후 장개석과 대립했고 중일 전쟁 발발 이후에 친일파로 변절하여 난징에 친일 괴뢰 정권을 세움. 중국의 대표적인 '매국노'(漢奸, 한간)로 불린다.
우에다 겐키치 植田謙吉	1875~1962		일본 육군 군인. 윤봉길 의사의 홍구공원 의거 당시 직급은 중령이었으며, 이 의거의 여파로 왼쪽 다리를 잃었다.
원세개 袁世凱	1859~1916	위안스카이 Yuán Shìkǎi	중화민국 북양군벌의 수장이자 북양정부의 초대 총통. 중화제국의 처음이자 마지막 황제. 청나라를 멸망시키고 세워진 중화민국을 중화제국으로 바꾸고 황제를 자칭한 중국 역사상 최악의 한간漢奸이라고도 불린다.
원심창 元心昌	1906~1971	원훈元勳(이명)	아나키스트이자 독립운동가. 천진 일본 영사관 폭탄 투척 및 아리요시 재중일본공사를 암살 시도했던 육삼정 의거가 실패로 돌아간 후 일본으로 압송되어 옥고를 겪었지만 해방 후 풀려났다. 이후 재일조선인거류민단을 창설하여 초대 사무총장을 역임.

성명	생몰연도	본명, 이명, 호, 자	이력
유기석 柳基石	1905~1980	유서柳絮 유수인柳樹人(이명)	독립운동가, 아나키스트. 흥사단 및 남화한인청년연맹에 참여하였고, 중국·일본·한국 출신 아나키스트들이 함께 활동하도록 연결함. 한족동맹회 의장, 한교전자공작대 주임으로 활동하였으며, 1952년부터 강소江蘇사범대학 역사계 교수 재임.
유동열 柳東說	1879~1950	춘교春郊(호)	대한제국의 군인이자 독립운동가, 정치인. 신민회 결성에 참여하였고, 이후 대한민국임시정부와 한국광복군에 참여함. 광복 이후에는 조병옥, 이응준의 천거로 미군정 통위부 부장 역임. 6·25 때 납북.
유석현 劉錫鉉	1900~1987	금산錦山(호) 김세진金世震(이명)	의열단 출신의 독립유공자. 정치인. 황옥 사건에 연루되어 옥고를 치른 후 만주에서 독립운동. 해방 후 언론인, 광복회 회장 역임.
유세관 柳世觀	?~?		독립운동가. 같은 독립운동가인 이무민과 함께 천진 내 조선인들을 규합하여 독립사상을 고취시키기 위해 한 교단을 조직, 단장 역임. 천진 삼일유치원 설립자.
유자명 柳子明	1894~1985	유흥식柳興湜(아명) 우근右瑾(호) 유계청柳季淸(이명)	독립운동에 헌신한 국제주의자. 아나키스트. 중화인민공화국에서 활동한 원예·육종 학자이기도 함. 본인의 인생을 회고한 《유자명수기》를 남겼다.
유자후 柳子厚	1895~?	송주松洲(호)	해방 후 《조선화폐고》, 《율곡선생전》, 《해아밀사》 등을 저술한 한학자. 헤이그 밀사 이준의 사위이기도 하며 6·25 때 납북되었다.
유정근 兪政根	1888~1969	유민식兪民植(본명) 유만송兪晩松 유후단兪后檀(이명)	임시정부 재정위원, 신민부 경리부위원장 등을 역임한 독립운동가.
유진태 兪鎭泰	1872~1942	백은白隱(호)	독립협회 민족자강운동 참여. 1919년 파리강화회의에 제출할 진정서의 서명활동 전개(평안도 지역). 조선교육회(훗날 조선교육협회) 설립 주도 및 창립, 민립대학설립운동 주도. 《조선일보》 사장과 조선물산장려회 이사회 고문, 신간회 경성지회장 등 역임.
유진호 兪鎭浩	1861~?		대한제국과 일제강점기의 무관 출신 관료. 이동휘가 조직한 함경도 출신 청년들을 중심으로 한 한북흥학회漢北興學會 회원.
유창환 兪昌煥	1870~1935	우당愚堂(호) 주백周伯(자)	의병을 조직하려다 일경에 체포되었다 풀려남. 그 후 향리에 학교를 설립하고 이상태, 유진태, 남궁훈 등과 조선교육협회를 창립하여 인재 양성에 힘씀.

성명	생몰연도	본명, 이명, 호, 자	이력
유치웅 兪致雄	1901~1998	일창一滄(호)	한학자이자 '초서草書'의 대가로 일컬어지는 서예가. 1964~1967년 성균관 부관장 역임. 이회영과 친분이 있었던 서예가 우당 유창환愚堂 兪昌煥의 아들.
윤기섭 尹綺燮	1887~1959		대한민국의 독립유공자, 정치인. 광복 이후 제2대 국회의원 역임. 1950년 납북.
윤복영 尹福榮	1884~?	일농一儂(호)	상동교회 청년학원 출신. 협성학교 교사 재임. 국내에서 우당의 독립운동을 물심양면으로 지원. 이은숙의 대고모의 아들.
윤봉길 尹奉吉	1908~1932	매헌梅軒(호)	고향에서 농민운동을 전개하며 부흥원 설립, 월진회 조직. 독립운동을 위해 중국으로 망명. 임시정부의 김구가 지휘하는 한인애국단 가입. 1932년 4월 29일 상해 홍구공원에서 일제의 상해 점령군 총사령관 시라카와 요시노리 등 군정 수뇌 7명에게 폭탄을 투척. 의열 특공작전에 성공하여 임시정부 독립운동에 최대의 전과 쟁취. 같은 해 일본 가나자와에서 총살형으로 순국.
이갑 李甲	1877~1917	이휘선李彙璿(본명) 추정秋汀(호)	대한제국의 육군 장교 및 항일 무관抗日武官이며, 독립운동가이자 애국열사.
이강 李堈	1877~1955	의친왕義親王(작호)	고종의 둘째 아들.
이강훈 李康勳	1903~2003		대한민국임시정부, 북만주의 신민부, 한족총연합회에서 활동. 남화한인청년연맹에 가담하여 아리요시 주중일본공사를 포살하고자 육삼정 의거를 기획했으나 발각되어 옥고를 치름. 해방 후 정치활동을 했으며 독립운동사 편찬위원, 광복회회장 역임.
이건영 李健榮	1853~1940	백순伯純(자) 이희李喜(이명)	이회영의 첫째 형. 만주로 일가가 이주할 때 동행했다가 1926년 장단으로 귀환하여 거주.
이관직 李觀植	1883~1972	해관海盥(호) 치용穉用(자)	대한제국 육군 보병부위로 근무. 신민회, 경학사, 신흥무관학교 설립 및 교육, 자금조달에 참여. 이은숙의 종조부.
이광 李光	1879~1966	성암星巖(호)	신민회, 경학사, 신흥무관학교 설립 및 교육에 참여. 임시정부 외교위원, 북경주재 특파원 역임. 광복 후 한교선무단을 조직하여 한교들의 귀국문제를 처리함. 1948년 귀국 후 충북도지사, 감찰위원장, 체신부장관 역임.

성명	생몰연도	본명, 이명, 호, 자	이력
이광수 李光洙	1892~1950	춘원春園(호)	일제강점기 《무정》, 《소년의 비애》, 《방황》 등을 저술한 소설가이자 언론인.
이규동 李圭東	1926~2014	이규석李圭石(초명)	이규창의 동생. 태어나서 한 번도 아버지 이회영을 보지 못하고 성장하였음.
이규룡 李圭龍	1887~1955		이회영의 첫째 아들. 이회영의 맏형 이건영의 양자로 출계함.
이규면 李圭冕	1893~1930		이건영의 둘째 아들.
이규보 李圭甫	?~?		이규창의 족형族兄. 중국 등지에서 독립운동을 하던 중 일본 경찰한테 체포되어 서울로 압송당함. 이후 이규창과 같은 시기 경성형무소에서 복역함.
이규봉 李圭鳳	1889~1963	사은沙隱(호) 이규창李圭昶(개명)	이시영의 큰아들. 신흥무관학교 교사.
이규서 李圭瑞	1912~1933	이태공李太公(별명)	이석영의 둘째 아들. 이회영이 만주행 정보를 일경에 밀고한 혐의로 연충렬과 같이 백정기 일행에게 처단당함.
이규숙 李圭淑	1910~2009		이규창의 누나. 일가가 만주로 이주하기 전에 태어남. 북경에서 김달하의 딸들과 같이 학교를 다녔음. 장기준과 결혼 후 무기를 몸에 숨기고 북만주로 이동함.
이규오 李圭梧	1922~1925		이규창의 동생. 성홍열로 어린 나이에 사망.
이규준 李圭駿	1896~1928		이석영의 첫째 아들. 신흥무관학교 졸업 후 독립운동자금을 모집하다 체포되어 함흥형무소에서 옥고를 치름. 다물단을 조직하고 활동하였으며 이후 중국 한구漢口를 중심으로 항일운동 중 병사한 것으로 추정됨.
이규창 李圭昌	1913~2005	이규호李圭虎(초명) 계백階伯(아명) 소산嘯山(호)	이회영의 셋째 아들. 어머니는 이은숙. 만주 합니하 출생. 아버지 이회영을 모시고 독립운동에 헌신함. 1931년 남화한인청년동맹 가입, 1935년 이용로 사살에 참여. 이후 서울로 압송되어 13년 형을 선고받고 1945년 8월 17일 출옥할 때까지 옥살이를 함. 해방 후 감찰위원회 재직.
이규학 李圭鶴	1896~1973	주명周鳴(호)	이회영의 둘째 아들. 형 규룡이 양자로 출계하면서 장자가 되었음. 규학의 3남이 제23대 광복회장인 이종찬.
이규홍 李圭鴻	1905~1952	이규열李奎悅(개명)	이시영의 둘째 아들. 이규창과 유독 사이가 돈독했던 사촌 형. 한국 전쟁 때 병으로 사망.

성명	생몰연도	본명, 이명, 호, 자	이력
이규훈 李圭勛	1896~1950		이건영의 셋째 아들. 만주에서 독립운동. 귀국 후 국군 공군대위로 복무하다가 6·25 때 실종.
이달 李達	1910~1942	이이덕李二德(본명) 이덕李德(이명) 강춘江春 금월今月(필명)	아나키스트이자 이론가. 한족총연합회, 남화한인청년연맹에서 활동. 이규창도 참여했던 기관지 《남화통신》의 주요 필자.
이동 李東	1899~1979	리둥Lǐ Dōng	북경사범대학 출신의 교육가. 경사제일소학교 초대 교장으로 이규창과 이규숙이 재학할 당시 교장이었음.
이동녕 李東寧	1869~1940	석오石吾(호) 봉소鳳所(자)	상동교회에서 활동하던 중 만주로 망명하여 이상설과는 서전의숙을, 이회영과는 경학사를 설립함. 신흥무관학교 초대 교장, 임시의정원 초대 의장, 임시정부 국무총리, 내무총장, 주석 등을 역임.
이득년 李得年	1883~1950	의당毅堂(호)	1918년 이회영이 고종의 중국 망명을 추진했을 당시 북경 연락책으로 활동. 1922년 박영효, 이상재 등과 민우회 조직. 1925년 독립군 기지건설을 위한 김창숙의 군자금 모집운동을 배후에서 지원.
이문홍 李文弘	1905~?	박재근朴在根 이기산李基山 이봉춘李逢春 전성하全成夏(이명)	남만청년총동맹 교육부 상무위원을 지내고 함경도를 중심으로 조선공산당과 고려공산청년회 재건운동을 전개한 사회주의운동가.
이방자 李方子	1901~1989	나시모토노미야 마사코 梨本宮方子	대한제국의 마지막 황태자인 영친왕의 비妃.
이봉창 李奉昌	1901~1932		1932년 1월 8일 일본 도쿄에서 관병식을 마치고 돌아가던 일왕日王(히로히토)에게 수류탄을 투척. 거사는 실패로 돌아갔으나 일본인의 간담을 서늘하게 하고, 전세계 피압박 민족에게 큰 충격과 가능성을 안겨줬다. 이 사건은 당시 침체일로에 있던 상해 임시정부에 새로운 전기轉機를 마련해 주었음.
이상설 李相卨	1870(음력)~ 1917	보재溥齋(호) 순오舜五(자)	대한제국 의정부 참찬 등을 지낸 조선(대한제국)의 문신이자 일제강점기의 독립운동가. 1906년 연해주에 서전서숙 설립, 1907년 헤이그 만국평화회의에 정사로 이준, 이위종과 함께 참석. 1914년 대한광복군정부 수립을 주관하고 정통령에 선임.

성명	생몰연도	본명, 이명, 호, 자	이력
이상재 李商在	1850~1927	월남月南(호) 계호季皓(자)	교육자, 청년운동가, 독립운동가이자 정치인, 언론인. 독립협회와 만민공동회에 참여하였고, 신간회 회장을 역임.
이석규 李錫奎	1924~?		전라남도 완주 출신. 광주사범학교 재학 중 무등독서회 사건으로 옥고를 치름.
이석영 李石榮	1855~1934	영석潁石(호)	이회영의 둘째 형. 고종 때 영의정을 지낸 이유원(李裕元, 1814~1888)의 양자로 출계한 후 상속받은 재산을 경학사와 신흥무관학교 창설 운영자금으로 사용. 독립운동자금으로 재산을 다 쓴 후 중국 각지를 떠돌다가 상해에서 사망.
이석증 李石曾	1881~1973	리스쩡Lǐ Shízēng 리위잉李煜瀛(본명)	북경대학의 교수이자 아나키스트, 국민당 간부. 1920년대에 장정강, 오치휘, 채원배와 함께 중국국민당의 '반공주의 4원로'로 알려짐.
이승만 李承晩	1875~1965	Rhee Syngman (영문명) 우남雩南(호)	독립운동가이자 대한제국, 대한민국의 정치인. 대한민국임시정부의 초대 대통령이자 대한민국의 제 1~3대 대통령.
이승훈 李昇薰	1864~1930	남강南岡(호) 이승일李昇日(본명) 이인환李寅煥(아명)	3·1운동 민족대표 33인 중 한 명. 1907년 오산 학교 설립.
이시영 李始榮	1869~1953	성재省齋(호) 성흡聖翕(자)	이회영 형제 중 다섯째. 조선, 대한제국의 관료였으며 독립운동가, 정치인. 대한민국 초대 부통령.
이영근 李渼根	?~?		임시정부 설립에 참여한 독립운동가. 밀양폭탄사건에 참여한 독립운동가 김대지金大池를 임시정부 각부 차장 선거 당시 교통차장으로 추천함.
이용로 李容魯	?~1935	이영로李榮魯(이명)	일제강점기 상해거류민회 회장 역임. 상해에 거주하는 한교들의 동향을 분석해서 일본 영사관에 알리는 역할을 했다. 엄순봉, 이규창이 처단함.
이용준 李容俊	1907~1946	전리방田里芳 천리방千里芳(이명)	남화한인청년연맹, 흑색공포단, 조선민족혁명당에 참가. 육삼정 의거, 옥관빈 등 친일파 처단 참여. 1945년 광복 후 대한보국군단大韓保國軍團에서 대한민국 임시정부 봉대와 좌익세력 척결을 내걸고 제1사단 사령관으로 활약함.

성명	생몰연도	본명, 이명, 호, 자	이력
이유필 李裕弼	1885~1945	춘산春山(호) 이우필祐弼(이명)	대한민국임시정부 인사. 인성학교 교장을 역임하였으며, 변절 가능성이 의심되는 흥사단 출신 인사. 월남하던 중 사망.
이은 李垠	1897~1970	영친왕李漢根(작호)	대한제국의 마지막 황태자.
이은숙 李恩淑	1889~1979	영구榮求(호)	이규창의 어머니이자 이회영의 부인. 이회영과 같이 서간도로 갔고, 이후 조선으로 귀국하여 이회영의 생활자금을 만드는 데 이바지함. 《서간도 시종기》의 저자.
이을규 李乙奎	1894~1972	회관晦觀(호)	아나키스트. 독립대동단, 의열단, 한족총연합회에서 활동. 해방 후 감찰위원 역임. 크로포트킨(크로폿킨)의 《근대과학과 아나키즘》 번역. 이정규의 형.
이응준 李應俊	1890~1985	추연秋硏(호) 가야마 다케토시 香山武俊 (일본식 이름)	일본 육사 출신의 군인이자, 독립운동가 이갑李甲의 사위.
이인 李仁	1896~1979	애산愛山(호) 자옥子玉(자)	독립운동가, 변호사, 정치인. 독립운동과 관련된 사건 가운데 특히 정의부正義府 군사위원장인 오동진, 조선혁명군 이응서李應瑞, 임시정부 내무총장을 역임한 안창호 등의 변론을 맡았다. 신간회 창립에 참여하여 중앙위원으로도 활동함.
이재천 李在天	1913~?	우봉牛峰(호)	한국소년동맹을 조직, 집행위원장 역임. 항일무장투쟁을 하던 중 일경에 체포되어 1936년 2월 경성지방법원에서 징역 5년을 선고받음. 1940년 8월에 석방되었다는 기록만 남아 있고 이후의 행적은 불명.
이재현 李在賢	1917~1997	해평海平(호) 이재두李在斗(이명)	한국청년전지공작대 조직에 참여한 독립운동가. 광복 후 일본군 대본영으로부터 한국 국적인 박정희를 비롯한 일본군 장교, 사병 300명을 인수하여 광복군 증명서와 모자를 씌워 귀국시킴. 이재천의 동생.
이정규 李丁奎	1897~1984	우관又觀(호)	아나키스트. 이회영과 함께 한국 독립의 아나키스트 이념을 확립한 핵심 인물로 조국의 독립과 아나키즘 이상과 원칙에 입각한 새로운 이상사회 건설이라는 두 가지 목표를 추구함. 재중국 조선무정부주의자연맹을 조직하는 등 독립운동과 무정부주의 운동에 헌신하다가 일경에 체포되어 옥고를 치름. 해방 후 청주대학교, 성균관대학교 총장 역임. 이을규의 동생.

성명	생몰연도	본명, 이명, 호, 자	이력
이정렬 李定烈	1900~1962	춘호春浩(호) 윤봉조尹鳳朝(이명)	독립운동가. 자신의 사유지를 계속 매각하여 독립운동 자금을 댐. 광산을 경영하기도 함.
이종인 李宗仁	1890~1969	리쭝런Lǐ Zōngrén	중화민국 군인이자 정치가. 장개석의 북벌과 중일전쟁 참여. 전후 중화민국 부총통을 역임하였으며, 장개석 퇴임 후에는 중화민국 총통 대행을 역임하기도 하였다.
이준 李儁	1859~1907	일성一醒(호) 순칠舜七(자)	1898년 독립협회, 1902년 비밀결사 개혁당 가입 후 일본인의 황무지개척권 요구와 을사조약 반대운동 전개. 1907년 헤이그 만국평화회의 밀사로 파견되어 을사조약의 무효를 선언하고 한국 독립에 대한 지원을 요청하였음. 헤이그 현지에서 순국.
이준근 李俊根	?~1931		아나키스트. 1929년 7월 북만주 해림海林에서 김야운, 이달 등과 함께 재만한족무정부주의자연맹을 결성.
이천민 李天民	1869(또는 1870 추정)~1941	이세영李世永(본명) 고광古狂(호) 좌현佐顯(자)	신흥무관학교 교장 및 서간도 일대의 각 독립운동단체를 통합하여 조직한 대한통의부大韓統義府의 참모부장 역임.
이철영 李哲榮	1863~1925		이회영의 셋째 형. 신흥무관학교 교장 역임.
이하응 李昰應	1820~1898	석파石坡(호) 홍선대원군 興宣大院君(작호)	고종의 아버지. 이규창의 형수 조계진의 외조부.
이현근 李炫瑾	1912~1940	이학철李學喆(이명)	1931년 남화한인청년연맹 가입. 일본 유학을 그만두고 상해로 건너 와 1933년 중국 육군중앙군관학교 입학. 1936년 졸업 후 중국군 장교가 되었다. 1939년 한구 전선에서 일본군과 교전 중 붙잡혀 군법회의에서 사형 선고를 받음.
이현숙 李賢淑	1919~1946		이규창의 여동생. 북경에서 태어났다. 결혼 후 신경에서 폐렴으로 사망.
이호영 李護榮	1875~1933	경암敬菴 옥산玉山(호)	이회영 형제 중 여섯째. 신흥무관학교 재무로 활동. 북경한교동지회 조직, 다물단에 자금 및 폭탄을 지원했고 단원으로도 활동.
이화익 李化翼	1900~1978	이승춘李承春(이명)	북경, 상해, 천진을 중심으로 나석주와 함께 의열단 활동. 1927년 5월 북경에서 체포되어 마포형무소에서 13년간 복역함. 해방 후 감찰위원회 감찰국장, 제2대 광복회장 역임. 이규창의 장인 정이형과는 의형제.

성명	생몰연도	본명, 이명, 호, 자	이력
이회영 李會榮	1867~1932	우당友堂(호)	독립운동가이자 아나키스트. 6형제를 포함한 온가족이 함께 서간도로 이주, 신흥무관학교와 경학사를 조직하면서 국내외 독립운동을 지원함. 이후에도 중국과 고국을 넘나들며 조선의 독립을 위하여 순국하기 전까지 평생을 헌신하며 살았다.
임경호 林敬鎬	1888~1945	성백聲百 시인是人(호) 임석호(이명)	이회영의 청년 동지이자 국내외의 연락책. 1915~1918에 제1차 유림단 의거의 결과물인 파리장서회의에 보낼 독립청원서(장서)를 발송하는 책임을 맡았으며 조선물산장려회 이사 역임. 비밀결사단체 동아홍산사를 조직하고 활동하다가 1943년 문정삼 등과 함께 일경에 피체. 해방 전 대구형무소에서 옥사.
임득산 林得山	1896~1943	임형일林亨一(이명)	상하이에서 대한적십자사, 대한민국청년외교단, 병인의용대 등에 가입하여 활동한 독립운동가.
장개석 蔣介石	1887~1975	장제스Jiǎng Jièshí 장중정藏中正(본명)	중화민국의 군인이자 정치가. 신해혁명에 참가하였으며, 1926년 국민혁명군 총사령관을 취임하고 '북벌'을 개시하여 1928년 북경을 점령, 북벌을 완수함. 국민정부를 선포하고 공산당과 합작 및 갈등을 겪으면서 중일전쟁을 치렀다. 종전 후 다시 공산당과 내전을 벌였으나 패배하면서 대만으로 이전. 중화민국 초대부터 제5대까지 총통 역임.
장기천 張基千	1903~1980	장병두張炳斗(이명)	대한독립단, 통의부, 정의부에 가담. 친일파 계승호·강영화 등과 일본 순사 등을 처단하였으며, 1927년 8월 용만금융조합을 습격하여 군자금 확보. 1928년 피체되어 징역 15년 형의 옥고를 치렀다.
장덕수 張德秀	1894~1947	설산雪山(호)	일제강점기부터 미군정 시기까지 활동한 교육자, 언론인, 정치인. 독립운동가로 시작하였으나 1936년 일장기 말소 사건에 따른 동아일보 정간사태와 1938년 흥업구락부 사건 전후로 친일파로 변절함. 광복 후에는 한국민주당 창당에 참여하였고, 당내 외무부장과 정치부장 등을 역임.

성명	생몰연도	본명, 이명, 호, 자	이력
장백령 張伯玲	1876~1951	장보링 Zhāng Bólíng 장수춘張壽春(본명)	중국 근대기의 정치가이자 교육자. 1894년에 북경수사학당北洋水師學堂을 졸업하고, 엄수嚴修를 따라 일본으로 교육시찰을 다녀와 경업중학당敬業中學堂과 남개중학당南開中學堂을 설립. 이규창이 남개중학에서 수학할 당시 교장이었음. 이후 1948년 중화민국 남경국민정부 고시원考試院 원장을 역임. 안창호를 비롯한 독립운동가들과 교류하며 물심양면으로 도와주었음.
장작림 張作霖	1875~1928	장쭤린 Zhāng Zuòlín	중국의 군인이자 정치가. 청나라 육군장군까지 승진한 뒤 동북 전역으로 세력을 확장, 중화민국 북양정부 중에서도 봉천奉天군벌의 초대 수장 역임. 그러나 장개석의 북벌에 밀리면서 중화민국 육군 대원수 계급으로 전역. 일본 관동군이 일으킨 열차폭파사고로 폭사함.
장치중 張治中	1890~1969	장즈중 Zhāng Zhìzhōng 장본효張本堯(구명) 문백文白(자)	중화민국의 군인. 국민정부 국민혁명군의 장군으로 북벌에 참여하였으며, 이후 서북행정위원회 부주석 및 군사위원회 정치부장 역임.
장학량 張學良	1901~2001	장쉐량 Zhāng Xuéliáng 의암毅庵(호) 한경漢卿(자)	만주 태생의 중화민국의 군인이자 정치가. 장작림의 아들. 20세기 중엽 중화민국 주요 군벌 중 한 명으로, 1936년 장개석을 구금하고 제2차 국공합작 관련 요구를 한 '시안 사건'을 주도함.
장해평 莊海平	1905~1965	남용무南容武 왕해평王海平 이계백李啓白 장기준莊麒俊(이명)	독립운동가, 아나키스트. 1926년 중국군 육군소위 역임. 전역 후 상해 임시정부의 군자금 모금원으로 국내에 밀파되었다가 체포되어 2년간 옥고를 치름. 1930년에 만주로 간 후, 한인학교 교사도 하고 신문지국을 경영하기도 함. 해방 후 감찰위원회 감찰관 및 조용순 대법원장 비서실장 역임. 이규숙의 남편.
정래동 丁來東	1903~1985		아나키스트. 일제강점기에 《현대중국문학의 신방향》, 《중국 현대 문단 개관》 등을 저술한 중국문학 연구자. 유기석, 오남기, 양일동 등과 교류함. 북경한국유학생회北京韓國留學生會라는 통일단체에서 집행위원으로 선정되어 조직을 이끌어나감.
정문경 鄭文卿	1922~2010		정의형의 딸, 이규창의 부인. 이규창과는 1947년 12월에 결혼. 슬하에 3남 1녀를 둠.

성명	생몰연도	본명, 이명, 호, 자	이력
정백 鄭栢	1899~1950	산남山南 회린檜藺(호) 정지현鄭志鉉(이명)	사회주의 운동가. 장안파 조선공산당 지도자. 1926년 상해에서 한인 청년 유지들이 중국사정연구회中國事情研究會를 조직했을 때, 김상덕·배천택裵天澤·조덕진·현정건玄鼎健 등과 함께 집행위원으로 선출됨. 1949년 월남 후 전향, 보도연맹에 가입. 한국 전쟁 발발 후 정치보위부에 의해 총살.
정성태 鄭成太	1915~2000		일제강점기에 국민회의 전남도지부 청년부장. 해방 직후에는 이범석의 조선민족청년단에서 활동했으며, 공무원이 되어 내무부 인사과장 등을 역임. 광주상업중고등학교 교장으로 재임하다가 1954년 제3대 국회의원 선거에 무소속으로 출마해 광주에서 당선. 제3~8대 국회의원 선출.
정운복 鄭雲復	1870~1920	극재克齋(이명)	개화파, 서북학회 조직. 이후 대한제국기 경성일보 주필, 제국신문 주필 등을 역임한 친일언론인. 한일 병합 전부터 일본의 돈을 받는 정탐꾼이라는 세평이 있었고, 1918년에는 정식으로 조선총독부의 경무부 촉탁으로 임명되었다.
정이형 鄭伊衡	1897~1956	쌍공雙公(호) 이용현李用賢 정원흠鄭元欽(이명)	독립운동가. 1922년 만주로 망명하여 대한통의부에 참여하였고, 1924년 정의부 사령부관으로 무장 항일 투쟁을 전개. 1926년 고려혁명당을 결성 후 위원으로 선임되어 활약. 1927년 하얼빈에서 일본 경찰에 잡혀 1945년 해방이 될 때까지 19년간의 옥고를 치렀다. 해방 이후 좌우합작을 위해 노력하였으며, 친일파 처벌법 제정에 앞장섰다. 이규창의 장인.
정인보 鄭寅普	1893~1950	위당爲堂(호)	독립운동가, 한학자, 역사학자, 언론인, 정치인, 작가. 해방 후 《조선사연구》, 《양명학연론》을 저술했고 30여 년 가까이 대학 강단에서 국고國故·절의節義·실학·양명학과 역사학으로 후학들을 지도함. 1950년 서울에서 납북됨.
정해리 鄭海里	1895~1945	정종화鄭鍾華(본명) 정동오鄭東吾(이명)	1920년 상해에서 《신대한독립보》 발간. 동명학원 교원, 남화한인청년연맹 조직원. 1933년 아리요시 아키라 공사 처단 의거에 참여.

성명	생몰연도	본명, 이명, 호, 자	이력
정화암 鄭華岩	1896~1981	화암은 호 정현섭鄭賢燮 (본명) 윤옥允玉(자)	3·1운동 참가를 시작으로 독립운동가로 활동하였고 무정부주의자로도 활동하였음. 1930년 남화한인청년연맹 조직에서 주로 무력투쟁에 참여하였으며 1945년 8·15광복 뒤에는 야당 정치인으로 활동하였다.
조계진 趙季珍	1897~1996	조악이趙岳伊(초명)	이규학의 부인. 조정구의 딸, 흥선대원군의 외손녀. 이규학이 북경과 상해를 거점으로 삼아 독립운동을 할 때 뒷바라지를 함.
조남승 趙南昇	1882~1933	백윤伯允(자)	이규학의 처남이자 조계진의 큰오빠. 조선 말부터 대한제국 시기에 고종을 가까이에서 보필. 1906년 고종이 내린 만국평화회의 밀지를 이회영에게 전달함. 고종 사후 북경으로 건너가 독립운동을 지원하다가 1932년 한국에 입국할 때 검거된 이후 감찰대상으로 지정되어 감시받음. 1933년 사망.
조남익 趙南益	1885~1924		이규학의 처남이자 조계진의 둘째 오빠. 고종의 시종을 역임. 헤이그 밀사 사건에서는 이회영과 이상설, 조정구, 안호형과 함께 주요한 역할을 함.
조동진 趙東珍			대한민국임시정부 내무위원 역임. 대한독립청년당 내무 겸 재무 담당.
조동호 趙東祜	1892~1954		동제사, 신한청년당, 한중호조사, 사회주의계 독립운동가. 1925년 조선공산당朝鮮共産黨 창당 주도. 해방 후 제1차, 제2차 미·소공동위원회에 참가.
조상섭 趙尙燮	1884~1940	강구岡丘(호) 조청해趙淸海 최국선崔國善(별명)	일제강점기 상해 한인교회에 목사로 부임. 임시정부에서 개조파로 활동하며 항일투쟁을 전개함. 상해 임정 대통령이었던 이승만의 탄핵을 주도했던 중심 세력 중 한 명. '원창공사'라는 인삼 및 화과 등을 중심으로 하는 상회를 경영하기도 했다.
조성환 曺成煥	1875~1948	청사晴簑(호) 욱煜(별명)	신민회 조직 참여. 대한민국임시정부 수립에 참여하여 군무부차장 역임. 북로군정서 및 대한독립군단 조직, 한국광복군 창설에 공헌함.
조소앙 趙素昂	1887~1958	소앙은 호 조용은趙鏞殷(본명)	대한민국임시정부 수립과 한국독립당 창당에 참여하였으며, 삼균주의를 임시정부의 기본 이념으로 삼은 정치인 .
조영원 趙永元	1892~1974	각산覺山(호)	신민부 군사위원, 해림신창학교 창설.

성명	생몰연도	본명, 이명, 호, 자	이력
조완구 趙琬九	1881~1954	우천藕泉(호)	독립운동가, 정치인. 임시정부와 임시의정원에서 활동하였으며 광복 후 한국독립당의 초대 재정부장을 거쳐 1949년 한국독립당의 총재를 역임. 한국 전쟁 중 납북.
조용택 趙龍澤	1902~1950		신사참배 거부 운동을 전개하다 6개월간 광주경찰서에 구금. 2년 징역형을 받고 1944년 8월 12일 출소.
조정구 趙鼎九	1860~1926	작농芍農(자)	이규학의 장인이자 조계진의 부친. 고종의 비서장 및 궁내부대신 역임. 고종이 승하한 뒤 북경으로 망명했다가 1925년 귀국.
주만우 朱萬尤	1922~1945		1942년 12월 26일 광주지방법원에서 치안유지법 위반으로 징역 1년 형을 선고받아 옥고를 치름.
주봉식 朱鳳植	1914~1949		광주 권투의 개척자. 청소년의 체육을 단련시키고 조선독립을 위하여 단결할 것을 역설하며 활동하다가 체포되어 징역 2년을 선고받음. 대한청년단大韓青年團 전라남도 단장.
진명추 陳銘樞	1889~1965	천밍수 Chén Míngshū	중화민국의 정치인. 중국국민당의 광동파 정치인으로 장개석의 신임을 받으며 그와 밀접한 관계를 구축했지만 제1차 상해사변 이후로 결렬되어 반장개석파가 되었음. 이후 국공내전에서 국민정부가 패한 후 중국 대륙에 잔류, 혁명위원회 상무위원을 비롯하여 주요 여러 요직을 역임.
진우인 陳友仁	1878~1944	천요우런 Chén Yǒurén 진우금陳尤金(본명)	중화민국의 혁명가, 외교관. 국민혁명 시기 강경한 혁명외교를 이끌었으나 국공결렬 이후 몰락.
진제당 陳濟棠	1890~1954	천지탕Chén Jìtáng	중화민국의 군벌, 정치인. 장개석을 도와 광동성의 지배자가 되었으며 1931년 제1차 양광사변을 계기로 반독립적인 정권을 수립하는데 성공했으나, 1936년 제2차 양광사변을 일으키고 몰락.
진희창 秦熙昌	1874~1933		상해에서 교육사업을 전개하여 민족사상 고취에 힘썼으며, 임시의정원과 대한민국임시정부 수립에 기여한 독립운동가. 영국인이 경영하는 전차회사 감독으로 일함.
차고동 車鼓東	?~?		아나키스트. 1930년 호서은행 인출을 감행한 신현상, 최석영과 함께 북경에 가서 이회영을 비롯한 아나키스트 동지들과 조우함.

성명	생몰연도	본명, 이명, 호, 자	이력
차리석(차이석) 車利錫	1881~1945	동암東岩(호) 서입환徐立煥(이명)	대한민국임시정부 수립에 가담했으며, 임시의정원 부의장, 임시정부 국무위원 등으로 활동. 신민회 사업이 한창일 때 안창호를 보좌하였으며, 평양 대성학교 설립과 청년 학우회의 핵심인사로 활동. 충칭 임시정부에서 광복 소식은 들었으나 환국 준비를 하던 중 과로로 쓰러져 사망하고 말았다.
차일혁 車一赫	1920~1958	차갑수(초명) 차용철(족보) 차리혁車利爀(이명)	독립운동가이자 아나키스트. 대한민국의 경찰관 역임. 한국전지공작대, 조선의용대에서 활동. 광복 후 서울에 남아 있던 일제 경찰 잔존세력의 처단에 나섬.
채명신 蔡明信	1926~2013		독립운동가이자 아나키스트인 채은국의 장남. 대한민국 군인으로 백골병단을 지휘하였으며, 이후 5·16군사쿠데타 가담. 그러나 유신 개헌을 반대했다는 이유로 강제 예편되었고, 퇴역 후에는 외교관으로 활동함.
채영식 蔡榮植	1912~?		이규창이 종로경찰서 수감 당시 순경으로 재직. 해방 후에 성북, 용산 종로 경찰서장, 내무부 공무원 역임.
채원배 蔡元培	1868~1940	차이위안페이 Cài Yuánpéi	교육자, 교육행정가, 철학자, 학자. 민국당 중앙 위원, 민국정부 위원 및 감찰원 원장을 역임했고, 1916년부터는 북경대학 교육총장을 지냈으며, 5·4운동 시기 북경대학을 신문화운동의 거점으로 만들었다.
채은국 蔡殷國	1903~?	채풍운蔡風雲 중화혈판中和血判 채풍운사蔡風雲事(이명)	아나키스트. 1936년 4월 7일 평남 경성지방법원에서 치안유지법 위반 혐의로 징역 2년을 선고받았고 서대문형무소에서 1937년 7월 31일 출옥. 이후 평안남도 강서군 초리면 강선리로 이주한 뒤의 행적은 알 수 없음.
채정개 蔡廷鍇	1892~1968	차이팅카이 Cài Tíngkǎi	중화민국의 군인. 19로군을 지휘하여 제1차 상해사변에서 활약했으나 복건사변을 계기로 장개석에게 반기를 들고 결국 추방자 신세가 되었다. 국공내전 이후 중화인민공화국에 합류함.
최경동 崔敬東	1901~1979		의사. 3·1운동이 발발하자 전남 광주에서 만세시위를 벌이다가 체포되어 8개월간 옥고를 치름. 이후 1942년 여수에서 애양원愛養園의 원장으로 재직하면서 원생들에게 항일민족의식을 고취하던 중 또다시 체포되어 징역 1년 6개월을 선고받고 광주형무소에서 옥고를 치름. 해방 후 경남 나병환자수용소 소장으로 재직.

성명	생몰연도	본명, 이명, 호, 자	이력
최근우 崔謹愚	1897~1961	우당愚堂(호)	독립운동가. 2·8독립선언과 대한민국임시정부 수립에 참여함. 해방 후 건국준비위원회에서 활동했으며 사회당 창당. 군사정권에 체포된 뒤 구속되어 옥사함.
최석영 崔錫榮	?~?		독립운동가. 충청남도 예산군 출신. 신현상과 함께 호서은행 사건의 주모자였음. 충남 아산에서 마곡상을 했다고 한다.
최양옥 崔養玉	1893~1983	권인옥權仁玉 최인옥崔仁玉 최추강崔秋崗(이명)	횡성에서의 만세운동 참여. 부한청년단을 조직하고 군자금을 모집하여 임시정부에 군자금을 송금함. 이후 중국에서 대한독립군 공명단을 조직하여 국내 독립운동 자금을 모금하였고, 독립군 비행사 양성을 위해 비행학교 설립을 계획함.
최창식 崔昌植	1892~1957	운정云丁(호) 김용수(이명) 딩창丁昌 (중국식 이름)	오성학교 교사 출신으로 3·1만세운동 이후 상해로 망명. 상해 대한민국임시정부의 설립과 운영을 담당하고, 임시의정원 경기도 의원, 내무총장, 의정원 의장 등을 역임. 1930년 일본 영사관 일제 경찰에 붙잡혀 국내로 압송된 후 징역 3년을 받고 옥고를 겪음.
최학주 崔學柱	?~?		1930년 도쿄에 거주하는 재일한인 아나키스트들이 발간한 월간신문인 《흑색신문》의 편집자. 1934년 1월부터는 이동순李東淳이 발행과 편집을 맡았다고 하니, 1933년까지 역임한 것으로 추측됨.
풍국장 馮國璋	1859~1919	평궈장 Féng Guózhāng	중국의 군인이자 정치인. 원세개의 수하로 활동하였으며 원세개가 중화민국 총통이 된 후부터 북양 군벌 직례파의 우두머리가 되었음. 원세개 사후 선통제 복위사건을 겪은 뒤 중화민국 대총통 대행 역임.
풍옥상 馮玉祥	1882~1948	펑위샹 Féng Yùxiáng 환장煥章(자)	중국 안휘성 군벌 출신이자 정치가. 북양 군벌 직례파의 거두였으나 나중에 국민당에 입당하여 북벌에 참가했음. 국민당 정부의 중화민국 본토 통치기에 군정부부장 역임. 뒤에 반反장개석 운동을 전개했으며, 항일 전쟁에서도 활약했음.
한기악 韓基岳	1898~1941	월봉月峰(호) 명오明五(자)	언론인이자 독립운동가. 대한민국 임시의정원 법무위원. 귀국 후 《동아일보》 창간에 참여. 이후 《시대일보》, 《조선일보》 편집국장 역임. 조선물산장려회, 신간회 등에서 활동함.
한상룡 韓相龍	1880~1947		관료 겸 금융인, 기업인. 조선총독부 중추원의 참의와 고문 역임.

성명	생몰연도	본명, 이명, 호, 자	이력
한세량 韓世良	1867~1935	한영복韓永福(본명) 한남농韓南濃 한시량韓時良 한화농韓花農(이명)	이회영이 북경에서 거주하던 시절 교류한 동지 중 한 명으로, 1921년 6월 북경에서 이회영·신채호와 잡지 《천고天鼓》 창간. 같은 해 8월 15일 조성환, 이광과 함께 임시정부 북경주재 외교위원으로 임명됨. 이후 1930년 천진에서 박용태와 유기석의 주도로 결성된 조선대독립당주비회朝鮮大獨立黨籌備會의 기관지이자 '조선독립운동전투지朝鮮獨立運動戰鬪紙'를 표방하며 창간한 기관지 《조선지혈》의 기자로 활동함.
한용운 韓龍雲	1879~1944	한정옥韓貞玉(본명) 만해卍海(법호)	3·1 독립선언서에 서명한 민족대표 33인 중 한 명으로 신간회 결성을 주도하고 3·1운동 계획에 주도적으로 참여한 승려, 시인, 독립운동가. 대표적인 저작으로는 《조선불교유신론》, 〈님의 침묵〉 등이 있음.
한진교 韓鎭教	1887~1973	송계松溪(호)	1914년 6월 중국 상해로 이주하여 해송양행海松洋行을 설립, 그 수익금을 독립운동자금으로 헌납하였으며, 홍성린洪成麟·선우혁鮮于赫과 협의하여 인성소학교仁成小學校를 설립하였다. 대한민국임시정부 수립에 참여하여 임시의정원 의원으로 입법활동을 전개한 독립운동가.
한진산 韓震山	1885~1967	한흥교韓興教(본명)	독립운동가이자 의사. 의료활동을 통한 독립운동을 펼쳤으며, 1912년 중국 상해에서 조직된 독립운동 단체인 동제사의 중견 간부로 활약. 이 밖에도 의열단과 다물단에 관여하였다.
허열추 許烈秋		본명 성씨는 정 이름은 미상	남화한인청년연맹의 맹원. 1929년~30년 무렵에 복건성 천주泉州 여명중학교黎明中學校에 유자명과 함께 재직했다.
현순 玄循	1880~1968	송원상宋元相(이명)	목사, 독립운동가. 13도 대표 국민대회 평정관, 임시정부 외무차장, 내무부차장, 구미위원부 위원, 위원장 대리 역임.
현영섭 玄永燮	1907~?	현영남玄永男(본명) 아마노 미치오 天野道夫 (일본식 이름)	한때 남화한인청년연맹에 가담했으나 1930년 중반 이후부터는 극렬 친일파로 변모함. 친일 단체인 녹기연맹綠旗聯盟에 기용되어 녹기연맹 기관지 《녹기綠旗》에 내선일체를 위해 한국어를 전폐할 것을 주장하는, 이른바 '조선어전폐론'을 주장함.

성명	생몰연도	본명, 이명, 호, 자	이력
현준호 玄俊鎬	1889~1950	무송撫松(호)	금융인. 광주의학전문학교 설립 및 조선민립대학 기성회 참여 등 교육사업, 빈민 구제사업에도 관심이 많았으나 1930년 조선총독부 중추원 참의가 되고 지역 간척사업의 사업권을 따낸 후 친일적인 행보로 민족주의 운동과는 결별하게 됨. 한국 전쟁 때 인민군에게 피살됨.
현헌 玄櫶	1880~1939		현영섭의 아버지. 교육자 출신으로 조선총독부의 관료 및 조선총독부 중추원 참의 역임. 나중에 친일 이론가로 거듭난 현영섭과 함께 1937년 중일전쟁 발발 후 함께 순회 시국강연에도 참가함.
호경익 胡景翼	1892~1925	후징이Hú Jǐngyì	섬서성 독군. 임시정부 북경 주재 외교위원인 이광과 신익희를 행정고문으로 발탁했었음. 신해혁명을 일으킨 주역인 손문을 매우 따랐으며, 손문의 사망소식에 큰 충격을 받아 사망했다고 함.
호한민 胡漢民	1879~1936	후한민Hú Hànmín 호연관胡衍鸛 호연홍胡衍鴻(아명)	중화민국 정치가이자 민주 혁명가. 중화민국정부 총참의 겸 문관장, 정치부장, 육군대원수대본영 총참의, 총통비서장 등 역임. 1921년 광주廣州 호법정부 총참의로서 상해 대한민국임시정부의 사절단이었던 신규식을 면담하고 이후 국민당의 중앙집행위원, 광동성장長으로서 황포군관학교 설립 및 운영과정을 지원함으로써 대한민국 독립운동에 기여함.
홍남표 洪南杓	1889~1950		독립운동가 출신의 조선민주주의인민공화국의 정치인. 최고인민회의 대의원 역임.
홍범도 洪範圖	1868~1943		독립운동가이자 군인, 의병장. 사냥꾼으로 활동하여 사격술에 능하였으며, 1910년 경술국치 이후에는 만주에서 독립군을 이끌었음. 봉오동 전투의 지휘관.
홍증식 洪增植	1895~?		이회영의 생질. 사회주의 운동가. 1921년 사회주의 단체인 서울청년회와 신사상연구회 등을 결성하여 활동. 1925년 사회주의 청년단체인 고려공산청년회 결성식에 참석, 중앙집행위원으로 선출. 월북 후 조국통일민주주의전선 서기국장 역임.

성명	생몰연도	본명, 이명, 호, 자	이력
화균실 華均實	?~?	화진쉬Huá Jūnshí	중국의 아나키스트. 1931년 상해 프랑스조계에서 한중일 아나키스트들이 결성한 항일구국연맹의 연맹원 중 한 명. 이 항일구국연맹원 중 한국인은 이회영과 백정기, 중국인은 화균실과 왕아초, 그리고 일본인은 전화민(톈화민田華民, 본명은 사노 이치로佐野一郎, 이명 요시다吉田))과 오세민(우쉬민吳世民, 본명은 야타베 유우지矢田部勇司) 등이 참여하였다.
황두연 黃斗淵	1905~1984	황평연黃平淵(개명)	전라남도 순천 출신. 순천중앙교회 장로로, 신사참배 거부로 광주형무소에 수감. 광복 후 대한독립촉성농민총연맹 소속 제헌국회의원 감찰위원회 감찰위원을 지냄.
황옥 黃鈺	1887~1950		서울 출신. 일제강점기의 일본 경찰의 중간간부까지 역임. 밀정이라는 주장과 독립운동가일 수도 있다는 추측이 있다. 1920년대 의열단에 가입하고 활동했다고 함. 황옥의 밀정 여부는 오늘날까지도 의견이 갈리는 부분이다.

도움받은 자료

단행본

국민문화연구소, 《우관 이정규 선생 유고집》 제1집, 국민문화연구소 출판부, 2007.
김달하 저·김정옥 역, 《소봉 김달하 시집》, 정우사, 1990.
김창희, 《이규준 평전》, 이글루, 2024.
대한민국임시정부기념사업회·대한민국임시정부기념관 건립추진위원회 엮음, 《사진으로 보는 대한민국 임시정부 1919~1945》, 지성사, 2016.
동북아역사재단 일제침탈사 편찬위원회 기획, 박경목·이승윤·이종민 역, 《일제침탈사 자료총서 10-행형제도 감옥 1: 식민지 감옥의 설치와 운영》, 동북아역사재단, 2021.
동북아역사재단 일제침탈사 편찬위원회 기획, 박경목·이승윤·이종민 저, 《일제침탈사 자료총서 11-행형제도 감옥 2: 수감자 관리와 처우》, 동북아역사재단, 2022.
동북아역사재단 일제침탈사 편찬위원회 기획, 박경목·이승윤 저, 《일제침탈사 자료총서 12-행형제도 감옥 3: 식민지 감옥의 감시와 통제》, 동북아역사재단, 2024.
박찬승, 《한국독립운동사-해방과 건국을 향한 투쟁》, 역사비평사, 2014.
배경한, 《20세기 한중관계사연구》, 일조각, 2024.
《백봉 라용균 연구》 발간위원회(김주용·이상호·윤왕희), 《백봉 라용균 연구》, 도서출판박영사, 2025.
변은진, 《아연 인문교양총서-자유와 평화를 꿈꾼 '한반도인' 이소가야 스에지》, 아연출판부, 2018.
심훈, 《상록수》, 범우사, 2013(복간).

양지선, 《톈진 한인사회와 한국독립운동》, 선인, 2025.
이은숙, 《서간도 시종기―우당 이회영의 아내 이은숙 회고록》, 일조각, 2017.
이정규·이관직 저, 《우당약전》, 을유문화사, 1985.
이종민, 《식민지 조선의 감옥》, 역사공간, 2024.
이종찬, 《나, 조계진》, 한울, 2025.
이호룡, 《절대적 자유를 향한 반역의 역사―한국 아나키즘을 돌아본다》, 서해문집, 2008.
조선총독부 법무국 행형과, 《조선의 행형제도朝鮮の行刑制度》, 조선치형협회, 1938.
조선총독부 법무국 행형과, 《조선형무제요朝鮮刑務提要》, 조선치형협회, 1927.
조선치형협회 편, 《조선형무소사진첩》, 경성형무소, 1924.
주철희, 《일제강점기 여수를 말한다》, 흐름, 2015.
奥平康弘, 《治安維持法小史》, 岩波書店, 2006(복간).

논문 및 기타 자료

최영호, 〈박용만―문무를 겸비한 비운의 민족주의자〉, 《한국사시민강좌》 47호, 일조각, 2010.
박찬승, 〈1933년 상해 '有吉明공사 암살미수 사건'의 전말〉, 《한국독립운동사연구》 제60집, 한국독립운동사연구소, 2017.
윤선자, 〈1940년대 전시체제와 제주도 천주교회〉, 《한국독립운동사연구》 25, 2005.
이동훈, 〈돌아오지 못한 독립운동가 유해 152기〉, 《주간조선》 제2556호, 2019.
정진석, 〈정진석의 언론과 현대사 산책 ②〉, 일제 고등경찰 피살 사건 미스터리―의문의 권총 두 발이 응징한 사이가 시치로의 전력, 《신동아》 제599호, 2009.
한애라, 〈독립운동가 박용만 피살사건 재판의 배경과 전개〉, 《한국학논총》 통권 63호, 국민대학교 한국학연구소, 2025.

小林元裕, 第8章〈天津のなかの日本社会〉,《天津史—再生する都市のトポロジー》, 東方書店, 1999.
前川亨,〈教誨師の光と影—その思想史的考察〉,《專修大學法學研究所所報》, 2016.

인터넷사이트

공훈전자사료관 https://e-gonghun.mpva.go.kr/
국립중앙도서관 https://www.nl.go.kr/
(《조선형무소사진첩》)
국외독립운동사적지 http://oversea.i815.or.kr/
독립기념관 한국독립운동정보시스템 https://search.i815.or.kr/
(《유자명 수기》, 독립운동인명사전)
바이두백과사전 https://baike.baidu.com/
위키피디아 https://www.wikipedia.org/
한국민족문화대백과 http://encykorea.aks.ac.kr/
한국사데이터베이스 https://db.history.go.kr/
(〈직원록자료〉, 〈일제감시대상 인물카드〉)
한국향토문화전자대전 https://www.grandculture.net/korea/
행정안전부 국가기록원 https://www.archives.go.kr/
(독립운동관련판결문, 일제시기 건축도면 콘텐츠)
HISTORICAL PHOTOGRAPHS OF CHINA https://hpcbristol.net/
LIBRARY OF CONGRESS https://www.loc.gov/

신문기사

《동아일보》,《매일신보》,《시대일보》,《시보時報》,《아시아경제》,《우리문화신문》,《조선일보》,《조선중앙일보》,《중국대공보中國大公報》,《중앙일보》,《충북일보》,《한국일보》 등 참고(가나다 순)

이규창 연표

* 파란색 글씨는 《서간도 시종기》와 《나, 조계진》에서 언급되거나 현재 일반적으로 알려진 사항으로, 본서와 내용이 다른 부분이 있어 참고로 기재했다.

연도	주요 사건
1910	**서간도(1910~1917)** • 2월, 이규숙 출생(서울). • 12월, 이회영 일가, 독립운동을 위해 전 재산을 처분하여 만주로 떠남.
1911	• 경학사 조직. 신흥강습소 설립.
1912	• 신흥무관학교 정식 개교. • 이규서 출생.
	《운명의 여신》 시작
1913	• 3월 28일, 이규창 출생(통화현 합니하). • 10월 20일, 마적 떼에 의해 이은숙은 총상을 입고 이규창은 얼굴에 화상을 입음. (《서간도 시종기》에서는 1914년 돌(3월) 전에 걸음마를 떼다가 화로에 엎어지면서 화상을 입었다고 함)
1917	**서울(1917~1919)** • 독립운동자금 조성을 위해 서울에 체류 중인 아버지 이회영에게로 옴. 태어나서 5년 만에 처음으로 부자 상면. • 음력 11월, 이규학과 조계진의 결혼(동짓달).
1919	**북경(1919.3~1926.10)** • 1월 21일, 고종 승하. • 2월 9일, 이회영 북경으로 떠남. • 3월 16일, 이규창, 어머니, 이규학 내외, 이규숙과 함께 서울을 떠나 북경으로 감. • 이현숙 출생.

연도	주요 사건
1920	•1920년~1923년, 북경성 보흥호寶興號와 4년여간 거래. •1월경 상해임시정부에 참여했던 이회영이 북경으로 귀환. (《나, 조계진》에서는 이회영이 1919년 4월 말~5월에 돌아왔다고 기술) •이석영과 이호영 등, 만주에 남아 있던 가족 모두가 봉천으로 이주. •후고루원 호동後鼓樓苑 胡同로 이사. (이은숙과 조계진은 후고루원 호동 집에 대한 언급 없이 이안정으로 이사 갔다고 함) •11월, 이규학·조계진 부부의 첫째 딸 학진 출생.
1922	•금십방가 이안정 호동錦什坊街 二眼井 胡同로 이사. •10월 7일, 이규오 출생. •이규학·조계진 부부의 둘째 딸 을진 출생. •1922년 말~1923년 초, 이시영, 이동녕, 조완구가 상해임시정부로 돌아감.
1923	•이을규·이정규 형제, 백정기, 정화암 등이 북경으로 옴. •북신교 관음사 호동北新橋 觀音寺 胡同으로 이사. •이규창, 이규숙과 함께 조반(월반)제도를 이용하여 경사제일소학교京師第一小學校에 3학년으로 입학하여 1년 반 만에 5년 과정을 졸업.
1924	•4월, 이규창 다리 골절로 학교를 한 학기 쉼. •이즈음부터 이규창은 이회영의 밀서 전달 등의 심부름 시작. •이회영, 이을규·이정규 형제 등을 중심으로 재중국 조선무정부주의자 연맹 설립. •10월 24일, 조계진의 둘째 오빠 조남익 사망. •숙부 이호영이 경영하는 소경창小徑廠 하숙집 안채로 이사. (《서간도 시종기》에 따르면 1925년에, 《나, 조계진》에서는 1924년 연말에 이사했다고 함.)
1925	•3월 29일(공식적으로 발표된 사망 날짜는 1925년 3월 30일), 다물단이 김달하를 암살. 다물단원이었던 이규준과 이규학 잠적.

연도	주요 사건
	•이규숙, 이호영이 김달하 암살 사건으로 인해 중국공안국에 끌려감. 그 무렵 규오, 학진, 을진이 성홍열로 사망. •현숙이 뇌막염으로 2주일간 입원. •이규창, 어머니 이은숙과 함께 우당에게 절교선언을 한 김창숙과 신채호를 찾아가서 사과를 받아냄. •두 딸을 잃고 실의에 빠진 조계진은 5월 26일 친정 아버지 조정구를 따라 서울로 감. •이은숙, 9월에 생활비 및 독립군 군자금 마련을 위해 귀국. 북경에 남은 이규창 식솔들은 모아호동帽兒胡同으로 이사. 겨울부터는 이석영 부부와 이규서까지 합류.
1926	**천진(1926.10.~1930.12)** •박용만 암살 사건(1925년 일어난 사건이 1926년 초에 발견됨)으로 경찰이 가택 방문 및 심문. 박용만은 1928년에 사망했다는 설도 있음. •2월 2일, 이규동(초명 규석) 출생(한국 장단). •2월 5일, 조계진이 순종의 유조를 저고리 안섶에 꿰매넣고 상해로 돌아옴. •이규숙, 1년여 만에 석방됨. •10월경, 이규숙은 학업 때문에 북경에 남고 이규창은 아버지 이회영을 비롯하여 송동집, 이현숙과 함께 천진 프랑스 조계지 대길리大吉里로 이주. 1주일 뒤 상해에서 이을규, 이정규, 백정기, 정화암, 이상일, 권기옥, 이영무, 이가인 등이 합류.
1927	이을규, 이정규, 백정기만 천진에 남아 같이 생활하게 됨. •천홍리로 이사. •송동집, 신병으로 사망. •대길리 단칸방으로 이사. 이을규, 이정규, 백정기 떠남. •이규숙, 여학교 졸업 후 천진으로 옴. 이후 삼일유치원이 폐교될 때까지 일함.

연도	주요 사건
	•이규창, 8월에 노동대학 부속 중학교 입학시험을 치러 상해에 갔다가 학교가 개교하지 않게 되어 천진으로 돌아옴. 9월에 남개중학교 입학시험을 보고 입학.
1928	•단칸방 살림에 김사집 합류
	•4월에 일본 영사관에서 이회영을 계속 찾아옴. 신변에 위협을 느낀 이회영 일가 중 규숙과 현숙은 천진빈민구제원에 들어감.
	•5월 3일, 이규창은 아버지와 김사집과 함께 진포선 철로를 따라 상해를 향해 도보로 무전여행을 떠남.
	•추석 무렵에 그나마의 행장을 도둑맞는 바람에 김사집은 상해로 가고 이규창 부자는 천진으로 돌아옴.
	•9월부터 천진 빈민촌인 소왕장 토방에서 약 1년 동안 생활.
	•이석영의 큰아들 이규준 사망.
1930	**상해(1930~1935)**
	•5월 1일, 호서은행 거액 인출 사건(2월)의 여파로 이규창 체포되었다가 풀려남.
	•9월(추정), 금탕교장으로 이사.
	•11월 18일, 북경에서 온 동지들이 운동자금 마련을 위해 일본조계지 욱가에 있는 중실은호中實銀號를 강탈.
	•12월 초(추정) 이규숙, 장기준과 결혼. 규숙 부부와 현숙은 동지들과 함께 만주로 이동.
	•12월 중순, 북경에서 막냇삼촌 이호영이 찾아옴.
	•12월 말, 이규창, 이회영과 함께 배편으로 1주일 걸려 상해로 감.
1931	•1월, 애인리에 정자간을 얻어 살기 시작. 곧이어 인성학교에 입학.
	•남화한인청년연맹에 가입. 기관지 《남화통신南華通訊》에 글도 기고하고 문선작업 및 인쇄작업도 함.
	•이규숙, 장기준과 함께 신경(장춘)으로 이동.

연도	주요 사건
1932	•4월, 윤봉길 의사 의거 직전 이회영과 함께 입달학원으로 피신. 김구를 비롯한 이시영, 이동녕, 조완구, 조소앙 등은 미리 잠적했고, 미처 피신하지 못한 안창호가 피체당함. •9, 10월경 일본과의 내통 혐의로 옥성빈이 암살당함. 1933년 12월에 처단되었다는 설도 있음. •10월경, 이회영이 항주에 가서 이시영과 김구, 이동녕 등을 만나고 상해로 귀환. •11월 초, 대련으로 가는 아버지를 황포강黃浦江 부두에서 배웅. •11월 17일, 이회영 순국.
1933	•이규서와 연충렬, 이회영의 행방을 밀고한 죄로 처단됨. •이호영 일가족이 북경에서 행방불명. 1931~1932년이라는 설도 있음. •8월 1일, 일본과의 내통 혐의로 옥성빈의 사촌동생 옥관빈을 엄순봉이 처단. •8월 이후 독립운동자금 마련을 위해 복건성 천주로 백삼을 들고 갔다 겨울을 넘기고 나서야 상해로 귀환.
1934	•이석영 사망(상해).
1935	**한국(1935~1945)** •3월 25일, 엄순봉과 함께 이용로 처단에 나서 처단 거행 후 당일 체포당함. 5월 초 한국으로 압송됨. •종로경찰서에서 심문받고 서대문구치소에 송치됨. 12월 말에 예심 종결.
1936	•2월 4일, 이규창·엄순봉 제1회 공판. (《서간도 시종기》에서는 2월 1일(정월 초아흐레)에 공판이 열렸다고 기술) •2월 18일, 이규창·엄순봉 언도 공판. •4월 17일, 이규창·엄순봉 제2차 항소 공판(복심공판)에서 엄순봉 사형 및 이규창 13년 형 확정. •4월 24일 오전 경성복심법원에서 최종언도, 이규창은 형 확정 후 경성형무소로 이감, 인쇄공장 근무.

연도	주요 사건
1937	• 음력 3월, 이은숙이 규동과 현숙을 이규숙이 있는 신경으로 보냄. • 4월, 이규창, 문선계에서 교정계로 이동. 공산주의자 박세영과 같이 근무하게 됨(박세영은 1936년 9월 2일 입감). • 7월, 박세영과 함께 선전물을 만들어 배포. 2개월 뒤 발각되어 금고벌과 감식벌 처분을 받음. 이때부터 독방에 수용(1937년 9월 말~1940년 4월).
1938	• 3월 28일, 박세영과 함께 경성지방법원 검사국으로부터 구공판求公判을 받음. • 4월 9일, 엄순봉 사형 집행.
1939	• 8월 3일, 경성지방법원 제1심에서 치안유지법 위반·출판법 위반·공무집행법 위반의 죄명으로 이규창 10개월, 박세영 1년 6개월의 징역이 가형됨. • 10월 16일, 박우현이 이규창의 옆 독방 입소. • 10월경부터 독방 장기 죄수들을 공장으로 출역시킴. 이규창은 고려자기 공장에 배치됨.
1940	• 4월 16일, 박우현과 함께 광주형무소로 이감된 이규창은 의무실 간병부로 근무하게 됨. • 이건영 사망. • 9월 상순, 이은숙이 신경으로 이사하기 전 광주형무소로 면회 옴. • 이규동 신경상업중학교 입학.
1941	• 2월 26일 이후 광주형무소에서 이재현의 형 이재천과 조우함. (이재천은 1941년 2월 26일 서대문형무소 출소, 이감된 것으로 추정) • 12월 7일(진주만 공습) 이후 광주형무소에 강연하러 온 장덕수를 봄.
1942	• 공산주의자 김삼룡과 문갑송, 신사참배 거부운동을 전개한 전남 기독교인들이 광주형무소에 입감. • 이즈음부터 이규창은 옥중에서 시체를 처리하고 염하는 일을 하게 됨.

연도	주요 사건
1943	•정월 10일, 이은숙이 광주형무소로 면회 옴. •광주형무소에 신부 3명(도슨 신부, 라이언 신부, 스위니 신부) 입감. •여성 죄수 안응수와의 만남.
1944	•안응수, 봄에 자신의 가출옥을 알리고 1주일 뒤 출소. •12월 1일, 독립운동가 오동진이 공주감옥에서 순국.
1945	**광복(1945) 이후** •1월, 안응수가 구니미쓰 형무소장의 알선으로 고향 제주도로 돌아감. •봄, 신경상업중학교를 졸업한 규동이 외조부를 모시고 귀국하여 이규창을 면회하러 광주형무소에 옴. 두 사람의 첫 대면. •8월 15일, 광복. •8월 17일, 출옥. 이후 약 한 달 후 서울 도착. •11월 2일, 동지 이석규, 공형기, 차리혁, 방우영 등과 종로경찰서 경부보 사이가 시치로를 처단.
《운명의 여신》 끝	
1946	•이현숙, 신경에서 사망. •11월, 이은숙이 규동과 함께 서울 도착.
1947	12월 17일, 정이형의 딸 정문경과 결혼.
1948	•대한민국 정부수립과 동시에 대한민국 감찰위원회 주사로 임명됨. •첫째 딸 이종길 출생.
1950	•3급 공무원 전형에 합격. •감찰위원회 조사관(2월), 감찰위원회 조사과장(3월)으로 임명됨. •첫째 아들 이종광 출생.
1953	•3월 4일, 이시영 사망. •5월, 이규창 내외와 규동이 한국 전쟁 휴전 후 환도.
1954	•11월, 이은숙 환도. •둘째 아들 이종철 출생.

연도	주요 사건
1955	• 대한민국 체신부 저금관리국으로 자리를 옮겨 1974년 정년까지 서대문 우체국장, 광화문 우체국장, 철도 우체국장 등을 역임.
1956	• 정이형 사망.
1958	• 셋째 아들 이황연 출생.
1962	• 1999년까지 광복회 부회장, 이사, 대의원 등을 역임.
1968	• 3·1절 기념 건국 공로훈장 서훈.
1974	• 체신부 공무원 정년 퇴임.
1975	• 이은숙의 《민족운동가 아내의 수기—서간도 시종기》 1차 출간(정음문고).
	• 《서간도 시종기》 제1회 월봉저작상을 수상.
1979	• 12월 11일, 이은숙 사망.
1987	• 8월 15일, 독립기념관 개관식에 참석.
1990	• 1993년까지 국사편찬위원회 연구원을 역임.
1992	• 회고록 《운명의 여신》 출간(보련각).
2004	• 《운명의 여신》 2차 출간(클레버).
2005	• 8월 2일, 이규창 사망. 향년 92세.
2009	• 이규숙 사망.
2010	• 아내 정문경 사망.

운명의 여신
타고 남은 운명運命의 불기운餘燼

1판 1쇄 펴낸날 2025년 11월 12일

지은이 | 이규창
펴낸이 | 김시연

책임편집 | 한정은
디자인 | 최정희

펴낸곳 | (주)일조각
등록 | 1953년 9월 3일 제300-1953-1호(구 : 제1-298호)
주소 | 03176 서울시 종로구 경희궁길 39
전화 | 02-734-3545 / 02-733-8811(편집부)
02-733-5430 / 02-733-5431(영업부)
팩스 | 02-735-9994(편집부) / 02-738-5857(영업부)
이메일 | ilchokak@hanmail.net
홈페이지 | www.ilchokak.co.kr

ISBN 978-89-337-0853-8 03910
값 65,000원

이규창, 의정부 망월사 혜거국사 부도 앞에서

北京地圖
MAP OF PEKING
Pei-ping
덕승문
안정문
동직문
조양문
서직문
부성문
TE SHENG MEN
AN TING MEN
PING TSE MEN
TAI TAN
WEI TAN
YUE TAN
HSI SSU PAI LOU
TUNG SSU PAI LOU
PEI HAI
CHUNG HAI
NAN HAI
BELL TOWER

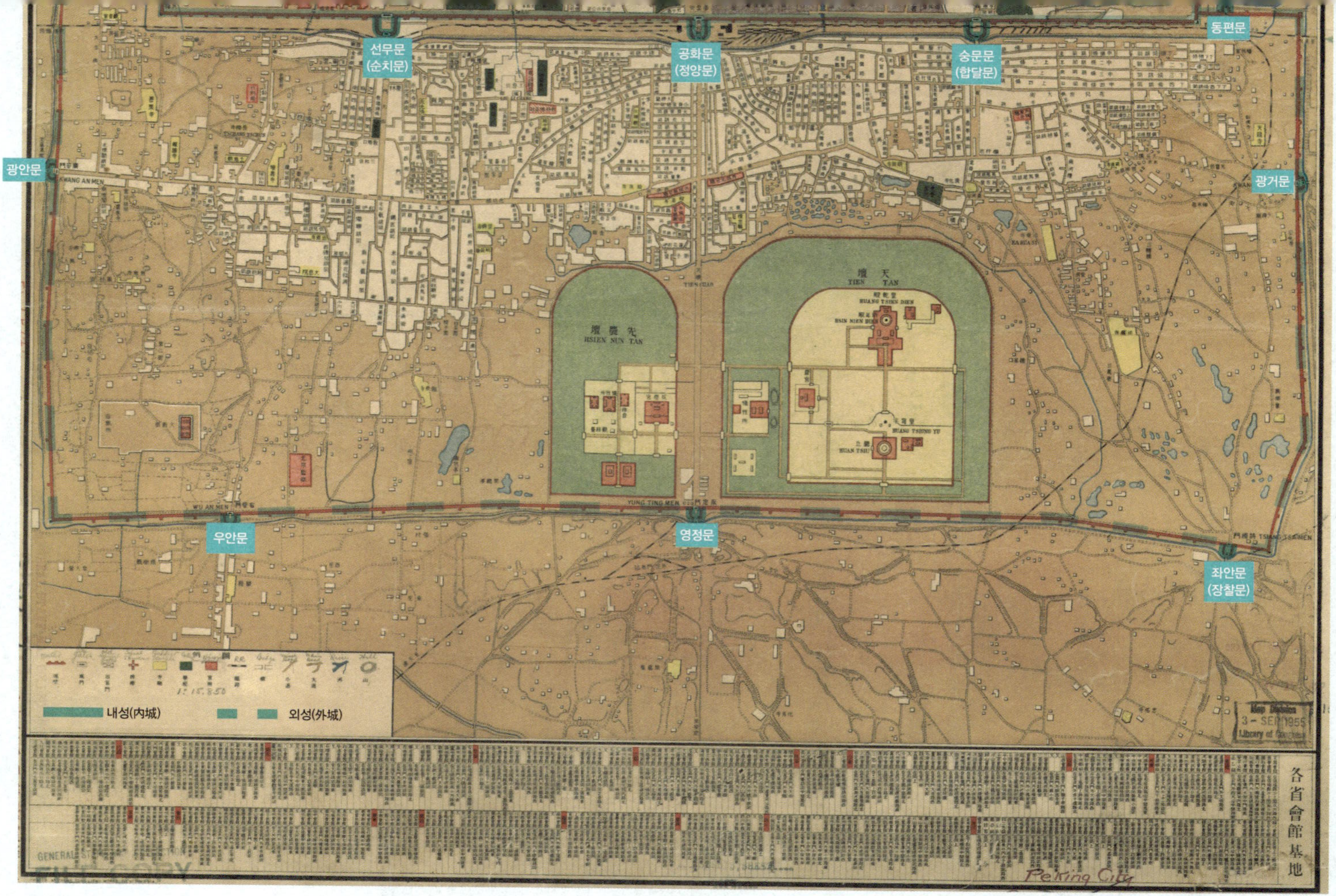

북경 지도(1907)
출처: LIBRARY OF CONGRESS (https://www.loc.gov/)

天津地圖
MAP OF TIENTSIN
소왕장큰길
기차중앙역
진포서역
금탕교
PEI HO
YAO WA
CHIN-CHIA-YAO
SHIH-TZU-LIN
HAO-CHIA-HO
CHENG LI
AUSTRO-HUNGARIAN

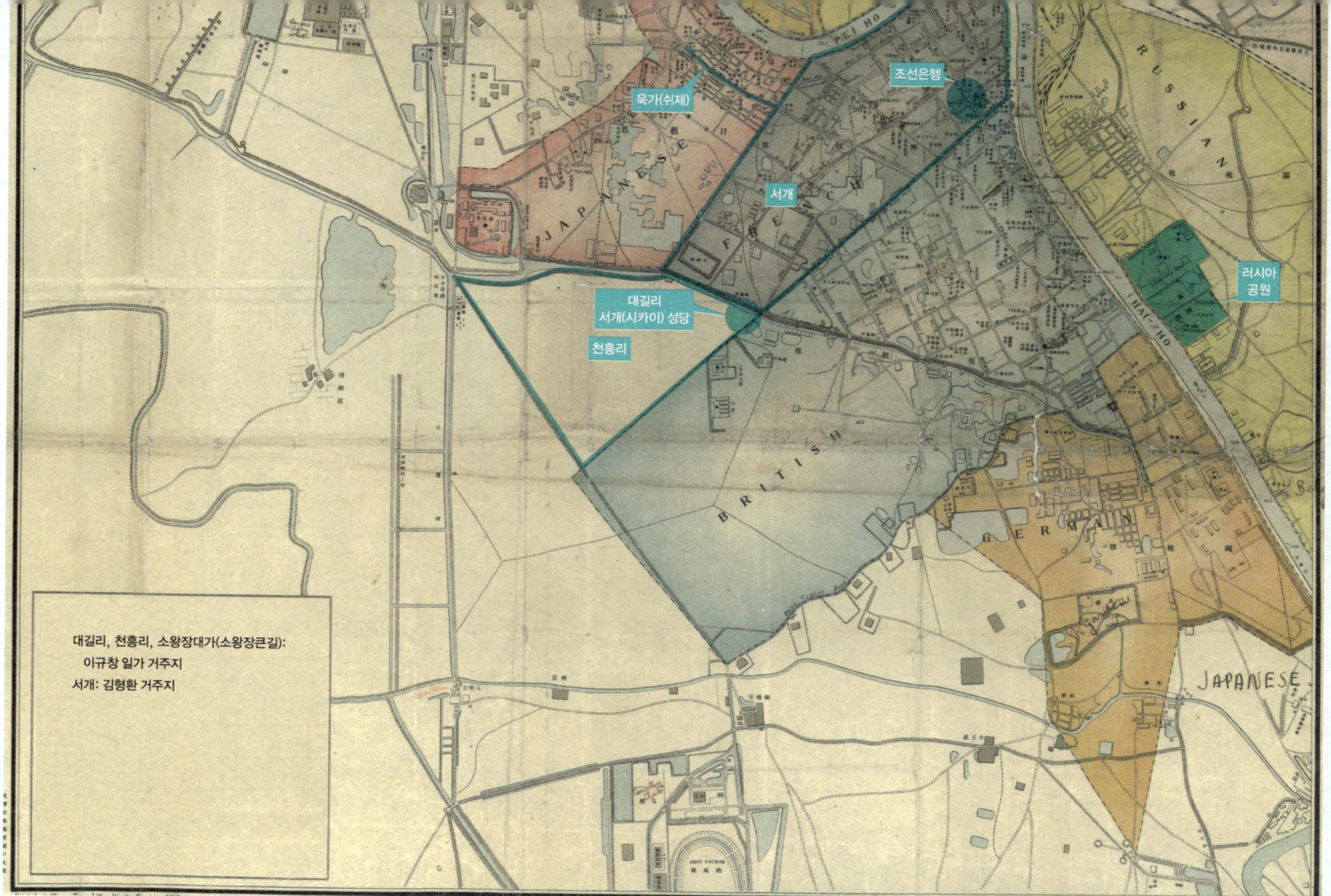

천진 지도(1912)

출처: LIBRARY OF CONGRESS (https://www.loc.gov/)

Paoshan
English Settlement
English Settleme
애인리
프랑스조계지
French Concess
이매로
French
임시정부 청사
채시로
French Concession
노가만

상해 지도(1913)

출처: LIBRARY OF CONGRESS (https://www.loc.gov/)

津浦鐵路圖
MAP OF
TIENTSIN-PUKOW RAILWAY
양유청
정해
당관둔
남피
연진
오교
덕주
능성
평원
우성
안성
제남
태안
TIENTSIN
TSINGHAI
TSANGCHOW
TEHCHOW
PINGYUAN
YUCHENG
TSINAN
TAIAN
Gulf of Chihli
直隷灣
渤海
Po hai
萊州灣
Laichow wan
CHIHLI
直隷省
SHANTUNG
山東省
京兆

진포철로전도(1923)

출처: 地圖114(https://www.ditu114.com/ditu/1090.html)

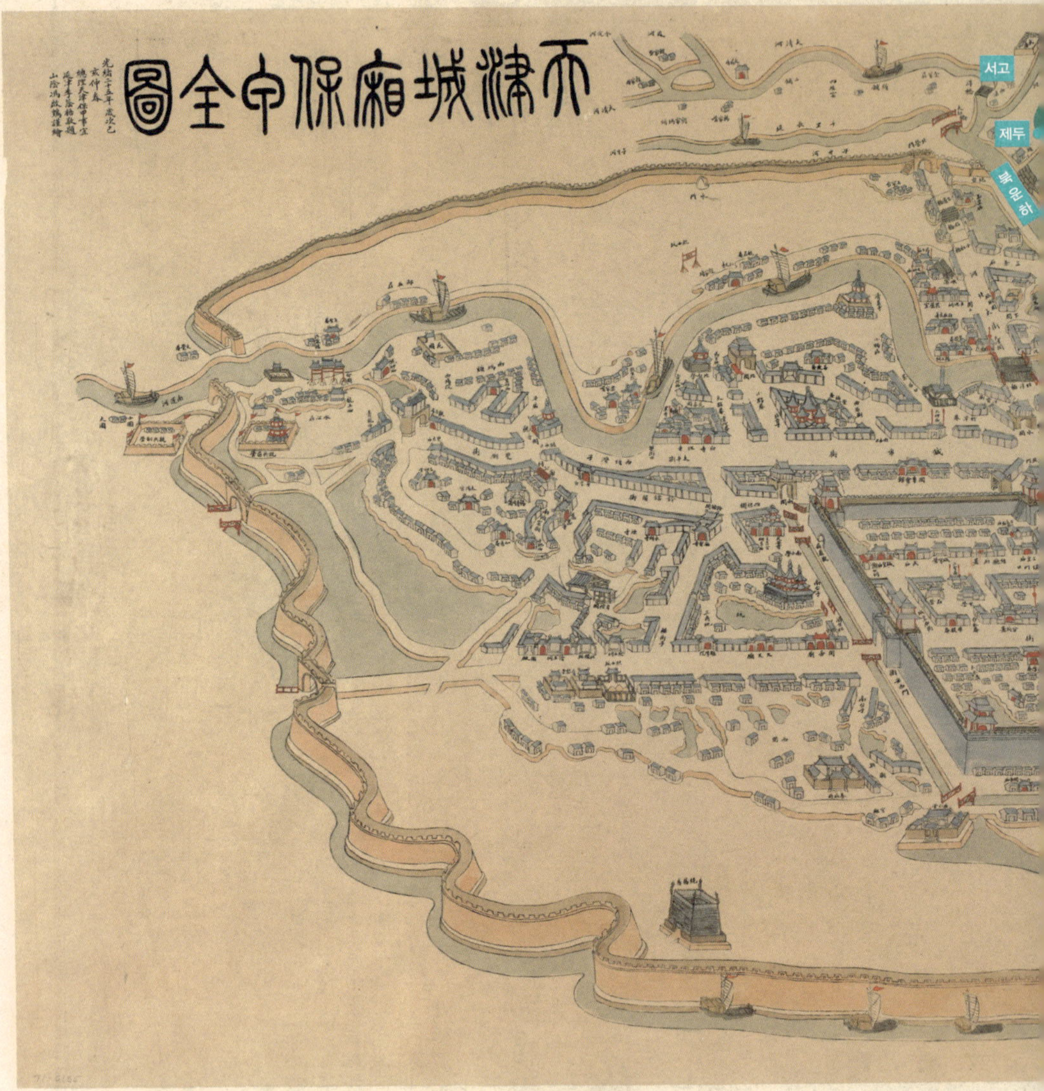
天津城廂保甲全圖
서고
제두
북운하

〈천진성상보갑전도天津城厢保甲全图〉(1899)

출처: LIBRARY OF CONGRESS (https://www.loc.gov/)

지도 위 실선은 이규창이 석탄재를 얻기 위해 소왕장 쪽에서 금탕교를 건너 서개까지 이동한 추정 루트를 표시한 것이다.

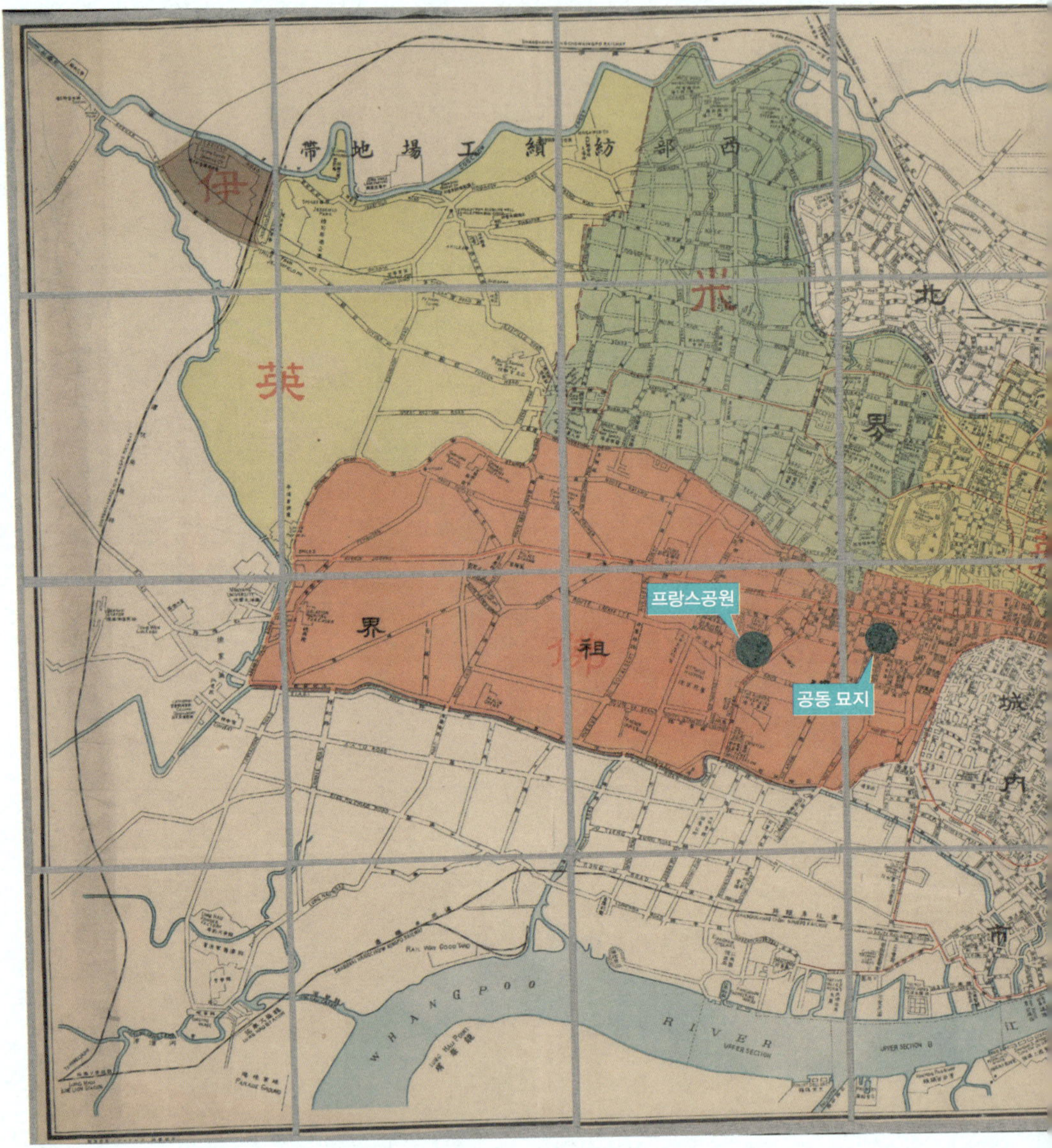
西部紡績工場地帶
伊
英
米
界
北
界
祖
프랑스공원
공동 묘지
城
內
市
WHANGPOO
RIVER

상해 지도(1932)

출처: Geographicus Rare Antique Maps(https://www.geographicus.com/P/AntiqueMap/Shaghai-jichisanshokai-1932)

위 지도에 표시한 길은 이 책에서 언급된 거리로 1930년대 초반에 이규창 등이 활동했던 지역이다.

상해 지도(1927)
출처: LIBRARY OF CONGRESS (https://www.loc.gov/)